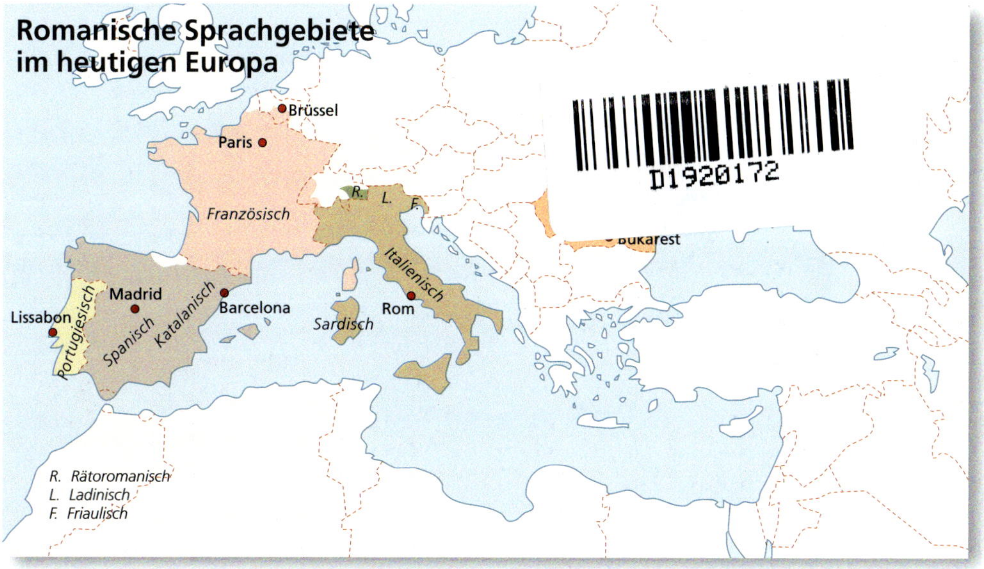
Romanische Sprachgebiete im heutigen Europa
Brüssel
Paris
Französisch
R.
L.
F.
Italienisch
Bukarest
Madrid
Katalanisch
Barcelona
Lissabon
Portugiesisch
Spanisch
Sardisch
Rom
R. Rätoromanisch
L. Ladinisch
F. Friaulisch

Regnum Bospori
Porolissum
Apulum
Dacia
107 n. Chr.
Tomi
iminacium
29/28 v. Chr.
Pontus Euxinus
Sinope
Trapezus
Thracia
65 v. Chr.
46 n. Chr.
Byzantium
Armenia
114–117 n. Chr.
Philippi
Thessalonice
Pydna
Pharsalus
Nicomedia
Ancyra
25 v. Chr.
Cappadocia
18 n. Chr.
Regnum Parthorum
Troia
Pergamum
Asia
133/129 v. Chr.
Mesopotamia
115–117 n. Chr.
Athenae
Ephesus
103 v. Chr.
67 v. Chr.
Tigris
rinthus
Miletus
Achaia
146 v. Chr.
Lycia
74 n. Chr.
Rhodus
Antiochia
63 v. Chr.
58 v. Chr.
Euphrates
Babylon
Cnossus
67 v. Chr.
105 n. Chr.
Damascus
Tyrus
Bostra
Iudaea
Hierosolyma
Internum
74 v. Chr.
Alexandria
Petra
yrenaica
Arabia
Aelana
105 n. Chr.
30 v. Chr.
Aegyptus

Res Romanae

Begleitbuch für
die lateinische Lektüre

Ausgabe 2008

Unter Mitwirkung von

Peter Funke
Hans-Joachim Gehrke
Detlef Liebs
Bernhard Rudnick
Edith Schirok
Leonhard Schumacher
Helmut Vester
Hans Wiegartz
Elisabeth Zwölfer

herausgegeben von
Heinrich Krefeld

Cornelsen

Begleitende Arbeitsblätter zur Textarbeit und Autorenlektüre
siehe unter: www.cornelsen.de / resromanae

Redaktion: Werner Schmidt
Karten: Volker Binder, Berlin
Gestaltung: Michael Heimann, groenland.berlin
Layout und technische Umsetzung:
Renate Huth und Michael Heimann, groenland.berlin

www.cornelsen.de

1. Auflage, 1. Druck 2008

Alle Drucke dieser Auflage sind inhaltlich unverändert und können im Unterricht nebeneinander verwendet werden.

Druck: CS-Druck CornelsenStürtz, Berlin

ISBN 978-3-06-120005-3

Inhalt gedruckt auf säurefreiem Papier aus nachhaltiger Forstwirtschaft.

Vorwort zur Ausgabe 2008

Die *Res Romanae* haben schon bald nach ihrem Erscheinen im Jahr 1960 Resonanz als Standardwerk zur Einführung in die römische Kultur gefunden. Sie sind seit dieser Zeit mehrfach überarbeitet worden, weil Herausgeber und Verlag stets darum bemüht waren, den Veränderungen Rechnung zu tragen, die sich durch Schulreformen, neue Akzentuierungen in den Zielvorgaben, den Wandel der gesellschaftlichen Bedingungen des Lernens und der Auswertung neuerer Erkenntnisse der Fachwissenschaften ergaben. Die letzte Neubearbeitung erschien im Jahr 1997.

Nach diesen bewährten Prinzipien wurde auch die neue Ausgabe 2008 der *Res Romanae* gestaltet. Sie bietet nicht nur die bisher behandelten Sachgebiete in aktualisierter Form, sondern darüber hinaus ein Kapitel über die lateinische Sprache. In ihm werden deren Grundzüge ebenso wie deren Wandel und Kontinuität im Verlauf ihrer Rezeption in den Ländern Europas bis in unsere Zeit dargestellt. Hierbei wird durch zahlreiche, exemplarisch ausgewählte Texte, die in ihren historischen Kontext eingeordnet sind, die vielfältige Verwendung des Lateinischen von der Antike bis zur Gegenwart sichtbar, ferner, wie sich aus der lateinischen Umgangssprache der Spätantike die romanischen Sprachen entwickelt haben. So bildet diese Darstellung zum vorausgehenden Kapitel *Latein in Europa* eine instruktive Ergänzung, bietet darüber hinaus gute Ansatzpunkte für eine fächerübergreifende Zusammenarbeit Latein – romanische Sprachen.

Die historische Einordnung des Gebotenen erleichtern innerhalb der einzelnen Kapitel auch Verweise auf die griechische Kultur und deren Darstellung in den *Hellenika – Neue Ausgabe 2002.*

Die Weiterentwicklung der visuellen Gestaltung des Buches durch Fotos, Karten und Grafiken, ferner die gelungene Verbindung der gestaltenden Elemente Typographie und Layout, für die ich dem Verlag, auch im Namen meiner Mitarbeiter, danke, erhöhen die Lesefreundlichkeit und die Qualität der Darstellung dieses bewährten Standardwerks.

Rheine, im August 2007
Heinrich Krefeld

Leitfaden der Geschichte Roms
von Prof.Dr. Hans-Joachim Gehrke und Elisabeth Zwölfer

Staat und Gesellschaft
von Prof. Dr. Peter Funke

Recht
von Prof. Dr. Detlef Liebs/Dr. Herbert Kummer

Heer und Flotte
von Dr. Bernhard Rudnick/Werner Vorderwülbecke

Die Religion
von Prof. Dr. Leonhard Schumacher

Die Literatur
von Prof. Dr. Heinrich Krefeld

Die Philosophie
von Prof. Dr. Edith Schirok

Erziehung und Unterricht
von Prof. Dr. Helmut Vester

Die Kunst
von Prof. Dr. Hans Wiegartz/Dr. Theodor Hermes

Das antike Rom
von Prof. Dr. Heinrich Krefeld

Das Alltagsleben
von Dr. Bernhard Rudnick/ Winfried Sieberg

Das römische Germanien
von Dr. Bernhard Rudnick

Latein in Europa
von Prof. Dr. Heinrich Krefeld

Die lateinische Sprache
von Prof. Dr. Heinrich Krefeld

Anhang
von Prof. Dr. Heinrich Krefeld

◀ Kapitolinische Wölfin. Frühes 5. Jh. v. Chr. Bronze. Zwillinge in der Renaissance ergänzt. Höhe 85 cm. An der Rückwand Teile der unter Augustus überarbeiteten Magistratsliste (*fasti Capitolini*). (Rom, Museo Capitolino)

7

Leitfaden der Geschichte Roms

1. *Königtum und Grundlegung der Republik in den Ständekämpfen*

Königtum und Adel Die Anfänge Roms verlieren sich im Dunkel von Sage und Erfindung. Das überlieferte Gründungsdatum (753 v. Chr.) geht auf Berechnungen römischer Gelehrter zurück, die von der modernen Geschichtswissenschaft nicht bestätigt werden können. Nach archäologischen Beobachtungen könnte man an eine allmähliche Stadtwerdung denken, die im 6. Jh. v. Chr. abgeschlossen war. Es ist aber keineswegs unwahrscheinlich, dass die Stadt doch in einem religiösen Gründungsakt (so wie die späteren römischen Pflanzstädte, die *coloniae*) entstand, am ehesten im 7. Jh. v. Chr.

Urteilt man nach den ältesten Einrichtungen der Stadt, insbesondere im Bereich der Religion, so geht die Gründung auf Etrusker zurück. Dieses Volk hatte im Gebiet nördlich von Rom, in Etrurien, eine hohe, städtisch geprägte Zivilisation entwickelt und gerade in der fraglichen Zeit auch auf andere Gebiete Italiens ausgedehnt.

An der Spitze des frühen Rom standen Könige *(reges)*, die die Gemeinde gegenüber den Göttern vertraten, im Kriegsfalle das Heer kommandierten und bei Streitigkeiten für eine Schlichtung durch Rechtsspruch sorgten. Neben ihnen stand ein sehr mächtiger Adel, dessen führende Männer, die *patres* (Väter), im Senat, dem Rat der Alten, vertreten waren. Dieser beriet die Könige und hatte großen Einfluss auf die Politik, sodass die Könige eine wirkliche Herrschaft kaum ausüben konnten. Als ein König aus dem etruskischen Geschlecht der Tarquinier dieses versuchte, wurde er durch den Widerstand der Adligen vertrieben (ca. 500 v. Chr. oder einige Zeit später). Sie verwalteten fortan die Angelegenheiten des Gemeinwesens, der *res publica*, gemeinsam.

Ständekämpfe Die Angehörigen der *res publica*, die nicht zum Adelsstand gehörten, die Plebejer, lehnten sich bald gegen dessen Herrschaft auf. Sie forderten zunächst vor allem Sicherheit in der Rechtssprechung und Mitsprache bei der Wahl der Befehlshaber und Gerichtsherren. Um ihre Ziele durchzusetzen, organisierten sie sich wie ein Staat im Staate: Sie wählten eigene Vertreter, an der Spitze die Volkstribunen. Mehrmals zog sich das Volk auf einen Hügel Roms, den Aventin, zurück und verweigerte die Teilnahme an Kriegszügen *(secessio plebis)*.

Die Patrizier versuchten, ihre Gegner durch Anwendung der militärischen Befehlsgewalt *(imperium)* zum Gehorsam zu zwingen. Die Auseinandersetzungen zwischen den beiden Gruppen, die Ständekämpfe, erstreckten sich insgesamt über mehr als 150 Jahre. Es gelang in mehreren

Etappen, einen Ausgleich zu erzielen, vor allem durch gesetzliche Regelungen *(leges):* Das Recht *(ius)* trat neben die traditionelle soziale Norm, die Sitte *(mos)*, als Grundlage der republikanischen Ordnung. Dass die Versöhnung der Stände gelang, war die wesentliche Voraussetzung für die erstaunlichen Erfolge Roms.

Von diesem Ausgleich profitierten vor allem die reicheren und angeseheneren Plebejerfamilien. Sie bildeten zusammen mit den alten Patriziergeschlechtern den Senatsadel, mit den besonders prominenten Familien an der Spitze (Nobilität). Rom blieb eine Aristokratie. Wer nicht zu dieser Adelsschicht gehörte, war in der Regel als Klient mit den führenden Männern der Adelsfamilien (Patrone) verbunden, in wechselseitiger Loyalität *(fides)*.

2. *Von der Stadt zum Weltreich*

Die Eroberung Italiens Die Entwicklung der Ständekämpfe war sehr stark durch die gleichzeitigen Vorgänge im Umfeld Roms, durch die außenpolitischen Faktoren, mitgeprägt: Schon nach der Vertreibung der Könige hatten sich die Römer mit ihren mächtigen etruskischen Nachbarn auseinanderzusetzen. Dazu kamen Angriffe der italischen Stämme in den benachbarten Bergen. Andererseits verstärkte Rom seine Stellung im Bund der Latiner. Dieser sorgte ursprünglich vor allem für den gemeinsamen Kult der von diesem Stamm verehrten Götter. Jetzt gewannen die Römer in ihm immer mehr Gewicht und nützten ihn als Allianz. Gerade die angespannte äußere Lage förderte in Rom die Bereitschaft zum Kompromiss zwischen den Ständen, in denen sich trotz aller Gegensätze die Erkenntnis durchsetzte, dass man aufeinander angewiesen war.

So konnte die römische Republik auch die schwere Katastrophe im Krieg gegen die nach Mittelitalien eindringenden Kelten/Gallier (387 v. Chr. Schlacht an der Allia: »schwarzer Tag«) und die daran anschließende Eroberung der Stadt (mit Ausnahme des Kapitols) verkraften. Später beseitigten die Römer den Latinerbund (Latinerkrieg, 340 – 338 v. Chr.) und machten fast ganz Latium zu einem Teil des römischen Staates.

In den folgenden Jahrzehnten besiegten sie in langen und verlustreichen Kriegen die meisten Stämme in Italien, insbesondere den Verband der Samniten. Schließlich wehrten sie den Angriff des Königs Pyrrhos von Epirus ab, der für die bedeutendste griechische Stadt in Unteritalien, für Tarent, in den Krieg gezogen war. Damit kontrollierte Rom ganz Italien vom Appenninbogen bis zur Meerenge von Messina (275 v. Chr.). Mit allen Städten und Stämmen hatten die Römer Bündnisse abgeschlossen und selber zahlreiche Pflanzstädte *(coloniae)* zur Kontrolle im ehemaligen Feindesgebiet und zum Zweck der Versorgung ärmerer Bürger angelegt. Alle Städte und Stämme waren zur Heeresfolge verpflichtet, genossen aber innere Autonomie (sog. Italischer Bund).

Der Kampf um die Weltherrschaft In Unteritalien waren die Römer gerade durch diese Expansion in ein Spannungsfeld zwischen den dort existierenden Griechenstädten (besonders Syrakus), einheimischen italischen Kriegern und der Großmacht Karthago geraten, die vor allem an Sizilien interessiert war. Diese hatte schon längere Zeit zuvor in Vereinbarungen mit Rom die Straße von Messina als Grenze der gegenseitigen Interessensphären festgelegt. Doch die erwähnten Spannungen machten an dieser Grenze nicht Halt. Auch die Römer blieben nicht neutral, sondern mischten sich in einen Krieg ein, in dem es zunächst gegen Syrakus ging. Aber schon bald wurde Karthago der Gegner. Dieser Konflikt, der zunächst als Krieg um Sizilien geführt wurde (1. Punischer Krieg, 264 – 241 v. Chr.), entwickelte sich zu einem Kampf um die Vormachtstellung im westlichen Mittelmeer. Rom entschied ihn zu seinen Gunsten im 2. Punischen Krieg (218 – 201 v. Chr.), in dem es von Hannibal mehrfach an den Rand einer Niederlage gebracht worden war. Bereits zu diesem Zeitpunkt war Rom eine Weltmacht und ließ sich wiederum sehr rasch in die Auseinandersetzungen der hellenistischen Staaten im Osten des Mittelmeergebiets hineinziehen. Nach dem Sieg über Perseus von Makedonien in der Schlacht bei Pydna (168 v. Chr.) dominierte Rom vollständig in der damaligen Welt. Wenig später wurde auch Karthago endgültig besiegt und zerstört (3. Punischer Krieg, 149 – 146 v. Chr.).

3. *Die Krise der Republik*

Die rasch errungene Weltherrschaft hatte erhebliche Konsequenzen im Inneren: Die führenden Aristokraten, die die Heere kommandierten und in den Provinzen als Statthalter höchste Macht genossen, ließen sich zunehmend schwerer der sozialen Kontrolle durch ihre Standesgenossen unterwerfen. Immer mehr strebten sie danach, ihren politischen und sozialen Einfluss auch ökonomisch zur Geltung zu bringen. In den Feldzügen trieben sie reichlich Beute ein und als Statthalter in den Provinzen erhöhten sie den Steuerdruck. Nicht wenige sahen in den Untertanen nur Objekte der Ausbeutung. Außerdem versuchten sie, in Italien immer mehr Land in ihren Besitz zu bringen und die Landwirtschaft unter Einsatz zahlreicher Sklaven zur Steigerung von Ertrag und Gewinn umzuorganisieren. Die kleineren und mittleren Bauern konnten dem oft wenig entgegensetzen. Sie verarmten und vielen blieb nichts anderes übrig, als sich in Rom als Besitzlose *(proletarii)* durchzuschlagen. So entstand ein hauptstädtisches Proletariat und zugleich ging die Zahl der römischen Soldaten zurück, die nämlich traditionell aus den freien und selbständigen Bauern rekrutiert wurden.

In dieser Situation setzte der Volkstribun Tiberius Gracchus gegen den erbitterten Widerstand der Senatsmehrheit ein Ackergesetz durch, das eine Begrenzung des Besitzes und eine Neuverteilung an Besitzlose vorsah. Bei den heftigen Auseinandersetzungen um dieses Gesetz wurde er erschlagen (133 v. Chr.); dadurch vertiefte sich der Riss in der *res publica* entscheidend. Manche Historiker bezeichnen deshalb die letzte Epoche der Republik als Revolutionszeit. Tiberius' Bruder Gaius Gracchus stellte die Senatsherrschaft bewusst und grundsätzlich in Frage, indem er die begüterten Nicht-Senatoren, die Ritter, förderte und sich auch für die Rechte der Bundesgenossen einsetzte, die jetzt nach dem römischen Bürgerrecht strebten. Mit einem ganzen Bündel von Gesetzen ergriff er die Initiative. Der Volkstribun schien, gestützt auf die Volksversammlung, das zentrale Element der Republik zu werden (123 – 122 v. Chr.).

Erst allmählich konnte die Senatsmehrheit ihren Widerstand organisieren. Die Verleihung des Bürgerrechts an die Italiker und die Ansiedlung von besitzlosen Römern in der Provinz Africa (auf dem Gebiet des mittlerweile zerstörten Karthago) waren höchst unpopulär. Der Ritterstand ließ sich nicht gegen den Senatsadel mobilisieren. So scheiterte Gaius Gracchus und kam ebenfalls bei gewaltsamen Auseinandersetzungen ums Leben (121 v. Chr.).

Nun war die römische Gesellschaft vollends gespalten. Die Gruppe der Optimaten, die an der traditionellen Führungsrolle des Senats festhielten, und die Popularen, die die Tradition der Gracchen verfolgten, standen sich oft unversöhnlich gegenüber. Das Problem der Landverteilung und der Rekrutierung blieb ungelöst. Am Ende des 2. Jh.s v. Chr. nahm der mehrfache Konsul C. Marius im Krieg gegen Jugurtha von Numidien und in den Kämpfen gegen die germanischen Kimbern und Teutonen Besitzlose *(proletarii)* in das Heer auf. Das erwies sich als folgenreich: Die Soldaten erwarteten jetzt von ihrem Feldherrn eine Versorgung nach Ablauf des Dienstes. Diesem Verlangen konnte sich der Feldherr nach den Regeln des römischen Klientelwesens kaum entziehen. So erhielten nach der sogenannten Heeresreform des Marius die großen Militärbefehlshaber mit einer ihnen ergebenen Truppe das entscheidende Gewicht. Damit veränderte sich der Charakter der politischen Machtkämpfe in Rom.

Dies zeigte sich bereits nach dem Bundesgenossenkrieg (91 – 89 v. Chr.), in dem die Italiker sich das römische Bürgerrecht erkämpften: Zweimal konnte der Feldherr Cornelius Sulla seine Soldaten nach Rom marschieren lassen. Sie gehorchten nicht mehr dem Staat, sondern ihrem Kommandeur, auch nachdem dieser offiziell abgesetzt war. Dies war der offene Bürgerkrieg. Und so fand die Republik ihr Ende in den Konflikten der großen Militärpotentaten, in den Bürgerkriegen zwischen Pompeius und Caesar (49/48 v. Chr.) und – nach der Errichtung der Diktatur auf Lebenszeit durch Caesar und nach seiner Ermordung (44 v. Chr.) – zwischen Marcus Antonius und Octavian, Caesars Adoptivsohn (32/31 v. Chr.).

4. *Die Hohe Kaiserzeit*

Nachdem Octavian durch die Schlacht von Actium (31 v. Chr.) die alleinige Macht im Reich errungen hatte, ging er daran, diese Alleinherrschaft mit den Regeln und Normen der *res publica* zu verbinden, was geradezu eine Quadratur des Kreises darstellte. Er erreichte das, indem er den Senat formell und die Senatoren in der Praxis an der Verwaltung des Reiches und dem Kommando über die Truppen beteiligte, sich streng an die Regeln des Klientelwesens hielt und sich selbst mit einer religiösen Aura umgab. Alles war in seinem neuen Namen *Augustus* und in seiner Bezeichnung *princeps* verkörpert. So konnte es zwar keinen Zweifel daran geben, dass der Staat unter der Herrschaft eines Monarchen stand. Diese Dominanz war jedoch durch die Rücksicht auf die Vorstellungen der wichtigsten Gruppen im Reich (des Senatsadels, des Ritterstandes, des Heeres und der römischen Plebs) so gestaltet, dass sie in der Regel akzeptiert wurde. Für die Provinzen und die Masse der dort lebenden Untertanen, die gerade in der ausgehenden Republik stark ausgebeutet worden waren, bot die Herrschaft des Kaisers viele Vorteile. Die Städte hatten weitgehende Autonomie und der Druck der Besteuerung war nicht mehr so hoch. Zunehmend fühlten sich auch die Untertanen als Römer.

Das System blieb über Jahrhunderte hinweg im Wesentlichen stabil, nur gelegentliche, dann aber besonders brutale Bürgerkriege (68/69; 193 - 197 n. Chr.) zeigten, dass seine eigentliche Grundlage die Militärdiktatur war. Deshalb versuchten Herrscher immer wieder, dem Regime eine eigene Legitimität und damit dauerhafte Akzeptanz zu verschaffen: Augustus hatte vor allem durch Adoptionen seine Nachfolge langfristig zu regeln versucht (julisch-claudisches Kaiserhaus, 14 - 68 n. Chr.). Die Flavier (69 - 96 n. Chr.) stützten sich auf das Prinzip der dynastischen Erbfolge (vom Vater auf den Sohn). Die so genannten Adoptivkaiser (96 - 192 n. Chr.) setzten dagegen das Prinzip der Adoption, das sie mit der griechischer Staatsphilosophie entstammenden Idee der Auswahl des Besten bzw. der Herrschaft des Besten verbanden. In der Tat wurde dieses »humanitäre Kaisertum« dank fähiger Herrschergestalten (Trajan, Hadrian, Mark Aurel) weithin akzeptiert. Die Severer (193 - 235 n. Chr.) stützten sich nicht nur auf den Grundsatz der Erbfolge, sondern auch auf neue, immer populärer werdende religiöse Vorstellungen von einem besonders mächtigen Gott (hier war es der Sonnengott, Sol).

Nach der Ermordung des letzten Severers drohte das Römische Reich im Chaos zu versinken: Immer wieder riefen Truppen ihre Befehlshaber zu Kaisern aus, niemand erreichte dauerhafte Anerkennung (Soldatenkaiser, 235 - 284 n. Chr.). Zu den Kriegen im Inneren kam die außenpolitische Bedrohung an den meisten Grenzen: Im Norden gerieten germanische Stämme in Bewegung und besetzten erstmals auf Dauer Teile des Reiches. Vor allem erwuchs dem Imperium in Gestalt des reorganisierten Perserreiches unter der Dynastie der Sassaniden ein ernsthafter Gegner, der ebenfalls die Weltherrschaft anstrebte. Ein römischer Kaiser, Valerian, ist sogar in persischer Gefangenschaft ums Leben gekommen (260 n. Chr.).

Die Versuche, die Situation im Inneren zu stabilisieren, waren vor allem auf die Religion gestützt: Einerseits wurde die zum Teil verhasste Gemeinschaft der Christen verfolgt (bes. unter Kaiser Decius, 249 - 251 n. Chr.), andererseits stiftete z. B. Aurelian (270 - 275 n. Chr.) eine enge kultische Verbindung mit einem besonders mächtigen Gott, so vor allem mit *Sol Invictus,* dem unbesiegbaren Sonnengott, der sich mit anderen Göttern unterschiedlicher Vorstellungskreise, so z. B. mit dem ursprünglich iranischen Gott Mithras, identifizieren ließ.

5. *Die Spätantike*

Der im Jahre 284 n. Chr. an die Macht gekommene Offizier Diokletian versuchte, das Reich durch die Anwendung von Disziplin und Zwang auf allen Ebenen, auch durch eine systematische Christenverfolgung, zu stabilisieren. Da er bei den anderen Generalen und bei den Truppen hohe Autorität genoss, hatte sein System der Tetrarchie, mit zwei Ober- und zwei Unterkaisern (*Augusti* und *Caesares*), eine Zeitlang Bestand. Doch bald kam es wieder zu Kriegen zwischen verschiedenen Truppenteilen und ihren Feldherrn. Einer von diesen, Konstantin, setzte sich in der Schlacht an der Milvischen Brücke (im Norden Roms) 312 n. Chr. durch, nachdem er seine Truppen mit dem Symbol der christlichen Religion ausgestattet hatte.

Konstantin sah in dieser Religion offenbar eine geeignete Stütze für die Stabilisierung des Reiches und die

Legitimierung seiner Herrschaft. Immer stärker förderte er das Christentum. Allmählich setzte sich die Vorstellung durch, dass die Kaiser nach dem Willen Gottes im Reich regierten. Je mehr sich nun die christliche Religion im Reich ausbreitete, desto intensiver wurde die Bindung der Untertanen an den Kaiser und das Reich. Darüber hinaus hatte Konstantin zum Teil Maßnahmen Diokletians fortentwickelt, das Heer und die Reichsverwaltung reorganisiert. Der Druck auf die Städte des Reiches und die einzelnen Untertanen nahm erheblich zu. Durch die Gründung der Stadt Konstantinopel (vormals Byzanz) als zweites Rom gab der Kaiser auch dem Osten des Reiches ein neues Zentrum.

Im Inneren blieb die Situation relativ stabil. Doch die außenpolitischen Probleme nahmen nicht ab: Die Konkurrenz des persischen Reiches ließ sich nicht ausschalten. Vor allem wurde, wegen der immer größer werdenden Unruhe der germanischen Stämme (Völkerwanderung), der Druck auf die Nordgrenze immer stärker. Nach einer katastrophalen Niederlage gegen die Westgoten bei Adrianopel (378 n. Chr.) musste erstmals die Ansiedlung von Germanen auf römischem Boden innerhalb des Reiches toleriert werden. Immer mehr Germanen gelangten in den Heeresdienst und in hohe Offiziersränge.

Nach dem Tode Kaiser Theodosius' I., der das Christentum besonders nachhaltig unterstützt hatte (Verbot heidnischer Götterkulte 392 n. Chr.), wurde die Herrschaft zwischen seinen Söhnen Arcadius (Osten) und Honorius (Westen) geteilt (395 n. Chr.), ohne dass damit die nominelle Einheit des Reiches aufgelöst war. Der Westteil des Reiches ist unter den Angriffen der germanischen Stämme zusammengebrochen (476 n. Chr.), die allerdings gerade in der Herrschaftsorganisation vieles von den Römern übernahmen.

Im Ostteil mit der Hauptstadt Konstantinopel wurde dagegen die Tradition des Reiches bewahrt. Der Kaiser Justinian (527 – 565 n. Chr.) konnte sogar noch einmal versuchen, die gesamte Reichsgewalt auch im Westen, in Italien, Spanien und Afrika, zur Geltung zu bringen. Diese Restauration war allerdings nicht von Dauer. Das Römische Reich blieb auf den Ostteil beschränkt. Seine Bewohner nannten sich *Rhomaioi,* d. h. Römer, aber in griechischer Sprache. Das Römische Reich, das im Osten das Erbe des Hellenismus weitergetragen hatte, wurde nunmehr griechisch, das Reich von Byzanz.

12

Staat und Gesellschaft

Seit jeher hat es Staunen hervorgerufen, dass es den Römern gelang, aus kleinsten Anfängen heraus zu einer antiken Weltmacht aufzusteigen und den Bestand dieses *imperium Romanum* über einen sehr langen Zeitraum hin zu wahren. Fast sechs Jahrhunderte – vom Anfang des 2. Jh.s v. Chr. bis zum Ende des 4. Jh.s. n. Chr. – beherrschten die Römer nicht nur den gesamten Mittelmeerraum, sondern darüber hinaus noch weite Teile der übrigen damals bekannten Welt; und auch nach der endgültigen Teilung des Reiches (395 n. Chr.) überdauerte die römische Herrschaft im Westen noch bis 476 n. Chr. und im byzantinischen Reich des Ostens sogar bis 1453. In der Weltgeschichte hat keine andere Macht so lange Zeit über einen so großen Raum herrschen können.

Die Frage nach den Ursachen und Hintergründen für die erfolgreiche Aneignung und Wahrung dieser Vormachtstellung durch die Römer ist daher immer schon gestellt worden. Bereits der Historiker Polybios (ca. 200 – 120 v. Chr.), der als ein damals führender griechischer Politiker ein unmittelbar betroffener Zeitzeuge der römischen Machtexpansion war, hat diese Frage zum Kernpunkt seiner zeitgeschichtlichen Darstellung gemacht. Als Erster hat er in dem besonderen Charakter des römischen

Die Völker Italiens zur Zeit der Gründung der römischen Republik

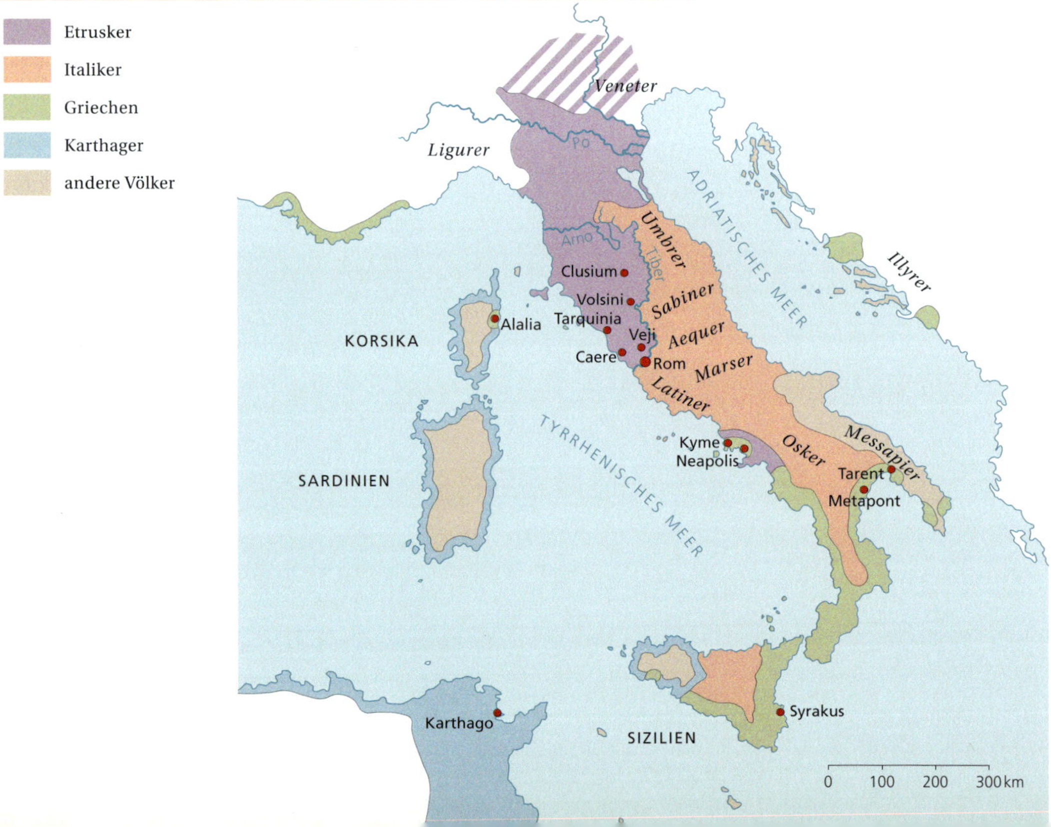

Staatswesens und in der Eigenart der römischen Gesellschaft wohl zu Recht die wesentlichen Grundlagen für den langandauernden Erfolg der römischen Politik gesehen. In diesem Kapitel werden daher die Ausgestaltung und Prägung des römischen Staates und der römischen Gesellschaft in ihren historischen Grundzügen dargestellt, ohne deren Kenntnis ein wirkliches Verständnis der Geschichte Roms nicht möglich ist.

1. *Anfänge und Grundlagen: die Königszeit*

Die Römer und die Völker Italiens

Die Vorfahren des römischen Volkes gehörten zu den indogermanischen Einwanderern, die an der Wende vom 2. zum 1. Jahrtausend - ungefähr zwischen 1200 und 900 v. Chr. - in mehreren Schüben von Norden her große Teile der Apenninen-Halbinsel in Besitz genommen hatten. Im Zuge dieser Wanderungsbewegungen waren die Latino-Falisker, zu denen auch die späteren Römer zu zählen sind, als eine der frühesten Gruppen nach Italien gelangt und hatten sich am Unterlauf und im Mündungsgebiet des Tiber festgesetzt. Ihnen folgten die sog. Italiker, die sich in den Bergregionen der Apenninen bis hin nach Süditalien ansiedelten. Die Italiker waren mit den Latino-Faliskern zwar verwandt, unterschieden sich aber von diesen wie auch untereinander in Sprache und Kultur.

Die weiter nördlich siedelnden Stammesgruppen, zu denen u. a. die Umbrer, Sabiner, Äquer und Marser gehörten, werden unter dem Namen Umbro-Sabeller zusammengefasst und die im Süden ansässigen als Osker bezeichnet, denen u. a. die Samniten zuzurechnen sind. Ob die Italiker bereits zum Zeitpunkt ihrer Einwanderung in festen Stammesverbänden und Unterstämmen organisiert waren oder ob sie sich erst nach ihrer Ansiedlung zu solchen Einheiten zusammengeschlossen haben, ist heute nicht mehr zu entscheiden. Auf jeden Fall bildeten alle diese Völkerschaften in Italien eine wichtige eigenständige politische Kraft, mit der sich die Römer über Jahrhunderte hin auseinanderzusetzen hatten.

Weitere indogermanische Einwanderer drangen von Osten her über Istrien und die Adria nach Italien ein. Es waren dies die Veneter, die sich in der nach ihnen benannten Landschaft im Norden niederließen, und illyrische oder doch zumindest mit den Illyrern eng verbundene Stammesgruppen wie die Daunier, Peuketier, Messapier und Sallentiner, die sich vor allem in den Küstenebenen des heutigen Apulien festsetzten.

Die Region zwischen den Flüssen Arno und Tiber, die ungefähr der heutigen Toskana (abgeleitet von der römischen Bezeichnung *Tusci* = Etrusker) entspricht, bildete das Kernland der Etrusker, deren Herkunft bis heute ungeklärt ist.

Es bleibt eine offene Frage, ob die Etrusker wie die weiter nördlich wohnenden Ligurer zur alteingesessenen mediterranen Bevölkerung gehörten oder ob sie wie die bereits erwähnten indogermanischen Völkerschaften zu einem nicht mehr bestimmbaren Zeitpunkt nach Italien einwanderten. Obgleich die Etrusker ein dem Griechischen entlehntes Alphabet benutzten und ihre Schrift daher gelesen werden kann, ist ihre Sprache noch nicht entschlüsselt. So bleiben die eindrucksvollen archäologischen Monumente (Stadtanlagen, Nekropolen etc.) die wichtigsten Zeugnisse der Geschichte dieses Volkes, das wie kein anderes Staat und Gesellschaft, Kultur und Religion des frühen Rom geprägt hat. Zwischen dem 9. und 7. Jh. v. Chr. entwickelte sich in Etrurien - zunächst vor allem an der Küste und dann auch im Binnenland - ein blühendes Städtewesen. Die Städte waren jeweils eigenständige politische Organisationseinheiten und standen untereinander durchaus in Konkurrenz. Im 7. und 6. Jh. v. Chr. weiteten die Etrusker ihren Machtbereich im Norden bis in die Po-Ebene und im Süden bis nach Kampanien aus. Dabei gerieten auch Rom und Latium unter etruskischen Einfluss. Darüber hinaus betrieben sie einen intensiven Seehandel, der oft mit Piraterie verbunden war. Das wirtschaftliche Rückgrat für diese Machtentfaltung bildeten reiche Bodenschätze (Eisen, Kupfer, silberhaltiges Blei). Im 5. Jh. v. Chr. zerbrach schließlich die etruskische Vormachtstellung im Süden am Widerstand der dort ansässigen Griechen (Seeschlacht bei Kyme 474 v. Chr.); und im Norden wurden die Etrusker von den Kelten verdrängt, die im Rahmen einer letzten großen Einwanderungsbewegung an der Wende vom 5. zum 4. Jh. v. Chr. in die oberitalienische Tiefebene vordrangen.

Neben den Etruskern waren es die Griechen, die die politische und kulturelle Entwicklung Roms nachhaltig beeinflussten. Zwischen dem 8. und 6. Jh. v. Chr. hatten Siedler aus dem griechischen Mutterland zahlreiche Städte an den Küsten Unteritaliens und Siziliens (Magna Graecia) gegründet. Wie bei den Etruskern waren diese Städte jeweils eigenständige Staatswesen. Diese besondere Form der stadtstaatlichen Organisation der Etrusker und Griechen war dann auch das Vorbild für die Gründung des römischen Staates.

Die Gründung Roms

Wenn von der Gründung Roms die Rede ist, dann muss man zunächst grundsätzlich unterscheiden zwischen den ersten Anfängen der Siedlungstätigkeit der Latiner am Tiber einerseits und der eigentlichen Begründung eines eigenständigen und unabhängigen römischen Staatswesens andererseits. Die römische Überlieferung kennt diese Unterscheidung nicht. Die Gründungssage fasst die erste Besiedlung und die Stadtgründung zu einem einzigen Ereignis zusammen und verlegt es in das 8. Jh. v. Chr. (↗192). Die Sage hat mit dem eigentlichen Geschehen nur wenig zu tun; denn wie es zur Stadtgründung gekommen ist und wie die Verhältnisse in der römischen Frühzeit waren, das ist nur aus den staatlichen und kultischen Einrichtungen der römischen Republik und Kaiserzeit, die noch aus den älteren Zeiten übernommen worden waren, und aus den archäologischen Bodenfunden einigermaßen zu erschließen.

Die Latiner, die sich seit dem 10. Jh. v. Chr. zunächst auf dem Palatin und dann auch auf anderen Hügeln niedergelassen hatten, waren Bauern. Ackerbau und Viehzucht blieben die wirtschaftliche Grundlage bis zum Untergang des römischen Reiches. Die Menschen lebten anfangs in kleinen Streusiedlungen eng beieinander. Sie hatten sich daher wahrscheinlich schon recht früh auf irgendeine Weise zu einem größeren Verband zusammengeschlossen, an dessen Spitze ein König *(rex)* stand. Als sakrales Zentrum dürfte der Kapitolshügel gedient haben, auf dem der Himmelsgott Jupiter verehrt wurde. An der Wende vom 7. zum 6. Jh. v. Chr. erfolgte dann die Ausbildung eines städtischen, aber weiterhin von einem König beherrschten Gemeinwesens. Dies geschah unter dem starken Einfluss der Etrusker, die ihre Macht zum damaligen Zeitpunkt über den Tiber hinweg weit nach Süden hin auszudehnen begannen. Etruskisch ist daher auch der Stadtname Roma, der vom Namen des etruskischen Geschlechtes der Rumlna / Rumlinna abgeleitet ist.

Umfangreiche städtebauliche Maßnahmen kennzeichnen den Vorgang der Stadtwerdung Roms. Der Ausbau einer städtischen Infrastruktur wurde begleitet von einer tiefgreifenden Neugestaltung der staatlichen und gesellschaftlichen Ordnung, die nun stark etruskisch geprägt wurde. Die Stadt wurde zum zentralen Bezugspunkt. Die verwandtschaftlichen und persönlichen Bindungen und Beziehungen blieben zwar weiterhin eine entscheidende Grundlage der Politik, aber der Handlungsort des politischen Lebens wurde jetzt die Stadt, die nach außen hin durch das Pomerium abgegrenzt wurde (↗190). Innerhalb dieses umschlossenen Bezirkes herrschten Frieden und Sicherheit, die von den heimischen Göttern ebenso wie von den staatlichen Organen verbürgt wurden. Das Pomerium an anderen als den dafür bestimmten Stellen zu überschreiten, galt als Frevel und feindlicher Akt (vgl. die Sage vom Tod des Remus). Offen durfte hier niemand Waffen tragen; und wenn sich die Bürgerschaft zum *lustrum* versammelte (↗68), geschah dies auf dem Marsfeld außerhalb des Pomeriums.

Die politische und gesellschaftliche Organisation

Das römische Königtum geht schon in die voretruskische Zeit zurück. Es hatte ursprünglich den Charakter eines Heerkönigtums mit sakralen Funktionen, wie es auch von anderen indogermanischen Stämmen bekannt ist.

Das Wort für den König, *rex,* das uns u. a. auch bei der Caesarlektüre als Bestandteil vieler keltischer Namen wie Ambio*rix,* Dumno*rix* sowie in germanischen Eigennamen wie Diet*rich* und Hein*rich* begegnet, bezeichnet eigentlich den indogermanischen Stammeskönig. Dieser musste das Heer im Krieg führen und war als oberster Priester für die wichtigsten Kulthandlungen zuständig. Diese kultischen Funktionen wurden später im republikanischen Rom auf ein Amt übertragen, das als einziges nach dem Sturz des Königtums noch den Namen *rex* in seiner Titulatur führte: *rex sacrorum* (↗78).

Ein solches Königtum war in der Regel nicht erblich. Dem König stand ein Ältestenrat (= Senat; von *senex*) zur Seite, mit dem er einvernehmlich die laufenden Staatsgeschäfte zu führen hatte und an dessen Zustimmung er bei allen wichtigen Entscheidungen gebunden war. Dieser Ältestenrat war auch an der Wahl eines neuen Königs beteiligt. Auf diese besondere Beziehung zwischen König und Ältestenrat ist wohl auch die Einrichtung des *interregnum* (Zwischenkönigtum) zurückzuführen, die noch in republikanischer Zeit Gültigkeit besaß. Diese Institution ermöglichte es dem römischen Senat, für einen jeweils sehr begrenzten Zeitraum einen *interrex* einzusetzen, solange keine regulären Konsulwahlen erfolgen konnten.

Unter der etruskischen Vorherrschaft wurde die Stellung des Königs erheblich gestärkt und der Einfluss des Senats zeitweilig zurückgedrängt. Die unumschränkte herrscherliche Gewalt des Königs brachten entsprechende Herrschaftszeichen zum Ausdruck: Von 12 Amtsdienern (Liktoren) wurden dem König Rutenbündel *(fasces)*, aus denen Beile herausragten, vorangetragen, um seine Macht über Leben und Tod zu demonstrieren. (Die Faschisten in Italien machten diese *fasces* ab 1919 zu ihrem Symbol und leiteten davon ihren Namen ab.) Darüber hinaus kennzeichneten Purpurgewand und Goldkranz die herausgehobene Stellung des Königs, der bei offiziellen Anlässen auf einem Elfenbeinthron *(sella curulis)* Platz nahm.
Die gesamte Bürgerschaft Roms *(populus Romanus)* war in 30 Kurien (*curia* = *coviria* = Männerverband) eingeteilt. Die Kurien bildeten die Grundeinheiten, nach denen in der Volksversammlung *(comitia* curiata*)* abgestimmt wurde; auch für die frühe Heeresordnung dürfte diese Einteilung maßgeblich gewesen sein. Die Kurien verfügten über eigene Magistrate und Kulte. Während die Kurien wohl noch aus der voretruskischen Zeit stammen, geht die Zuordnung von jeweils 10 Kurien zu einer Tribus auf die Zeit des etruskischen Königtums zurück; jedenfalls sind die Namen der drei Tribus Tities, Ramnes und Luceres etruskisch. Die Einrichtung dieser Tribus diente der organisatorischen Straffung des Bürgerverbandes. Unklar bleibt, nach welchen Gesichtspunkten die Zuordnung der Bürger zu den Kurien erfolgte. Den bestimmenden Einfluss in den Kurien und damit auch in den *comitia curiata* übten aber zweifellos die führenden Männer der adligen Familien und Sippen aus, die auch im Ältestenrat vertreten waren. Gleichwohl waren die Familien und Geschlechterverbände keine Untergliederungen der Kurien und Tribus; vielmehr bestanden beide Ordnungen nebeneinander und überlagerten sich.

Schon in der etruskischen Königszeit entstand wohl auch die Einteilung des römischen Stadtgebietes in vier Bezirke, die ebenfalls Tribus hießen (Tribus Suburana, Palatina, Esquilina und Collina; ↗194). Diese regionalen Tribus sind von den zuvor genannten Tribus streng zu trennen. Ihre Zahl wurde in der Zeit der Republik stark erweitert und sie bildeten dann die Grundeinheiten der als *comitia tributa* bezeichneten Volksversammlung (↗32).

Die gesellschaftliche Ordnung Die Grundlage der Sozialordnung blieb während der gesamten römischen Geschichte die *familia,* an deren Spitze der Hausvater *(pater familias)* stand, der die uneingeschränkte Gewalt *(patria potestas)* über die *familia* besaß. Über die heutige Bedeutung des Wortes Familie hinaus umfasste die römische *familia* auch die verheirateten Söhne mit ihren Frauen und Kindern und auch deren Kindern, die Adoptivsöhne, die Sklaven und das gesamte Vermögen.

Der *pater familias* konnte über alle Angehörigen Strafen verhängen, bis hin zur Todesstrafe, und er allein verfügte über das gesamte Vermögen. Er konnte Neugeborene aussetzen und Kinder jeden Alters verkaufen oder verpfänden. Allerdings waren der *patria potestas* auch Grenzen gesetzt: Auch der *pater familias* unterlag der Sittenaufsicht der Zensoren (↗28) und konnte von diesen für den Missbrauch seiner allumfassenden Rechtsgewalt zur Rechenschaft gezogen werden.

Die *familia* war also in erster Linie ein Rechtsverband und eine Vermögensgemeinschaft; der gemeinsame Kult der Hausgötter, der Laren und Penaten (↗70), und die Verehrung der verstorbenen Eltern und Großeltern als *di parentes* machte die *familia* aber auch zu einer sakralen Einheit.

Von der *familia* in vieler Hinsicht zu unterscheiden ist das, was wir heute Familie nennen und was die Römer eher als *domus* bezeichneten. Das alltägliche Zusammenleben in der Ehe- und Familiengemeinschaft unterlag zwar der *patria potestas*, es wurde aber auch noch von anderen Regeln bestimmt. In der *familia* war allein die Verwandtschaft väterlicherseits *(agnati)* maßgebend; innerhalb der Familie als engerer Hausgemeinschaft kamen aber auch Rechte der Frauen und der Verwandten der weiblichen Linie *(cognati)* zum Tragen.

Die Stellung der Frau Ein allen Frauen in der Antike – und in der europäischen Geschichte teilweise noch bis ins 20. Jh. hinein – gemeinsames Merkmal war ihr Ausschluss von sämtlichen politischen Mitwirkungsrechten. Wie schon in der griechischen Staatenwelt lagen auch im römischen Herrschaftsbereich die politische Entscheidungskompetenz und die Wahrnehmung der politischen Ämter ausschließlich in den Händen der Männer. Hiervon abgesehen war die Stellung der Frau in der römischen Gesellschaft sehr unterschiedlich ausgeprägt und hing entscheidend von ihrem jeweiligen rechtlichen und sozialen Status ab.

Das Leben einer freien römischen Bürgerin unterlag grundsätzlich anderen Bedingungen als das Leben einer Sklavin oder einer Freigelassenen (↗35). Eine Frau, deren Familie dem Senatoren- oder Ritterstand angehörte, hatte oft ganz anderen gesellschaftlichen Erwartungen zu genügen als eine Römerin aus den unteren Schichten; ferner standen ihr – wie mancher Freigelassenen – schon allein aufgrund des verfügbaren Ver-

Die Stellung des pater familias

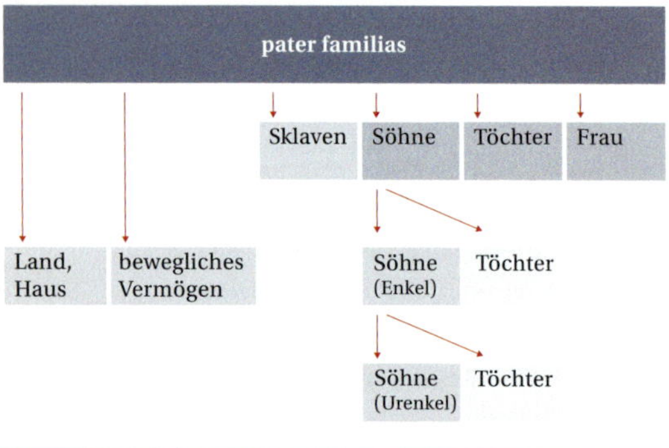

▼ Ehepaar mit Kind. Grabmal aus Neumagen (Mitte 3. Jh. n. Chr.)

mögens ganz andere Möglichkeiten offen. Die Lebensumstände auf dem Lande haben sich von denen in einer Stadt und vor allem in Rom wesentlich unterschieden. Und in den einzelnen Teilen des römischen Reiches war das soziale Umfeld, in dem sich eine Frau zu bewegen hatte, keineswegs einheitlich. Ihre Lebensbedingungen waren in Rom und Italien anders als etwa in Griechenland, im Vorderen Orient, in Nordafrika oder im Nordwesten des Reiches; viele gesellschaftliche Wertvorstellungen blieben nämlich von regionalen Eigenarten und Besonderheiten geprägt, auch wenn sich hier teilweise im Verlaufe der römischen Herrschaft eine allmähliche Angleichung vollzog.

Verallgemeinernde Aussagen über die Stellung der Frau können daher immer nur bedingt gültig sein, zumal auch noch der Wandel in der Zeit zu berücksichtigen ist. Römische Geschichtsschreiber und Dichter beklagten oft den zunehmenden Verfall der Sitten, der mit dem Aufstieg Roms zur Weltherrschaft einherging. Die mit ihm verbundenen Wandlungen in den Moralvorstellungen wirkten sich weitreichend auf die Stellung der Frau in Ehe, Familie und Öffentlichkeit aus.

Eine Eheschließung begründete in Rom kein eigenes Rechtsverhältnis, sondern kam lediglich aufgrund einer bloßen Willensbekundung zwischen Mann und Frau zustande. Vertraglich geregelt wurden allenfalls Fragen der Mitgift und des Vermögens.

Es gab ursprünglich drei Arten der Eheschließung: Die feierlichste Form war die *confarreatio*, die vor allem den Patriziern (↗19) vorbehalten war. Unter Mitwirkung des *ponifex maximus* und des *flamen dialis* (↗78) wurde in Gegenwart von 10 Zeugen u. a. dem Jupiter ein Opferkuchen aus Weizen (*far* = besondere Weizenart: Dinkel) dargebracht. Die *coemptio* war eine Art Scheinverkauf der Frau und ging wohl auf einen urtümlichen Brauch des Brautkaufs zurück. Schließlich konnte eine Ehe ohne besondere Zeremonie durch den *usus* geschlossen werden. Hierbei wurde die Rechtsgültigkeit durch ein einjähriges ununterbrochenes Zusammenleben der Eheleute bewirkt. Allerdings konnte sich eine Frau in diesem Fall der durch die Ehe begründeten Rechtsgewalt des Ehemannes entziehen, indem sie innerhalb eines Jahres jeweils mindestens drei aufeinanderfolgende Nächte *(trinoctium)* außerhalb des Hauses zubrachte.

Diese unterschiedlichen Arten der Eheschließung kamen im Verlaufe der Zeit außer Gebrauch und es entwickelte sich eine Hochzeitszeremonie, die bis in Einzelheiten hinein der bei uns noch heute gebräuchlichen Form ähnelt. Es gab auch eine der Hochzeit vorangehende Verlobung, bei der sich die Brautleute unter Zeugen ein – rechtlich nicht bindendes – Versprechen gaben und die Braut, die bereits im Alter von 12 bis 14 Jahren als heiratsfähig galt, einen Ring überreicht bekam.

Da auch die Ehescheidung wie die Eheschließung nur einer einfachen Willensbekundung bedurfte, war sie entsprechend leicht herbeizuführen. Allerdings galt es für eine Frau als erstrebenswert, eine *univira* zu bleiben, also nur einmal zu heiraten.

Einer der Hauptgründe für eine Scheidung war bei Kinderlosigkeit der Wille des Mannes zur Sicherung der männlichen Nachkommenschaft; in führenden Familien waren oft auch politische Gründe ausschlaggebend.

Kaiser Augustus versuchte, durch eine umfangreiche Ehegesetzgebung der zunehmenden Zahl der Ehescheidungen entgegenzuwirken und Eheschließungen und die Geburt legitimer Kinder zu fördern. Frauen im Alter zwischen 20 und 50 und Männer zwischen 25 und 60 Jahren wurden zur Ehe verpflichtet; Scheidungen wurden erschwert und die Wiederverheiratung nach einer Scheidung oder dem Tod eines Ehepartners wurde vorgeschrieben. Ehe- und Kinderlosigkeit wurden mit Strafsanktionen bis hin zum Ausschluss vom Theaterbesuch belegt.

Diese kaiserlichen Ehegesetze verboten zugleich den Mitgliedern des Senatorenstandes, eine Ehe mit Freigelassenen oder mit Personen einzugehen, die als moralisch verwerflich *(probrosi)* galten; hierzu zählten neben verurteilten Ehebrechern und Prostituierten auch Schauspielerinnen und Schauspieler.

Diese Regelungen führten dazu, dass neben der Ehe das Konkubinat *(concubinatus)* an Bedeutung gewann und sogar Kaiser wie Vespasian und Marc Aurel eine solche eheähnliche Verbind ung eingingen. Das Konkubinat war nicht mit den Rechtsfolgen (Erbrecht, Bürgerrecht etc.) einer voll wirksamen Ehe verbunden, es war aber ebenso wie die Ehe eine monogame Verbindung zwischen Mann und Frau und schloss eine gleichzeitige Ehe grundsätzlich aus.

Anfangs war die Römerin nach ihrer Hochzeit nicht mehr der *patria potestas* ihres *pater familias,* sondern der entsprechenden Gewalt *(manus)* ihres Ehemannes unterstellt, der damit auch die Verfügungsgewalt über ihr Vermögen erhielt. Seit dem Ende des 3. Jh.s v. Chr. setzte sich aber zunehmend die manusfreie Ehe durch, in welcher der Ehefrau oder auch dem *pater familias* ihrer bisherigen *familia* aufgrund eines Ehevertrages die volle Verfügungsgewalt über das von ihr in die Ehe eingebrachte Vermögen zustand. In der Folgezeit erlangte die römische Frau im Bereich des privaten und öffentlichen Rechts eine fast vollständige Gleichstellung mit dem Mann. So konnte auch sie sich – wie zuvor schon die männlichen Angehörigen einer *familia* – durch den Akt der *emancipatio*, einer Art symbolischen Freikaufs – aus der *patria potestas* lösen und damit zu einer Person *sui iuris* werden.

▼ Porträtstatue einer römischen Priesterin. Gefunden an der Rückwand des Macellums von Pompeji. 1. Jh. n. Chr. (Neapel, Museo Nazionale)

Aber auch eine Frau *sui iuris* war beim Abschluss bestimmter Rechtsgeschäfte zunächst noch von der Zustimmung eines Vormunds *(tutor)* abhängig; diese Vormundschaft *(tutela mulieris)* wurde unter Kaiser Augustus für Frauen, die drei – bei Freigelassenen vier – Kinder geboren hatten, aufgehoben und später sogar ganz abgeschafft.

Die zunehmende rechtliche Gleichstellung fand allerdings im politischen und gesellschaftlichen Bereich keine Entsprechung, auch wenn die römischen Frauen von Anfang an über eine weitaus größere Bewegungsfreiheit im Privaten wie im Öffentlichen verfügten, als sie etwa einer Athenerin je zugestanden hatte.

In den Privathäusern (↗164) gab es keine Trennung der Wohnbereiche von Männern und Frauen. Die Frauen nahmen gemeinsam mit ihren Männern an festlichen Essen teil. Sie gingen ins Theater und in den Circus, wo sie aber oft nur in den obersten Rängen Platz nehmen durften. Und sie besuchten ebenso wie die Männer – häufig auch gemeinschaftlich – die öffentlichen Bäder.

Auch im Berufsleben spielten Frauen eine Rolle. Sie waren überwiegend als Ärztinnen, Hebammen, Ammen, Erzieherinnen, Friseusen oder Textilarbeiterinnen tätig; später traten sie sogar als Gladiatorinnen im Circus auf. Eine Tätigkeit als Sängerin, Schauspielerin oder Kellnerin galt als unehrenhaft und wurde oft mit Prostitution gleichgesetzt. Die meisten Berufe waren also Dienstleistungsberufe und wurden von Sklavinnen und Freigelassenen, aber auch von Bürgerinnen aus ärmeren Schichten ausgeübt.

Frauen aus angesehenen Familien findet man aber auch als Unternehmerinnen, Grundstücksspekulantinnen oder Priesterinnen (↗79); in der Regel gingen sie aber keiner Berufstätigkeit nach.

Die Patrizier Schon sehr früh hatten sich in Rom die führenden Familien, die Patrizier *(patricii)*, zu größeren Adelsgeschlechtern *(gentes)* zusammengeschlossen. Eine entscheidende Stärkung erfuhr dieser Adel durch die Einführung einer neuen Reiterkampftaktik in der etruskischen Königszeit. Nur die reichen Patrizier, denen der größte Teil des Bodens gehörte, konnten die Reiterei stellen, da die Reiter für die Pferde und die Ausrüstung selber aufkommen mussten. Diese Adligen hatten also die Hauptlast der Stadtverteidigung und der Kriegführung zu tragen und beanspruchten daher auch eine soziale und politische Führungsrolle. Die Einführung besonderer Standesabzeichen und einer eigenen Tracht brachte diese herausgehobene Stellung auch nach außen hin deutlich zum Ausdruck und festigte zusätzlich den Zusammenhalt innnerhalb des Patriziats.

Die große Bedeutung der Zugehörigkeit zu einer *gens* spiegelt sich auch in der römischen Namengebung wider. Die indogermanischen Völker trugen in der Regel nur einen einzigen Individualnamen, der gewöhnlich aus zwei Wortstämmen bestand (z. B.: Xeno-phon, Arist-archos, Ambio-rix, Dumno-rix, Sieg-fried, Brunhild). Die Römer hingegen verwandten ein vielleicht von den Etruskern übernommenes dreigliedriges Namenssystem, das aus dem Vornamen *(praenomen)*, dem Namen der gens (*nomen gentilicium* oder *gentile*) und dem Beinamen *(cognomen)* bestand: *Marcus Tullius Cicero.* Entscheidend war die Angabe der *gens*, während die Nennung eines oder auch mehrerer Beinamen nicht zwingend war; auch die überaus geringe Zahl (insgesamt nur 11 und 6 weitere beim Adel) und die Art (z. B. Quintus, Sextus etc.) der möglichen Vornamen zeigen, dass die Angabe des *nomen gentile* ausschlaggebend war. Dem Gentilnomen konnte noch die Abstammung väterlicherseits und seit republikanischer Zeit zur Kennzeichnung des Bürgerrechts auch die Zugehörigkeit zu einer Tribus, dem Stimmbezirk, angefügt werden: *Marcus Tullius Marci filius Marci nepos Marci pronepos Cornelia Cicero* = M. Tullius, Sohn des M., Enkel des M., Urenkel des M., aus der Tribus Cornelia, Cicero.

Sklaven trugen nur einen Individualnamen, dem (im Genetiv) das *nomen gentile* und meist auch das *praenomen* des Herrn beigefügt wurden: *Apollonius Aureli Lucii s(ervus)*. Die Namen der Freigelassenen bestanden aus dem *nomen gentile* und später auch dem *praenomen* des Freilassers sowie dem *praenomen* des Freilassers im Genetiv mit dem Zusatz *libertus* (= Freigelassener): *Aulus Fabius Auli l(ibertus)*.

Die Klienten Zu den adligen *gentes* gehörten auch die Klienten (»Hörige«; vgl. griech. *klýein* und lat. *cluere* = hören, gehorchen). Dies waren ursprünglich wohl ärmere Bauern und Pächter, aber auch fremde Zuwanderer und freigelassene Sklaven. Um ihre wirtschaftliche, soziale und rechtliche Lage sicherzustellen, begaben sie sich unter den Schutz eines mächtigen Patrons *(patronus)* und traten zu ihm in ein festes Abhängigkeitsverhältnis (*in fidem se dare ↔ in fidem suscipere*). Obgleich die Klienten weiterhin Freie blieben, wurde das einmal begründete Klientelverhältnis in der Regel vererbt. Die Klientel *(clientela)* war ein Treueverhältnis auf Gegenseitigkeit *(in fide esse)*: Der Klient war seinem *patronus* gegenüber zur unbedingten Gefolgschaft (*obsequium*) verpflichtet und hatte ihn militärisch und politisch nach besten Kräften zu unterstützen. Dafür musste der *patronus* seinem Klienten in allen Notlagen Schutz und Hilfe gewähren und dessen Interessen etwa vor Gericht mit allen Mitteln verteidigen.

Die Zahl der Klienten war oft sehr groß und konnte die Zahl der adligen Mitglieder *(gentiles)* einer *gens* um ein Vielfaches übersteigen. Später nahmen führende Politiker sogar ganze unterworfene Städte und Gebiete in ihre Klientel auf. Macht und Einfluss waren von der Größe der Klientel abhängig, deren Verhalten vor allem auch bei Abstimmungen und Wahlen entscheidend war. Die Klientelbindungen bestimmten bis zum Beginn der Kaiserzeit das gesamte politische Leben in Rom. In der Kaiserzeit verlor die Klientel ihre politische Bedeutung und bestand nur noch als eine – allerdings wichtige – gesellschaftliche und wirtschaftliche Einrichtung weiter.

Die Plebejer Von den Patriziern und ihrer Klientel scharf getrennt war die Gruppe der Plebejer. Lange Zeit bestand sogar ein Eheverbot zwischen Patriziern und Plebejern. Die Entstehung der *plebs* ist bis heute ungeklärt. Da sie aber in republikanischer Zeit in große politische Auseinandersetzungen mit dem Patriziat geriet, muss die *plebs* aus Personen zusammengesetzt gewesen sein, die nicht einer patrizischen Klientel angehörten. Daher wird man annehmen dürfen, dass die *plebs* vor allem aus einer freien, nicht klientelgebundenen Schicht von Besitzlosen und von teilweise auch wohlhabenden Bauern, Händlern und Handwerkern bestand. Hinzu kamen noch zahlreiche fremde Adelsgeschlechter, die nach Rom gezogen waren und nur in der Frühzeit und dann auch nur in Ausnahmefällen zum Patriziat zugelassen wurden.

Im Gegensatz zum grundbesitzenden Geburtsadel der Patrizier bildeten die Plebejer also eine weder sozial noch wirtschaftlich einheitliche Gruppe. Die reicheren plebejischen Familien schlossen sich sogar nach dem Vorbild der Patrizier zu eigenen *gentes* zusammen. Was Patrizier und Plebejer grundsätzlich trennte und die Plebejer untereinander verband, das war der Ausschluss aller Plebejer von jeglicher Beteiligung an der Politik.

2. *Die Republik*

Der Sturz des Königtums und die Ständekämpfe

Die Beseitigung des Königtums wird in der späteren römischen Überlieferung auf das Jahr 509 v. Chr. datiert. Auf diese Weise wurde im Nachhinein versucht, die Vorgänge in Rom mit dem Sturz der Tyrannis in Athen zeitlich gleichzusetzen und so die Anfänge der römischen Republik in einen engeren historischen Zusammenhang mit der griechischen Geschichte zu bringen. Die Vertreibung des letzten Königs Tarquinius Superbus erfolgte aber erst einige Zeit später, als die etruskische Vormacht in ganz Italien zusammenzubrechen begann (↗194); da bot sich auch den Römern die Chance, sich der politischen Bevormundung durch die Etrusker endgültig zu entziehen.

Mit der Beseitigung des Königtums gelangten alle militärischen, rechtlichen und kultischen Befugnisse des Königs in die Hände des patrizischen Adels. Die Patrizier verteilten diese verschiedenen Kompetenzen auf mehrere Ämter, die aus ihren Reihen besetzt wurden.

Die sakralen Aufgaben wurden einem »Opferkönig« *(rex sacrorum)* und den Priestern *(pontifices)* überlassen (↗78), während die gesamten militärischen und rechtlichen Funktionen zunächst einem *praetor maximus* (von *praeitor* – oberster »Herzog«) genannten Oberbeamten übertragen wurden, dem wahrscheinlich noch ein oder zwei rangniedrigere Beamte unterstellt waren. Hieraus entwickelte sich das mit jeweils zwei Oberbeamten besetzte Konsulat, dem im Verlaufe des 5. und 4. Jh.s v. Chr. noch einige weitere patrizische Ämter zur Seite gestellt wurden.

Die Plebejer blieben auch nach dem Sturz des Königtums von allen politischen und priesterlichen Ämtern ausgeschlossen; auch der Zugang zum Senat war ihnen weiterhin versperrt. Hinzu kam, dass sich die wirtschaftliche Lage der ärmeren Plebejer aufgrund von Landnot (ständige Verkleinerung des nutzbaren Landes durch Erbteilung), Verschuldung und Schuldknechtschaft rapide verschlechterte.

Die Ständekämpfe Der Gegensatz zwischen Patriziern und Plebejern verschärfte sich daher zunehmend und entlud sich in einem schweren inneren Konflikt, den Ständekämpfen. Neben besseren Lebensbedingungen und einer Erleichterung der Schuldenlast forderte die Plebs auch ein politisches Mitspracherecht und Beteiligung an der Staatsführung. Zur Durchsetzung ihrer Interessen schufen sich die Plebejer eine Art Staat im Staate mit eigenen Institutionen: Es gab eine Versammlung aller Plebejer *(concilium plebis)* (↗28), auf der Beschlüsse *(plebiscita)* gefasst wurden; darüber hinaus wurden mit den Volkstribunen *(tribuni plebis)* und Ädilen *(aediles plebis)* eigene Magistrate eingesetzt, die als Repräsentanten der Plebejer auftraten und diesen in den Auseinandersetzungen mit den Patriziern Schutz zu gewähren hatten.

Eine grundlegende, von den Griechen übernommene Neuerung in der Kriegführung bot den Plebejern die Gelegenheit, ihren Forderungen weiteren Nachdruck zu verleihen: Der Einzelkampf und das Reitergefecht wurden abgelöst durch den Kampf schwerbewaffneter Fußsoldaten in einer breiten, dicht geschlossenen

Schlachtreihe (griech: *phálanx* = Walze); nicht mehr die adligen Einzelkämpfer und die Adelsreiterei waren kampfentscheidend, sondern eine möglichst große Zahl von Kriegern, die imstande waren, für ihre teuere Ausrüstung selber aufzukommen. Daher erforderte die neue Kampftaktik in immer größerem Umfang die Beteiligung auch reicherer Plebejer am Kriegsdienst, was deren politisches Selbstbewusstsein entscheidend stärkte. Nun konnten auch sie auf ihre Stellung innerhalb der Wehrverfassung hinweisen und ihre Forderung nach politischer Mitsprache dadurch unterstreichen, dass sie mit der Verweigerung ihrer militärischen Unterstützung drohten *(secessio plebis)*. Hier zeigt sich, dass in der Antike (und noch bis weit in die Neuzeit hinein) Heeresordnung und Staatsorganisation weitgehend voneinander abhängig waren.

Obgleich die Auseinandersetzungen zwischen Patriziern und Plebejern mit aller Härte und Entschlossenheit geführt wurden, waren beide Seiten doch auch immer wieder um Ausgleich bemüht und zu Kompromissen bereit. In langen Kämpfen, die sich über mehr als 200 Jahre hinzogen, entstand eine neue gesellschaftliche und staatliche Ordnung, die dann eine entscheidende Grundlage für die Machtstellung Roms bildete.

Die Ergebnisse der Ständekämpfe Das wohl früheste Ergebnis der Ständekämpfe war die Beteiligung der Plebejer an der Wahl der höchsten Magistrate. Da diese Magistrate zugleich auch die obersten Feldherren waren, wurden die Patrizier angesichts der erstarkten Stellung der Plebejer in der Heeresordnung zu diesem Zugeständnis gezwungen. Die Heeresversammlung wurde als eine neue Volksversammlung eingerichtet, die für die Wahl der Magistrate und dann zunehmend auch für andere wichtige politische Entscheidungen zuständig war. Diese nach militärischen Hundertschaften *(centuriae)* geordnete Volksversammlung *(comitia centuriata)* trat neben die bereits bestehende, nach Kurien gegliederte Volksversammlung (↗ 31 f.).

Auch die schriftliche Aufzeichnung des geltenden Rechts in den Zwölftafelgesetzen (↗ 48) und die bald darauf gesetzlich verfügte Aufhebung des Heiratsverbotes zwischen Patriziern und Plebejern (*lex Canuleia* 445 v. Chr.) waren frühe Erfolge der Ständekämpfe.
In der Folgezeit erkämpften sich die Plebejer schrittweise den Zugang zu allen patrizischen Ämtern, während die plebejischen Ämter den Patriziern verschlossen blieben. In diesem Zusammenhang bildete sich spätestens in der ersten Hälfte des 4. Jh.s v. Chr. die endgültige Form der Konsulatsverfassung der römischen Republik heraus, in die auch die plebejischen Ämter (Volkstribune und Ädile) eingebunden wurden: An der Spitze der Magistratur standen zwei Konsuln, denen Quästoren zur Seite standen. Einige Aufgaben des Konsulats wurden auf die Zensoren und die neugeschaffene Prätur übertragen; und zusätzlich zur plebejischen Ädilität wurde die für das Gesamtvolk zuständige kurulische Ädilität eingeführt.

Am Ende des 4. Jh.s v. Chr. erhielten die Plebejer dann auch Zugang zu den Priesterämtern der *pontifices* und der *augures* (↗ 78 f.). Zur gleichen Zeit sprach die *lex Valeria de provocatione* jedem römischen Bürger, der sich dem willkürlichen Zugriff eines römischen Magistrats auf Leib und Leben ausgesetzt sah, das Recht der *provocatio ad populum* (»Anrufung des Volkes«) zu, d. h. das Recht, hiergegen bei der Volksversammlung Berufung einzulegen. Dieses Provokations-

▼ Silberdenar
(um 110 v. Chr.: rechts ein Liktor, links ein römischer Bürger, in der Mitte ein Soldat.) Die Szene erinnert an die Ausdehnung des Provocationsrechts auf die römischen Soldaten Anfang des 2. Jh.s v. Chr.

recht gehörte seitdem zu den Grundprinzipien der Freiheit eines römischen Bürgers.

Den Abschluss der Ständekämpfe brachte im Jahre 287 v. Chr. die *lex Hortensia*, durch die die Beschlüsse *(plebiscita)* des *concilium plebis* eine für alle römischen Bürger verbindliche Gesetzeskraft erhielten und den in den *comitia centuriata* beschlossenen *leges* gleichgestellt wurden. Diese rechtliche Gleichstellung der Entscheidungen der Plebejer mit denen des Gesamtvolkes macht deutlich, dass die tiefe Kluft zwischen Patriziern und Plebejern überwunden war und es zu einem wirklichen Ausgleich der politischen Interessen gekommen war. Eigentliche Nutznießer dieses Ausgleichs waren allerdings nur die reicheren Plebejer, die es sich leisten konnten, politisch tätig zu werden und Ämter zu übernehmen.

Aber auch die wirtschaftliche Notlage der ärmeren und mittellosen Plebejer besserte sich im 4. und 3. Jh. v. Chr. zunächst: Durch die Gründung von Kolonien und die Bereitstellung von Ackerland in den von Rom eroberten Gebieten Italiens wurde für viele verarmte Bauern eine neue Lebensgrundlage geschaffen; darüber hinaus dürfte auch die Erschließung der neu hinzugewonnenen Gebiete etwa durch den Bau von Straßen, Brücken, Wasserleitungen zusätzliche neue Arbeitsmöglichkeiten geschaffen haben (↗196). 326 v. Chr. wurde die Schuldknechtschaft verboten; dennoch war das Schuldenproblem letztlich nicht gelöst.

Die Nobilität Die Zulassung der Plebejer zu allen höheren Ämtern besagte noch nicht, dass diese auch tatsächlich sofort eine nennenswerte Anzahl etwa von Konsuln gestellt hätten. Erst allmählich nahm die Zahl der plebejischen Inhaber des Konsulats zu, bis es schließlich lange Zeit zur Regel wurde, dass sich jeweils ein Patrizier und ein Plebejer dieses Doppelamt teilten. Am Ende kam es sogar vor, dass beide Konsuln Plebejer waren.

Die höheren Staatsämter wie auch das Volkstribunat eröffneten den Plebejern auch den Zugang zum Senat. Die offizielle Anrede im Senat *patres conscripti* spiegelt diesen Vorgang wider, indem die *patres* (= Patrizier) von den *conscripti* (= Dazugeschriebene = Plebejer) unterschieden wurden. Diese Formel darf aber nicht darüber hinwegtäuschen, dass der Gegensatz zwischen Patriziern und Plebejern durch den in den Ständekämpfen erzielten politischen Ausgleich seine Bedeutung verloren hatte und durch andere politische und gesellschaftliche Gegensätze abgelöst worden war.

▼ Leichenzug (*pompa funebris*). Kalksteinrelief. 1. Jh. v. Chr. H. 0,65 m, B. 4,65 m (L'Aquila, Museum)

Der Einfluss vieler patrizischer Geschlechter blieb zwar ungebrochen und die vornehmsten von ihnen stellten auch weiterhin die Mehrzahl der Konsuln; daneben aber kamen immer mehr Konsuln auch aus den Reihen plebejischer Familien. So entstand innerhalb der Plebejer sehr bald ein begrenzter Kreis konsularischer Familien, d.h. Familien, aus denen bereits Konsuln hervorgegangen waren. An die Stelle des alten patrizischen Geburtsadels trat nun ein patrizisch – plebejischer Amtsadel, dessen Kern eine kleine und fest geschlossene Gruppe einflussreicher konsularischer Familien *(nobiles)* bildete.

Der enge Zusammenhalt dieser Nobilität erschwerte in höchstem Maße den Zugang zu dieser politischen Führungsschicht für alle diejenigen, die nicht zu den *nobiles* gehörten. Wem es gleichwohl gelang, in diesen Kreis aufzusteigen (wie M. Porcius Cato, Marius und Cicero), der wurde als *homo novus* bezeichnet. Die Zugehörigkeit zur Nobilität war aber auch kein für immer erworbenes Recht, sondern musste durch eine erfolgreiche Tätigkeit in der Politik stets aufs Neue unter Beweis gestellt werden.

Der Stolz der Nobilität auf diese ständige politische Bewährung im Amt wurde besonders eindrucksvoll beim Begräbnis eines verstorbenen *vir nobilis* zur Schau gestellt. Der griechische Geschichtsschreiber Polybios hat ein solches Begräbnis in seinem Geschichtswerk (6, 53 f.) ausführlich beschrieben:

Vom Verstorbenen fertigte man eine naturgetreue Maske *(imago)* an und stellte sie, mit einer Inschrift *(*titulus*)* versehen, in einem Schrein aus Holz *(*aedicula*)* im Atrium auf. Dort fand sie neben den *imagines* der Vorfahren religiöse Verehrung (↗166 f.). Im prunkvollen Leichenzug zogen unter dem Klang von Hörnern und Tuben Männer mit, die die Masken der Ahnen trugen und mit deren jeweiliger Amtstracht bekleidet waren; und so viele Liktoren, wie ihnen einst zugestanden hatten, gingen jedem der gleichsam körperlich anwesenden Ahnen voraus. Vor der Beisetzung außerhalb der Stadt machte der Zug auf dem Forum Halt. Die »Ahnen« nahmen auf elfenbeinernen Thronen (= *sellae curules*) Platz, während von der Rednerbühne *(rostra)* aus ein Redner in einer Leichenrede *(laudatio funebris)* zunächst den Verstorbenen selbst ehrte, dann aber auch die Verdienste und Erfolge der Ahnen rühmte (↗89 und 168).

Die Magistratur

Die Beamten Ein entscheidendes Ergebnis der Ständekämpfe war die Herausbildung der römischen Magistratur. Es ist ein auffälliges Merkmal, dass die Anzahl der Ämter stets möglichst klein und überschaubar gehalten wurde. Aber nur so konnte die Nobilität auf die einzelnen Beamten einwirken und damit ihren Einfluss auf die Lenkung des Staates sicherstellen, denn die Machtbefugnisse der einzelnen römischen Beamten waren überaus groß.

Wenn man in diesem Zusammenhang von »Beamten« spricht, so darf man unsere heutigen Vorstellungen vom Beamtentum nicht einfach auf die damaligen Verhältnisse übertragen. Alle Ämter waren unbesoldete Ehrenämter *(honores)*. Auch verfügten die Beamten über keinen größeren staatlichen Verwaltungsapparat. Was sie an Hilfspersonal benötigten, stellten sie in der Regel selbst aus dem Kreis ihrer eigenen Sklaven und Freigelassenen. Nur für einige besondere Aufgabenbereiche standen den Beamten Dienstkräfte *(apparitores)* zur Seite, die vom Staat bezahlt wurden und deren Amtszeit zeitlich unbegrenzt war. Da die übrigen Beamten ständig wechselten, bildeten sie das einzige dauerhafte Element der römischen Verwaltung, ohne jedoch politisches Gewicht zu erlangen. Zu den *apparitores* gehörten neben Schreibern *(scribae)*, Herolden *(praecones)* und Boten *(viatores)* auch die Liktoren *(lictores)*, die die höheren Beamten auf ihren Dienstgängen zu begleiten hatten und ihnen dabei die magistratischen Hoheitszeichen (*fasces;* ↗15) vorantrugen. Die Anzahl der Liktoren richtete sich nach dem Rang des Beamten (Konsul: 12; Prätor: 6; Diktator: 24; in der Kaiserzeit wurde ihre Zahl erhöht). Im Auftrag der Magistrate hatten die Liktoren auch Verhaftungen vorzunehmen und sogar angeordnete Strafen (Todesurteile eingeschlossen) zu vollstrecken.

Die römischen Beamten höheren Ranges hießen *magistratus* oder *magistri.* Schon diese Bezeichnungen machen deutlich, dass die Beamten eben nicht Beauftragte oder Diener des Staates waren, sondern Repräsentanten und Inhaber der staatlichen Gewalt. Sie bildeten neben dem Senat und den Volksversammlungen die wichtigste Säule des römischen Staatswesens. Während ihrer Amtszeit konnten sie weder zur Verantwor-

Die ordentlichen Magistraturen

<table>
<tr><th></th><th>Zahl und Entstehung</th><th colspan="2">Funktionen</th><th>Rekrutierung</th></tr>
<tr><td>Censores</td><td>2; 367/6 v. Chr.</td><td colspan="2">Vermögensschätzung und Musterung der Bürger (census);
Auswahl der Mitglieder des Senats (lectio senatus);
Musterung der Ritter (census equitum);
Sittenaufsicht (cura morum);
verantwortlich für Gemeindeimmobilien;
Verpachtung staatlicher Güter (Bergwerke, Zölle);
Anordnung und Realisierung städtischer Neubauten</td><td>Konsulare</td></tr>
<tr><td>Consules</td><td>2; Beginn eines städt. Oberamtes am Anfang der Republik
wann als consules, unsicher</td><td colspan="2">imperium; allgemeine Leitungsfunktionen;
Heerführung;
Berufung und Leitung der Komitien und des Senates</td><td>im Normalfall konsularische Familien</td></tr>
<tr><td rowspan="4">Praetores</td><td>367/66 v. Chr.
1 praetor urbanus</td><td colspan="2">imperium; Vertretung des Konsuls bei dessen Abwesenheit;
Berufung und Leitung der Komitien und des Senats;
Jurisdiktion in Rom;
Vorsitz in Geschworenengerichtshöfen (seit 2. Jh. v. Chr.)</td><td rowspan="4">senatorische und Ritterfamilien, Bürger der 1. Klasse</td></tr>
<tr><td>+ 242 v. Chr.
1 praetor peregrinus</td><td colspan="2">imperium; Jurisdiktion inter cives et peregrinos
(zwischen Bürgern und Fremden)</td></tr>
<tr><td>+ 227 v. Chr.
2 praetores</td><td colspan="2">Verwaltung der Provinzen Sizilien und Sardinien (Korsika)</td></tr>
<tr><td>+ 197 v. Chr.
2 praetores</td><td colspan="2">Verwaltung der beiden spanischen Provinzen</td></tr>
<tr><td>Tribuni plebis</td><td>spätestens ab ungefähr 450 v. Chr.
10, kurz nach Beginn der Republik</td><td colspan="2">Berufung und Leitung des concilium plebis (Gesetzgebung, politische Gerichtsbarkeit);
Hilferecht (ius auxilii) und Interzessionsrecht (ius intercedendi)</td><td>nur Plebejer</td></tr>
<tr><td>Aediles plebis</td><td>2; kurz nach Beginn der Republik</td><td>Berufung und Leitung des concilium plebis;
Verwaltung der plebejischen Tempel</td><td rowspan="2">cura urbis: Aufsicht über Sicherheit und Sauberkeit der Stadt und des Verkehrs, über Kultstätten, Marktgeschäft, Bäder, Garküchen, Bordelle, öffentliche Brunnen;
Multprozesse vor Tributkomitien;
cura annonae: Getreide- und Ölzufuhr, Aufsicht über Magazine, Leitung der Getreideverteilung; cura ludorum</td><td>nur Plebejer</td></tr>
<tr><td>Aediles curules</td><td>2; 367/6 v. Chr.</td><td>Berufung und Leitung der Tributkomitien;
Zivilprozesse wegen Beleidigung</td><td>senatorische und Ritterfamilien; Bürger der 1. Klasse</td></tr>
<tr><td rowspan="4">Quaestores</td><td>447 v. Chr.
2 quaestores urbani</td><td colspan="2">Gehilfen der Konsuln; Verwalter des aerarium</td><td rowspan="4">senatorische und Ritterfamilien; Bürger der 1. Klasse</td></tr>
<tr><td>+ 421 v. Chr.
2 quaestores</td><td colspan="2">Feldherrenquästoren;
Verwaltung der Kriegskasse und der Proviantmagazine;
Vertretung des Feldherren</td></tr>
<tr><td>+ 267 v. Chr. (?);
4 quaestores</td><td colspan="2">quaestores classici für die Flotte</td></tr>
<tr><td>+ unbestimmte Zahl</td><td colspan="2">Provinzquästoren;
Verwaltung der Gelder und Marktgerichtsbarkeit in den Provinzen;
Vertretung des Statthalters</td></tr>
</table>

aus: Der große Ploetz – Auszug aus der Geschichte von den Anfängen bis zur Gegenwart. Verlag Ploetz, Freiburg. 34. aktualisierte Auflage 2005

tung gezogen noch gar abgesetzt werden. Nur von sich aus konnten sie ihr Amt vorzeitig niederlegen; und erst nach Beendigung ihrer Amtszeit waren sie rechenschaftspflichtig.

Die höchsten Beamten, die Konsuln und teilweise auch die Prätoren, verfügten über eine unumschränkte, der *patria potestas* (↗16) durchaus vergleichbare Amts- und Befehlsgewalt *(imperium)*. Diese war ursprünglich wohl nur auf die Kriegsführung bezogen, hatte sich dann aber auf das gesamte öffentliche Leben in und außerhalb Roms (Amtsbezirke *domi militiaeque, domi forisque*) erstreckt und umfasste neben militärischen vor allem auch rechtliche Vollmachten und gewisse religiöse Befugnisse (*ius auspicii;* ↗80). Es ist ein wichtiges Merkmal der römischen Magistratur, dass es keine Trennung zwischen zivilen und militärischen Aufgabenbereichen gab.

Im Verlaufe der Zeit wurden viele Zuständigkeiten neuen, niederen Beamten ohne *imperium* (Ädilen, Quästoren) übertragen. Auf diese Weise bildete sich eine nach Rängen streng gegliederte Beamtenschaft. Die Rangunterschiede wurden durch besondere Amtsinsignien, die z. T. noch aus der Königszeit übernommen worden waren, auch nach außen hin kenntlich gemacht: Diktatoren, Konsuln und Prätoren wurden von einer unterschiedlich großen Zahl von Liktoren begleitet. Der Amtssitz aller höheren Magistrate war die dem Gerichtsstuhl des Königs nachgebildete elfenbeinerne *sella curulis;* diese Beamten, die daher auch kurulische Magistrate genannt wurden, trugen von den kurulischen Ädilen an aufwärts die mit einem breiten Purpursaum versehene *toga praetexta* (↗166).

Zwischen den einzelnen Rängen bestanden klare Abhängigkeitsverhältnisse. Ein Beamter mit höherer Gewalt konnte alle Handlungen eines Beamten mit niederer Gewalt verbieten. So waren die Konsuln allen Beamten gegenüber weisungsbefugt, die Prätoren gegenüber allen Beamten mit Ausnahme der Konsuln usw.; nur die Quästoren als die rangniedrigsten besaßen kein Verbietungsrecht. Einem Diktator und den Volkstribunen konnte allerdings niemand Weisungen erteilen, während die Volkstribune ausnahmslos gegen alle anderen Beamten einschreiten konnten. Dem Verbietungsrecht zwischen Magistraten verschiedenen Ranges entsprach das Recht der Magistrate gleichen Ranges auf Interzession (*ius intercedendi;* von *intercedere* = dazwischentreten, einschreiten), d. h. jeder Beamte konnte die Maßnahmen jedes anderen Beamten gleichen Ranges verbieten und für rechtsungültig erklären.

Ämter- und Machtkontrolle Durch immer stärker ausgestaltete Regeln suchten die Römer die Magistrate trotz ihrer großen Machtfülle möglichst eng in die gesamte Gesellschaft einzubinden. Die Übernahme der Ämter erfolgte nach Grundsätzen, die Machtmissbrauch möglichst ausschließen sollten. Dazu zählte neben dem Interzessions- und Verbietungsrecht auch die strenge zeitliche Begrenzung der Amtszeit aller Magistrate auf ein Jahr (Annuität); Ausnahmen galten für die Zensoren, die aufgrund ihrer besonderen Aufgaben bis zu 18 Monaten amtieren konnten, und für den Diktator.

Das Amtsjahr der verschiedenen Beamten deckte sich zeitlich nicht immer. Während die Volkstribune ihr Amt jeweils am 10. Dezember antraten, begann das Amtsjahr der Konsuln lange Zeit an den Iden des März und später dann an den Kalenden des Januar (↗302). Die Namen der höchsten Beamten des jeweiligen Jahres, d. h. im Normalfall die der Konsuln, wurden seit dem 3. Jh. v. Chr. von den *pontifices* in einer Liste festgehalten *(fasti consulares)* und dienten zur Jahresangabe, sofern man nicht *ab urbe condita* rechnete (↗190). Kaiser Augustus ließ die vorhandenen *fasti* überarbeiten und im Jahre 30 v. Chr. an den Wänden seines Triumphbogens auf dem *forum Romanum* als Zeichen der Erneuerung des Staates anbringen. Die noch erhaltenen Teile dieser bis ins Jahr 13 n. Chr. fortgeführten Listen werden nach ihrem heutigen Aufbewahrungsort, dem Konservatorenpalast auf dem Kapitol, *Fasti Capitolini* genannt (↗6). Weitere Magistratslisten wurden dann noch bis zum Ende der römischen Kaiserzeit angelegt.

Ein weiteres Mittel der Machtkontrolle war das Prinzip der Kollegialität: Jedes Amt – mit Ausnahme der Diktatur – wurde durch mindestens zwei Beamte mit gleichem Rang und gleicher Amtsgewalt *(collegae)* besetzt. Das Recht zur gegenseitigen Interzession sollte vor Amtsmissbrauch schützen und zugleich auch den Zwang zur Einigung zwischen den Kollegen stärken.

Darüber hinaus war es verboten, mehrere Ämter gleichzeitig zu bekleiden oder auch dasselbe Amt mehr als einmal zu übernehmen. Man durfte ein Amt auch nicht zeitlich unmittelbar an ein anderes anschließen; in den sog. *leges annales* war eine zweijährige amtslose Zeit zwischen der Bekleidung der verschiedenen höheren Ämter und ein jeweiliges Mindestalter vorgeschrieben (Quästur: 30; Ädilität: 37; Prätur: 40; Konsulat: 43).

Die Einführung des Kollegialitätsprinzips und die Vermehrung der Beamtenstellen hatte in der Praxis zwar zur Trennung von Zuständigkeiten und zur Schaffung neuer Aufgabenbereiche geführt; dies darf aber nicht darüber hinwegtäuschen, dass es eine grundsätzliche Gewaltenteilung (in Legislative, Exekutive und Judikative), wie sie uns seit Montesquieu (1689 - 1755) für einen freiheitlichen Verfassungsstaat selbstverständlich erscheint, in Rom - und auch in anderen antiken Staaten - niemals gegeben hat.

Die zahlreichen Regelungen hatten zur Herausbildung einer festen Ämterlaufbahn *(cursus honorum)* geführt, die jeder zu durchlaufen hatte, der eine politische Karriere anstrebte und in die höchsten Staatsämter aufrücken wollte. Erste Voraussetzung war eine zehnjährige Bewährung in niederen Ämtern (insbesondere als Kriegstribun und in Priesterstellen); sodann war es möglich, nach den festgelegten Vorschriften von der Quästur bis zum Konsulat aufzusteigen. Als besondere Leistung galt es, wenn ein Römer in die höheren Ämter jeweils *suo anno*, d.h. bereits im vorgeschriebenen Mindestalter, gelangte, wie dies Cicero - sogar als *homo novus* - erreicht hatte.

Die Entstehung der Konsulatsverfassung während der Ständekämpfe und die Grundprinzipien der römischen Magistratur wurden bereits beschrieben (↗23 ff.). Daher sind im Folgenden die wichtigsten Ämter nur noch kurz charakterisiert; im Übrigen sei auf die tabellarische Übersicht verwiesen (↗24).

◂ Liktor (links; vgl. S. 23). Ausschnitt aus einem Marmorrelief. 93 n. Chr. (Rom, Musei Vaticani)

▾ Das Münzbild zeigt das Tribunal des Prätors auf dem Forum. Unter der Überdachung ist eine *sella curulis* erkennbar.

Die Konsuln Sie vereinigten als Träger der höchsten Staatsgewalt in ihrem Amt die alte umfassende Königsgewalt, die jedoch durch die Prinzipien der Machtkontrolle eingeschränkt war; darüber hinaus wurde ihre Machtfülle auch durch die bestimmende Einflussnahme des Senats und die Interzessionsmöglichkeit der Volkstribune eingeengt. In den Händen der Konsuln lag die Leitung aller Staatsgeschäfte; daher stand ihnen auch das Recht zu, den Senat und die Volksversammlungen *(comitia)* einzuberufen und zu leiten. Zu den wichtigsten Aufgaben zählte die Kriegführung, die den Konsuln als den militärischen Oberbefehlshabern Roms übertragen war.

Beide Konsuln besaßen auch in militärischen Angelegenheiten jeweils volle Befehlsgewalt (*imperium*). Wenn sie unabhängig voneinander auf verschiedenen Kriegsschauplätzen ein Heer zu führen hatten, trug jeder in seinem Einsatzbereich die Verantwortung. Befanden sich aber beide bei demselben Heer, erfolgte im Allgemeinen ein täglicher Wechsel im Oberbefehl. Solange die Konsuln ihren Amtsgeschäften in Rom nachgingen, war ein monatlicher Wechsel üblich. Da aber der jeweils nicht amtierende Konsul gegenüber den Anordnungen seines Kollegen ein Einspruchsrecht hatte, gab es in der Regel ein abgestimmtes und einheitliches Vorgehen.

Wenn während des Amtsjahres etwa durch den Tod beider Konsuln das höchste Staatsamt unbesetzt war, wurde vom Senat für eine knapp begrenzte Zeit ein *interrex* (↗15) eingesetzt, der dann Ersatzwahlen abzuhalten hatte.

In Zeiten großer Gefahr konnte das Prinzip der Kollegialität in der obersten Magistratur aufgehoben und an Stelle der Konsuln ein Diktator als Notstandsbeamter mit unumschränkter Gewalt für höchstens 6 Monate eingesetzt werden; ihm waren alle übrigen Beamten unterstellt. Die Ernennung erfolgte durch einen der Konsuln, jedoch erst, nachdem der Senat den Notstand ausgerufen und die zu ernennende Person bestimmt hatte. Der Diktator wiederum ernannte dann als seinen Hilfsbeamten einen Reiterführer *(magister equitum)*, dessen Befehlsgewalt mit der des Diktators wieder erlosch.

Diktatoren wurden während der zahlreichen Kriege des 4. und 3. Jh.s v. Chr. ernannt; nach dem Ende des 2. Punischen Krieges kam dieses Sonderamt außer Gebrauch, das vor allem der Abwehr äußerer Bedrohungen diente (*dictator rei gerundae causae; res gerere* = Krieg führen). Die Diktaturen Sullas und Caesars im 1. Jh. v. Chr. nahmen demgegenüber eine Sonderstellung ein, da sie zur Überwindung der innenpolitischen Krise beitragen sollten; daher bezeichnete sich Sulla auch als *dictator legibus scribundis et rei publicae constituendae causa* (Diktator für die Abfassung von Gesetzen und die Neuordnung des Staates).

Die Prätoren Die Prätur entwickelte sich im Laufe der Ständekämpfe als ein eigenes Amt. Die sich mehrenden Aufgaben – vor allem die zahlreichen, oft gleichzeitigen Feldzüge – führten dazu, dass die ständige Zahl der mit imperialer Gewalt ausgestatteten Beamten auf drei erhöht und den beiden Konsuln als *collega minor* (6 Liktoren) ein Prätor zur Seite gestellt wurde, der im Kriegsfall der ständige Vertreter der Konsuln war *(praetor urbanus)* und im Übrigen für die Rechtsprechung zwischen den Bürgern in Rom zuständig war. Infolge des wachsenden Zustroms von Nichtbürgern nach Rom wurde im 3. Jh. v. Chr. ein zweiter Prätor eingesetzt; dieser hatte die Rechtsstreitigkeiten zwischen Bürgern und Fremden sowie zwischen Fremden untereinander zu regeln *(praetor peregrinus)*. Mit der Errichtung der ersten Provinzen wurden vier weitere Prätorenstellen mit vollem, auch militärischen *imperium* für die Verwaltung der unterworfenen Gebiete geschaffen. Die Aufgaben waren unter den sechs Prätoren durch Los verteilt. Sulla erhöhte die Prätorenstellen auf 8; in der Kaiserzeit schwankte ihre Zahl zwischen 10 und 18.

Die Ädile Die Ädile (von *aedes* = Tempel) waren ursprünglich Aufseher des Ceres-Tempels auf dem Aventin, einem kultischen Zentrum der Plebejer; gleichzeitig waren sie wohl auch Hilfsbeamte der Volkstribune. Während der Ständekämpfe kamen zu den zwei plebejischen Ädilen noch zwei kurulische Ädile hinzu. Die angesehenere kurulische Ädilität stand auch den Patriziern offen.

Abgesehen von einigen richterlichen Funktionen, die nur von den kurulischen Ädilen wahrgenommen wurden, waren die Aufgabenbereiche aller Ädilen weitgehend gleich: Sie hatten sich um die öffentliche Ordnung in der Stadt zu kümmern, die Marktaufsicht zu führen und mussten die Versorgung der städtischen Bevölkerung mit Getreide sicherstellen. Sie waren auch für die Ausrichtung der öffentlichen Spiele verantwortlich; hier hatten sie die Gelegenheit, sich durch die Finanzierung besonders aufwendiger Festspiele beim Volk beliebt zu machen und damit für ihre Wahl in die nächsthöheren Ämter zu werben.

Die Quästoren Sie standen schon seit dem 5. Jh. v. Chr. den Konsuln als Hilfsbeamte zur Seite. Ursprünglich von den Konsuln ernannt, wurden sie später in den Tributkomitien gewählt. In erster Linie waren die Quästoren Finanzbeamte; ihnen konnten aber auch militärische Verwaltungsaufgaben übertragen werden.

Die beiden *quaestores urbani* waren vor allem für die Verwaltung der Staatskasse *(aerarium)* zuständig; darüber hinaus wurden die in den Krieg ziehenden Konsuln jeweils von einem Quästor begleitet, der die Kriegskasse zu verwalten hatte und bei Bedarf auch den Feldherrn vertreten konnte. Seit dem 3. Jh. v. Chr. wurden noch zusätzlich vier Quästoren für die Flotte *(quaestores classici)* bestellt und später war dann in den Provinzen auch jedem Statthalter ein Provinzialquästor als Finanzbeamter zugeordnet.

Die Volkstribune *(tribuni plebis)* Die Volkstribune, deren Zahl von zwei auf schließlich 10 anwuchs, waren ursprünglich die vom *concilium plebis* gewählten Interessenvertreter der Plebejer in deren Auseinandersetzung mit den Patriziern. Sie bildeten während der Ständekämpfe die Führungsspitze des von den Plebejern organisierten »Staates im Staate« (↗23). Als solche hatten sie das *concilium plebis* zu leiten, dessen Beschlüsse seit dem 3. Jh. v. Chr. verbindliche Gesetzeskraft erhalten hatten; ferner war es ihre Aufgabe, richterliche Funktionen innerhalb der Plebs wahrzunehmen und vor allem auch die Plebejer vor ungerechten Maßnahmen und Übergriffen der Magistrate zu schützen.

Die Volkstribune waren unangreifbar, da sie unter den besonderen Schutz der Götter gestellt waren und als unverletzlich *(sacrosancti)* galten. Nach dem Abschluss der Ständekämpfe wurde das Volkstribunat zu einer regulären Magistratur mit außerordentlich großen Befugnissen: So konnte ein Volkstribun gegen die Amtshandlungen aller Beamten einschließlich der Konsuln sein *veto* einlegen und einschreiten (= *ius intercessionis:* zunächst wohl ein wörtlich zu nehmendes »Dazwischentreten« des Volkstribuns zwischen den Magistrat und die angegriffenen Plebejer); er konnte aber auch die Entscheidungen eines jeden seiner Amtskollegen unterbinden bzw. aufheben, und in bestimmten Ausnahmefällen hatte er sogar das Recht, den Senat einzuberufen.

Da nach den Ständekämpfen die plebejischen Beamten in der Regel selbst dem patrizisch-plebejischen Amtsadel angehörten, entwickelte sich das Volkstribunat zu einem Machtinstrument in den Händen dieser neuen politischen Führungsschicht. Es kam sogar vor, dass Patrizier in den plebejischen Stand wechselten, um dieses wichtige Amt bekleiden zu können.

Ein politisches Kampfinstrument wurde das Volkstribunat erst wieder in der Zeit der späten Republik, als die Gracchen mit seiner Hilfe gegen die Mehrheit der Nobilität staatliche Reformen durchsetzen wollten und das Volkstribunat dann in der Folgezeit zu einem Werkzeug im Kampf der »Popularen« und der »Optimaten« wurde. Seit Augustus waren die Machtbefugnisse des Volkstribunats *(tribunicia potestas)* ein zentrales Element der Rechtsstellung der römischen Kaiser; das Volkstribunat selbst blieb als politisch völlig entwertetes Amt noch bis ins 5. Jh. n. Chr. eine Zwischenstufe zwischen Quästur und Prätur.

Die Zensoren Sie wurden alle fünf Jahre für eine Amtszeit von 18 Monaten gewählt, und zwar aufgrund ihrer großen Machtbefugnisse in der Regel nur aus dem Kreis gewesener Konsuln. Die zwei Zensoren (von *censere* = schätzen, mustern) hatten die regelmäßige Vermögenseinschätzung der Bürger vorzunehmen, auf dieser Grundlage die nach Bezirken *(tribus)* geordneten Bürgerlisten aufzustellen und die Bürger den verschiedenen Zenturien (»Hundertschaften«) zuzuweisen, die die Grundlage der Heeresordnung und zugleich auch die Unterteilung der wichtigsten Volksversammlung *(comitia centuriata)* bildeten. Die Schätzung und Musterung fanden auf dem Marsfeld statt und wurden mit einer feierlichen Zeremonie, dem *lustrum* (Abb. ↗65), abgeschlossen. Mit der Führung der Bürgerlisten war den Zensoren auch die Aufgabe zugewachsen, über die Einhaltung der herkömmlichen Verhaltensweisen und Sitten *(mos maiorum)* zu wachen. Sie nahmen damit Einfluss auf das gesamte, selbst das private Leben jedes einzelnen Bürgers.

Verstöße wurden auf verschiedene Weise geahndet: So konnten die Zensoren durch eine höhere Vermögenseinschätzung die Steuerpflicht heraufsetzen oder es auch nur bei einer bloßen Ermahnung *(admonitio)* belassen; eine strengere Strafe war die *nota censoria,* eine Rüge, die in den Bürgerlisten vermerkt wurde und zur Versetzung in eine weniger angesehene Tribus oder zur Entfernung aus dem höchsten Stand, dem Ritterstand (↗35), führen konnte. Seit dem Ende des 4. Jh.s v. Chr. wurde den Zensoren auch das (ihnen dann von Sulla wieder entzogene) Recht übertragen, die Senatoren zu ernennen und Senatoren, die gegen die guten Sitten verstoßen hatten, aus dem Senat wieder zu entfernen. Alle Maßnahmen konnten allerdings beim nächsten Zensus wieder aufgehoben werden. Ein wegen seines besonders strengen *regimen morum* bekannter Zensor war M. Porcius Cato, der daher auch den zusätzlichen Beinamen Censorius erhalten hatte (↗23).

Da die Zensoren die Höhe der nicht regelmäßig, sondern nur im Notfall von den Bürgern erhobenen Steuern *(tributum)* festlegten, war es nur folgerichtig, dass sie auch im Übrigen einen entscheidenden Einfluss auf den Staatshaushalt nahmen. Sie überwachten die Einnahmen (u. a. Pacht- und Verkaufserlöse aus dem Grundeigentum des Staates, Zölle, Strafgelder, Kriegsbeute) und brachten sie mit den Staatsausgaben für Verwaltung, Heer, Religionswesen, öffentliche Getreidespenden u. dgl. in Einklang. In der Praxis wirkte sich das so aus, dass sie das Recht zur Einziehung der Staatseinnahmen an die jeweils meistbietenden Privatunternehmer *(publicani)* verpachteten und so die öffentlichen Einkünfte sicherten, ohne dass eine umfangreiche Verwaltung erforderlich wurde. Die Zensoren waren aber nur Überwachungs- und Ausführungsorgane. Die Verfügungsgewalt lag bei den Konsuln und beim Senat; die Staatskasse befand sich in der Obhut der Quästoren. In den Jahren ohne Zensoren lag die Finanzaufsicht bei den Konsuln.

Die Promagistrate Sie bildeten innerhalb des römischen Ämterwesens eine besondere Gruppe, die man sich gewissermaßen als Ergänzung der ordentlichen Magistraturen vorstellen darf. Als sich im Verlaufe der römischen Expansion die militärischen Auseinandersetzungen über immer längere Zeiträume hin erstreckten, erwies es sich als unsinnig, einen Konsul inmitten eines Krieges nach Ablauf seines Amtsjahres im Oberbefehl abzulösen. So ging man schon im 4. Jh. v. Chr. dazu über, einem kriegführenden Konsul die militärische Befehlsgewalt bis zur Beendigung des Konfliktes zu verlängern *(prorogatio).* Die wachsenden Aufgaben in der Verwaltung vor allem der von Rom neu hinzugewonnenen Gebiete führten dazu, dass schließlich allen Konsuln und Prätoren nach Ablauf des regulären Amtsjahres eine Verlängerung ihrer Amtsgewalt ermöglicht wurde.

Mit der *prorogatio* wurde nicht das eigentliche Amt, sondern nur die Amtsgewalt verlängert. Die Inhaber einer prorogierten Amtsgewalt (Promagistrate) traten für die ihnen zugewiesenen Aufgabenbereiche *(provinciae;* daher auch: Provinz) an die Stelle eines ordentlichen Magistrats *(pro consule, pro praetore;* danach substantivisch: *proconsul, propraetor*). Die Amtsgewalt blieb auf die Gebiete außerhalb Roms *(militiae)* beschränkt; mit Überschreiten des *pomerium* (↗190) verlor ein Promagistrat seine Amtsgewalt und wurde zum Privatmann.

Die Einrichtung der Promagistratur hatte den Vorteil, dass man die Zahl der ordentlichen Magistrate nicht zu erhöhen brauchte. So konnte sich die Nobilität ihren politischen Einfluss sichern, da die Ernennung der Promagistrate und auch ihre eventuelle Absetzung (*abrogatio*), die jederzeit möglich war, durch den Senat erfolgte.

Der Senat

Der Senat (von *senex;* »Ältestenrat«) war in republikanischer Zeit das bedeutendste Gremium des römischen Staates. Nachdem ursprünglich nur die Oberhäupter der patrizischen Familien in ihm versammelt waren, erhielten im Verlauf der Ständekämpfe auch die Mitglieder führender plebejischer Familien Zugang zu ihm. So wurde der Senat zur zentralen politischen Einrichtung der Nobilität.

Das Recht zur Ernennung der Senatoren lag wohl anfangs beim obersten Magistrat, wurde dann aber den Zensoren übertragen, denen das Recht der *lectio senatus* allerdings unter Sulla wieder entzogen wurde. Die Zensoren hatten bei der Aufstellung der Senatorenliste zunächst die gewesenen Magistrate zu berücksichtigen.

Darüber hinaus stand es den Zensoren (bis zur sullanischen Zeit) frei, jeden, den sie für würdig hielten (*optimus quisque*), zum Senator zu ernennen; allerdings war die Höchstzahl der Senatoren auf 300, seit Sulla auf 600, seit Caesar auf 900 und in der Kaiserzeit wieder auf 600 begrenzt. Da die Mitgliedschaft im Senat lebenslänglich war und alle früheren Magistrate in ihm vertreten waren, bildete er in republikanischer Zeit ein wichtiges Element politischer Kontinuität.

Die Senatssitzungen fanden innerhalb des *pomerium* statt, und zwar in der Regel in der Curia Hostilia auf dem Forum (↗193); aber auch Tempel dienten dem Senat als Versammlungsort. Die Einberufung und Leitung erfolgte durch die Konsuln, Prätoren oder Volkstribune; der Senat besaß also (im Gegensatz zu heutigen Parlamenten) kein eigenes Leitungsgremium, sondern konnte nur im Zusammenwirken mit einem der genannten Magistrate tätig werden. Die Geschäftsordnung war durch keinerlei gesetzliche Vorschriften festgeschrieben; dennoch gab es für den Ablauf einer Senatssitzung Regeln und Übereinkünfte, an die sich jeder Senator hielt.

Geleitet wurde die Sitzung durch den Beamten, der sie einberufen hatte. Dieser berichtete zunächst über die anstehenden Probleme *(relatio)* und forderte dann die Senatoren der Reihe nach auf, ihre Meinung *(sententia)* zu äußern. Die Abfolge der Meinungsäußerungen richtete sich nach einer festen Rangordnung: Als Erster sprach der *princeps senatus*, der immer ein Patrizier war und aus dem Kreis der gewesenen Zensoren gewählt wurde; sodann konnten sich die übrigen Zensorier, dann die Konsulare, die Prätorier, die ehemaligen Ädile etc. äußern. Innerhalb der einzelnen Gruppen der ehemaligen Magistrate hatten die Patrizier vor den Plebejern und die Amtsälteren vor den Amtsjüngeren den Vorrang. Es ergriffen aber nicht jedes Mal alle Senatoren das Wort; entscheidend und meinungsbildend waren die Äußerungen der ranghöchsten Senatoren (= der engste

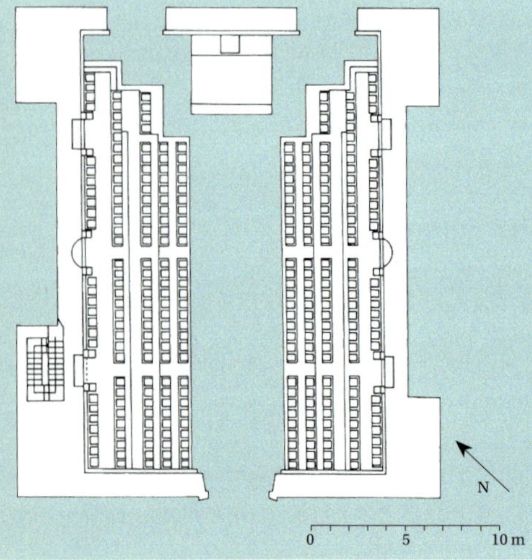

▼ Grundriss der Curia mit Anordnung der Senatorensitze. Diese Anordnung hatte Auswirkungen auf die Sitzordnung im englischen Parlament.

▼ Rückseite eines Silberdenars (63 v. Chr.): Ein römischer Bürger in der Toga gibt seine Stimme ab, indem er eine Tontafel in eine Urne wirft.

Kreis der Nobilität), denen sich die meisten Senatoren gewöhnlich anschlossen. Schließlich fasste der leitende Beamte das Ergebnis der Aussprache in einem Antrag zusammen und ließ darüber abstimmen. Die Abstimmung erfolgte durch *discessio* (»Auseinandertreten«; vergleichbar dem »Hammelsprung« in heutigen Parlamenten), d.h. die Senatoren versammelten sich zu Meinungsgruppen; nur im Zweifelsfall wurde gezählt. Daher nannte man die Masse der Senatoren, die selbst nicht das Wort ergriffen, sondern nur »mit den Füßen« abstimmten, *pedarii* (»Fußvolk«).

Ein Senatsbeschluss (*senatus consultum*; SC) war strenggenommen lediglich eine Empfehlung an den um Rat fragenden Beamten; rechtsverbindlich war der Beschluss eigentlich nicht. Allerdings kam es nur äußerst selten vor, dass ein Beamter sich über die Meinung des Senats hinwegsetzte; und selbst ein Beschluss, gegen den ein Volkstribun oder einer der obersten Magistrate Einspruch erhob, konnte noch große Wirkung haben. Die Zuständigkeiten des Senats waren in keiner Weise begrenzt, sondern erstreckten sich ganz allgemein auf alles, was durch den römischen Staat zu regulieren war.

Die von allen Bürgern anerkannte *auctoritas patrum* sicherte dem Senat den bestimmenden Einfluss auf alle Entscheidungen der Volksversammlungen. Zu den wichtigsten Aufgabenbereichen zählte die Außenpolitik. Der Senat empfing auswärtige Gesandtschaften und entsandte eigene; er beschloss über die Verträge mit anderen Staaten und über Krieg und Frieden und machte auch die grundlegenden Vorgaben für die Krieg- und Heeresführung (Finanzmittel, Truppenstärken, Einsatzgebiete etc.). Des Weiteren kontrollierte er die Verwaltung der Provinzen, indem er die dort tätigen Promagistrate bestimmte und auch eigene Beobachter in die Provinzen entsenden konnte; ferner überwachte er die Staatsfinanzen und beaufsichtigte die Münzprägung; und auch in zentralen Fragen der Religion (Durchführung religiöser Feste oder Einführung neuer Kulte) fasste der Senat Beschlüsse. In politischen Krisensituationen konnte er den Konsuln die Ernennung eines Diktators empfehlen oder auch durch ein *senatus consultum ultimum* Konsuln außerordentliche Vollmachten verleihen.

Die Volksversammlungen

In Rom gab es – im Gegensatz zu den meisten griechischen Staaten – nicht nur eine einzige Volksversammlung, zu der alle stimmberechtigten Bürger Zutritt hatten, sondern drei verschiedene Formen von Volksversammlungen *(comitia)*, an denen zwar immer auch alle erwachsenen männlichen Bürger teilnehmen konnten, aber jeweils als Mitglieder von Abstimmungsgruppen, die nach unterschiedlichen Gesichtspunkten gegliedert waren *(curiae, centuriae, tribus)*; das *concilium plebis* stand nur den plebejischen Bürgern offen. Darüber hinaus gab es noch *contiones*, die lediglich der Information der Bürger und der Vorbereitung der Beschlussfassung der *comitia* dienten.

Die Einberufung und Leitung der Volksversammlungen lag gewöhnlich in den Händen der obersten Magistrate (Konsuln oder Prätoren) bzw. der Volkstribune oder plebejischen Ädile (für das *concilium plebis*). Bei den Abstimmungen verfügte jede Kurie, Zenturie oder Tribus nur über jeweils eine Stimme; die Meinungsbildung innerhalb dieser Abstimmungsgruppen vollzog sich jeweils nach dem Mehrheitsprinzip. Nachdem die Abstimmungen zunächst offen erfolgt waren, wurde in der 2. Hälfte des 2. Jh.s v. Chr. die geheime Abstimmung mit Stimmtafeln *(tabellae)* eingeführt. Zu den verschiedenen Versammlungsorten und Funktionen der Volksversammlungen vergleiche auch die folgende Übersicht (↗32).

Die Kuriatkomitien *(comitia curiata)* Die Kuriatkomitien, in denen die Bürger nach 30 Geschlechterverbänden *(curiae)* gegliedert zusammentraten, waren die älteste Form der Volksversammlungen (↗15 f.). Schon in republikanischer Zeit hatten sie ihre Bedeutung weitgehend verloren. In ihnen wurden vorwiegend nur noch familienrechtliche Angelegenheiten behandelt; durch einen zur bloßen Formalität erstarrten Akt erfolgte hier auch die sakralrechtliche Bestätigung der Amtsgewalt der in den Zenturiatkomitien gewählten höheren Magistrate.

Die Zenturiatkomitien *(comitia centuriata)* Sie waren die zur Volksversammlung umgestaltete Heeresordnung der frühen Republik (↗21). In diesen Komitien war die Gesamtbürgerschaft nach ursprünglich militärischen Einheiten *(centuriae)* geordnet, die wiederum zu größeren, rangmäßig abgestuften Abstimmungsgruppen zusammengefasst waren. Grundlage dieser neuen Ordnung war ein Einteilungsprinzip, das die Leistungen für den Kriegsdienst ebenso wie die politischen Rechte der Bürger allein nach ihrem Vermögen bemaß (»Timokratie«). Nach diesem Prinzip erfolgte die Zuordnung jedes Bürgers zu einer Zenturie einer bestimmten Stimmklasse.

Die römische Volksversammlung

	Comitia curiata **(Kuriatkomitien)**	***Comitia centuriata*** **(Zenturiatkomitien)**	***Comitia tributa*** **(Tributkomitien)**	***Concilium plebis*** **(Versammlung der Plebs)**
Teilnehmer	30 *curiae* (= Personalverbände); offen für alle Bürger	193 *centuriae* (= Vermögenseinheiten); offen für alle Bürger	35 *tribus* (= Wohnbezirke), 4 städtische und 31 ländliche; offen für alle Bürger	35 *tribus*; offen nur für Plebejer
Leitung	Konsul oder Prätor, in religiösen Angelegenheiten *Pontifex Maximus*	Konsul oder Prätor; wenn kein Konsul im Amt, *Interrex* für Konsulwahlen	Konsul oder Prätor; für Gerichtsfälle manchmal kurulischer Ädil	Volkstribun oder plebejischer Ädil
Versammlungsort	*Comitium* (Nordrand des Forums)	außerhalb des Pomeriums, fast immer *Campus Martius*	für Wahlen in der späten Republik *Campus Martius*; für Gesetzgebung und Gericht das Forum oder die *Area Capitolina*	
Funktion				
Wahl		von Konsuln, Prätoren, Zensoren	von kurulischen Ädilen, Quästoren, niederen Beamten, Sonderbeauftragten	von Volkstribunen, plebejischen Ädilen, bestimmten Sonderbeauftragten
Gesetzgebung	*lex curiata*, durch die das *imperium* der höheren und die *potestas* der niederen Magistrate bestätigt wird; in Versammlungen unter dem *Pontifex Maximus* werden Adoptionen und bestimmte testamentarische Verfügungen bestätigt	ursprünglich für gesamte Gesetzgebung zuständig; nach 218 v. Chr. nur noch bei Kriegserklärung und Bestätigung der *potestas* der Zensoren gebraucht, selten bei allgemeinen Gesetzen	Gesetzgebung jeder Art, ausgenommen die den *Comitia centuriata* vorbehaltene	seit 287 v. Chr. haben Plebiszite den Rang von Gesetzen; der größte Teil der Gesetzgebung seit 218 v. Chr. durch *concilium plebis*
Gericht		zuständig für Kapitalklagen; seit Gracchenzeit vor allem auf Perduellionsklagen beschränken	für Verbrechen gegen den Staat, die nicht kapital waren	häufige Verfahren durch Tribune wegen Verbrechen gegen den Staat

aus: Der große Ploetz – Auszug aus der Geschichte von den Anfängen bis zur Gegenwart. Verlag Ploetz, Freiburg. 34. aktualisierte Auflage 2005

Diese Neugliederung der Gesamtbürgerschaft umfasste schließlich 193 Zenturien, die in 9 größere Gruppen zusammengefasst waren (»Servianische Heeresverfassung«):

equites		18 Zenturien
pedites	1. *classis*	80 Zenturien
	2. *classis*	20 Zenturien
	3. *classis*	20 Zenturien
	4. *classis*	20 Zenturien
	5. *classis*	30 Zenturien
infra classem	Handwerker	2 Zenturien
	Musiker (Hornisten etc.)	2 Zenturien
	Besitzlose (*proletarii*)	1 Zenturie
		193 Zenturien mit je 1 Stimme

Für die einzelnen Stimmklassen waren Mindestgrenzen an Vermögen und zumutbarem Eigenaufwand für die Bewaffnung festgesetzt. Die Eingliederung der Bürger erfolgte durch die Zensoren. Die reichsten Bürger wurden der obersten Gruppe, den Ritterzenturien, zugeteilt; in 5 Zenturien außerhalb der eigentlichen Klasseneinteilung *(infra classem)* wurden diejenigen Bürger eingeordnet, die aufgrund ihres geringen Besitzes nicht einmal als Leichtbewaffnete dienen konnten und daher allenfalls als Handwerker, Signalbläser etc. zu verwenden waren.

Jede Zenturie hatte unterschiedslos nur 1 Stimme, obgleich die Anzahl der Bürger einer Stimmklasse und damit die Stärke ihrer Zenturien sehr verschieden war. So umfasste nach Cicero (leg. 2,40) jede der unteren Zenturien fast ebenso viele Personen wie die 80 Zenturien der 1. Klasse zusammen. Bei der Abstimmung, die ohne jede vorherige Aussprache erfolgte, gaben zuerst die *equites* und dann die *pedites* der 1. Klasse - also die Angehörigen der reichen Oberschicht - ihre Stimmen ab. Waren sie sich einig, so hatten sie mit ihren 98 Stimmen bereits die Mehrheit erzielt. Dann wurde die Abstimmung beendet; anderenfalls wurde sie in der Reihenfolge der Klassen nur so lange fortgesetzt, bis die Mehrheit erreicht war.

Durch dieses Abstimmungsverfahren blieben große Teile der Bürgerschaft praktisch von der politischen Mitwirkung an den wichtigen Entscheidungen der Zenturiatkomitien (Wahl der höheren Magistrate; Kriegserklärungen; Urteile bei Kapitalverbrechen; Entscheidungen über die *provocatio ad populum* [↗21]) ausgeschlossen; hieran hatte auch eine gegen Ende des 3. Jh.s v. Chr. durchgeführte Neuordnung der Zenturieneinteilung nichts Wesentliches verändert.

Die Tributkomitien *(comitia tributa)* Sie bildeten eine dritte Form der Volksversammlungen. Hier stimmte die nach lokalen Bezirken *(tribus)* geordnete Gesamtbürgerschaft u. a. über die Wahl der niederen Beamten und über die verschiedensten Gesetzesvorlagen ab.

Mit der Ausweitung des römischen Bürgergebietes wuchs die zunächst wohl nur sehr kleine Zahl der Bezirke bis zum Ende des 3. Jh.s v. Chr. auf insgesamt 35 Tribus: 4 städtische *(tribus urbanae)* und 31 ländliche *(tribus rusticae)*. Diese Zahl blieb seitdem unverändert; danach neu hinzugekommenes Bürgergebiet wurde einer der bestehenden Tribus zugeschlagen.

Jeder römische Bürger wurde von den Zensoren durch Eintragung in entsprechende Listen einer bestimmten Tribus zugewiesen; die Angabe der Tribuszugehörigkeit dokumentierte somit die Rechtsstellung eines römischen Vollbürgers und wurde daher oft dem Namen beigefügt (↗19).

Die concilia plebis Diese standen nur den Plebejern offen, waren ebenfalls nach Tribus geordnet und hatten wohl das Vorbild für die später eingerichteten Tributkomitien abgegeben. Nachdem die *concilia plebis* während der Ständekämpfe zunächst nur der organisierte Zusammenschluss der Plebejer waren, erlangten sie später eine herausragende Bedeutung als gesetzgebende Versammlung für den Gesamtstaat. Als nämlich im 3. Jh. v. Chr. durch die *lex Hortensia* die Beschlüsse der *concilia plebis (plebiscita)* die gleiche, rechtlich verbindliche Kraft wie die Beschlüsse der Gesamtbürgerschaft erhielten (↗48), wurde im Bereich der Gesetzgebung die weitaus kompliziertere Abstimmung in den Zenturiatkomitien durch die Beschlussfassung in den *concilia plebis* allmählich ganz verdrängt, da diese wegen der geringeren Zahl der Stimmkörperschaften leichter durchzuführen war.

Staatstheorie und politische Praxis Das besondere Kennzeichen des staatlichen Lebens in Rom war das eigentümliche Zusammenwirken von Magistratur, Senat und Gesamtbürgerschaft. Cicero beschreibt in seiner Schrift *De re publica* diesen besonderen Staatscharakter als eine gemischte Verfassung.

Er knüpfte damit an die staatstheoretischen Überlegungen des griechischen Historikers Polybios an, der im Anschluss an Aristoteles' Staatstheorie die sog. »Mischverfassung« als die Idealform einer Staatsverfassung betrachtete, in der sich monarchische, aristokratische und demokratische Elemente in bester Weise ergänzten (↗133 f.). Für Cicero gründete der römische Staat auf einer solchen Idealverfassung, da er die Monarchie in der Magistratur, die Aristokratie im Senat und die Demokratie in den Volksversammlungen verkörpert sah.

Bei näherer Betrachtung der politischen Praxis kann aber von einem wirklich ausgewogenen Verhältnis zwischen monarchischen, aristokratischen und demokratischen Kräften nicht die Rede sein. Das wird exemplarisch deutlich an dem timokratischen Abstimmungsverfahren in den Zenturiatkomitien. Der allgegenwärtige politische Einfluss der römischen Nobilität gab dem republikanischen Staat ein eindeutig aristokratisches Gepräge.

Die rechtlichen und sozialen Verhältnisse

Das Bürgerrecht Unerlässliche Voraussetzung für die Zugehörigkeit zum *populus Romanus* war der Besitz des römischen Bürgerrechts *(civitas Romana)*. Dieses besaß von Geburt an jeder, der aus der gültigen Ehe eines freien Römers mit einer freien Römerin stammte. Das Bürgerrecht konnte aber auch durch Verleihung (an Einzelpersonen ebenso wie an Gruppen oder sogar die Bewohner ganzer Städte) oder – mit gewissen rechtlichen Einschränkungen – durch Freilassung aus der Sklaverei erworben werden. Geriet ein Bürger – etwa im Krieg – in Gefangenschaft oder Sklaverei, ruhte sein Bürgerrecht bis zu seiner Befreiung.
Im römischen Bürgerrecht sind die persönlichen und die politischen Rechte zu unterscheiden. Zu den persönlichen Rechten gehörten vor allem das *ius conubii*, d.h. das Recht zur Eheschließung mit einer freien Römerin bzw. einem freien Römer, und das *ius commercii*, d.h. das Recht, private Rechtsgeschäfte aller Art selbstständig zu tätigen; ferner das *ius provocationis*. In diesem Bereich der privaten und öffentlichen Rechte hatten die Frauen im Verlaufe der Zeit eine weitgehende Gleichstellung mit den Männern erlangt (↗16 ff.); von den politischen Rechten, d.h. vor allem dem aktiven

Die Verfassung der römischen Republik

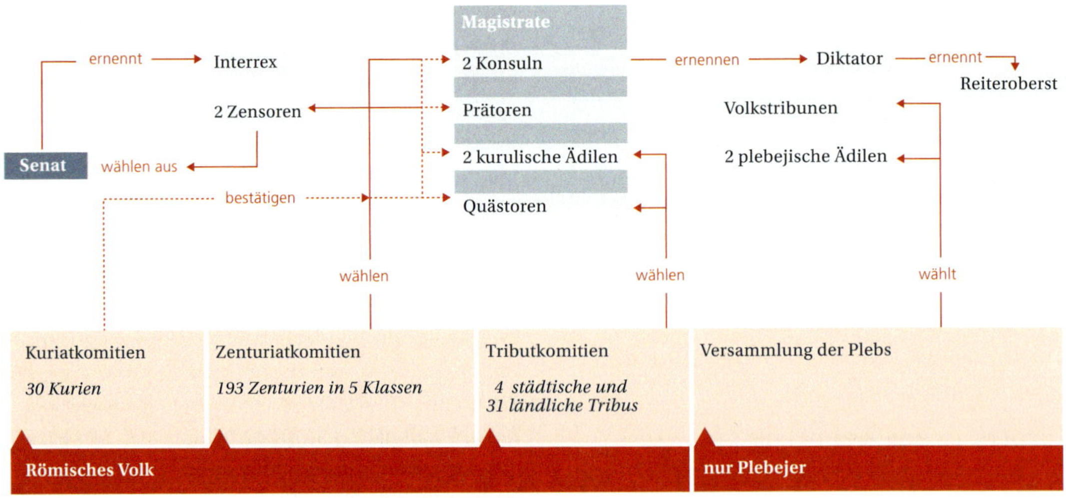

und passiven Wahlrecht, blieben sie allerdings ausgeschlossen. Diese politischen Bestandteile des Bürgerrechts konnten einem Römer auch strafweise (z. B. für die Zeit einer Verbannung) entzogen werden. Freie Bürger fremder Staaten *(peregrini)* konnten in Rom selbstständig keine Rechte wahrnehmen; sie bedurften dazu der Hilfe eines römischen Bürgers als Patron; darüber hinaus war der *praetor peregrinus* für ihre Rechtsbeziehungen zu den Römern zuständig.

Als die Römer ihre Herrschaft über Italien auszudehnen begannen, nahmen sie anfangs nur sehr wenige der unterworfenen Gemeinden *(municipia)* vollständig in ihren Bürgerverband auf; den übrigen Städten wurde nach ihrer Unterwerfung ein minderes, von Fall zu Fall unterschiedliches Bürgerrecht zugestanden: Die Bewohner der sog. *civitates sine suffragio* verfügten in Rom über keinerlei politische, aber doch gewisse persönliche Rechte; und die meisten latinischen (und dann auch andere) Gemeinden standen zu Rom in einem (später *ius Latii* genannten) Rechtsverhältnis, das neben dem *ius commercii* und *ius conubii* auch das *ius migrandi* umfasste, d. h. das Recht, durch Übersiedlung nach Rom und Eintragung in die Bürgerliste das volle römische Bürgerrecht zu erwerben; bei nur zeitweiligem Aufenthalt in Rom wurde das *ius suffragii* in den Volksversammlungen zugestanden; zur Eingliederung der übrigen unterworfenen Bevölkerung (↗38).

Das römische Bürgerrecht war also überaus exklusiv und blieb lange Zeit auf einen sehr engen Personenkreis begrenzt. Erst nach den Bundesgenossenkriegen wurde 89 v. Chr. das Bürgerrecht auf Italien ausgedehnt und erst 212 n. Chr. dann schließlich allen freien Reichsuntertanen die *civitas Romana* verliehen.

Senatoren- und Ritterstand Einer kleinen Schicht sehr reicher Bürger in den obersten Zenturien stand am unteren Ende der Zenturienordnung die große Masse der Bürger mit nur mäßigem oder gar keinem Besitz gegenüber. Die Schicht der reichsten Bürger, die den Zensus der *equites* erreicht hatten, entwickelte sich seit dem Ende des 3. Jh.s v. Chr. schrittweise in zwei Gruppen auseinander: Die eine Gruppe bildete der Senatorenstand *(ordo senatorius)*, die andere bestand aus den übrigen *equites*, die den Zugang zu den höheren Ämtern und damit zum Senat nicht gefunden hatten; nur auf diese zweite Gruppe wurde schließlich die Bezeichnung Ritter *(equites)* eingeengt.

Eine entscheidende Voraussetzung für die Ausbildung eines eigenen Ritterstandes *(ordo equester)* war ein Gesetz von 218 v. Chr., das den Senatoren Geld- und Handelsgeschäfte verbot. Damit blieb den Rittern eine Fülle von Erwerbsmöglichkeiten vorbehalten; vor allem als *publicani* konnten sie durch die Übernahme der Steuerpacht (↗29) große Reichtümer ansammeln.

Die formelle Abgrenzung zwischen Senatoren- und Ritterstand erfolgte 129 v. Chr. unter C. Gracchus und wurde dann in der Kaiserzeit endgültig abgeschlossen: Der Zensus für den Ritterstand wurde auf 400000 Sesterzen (das entsprach etwa 275 Jahresverdiensten eines Landarbeiters) und für den Senatorenstand auf 1000000 Sesterzen festgesetzt. Auch nach außen hin stellte man die Standeszugehörigkeit demonstrativ zur Schau: Dem breiten Purpurstreifen *(latus clavus)* an der Toga und Tunika der Senatoren entsprach ein schmaler Purpurstreifen *(angustus clavus)* an der Toga und Tunika der Ritter; die Senatoren, die in der Kaiserzeit auch durch eine besondere Titulatur *(vir clarissimus)* hervorgehoben wurden, trugen besondere rote Schuhe, Ritter einen goldenen Ring; beide Stände hatten ein Anrecht auf bevorzugte Ehrensitze im Theater und bei Festspielen (↗205).

Sklaven und Freigelassene Die Sklaven bildeten eine Bevölkerungsgruppe, die außerhalb des Bürgerverbandes stand. Was sie trotz ihrer oft sehr unterschiedlichen sozialen und wirtschaftlichen Stellung von den Bürgern und allen anderen Bewohnern grundsätzlich unterschied, das war ihre Rechtsstellung als Unfreie. Sie verfügten über keine eigenständige Rechtsfähigkeit und waren der Verfügungsgewalt (*manus*) ihres Herrn auf Leben und Tod unterworfen. Sklaven galten im rechtlichen Sinne nicht als Menschen, sondern als »Sache« (*res*), mit welcher der Besitzer nach eigenem Belieben verfahren konnte. In die Sklaverei gerieten ursprünglich vor allem zahlungsunfähige Schuldner, die mit ihrer Person für ihre Schulden hafteten (Schuldsklaven). Dann aber waren es vor allem Kriegsgefangene, die zu Sklaven wurden; seit dem Zweiten Punischen Krieg kam es zu regelrechten Massenversklavungen besiegter Heere und Städte. Die steigende Nachfrage nach Sklaven führte insbesondere in den beiden letzten Jahrhunderten der römischen Republik zu einem blühenden Sklavenhandel, an dem sich nicht nur Seeräuber, sondern auch Steuerpächter und römische Statthalter mit großen Gewinnen beteiligten. Es entwickelten sich sogar besondere Sklavenmärkte wie etwa auf Delos, wo an einem einzigen Tag Tausende von Sklaven verkauft werden konnten (Strab. 14, 5, 2).

Die Zahl der Sklaven war bis zum 3. Jh. v. Chr. noch sehr gering. Erst mit dem Aufstieg Roms zur Weltmacht wuchs auch die Bedeutung der Sklaverei für die römische Wirtschaft und Gesellschaft, sodass es zu Beginn der römischen Kaiserzeit allein in Italien bei einer Gesamtbevölkerung von ca. 7,5 Millionen Einwohnern ungefähr 2–3 Millionen Sklaven gab; etwa ein Drittel der römischen Stadtbevölkerung waren Sklaven. Der ungeheuere Zustrom an Kriegsgefangenen und durch Menschenjagden eingefangenen Sklaven ermöglichte es den reichen Großgrundbesitzern, die Sklavenarbeit zur Grundlage der landwirtschaftlichen Produktion zu machen; aber auch in allen anderen Bereichen der Wirtschaft und des Handwerks und in der öffentlichen Verwaltung und den privaten Haushalten wurde die Sklavenarbeit zu einem wichtigen Faktor.

Die scharfe rechtliche Ausgrenzung der Sklaven aus der übrigen Bevölkerung spiegelt ihre tatsächlichen Lebensbedingungen nicht in jeder Hinsicht angemessen wider. Die Einbindung der Sklaven in die *familia* ihres Herrn (↗16) bot zumindest eine gewisse Sicherheit, die manchen Sklaven sogar besserstellte als viele besitzlose Bürger. Gegen allzu große Willkür schützte sie – wenigstens teilweise – auch das Interesse ihres Herrn, die Arbeitskraft seiner Sklaven möglichst lange zu erhalten; stellten doch die Sklaven für ihn eine Wertanlage dar; darüber hinaus war die Fortpflanzung eine der Hauptquellen der Sklaverei, da die Kinder der Sklaven ebenfalls als Sklaven *(vernae)* zum Besitz des Herrn gehörten.

Die Lage der Sklaven hing ganz entscheidend von ihrer Beschäftigungssituation ab. Besonders unmenschlich waren die Bedingungen der Sklaven in den Bergwerken und Steinbrüchen und auch in den Amphitheatern, in denen sie zur Unterhaltung der Menschen als Gladiatoren kämpfen mussten (↗226 f.). Überaus hart war auch das Leben derjenigen, die auf den Gütern *(latifundia)* der Großgrundbesitzer als Ackersklaven und Viehhir-

◄ Bronzeplakette, 3. bis 4. Jh. n. Chr. »Asellus, Sklave des Prejectus, vom Ministerium für Märkte, geflohen aus Rom. Einfangen: Entlaufener Sklave! Abzugeben in der Straße der Barbiere, beim Tempel der Flora.« Einem Sklaven blieb nach gelungener Flucht kaum etwas anderes übrig, als sich an einen Sklavenhändler zu verkaufen, in der Hoffnung, an einen besseren als den bisherigen Herrn weiterverkauft zu werden.
(Paris, Petit Palais, Sammlung Dutuit)

▼ Dieses Sklavenband aus Bronze fand man am Hals eines südlich von Rom ausgegrabenen Skeletts: »Einfangen und zurückgeben an Apronianus, Minister im kaiserlichen Palast, Mappa Aurea, Aventin. Entlaufener Sklave.«
(Paris, Petit Palais, Sammlung Dutuit)

ten arbeiten mussten. Unterbrochen wurde das trostlose Arbeitsleben höchstens an den Festtagen der Laralien und der Saturnalien (↗71). Die Ratschläge für die Behandlung der Sklaven in Catos Lehrschrift *De agricultura* (↗88) geben einen erschreckenden Einblick in den Arbeitsalltag dieser Menschen, die zum Teil ständig in Fesseln gelegt *(conpediti)* und in Sklavenkasernen *(ergastula)* zusammengepfercht leben mussten. Wer hier arbeitete, hatte kaum Aussichten, eines Tages freigelassen zu werden und sich freikaufen zu können. Daher waren es vor allem diese Sklaven, die sich in den Sklavenkriegen des 1. Jh.s v. Chr. Männern wie Spartacus anschlossen und gegen Rom aufbegehrten.

Ganz anders verlief das Leben der Sklaven, die über besondere Kenntnisse und Fertigkeiten verfügten und als Verwalter auf den Landgütern oder als Ärzte, Architekten, Erzieher, Schreiber oder Handwerker in privaten Haushalten (Haussklaven) oder auch im Staatsdienst *(servi publici)* tätig waren. Ihnen war oft eine recht große Selbstständigkeit zugestanden worden. Manchen wurde sogar ein Vermögen *(peculium)* überantwortet, das sie eigenständig bewirtschafteten; den erzielten Gewinn durften die Sklaven für sich behalten, sodass sie sich ihrerseits Sklaven leisten oder auch sich selbst freikaufen konnten.

Die Freilassung *(manumissio)* wurde einem Sklaven vor allem als Lohn für seine treuen Dienste gewährt. Es gab aber auch wirtschaftliche Gründe, die einen Herrn dazu bewegen konnten, einen Sklaven freizulassen bzw. ihm den Freikauf zu gestatten, da ein Freigelassener *(libertus)* seinem Herrn auch weiterhin verbunden blieb und zu Diensten war; vgl. etwa das Verhältnis zwischen Cicero und seinem Freigelassenen Tiro.
Durch die Freilassung wurde ein Sklave römischer Bürger – allerdings mit großen rechtlichen Einschränkungen, die erst für seine freigeborenen Nachkommen ungültig wurden. Ein Freigelassener war von den meisten politischen Rechten ausgeschlossen und stand im Übrigen unter dem Patronat seines Herrn, was auch in seiner Namengebung zum Ausdruck kam; er wechselte also von der *familia* in die *clientela* seines Freilassers *(manumissor)*, dem er zu Ehrerbietung und Gehorsam

▼ Seit dem 1. Jahrhundert v. Chr. gibt es viele Grabreliefs römischer Freigelassener. Unser Relief hat die Inschrift: Publius Servilius, Freigelassener des Quintus, Hilarus, der Vater; Sempronia, Freigelassene des Gaius, Eune, die Ehefrau. Es dokumentiert den Aufstieg vom Sklaven zum Freigelassenen 1. durch die Toga, das Gewand des römischen Bürgers, 2. durch den Hinweis auf die rechtsgültige Ehe der Dargestellten (*pater* = Vater, *uxor* = Ehefrau, *f* = *filius* = Sohn), die für Sklaven nicht möglich war, 3. dadurch, dass der Sohn mit der linken Hand seine Toga etwas auseinanderzieht, um eine an einer Kette befestigte Amulettkapsel (die »*bulla*«) sehen zu lassen; sie wurde von freigeborenen Jungen getragen, bis sie die Männertoga anlegten.

und zu Dienstleistungen verpflichtet war. So kam es in der späten Republik auch deshalb zu Freilassungen in großem Umfang, weil sich führende Politiker auf diesem Wege eine ihnen ergebene Klientel im Kampf um politischen Einfluss zu verschaffen suchten.

Auch wenn die Freigelassenen es teilweise zu großem Reichtum bringen konnten, blieb ihre Rechtsstellung und ihr soziales Ansehen doch immer mit dem Makel der ehemaligen Sklaverei behaftet; das galt in der römischen Kaiserzeit selbst für die Sklaven und Freigelassenen des Kaisers, die aufgrund ihres Besitzes und ihres politischen Einflusses zur damaligen sozialen Oberschicht gerechnet werden können.

Expansion und Krise

Der römische Herrschaftsbereich Der Aufstieg der Römer zur Weltmacht war in sehr kurzer Zeit erfolgt. Am Ende des 1. Punischen Krieges hatten sie ihre Herrschaft erstmals über Italien hinaus auf Sizilien, Sardinien und Korsika ausgedehnt; knapp 100 Jahre später erstreckte sich ihre Macht bereits fast über den gesamten Mittelmeerraum und in der frühen Kaiserzeit reichte das *imperium Romanum* von Britannien bis zum Roten Meer und von Portugal bis an den Oberlauf des Euphrat und zum Schwarzen Meer. Dieser rasche Machtaufstieg war nicht das Ergebnis einer gezielten und von Anfang an geplanten Expansionspolitik, sondern das Resultat zahlreicher Einzelfallentscheidungen, nachdem Rom in den Sog der machtpolitischen Auseinandersetzungen zwischen den Mächten im Mittelmeerraum hineingeraten war.

Diese ungeheure Erweiterung ihres Herrschaftsbereiches stellte die Römer vor ungeahnte Probleme. Das römische Staatswesen war in seiner Struktur auf Kleinräumigkeit und Überschaubarkeit angelegt. Eine Ausdehnung des römischen Bürgerrechts auf alle neu hinzugewonnenen Territorien erschien ganz undenkbar; denn angesichts der räumlichen Entfernungen war die unmittelbare Wahrnehmung der politischen Rechte nicht mehr möglich. Schon die Sicherung der Vorherrschaft in Italien hatte sich daher als überaus schwierig erwiesen und die Römer gezwungen, ganz neue Formen der politischen Integration der Unterworfenen zu entwickeln. So entstand in Italien das römische Wehrgenossensystem, das die eroberten Gebiete auf jeweils unterschiedliche Weise mit Rom verband, indem einigen das römische Bürgerrecht, anderen aber nur das sog. latinische Bürgerrecht (↗34 f.) verliehen wurde, und andere wiederum durch besondere Verträge zu heerespflichtigen Bundesgenossen Roms gemacht wurden. Die offizielle Bezeichnung dieses Wehrgenossensystems lautete: *cives Romani, socii nominisve Latini.* Für die von Rom beherrschten Gebiete außerhalb Italiens erwies sich aber auch diese Form der Herrschaftssicherung als nicht mehr praktikabel. Daher gingen die Römer dazu über, diese Territorien römischen Statthaltern (zunächst nur Prätoren, später dann auch Promagistraten) zu unterstellen. Diese waren in ihren Provinzen nicht nur für die militärische Sicherung und die Aufrechterhaltung der Ordnung, sondern auch für die Erhebung der Steuern und Abgaben verantwortlich, die meistens von privaten Steuerpächtern eingetrieben wurden.

Die Provinzorganisation war keineswegs einheitlich strukturiert. Ein Provinzialstatut, das die regionalen Besonderheiten und auch die Umstände der Erwerbung der Provinz berücksichtigte, regelte jeweils die rechtliche Bindung an Rom. Sonderrechte genossen viele Städte in den Provinzen, denen Rom vertraglich oder durch eine einseitige Erklärung ganz oder zumindest teilweise Steuern und Tribute erlassen und oft eine gewisse politische Eigenständigkeit zugestanden hatte.

Bei der Provinzverwaltung standen dem Statthalter nur sehr wenige römische Beamte zur Seite. Mit einem möglichst geringen eigenen Aufwand suchten die Römer ein Höchstmaß an effektiver Verwaltung zu erzielen. Die örtliche Selbstverwaltung ließen sie daher in der Regel unangetastet; die Loyalität sicherten sie sich, indem sie die lokalen Führungsschichten durch besondere Privilegien und Ehrungen, etwa durch Verleihung des römischen Bürgerrechts, an Rom banden. Gleichwohl wurden viele Provinzen sehr bald zum Objekt skrupelloser Ausbeutung durch Wuchergeschäfte der Publikanen und räuberische Erpressungen der Statthalter, die es oft genug nur noch darauf anlegten, sich in möglichst kurzer Zeit in möglichst hohem Maße zu bereichern. Es ist bezeichnend, dass sich in der späten Republik sehr viele danach drängten, das Amt eines Statthalters zu übernehmen; und die meisten schreckten auch vor unerlaubtem Stimmenkauf und Bestechung (*ambitus*) nicht zurück, um den Posten zu erhalten – zweifellos in der Erwartung, durch die Statthalterschaft weitaus mehr Geld wiedergewinnen zu können, als sie zuvor für die eigene Wahlkampagne eingesetzt hatten. Die Beschwerden der Provinzialen blieben allzu häufig erfolglos; und die Verurteilung des Statthalters Verres, die Cicero durchsetzte, war eher eine Ausnahme.

Insbesondere in der späten Republik und frühen Kaiserzeit gab es vor allem in Kleinasien und im Vorderen Orient Regionen, über die Rom keine direkte Herrschaft ausüben wollte oder konnte, die aber gleichwohl zum römischen Einflussbereich gehörten. Mit diesen Staaten schlossen die Römer informell oder auch vertraglich abgesichert Freundschaft; diese *amicitia* begründete ein besonderes Nahverhältnis zu Rom, das im Grunde einer Übertragung des Klientelprinzips auf die Außenpolitik gleichkam (daher: Klientelstaaten).

Krise und Untergang der römischen Republik Die Expansion hatte sehr starke Rückwirkungen auf die wirtschaftlichen und sozialen sowie die innenpolitischen Verhältnisse des römischen Staatswesens und führte zu so tiefgreifenden Veränderungen in Staat und Gesellschaft, dass diese letztlich den Untergang der römischen Republik besiegelten. Schon 1734 hatte Montesquieu zu Recht festgestellt, dass die römische Republik an ihrer eigenen Größe zugrunde gegangen sei. Die Kluft zwischen Armen und Reichen vertiefte sich seit dem ausgehenden 3. Jh. v. Chr. immer stärker. Von den außenpolitischen Erfolgen Roms profitierte in

Organisation der Herrschaft gegenüber Nichtrömern

	Latiner (*nomen Latinum*)	**Bundesgenossen** (*socii*)	**»Freunde«** (*amici*)	**Föderierte** (*socii*)	**Provinziale** (*stipendarii*)
geografischer Raum	Italien		außeritalische Gebiete		
Grundlgen des Verhältnisses zu Rom	Vertrag		Gesandtenautausch, konkret geleistete Hilfe (*merita*), Friedensverträge oder Verträge anderer Art	Vertrag	Unterwerfung; Provinzialstatut (*lex provinciae*)
rechtlicher Status	im Innern autonom, Prozess-Handels-, Heiratsgemeinschaft mit Rom (*ius Latii*)	im Innern autonom	volle Autonomie, im 2. Jh. v. Chr. faktisch nicht mehr gewährt	im 3. Jh. v. Chr. volle Autonomie, im 2. Jh. v. Chr. nur noch innere Autonomie	Rom ist Souverän: die Herrschaft wird durch Statthalter ausgeübt; lokale Selbstverwaltung wird belassen
Pflichten gegenüber Rom	Verzicht auf außenpolitische Handlungsfreiheit; Leistung von Militärhilfe		Neutralität im Kriegsfall; zunehmend wird aktive Unterstützung erwartet und gefordert	materielle und militärische Unterstützung im Kriegsfall	grundsätzlich alles, was Rom verlangt: im Regelfall Zahlung von Tributen, Stellung von Auxilien, Unterwerfung unter römische Gerichtsbarkeit
Leistungen Roms	Schutz nach außen; Beteiligung an Kriegsbeute, Landanweisungen, Okkupation		Neutralität im Kriegsfall; seit dem Ende des 3. Jh.s v. Chr. interpretiert Rom die *amicitia* im Sinne einer Schutzmachtstellung, nimmt eigenmächtig »Interessen« der *amici* wahr	Garantie der Autonomie	Schutz nach außen, Garantie von Friede und Ordnung im Innern

aus: Der große Ploetz – Auszug aus der Geschichte von den Anfängen bis zur Gegenwart. Verlag Ploetz, Freiburg. 34. aktualisierte Auflage 2005

erster Linie eine vergleichsweise kleine Schicht wohlhabender Senatoren und Ritter. Sie hatten durch die militärischen Siege Roms und die Ausbeutung der Provinzen ungeheure Reichtümer angesammelt, die sie in Italien gewinnbringend in der Landwirtschaft anlegten. Sie kauften große Ländereien auf oder eigneten sich staatseigenes Land (*ager publicus*) an, das vor allem in Mittel- und Süditalien nach den militärischen Eroberungen an Rom gefallen war. So entstanden große Besitztümer (*latifundia*), auf denen unter Einsatz zahlloser Sklaven ein intensiver Wein- und Olivenanbau und in großem Umfang auch Vieh- und Weidewirtschaft betrieben wurden; der Getreideanbau ging hingegen zurück, da die Römer aus den Provinzen, vor allem aus Sizilien und Nordafrika, billiges Getreide geliefert bekamen. Die Bauern mit kleinerem Besitz waren von dieser Entwicklung besonders hart betroffen. Sie verfügten nicht über die Mittel, sich ebenfalls neues Land zu kaufen. Durch die ständigen Erbteilungen wurde ihr Landbesitz immer kleiner, sodass die Höfe nicht mehr rentabel zu bewirtschaften waren.

Zunächst konnte noch durch die neuen Bürgerkolonien, die der römische Staat in den unterworfenen italischen Gebieten in großer Zahl gegründet hatte (u a. Bologna, Parma, Modena), ein gewisser Ausgleich geschaffen werden. Als aber dieses Siedlungsprogramm um 170 v. Chr. nicht mehr fortgeführt wurde, war auch dieser Ausweg versperrt. Hinzu kam, dass viele Bauern wegen der zahlreichen Kriege, an denen sie oft für eine sehr lange Zeit in weit entfernten Gegenden als Soldaten teilnehmen mussten, ihr Land nicht mehr bestellen konnten.

Immer mehr Bauern verschuldeten sich und mussten ihren Besitz schließlich verkaufen. Ein großer Teil von ihnen zog nach Rom und lebte dort in ärmsten Verhältnissen. Es bildete sich in Rom ein städtisches Proletariat, das einzelne ehrgeizige Politiker als neue Klientel an sich zu binden und in den Machtkämpfen der späten Republik sich zu Nutze zu machen suchten.

Besonders ausgeprägt waren diese Bindungen im Heer: Der Niedergang des Kleinbauerntums bedeutete zugleich auch den Niedergang der traditionellen Militärordnung, da immer weniger Bauern noch imstande waren, die eigenen Kosten für den Kriegsdienst zu tragen. Nach den schweren Niederlagen gegen die Kimbern und Teutonen (109 und 105 v. Chr.) führte daher Marius eine Heeresreform durch, die auch den *proletarii* den Zugang zum Heer eröffnete (↗57). Das römische Heer verlor seinen Charakter als Milizheer. Nunmehr musste der Staat die Ausrüstung für die besitzlosen Soldaten stellen; vor allem aber forderten die Soldaten nach dem Ende ihrer Dienstzeit als Entlohnung die Zuweisung von Land (Veteranenversorgung). Damit ergab sich ein enges Abhängigkeitsverhältnis zwischen dem Heerführer und seinen Soldaten (Heeresklientel). Die Soldaten fühlten sich nun nicht mehr primär dem Staat, sondern ihrem jeweiligen Oberbefehlshaber verpflichtet, da sie von ihm die Erfüllung ihrer Ansprüche erwarteten. So wurden die Heereskontingente das entscheidende Instrument in den Händen derer, die in den blutigen Bürgerkriegen der späten Republik um die Macht im Staate kämpften.

Die wirtschaftliche und soziale Krise war eng mit einer tiefen Krise des politischen Systems verknüpft. Der Zusammenhalt der Nobilität, der über lange Zeit hin den Bestand des römischen Staates gesichert hatte, war zerbrochen. Die aristokratische Führungsschicht war in zwei Lager zerfallen: die Optimaten *(optimates)*, die an der überkommenen Ordnung um jeden Preis festhalten wollten, und die Popularen *(populares)*, die wie die Gracchen die Senatsherrschaft in ihrer alten Form in Frage stellten; einen völligen Umsturz der politischen Verhältnisse wollten aber auch die Popularen nicht. Was beide Gruppierungen trennte, das waren die Vorstellungen über die Mittel und Wege zur Lösung der anstehenden Probleme; vor allem aber ging es allen Beteiligten um die Durchsetzung persönlicher Machtinteressen und den Kampf um politischen Einfluss. Die Ermordung der beiden Gracchen und vieler ihrer Anhänger (133 und 122 v. Chr.) ließ erstmals die ganze Brutalität und Grausamkeit erkennen, mit der in den Bürgerkriegen der folgenden 100 Jahre die politischen Auseinandersetzungen auf allen Seiten geführt wurden. Durch Proskriptionen, mit denen politische Gegner geächtet und für vogelfrei erklärt wurden, kamen Tausende ums Leben; Schlägertrupps terrorisierten die Bevölkerung, und einzelne Heerführer schreckten nicht davor zurück, zur Durchsetzung ihrer politischen Ziele die ihnen unterstellten Truppen auch gegen Rom marschieren zu lassen. Alle Versuche, die politischen Verhältnisse zu stabilisieren, waren letztlich zum Scheitern verurteilt. Selbst den von Sulla als *dictator* durchgeführten Reformen, mit denen die Gesamtheit der Nobilität wieder die Kontrolle im Staat erhalten sollte, war längerfristig kein Erfolg beschieden.

Das politische System der Republik wurde aber nicht nur durch die inneren Probleme erschüttert; vielmehr war es auch den gleichzeitigen außenpolitischen Belastungen nicht mehr gewachsen. Das römische Staatswesen in seinen alten Strukturen erwies sich als unfähig, die in so kurzer Zeit errungene Vormachtstellung auf Dauer abzusichern. Auch nach der Zerstörung Karthagos und Korinths (146 v. Chr.) blieben die Römer in zahlreiche Kriege verwickelt: Die langen und erbitterten Kriege in Spanien, Nordafrika und im östlichen Mittelmeer und die Angriffe germanischer Stammesgruppen in Südfrankreich überspannten die Kräfte der alten Republik.

Die Statthalter in den Provinzen waren mit den ihnen zur Verfügung stehenden Mitteln überfordert; aber auch die Heeresverbände unter der Leitung der regulär amtierenden Konsuln konnten nur noch wenig ausrichten, da die Abgrenzung von Amtszeiten und Zuständigkeitsbereichen ein weiträumiges und längerfristiges Taktieren verhinderte. Daher wurde Marius gegen die geltende Norm für die Jahre 104 bis 101 v. Chr. ununterbrochen zum Konsuln gewählt (davon zweimal *in absentia*).

Der Staat sah sich gezwungen, außenpolitische Aufgaben einzelnen Personen zu übertragen, die mit außerordentlichen Vollmachten *(imperia extraordinaria)* ausgestattet wurden. Mit diesen in der Regel mehrjährigen Kommandos erzielte Rom beachtliche außenpolitische Erfolge; zugleich aber wurden sie in den Händen führender Politiker zum Hebel, um die staatliche Ordnung aus den Angeln zu heben. Einige wenige Männer erhielten die Verfügungsgewalt über immer größere militärische und politische Machtmittel und letztlich sogar über die künftige Gestaltung des Staates.

So konnten sich im Jahre 60 v. Chr. Pompeius, Crassus und Caesar zusammenschließen, um in einer persönlichen Vereinbarung die Machtinteressen untereinander abzustimmen und sich der gegenseitigen politischen Unterstützung zu vergewissern (sog. 1. Triumvirat; tatsächlich aber eine private Abrede *[coitio]*). Solche und ähnliche Zusammenschlüsse mit wechselnden Koalitionen bestimmten in der Endphase der Republik das Geschehen.

Die staatlichen Einrichtungen wurden zunehmend ausgehöhlt und ihrer eigentlichen Funktionen beraubt. Die republikanische Staatsform verkam zur Fassade; andererseits erschien aber auch eine grundsätzliche Abkehr von der Republik undenkbar. Caesar lehnte selbst noch auf dem Höhepunkt seiner Macht die Annahme des Königstitels demonstrativ ab, obgleich seine Machtstellung faktisch der eines Monarchen gleichkam und er als *dictator perpetuus* auch nicht willens war, die traditionelle Ordnung wiederherzustellen. Hier nach neuen Wegen zu suchen, blieb seinem Neffen und Adoptivsohn C. Octavius (Octavian), dem späteren *Augustus*, überlassen, nachdem er die Kämpfe gegen die Caesarmörder und dann auch gegen Marcus Antonius zu seinen Gunsten entschieden hatte.

▼ Münze mit dem Porträt Caesars als *dictator perpetuus*

3. *Die Kaiserzeit*

Die Grundlagen der Prinzipatsherrschaft

Am 13. Januar des Jahres 27 v. Chr. legte Octavian in einem feierlichen Festakt vor dem Senat alle außerordentlichen Gewalten nieder, die er sich im Bürgerkrieg angeeignet hatte. Was mit der Rückgabe dieser Vollmachten nach außen hin als Wiederherstellung der Republik dargestellt wurde, war in Wirklichkeit nichts anderes als die Begründung einer Alleinherrschaft und die endgültige Abkehr von der Republik. Darüber darf auch die Prinzipatsideologie nicht hinwegtäuschen, die im neuen Herrscher nicht einen Monarchen, sondern einen *princeps civitatis* sehen wollte.

Im Gegenzug zum Verzicht auf seine außerordentlichen Machtbefugnisse wurde Octavian ein auf 10 Jahre befristetes, später aber immer wieder verlängertes *imperium proconsulare* (↗25) für die noch nicht befriedeten Provinzen, d. h. vor allem die Grenzprovinzen wie Gallien, Spanien, Syrien und Ägypten verliehen; damit erhielt er zugleich auch die Kontrolle über den größten Teil des römischen Militärpotenzials zurück, da die meisten Legionen in eben diesen Provinzen stationiert waren. Und als *Augustus* – dieser Ehrenname war Octavian ebenfalls 27 v. Chr. verliehen worden – im Jahre 23 v. Chr. auf das bis dahin kontinuierlich bekleidete Konsulat verzichtete, wurde ihm ersatzweise mit der *tribunicia potestas* die Amtsgewalt eines Volkstribuns auf Lebenszeit übertragen. Sie ermöglichte es ihm, auch weiterhin die Magistratur, den Senat und die Volksversammlungen zu beherrschen, zumal ihm zusätzlich das Recht zugestanden wurde, den Senat jederzeit einzuberufen und auch als Erster ein anstehendes Problem zur Sprache zu bringen. Darüber hinaus wurde sein *imperium proconsulare* auf alle Provinzen ausgedehnt.

Dieses *imperium proconsulare maius* und die *tribunicia potestas* bildeten seitdem die wichtigsten Instrumente, mit denen der Princeps seine Herrschaft ausüben konnte. Er verfügte also nicht über die Ämter selbst, sondern nur über die jeweilige Amtsgewalt. Eine solche Regelung war zweifellos ein Zugeständnis an die alten Republikaner in der Senatsaristokratie, um deren Unterstützung Augustus sich bemühte. In der Praxis änderte das nichts an den fast uneingeschränkten Rechten des Augustus sowohl im Bereich der Gesetzgebung und Verwaltung wie auch im militärischen Bereich.

▼ Titulatur des Augustus vom Sockel des Obelisken, der als Zeiger der Sonnenuhr auf dem Marsfeld diente, (↗171, 200 f.) in Zeilen 1 – 4 der Dedikationsinschrift

IMP · CAESAR · DIVI · F ·
AVGVSTVS
PONTIFEX · MAXIMVS
IMP · XII · COS · XI · TRIB · POT · XIV

»Der Imperator Caesar, des vergöttlichten [Caesar] Sohn
Augustus
Oberster Priester
Imperator 12, Consul 11 mal, mit tribunizischer Gewalt zum 14. Mal«

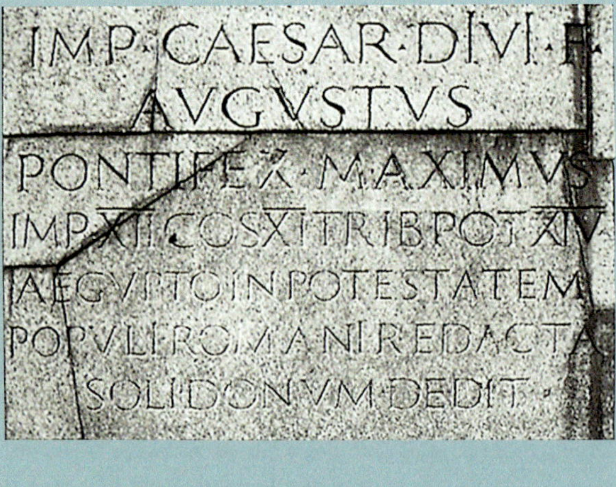

Den Versuchen, die Stellung des Princeps durch die Einführung eines Kaiserkultes zu festigen, gab Augustus mit Rücksicht auf die republikanisch gesinnten Kreise in Rom nur sehr zögerlich nach. Durch die Vergöttlichung seines Adoptivvaters Caesar war er selbst zwar zum *Divi filius* (Zusatz in der Titulatur) geworden; eine Vergöttlichung seiner eigenen Person durch Kulte und Statuen untersagte er aber für Rom und erlaubte dort nur die Verehrung des *Genius Augusti* (↗75). In den östlichen Provinzen hingegen wurden ein gemeinsamer Kult der *Dea Roma* und des *Autokrator Kaisar* (= Augustus) eingerichtet; und in den westlichen Provinzen wurde der Kaiserkult eingeführt, den die Kollegien der *Augustales* ausübten. Ein reichsweiter Kaiserkult entwickelte sich dann erst unter den Nachfolgern des Augustus.

Die große Machtfülle des Princeps schränkte die Rechte der Volksversammlungen zunehmend ein. Die Wahlrechte der Volksversammlungen verloren an Bedeutung. Dem Kaiser stand ein – von Augustus allerdings nur selten genutztes – Vorschlagsrecht für bestimmte Ämter zu, dem Folge geleistet werden musste. Seit Claudius (41 – 54 n. Chr.) verloren die Volksversammlungen auch ihre gesetzgeberischen Funktionen. Stattdessen erhielten die Beschlüsse des Senats faktisch Gesetzeskraft; und die Erlasse des Kaisers *(constitutiones)* wurden ebenfalls rechtsverbindlich (↗49). In der Rechtsprechung entwickelte sich das Kaisergericht zur entscheidenden Instanz. Aber auch dem Senat wurden wichtige Kompetenzbereiche entzogen. Die Außenpolitik und die Finanzverwaltung gingen ganz in die Zuständigkeit des Kaisers über; und auch die Verwaltung der Provinzen unterlag letztlich der kaiserlichen Aufsicht. Gleichwohl war der Kaiser auf die Mitarbeit der Senatoren angewiesen, die nunmehr hauptsächlich als Beamte im kaiserlichen Dienst führende Aufgaben in der Reichsverwaltung übernahmen.

Die Neuordnung der Reichsverwaltung

Im Jahre 27 v. Chr. hatte sich Augustus die Verwaltung der Provinzen übertragen lassen, in denen zur Sicherung Truppen stationiert waren (kaiserliche Provinzen); die Verwaltung der übrigen Provinzen überließ er dem Senat (senatorische Provinzen), konnte aber aufgrund seines *imperium proconsulare maius* auch hier gegebenenfalls Einfluss nehmen.

An der Spitze der Verwaltung der kaiserlichen Provinzen standen *legati Augusti pro praetore,* die ebenso wie die Statthalter der senatorischen Provinzen dem Senatorenstand angehörten; diesen wurden ritterliche *procuratores* zur Seite gestellt, die die Finanzen zu verwalten hatten. Auch kleinere Grenzprovinzen konnte der Kaiser ritterlichen Prokuratoren unterstellen. Ägypten nahm wegen seiner wirtschaftlichen und strategischen Bedeutung eine Sonderrolle ein und wurde im Auftrag des Kaisers von einem *praefectus Aegypti* ebenfalls aus dem Ritterstand verwaltet; Senatoren durften Ägypten überhaupt nur mit einer Sondergenehmigung des Kaisers betreten.

Unter Augustus begann der Aufbau einer Zentralverwaltung, der zu Beginn des 2. Jh.s n. Chr. weitgehend abgeschlossen war und dann an der Wende vom 3. zum 4. Jh. n. Chr. unter Diokletian und Konstantin eine umfassende Reform erfuhr. Außer der Militär- und Provinzverwaltung zog die kaiserliche Administration immer mehr Befugnisse an sich. In der Finanzverwaltung trat neben die Privatkasse des Kaisers und das bisherige *aerarium* (↗24, 28) eine *fiscus* (»[Geld-] Korb«) genannte Kasse, über die schließlich fast alle Einnahmen und Ausgaben des Staates abgerechnet wurden; das Münzrecht des Senats wurde durch ein kaiserliches ergänzt. Des Weiteren kam es zur Ausbildung zahlreicher Einzelressorts, die kaiserlichen Beamten *(praefecti, curatores, procuratores)* unterstellt waren. Die republikanische Magistratur bestand zwar weiterhin, verlor aber – insbesondere in den oberen Rängen – ihre funktionale Bedeutung. Die Bekleidung vor allem des Konsulats diente fast nur noch der Steigerung des gesellschaftlichen Ansehens; und um möglichst vielen den Zugang zu eröffnen, wurden seit 2 v. Chr. jährlich fast regelmäßig zwei (später sogar bis zu fünf) Konsulpaare (*consules ordinarii* und *suffecti*) gewählt.

Einige Spitzenstellungen in der Verwaltung wie die eines Provinzstatthalters, Legionskommandeurs *(legatus legionis)* oder Stadtpräfekten *(praefectus urbi)* wurden durch Mitglieder des Senatorenstandes besetzt, aus dem auch die *curatores* kamen, die für die öffentlichen Bauten, Straßen, Wasserleitungen u.a. verantwortlich waren. Alle übrigen höheren Ämter wurden seit dem frühen 2. Jh. n. Chr. fast ausschließlich von Männern aus dem Ritterstand bekleidet, nachdem unter den ersten Kaisern in diesen Positionen vorwiegend nur kaiserliche Sklaven und Freigelassene tätig waren. Besondere Bedeutung erlangten die ritterlichen Präfekten, die für die kaiserliche Leibgarde *(praefectus praetorio)*, die Getreideversorgung *(praefectus annonae)* und die stadtrömische Sicherheitspolizei und Feuerwehr *(praefectus vigilum)* zuständig waren. Innerhalb des kaiserlichen Verwaltungsapparates gab es eine genau festgelegte Rangfolge der Ämter und eine entsprechende Abstufung der Gehälter. Von daher hatten sich auch typische Ämterlaufbahnen für Senatoren und Ritter *(cursus honorum)* entwickelt. Dabei wurde nicht zwischen zivilen und militärischen Ämtern getrennt; vgl. das Beispiel der senatorischen Laufbahn des Q. Lollius Urbicus.

Die gesellschaftlichen Grundlagen

Die soziale Ordnung, die sich in den beiden letzten Jahrhunderten der Republik herausgebildet hatte, erfuhr in den ersten Jahrhunderten der Kaiserzeit eigentlich vergleichsweise wenige Veränderungen. Die Senatoren und Ritter bildeten weiterhin eine politische Führungsschicht, auf deren Unterstützung und Mitarbeit auch der römische Kaiser angewiesen war. Um sich ihrer Loyalität zu vergewissern und sie möglichst eng an sich zu binden, hatte Augustus sie in zwei voneinander getrennte Stände *(ordines)* zusammengefasst und mit umfangreichen Privilegien ausgestattet. Er hatte damit aber eine Entwicklung nur zum Abschluss gebracht, die schon im 2. Jh. v. Chr. eingesetzt hatte.

Die Zugehörigkeit zum Senatorenstand *(ordo senatorius)* wurde erblich und an ein Mindestvermögen von 1 000 000 Sesterzen gebunden, das aber von nicht wenigen Senatoren um ein Vielfaches übertroffen wurde. Das Recht zur Ergänzung des Standes lag beim Kaiser, der auch des Öfteren den von ihm gewünschten Kandidaten das für die Aufnahme erforderliche Kapital zur Verfügung stellte. So änderte sich trotz der Erblichkeit des Standes seine regionale Zusammensetzung aufgrund der wachsenden Bedeutung der Provinzen doch sehr rasch, sodass bereits um die Mitte des 2. Jh.s n. Chr.

Beförderungen und Versetzungaen des Q. Lollius Urbicus

Amt	Militärischer Bereich	Ziviler Bereich
praefectus urbi		Roma
legatus Aug. pro praetore	Germania inf. – Britannia	
consul		Roma
legatus legionis	Pannonia sup. – ludaea	
praetor		Roma
tribunus plebis		Roma
lagatus Augusti	Asia	
quaestor		Roma
tribunus militum	Germania sup.	
XX vir		Roma

(ca. 90 – ca. 170 n. Chr.) – Beispiel einer senatorischen Laufbahn

nur noch knapp 60 Prozent der Senatoren aus Italien stammten.

Auch die Zugehörigkeit zum Ritterstand *(ordo* equester*)* war an ein Mindestvermögen (400000 Sesterzen) gebunden; darüber hinaus war der Nachweis einer untadeligen Lebensführung erforderlich. Die Mitgliedschaft war nicht erblich; vielmehr entschied allein der Kaiser oder ein von ihm Beauftragter über die Aufnahme und das Verbleiben in diesem Stand. Diese Abhängigkeit der Ritter vom Wohlwollen des Kaisers stärkte ihre Loyalität dem Herrscher gegenüber. Aufgrund des Aufnahmeverfahrens war die ethnische und vor allem die soziale Zusammensetzung des Ritterstandes im Vergleich zum Senatorenstand weitaus heterogener.

Ein weiteres wichtiges Element der kaiserzeitlichen Sozialordnung bildeten die Standesorganisationen der lokalen Führungsschichten des römischen Reiches: Der *ordo decurionum*, dem in jeder Stadt in der Regel 100 auf Lebenszeit bestellte Mitglieder angehörten, stellte den Rat, der für die städtische Selbstverwaltung (Finanzwesen, Bautätigkeit, Lebensmittelversorgung etc.) zuständig war und auch die damit verbundenen Kosten zu tragen hatte. Zugangsvoraussetzung für den *ordo decurionum* war ebenfalls ein (von Stadt zu Stadt allerdings unterschiedliches) Mindestvermögen sowie eine vorangegangene Tätigkeit als städtischer Magistrat.

Der Zusammenschluss der reichen Bürger in den *ordines* bestärkte die Abgrenzung zwischen den Ober- und Unterschichten, die sich dann sogar auch im Strafrecht widerspiegelte; so durften etwa bei Kapitalverbrechen bestimmte Strafen (Folter, Kreuzigung u. a.) nicht gegen Angehörige der oberen Stände verhängt werden. Außer den Mitgliedern der *ordines* gehörten auch die reichen Freigelassenen *(liberti)* zur sozialen Oberschicht, obgleich sie den Makel der Sklaverei nie ganz ablegen konnten (↗38); vor allem die kaiserlichen Freigelassenen *(liberti Augusti)* und die kaiserlichen Sklaven *(servi Caesaris)* waren eine sehr wohlhabende und einflussreiche Gruppe, da sie als Mitglieder der *familia Caesaris* und Vertraute des Kaisers vielfach an den Schalthebeln der Macht saßen.

Innerhalb der Unterschichten galt dem stadtrömischen Proletariat die besondere Fürsorge der Kaiser. Durch Getreidespenden und Speisungen (*congiaria*), durch Geschenke *(donativa)* und Spiele *(panem et circenses)* suchten die Herrscher die *plebs urbana* für sich einzunehmen und als Klientel an sich zu binden. Ungleich schwerer war es, auch das Heer in das kaiserliche Herrschaftssystem zu integrieren. Die Kaiser mussten sich die Loyalität der Soldaten immer wieder aufs Neue durch umfangreiche Donative erkaufen; und dennoch wurde die Armee zu einem ausschlaggebenden Faktor für den Zerfall der kaiserlichen Zentralgewalt im 3. Jh. n. Chr.

Die politischen und gesellschaftlichen Veränderungen in der Spätantike

Bis ins 3. Jh. n. Chr. hinein hatte die römische Herrschaft ihre innere Stabilität und äußere Sicherheit weitgehend wahren können. Der wachsende Druck auf die Reichsgrenzen, schwere Machtkonflikte im Inneren und eine rapide Verschlechterung der wirtschaftlichen Lage erschütterten dann aber in der Zeit der »Soldatenkaiser« die Grundlagen des *imperium Romanum* (↗58). Eine Antwort auf diese Reichskrise des 3. Jh.s n. Chr. waren die umfassenden Reformen, die unter dem Kaiser Diokletian begonnen und unter Kaiser Konstantin und seinen Nachfolgern zu Ende geführt wurden. Die Reformen betrafen fast alle Bereiche des öffentlichen Lebens und veränderten den römischen Staat grundlegend. Die Heeresorganisation wurde umstrukturiert, das Steuer- und Abgabensystem wurde auf eine völlig neue Basis gestellt, das Währungssystem reformiert und die gesamte Reichsverwaltung neu geordnet.

An die Stelle eines Alleinherrschers trat ein Kaiserkollegium, das aus 2 *Augusti* bestand, denen 2 *Caesares* untergeordnet waren. Jeder dieser 4 Herrscher (daher: Tetrarchie) war für einen Reichsteil zuständig; so entstanden neben Rom neue Kaiserresidenzen in Grenznähe (Trier, York, Byzanz, das spätere Konstantinopel, u. a.). Da man aber entschlossen war, die Reichseinheit zu erhalten, führte die Dezentralisierung der Reichsverwaltung zugleich zu einer verstärkten Bürokratisierung. Die Zahl der Provinzen wurde von ca. 50 auf über 100 erhöht; darüber hinaus wurden 12 Diözesen und 4 Reichspräfekturen als Zwischeninstanzen geschaffen. Auf allen diesen Ebenen wie auch in der kaiserlichen Zentralverwaltung *(comitatus)* entstand ein riesiger Beamtenapparat, zumal die Zivil- und die Militärverwaltung grundsätzlich voneinander getrennt wurden. Der Senatorenstand bestand zwar noch weiterhin – wenn auch in anderer sozialer Zusammensetzung; die alte Ständeordnung wurde jetzt aber von einer streng hierarchisch gegliederten Rangklassenordnung überlagert.

Die Bereiche, in denen der Staat durch seine gesetzlichen Regelungen eingriff, um vor allem die hohen Kosten zu decken, waren um ein Vielfaches gestiegen. Der staatliche Zwang ließ die Oberschicht in den Städten *(decuriones)* zunehmend verarmen, da sie die Hauptlast des fiskalischen Drucks zu tragen hatte. Außerhalb der Städte wuchs hingegen einer Schicht sehr reicher Großgrundbesitzer immer mehr Macht zu, da sie staatliche Aufgaben (niedere Gerichtsbarkeit, Finanzhoheit etc.) an sich zogen und die verarmten Kleinbauern und Landpächter *(coloni)* zu ihrer Klientel machten. Dies führte dazu, dass sich feudale Grundherrschaften bilden konnten.

▼ Relief der Tetrarchen Diokletian, Maximian, Galerius und Constantius Chlorus am Marcusdom in Venedig (um 300 n. Chr.)

Für die Ausbreitung des Christentums bedeutete die Herrschaft Konstantins den entscheidenden Wendepunkt. Nach den systematischen Verfolgungen im 3. Jh. n. Chr. wurde durch die Toleranzedikte der Jahre 311 und 313 n. Chr. die Ausübung der christlichen Religion staatlicherseits gestattet; in der Folgezeit fand das Christentum in Konstantin einen besonderen Befürworter und Förderer; und bereits am Ende des 4. Jh.s n. Chr. während der Herrschaft des Theodosius wurde das Christentum zur Staatsreligion.

Die Stellung des Kaisers hatte sich im Vergleich zur Prinzipatszeit wesentlich verändert. Die Person des Kaisers wurde noch stärker in die Nähe des Göttlichen gerückt; er galt als Inhaber einer gottvermittelten Macht, was auch in einem strengen Hofzeremoniell mit *adoratio* (Anbetung) des Kaisers und Proskynese (Verehrung durch Kniefall bzw. Ausstrecken auf dem Boden) zum Ausdruck kam. Die Distanz zwischen dem Kaiser *(dominus)* und der Reichsbevölkerung *(subiecti)* hatte sich vergrößert.

Die Tetrarchie wurde zwar schon von den Nachfolgern Diokletians aufgegeben; die Idee des Mehrkaisertums lebte allerdings fort und fand ihre endgültige Ausprägung nach dem Tod des Theodosius, als das Reich endgültig in ein Ost- und ein Westreich mit Konstantinopel und Ravenna als Hauptstädten aufgeteilt wurde. Während das Westreich in den Stürmen der Völkerwanderungszeit zugrunde ging, hatte im Ostteil, dem Reich von Byzanz, die römische Tradition in griechischem Gewand noch ein Jahrtausend Bestand bis zur Eroberung Konstantinopels durch Sultan Mehmet II. im Jahre 1453.

Spurlos ist das römische Reich jedoch nicht untergegangen. Vom römischen Recht, von der Literatur, der Philosophie und der materiellen Kultur hier einmal abgesehen hat auch die in Rom entwickelte Staatlichkeit Nachwirkungen gezeigt. So fand die römische Herrscheridee durch die mittelalterliche Vorstellung der *translatio imperii* ihre Fortsetzung im westlichen König- und Kaisertum ebenso wie auch im russischen Zarentum; und römische Ordnungs- und Verwaltungsstrukturen (Städtewesen, Magistraturen u. a.) und politische Wertvorstellungen (so vor allem die Idee der bürgerlichen Freiheit und der damit verbundenen Rechte und Pflichten) bilden bis heute eine wichtige Grundlage jeder modernen Staatsordnung.

Recht

1. *Einleitung*

Den Juden gab Gott selbst das Gesetz; er blieb seines Volkes oberster Richter, er strafte es für Übertretungen, er galt ihm als der »gerechte« Gott. Religion und Rechtskunde blieben eins; der Hohe Priester war gleichzeitig oberster Richter.

Themis und Dike, Recht und Gerechtigkeit bzw. Justiz, waren für die Griechen schon seit Homer und Hesiod Gottheiten. Selbst die *Nomoi*, die Gesetze, obwohl von Menschen geschaffen, wurden von den Tragikern, von Sokrates und seinen Schülern in die Sphäre der unantastbaren, von den Göttern geschützten Werte erhoben. Das bewahrte sie freilich nicht davor, der Willkür einerseits des Populismus, andererseits sophistischer Auslegung preisgegeben zu werden.

Die Römer konnten das Neutrum *ius* nicht personifizieren, weder männlich noch weiblich. *Justitia*, die seit dem Mittelalter an Gerichtsstuben und Rathäusern als weibliche Gestalt mit Augenbinde, Waage und Schwert dargestellt wird, hatte in Rom weder Tempel noch Kult. *Jupiter* hatte Beinamen wie *Optimus Maximus*, *Omnipotens*, aber nicht den Beinamen *Iustus*; der göttliche Eidschützer hieß *Dius Fidius*. Kein Heros, kein Herrscher ist als *Iustus* bekannt. Die Rechtswissenschaft, die sich jahrhundertelang bis zu ihrer klassischen Hochform etwa 30 v. bis 260 n. Chr. entwickelte, sammelte, definierte, exemplifizierte, erstrebte aber nicht die Vollständigkeit und Systematik, ohne die das weitläufig gewordene Gebäude des modernen Rechts nicht mehr zu überblicken wäre: die mannigfachen Bezüge, in die bei der Differenziertheit des heutigen Lebens Menschen und Menschengruppen zueinander geraten können. Leicht vergröbernd kann festgehalten werden: Das Recht des römischen Volkes ist im irdisch-praktischen Bereich entstanden und immer geblieben; es zeigt sich an ihm jene Kontinuität, jenes auf die hergebrachte Sitte (*mos maiorum*) sich berufende historische Bewusstsein, das auch sonst das Staatsleben der Römer trägt. Der hochklassische Jurist Celsus umschrieb das *ius* schlicht als *ars boni et aequi* (*Handwerk des Guten und Gerechten*), was der später besonders einflussreiche Ulpian übernahm (dig. 1,1,1 pr.). Es ist gewachsenes Recht ähnlich dem angelsächsischen, nicht systematisch geschaffenes; alle Schichten des römischen Volkes, so, wie sie nacheinander zu politischer Führung berufen wurden, haben das Ihre dazu beigesteuert.

2. *Die Rechtsquellen*

Volksrecht: leges, plebiscita *Lex est, quod populus iubet atque constituit:* »Gesetz ist, was das Volk befiehlt und festsetzt«, heißt es bei Gajus, einem Juristen des 2. Jh.s n. Chr. in seinem vielbenutzten Anfängerlehrbuch *Institutiones* (Unterweisungen). So war es schon in der Republik, also seit ungefähr 500 v. Chr. Das Recht der Gesetzgebung ist seit je kein Recht der Obrigkeit, sondern ein Recht der Obrigkeit und der Gemeinde: Der Magistrat schlug vor, das Volk stimmte zu oder verwarf. Das Recht, eine Volksversammlung (*comitium*) einzuberufen und zu leiten (*ius agendi cum populo*), und damit das Recht der *rogatio*, der Befragung, zumal der Einbringung eines Gesetzesantrags, hatten vor allen die Konsuln und Prätoren als die Träger des *imperium*, der allgemeinen Befehlsgewalt. Nach dem Antragsteller bekam jede *lex* ihren Namen, z. B. die *lex Hortensia de plebiscitis* (↗22) nach dem Diktator Hortensius. Der *mos maiorum* und die nach und nach zustande gekommenen *leges* waren die feste Grundlage des geltenden Rechts.

Das wichtigste Gesetz war eine Zusammenfassung der maßgeblichen Sätze des geltenden Rechts, die, veranlasst durch die Ständekämpfe, in den Jahren 451 – 449 nach griechischem Vorbild zustande kam. Eine mit außerordentlichen Vollmachten ausgestattete Kommission von zehn Männern entwarf zunächst zehn und schließlich Zwölf Gesetzestafeln, die nach einigem Hin und Her vom Volk beschlossen und auf dem Forum für künftige Jahrhunderte aufgestellt wurden, *fons omnis publici privatique iuris* (Quelle allen öffentlichen und privaten Rechts, Liv. 3,34,6). Wir kennen Bruchstücke aus späteren Zitaten: klobig-ungefüge Sätze, die aber das Wesentliche knapp erfassen. Inhaltlich geht es um Prozessrecht einschließlich Vollstreckung, Privatrecht (Familien-, Erb-, Nachbar-, Haftungs- und Verkehrsrecht), Strafrecht und Begräbnisaufwand. Ein Beispiel:

Nebeneinander stehen die Sätze:

Si membrum rupsit, ni cum eo pacit, talio esto – Wenn einer (einem andern) ein Glied gerissen (eine ernste Wunde beigebracht, ihn vielleicht verstümmelt) hat, wenn er nicht mit ihm Frieden schließt (sich gütlich einigt), soll Vergeltung mit Gleichem sein.

Manu fustive si os fregit libero, CCC, si servo, CL poenam subito – Wenn einer einem Freien mit der Faust oder einem Knüppel einen Knochen gebrochen hat, soll er einer Buße von dreihundert, wenn einem Sklaven, von hundertundfünfzig (ursprünglich wohl Pfund Kupfer, später Sesterzen) unterliegen.

Im ersten Fall, einer Körperverletzung, bei der Blut geflossen ist, wurde lediglich die Vergeltung begrenzt und ihre Ablösung durch Einigung auf irgendeine Leistung des Täters an den Verletzten, meist eine Vermögensleistung, für vorrangig erklärt. Im Falle eines Knochenbruchs dagegen wurde die finanzielle Sühnung zwingend und mit festen Beträgen vorgeschrieben.

Das Zwölftafelgesetz mussten die Kinder in der Schule noch zu Ciceros Zeiten auswendig lernen. Die Comitien des römischen Volkes wurden allerdings von Anfang an auch für andere Anliegen beansprucht (↗31). Capito (↗52) definierte unter Augustus *lex* deshalb als ein *generale iussum populi aut plebis* (allgemeiner Befehl des Volkes oder der Plebs). Dagegen »können Volksbeschlüsse über den Oberbefehl des Pompejus, über die Rückkehr Ciceros u. dgl. nicht eigentlich als *leges* gelten, weil sie sich auf einmalige Ereignisse und Einzelpersonen beziehen«. Seit Kaiser Tiberius kam die Volksgesetzgebung immer mehr außer Gebrauch.

Eine Variante der Volksgesetzgebung waren die Plebiszite, die auf Antrag der Volkstribunen von einem *concilium plebis* beschlossen wurden (↗34). Hatten sie ursprünglich nur den Charakter von Resolutionen, so erhielten sie durch die *lex Hortensia* vom Jahr 287 v. Chr. dieselbe Wirkung wie *leges*. Noch Augustus, der für seine Person die ihm dreimal angetragene *cura morum et legum* ablehnte, brachte seine Reformgesetze als Plebiszite kraft seiner *tribunicia potestas* ein.

Senatus consulta In den letzten Jahrzehnten der Republik erlangte das *senatus consultum* allmählich Gesetzeskraft. Die gesetzgebende Gewalt des Senats war umstritten, *senatus consultum* bedeutet eigentlich nur »Rat, Empfehlung des Senats«. Aber hinter solcher Empfehlung stand eine Autorität, der die Magistrate, welche die Vollzugsgewalt verkörperten, sich kaum entziehen konnten – in republikanischer Zeit mehr im Bereich der Politik, später, als der *princeps* diese bestimmte, mehr im Bereich des Rechts. Aber auch der

Senat verlor seine Initiative rasch an den Kaiser. Nur bei weniger wichtigen Agenda kam es noch vor, dass ein anderer als er ein *senatus consultum* einbrachte; und einen vom Kaiser gestellten Antrag abzulehnen, wurde undenkbar. So wurde schon die *oratio principis*, die vor dem Senat durch ihn selbst oder auch nur einen Beamten verlesene kaiserliche Botschaft, maßgeblich.

Kaiserrecht: constitutiones principum Das Kaiserrecht trat neben das Volksrecht und das Senatsrecht, ohne diese jedoch außer Kraft zu setzen. Die Gesetzeskraft aller *constitutiones principis*, aller kaiserlichen Bestimmungen, setzte sich unter der Hand durch und wurde erst im 2./3. Jh. n.Chr. ausdrücklich anerkannt. Man unterschied sechs Arten von *constitutiones*: *edicta*, *mandata*, *decreta*, *epistulae* an leitende Beamte, Städte oder Provinziallandtage, meist *rescripta* (Rückschreiben auf Anfragen) genannt, Privatreskripte oder *subscriptiones*, später gleichfalls *rescripta* genannt, und *interlocutiones de plano*.

Ein *edictum*, d.h. ein öffentlich, einst mündlich bekanntgegebener Erlass galt, wenn vom Kaiser, zeitlich unbegrenzt. Z.B. war die *constitutio Antoniniana* Caracallas vom Jahre 212 n.Chr. ein kaiserliches Edikt, worin er nahezu allen freien Reichsbewohnern, die es noch nicht hatten, und das war die große Mehrheit, das römische Bürgerrecht verlieh.

Mandata waren Anweisungen an alle leitenden Beamten, die in einem *liber* zusammengefasst und ihnen bei Dienstantritt ausgehändigt wurden. *Decreta* waren Entscheidungen des Kaisers als Richter, der das Recht an sich lediglich anzuwenden hatte; da er jedoch höchste Autorität war, konnte er vom bisher geltenden Recht abweichen und begründete dann neues Recht.

Das berühmteste Beispiel einer *epistula* an einen leitenden Beamten ist jener Bescheid Trajans an Plinius

Die römischen Rechtsquellen

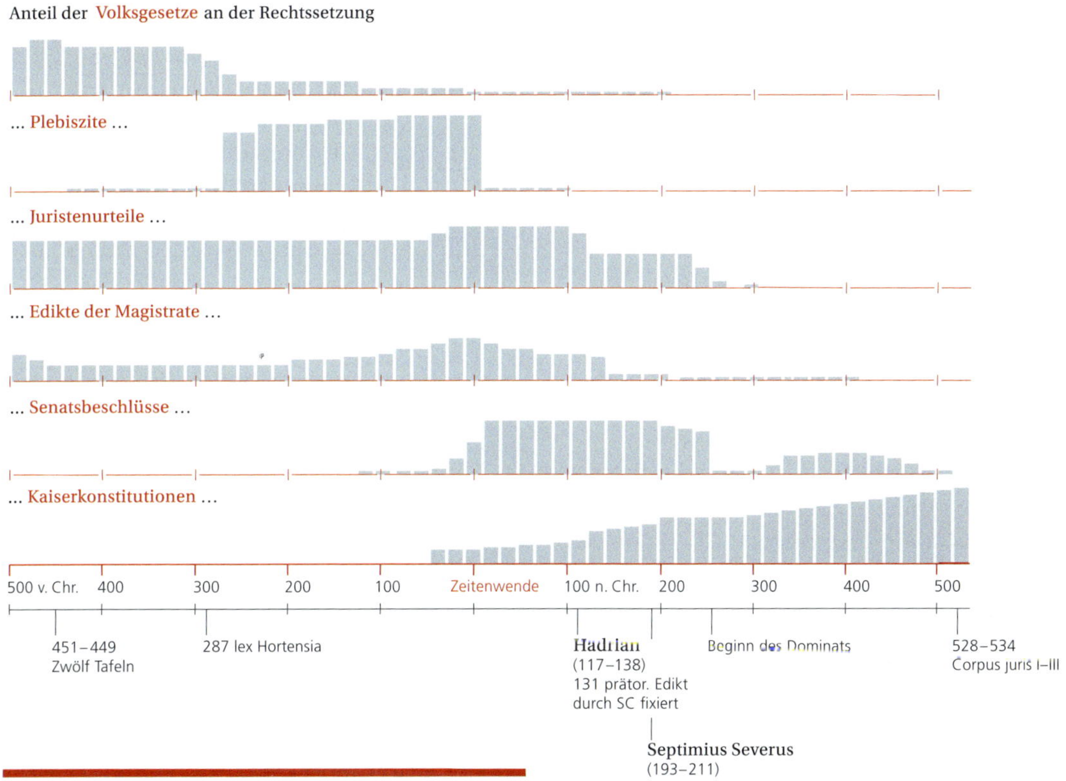

(ep. 10, 96 f.), den Statthalter von Bithynien, auf dessen Anfrage zur Behandlung der Christen (↗113). Dieser hatte schon viele aufgrund der von Nero eingeführten Todesstrafe kurzerhand hinrichten lassen, als ihn Zweifel an ihrer Gefährlichkeit beschlichen, weshalb er sich genauer erkundigte und sie als harmlos befand. Auf seinen Bericht hin befahl Trajan, zurückhaltend vorzugehen und sie nicht eigens aufzuspüren; wurden sie aber offen angezeigt und opferten nicht, sollten sie auch fortan hingerichtet werden.

Denkbar einfach war die Form der *subscriptiones*, Rechtsbescheide für einfache Privatleute, die sich durch Bittschriften (*libelli, preces*) mit jedwedem Anliegen an den Kaiser wenden konnten; in seinen Audienzen nahm er auch jedwede private Beschwerde entgegen. Ursprünglich wurde die Antwort des Kaisers kurzerhand unter die Eingabe gesetzt (daher *subscriptio*) und beides am Aufenthaltsort des Kaisers öffentlich ausgehängt, wovon der Petent oder sein Beauftragter Abschrift nehmen mochte. Später, als die Christen das nutzten, um mit ihren öffentlich auszuhängenden Bittschriften für ihren Glauben zu werben, verwendete man für die Antwort ein besonderes Blatt, weshalb sie nun gleichfalls *rescriptum* hieß. Der Kaiser bzw. sein zuständiger Sekretär, meist ein Jurist, beschied die Eingaben vom Rechtsstandpunkt aus, gab Rechtsauskunft.

Informelle Anordnungen (*interlocutiones de plano*) kamen beim Bad des Kaisers in der Menge vor, etwa, als sich ein alter Mann im Beisein seines Sohnes darüber beschwerte, dass dieser ihm keinen Unterhalt gewährte. Rechtlich war er dazu nicht verpflichtet; man verließ sich insofern auf das natürliche Anstandsgefühl. »*Custode patrem tuum; ideo enim te genuit. Cura ergo, ne iterum de te apud me queratur!*« (Behüte deinen Vater; denn dazu hat er dich gezeugt. Sorge also dafür, dass bei mir nicht wieder Beschwerden über dich eingehen) sagte Hadrian zu dem jungen Mann, und der Anspruch auf Unterhalt war geboren.

Amtsrecht: edictum perpetuum, ius honorarium Indem der Kaiser durch Reskript Bescheid erteilte, konkurrierte er mit der althergebrachten Gutachtertätigkeit der Juristen, dem *publice respondere*. Mit seinen Edikten trat er in die Fußstapfen jener Beamten des römischen Volkes, die das *ius edicendi* hatten.

Wichtig für die Rechtsentwicklung war dieses *ius* beim Prätor. Bei ihm lag die Rechtsprechung, seitdem die Konsuln 367 v. Chr. das Amt des Gerichtsherrn abgegeben hatten. Ihre Insignien waren von sechs Liktoren getragene *fasces* und die auf hoher Bühne (*tribunal*) stehende *sella curulis* (↗26). Nun machte aber der Prätor bald die Erfahrung, dass der *mos maiorum* und das Volksrecht (*ius civile*) der *leges* und Plebiszite bei weitem nicht für alle vorkommenden Fälle ausreichten oder dass ihre konsequente Anwendung zu unbilligen Ergebnissen führte: *Summum ius summa iniuria* (Auf die Spitze getriebenes Recht ist schwerstes Unrecht).

So wurde das für römische Bürger gültige Recht, das *ius civile* im engeren Sinn, aus dem *ius gentium* ergänzt, das man am ehesten als internationales Verkehrsrecht bezeichnen kann, wie es die Römer wahrnahmen. In den oben erwähnten *Institutiones* des Gajus heißt es zu Beginn: «Alle Völker, welche durch Gesetze und Sitten geleitet werden (d. h. welche eine Rechtskultur ausgebildet haben), wenden teils ihr eigenes, teils ein allen Menschen gemeinsames Recht an. Denn welches Recht jedes Volk selbst sich setzt, das ist sein selbsteigenes Recht und heißt *ius civile* (Recht seiner Bürger), d. h. Eigenrecht der Bürgerschaft (*civitas*); welches indessen das natürliche Rechtsempfinden unter allen Menschen (d. h. im Verkehr aller Menschen miteinander) setzt, das wird bei allen Völkern gleichermaßen geachtet und heißt *ius gentium*, d. h. 'Recht, das alle Völker anwenden'. Und so wendet das römische Volk teils sein eigenes, teils das allen Menschen gemeinsame Recht an.»

Nach *ius gentium* wurden ursprünglich nur die Beziehungen der in Rom ansässigen Fremden untereinander und zu römischen Bürgern beurteilt. Da fremdstaatliches Recht oft schwer zu beurteilen war und das einheimische nicht immer als Muster dienen konnte, sah sich der für die Fremdengerichtsbarkeit zuständige *praetor peregrinus* genötigt, Recht nach dem Grundsatz der Worttreue (*bona fides*) oder der Billigkeit (*aequitas*) zu finden und andererseits arglistiges Verhalten (*dolus malus*) zurückzuweisen. Die dazu entwickelten Rechtseinrichtungen wie die formlos verbindlichen Kauf-, Miet-, Pacht-, Werk-, Dienst- und Gesellschaftsverträge bzw. die Möglichkeit, arglistiges Vorgehen mit der Arglisteinrede abzuwehren, erwiesen sich rasch als so vorteilhaft, dass sie auch für das innerrömische Handels- und sonstige Vertragsrecht anerkannt wurden, indem auch der *praetor urbanus* von dieser Möglichkeit Gebrauch machte und so, gestützt auf sein *imperium*, wie ein kleiner Gesetzgeber agierte. Kanalisiert wurde das mit Hilfe des *ius edicendi* aller Magistrate. Diejenigen, welche mit Jurisdiktionsaufgaben betraut waren: Außer dem Stadt- und dem Fremdenprätor die kurulischen Ädilen (zuständig für Marktstreitigkeiten), die Provinzstatthalter und deren Quästoren (für Marktsachen in der Provinz), machten zu Beginn ihres Amtsjahrs auf gekalkter Holztafel (*album*) die Grundsätze und Formeln, nach denen sie Recht zu sprechen gedachten, als *edictum perpetuum* (immerwährendes, d. h. für das ganze Amtsjahr geltendes, allgemeine Maximen aufstellendes Edikt) bekannt. Der Nachfolger übernahm Bewährtes, besserte, ergänzte, tilgte notfalls, und so trat neben das unzureichend gewordene *ius civile* allmählich das *ius honorarium*, das von den Inhabern der Ehrenämter (*honores*) geschaffene Amtsrecht. Erwachsen aus der Rechtspraxis, blieb es anpassungsfähig gegenüber dem leisen Wandel der Zeiten, wenn auch sein Hauptbestandteil schon gegen Ende der Republik von Prätor zu Prätor weitergegeben wurde.

Von der soeben erwähnten Rechtsprechung in den Provinzen vor dem Statthalter und dem ihm beigegebenen Quästor ist zu sagen, dass die Römer in kluger Nichteinmischung die unterworfenen Völker jedenfalls in kleineren Sachen nach eigener Verfassung und Rechtsordnung leben ließen (*suis legibus uti*). Der römische Statthalter war vor allem Militärbefehlshaber und Gerichtsherr der in den Provinzen ansässigen *cives Romani*, aber auch für größere Streitigkeiten und Kriminalfälle der Nichtrömer (*peregrini*) zuständig; zudem wurde er von den *peregrini* oft auch bei Sachen in Anspruch genommen, für die eigentlich die einheimischen Gerichte zuständig waren. Der Hohepriester Kaiphas überwies den Fall Jesu von Nazareth an den für Kapitalprozesse zuständigen römischen Präfekten. Pilatus soll zwar zu den Juden gesagt haben: «Nehmt ihr ihn und richtet ihn nach eurem Gesetz!» Da die Römer ihnen aber verboten hatten, Todesstrafen zu vollstrecken, entgegneten sie ihm: «Wir haben nicht das Recht, jemanden hinzurichten» (Joh. 18, 31). In der Apostelgeschichte lesen wir, wie sich Paulus aus der fanatisierten Justiz der eigenen Landsleute in den Schutz der römischen Autoritäten flüchtete, die als ordnungstiftende Macht und als im weltlichen Sinn gerecht empfunden wurden.

Im Jahre 131 n. Chr. beauftragte Kaiser Hadrian seinen Quästor, den jungen Juristen Salvius Julian, die überlieferten Jurisdiktionsedikte für eine endgültige Veröffentlichung abschließend zu redigieren und dem Senat vorzulegen, was geschah. Damit war der Weiterentwicklung des *ius honorarium* ein Ende gesetzt.

Juristenrecht: responsa prudentium Julian gehörte zu den Fachjuristen, den *iuris periti, consulti* oder *prudentes.* Ihr Wirken war seit ältester Zeit mit der Entwicklung des römischen Rechts verbunden und blieb es bis ins späte 3. Jh. n. Chr. So seltsam es scheint, weder der Prätor noch der von ihm in jedem einzelnen Fall zur Ermittlung der Tatsachen und Fällung eines Urteils bestellte Richter oder Schiedsmann waren juristisch geschult. Auch die Anwaltserfolge Ciceros und seines Gegners Hortensius beruhten weniger auf juristischem Fachwissen als auf ihrer glänzenden rhetorischen Leistung, die in die römische Prozesspraxis ein ihr ursprünglich fremdes griechisches Element hineintrug.

Wer sein Recht durchsetzen wollte, der musste beim Prätor Klage erheben. Das konnte er aber nur, wenn er die in seinem Fall einschlägige Formel benannte, wozu er in schwierigen Fällen fachkundige Auskunft benötigte. Eine brauchbare Auskunft zu erteilen (*respondere*), wozu die Gesetze, insbesondere die Zwölf Tafeln auszulegen waren und, wenn diese versagten, eine sonstwie anerkannte Formel vorzuschlagen war, war ursprünglich die Aufgabe der *pontifices*, derjenigen Priesterschaft, die seit ältesten Zeiten auch für die korrekte Anwendung des unter den Bürgern geltenden Rechts zuständig war. Im 3. Jh. v. Chr. emanzipierten sich einzelne plebejische *pontifices* von ihrem Kollegium und lehrten das Recht für jedermann, so dass es schließlich immer mehr Juristen gab, die nicht zugleich *pontifices* waren und sich trotzdem durch kundige Beratung die gleiche Autorität erwarben. Rechtsberatung einschließlich Hilfe beim Klagen (*agere*) und beim Vertragsschluss (*cavere*) war unentgeltlich ausgeübte Tätigkeit des Juristen. Auch der Prätor stützte sich bei der Formulierung seines Edikts und der darin vorgesehenen Klag- und Vertragsformeln auf die im Kreis der zur Beratung hinzugezogenen Freunde ausschlaggebende Ansicht des Rechtskundigen.

Seit Beginn des 2. Jh.s v. Chr. gingen immer mehr Juristen dazu über, ihr Wissen und ihre Erkenntnisse niederzuschreiben und zu publizieren, vorrangig mit dem Ziel, der Praxis zu dienen. Augustus und die folgenden Kaiser gewährten loyalen Vertretern ein *ius respondendi ex auctoritate principis*, das ihre *responsa* erhöhte und seit Hadrian verbindlich machte, wenn kein Jurist mit dem gleichen Vorrecht eine andere Ansicht vertrat. Seit Tiberius wurden Juristen in höchste kaiserliche Ämter berufen und an der Verwaltung des Reiches beteiligt.

Aus der großen Zahl hervorragender Juristen seien einige wenige hier angeführt: Um 100 v. Chr. Q. Mucius Scaevola, er noch gleichzeitig *pontifex*; um 50 v. Chr. Servius Sulpicius Rufus, Ciceros Freund; dann z. Z. des Augustus die Begründer zweier divergierender Schultraditionen: der Hofjurist Ateius Capito und der sehr produktive Antistius Labeo, der sich herausnehmen konnte, die neue Ordnung des Augustus offen zu kritisieren; aus der Zeit der Adoptivkaiser die sog. Hochklassiker Juventius Celsus und der erwähnte Redaktor der Jurisdiktionsedikte Salvius Julian; unter den Severern die Spätklassiker Aemilius Papinian, Iulius Paulus und Domitius Ulpian. Ihre und vieler anderer aus späteren Sammlungen bruchstückhaft überlieferten Werke galten bis ins 19. Jh. als die klassische Rechtswissenschaft schlechthin. «Eine in jahrhundertelanger Arbeit zu höchster Geschmeidigkeit herangebildete Sprache ... gestattet es ihnen, auch verwickelte Tatbestände und Gedankengänge in knappester Form zu umschreiben» (Kunkel).

Aus der hochklassischen Epoche römischer Rechtskultur unter den Adoptivkaisern Nerva, Trajan, Hadrian, Antoninus Pius und Mark Aurel (96 – 180 n. Chr.) stammt auch jenes Lehrbuch des Gajus, die *Institutiones* (um 161 n. Chr.), dem wir folgende zusammenfassende Übersicht über den historischen Aufbau des römischen Rechts entnehmen: «Das Recht des römischen Volkes besteht aus Gesetzen und Plebisziten (Volksrecht), Senatsbeschlüssen (Senatsrecht), kaiserlichen Bestimmungen (Kaiserrecht) und Juristengutachten (Juristenrecht). Gesetz ist, was das Volk befiehlt und festsetzt. Plebiszit ist, was die Plebs (↗34) befiehlt und festsetzt. ... Senatsbeschluss ist, was der Senat befiehlt und festsetzt; ... Kaiserliche Bestimmung ist, was der Imperator durch Richterspruch, Edikt oder brieflichen Bescheid festsetzt; ... Das Recht, ein Edikt zu erlassen (*ius edicendi*), haben die Beamten des römischen Volkes. ... Juristengutachten sind Stellungnahmen und Meinungen derer, die befugt sind, Recht zu begründen» (1, 2 – 7, gekürzt).

Kodifikation des Rechts Im 3. Jh. n. Chr. hörte die freie, schöpferische Rechtsliteratur allmählich auf, endgültig mit der Machtübernahme Konstantins im frühen 4. Jh. n. Chr. Er führte eine Art Absolutismus ein, so dass die Juristen nurmehr im Namen des Kaisers an die Öffentlichkeit traten. Im 5. Jh. n. Chr. wurde der oströmischen Obrigkeit bei Herstellung des *Codex Theodosianus* (429 – 438 n. Chr.), der nur zum geringen Teil gelang, die Vernachlässigung der Juristenausbildung schmerzlich bewusst; und so ging vom Osten eine Erneuerungsbewegung aus, die dann das große von Kaiser Justinian (527 – 565 n. Chr.) in Konstantinopel angeordnete Werk der Kodifikation des römischen Rechts ermöglichte. 528/29 n. Chr. sichtete eine Kommission von hohen Beamten, darunter Tribonian, Anwälten und einem Rechtslehrer alle bisher ergangenen Kaiserkonstitutionen und stellte daraus den *Codex Justinianus* zusammen (Neufassung 534 n. Chr.). Unter der tatkräftigen Leitung Tribonians folgten diesem 533 n. Chr. die *Digesta* oder *Pandectae*, eine angeblich widerspruchsfreie, nach Sachgebieten geordnete Sammlung von Auszügen aus der ganzen Rechtsliteratur; gleichfalls 533 n. Chr. die *Institutiones*, ein Anfängerlehrbuch auf der Grundlage des gleichnamigen Werks von Gajus; und schließlich *Novellae leges*, nach 534 n. Chr. ergangene Gesetze. Alle vier Teile bildeten später eine Einheit und wurden seit dem Mittelalter unter dem Titel *Corpus juris civilis* zusammengefasst. Rechtspraxis und Rechtsunterricht erfuhren durch die Kodifikation eine gründliche Erneuerung. Namentlich in den *Digesten* lebt so viel von der Kraft der römischer Jurisprudenz, dass die erneute Vertiefung in sie immer wieder die Rechtswissenschaft anregte und eine um Ausgleich bemühte Rechtspraxis förderte.

3. *Rechtsstudium und Rechtsliteratur*

Schaffung eines für weiteste Kreise fairen Rechts und seine wissenschaftliche Durchdringung ist eine der großen kulturellen Leistungen Roms, an der sich jahrhundertelang Männer gerade nicht nur aus Rom, sondern aus allen Teilen des Reiches beteiligten. Wie aber stieg der Einzelne in diese große Tradition ein? Das war, da die römische Welt zunächst keine Universitäten kannte, nur dadurch möglich, dass er als Schüler eines Rechtskundigen, eines *iuris peritus*, in der Praxis lernte, wenn dieser Privatleuten Auskunft erteilte, dem Prätor eine Klage entgegenzunehmen empfahl oder den *iudex* bei der Entscheidung eines Falles beriet. Denn alle am Rechtsgang Beteiligten waren, sobald ihre Arbeit das Niveau von Routine überstieg, auf Konsultation von Fachjuristen angewiesen. In Rom umgaben sich Entscheidungsträger stets mit einem Kreis von Beratern; Magistrate und *iudices* baten Juristen hinzu und der junge Rechtsbeflissene war immer dabei. Zum *audire* des Schülers trat dann ergänzend das *instituere* des Lehrers, der nicht nur den jeweiligen Fall erläuterte und aus seiner Erfahrung analoge Fälle heranzog, sondern auch die Rechtseinrichtungen ordnete und einen mehr oder minder systematischen Überblick gab. Aus dem Bedürfnis, der Praxis zu helfen und auch für den Unterricht das Material möglichst vollständig bereitzuhaben, entsprang dann die literarische Tätigkeit der Juristen, die um 300 v. Chr. mit der Veröffentlichung von Textsammlungen und einer Monografie einsetzte. Seit etwa 200 v. Chr. gab es juristische Kommentare und im 2. Jh. v. Chr. wurden erstmals systematische Gesamtdarstellungen versucht.

Zu Beginn der Kaiserzeit vervollkommneten die Juristen all diese Literaturgattungen, probierten aber auch viel Neues aus. Aus Rechtsunterricht anhand einer älteren Juristenschrift ging offenbar der Kommentar zu einer solchen hervor; er kommt vom 1. Jh. v. bis ins 3. Jh. n. Chr. häufig vor und wird immer ausführlicher. Masurius Sabinus, der erste Jurist im Ritterstand mit *ius respondendi ex auctoritate principis*, begann Mitte des 1. Jh.s n. Chr. damit, seine Responsen zu konkreten Rechtsfällen systematisch geordnet selbst herauszugeben (*Responsorum libri*); seit dem späten 1. Jh. wird das üblich. Sempronius Proculus entdeckte kurz nach der Edition der Briefe Ciceros (um die Jahrhundertmitte) die juristische Briefsammlung als passende Form für eine freie Erörterung von allerlei Rechtsfällen (*Epistularum libri*); sie war bis ins mittlere 2. Jh. n. Chr. weit verbreitet. Gleichzeitig wurden ausführliche Fallbesprechungen aus Rechtsunterricht für Fortgeschrittene in Schriften mit dem Titel *Quaestiones* oder auch *Disputationes* (*publicae*) publiziert; Werke mit diesem Titel gab es bis ins 3. Jh. Seit dem 2. Jh. n. Chr. schließlich gab es juristische Anfängerlehrbücher als Literatur (*Enchiridii*, vor allem *Institutionum libri*) und wurden Sammlungen von Kernsätzen (*Regularum libri*) üblich; beides war bis zum Ende der Klassik beliebt, *Regulae*-Werke auch noch im späten 3. Jh. Nach der allgemeinen Bürgerrechtsverleihung 212 n. Chr. nahmen vor allem didaktisch ausgerichtete Gesamtdarstellungen noch einmal einen kräftigen Aufschwung. Zugleich wurde der Rechtsunterricht zunächst nur in Rom und seit Ende des 3. Jh.s n. Chr. auch in Beirut steuerlich begünstigt. Schon seit Hadrian war es immer üblicher geworden, bestimmte hohe Beamtenstellen möglichst mit Juristen zu besetzen.

Im weiteren Verlauf des 3. Jh.s n. Chr. ebbte die Rechtsliteratur, wie schon erwähnt, ab, und seit Konstantin haben wir im Vergleich zum Reichtum der Klassik nurmehr höchst bescheidene Erzeugnisse: schmale Werke unter falschem Namen, nämlich eines berühmten Klassikers, und esoterische Werke, an sich nicht zur Veröffentlichung bestimmte Unterrichtsmaterialien. Denn an den Rechtsschulen, den staatlichen in Rom, Beirut und seit 425 n. Chr. auch Konstantinopel und den seit dem 2./3. Jh. n. Chr. in allen Provinzen anzutreffenden privaten, wurde das römische Recht weiterhin professionell gelehrt. Und die um 300 n. Chr. noch einmal intensivierte Bürokratie und Gerichtsbarkeit benötigten immer mehr ausgebildete Juristen. Deshalb wurde der Rechtsunterricht besonders in Beirut, das schon im 3. und 4. Jh. n. Chr. eine anspruchsvolle und viele anziehende Juristenausbildung bot, und ebenso in Konstantinopel reorganisiert. Im 5. und 6. Jh. n. Chr. dauerte das Studium an diesen beiden angesehenen Rechtsschulen fünf Jahre; Voraussetzung war höhere Schulbildung, also auch Ausbildung in der Redekunst (↗125). Wer ein Abschlusszeugnis von dort vorweisen konnte, brauchte sich wirtschaftlich keine Sorgen mehr zu machen.

4. *Rechtsprechung*

Der Zivilprozess Wer in den Jahrhunderten der Republik Recht suchte, der musste seinen Gegner stellen, zusammen mit ihm vor dem Prätor erscheinen und sein Anliegen zunächst formlos vorbringen. Der Prätor entschied, ob in dieser Sache ein Prozess überhaupt gehörig war, und genehmigte die vorgeschlagene Formel, woraus sich ergab, nach welchen Rechtssätzen der Fall zu entscheiden war. Nunmehr sagte der Kläger die konkretisierte Klagformel mündlich auf und widersprach ihm der Gegner ebenso förmlich (*legis actio*), womit der erste Teil des Prozesses abgeschlossen, das Verfahren *in iure* eingeleitet war. Aus einer Richterliste wurde ein Senator, später auch ein Ritter als Geschworener (*iudex*) bestimmt.

Vor diesem vollzog sich dann der zweite Teil des Prozesses (*apud iudicem*). Wie oben (↗48) dargestellt, reichten das Volksrecht, die Zwölftafelgesetze und die späteren Volksgesetze und Plebiszite bald nicht mehr aus. Außerdem barg die Spruchformel (*legis actio*) Gefahren für beide Seiten, denn ein falsches Wort bedeutete, dass man den Prozess endgültig verloren hatte. So wurden die Spruchformeln zunächst nur für Fremde und dann allgemein durch Schriftformeln (*formulae*) ersetzt, die der Prätor selbst formulierte. Darin bestellte er den *iudex* und wies ihn an, den Beklagten entweder zu verurteilen (*condemnare*) oder freizusprechen (*absolvere*). Festzustellen, ob die für eine Verurteilung erforderlichen Tatsachen vorlagen, war Sache des *iudex*. Konnte der Kläger diese nicht beweisen, so wurde er abgewiesen. Eine zweite Instanz war in Zivilsachen zur Zeit der Republik nicht vorgesehen.

Der rechtsprechende Magistrat konnte auch eine auf einen Sachverhalt, nicht auf eine gesetzliche Bestimmung bezogene Schriftformel geben, wodurch er Aufgaben des Gesetzgebers wahrnahm. Solche für den Einzelfall entwickelten Schriftformeln kündigte oft der nächste Prätor in seinem für sein Amtsjahr gültigen Edikt (↗49) für alle ebenso gelagerten Fälle an.

Der Strafprozess Die Kriminalgerichtsbarkeit hat viele Wandlungen durchgemacht. Zur Zeit Ciceros gliederte sich auch der Strafprozess in zwei Abschnitte: die Anklage vor dem für diese Straftaten zuständigen Prätor und die Untersuchung und Entscheidung vor einer Ge-

▼ Der *vicarius urbis Romae* Rufius Probianus (402 n. Chr.), damals erstinstanzlicher Richter für Rom und Süditalien, in seinem Amtsraum auf dem Amtsthron mit seiner Ernennungsurkunde, die er abzeichnet. Rechts neben ihm Bildnisständer mit den Bildnissen der regierenden Kaiser in Ost- und Westrom. Zu beiden Seiten Schnellschreiber mit *codices* aus Holztäfelchen und Griffel. Unten zwei gleichzeitig sprechende Anwälte mit Schriftrollen in der linken Hand, zwischen ihnen ein Dreifuß mit Tintenschale und Federkiel.

schworenenbank (*quaestio*), die in diesen Prozessen aber unter dem Vorsitz des Prätors tagte. Das Altertum kannte weder Staatsanwalt noch Untersuchungsrichter; ein Bürger musste den Beschuldigten beim Prätor anzeigen und sich als Ankläger anbieten (*delatio nominis*). Der Prätor entschied über die Zulässigkeit der Anklage und, wenn mehrere Ankläger sich gemeldet hatten, durch *divinatio* (eig. Entscheidung durch göttliche Eingebung) auch darüber, wer sie betreiben durfte. So musste sich Cicero in der *divinatio in Q. Caecilium* erst das Anklagerecht gegen den von Verres vorgeschickten Strohmann erkämpfen. Nach Annahme der Anklage (*receptio nominis*) wurde der Angeklagte (*reus*) zum Verhör geladen (*in ius vocare*) und, wenn dieses nicht schon durch Geständnis oder klar erwiesene Unschuld zu einer Entscheidung des Falles durch den Prätor führte, ein Termin vor einer *quaestio* anberaumt.

Um die Mitte des 1. Jh.s v. Chr. waren 900 Angehörige des Senatoren- und Ritterstandes als *iudices* in die ständigen Gerichtshöfe (*quaestiones perpetuae*) zu losen, wobei den Parteien, Ankläger und Angeklagtem, das Recht zustand, eine gewisse Anzahl abzulehnen (*reiectio*). Für die verschiedenen Straftaten, etwa für Erpressung im Amt (*pecuniae repetundae*), Mord (*de sicariis et veneficis*), unlautere Wahlbeeinflussung (*ambitus*) usw. waren jeweils eigene Gerichtshöfe unter einem eigenen Prätor zuständig,

Am festgesetzten Termin trat die *quaestio* auf dem Forum zusammen. Der Prätor auf der *sella curulis* führte von erhöhter Bühne (*tribunal*) den Vorsitz über das Richterkollegium. Umgeben von der *corona* der Zuschauer sprach der Ankläger die *accusatio*, die der Angeklagte oder sein Vertreter mit der *defensio* erwiderte. Dann, im abgekürzten Verfahren auch während der Plädoyers, wurden die von den Parteien gestellten Zeugen vernommen, Urkunden verlesen usw. Nach Abschluss des Beweisverfahrens stimmten die vereidigten Richter über die Schuldfrage ab, und zwar auf Holztäfelchen; der einzelne Geschworene warf sein Täfelchen mit seinem Votum oder einer Enthaltung in eine Urne. Nach Auszählung der Stimmen verkündete der Prätor das Urteil: Frei- oder Schuldspruch. Am Ende der Republik wurde es üblich, hochgestellten Angeklagten vor Beendigung des Prozesses Gelegenheit zu geben, schweren Strafen wie Ächtung (*aquae et ignis interdictio*) oder Todesstrafe durch freiwillige Verbannung zuvorzukommen; so geschah es auch bei dem von Cicero angeklagten Verres. Der erfolgreiche Ankläger hatte eine Belohnung aus dem eingezogenen Vermögen des Verurteilten zu erwarten; bei schikanöser, d. h. wissentlich falscher Anklage (*calumnia*) dagegen musste er mit der gleichen Strafe rechnen, die er dem Angeklagten zugedacht hatte.

Der Apostel Paulus vermochte in Jerusalem ein ihm von der römischen Militärverwaltung drohendes »peinliches« (von *poena*), d. h. mit Folter verbundenes Verhör mit dem Hinweis auf sein Bürgerrecht (*civitas*) sofort abzuwenden (Apg. 22, 25–29). Wenn dann der Apostel Berufung an das kaiserliche Gericht einlegte, so machte er von der *provocatio* Gebrauch, für die einst das Volk, jetzt der Kaiser als Wahrer des *ius populi Romani* zuständig war. Er beanspruchte, auch in den Außenbezirken des Reiches über die Rechte eines jeden römischen Bürgers zu wachen, und das wurden immer mehr; seit 212 n. Chr. sollten es nahezu alle freien Reichsbewohner sein (↗ 49).

5. *Nachwirkung*

In Italien trat das römische Recht nie außer Kraft, ebenso wenig in Südgallien und Spanien, wenn es auch überall dort nur stark vereinfacht fortgalt und von westgotischem, burgundischem bzw. fränkischem Recht überlagert wurde. Italien hatte zunächst an der justinianischen Erneuerung teil, doch ging es ihm später nicht viel besser, denn hier brachen bald die Langobarden (Lombarden) ein, kultivierten in Norditalien ihr eigenes Recht und bedrängten den römisch-byzantinischen Rest militärisch. Die Araber eroberten rasch ganz Nordafrika, wo vom 1. bis 7. Jh. n. Chr. das römische Recht ebenso gegolten hatte; im 8. n. Chr. nahmen sie Spanien und Teile Südfrankreichs; und im 9. n. Chr. besetzten sie auch Teile Süditaliens, Kleinasiens (Syrien schon im 7.) und Kreta, also einen Großteil des byzantinischen Geltungsgebiets des römischen Rechts. Soweit die Bevölkerung hier christlich blieb, galt für sie weiterhin das römische Recht, wieder stark vereinfacht und unter der Regie der Geistlichkeit.

▼ Frontispiz einer im 17. Jahrhundert in Amsterdam gedruckten, verbreiteten Handausgabe von Justinians *Corpus juris civilis* in einem Band, worin den antiken und spätantiken Texten ganz selbstverständlich u. a. Gesetze byzantinischer und römisch-deutscher Kaiser des Mittelalters angefügt sind, alles in lateinischer Sprache. Oben mit Herrscherkrone Justitia, Allegorie der Gerechtigkeit und der Justiz mit Schwert, Waage und Königskrone auf aufgeschlagenem Gesetzbuch, deshalb nicht mit verbundenen Augen. Neben ihr zu ihrer Linken zwei Rutenbündel mit Beil, zur Rechten Musikinstrumente und zwei Lorbeerkränze, weil sie sowohl straft als auch belohnt. In der Mitte ein von Putten gehaltenes Medaillon mit dem Bildnis Kaiser Justinians. Die große Gestalt links mit Jagdinstrumenten und -hund symbolisiert, dass, wer Recht hat, es auch verfolgen muss; die Gestalt rechts, die ein Buch, einen juristischen Kommentar schreibt, mit Sphinx zu ihren Füßen, dass juristische Ausführungen oft dunkel sind; und die Gegenstände unten im Bild symbolisieren, dass dort, wo das Recht regiert, reiche Ernten (die Früchte links unten), Handel (Helm des Merkur), Gesundheit (Äskulapstab) und Seefahrt (Anker) sich einstellen.

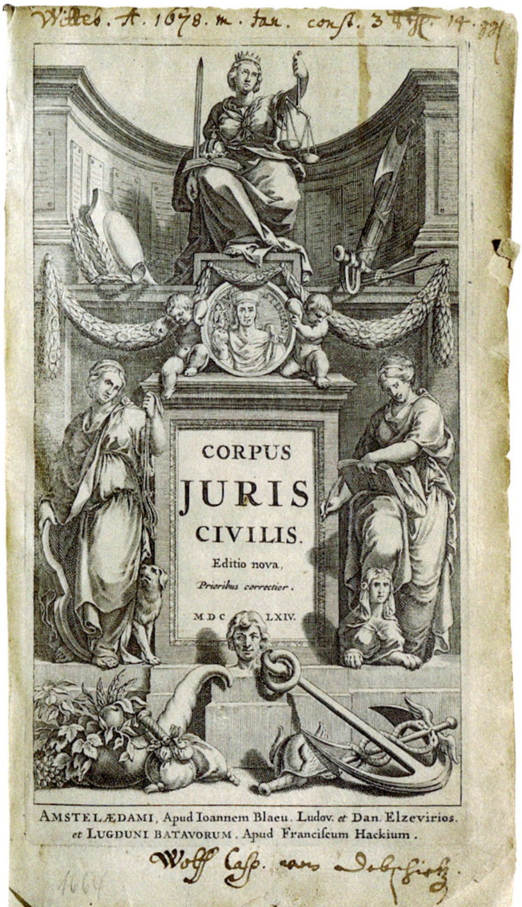

Nachdem sich im 9./10. Jh. n. Chr. die christliche Welt gegenüber der islamischen behauptet hatte und wieder zu Atem kam, wurde auch die römische Rechtswissenschaft wiederbelebt. Dies begann im byzantinisch gebliebenen, unter den Franken Kirchenstaat gewordenen Rom und Ravenna, vor allem aber in der unweiten freien Stadt Bologna. Dort wurde im Jahr 1088 eine Universität gegründet, die zunächst nur aus einer Juristischen Fakultät bestand. Man übte sich am *Corpus juris civilis*, vor allem an seinem kürzlich wiederentdeckten Herzstück, den *Digesten*, die neu interpretiert und für die zeitgenössische, durch Belebung von Handel und Verkehr gekennzeichnete Praxis ausgebeutet wurden; und später auch am *Corpus juris canonici*, dem kirchlichen Gegenstück, zusammengesetzt aus Konzilsbeschlüssen, Texten der Kirchenväter, Päpste und Erklärungen kanonistischer Juristen. Immerhin hieß es gegenüber den Germanen, die Kirche lebe nach römischem Recht (*Ecclesia vivit lege Romana*), d. h. all diese Texte bauten, wenn nicht auf der Bibel und ihrem Geist, auf dem römischen Recht auf.

Von Bologna aus breitete sich die Wissenschaft vom römischen Recht und ihr folgend dieses selber in ganz Europa aus. Die unmittelbare Geltung des modern uminterpretierten *Corpus juris civilis* und seiner Bearbeitungen endete auf dem Kontinent erst mit den großen Kodifikationen um 1800 (Preußen, Österreich-Ungarn und Frankreich mit vielen Satellitenstaaten) bzw. im späteren 19. Jh. (Spanien und Deutschland), in Griechenland erst 1946. Das moderne Recht der westlichen Welt, aber auch Osteuropas, Afrikas und, zum guten Teil, Japans und auch Chinas beruht letztlich auf dem römischen, wenn auch England, dem die Vereinigten Staaten folgten, von vornherein all das sehr selbstständig weiterentwickelte.

Heer und Flotte

1. *Historischer Überblick*

Ursprünge Im Laufe der römischen Geschichte waren der Aufbau und die Zusammensetzung des Heeres vielen Veränderungen unterworfen. Für die Königszeit und die frühe Republik kann kein genaues Bild vom Aufbau des Heeres gezeichnet werden, da die Quellenlage zu ungenau ist. Dagegen gibt es für das Militär der mittleren und späten Republik und der Kaiserzeit viele Informationen, die eine gute Vorstellung über das damalige Heerwesen ermöglichen.

Der Heeresdienst selbst war keine erstrebenswerte Aufgabe, er war für die Römer nichts anderes als eine Bürgerpflicht. Da es zur Zeit der Republik kein stehendes Heer gab, mussten die Rekruten oder Reservisten im Kriegsfall zusammengerufen werden.

Von der Miliz zum Söldnerheer Je weiter sich Roms Machtbereich ausdehnte, umso mehr Soldaten wurden gebraucht und umso länger mussten sie dienen. Was aber der führenden Schicht Zuwachs an Macht und Reichtum brachte, das bedeutete für den römischen Mittelstand oft Verschuldung und Verarmung. Da die Dienstpflicht an ein bestimmtes Mindestvermögen (an Grundbesitz) gebunden war, mussten immer dieselben Familien Leid und Last der Kriege tragen. Diese Wehrverfassung erwies sich schließlich als überholt und unhaltbar (↗38 f.). Die allgemeine Abneigung gegen den Heeresdienst verstärkte sich. Eine Zunahme der Freistellungsgesuche gestaltete die Rekrutierung immer schwieriger. In den Jahren 152 und 151 v. Chr. kam es schließlich zu offenem Aufruhr bei der Truppenaushebung. Als dann am Ende des Jahrhunderts die Kimbern mehrere römische Heere besiegten, zog Marius die Konsequenzen. Er ließ Freiwillige werben und griff dabei auch auf die Besitzlosen zurück, denen er außer dem Sold auch eine Zivilversorgung durch Landzuweisungen nach Beendigung der Dienstzeit in Aussicht stellte. So gelang es ihm, mit einem neuen, kampfstarken Heer die Gefahr aus dem Norden zu bannen.

Der Wechsel in der Methode der Rekrutierung fiel zeitlich mit dem Beginn des Jahrhunderts der Bürgerkriege zusammen. In den Händen der Politiker und Feldherren wurde das Heer zum Instrument der innenpolitischen und persönlichen Machtkämpfe. Die Einsatzbereitschaft des einzelnen Soldaten hing in dieser Zeit mehr und mehr von der nüchternen Berechnung des eigenen Vorteils und dem Grad der persönlichen Bindung an den Heerführer ab.

Das Berufsheer der Kaiserzeit In der Kaiserzeit wurde auch der Aufbau des Heeres grundlegend geändert. Augustus hatte das Söldnerheer zu einem Berufsheer mit 20- bis 25-jähriger Dienstzeit umgestaltet. In zunehmendem Maße lagen die Legionen und Auxiliartruppen in festen Garnisonen an den Grenzen des Reiches. Die Legionen sollten sich zwar nach dem Willen des Augustus und seiner nächsten Nachfolger ausschließlich aus Römern und Italikern rekrutieren; aber die Entwicklung, die schon unter Caesar begonnen hatte – seine Legionen bestanden bereits zu einem großen Teil aus Bauernsöhnen der Provence und der Poebene –, ließ sich nicht mehr aufhalten. So ging der römisch-italische Anteil in den Legionen immer stärker zurück. Im 2. Jh. n. Chr. bestanden diese fast ausschließlich aus Bewohnern der Grenzprovinzen, aus Kelten, Germanen, Dakern, Thrakern, Asiaten und Afrikanern. Die Bewohner der Stadt Rom sowie die Bürger Italiens strebten bestenfalls noch gehobene Positionen als Prätorianer, Zenturio oder Offizier an. Die allgemeine Wehrpflicht wurde der Form nach allerdings nie aufgehoben.

Den Provinzialen wurde bei Eintritt in die Legion oder nach Abschluss der Dienstzeit bei den Auxilien das römische Bürgerrecht verliehen. Das allein mag für viele Ansporn genug gewesen sein, in das Heer einzutreten.

Durch einen Diensteid, den Augustus in eine neue Formel gefasst hatte, sollten die Soldaten persönlich an den Kaiser gebunden werden. Dies hatte zur Folge, dass mit dem Tod eines Kaisers diese Bindung schwand. So kam es zum ersten Mal nach dem Tod des Augustus zu einer Meuterei der germanischen und der pannonischen Legionen. In der späteren Zeit mussten sich mehrere Kaiser (»Soldatenkaiser«) die Gunst der Soldaten durch großzügige Schenkungen erkaufen (↗41 f.).

Zur Sicherung der Truppenstärke wurde seit dem 4. Jh. n. Chr. den Soldaten der Grenztruppen oftmals noch während ihrer Dienstzeit Ackerland in der Nähe des Lagers oder Kastells zugewiesen. Die Männer konnten das Land an ihre Söhne vererben, wenn diese sich verpflichteten, ebenfalls Soldat zu werden.

2. *Das Heer*

Im Laufe der römischen Geschichte sind zwei Grundgegebenheiten des Heeresdienstes mehr oder weniger gleich geblieben: dessen Strenge und die umfassende Disziplinargewalt des Feldherren.

Der tägliche Dienstbetrieb (Exerzieren, Fechten, Märsche, Wachen, Lagerbau) beanspruchte, auch in ruhigen Zeiten, die Kräfte der Soldaten bis zur Erschöpfung. Dass der Rebstock des Zenturio als Zuchtmittel gebraucht wurde, wird erst aus der Kaiserzeit berichtet, war aber wohl schon früher üblich. Die Disziplinargewalt lag in den Händen des Heerführers. Sie war uneingeschränkt und ging bis zum Recht über Leben und Tod *(coercitio)*. Gegen seinen Entscheid gab es keine Möglichkeit der Berufung. Einen Teil seiner Strafgewalt legte der Feldherr in die Hände der Militärtribunen. Einem festgelegten System von Abschreckungsmaßnahmen auf der einen stand auf der anderen Seite eine Vielzahl von Belohnungen und Auszeichnungen gegenüber.

In der Frühzeit der Republik stand jedem der beiden Konsuln eine Legion mit 3000 Schwerbewaffneten und 300 Reitern zur Verfügung. Dazu kamen noch zwei Zenturien Signalbläser und eine technische Abteilung. Deren Aufgaben wurden später von den Schwerbewaffneten mit übernommen. Dieses Aufgebot steigerte sich schon bald zu der Normalstärke von zwei Legionen Römern und zwei gleichstarken Alen Bundesgenossen (konsularisches Heer).

Dienstpflichtig und dienstwürdig waren zunächst nur die Römer mit Grundbesitz, die grundbesitzlosen Bürger fanden nur im Tross Verwendung.

Das Kernstück dieser gemischten Kampfverbände stellten von Anfang an die 3000 Schwerbewaffneten dar. Taktisch unterteilt waren diese Verbände in zehn Hastatenmanipel zu je 120 Mann, zehn Principesmanipel zu je 120 Mann und zehn Triariermanipel zu je 60 Mann. Jedes Manipel war wieder in zwei Zenturien zu je 60 bzw. 30 Mann untergliedert.

Die Leichtbewaffneten *(velites)* waren eine bewegliche Fußtruppe, die für Sonderaufgaben vor dem eigentlichen Kampf (z. B. Störung des Gegners bei den Vorbereitungen zum Angriff) eingesetzt wurde und sich dann zurückzog. Sie waren nur mit einem leichten Rundschild *(parma)* und leichten Wurfspießen *(iacula, hastae velitares)* bewaffnet.

Die Bedeutung der *velites* schwand im Laufe der Zeit. Zum letzten Mal werden sie im Krieg gegen den Numiderkönig Jugurtha (111 - 105 v. Chr.) erwähnt. Ihre Aufgaben übernahmen Hilfstruppen, z. B. kretische Bogenschützen oder Schleuderer von den balearischen Inseln. Die 300 Reiter hatten die Aufgabe, Gelände und Feindlage aufzuklären, die Truppe zu sichern und den geschlagenen Feind zu verfolgen. In der Schlacht nahmen sie die Flügelpositionen ein. Beim Marsch bildeten sie meist die Vorhut. Die Reiter waren ursprünglich, wie die Fußtruppe, in Zenturien eingeteilt. Später wurden sie in zehn »Turmen« (30 Reiter) gegliedert, die jeweils von einem Dekurienführer (*decurio*) geführt wurden. Sie waren meist mit Helm, Panzer (Leder- oder Kettenpanzer), leichtem Schild und langem Schwert oder Lanze bewaffnet. Der rangälteste *decurio* führte zugleich die ganze Schwadron. Die höheren Führer *(praefecti equitum)* wurden von Fall zu Fall ernannt.

Die Bundesgenossen *(socii)*, die an Bevölkerungszahl die Römer bald weit übertrafen, stellten an Infantrie zunächst die gleiche Anzahl Soldaten wie die Römer selbst, an Reiterei aber von vornherein das Dreifache. Das der römischen Legion entsprechende Aufgebot der Bundesgenossen hieß *ala sociorum.*

In der Spätzeit der Republik wurde, nachdem 88 v. Chr. alle Italiker das römische Bürgerrecht erhalten hatten, die Unterscheidung zwischen Legionen und Alen hinfällig. Das römische Heer bestand von jetzt an nur aus Legionen und Auxilien. Mit dem Begriff *auxilia* bezeichnete man alle Truppen (berittene wie unberittene), die nicht römischer oder italischer Herkunft waren. Entweder wurden diese Truppen angeworben oder unterworfene Volksstämme mussten Kontingente stellen. Unter den Auxiliartruppen hatten sich schon im 2. Punischen Krieg die numidischen Reiter besonders bewährt. Seitdem sind sie ständig Teil des römischen Heeresverbandes. Zunächst kämpften sie noch neben der römisch-italischen Reitertruppe. Bereits in Caesars Heer gab es nur noch Auxiliarreiter (Numider, Gallier, Spanier und Germanen).

Die Truppenteile des stehenden Heeres In der Kaiserzeit gehörte zur Legion wieder eine kleine Reitertruppe von 120 Mann. Die Auxiliarverbände (Reiter- und Fußtruppen) waren jetzt feste Bestandteile der Grenzheere mit einer 25-jährigen Dienstzeit.

Seit Kaiser Konstantin (306 - 337 n. Chr.) wurde das Heer in Kampf- und Besatzungstruppen aufgeteilt. Die einzelnen Truppenteile wurden in der Bewaffnung weitgehend differenziert, wobei die gepanzerte Reiterei immer größere Bedeutung gewann.

Prätorianer und Stadttruppen Die größte Neuerung der Kaiserzeit war die Stationierung einer ständigen Truppe in der Hauptstadt. Sie setzte sich zusammen aus der kaiserlichen Leibgarde und den Stadttruppen. Die Leibgarde bestand aus neun (man scheute zunächst die Zahl der vollen Legionsstärke), später aus zehn *cohortes praetoriae,* die Stadttruppe aus drei, später vier *cohortes urbanae.* Diese Kohorten zählten je 1000 Mann. Die *cohortes praetoriae* unterstanden zwei *praefecti praetorio,* die *cohortes urbanae* dem Stadtpräfekten *(praefectus urbi).* Der Leibgarde war auch eine Abteilung germanischer Reiter *(Batavi)* angeschlossen. Die eigentliche Aufgabe der Prätorianerkohorten war natürlich der Schutz des Kaisers. Sie hatten aber auch eine große Bedeutung für die gesamte Armee. Aus ihren Reihen ging nämlich ein großer Teil der Zenturionen aller Grenzlegionen hervor. Auf Grund der einheitlichen Schulung in der Garde konnten sie ihrerseits die Gleichmäßigkeit der Ausbildung in den verschiedenen Provinzialarmeen gewährleisten.

Heeresstärke Zu Beginn des 1. Jh.s n. Chr. standen 25 Legionen an den Grenzen und zwar acht in Germanien, sieben in den Donauprovinzen, vier in Syrien, zwei in Ägypten, eine in Afrika und drei in Spanien. Das waren ohne Auxilien rund 125000 Mann.

Bewaffnung Bewaffnung und Kampfesweise bedingten sich gegenseitig. Der Legionär trug als Angriffswaffen *(tela)* Wurfspeer und Schwert, als Schutzwaffen *(arma)* Helm, Schild und Brustpanzer. Der Wurfspeer *(pilum)* war 1,50 - 1,80 m lang, er bestand aus einem Holzschaft und einem etwa 1 m langen und 600 g schweren Weicheisenstück, dessen Spitze gehärtet war. (Weicheisen wurde benutzt, damit sich das Geschoss beim Auftreffen verbog und zum Rückwurf unbrauchbar wurde.) Die Wurfweite betrug rund 30 m. Das Schwert *(gladius)* war kurz und breit, zweischneidig, verwendbar für Hieb und Stich. Der Helm (*galea*, aus Leder mit Eisenbeschlag, oder *cassis*, nur aus Metall) war mit Wangen-

und Nackenschutz versehen. Oben befand sich eine Öse zum Aufstecken eines Helmbusches *(crista).* Der Schild *(scutum)* war rechteckig, gewölbt, etwa 1,20 m hoch und 0,80 m breit, aus Holz, mit Leder überzogen und an den Rändern durch Blechbänder, in der Mitte durch einen Schildbuckel *(umbo)* verstärkt. Der Panzer *(lorica)* war aus mehreren Lederstücken zusammengefügt. Zu Caesars Zeiten ging man zum Metallpanzer über. Auf dem Leder wurden zum Schutz von Brust, Rücken und Schultern Metallstreifen *(lorica segmentata)* angebracht, später auch dachziegelförmig sich überdeckende Metallschuppen *(lorica squamata).* Daneben gab es Ring- oder Kettenpanzer.

Zur Verteidigung oder Belagerung fester Plätze wurden außer anderen technischen Hilfsmitteln auch Geschütze eingesetzt, die von den Legionssoldaten bedient wurden.

Die antiken Geschütze waren technische Fortbildungen der Schleuder und des Bogens. Der Sammelbegriff ist *tormenta* (von *torquere* = drehen). In einem massiven Holzgerüst wurde durch Drehung und Spannung von starken Strängen aus Tiersehnen, Frauen- oder Pferdehaaren eine erstaunlich große Spannkraft erzeugt. Man unterscheidet ein- und zweiarmige Geschütze. Das einarmige (*onager* = »Wildesel«) schleuderte einen zwei kg schweren Stein 300 m weit. Zweiarmige Geschütze gab es in zwei Ausführungen, ein leichtes für Pfeile und Speere (*catapulta*, *scorpio*) und ein schweres (*ballista*) für Steine und Balken. Bei großer Treffsicherheit wurde eine Reichweite von bis zu 400 m erzielt.

Die Entwicklung der Gefechtsordnung Die Gefechtsordnung der römischen Legionen, wie sie bei Caesar geschildert wird, ist das Ergebnis einer langen Entwicklung, die von der in geschlossener Formation eingesetzten Phalanx der Schwerbewaffneten (↗21) zu der Manipel- und Kohortentaktik der Legion führte.

Wohl schon im 4. Jh. v. Chr. waren die Kampfverbände nach Waffengattungen gegliedert, die im Kampf hintereinander aufgestellt wurden. Die Verschiedenheit der Bewaffnung hat sich in den Bezeichnungen *hastati* (*hasta*) und *triarii* oder *pilani* (*pilum*) erhalten.

In vorderster Reihe standen die *velites,* die den Kampf mit ihren leichten Wurfspeeren eröffneten. Sobald der Feind näher rückte, zogen sich die *velites* durch die eigenen, gestaffelt angeordneten Reihen zurück (↗Abb. unten). Jetzt bildeten die *hastati* die Front der Legion. Durch eine oder mehrere Pilensalven versuchte man die Linien des Gegners zu erschüttern. Im Laufschritt – mit Kampfgeschrei und unter dem Geschmetter der Signalinstrumente – stürmten die vorderen Reihen auf den Feind ein *(concursus)* und suchten ihn beim ersten Ansturm *(primo impetu)* niederzuwerfen. Gelang das nicht, so kamen die Nahwaffen wie z. B. der *gladius* zum Einsatz. Waren die *hastati* erschöpft, konnten die dahinter aufgestellten *principes* nach vorn aufrücken und die *hastati* ablösen. Die erfahrensten und besten Soldaten der Legion, die *triarii,* standen als entscheidende Reserve hinter den *principes* zur Verfügung. Sichtbare Orientierungsmittel für den Legionär im Gefecht waren die Feldzeichen der Manipel *(signa)* und –

Gefechtsaufstellung der Legion zur Zeit der Manipeltaktik

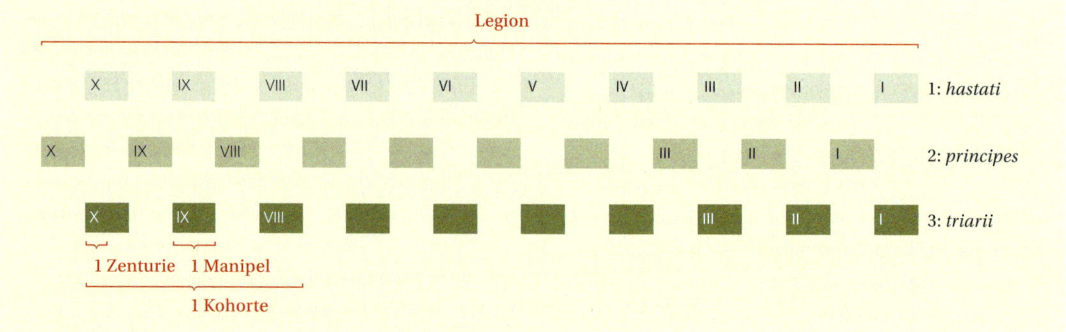

seit Marius - der Adler der Legion. Als Feldzeichen der Manipel diente ein einfacher Lanzenschaft, der oben in einer Metallspitze, der Nachbildung einer ausgestreckten Hand oder einem Tierbild, endete.

Nach der Heeresreform durch Marius wurden die taktischen Einheiten der Legion von 30 auf 10 reduziert, indem je 3 Manipel zu einer neuen Einheit, der Kohorte, zusammengefasst wurden. Eine Legion von 3600 - 6000 Soldaten untergliederte sich danach in 10 Kohorten zu 360 - 600 Mann. Die Kohorte selbst war in 3 Manipel unterteilt, wobei 1 Manipel aus 2 Zenturien zu je 60-120 Mann zusammengesetzt war.

Marsch und Lager Das römische Heer marschierte meist im Legionsverband. Jeder Legion folgte der zu ihr gehörende Tross, eine Maultierkolonne zur Beförderung des »großen Gepäcks« (*impedimenta:* Verpflegung, Zelte, Reservewaffen, Geschütze, Offiziersgepäck u. a.). Die Sicherung des Marsches übernahm die Reiterei. Es ergab sich folgende Marschordnung *(iter expeditum):* Die Reiterei bildete die Vorhut. Danach folgte mit etwa drei Vierteln der Legion der Hauptteil der Truppe mit dem Tross. Der Rest der Legion schloss sich als Nachhut an. Die Vorhut sicherte sich ihrerseits durch kleine Streiftrupps *(antecursores, antecessores)* vor Überraschungsangriffen. Unabhängig von diesem Marschschema waren kleinere Abteilungen des Aufklärungsdienstes *(exploratores),* die sich oft 20 km und mehr vor der marschierenden Truppe bewegten. Die tägliche Marschleistung betrug im Durchschnitt 20 bis 25 km *(iter iustum)* und war natürlich abhängig von Gelände, Klima und Wetter. Jeder Marsch, der über die normalen Anforderungen hinausging, hieß *iter magnum.* In der Marschkolonne marschierten gewöhnlich sechs Mann nebeneinander. Jeder Soldat trug seine Waffen und das Marschgepäck *(sarcina).* Die Gesamtbelastung des einzelnen Soldaten betrug über 40 kg, wobei allein schon über 20 kg auf die Waffen entfiel. Die eigentliche Traglast, die u. a. aus Schanzgerät, Koch- und Trinkgeschirr und Verpflegung bestand, wurde, zu Einzelpaketen gebündelt, an einer langen Stange über der Schulter getragen (↗Abb. unten). Die Normierung der Traglast war von Marius zur Entlastung des Trosses eingeführt worden (daher *mulus marianus* in der Soldatensprache = Legionär).

Das Lager Noch stärker als auf dem Marsch zeigte sich das römische Streben nach Sicherheit in der Ruhestellung. Im Feindesland gehörte der Bau eines befestigten Lagers zu den selbstverständlichen täglichen Pflichten der Legionäre. Auch nach erschöpfenden Märschen und verlustreichen Kämpfen mussten die Soldaten die Kraft zum Schanzen aufbringen, bevor sie sich zur Ruhe legen konnten.

▸ »Römische Legionäre« auf dem Marsch. Moderne Nachgestaltung auf der Römerstraße bei Brixen 1985

Ein Vorkommando wählte zunächst das Gelände aus und steckte die äußeren Grenzen sowie den Platz für das Zelt des Feldherrn ab. Dann verteilten sich die anrückenden Legionen auf den Außenrand und begannen mit der Schanzarbeit. Die Erde wurde von außen nach innen geworfen. So entstanden Graben und Wall gleichzeitig. Auf dem fertiggestellten Wall wurden kurze Schanzpfähle, die entweder frisch geschlagen oder - in holzarmen Gegenden - von Lager zu Lager mitgenommen wurden, zur Errichtung von Brustwehren eingelassen.

Allen römischen Marschlagern liegt das gleiche Schema zugrunde: Der äußere Umriss des Lagers war - dem Gelände entsprechend - meist rechteckig. Graben und Wall auf der Innenseite bildeten die Befestigung. In der Mitte der vier Lagerseiten befand sich jeweils ein Tor, auf das eine der beiden Lagerhauptstraßen zulief. Diese beiden Straßen kreuzten sich in der Mitte des Lagers. Die Straßen hießen *via praetoria* (längs) und *via principalis* (quer), die Tore *porta praetoria* (vorn - auf die Feindseite bezogen), *porta decumana* (hinten), *porta principalis dextra* (rechts) und *porta principalis sinistra* (links). Durch eine zweite, schmalere Querstraße *(via quintana)* wurde der hintere Teil des Lagers noch einmal unterteilt. Die *via praetoria* verbreiterte sich vom Hauptstraßenkreuz ab nach rückwärts zum *forum.* Hier standen das Feldherrenzelt *(praetorium)* und der Altar, an dem die Feldzeichen aufbewahrt wurden. Auf dem freien Platz hinter dem Feldherrenzelt konnten die Soldaten zum Befehlsempfang oder zur Ansprache versammelt werden. Eine kleine Erhöhung *(suggestus, tribunal)* diente dem Feldherrn dabei als Podium. In der Nähe der *porta decumana* schlug der Quästor seine Zelte für die Verwaltung auf *(quaestorium).* In den verbleibenden sechs Rechtecken waren die Legionen nach genau festgelegter Ordnung verteilt. Die Offizierszelte standen meist entlang der *via principalis.* Zwischen Wall und Zeltreihen blieb ein breiter Streifen aus Sicherheitsgründen frei *(intervallum).*

In der Kaiserzeit kam es zur Anlage von festen Legions- und Auxiliarlagern hauptsächlich entlang der Grenzen. Die innere Aufteilung des Lagers richtete sich jetzt nach der Größe und Art der stationierten Truppe (↗Abb.). Insgesamt aber hielt man am Grundschema des Lageraufbaus fest. Viele »Römerlager« haben ihre Spuren im Gelände bis in die Gegenwart hinterlassen. Einige Standlager an den festen Grenzen der Kaiserzeit wurden zu Keimzellen blühender Siedlungen. So kann man etwa auf dem heutigen Stadtplan von Regensburg *(Castra Regina)* den Umfang eines Legionslagers und den Verlauf der Lagerstraßen noch gut erkennen. Die *porta praetoria* ist bis heute erhalten.

Die Offiziere der Legion Die ständische Gliederung des römischen Volkes wirkte sich in der militärischen Führung aus. Ein Bürger dritten Standes konnte im Heer höchstens Zenturio werden. Die Militärtribunen, und meist auch die Präfekten, gehörten zum Ritterstand. Die höheren Offiziere (Legaten und Quästoren) waren wie der Feldherr ausschließlich senatorischen Ranges.

Der militärische Oberbefehl war zur Zeit der Republik ein Teil der Amtsgewalt *(potestas)* des *magistratus cum imperio* (Konsul, Diktator, Prätor, Prokonsul und Proprätor), also keine selbstständige Kommandostelle. Die militärische Funktion der Amtsgewalt wurde allerdings nur außerhalb des Stadtgebietes (*pomerium*) wirksam. Sie erstreckte sich auf die Gesamtverantwortung für die Kriegführung in militärischer, rechtlicher, wirtschaftlicher und politischer Hinsicht. Verträge bedurften jedoch der Bestätigung durch Senat und Volk.

Der Titel *imperator* wurde seit dem 2. Punischen Krieg dem Heerführer nach siegreicher Schlacht durch die »Akklamation« der Truppe verliehen. Die Akklamation wurde zur Voraussetzung für die Bewilligung des Triumphzuges, mit dessen Abschluss der Titel wieder erlosch. Dann trat der Heerführer wieder in die Reihen der Bürger zurück. Konnte er später ein zweites Mal triumphieren, so nannte er sich *imperator iterum.* Caesar behielt den Imperatorentitel als Erster auch nach dem Triumphzug bei. In der Kaiserzeit führten ihn die Zäsaren gewöhnlich vom ersten Tage ihrer Regierungszeit ab als Bestandteil des Namens.

In republikanischer Zeit stand der Quästor dem Feldherrn rangmäßig am nächsten. Er war der oberste Verwaltungsbeamte und verantwortlich für die finanziellen und wirtschaftlichen Aufgaben (Sold, Verpflegung, Nachschub, Beuteverteilung). Er wurde oft auch mit rein militärischen Kommandos betraut. Die Legaten

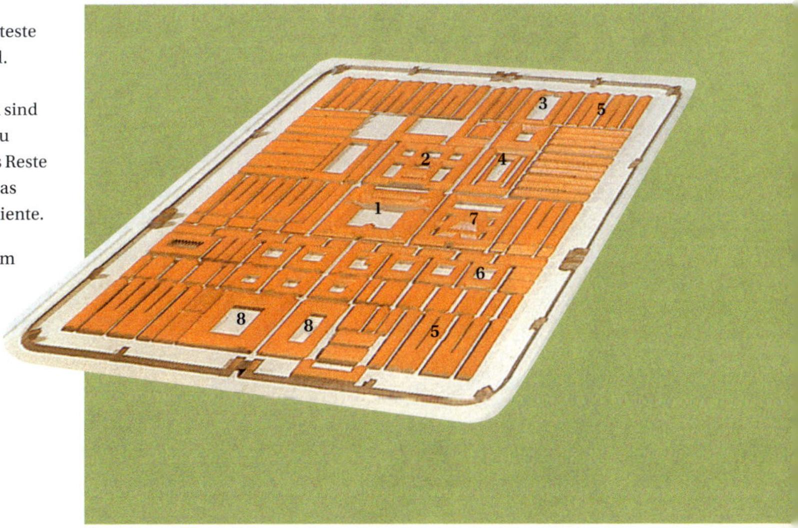

▲ Das Kastell Housesteads, der exponierteste Punkt des Hadrianswalls in Schottland. Luftaufnahme von Osten.
Südlich und östlich der Kastellmauern sind Spuren der Lagersiedlung (des *vicus*) zu erkennen. Am unteren Bildrand rechts Reste eines Tores durch den Hadrianswall, das dem grenzüberschreitenden Handel diente.

▶ Grundriss des Legionslagers Novaesium (Neuss):
1 Lagerkommandantur
2 Versorgungsoffizier
3 Werkstatt
4 Lazarett
5 Mannschaftsunterkünfte
6 Offizierswohnungen
7 Kommandeurswohnung
8 Magazine

▼ Römischer Zenturio

waren erfahrene Offiziere, die dem obersten Feldherrn zumeist als Legionskommandeure zur Seite standen. Die Präfekten im Heere Caesars waren römische Offiziere als Führer von Auxiliartruppen. Die sechs Kriegs- oder Militärtribunen *(tribuni militum)* jeder Legion wurden von Caesar aus den Reihen der jungen Ritter ernannt. Sie kamen meist ohne militärische Vorkenntnisse zur Truppe und wurden in der Truppenführung ausgebildet. Alle Offiziere waren beritten. Sie trugen über einer roten Tunika meist metallene Brustpanzer, dazu Helm, Schwert und Beinschienen *(ocreae)*. Der Feldherr hob sich im Kampf durch seinen purpurroten Feldherrenmantel *(paludamentum,* zurückzuführen auf die etruskische Königstracht) von allen anderen Offizieren ab.

Der Zenturio zählte als Angehöriger des dritten Standes nicht zu den Offizieren, wenngleich er für den militärischen Dienstbetrieb und die Führung der Zenturie im Kampf verantwortlich war. Sein Stellvertreter war der *optio*. Die einzelnen Zenturionenstellungen (60 in jeder Legion) waren rangmäßig untereinander scharf geschieden. Als ranghöchster Zenturio galt der Führer der ersten Zenturie des ersten Manipels der ersten Kohorte *(primus pilor prior* oder kurz *primipilus)*. Die Zenturionen der ersten Zenturie eines jeden Manipels waren im Kampf zugleich Manipelführer.

3. *Die Flotte*

Wenn es in der Zeit der Republik schon kein stehendes Heer gab, so gab es erst recht keine ständig unterhaltene Kriegsflotte. Zum Bau von Kriegsschiffen haben die Römer sich bis in die augusteische Zeit hinein immer erst dann entschlossen, wenn sie mit einer Seemacht in Konflikt gerieten. Die Zahl der Seegefechte war im Vergleich zu den Landkämpfen gering.

Historische Bedeutung gewann der Einsatz der Flotte besonders im 1. Punischen Krieg (264 - 241 v. Chr.), im Kampf gegen die Seeräuber (74 - 67 v. Chr.) und in den Bürgerkriegen, die mit der Seeschlacht bei Actium (31 v. Chr.) beendet wurden. Während der Kaiserzeit wurde eine Flotte aufgebaut, die ausschließlich Sicherungsaufgaben wahrnahm. Sie war auf mehrere Häfen des Mittelmeeres verteilt. Dazu kamen eine Flotte im Schwarzen Meer, eine an der Nordküste Frankreichs und kleinere Verbände auf den großen Grenzströmen

Rhein, Donau und Euphrat. Die größten Stützpunkte der italischen Flotte befanden sich in Misenum am Golf von Neapel und in Classis bei Ravenna, das zugleich große Werften besaß.

Die Kampftechnik Die Kampftechnik der griechischen und karthagischen Schiffe bestand darin, dass man entweder durch schnelles Vorbeifahren die Riemen des feindlichen Schiffes zersplitterte oder aber versuchte, den Rammsporn *(rostrum)* in die Seitenwand des feindlichen Schiffes zu bohren. Den Römern lag dieses Vorgehen nicht. Natürlich versuchten sie, ihre Flotte auch mit der Kampftechnik ihrer Gegner vertraut zu machen, aber ihre Erfolge zur See beruhten vorwiegend auf dem Einsatz von Legionssoldaten im Enterkampf. Man versuchte, das feindliche Schiff mit Hilfe von Enterhaken an die eigene Bordwand zu ziehen und festzuhalten; dann konnte ein Teil der im Nahkampf geübten Legionäre auf das Schiff hinüberspringen oder über Enterleitern hinüberklettern. Agrippa, der Admiral des Kaisers Augustus, erfand den *harpax,* um auch Schiffe zu erreichen, die sich der Enterung zu entziehen suchten. Ein mit einem eisernen Haken und Tauen versehener, etwa 2,5 m langer Balken wurde durch eine Schleudermaschine auf das feindliche Schiff geschossen. Mit Hilfe von Winden wurde dann das Schiff an den Tauen bis in Nahkampfnähe herangeholt.

Die Schiffstypen Die Kriegsschiffe, *naves longae* oder *rostratae,* waren schlank und schnittig gebaut. Das Verhältnis der Breite zur Länge betrug 1:7 oder 1:6 (bei Lastschiffen, *naves onerariae,* 1:4 oder 1:3). In republikanischer Zeit bauten die Römer – nach griechischem oder karthagischem Vorbild – überwiegend zwei Typen: Trieren *(triremes, trieres)* und Penteren *(quinqueremes, penteres).*

▼ Bireme.
Rekonstruktionsmodell im Museo della Civiltà Romana, Rom

Eine Triere, benannt nach der Zahl der Riemenreihen an jeder Seite (3), die sich übereinander befanden, oder nach der Zahl der Ruderer (3), die hintereinander saßen und einen Riemen bedienten, war ungefähr 36 m lang und 5 m breit. Mittschiffs hatte sie wie alle Kriegsschiffe einen Mast mit einem einfachen Quersegel. Das Deck lag etwa 2 m über dem Wasserspiegel, sodass bei dem geringen Tiefgang (1 m) und der geringen Breite der Schwerpunkt verhältnismäßig hoch lag und damit die Gefahr des Kenterns groß war. Die Penteren unterschieden sich von den Trieren durch ihre Größe. Daneben gab es andere Schiffstypen wie z. B. die Bireme *(biremis)* mit zwei Ruderreihen an jeder Seite. Die Kriegsschiffe hatten weder Laderaum noch Schlaf- oder Aufenthaltsräume (↗Abb. S. 65). Sie waren auf begleitende Transportschiffe und für die Nacht auf einen Hafen angewiesen. Sie konnten infolge des geringen Tiefgangs nur bei ruhiger See auslaufen und in Küstennähe zum Einsatz kommen.

In der Kaiserzeit bauten die Römer meist kleinere Schiffe, die schneller waren als die älteren Schiffstypen. man nannte sie *liburnae*, weil dieser Typ von den Liburnern, Piraten der ligurischen Küste (östliche Adria), entwickelt worden war.

Besatzung und Führung Die Bedienungsmannschaft einer Pentere zählte 300, die einer Triere 170 Mann. Die Kampfbesatzung bestand aus Marineinfanteristen, je 120 auf einer Pentere, 80 bis 90 auf einer Triere. Das Kommando über die gesamte Flotte hatten die Führer der Landheere (Konsuln, Prätoren). Die einzelnen Schiffe unterstanden einem Tribunen oder Zenturio.

Die Religion

Als Konstantin d. Gr. nach seinem Sieg über Maxentius an der Milvischen Brücke i. J. 312 n. Chr. das Christentum als Religion zuließ, blickte Rom auf eine mehr als 1000-jährige kultische Tradition zurück, die im Verlauf ihrer Entwicklung vielfältigen Veränderungen, Überlagerungen, Neubestimmungen und Akzentverschiebungen ausgesetzt war. Im Laufe der Zeit wurden die römisch-italischen Kulte vor allem durch etruskische, griechische und orientalische Einflüsse überlagert. Diese haben die ursprünglichen Ausdrucksformen einer naturverhafteten Religiosität zwar nie ganz verdrängt, oft aber doch verändert und teilweise neu bestimmt. Als charakteristischer Wesenszug römischen Denkens und Selbstverständnisses tritt besonders in diesem Bereich eine konservative Grundhaltung zutage, die sich bisweilen in erstarrten Kultformen erschöpfte. Andererseits prägte die Religion in wesentlich stärkerem Maße, als wir es heute nachvollziehen können, das private und vor allem auch das öffentliche Leben im antiken Rom bis zum Ausgang des 4. Jh.s n. Chr.

1. *Grundlagen und Eigenart*

Religion und Kult Römische Religion ist ihrem Wesen nach vornehmlich Kultausübung, d. h. gewissenhafte Erfüllung göttlicher Weisungen. Mit seiner Definition, *religio* sei *cultus deorum*, bietet Cicero (nat. deor. 2,3,8) zugleich ideologische Begründung und moralische Rechtfertigung römischer Herrschaft über den bewohnten Erdkreis, den *orbis terrarum.*

Cicero (nat. deor. 2,28,72) hat den Begriff *religio* etymologisch mit *relegere* – immer wieder (nachdrücklich) lesen, gewissenhaft erwägen – in Beziehung gesetzt. Für seine Ableitung spricht mehr als für die Annahme des christlichen Autors Laktanz (inst. 4,28,2), der den Begriff auf *religare* – binden, verpflichten – zurückführte. *Religio* bezeichnet demnach soviel wie gewissenhafte Sorgfalt bei der den Göttern zukommenden Kulthandlung. Das Gegenteil, die Nichtbeachtung göttlicher Weisungen, wäre die *neglegentia deorum,* ausgedrückt durch Verneinung des Wortstammes *leg-*.

In früher Zeit konnte *religio* auch eine übertriebene Ängstlichkeit in kultischen Dingen kennzeichnen. Doch wurde bereits in republikanischer Zeit der negative Sprachgebrauch durch den Begriff der *superstitio* (Aberglaube) überlagert, *religiosus* durchweg in unserem Sinne verwandt. Indessen hat sich die doppelsinnige Bedeutung in einzelnen Bereichen (Kalender/Grabkult) noch erhalten: Ein *dies religiosus* bezeichnete den unheilvollen, durch eine Katastrophe wie die römische Niederlage an der Allia (18. Juli 387 v. Chr.) für alle Zukunft belasteten Tag; ebenso betonte ein *locus religiosus* meist den Bezug zur Unterwelt (Grabstätten), wo besondere Scheu angebracht war.

Pietas Den Menschen, dem *religio* als positiver Wesenszug eigen ist, zeichnet *pietas* aus, eine innere Kraft, die ihn zur Erfüllung seiner Verpflichtung gegenüber den Göttern, aber auch gegenüber seinen Eltern, Angehörigen und dem Gemeinwesen drängt. Inbegriff eines derartig geprägten Menschen war für die Römer der augusteischen Zeit der *pius Aeneas* im Epos Vergils (↗102). In außergewöhnlichem Maße konnte er einerseits den Willen der Götter erkennen und richtig deuten, andererseits menschliche Wünsche und Erwartungen formulieren. Diese Fähigkeit, die *scientia deorum colendorum,* bezog sich im privaten wie im öffentlichen Bereich auf die Abfassung von Gebeten *(preces)* oder Gelübden *(vota),* die Durchführung von Opfern *(sacrificia)* und ebenso auf die Erkenntnis göttlicher Zeichen und Weisungen *(omina).*

Diese konnten in vielfältiger Form entweder erbeten werden *(omina impetrativa)* oder unvorhergesehen erfolgen *(omina oblativa).* Zu den erbetenen Vorzeichen gehörten etwa die Beobachtung des Vogelfluges, die Prüfung der Eingeweide (vor allem der Leber) von Opfertieren oder die Auslegung direkter Bescheide eines Gottes in Träumen bzw. an Orakelstätten. In besonderen Situationen konnten auch die Sibyllinischen Bücher befragt werden. Unerbetene Zeichen stellten bestimmte Naturerscheinungen wie Blitzschlag, Erdbeben, Himmelserscheinungen oder widernatürliche Ereignisse, wie etwa Missgeburten, dar. Die ritualisierte Feststellung göttlichen Willens bezeichnete man als Mantik bzw. Divination. Der Erfolg aller Maßnahmen war natürlich von einem grundsätzlich einvernehmlichen Verhältnis mit den Göttern *(pax deorum)* abhängig.

Sühnemaßnahmen Bestimmte Zeichen wiesen auf Störungen dieser Beziehungen hin und warnten vor kommendem Unheil. Diese Prodigien – etymologisch meist als Voraussage, Ankündigung (von *pro(d)-aio*) verstanden – hatten vor allem Bedeutung, wenn das Volk in seiner Gesamtheit betroffen schien. Die Feststellung, ob es sich um ein sog. Staatsprodigium handelte, oblag dem Senat. Umgehend waren Sühnemaßnahmen erforderlich, die das Einvernehmen mit den Göttern wiederherstellten *(procuratio).* In außerordentlichen Krisensituationen konnten sie sogar im Vollzug von Menschenopfern bestehen. Erst 97 v. Chr. wurde diese Praxis durch Senatsbeschluss untersagt.

Ziel der Sühnemaßnahmen war die Reinigung *(purgatio),* um den Zustand der Un-Schuld wiederzugewinnen und damit dem Zorn der Götter zu entgehen. Vergleichbar war die *lustratio* als Mittel, Übel für die Zukunft abzuwehren. In ursprünglicher Bedeutung bezeichnete der Begriff das musternde Umschreiten des Heeres oder der Feldfluren in magischer Ringform; auf diese Weise sollte mögliches Unheil ausgegrenzt werden. Erst seit der Zeitwende wurde damit auch die Vorstellung einer Reinigung verbunden.

Bei der Musterung bzw. Schätzung der Bürgerschaft vollzogen dieses Ritual die Oberbeamten, später die Zensoren. Als sich nach dem 1. Punischen Krieg eine regelmäßige Wiederholung im Abstand von fünf Jahren durchsetzte, wurde diese Zeitspanne als *lustrum* bezeichnet. *Lustrum facere* bzw. *condere* bedeutet demnach den Vollzug des Opfers, das die Schätzung der Bürgerschaft *(census civium Romanorum)* abschloss. Dieser Vorgang verdeutlicht die der römischen Religiosität eigentümliche Einheit von politischer Maßnahme und kultischer Handlung.

▶ Römische Opferhandlung.
Relief; 1. Jh. n. Chr.
L. 1,98 m, H. 0,86 m
(Paris, Louvre)

Opfer Ziel der Opferhandlung war die Verherrlichung einer bestimmten Gottheit durch Gaben, um so deren Wirkungskraft zu verstärken, die dann wiederum dem Opfernden zugute kam. In früher Zeit wurden Erzeugnisse der Naturalwirtschaft den Göttern gespendet: Ähren, Früchte, Wein, Milch, Honig als unblutige Opfer, Herdentiere wie Rind, Schaf, Ziege als blutige Opfer. In die zweite Gruppe gehörte auch das Schwein als beliebtes Opfertier im privaten Kult. Bei staatlichen Opfern regelten besondere Vorschriften Alter, Geschlecht und Farbe der Opfertiere für bestimmte Gottheiten.

Ein Relief der frühen Kaiserzeit zeigt eine Prozession, die dem eigentlichen Opfer der *suovetaurilia* anlässlich eines *lustrum* vorausging. Die geschmückten Opfertiere - Schwein, Schafbock, Stier *(sus, ovis, taurus)* - werden von Opferdienern *(victimarii)* geführt. Der Kaiser vollzieht mit verhülltem Haupt (*capite velato,* ↗79) über einem Altar ein Voropfer. Er wird flankiert von zwei jungen Opferdienern *(camilli)*, von denen der rechte neben dem Lorbeerbaum ein Weihrauchkästchen *(acerra)* hält, der linke eine Kanne *(gutta)* trägt. Im Hintergrund sind außer sonstigen Personen Liktoren mit Ruten zu erkennen sowie ein weiterer Opferdiener mit geschulterter Axt *(securis)*.

Aufgabe des Opferdieners *(popa)* war es, das Opfertier *(hostia)* an den Altar zu führen und ihm den Betäubungsschlag zu versetzen, nachdem die Stirn des Tieres mit einer Mischung aus Wein, Speltschrot und Salzlake *(mola salsa)* beträufelt worden war. Die Tötung vollzog anschließend der Opferstecher *(cultrarius)*. Sodann erfolgte die Eingeweideschau; die Innereien des Tieres *(exta)* wurden zusammen mit ausgesuchten Fleischstücken sorgfältig zubereitet und als Brandopfer auf dem Altar eingeäschert. Das übrige Fleisch verzehrten die Opfernden; auch der Verkauf war üblich.

Rechtscharakter der Religion Bemerkenswert erscheint der Befund, dass die Opfer nicht von einem Priester, sondern von einem Beamten vollzogen wurden, der in seiner Person staatliche und sakrale Zuständigkeiten vereinigte. Voraussetzung dafür war die Kenntnis der zahlreichen Formeln und Regeln, die für die rechte

Ausführung und damit die Wirksamkeit von Gebeten, Opfern oder anderen kultischen Handlungen zu beachten waren. Die Vorstellung, dass die Gottheit selbst auf diese Weise zu Leistungen gewissermaßen rechtlich verpflichtet wurde, kennzeichnet antike Religion allgemein, römische *religio* aber in besonderem Maße. Die Beziehungen zwischen Menschen und Göttern folgten dem Prinzip (*do, ut des* - ich gebe, damit du gibst), bei Opfern bzw. bei Gelübden in umgekehrter Form (*da, ut dem* - gib, auf dass ich gebe). Entscheidend blieb die einmal gefundene Formel, die sich als wirksam erwiesen hatte und deshalb weder modernisiert noch durch Zwischenfälle im Ablauf gestört werden durfte. Daraus erklärt sich, dass auch unter gewandelten politischen und sozialen Verhältnissen die römische Religion ihren ursprünglichen (archaischen) Charakter bewahrt hat.

Gottesvorstellung Erhebliche Bedeutung hatte natürlich die Wahl der zuständigen Gottheit als Adressat für ein bestimmtes Anliegen: Nur sie vermochte, da die Götter nicht allmächtig waren, Hilfe zu leisten. In der Praxis konnten sich daraus erhebliche Schwierigkeiten ergeben. Seit den Anfängen Roms waren viele Gottheiten bekannt, die sich durch ihr Wirken für Haus und Familie, Felder, Saaten, Ernten, Vorratshaltung regelmäßig offenbarten und bestimmte Zuständigkeitsbereiche hatten *(di certi)*. In diese Gruppe gehörten auch die Hauptgötter *(di praecipui atque selecti)*, denen der Schutz des Gemeinwesens oblag. Manche waren nur einmalig in Erscheinung getreten wie *Aius Locutius* (der ansagende Sprecher), der die Römer vor dem Galliersturm gewarnt hatte. Daneben gab es aber eine Vielzahl von Gottheiten, deren Funktion nicht eindeutig zu bestimmen war *(di incerti)*. Darunter fielen etwa die Totengötter *(Manes/Lemures)*, die Götter des Hauses und der Hausgemeinschaft *(Penates/Lares)*, schließlich auch personifizierte Wertbegriffe, die kultisch verehrt wurden: *Concordia* (Eintracht), *Honos* (Ehre), *Salus* (Heil), *Spes* (Hoffnung), *Virtus* (kriegerische Tüchtigkeit).

Entscheidend war die Wirksamkeit einer Gottheit für das Leben des Menschen. Das *numen*, die wirkende Gottheit, bestimmte ihn als Einzelperson oder als Mitglied der Gemeinschaft, gewährte Hilfe und strafte Missachtung. Hieraus ergeben sich zwei charakteristische Grundzüge:

1. Die Römer übten Toleranz in Religionsfragen nach dem Grundsatz, die Missachtung der Götter sei deren eigene Angelegenheit (*deorum iniuriae dis curae:* Tac. ann. 1,73,4). Wurden allerdings Belange der Gemeinschaft dadurch betroffen, lag es im Interesse aller, den Frevler zur Rechenschaft zu ziehen, um selbst einer Bestrafung durch die Götter zu entgehen.

2. Den frührömischen Kult kennzeichnete ein Verzicht auf Götterdarstellungen, weil nämlich eine Gottheit durch ihr Wirken *(numen)* hinreichend bestimmt war. Erst unter etruskischen und griechischen Einflüssen wurden Kultbilder aufgestellt, die Götter in menschlicher Erscheinungsform (anthropomorph) darstellten.

2. *Geschichtliche Entwicklung*

Im religiösen Bereich wird die konservative Grundhaltung der Römer in der Fortführung einmal eingerichteter Kulte und der unveränderten Beibehaltung der Gebetsformeln bis in die Kaiserzeit besonders deutlich. Hierbei ging es nicht um persönliche Frömmigkeit, sondern um die Sicherung der *pax deorum*. Aus den vielfältigen Erscheinungsformen göttlichen Wirkens ergab sich das Streben, möglichst alle Gottheiten gnädig zu stimmen, vor allem aber keine zu vernachlässigen und mit ihrer Hilfe die politische und soziale Ordnung zu festigen.

Neben den ursprünglichen Göttern *(di indigetes)* der sich entwickelnden Stadt betraf dies ebenso die italischen Gottheiten *(di novensides)* wie die fremden Götter Kleinasiens, Syriens und Ägyptens *(di peregrini)*, die im Zuge der Machtausweitung übernommen wurden. Man gab also bestehende Kulte nicht auf, sondern ergänzte sie.

Die römische Religion bis zum Ausgang der Republik

Wie die Landschaft Latium wurde auch das Gebiet der Stadt Rom noch lange nach ihrer Gründung (↗14) landwirtschaftlich genutzt. Insofern waren die religiösen Vorstellungen zunächst durch die Lebenswelt der Bauern und Hirten bestimmt. Wald, Feld und Weide, der Himmel mit seinen Gestirnen, die Erfahrung des Werdens und Vergehens, von Leben und Tod, kurz: die Natur in ihrer Gesamtheit prägte das Bewusstsein des

Einzelnen und der in Großfamilien organisierten Gemeinschaft. Das Gefühl, in dieser Natur seien geheimnisvolle Kräfte *(numina)* am Werk, alle Dinge seien beseelt (Animismus), scheint der Ursprung religiösen Empfindens zu sein.

Bäuerliche Kulte der Frühzeit Den Mittelpunkt des Hauses bildete das Herdfeuer unter dem Schutz der *Vesta*, die dann als Göttin des Staatsherdes in ihrem Rundtempel auf dem Forum den Bestand Roms sicherte (↗161). Als einzige Gottheit wurde sie nie in bildlicher Darstellung, sondern in der Erscheinung des heiligen Feuers verehrt, das ihre Priesterinnen, die *virgines Vestales*, hüteten. Eng verwandt mit der häuslichen *Vesta* waren die *Penates* als Schutzgötter des Hausherrn *(pater familias)*, sie wurden von ihm am Herdfeuer verehrt. Der Schutz der Großfamilie oblag den *Lares (familiares)*, freundlichen Gottheiten, die auch an Gemarkungsgrenzen Altäre besaßen und als *Lares compitales* die Feldflur der Gentilgemeinschaft schützten.

Die Geister verstorbener Angehöriger *(Manes/Lemures)* wurden in der Regel gefürchtet, obwohl der Sammelbegriff an sich wertneutral war. Es handelte sich um unbestimmbare Wesen, die weder gut noch böse waren; sie wirkten in die Welt der Lebenden und wurden mit Opfergaben, vor allem mit Milch, Honig, Hülsenfrüchten und Blumen, gnädig gestimmt. Eine besondere Gruppe dieser Schattenwelt bildeten die *Larvae*. Ihnen gegenüber war besondere Vorsicht geboten, da es sich um Geister Verstorbener handelte, die aufgrund schlechter Lebensführung auf Dauer umhergetrieben wurden und die Menschen bis zum Wahnsinn quälten.

Die Vielfalt bäuerlichen Lebens fand ihren Ausdruck in zahlreichen *numina*, die in allen Bereichen gegenwärtig waren: in Wäldern und Feldern, Viehzucht und Ackerbau, Gewässern und Witterung.

Faunus (der Würger), *Lupercus* (der Wölfische) und *Picus* (der Specht) standen in enger Beziehung zueinander. Als Walddämonen brachten sie Gefahr für die Herden, konnten aber auch Schutz gewähren bzw. vor Unheil warnen: So bezog sich das Fest der *Lupercalia* (15. Februar) auf die Schutzfunktion von *Faunus* und *Lupercus*, darüber hinaus auch allgemein auf den Segen der Fruchtbarkeit. Unter griechischem Einfluss wurde *Faunus* dann dem *Pan* angeglichen und erhielt den Beinamen *Silvanus* (Waldgott).

Als Göttin des Wachstums wurde *Maia* verehrt, oft zusammen mit dem Feuergott *Volcanus*, dem Schutzpatron der Schmiede. An den Kalenden des nach ihr benannten Monats Mai erhielt sie als Opfer eine trächtige Sau durch den Priester des Volcanus *(flamen Volcanalis)*. Die Verbindung dürfte in der Erdverbundenheit beider Gottheiten begründet sein. Die Erde wurde zugleich als segenspendende Grundlage des Wachsens und als Ort des unterirdischen Feuers angesehen. In ihrer Funktion der Maia verwandt waren *Tellus* (Erde) und *Ceres*, die Göttin des pflanzlichen Wachstums, welche später mit *Demeter* gleichgesetzt wurde. *Neptunus*, ursprünglich der Gott des fließenden Wassers, wurde durch Angleichung an *Poseidon* zum Meeresgott.

Bestimmt wurde der Lebensrhythmus des Menschen seit frühester Zeit durch den periodischen Arbeitsablauf der Feldbestellung. Insofern sind die Gottheiten dieses Bereichs besonders zahlreich und durch den bäuerlichen Kalender gut belegt, wenngleich ihre genaue Zuständigkeit nicht immer eindeutig zu ermitteln ist. *Saturnus* war wohl ursprünglich mit der Aussaat verbunden, sein Fest *(Saturnalia)* am 17. Dezember könnte sich auf die Bereitstellung des Saatgetreides für das kommende Frühjahr beziehen. *Robigus* war zuständig für den Schutz des Getreides vor Rostbefall (*Robigalia*: 25. April). *Flora* förderte die Blüte des Getreides, die *Floralia* wurden am 27. April gefeiert. *Consus* und *Ops* standen in enger Beziehung zur Ernte und deren Bergung. Ihre Feste, *Consualia* und *Opiconsivia* bzw. *Opalia*, fanden mit viertägigem Abstand am 21. und 25. August bzw. am 15. und 19. Dezember statt. Vermutlich bezog sich der Sommertermin auf die Einbringung des Getreides, während im Dezember der Abschluss der Olivenernte gefeiert wurde.

Römische Staatskulte Nicht unter die Vegetationsgottheiten zu rechnen ist *Mars*, ein Gott des Krieges, der in dieser Funktion auch für den Schutz der Felder und Fluren des Staatsgebietes Sorge trug. Ursprünglich als Kriegsgott der latinischen Siedlung auf dem Palatin verehrt, hatte er eine Entsprechung in *Quirinus*, dem Kriegsgott der sabinischen Siedlung auf dem Quirinal.

Mit ihm dürfte die Bezeichnung der Bürger als *Quirites* zu verbinden sein. Als Priesterschaften sind bis in die Kaiserzeit die *Salii Palatini* für *Mars*, die *Salii Collini* für *Quirinus* bezeugt.

Jüngeren Ursprungs dürfte *Ianus* gewesen sein, der auf Münzen des 3. Jh.s v. Chr. mit einem Doppelgesicht *(bifrons)* dargestellt wurde. Als Gott des (Durch-) Schreitens waren ihm die öffentlichen Durchgänge und die Stadttore heilig, ebenso verkörperte er Krieg und Frieden. Diese Zuordnung ergab sich zwanglos aus der Doppelgesichtigkeit: Einerseits blickte er nach innen in den Bereich der Stadt *(domi)*, andererseits nach außen auf feindliches Gebiet *(militiae)*. Ursprünglich dürfte diese Gestaltung indessen die politische Konsolidierung der Hügelsiedlungen von Palatin und Quirinal bildlich zum Ausdruck gebracht haben, stand also mit der Stadtwerdung Roms in engem Zusammenhang. Darauf deutet auch der Standort des doppeltorigen *Ianus*-Heiligtums hin.

▼ Kapitolinische Trias: Iuppiter zwischen Iuno (rechts) und Minerva (links). Marmorrelief; 2. Jh. n. Chr. (Trier, Rheinisches Landesmuseum)

In unmittelbarer Nachbarschaft zum *comitium*, dem Versammlungsplatz zwischen den späteren Bauten der *Curia Iulia* und der *Basilica Aemilia* auf dem Forum, erhob sich das Heiligtum des *Ianus Geminus* über dem sog. *Argiletum*, das den Durchgang zum Quirinal bildete (↗194 Karte). Unter diesen Voraussetzungen liegt es nahe, in *Ianus* den Gott zu erkennen, der die älteren Kriegsgottheiten *Mars* und *Quirinus* überlagerte und mit ihnen eine Dreiergruppe bildete. Im eigentlichen Sinne stand er am Ende der Stadtwerdung Roms, dem *synoikismós*, und wurde deshalb in Gebetsformeln als Erster, noch vor *Iuppiter* angerufen (Liv. 8,9,6). Nach *Ianus* wurde der Monat Januar benannt.

Allerdings hat *Iuppiter (Dies-piter)*, die italische Gottheit des lichten Himmels, *Ianus* in dieser Vorrangstellung bald abgelöst, da seine Funktionen wesentlich umfassender waren. Auch die neue Dreiergruppe *Iuppiter – Mars – Quirinus* wurde noch an unterschiedlichen Plätzen *(Capitolium – Campus Martius – Quirinalis)* verehrt. Dem *Iuppiter* waren die Tage des Vollmondes *(Idus)* heilig, in deren Nächten das himmlische Licht nicht erlosch. Als Urheber der vielfältigen Erscheinungsformen des Himmels war er zugleich der Wettergott, der auch Erde und Meere beherrschte.

Seine Zuständigkeit spiegelt sich in den Beinamen: Als *Iuppiter Feretrius* schleuderte er Blitze und lenkte zugleich die Schlachten; die dem feindlichen Feldherrn abgenommene Rüstung und dessen Waffen wurden ihm als wertvolle Beutestücke *(spolia opima)* geweiht. Als *Iuppiter Stator* verlieh er dem Heer Standhaftigkeit, als *Victor* den Sieg in der Schlacht, schützte als *Iuppiter Terminus* die Grenzen und das auf dem Staatsgebiet geltende Recht.

Aufgrund seiner umfassenden Zuständigkeit erhielt *Iuppiter* mit Recht die Beinamen *Optimus Maximus* in dem Sinne, dass er an keine bestimmten Aufgaben gebunden war, sondern als Schutzgott der *res publica* wirkte. Sein Tempel auf dem Kapitol, den der Rechtsnachfolger der tarquinischen Könige im ersten Jahr der Republik am 13.September als *praetor maximus* weihte, galt als Inbegriff für den Bestand des *imperium Romanum* (Tac. hist. 3,72; ↗192).

Konzipiert wurde er als Dreizellentempel für *I(uppiter) O(ptimus) M(aximus)* inmitten der weiblichen Gottheiten *Iuno* und *Minerva*. Diese Götterdreiheit bezeichnete man als Kapitolinische Trias. Die römisch-latinische *Iuno*, Beschützerin der Frau vor allem bei Eheschließung und Geburt, wurde damals bereits unter griechischem Einfluss der *Hera* angeglichen und in Konsequenz als königliche Gemahlin des Göttervaters Zeus dem *Iuppiter* als *Iuno Regina* zur Seite gestellt. Ihr waren die *Kalendae*, d. h. der erste Tag eines jeden Monats, heilig als Beginn des zunehmenden Mondes, dem auch ein Bezug zum weiblichen Biorhythmus zugeschrieben wurde. Sabinischer Herkunft war *Minerva*, die als fürsorgliche Göttin zunächst auf dem Aventin einen Tempel besaß, nun aber als Schützerin der Stadt eine der griechischen *Athena Polias* entsprechende Funktion ausübte und deshalb die göttliche Dreiheit (Trias) auf dem Kapitol vervollständigte.

Hellenisierung der römischen Religion Im Verlauf des 5. Jh.s v. Chr. verstärkten sich die griechischen Einflüsse auf Rom vermutlich unter Vermittlung Kampaniens und Etruriens. Die Götterwelt Homers fand Einzug in Rom, wobei allerdings keine schlichte Übernahme erfolgte. So wurde für den griechischen *Apollo*, den die Römer zunächst wohl eher als düstere Gottheit einschätzten, deren unheilvolles Wirken kultisch gebannt werden sollte, ein Heiligtum (Apollinar) außerhalb der Stadtgrenze *(pomerium)* errichtet. Dem strafenden, rächenden und reinigenden Gott wurde später auch eine heilende Funktion zugeschrieben. Die italische *Diana*, als Göttin des (Mond-) Lichtes schon früh der griechischen *Artemis* von Ephesos angeglichen, wurde als Herrin der Tiere und Schützerin der Jagd auf dem Aventin verehrt. Ihre Verbindung mit Apollo ist erstmalig für das religionsgeschichtlich bedeutende Jahr 217 v. Chr. bezeugt. Nach dem Schock der katastrophalen Niederlage am Trasimenischen See befand sich Rom in einer tiefen Glaubenskrise und suchte unter Führung des Q. Fabius Maximus durch außergewöhnliche Maßnahmen das Einvernehmen mit den Göttern *(pax deorum)* wiederherzustellen.

Mercurius, der Gott der Händler und Diebe, trat erstmalig 495 v. Chr. mit der Weihung seines Tempels in Erscheinung; sie erfolgte am 15. Mai, dem Festtag der Kaufleute. Damals wurde die Getreideversorgung der Stadt organisiert, sodass bereits seit dieser Zeit der Bezug des Gottes zum Handel erwiesen ist. Aufgrund vergleichbarer Aufgaben erfolgte die Gleichsetzung mit dem griechischen Götterboten *Hermes*.

In diese Epoche fallen auch erste Nachrichten zur Befragung der Sibyllinischen Bücher, die aus Unteritalien nach Rom gelangt waren. Sie enthielten Ritualvorschriften in griechischer Sprache. Die für die Befragung bestellte Kommission – das spätere Priesterkollegium der *quindecimviri sacris faciundis* – hatte die Aufgabe, durch Opfer für bestimmte Gottheiten nach griechischem Ritus Unheil vom Gemeinwesen abzuwenden und damit dessen Bestand zu sichern. Die Unterschiede zum *ritus Romanus* bezogen sich etwa auf die Wahl der Opfertiere, auf abweichende Vorschriften für den Vollzug der Opferhandlungen, vor allem auf die Gestaltung der Opferfeiern mit Götterbewirtungen *(lectisternia)* und Theateraufführungen *(ludi scaenici)*.

Für die Folgezeit erlangten diese *oracula Sibyllina* entscheidende Bedeutung, da sie in bestimmten Krisensituationen die Aufnahme griechischer Kulte empfahlen. Zunächst erhielt *Apollo*, nun als Heilgott *(Medicus)*, einen neuen Tempel auf dem Marsfeld (431 v. Chr.). Infolge des Galliersturms (387 v. Chr.) wurde die Entwicklung dann zeitweise unterbrochen, bis im 3. Jh. v. Chr. eine zweite Epoche der verstärkten Übernahme griechischer Gottheiten einsetzte (Hellenika ↗66).

Venus, die italische Göttin der Anmut, wurde mit der griechischen *Aphrodite* gleichgesetzt; 295 v. Chr. stiftete man ihr einen Tempel am *Circus Maximus*. Bereits i. J. 291 v. Chr. übertrug man den Kult des *Asclepius* von Epidauros auf die Tiberinsel nach Rom, wo er als Heilgott im Wesentlichen Apollo ablöste. Dieser hat später eine erhebliche Aufwertung erfahren, indem er zum sieghaften Gott umgedeutet wurde. Damit war die Voraussetzung für seine Funktion als persönliche Schutzgottheit des späteren Kaisers Augustus geschaffen, der ihm 28 v. Chr. einen grandiosen Tempel auf dem Palatin stiftete. Hierhin wurden dann auch die Sibyllinischen Bücher gebracht, die bislang im Kapitolinischen Tempel aufbewahrt worden waren (Suet. Aug. 31,1).

Orientalische Kulte Angesichts einer eher konservativen Grundhaltung der Römer im kultischen Bereich wirkt die Aufnahme kleinasiatisch-orientalischer Kulte in Rom und Italien noch erstaunlicher als die der griechischen Götter. Begünstigt wurde dieser Vorgang durch die Fähigkeit der Römer, fremde Gottheiten zu assimilieren und persönliche Glaubensüberzeugungen anderer zu tolerieren. Hinzu kam die Einsicht, dass auch fremde Götter machtvoll wirken konnten und man sich deshalb am besten ihrer Hilfe versicherte.

Im Vorgang der *evocatio*, des Herausrufens, wird diese Aufgeschlossenheit besonders deutlich, wenn der römische Feldherr die Schutzgottheit einer belagerten Stadt aufforderte, sich in Rom niederzulassen, wo man ihr ein würdigeres Heiligtum errichten und ihren Kult pflegen werde. Bekanntes Beispiel der Frühzeit ist die etruskische Stadt Veji (396 v. Chr.), später dann Falerii (241 v. Chr.) und Karthago, wo 146 v. Chr. die punische Schutzgottheit Tanit *(Astarte)* herausgerufen wurde. Die weiblichen Gottheiten wurden in Rom mit *Iuno* in Verbindung gebracht, ihr Beiname *Caelestis* weist etwa auf die Assimilation der punischen Himmelsgöttin hin.

In anderen Fällen erfolgte die Aufnahme des Kultes in Form einer Überführung *(translatio)* ohne Konsequenzen für den Fortbestand des ursprünglichen Heiligtums. Das sicher bekannteste Beispiel hierfür ist die Einholung des heiligen Meteorsteines der *Kybele* (Mater *Deum magna Idaea*) 204 v. Chr. auf Weisung der Sibyllinischen Bücher. Der Tempel dieser Großen Göttermutter von Pessinus, ca. 150 km südwestlich von Ankara, wurde 191 v. Chr. auf dem Palatin, also innerhalb des *pomerium*, eingeweiht.

Die Beteiligung staatlicher Organe an ihrem Kult beschränkte sich anfangs auf die Darbringung von Opfern und die Veranstaltung von Theateraufführungen zu Ehren der Gottheit. Der übrige Dienst wurde von phrygischen Priestern *(Galli)* versehen, deren orgiastische Rituale den Römern lange fremd blieben und in staatlichem Interesse auch immer wieder eingeschränkt wurden.

Ebenso entzogen sich die mystisch-orgiastischen Züge des thrakisch-griechischen *Dionysos*-Kultes weitgehend staatlicher Reglementierung. Seine Verbreitung in Mittel- und Süditalien vollzog sich zu Beginn des 2. Jh.s v. Chr. außerordentlich rasch, kam auch einem wachsenden Bedürfnis nach Heilserwartung und individueller Erlösung entgegen. Als Gott der sich erneuernden Natur und der rauschhaften Enthemmung wurde *Dionysos (Bacchus)* mit *Liber*, dem italischen Gott der Zeugungskraft, gleichgesetzt.

Solange Organisation und Rituale des Kultes sich in einem überschaubaren Rahmen hielten, blieben sie der religiösen Gemeinschaft anheimgestellt. Erst die wachsende Zahl der Bacchanten rief in Verbindung mit angeblichen Verbrechen (Ritualmorden/Verschwörungen) staatliche Gegenmaßnahmen hervor. Verfolgt wurde nicht der Kult, sondern die Gefährdung der politischen Ordnung, wie im *S(enatus) C(onsultum) de Bacchanalibus* vom Jahre 186 v. Chr. deutlich wird. Ähnlich begründete man später die Verfolgung keltischer Kulte, nicht weil es sich um fremdartige Glaubensvorstellungen handelte, sondern weil Rom den politischen Einfluss des Druidentums als staatsgefährdend wertete.

Einen schweren Stand hatten auch die ägyptisch-alexandrinischen Kulte, die im Zuge der römischen Expansion im östlichen Mittelmeerraum hauptsächlich unter Vermittlung von Kaufleuten über die Insel Delos nach Italien und Rom gelangten. In den kampanischen Küstenstädten (Puteoli/Pompeji) wurden *Isis* und *Osiris* zusammen mit dem ptolemäischen Reichsgott *Sarapis* seit der Mitte des 2. Jh.s v. Chr. verehrt; seit Sulla ist in Rom ein Altar der Isis auf dem Kapitol und eine Priesterschaft der *pastophori* (Schreinträger) durch Apuleius (met. 11,30) bezeugt.

Vor allem soziale Unterschichten wurden durch die Mysterien vom Tode und der Auferstehung des Osiris, durch die Liebe der Isis zu ihrem Brudergemahl, ihre Fürsorge und ihren Schmerz, ihre Zauberkraft und strahlende Schönheit angesprochen, sodass die Göttin in den Kämpfen der ausgehenden Republik auch politische Bedeutung erlangte. Nach mehrfachen Zerstörungen ihres Altars auf Senatsbeschluss haben die Triumvirn 43 v. Chr. der Isis aus populistischen Motiven einen Staatstempel beschlossen. Infolge der politischen Entwicklung wurde der Bau indessen erst unter Caligula (37–41 n. Chr.) auf dem Marsfeld errichtet. Seit der Flavischen Dynastie verbreitete sich der Kult von Italien aus in den westlichen Provinzen des Reiches.

Religiöse Entwicklungen in der Kaiserzeit

Religiöse Reformen des Augustus Das Augusteische Zeitalter *(saeculum Augustum)* bedeutete für die weitere Entwicklung einen deutlichen Einschnitt. Das umfassende Programm der religiösen Erneuerung war ebenso politisch wie ethisch-moralisch motiviert und fand seinen Ausdruck vor allem in der Wiederbelebung altrömischer Kulte, der Erneuerung republikanischer Tempel und in der Neuorganisation der Priesterkollegien. Nahm Augustus in diesen Bereichen Reformansätze der ausgehenden Republik auf, so setzte er darüber hinaus auch neue Akzente. So wertete er etwa *Apollo* gegenüber *Iuppiter* auf, bestimmte die gesellschaftliche Einschätzung von Priesterwürden neu, sorgte für die sakrale Überhöhung seiner Herrscherpersönlichkeit. Die Vergöttlichung seines Adoptivvaters Caesar machte ihn selbst zum Sohn des Gottes (*Divi filius*; ↗42); 27 v. Chr. ließ er sich vom Senat den Namen *Augustus* – Der Erhabene – verleihen; schließlich veranstaltete er 17 v. Chr. eine Säkularfeier, für die Horaz das Festlied *(carmen saeculare)* verfasste (↗104).

Waren die beiden ersten Tage dieser Feier dem *Iuppiter* und der *Iuno* gewidmet, so stand der dritte Tag ganz im Zeichen des *Apollo*, des persönlichen Schutzgottes des Kaisers in der Schlacht bei Actium, und dessen Schwester *Diana*. Damit wurde diesem Götterpaar eine Bedeutung zuerkannt, die der Stellung der kapitolinischen Trias entsprach.

Die Herrschaft des Augustus leitete so den Beginn eines neuen Zeitalters ein, wie Vergil es in seiner vierten Ekloge gepriesen hatte (↗100). Göttliche Ehren hat der Kaiser zu Lebzeiten nicht angestrebt, wenngleich sie ihm im griechischen Osten in Verbindung mit der *Dea Roma*, der personifizierten Vergöttlichung des Römischen Volkes, zuteil wurden. Im Westen wurde dem *Genius Augusti* geopfert, einem vergöttlichten Wirkungsprinzip der kaiserlichen Persönlichkeit. Die Verbindung mit dem Kult der *Lares* (↗71) deutete eine Schutzfunktion des Herrschers für das Gemeinwesen an.

Bedeutung des Kaiserkultes Nach seinem Tode wurde auch Augustus auf Senatsbeschluss unter die Götter erhoben. Diese Ehre wurde, abgesehen von Tiberius, dann allen späteren Kaisern und vielen Mitgliedern der kaiserlichen Familie *(domus Augusta)* zuteil, sofern sie nicht der Verdammung durch den Senat *(damnatio memoriae)* verfielen. Dieser Akt der postumen Vergöttlichung erfolgte durchaus auch im Interesse des Nachfolgers, der als *Divi filius* seine Herrschaft legitimierte. Mit der praktischen Durchführung des Kaiserkultes wurden bestimmte Priesterschaften betraut.

Ein weiteres Mittel zur sakralen Aufwertung des Kaiserhauses stellte die Ergänzung von Götternamen *(Apollo, Mars, Mercurius, Diana, Iuno, Venus)* um den Zusatz *Augustus/Augusta* dar, wie deren Anrufung häufig auch um die des *Genius Augusti* erweitert wurde. Die Weiheformel in *h(onorem) d(omus) d(ivinae)* – zu Ehren des göttlichen Kaiserhauses – fasste in späterer Zeit diese Entwicklung prägnant zusammen. Ergänzt wurde sie durch Darstellungen der bildenden Kunst, die Festkalender der Kaiserzeit und Lobreden auf die regierenden Herrscher.

Mysterienreligionen Größere Attraktivität als die offiziellen Kulte der Staatsgötter und des Kaiserhauses besaßen in der breiten Bevölkerung die Mysterienreligionen Griechenlands und des Vorderen Orients. Neben den bereits genannten Kulten der *Mater Magna* (*Kybele*), der *Isis*, der *Dea Caelestis (Astarte)* gewannen neue Gottheiten wie *Mâ Bellona, (Iuppiter) Sabazios* oder *(Iuppiter) Dolichenus* zahlreiche Anhänger.

▼ Mithras tötet den Stier. Marmorrelief aus Aquileia. 2. Jh. n. Chr. H. 55 cm, B. 90 cm. (Wien, Kunsthist. Museum)

Parallel dazu nahmen auch alle Formen des Aberglaubens (Magie, Orakelwesen, Astrologie, Wunderglaube) erheblich zu, was auch als Ausdruck einer religiösen Krise gewertet werden kann.

Größte Bedeutung erlangten die Mithras-Mysterien. In Anlehnung an einen achämenidisch-iranischen Gott, der das Licht der Sonne als Symbol des Guten verkörperte, wurden die Mysterien vermutlich im Westen als kosmologisches System konzipiert und gewannen zahlreiche Anhänger, besonders unter den Soldaten. Neu war vor allem die Ausrichtung auf einen Gott, dem alle anderen Gottheiten *(Iuppiter, Mars, Venus, Mercur)* untergeordnet waren (Henotheismus). Die Rangabstufung der Götter entsprach den gesellschaftlichen und mentalen Rahmenbedingungen der Kaiserzeit: Jeder hatte seinen Platz, alle waren auf gegenseitige Unterstützung angewiesen. Hilfe gewährte bei entsprechenden Voraussetzungen Mithras: Indem er den Stier tötete (↗ Abb.), schuf er die Welt, spendete Leben und Fruchtbarkeit, sorgte für seine Jünger.
Von Einzelheiten abgesehen, deuten moralische Prinzipien, Gesellschaftsbezug und Heilserwartung dieses Kultes Entsprechungen mit der jüdischen Religion und dem Christentum an. Lange stand die christliche Glaubenslehre deshalb im Konflikt mit den Mysterien des Mithras, zumal es sich hier um eine ausschließliche, auf den einen Gott konzentrierte Religion handelte (Monotheismus). Indessen bot das Christentum den Vorzug einer besseren Anpassungsfähigkeit an neue Entwicklungen, während die Mithras-Mysterien sich als starres System nicht verändern konnten. Hinzu kam auf christlicher Seite eine offensive Missionierung, die nach Öffentlichkeit verlangte, während die Mysterien des Mithras unter Ausschluss von Frauen in einer geschlossenen Gemeinschaft gefeiert wurden (s. Hellenika ↗ 90).

Auch die polytheistischen Kulte tendierten seit dem 2. Jh. n. Chr. unter dem Einfluss der griechischen Philosophie zur Vorstellung, die Götter seien im Grunde Erscheinungsformen einer alles umfassenden Gottheit. Diese als Synkretismus (Vermischung unterschiedlicher Gottesvorstellungen) bezeichnete Entwicklung wurde durch Strömungen gefördert, welche sich um die Erkenntnis Gottes als Urheber der Weltvernunft *(lógos)* bemühten. Die vielfältigen Erscheinungsformen der Isis-Verehrung hat Apuleius (met. 11,5, ↗ 110 f.) in einer Lobpreisung zusammengefasst, die später in die Marienverehrung einmündete.

Auch der Kult des *Sol Invictus,* des unbesiegbaren Sonnengottes, der ursprünglich die Schutzgottheit von Palmyra *(Baal)* war, verdeutlicht vergleichbare Vorstellungen. Als Kaiser Aurelian ihn 274 n. Chr. zum Reichsgott erhob und in den Formen des römischen Kultes verehren ließ, zielte seine Bemühung auf Vereinheitlichung und Ausgleich der religiösen Vielfalt im *imperium Romanum.* Der Tempel des *Sol Invictus* wurde am 25. Dezember in Rom geweiht. Auf diesen Stiftungstag *(dies natalis)* legten später die Christen das Fest der Geburt Jesu.

3. *Die römischen Priesterschaften*

Priesterwürde und Staatsamt Wie im häuslichen Kult der *pater familias* die Opferhandlungen leitete, so war für diese Aufgaben im staatlichen Bereich anfangs der König zuständig, der in seiner Person militärisch-politische, richterliche und priesterliche Kompetenzen vereinigte. Beraten wurde er in Fragen des Sakralrechtes von Sachverständigen, die als Einzelpersonen für bestimmte Gottheiten zuständig waren *(flamines)* oder als Ausschuss Gutachten erstellten *(collegia sacerdotum).* In republikanischer Zeit bestand ihre Aufgabe darin, als Organe der Staatsverwaltung die Leistungen des Gesamtvolkes an die Gottheiten unter Beachtung zahlreicher Kultvorschriften sicherzustellen. Die außerordentliche Bedeutung dieser Funktionen für den Bestand der *res publica* bewirkte ein entsprechend hohes Ansehen der Priester. So war es auch selbstverständlich, dass Beamte *(magistratus)* und Priester *(sacerdotes)* derselben sozialen Schicht angehörten, dieselben politischen Ziele verfolgten und schließlich, da Priesterwürden in der Regel auf Lebenszeit verliehen wurden, in Personalunion die militärischen, politischen und religiösen Belange Roms wahrnahmen. Nur ausnahmsweise standen besondere Tabuvorschriften für einzelne Priester dieser Praxis entgegen. Eine geschlossene Priesterkaste hat es in Rom also nicht gegeben.

Die vier hohen Priesterkollegien
(quattuor amplissima collegia sacerdotum)

Pontifices Sie waren zuständig für die Aufsicht über sämtliche Angelegenheiten der altrömischen Religion, soweit nicht besondere Regelungen getroffen waren. Die Ableitung ihrer Bezeichnung von *pontem facere* im Sinne von Brückenbauer bzw. Wegbahner weist auf die Frühzeit hin, als diese Sakralexperten die erforderlichen Rituale im Zusammenhang mit der Erschließung des nicht urbaren Landes vollzogen. Das Priesterkollegium entwickelte sich von zunächst drei Stellen über mehrfache Erweiterungen bis auf 16 Mitglieder unter Caesar. Seit 300 v. Chr. waren auch Plebejer zugelassen. In der Kaiserzeit dürfte sich die Gesamtzahl bei etwa 20 bis 25 Personen eingependelt haben.

An der Spitze der Priesterschaft stand der *pontifex maximus* ursprünglich als dienstältestes Mitglied. Er führte den Vorsitz und verkündete die erstellten Gutachten *(decreta pontificum)*. Ferner war er zuständig für die Bestellung der dem Kollegium organisatorisch verbundenen Einzelpriester *(flamines)*, der Vestalinnen und des Opferkönigs *(rex sacrorum)*, der die kultischen Akte vollzog, die vorher an die Stellung des Königs gebunden waren (↗14). In der Rangordnung *(ordo sacerdotum)* wurde der *rex sacrorum* deshalb noch vor dem *pontifex maximus* genannt. Indessen übte dieser gegenüber dem genannten Personenkreis eine Disziplinargewalt aus, die sich im Laufe der Zeit auf die Verhängung von Geldstrafen *(multae)* für andere Priester erweiterte. Zu seinen besonderen Aufgaben zählte die Pflege des römischen Kalenders sowie die Redaktion der Jahresfasten *(annales)*. Amtssitz war die *Regia* nahe dem Vesta-Tempel auf dem Forum, wo auch das Kollegium seine Versammlungen abhielt.

Die Bestellung zum *pontifex* erfolgte durch die Priesterschaft auf Vorschlag ihrer Mitglieder *(cooptatio)*, bis 103 v. Chr. ein Plebiszit die Volkswahl festlegte. Dieses Verfahren, das bereits seit dem 3. Jh. v. Chr. die Wahl des *pontifex maximus* regelte, wurde 63 v. Chr. nach den Reformen Sullas durch ein Plebiszit des T. Labienus erneut in Kraft gesetzt. Damals konnte sich Caesar als Kandidat für den Oberpontifikat gegen zwei angesehene Konsulare durchsetzen. Augustus ließ sich erst nach dem Tode des Lepidus auf diese Weise (12 v. Chr.) zum *pontifex maximus* wählen. Danach blieb die Würde mit der Person des jeweiligen Kaisers verbunden, bis Gratian 383 n. Chr. demonstrativ darauf verzichtete.

Bei den insgesamt 15 *flamines*, die der Disziplinargewalt des *pontifex maximus* unterstanden, handelte es sich um Einzelpriester für bestimmte Götter, deren Namen in der Bezeichnung genannt sind. Besonderes Ansehen genossen die drei *flamines maiores* für *Iuppiter*, *Mars* und *Quirinus*. Sie unterlagen aber einer Vielzahl von Tabuvorschriften.

So durfte der Priester des *Iuppiter (flamen Dialis)* kein Pferd besteigen, kein Heer in Waffen sehen, sich nicht länger als eine Nacht von der Hauptstadt entfernen. Die politische Beschränkung dürfte erklären, weshalb die Würde in der ausgehenden Republik über mehrere Generationen unbesetzt blieb und auch Caesar die Übertragung verschmähte.

▼ Vestalinnen beim Opfer. Bronzemedaillon der Kaiserin Crispina, Ehefrau des Commodus. 177/183 n. Chr.

Die sechs Vestalinnen hatten hauptsächlich das heilige Feuer im Tempel der *Vesta* zu hüten, das ein Unterpfand für den Bestand des Gemeinwesens war. Mit ihrer Bestellung *(captio)* durch den *pontifex maximus* wurde die Gewalt des leiblichen Vaters ersatzlos aufgehoben, die Priesterin wurde geschäftsfähig *(sui iuris)*. Dieser Akt erfolgte meist zwischen dem 6. und 10. Lebensjahr und verpflichtete das Mädchen zur Keuschheit im Dienste der Göttin, meistens für 30 Jahre.

Außerordentlichen Ehrenrechten wie dem Privileg, in Rom auf einem Wagen zu fahren, von einem *lictor* begleitet und innerhalb des *pomerium* bestattet zu werden, standen ein strenger Dienst im Atrium der Vesta und harte Strafen bei Pflichtverletzungen gegenüber: die Auspeitschung, falls das heilige Feuer erlosch, die Todesstrafe durch Einmauerung beim Bruch des Keuschheitsgebots.

Augures Das Kollegium entwickelte sich ähnlich wie das der *pontifices*. In ihre Zuständigkeit fielen die *auguria*, kultische Akte, mit denen in einem festgelegten Ritual die Zustimmung einer Gottheit zu Maßnahmen im öffentlichen Interesse erbeten wurde *(inauguratio)*.

Ort der Kulthandlung war das *auguraculum* auf dem Burgberg *(arx)* in Rom. Der *augur* zog die Toga über den Hinterkopf und gliederte *(capite velato)* mittels seines Krummstabes *(lituus)* das Himmelsgewölbe in genau bestimmte Sektoren *(pars dextra - pars sinistra)*. Die erbetene Zustimmung der Gottheit äußerte sich in Himmelszeichen wie Blitz und Vogelflug *(auguria caelestia)* innerhalb dieser Abgrenzung und wurde, bezogen auf den eigenen Standpunkt, gedeutet. Ähnlich abgesteckt wurde auch der Platz für das einer Gottheit zu errichtende Heiligtum *(aedes)*. Den rechteckigen Bezirk bezeichnete man als *templum*, ein Begriff, der dann auch auf das Heiligtum selbst übertragen wurde.

Quindecimviri sacris faciundis Das Priesterkollegium entwickelte sich aus der zur Befragung der Sibyllinischen Bücher bestellten Kommission. 367 v. Chr. wurde die Priesterschaft als Kollegium von zehn Mitgliedern geschaffen. Sulla erhöhte deren Zahl auf 15, woraus sich die Bezeichnung ergab. Auch hier fügte Caesar eine weitere Stelle hinzu, später pendelte sich die Besetzung bei etwa 25 Mitgliedern ein. Ihre Aufgaben blieben im Wesentlichen unverändert: die Zuständigkeit für die *libri Sibyllini* und die Aufsicht über den *ritus Graecus*. Auch ihre besondere Rolle im Rahmen der Säkularfeier hing damit zusammen.

Septemviri epulonum Als jüngste Priesterschaft wurden die *septemviri epulonum* zu den *amplissima collegia* gerechnet. Zu Beginn des 2. Jh.s v. Chr. haben sie sich aus den *pontifices* entwickelt, um die Ausrichtung der Festbankette *(epula)* bei staatlichen Spielen, den *ludi Romani* und den *ludi plebei*, zu besorgen. Von zunächst drei Stellen wurde das Kollegium unter Sulla auf sieben – daher der Name –, schließlich auf zehn Mitglieder unter Caesar erweitert.

Die priesterlichen Sodalitäten

Salier Diese Priesterschaften waren genossenschaftlich organisiert; in genau festgelegten Formen vollzogen sie Kulthandlungen, deren Bedeutung bereits in der Antike nicht immer verstanden wurde. *Salii Palatini* und *salii Collini* standen im Dienst der alten Kriegsgottheiten *Mars* und *Quirinus*. Zu deren Ehren führten sie im März und Oktober feierliche Waffentänze im Dreischritt auf und sangen unter Zusammenschlagen der heiligen Lanzen und Schilde das Salierlied. Noch in der Kaiserzeit war patrizische Abstammung Voraussetzung für die Aufnahme in diese Priesterschaften.

Besonderes Ansehen genossen auch die *fetiales*, die im zwischenstaatlichen Bereich als Gesandte des römischen Volkes etwa beim Abschluss eines Bündnisses (*foedus*) wichtige Aufgaben erfüllten. Vor allem bei der Erklärung des (formal) »gerechten« Krieges *(bellum iustum)* spielte die Priesterschaft unter Führung des *pater patratus* eine zentrale Rolle.

Über Spezialkenntnisse verfügten die *haruspices*, die als Experten der etruskischen Disziplin auf Senatsbeschluss fallweise um Gutachten gebeten wurden. Eine Anerkennung als Staatspriester *(sacerdotes publici p.R.)* ist nicht erfolgt. Nicht von ungefähr bezieht sich das sprichwörtliche Augurenlächeln ursprünglich auf die unrömischen *haruspices*; der moderne Sprachgebrauch ergab sich erst aus der unzutreffenden Gleichsetzung *haruspex = Seher (mantis) = augur*. Ihr Wissen schöpften die *haruspices* hauptsächlich aus einer detaillierten Blitzlehre und der Eingeweideschau, wobei die Leber der Opfertiere besondere Bedeutung hatte.

Die römischen *luperci* veranstalteten am Fest der Lupercalia einen Umlauf um den Palatin im Dienste des Lupercus (↗71). Bekanntes Mitglied dieser Genossenschaft war der spätere Triumvir M. Antonius, der bei dieser Gelegenheit Caesar am 15. Febr. 44 v. Chr. das Diadem anbot (Cic. Phil. 2,85 f.).

Fratres Arvales Feierliche Flurumgehungen *(ambarvalia)* vollzogen die Arvalbrüder im Frühling zu Ehren des Mars, wie ihr Kultlied *(carmen arvale)* bezeugt. Im Zuge ihrer Neuorganisation durch Augustus wurden diese Prozessionen mit dem Opfer von Schwein, Schafbock und Stier (*suovetaurilia*; ↗69) durch das Fest der *Dea Dia (Ceres)* im Mai abgelöst. Infolge der Konstruktion einer familiären Bindung der *fratres* an ihren »Bruder« Augustus, der zeitweise den Romulus-Namen bevorzugte, ergab sich eine enge Beziehung der *Arvales* zum Kaiserkult.

Sodales der vergöttlichten Kaiser Im Prinzipat wurden die republikanischen Sodalitäten an Bedeutung und gesellschaftlichem Ansehen von den Priesterschaften für die vergöttlichten Kaiser übertroffen. Die Einrichtung dieser Kulte erfolgte durch die Bestellung von Einzelpriestern *(flamines Divorum)* und die Gründung von sakralen Genossenschaften, die nach dem Herrscher bzw. der Dynastie als *sodales Augustales Claudiales, sodales Flaviales, sodales Antoniniani* usw. benannt wurden. Neben der kultischen Verehrung des Kaiserhauses war ihre Aufgabe auch die Organisation sakraler Festveranstaltungen anlässlich der zahlreichen Gedenktage für verstorbene Mitglieder der kaiserlichen Familie *(domus Augusta)*.

4. *Religion und politische Gemeinschaft*

Die römischen Priesterschaften waren Organe der Staatsverwaltung, sicherten die den Göttern geschuldeten Leistungen des Gemeinwesens, waren aber nicht Mittler zwischen Göttern und Einzelpersonen. Nicht in Konkurrenz, aber doch in einem gewissen Spannungsverhältnis zu ihrer Kompetenz stand die religiöse Funktion des römischen Oberbeamten *(consul/praetor)*. Alle politischen Maßnahmen, sowohl im zivilen als auch im militärischen Bereich, setzten die Zustimmung der Götter voraus, wobei der verantwortliche Magistrat *(cum imperio)* sich dieser Grundvoraussetzung versichern musste.

Auspizien Mit den *auspicia (publica)* besaß der Oberbeamte das Mittel, den Willen der Götter im Interesse des *populus Romanus* zu erkennen. Der Begriff ist von *avispicium* abgeleitet und bezeichnet die Vogelschau, im engeren Sinne die Beobachtung des Vogelfluges durch den Oberbeamten. Oft sind *auspicium* und *augurium* bei den antiken Autoren bedeutungsgleich verwandt, doch unterscheiden sich die Begriffe sakralrechtlich darin, dass *augurium* die Befragung des Götterwillens durch die *augures* mit Fürbitten verband, während *auspicium* auf die Zustimmung der Götter für eine konkrete staatliche Handlung zielte, die im Falle der Ablehnung nicht erfolgen konnte.

Unter diesen Voraussetzungen erklärt sich die überragende Bedeutung der Magistrate *cum imperio*, die zur Sicherung der *pax deorum* Tempelweihungen vollzogen, Sühne- und Reinigungsopfer darbrachten und alle Maßnahmen unter Beachtung göttlicher Zeichen *(auspicato)* durchführten. Die Priesterschaften wirkten beratend mit und sorgten für die Einhaltung der vorgeschriebenen Form.

In die besondere Verantwortung des Oberbeamten fiel natürlich die Kriegführung. Gerade in dieser Funktion war er auf die Hilfe der Götter angewiesen. In einem Gebet an *Iuppiter*, das Livius (1,12,4–6) den sagenhaften Romulus sprechen ließ, wird das Wesen römischer *religio* besonders deutlich: im selbstbewussten Anspruch, die Weisungen der Gottheit bisher richtig erfüllt zu haben; in der Aufforderung des Gottes zur Hilfeleistung und damit zur Erfüllung seiner Verpflichtung; im Versprechen, diese Hilfe durch die Errichtung eines Tempels zu honorieren. *Iuppiter* gewährte seine Hilfe in der Person des Feldherrn; als Verkörperung des Gottes *(praesens deus)* führte er seine Soldaten erneut in die Schlacht und errang den Sieg.

Triumph und Spiele Diese Präsenz göttlichen Wesens im Handeln des Feldherrn fand ihre Entsprechung beim römischen Triumph. Auch hier gab sich der siegreiche Feldherr aufgrund seiner Kleidung *(vestis Iovis)*, der

Rotfärbung des Gesichts *(facies miniata)* und seiner Insignien (Goldkranz, Elfenbeinszepter, Quadriga) am Tage des Festzuges als Verkörperung des *Iuppiter Optimus Maximus* zu erkennen und wurde so verstanden. Dazu passt die bekannte Formel, die ein Sklave dem Triumphator auf dem Siegeswagen (↗Abb.) zuflüsterte: *Respice post te; hominem te esse memento!* (Tert. apol. 33,4): »Blicke hinter dich; vergiss nicht, dass du ein Mensch bist!«

Tatsächlich blieb die Inkarnation auf den eigentlichen Triumphzug beschränkt (↗196).

Auch konnten Siegesfeiern mit prächtigen Spielen *(ludi magni)* im Circus Maximus fortgesetzt werden. Die Wagenrennen fanden zu Ehren des *Iuppiter Optimus* Maximus statt, dessen Tempel auf dem Kapitol an den Iden des September geweiht worden war. Seither wurden jährlich im Anschluss an diesen Tag (13. Sept.) Circusspiele *(ludi Romani)* veranstaltet, die nach Prozession und Opfer ihren Höhepunkt in Wagenrennen fanden. Die Wettkämpfe wurden im Laufe der Zeit auf vier Tage (15.–18. Sept.) ausgedehnt; deren Zahl wurde 44 v. Chr. auf Antrag des Triumvirn M. Antonius zu Ehren Caesars auf fünf erhöht. Den Veranstaltungen im Circus Maximus gingen Theateraufführungen *(ludi scaenici)* voraus, sodass die Gesamtdauer der *ludi Romani* schließlich 16 Tage betrug (4.–19. Sept.). Nach ihrem Muster wurden in der Folgezeit weitere Jahresspiele eingerichtet, wie z. B. die *ludi plebei* im Anschluss an die Iden des November.

Die religiöse und politische Bedeutung dieser und zahlreicher anderer Spiele blieb auch in der Kaiserzeit ungeschmälert, bestimmte das Verhältnis von Princeps und stadtrömischer Plebs. Der Triumph dokumentierte *virtus imperatoria*, die der Herrscher nunmehr ausschließlich für seine Person in Anspruch nahm. Daher blieb diese Feier seit 19 v. Chr. dem Kaiser vorbehalten, dem das Verdienst am Siege zukam, weil er über die *auspicia* verfügte. Der Feldherr, der als *dux* die militärische Operation durchgeführt hatte, musste sich mit den triumphalen Ehrenzeichen *(ornamenta triumphalia)* begnügen.

◂ Kaiser Tiberius auf dem Triumphwagen. Becher von Boscoreale. 1. Hälfte des 1. Jh.s n. Chr.

Herrschaftsanspruch Bis in die Kaiserzeit blieb der römische Herrschaftsanspruch religiös begründet. Als ideelles Unterpfand der Macht bildete *religio* die Grundlage staatlichen Lebens, sollte die Ordnung im innerstaatlichen Bereich sichern und den universalen Anspruch auf die Beherrschung des Erdkreises rechtfertigen. Cicero (har. resp. 9,19) hat dieses Grundprinzip römischen Selbstverständnisses auf eine eindrucksvolle Formel gebracht: *pietate ac religione omnes gentes nationesque superavimus.* »Durch *pietas* (ehrerbietige Pflichterfüllung gegenüber Göttern und Menschen) und *religio* (gewissenhafte Sorgfalt in der Götterverehrung) haben wir alle Stämme und Völkerschaften überwunden.« Allerdings deutet die außenpolitische Akzentuierung bereits an, dass die republikanische Ordnung im innerstaatlichen Bereich schon gestört war: Indem die Formen römischer *religio* für politische Zielvorstellungen genutzt oder missbraucht wurden, relativierten sich auch ihre Inhalte. Die augusteische Erneuerung *(renovatio Augusti)* konnte dieser Entwicklung nicht auf Dauer Einhalt gebieten. Die seit dem 2. Jh. n. Chr. verstärkt eindringenden Mysterienkulte entsprachen dem mentalen Bedürfnis des Einzelnen nach einem verinnerlichten Glaubenserlebnis und persönlicher Heilserwartung besser als die formal erstarrte Kultpraxis der römischen Staatsreligion.

Der Sieg des Christentums Eine inhaltliche Nachwirkung auf das christliche Abendland blieb der römischen Religion versagt. Der Grund liegt im Ausschließlichkeitsanspruch der christlichen Glaubenslehre und ihrer Unvereinbarkeit mit anderen Kulten und Religionen. Natürlich haben sich einzelne Begriffe der lateinischen Sprache wie die Bezeichnung des Papstes als *pontifex maximus* oder die Abgrenzung des *ritus Romanus* vom Ritus der Ostkirche erhalten, doch sind diese inhaltlich völlig neu bestimmt. Ähnlich verhält es sich mit den Prozessionen: Weder kann die Fronleichnamsprozession mit dem Götterumzug *(pompa deorum)* im Vorfeld der Zircusspiele, noch kann eine christliche Hagelprozession mit den römischen *ambarvalia* inhaltlich verglichen werden. Kultformen mögen wie im Falle der Marienverehrung fortgeführt worden sein; auch die Festlegung des Weihnachtsfestes auf den Stiftungstag des Tempels für *Sol Invictus* erfolgte absichtsvoll (↗77), doch sollten hierdurch nicht die antiken Kulte fortgeführt, sondern endgültig durch die Neubestimmung vernichtet werden. Diesem Ziel diente ferner die Errichtung christlicher Kirchen auf den Grundmauern der alten Tempel, zunächst im Osten, dann im Westen des Römischen Reiches. Auch die Bemühungen des Kaisers Iulianus (361–363 n. Chr.), den die christliche Überlieferung als Abtrünnigen *(Apostata)* wertete, weil er den römischen Kulten wieder zu ihrem Recht verhelfen wollte, blieben Episode. Als Theodosius I. 392 n. Chr. grundsätzlich die Ausübung der paganen Kulte verbot, versetzte er der römischen Religion den entscheidenden Schlag, von dem sie sich nie mehr erholen sollte.

Die Literatur

1. *Die Entwicklung bis in die Spätzeit der Republik*

Das Vorbild der Griechen

Die homerischen Epen Die europäische Literatur beginnt mit der Dichtung Homers, der in der Antike als Schöpfer der großen Epen *Ilias* und *Odyssee* verehrt wurde. Er hat etwa in der 2. Hälfte des 8. Jh.s v. Chr. gelebt. Als fahrender Sänger trug er an Adelshöfen alte, in mündlicher Überlieferung stark vorgeformte Geschichten von Göttern und Helden vor, deren Kern sich auf den Kampf der Griechen um Troja bezieht. Diese Heldendichtung ist uns vor allem in der *Ilias* überliefert. In ihr hat Homer diese mündliche Dichtung in eine große epische Form gebracht.

Man ist heute allgemein der Ansicht, dass die beiden Epen *Ilias* und *Odyssee* nicht das Werk eines einzigen Dichters sind. Die *Odyssee*, die von den Irrfahrten und der Heimkehr des Odysseus nach Ithaka berichtet, ist nämlich jünger als die *Ilias*. In der *Odyssee*, die um 710 v. Chr. entstanden sein dürfte, ranken sich um die Haupthandlung in viel stärkerem Maße als in der *Ilias* Nebengeschichten, die, zum Teil als alt überliefertes Seemannsgarn, breit ausgesponnen dargestellt werden. Gleichwohl gehört auch die *Odyssee* in die Frühzeit der griechischen Geschichte. Beide Dichtungen bezeugen, dass die Griechen bereits vom 8. Jh. v. Chr. an Heldendichtung geschaffen und große Taten in ihr verherrlicht haben (s. Hellenika ↗135).

Herausforderung der Römer durch die Griechen Im Gegensatz zu den Griechen sind die Römer seit Gründung ihrer Stadt fünf Jahrhunderte lang ohne jede Dichtung oder andere Literatur – wie etwa die Geschichtsschreibung – ausgekommen. Zwar hat es auch bei ihnen schon früh in gehobener Sprache abgefasste Gebetssprüche gegeben, die sie *carmina* nannten, und Texte in Prosa, von denen die bekanntesten die *Zwölftafelgesetze* und die Jahresaufzeichnungen der Priester *(annales)* waren; doch stellten diese Texte keine literarische Leistung dar. Auch später noch genoss Dichtung in Rom lange Zeit kein hohes Ansehen.

Poeticae artis honos non erat. Si quis in ea re studebat aut sese ad convivia adplicabat, grassator vocabatur: »Die Dichtkunst stand nicht in Ehren. Wenn sich jemand um sie bemühte oder sich Gelagen hingab, nannte man ihn einen Nichtsnutz.« Dies stellte M. Porcius Cato durchaus zutreffend fest.

Dies änderte sich in Rom erst, als das griechische Unteritalien in den Machtbereich Roms gelangt und das von den Griechen geprägte Sizilien nach Beendigung des 1. Punischen Krieges (264 - 241 v. Chr.) die erste römische Provinz geworden war. Führende römische Familien waren nunmehr darauf aus, sich auch die Errungenschaften der griechisch-hellenistischen Kultur und Zivilisation zu eigen zu machen. So leiteten sie in Rom eine für die ganze spätere europäische Kultur folgenreiche Entwicklung ein. Zweihundert Jahre später bekannte Horaz, der, wie alle gebildeten Römer, die kulturelle Überlegenheit der Griechen gern zugab (epist. 2,1,156 f.): *Graecia capta ferum victorem cepit et artes intulit agresti Latio:* »Das bezwungene Griechenland bezwang den rohen Sieger und brachte die Künste in das bäurische Latium.«

Die Aneignung griechischer Literatur Die Aneignung und Verarbeitung der griechischen Literatur hat sich in Rom in verschiedenen Graden der Selbstständigkeit vollzogen. Zu Beginn dieser Lernphase, an deren Anfang Livius Andronicus (ca. 284 - 204 v. Chr.) steht, begnügte man sich weithin mit einer Übersetzung und leichten Bearbeitung der griechischen Vorbilder. Doch bereits Plautus (ca. 250 - 184 v. Chr.) ging weiter. Er griff schon in die Vorlagen ein, versah sie mit römischem Kolorit oder auch mit aktuellen Anspielungen, um beim Publikum möglichst große Resonanz zu finden. Schließlich betrachtete man die griechischen Muster als große Herausforderung und als Orientierungspunkt für das Bestreben, Werke zu schaffen, die in Inhalt und Form den Vorbildern ebenbürtig waren. Je bedeutender das griechische Vorbild war, desto stärker fühlte sich also der römische Nachfolger herausgefordert.

Dieser Prozess gipfelte im Bereich der Prosa in den Werken Ciceros, in dem der Dichtung in der *Aeneis* Vergils. Er führte dazu, dass man seit dem Beginn der Kaiserzeit nicht mehr in erster Linie die Griechen, sondern die römischen Schriftsteller der späten Republik und der augusteischen Zeit als Vorbilder betrachtete.

Epos und Drama

Die ersten Versuche in Rom Begonnen hatte dieser große Lernprozess der Römer mit Livius Andronicus (ca. 284 - 204 v. Chr.). Er war als Kriegsgefangener von Tarent nach Rom gekommen und erteilte hier als Hauslehrer Unterricht in griechischer Sprache und Literatur. Weil die Epen Homers in der Erziehung und Ausbildung der jungen Griechen Jahrhunderte hindurch eine wichtige Rolle gespielt hatten, übersetzte Livius Andronicus die *Odyssee* ins Lateinische. Für seine Übersetzung, die *Odusia*, wählte er nicht den Hexameter der griechischen Vorlage, sondern den altrömischen Saturnier, dessen Rhythmus im Vergleich zu dem des Hexameter schwerfälliger war. So hoffte er, bei den Römern Anklang zu

Die Anfänge der lateinischen Literatur

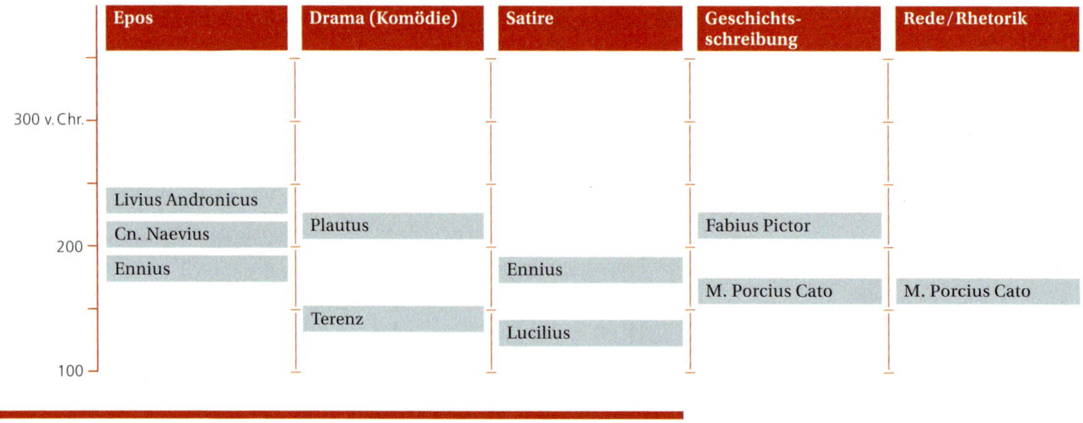

finden. Durch sein Werk wurde er zum Schöpfer einer neuen literarischen Form und leitete zugleich, wenn auch ungewollt, eine Entwicklung ein, die für die lateinische Sprache von großer Bedeutung wurde. Mit seiner *Odusia* setzte nämlich die zunehmend stärker werdende Trennung des Lateinischen in eine Schrift- und eine Volkssprache ein (↗271).

Ebenso folgenreich war seine erste Aufführung eines griechischen Bühnenstückes i. J. 240 v. Chr. in lateinischer Sprache. Hierzu hatte er vom Senat den Auftrag bekommen. Für diese Übersetzung schuf er die Sprechverse des lateinischen Dramas, den jambischen Senar und den trochäischen Septenar.

Bereits in den Dichtungen des Cn. Naevius (ca. 270 - 204 v. Chr.) setzte sich das Römische vergleichsweise stark durch. Er begann um 235 v. Chr. damit, griechische Theaterstücke, vor allem Komödien, aber auch einige Tragödien, zu übertragen. Er passte sie römischen Verhältnissen stärker an als Livius Andronicus, begründete ferner das historische Schauspiel und das historische Epos in Rom. In seinem Epos *Bellum Poenicum* behandelte er die Geschichte des 1. Punischen Krieges. So schuf er durch den Inhalt ein römisches Gegenstück zur *Ilias*. Weil er aber auch noch die Sage von den Irrfahrten des Aeneas und von der Gründung Roms mit einflocht, bot er den Römern zugleich ihre römische *Odyssee*. In dieser Verknüpfung der überlieferten Stoffe folgte ihm später Vergil.

Plautus Während von den Werken des Livius Andronicus und des Naevius nur einzelne Partien und Verse überliefert sind, haben sich von den vielen Komödien, die T. Maccius Plautus (ca. 25 - 184 v. Chr.) geschaffen hat, 20 über seinen Tod hinaus auf den Bühnen und in der Überlieferung behauptet. Er hatte nämlich beim Publikum großen Anklang gefunden. Sie waren darüber hinaus die ersten Werke der römischen Literatur, die dank ihrer künstlerischen Höhe in der späteren europäischen Literatur fortwirkten.

Plautus griff auf die Neue attische Komödie zurück, deren bekanntester Vertreter Menander (342 - 291 v. Chr.) war (↗182 Hellenika).

In ihr ist die Politik ausgeschaltet. Die Personen sind typische Vertreter des athenischen Bürgertums, die auf ihre Weise das Leben, in dem der Zufall *(týchē)* eine große Rolle spielt, zu genießen suchen. Der reiche, aber knauserige Vater; der lebenshungrige Sohn, der sich durch einen schlauen Sklaven auf irgendeine Weise Geld beschaffen lässt, um seine verführte oder entführte Geliebte wiederzugewinnen; der Rivale, der oft viel älter als der Liebhaber des Mädchens ist, um das sich die Handlung dreht; der hungrige Parasit und die liebenswürdige Hetäre sind meistens die Hauptträger der im Happy End sich lösenden Handlung.

▼ Die *Mostellaria* des Plautus:
Szenenfoto der Aufführung einer Theater-Arbeitsgemeinschaft

Plautus übernahm aus den griechischen Stücken Motive und Charaktere nicht originalgetreu, sondern passte sie römischen Verhältnissen an. Nach Belieben setzte er um, ließ aus, schob ein, steigerte den Witz. Hierdurch hat er das Original zwar an vielen Stellen vergröbert, aber er fand Beifall, zumal er Gespräche, Figuren und Situationen von drastischer Komik erfinden konnte. Zudem hat er in die gesprochenen Dialogpartien Lieder *(cantica)* eingeführt, die durch Flötenbegleitung untermalt waren. Seine Lustspiele glichen also in mancher Hinsicht der komischen Oper und dem Musical.

Von den überlieferten sind die bekanntesten *Amphitruo*, eine Tragikomödie und Parodie auf den griechischen Mythos (Jupiter nähert sich in der Gestalt Amphitruos dessen Frau Alkmene, was zu Verwechslungen führt); *Aulularia (Topfkomödie)*, benannt nach dem Goldtopf eines Geizhalses; *menaechmi (Die Zwillinge)*, die Komödie der Irrungen der Brüder, die sich nach Jahren wiedererkennen; der *miles gloriosus*, das Gespensterstück *mostellaria* und *Rudens (Das Seil)*, mit dem ein Koffer, der kostbare Schätze birgt, bei einem Schiffbruch gerettet wird. Stoisches Gedankengut von der Gleichheit aller Menschen findet sich in den *Captivi*. In diesem Stück zeigt Plautus auf, dass die Unterschiede zwischen Herr und Sklave, zwischen Freund und Feind nur zufällig sind.

Die Nachwirkung des Plautus war groß. Stark hat er auf Terenz gewirkt, aber auch auf viele Dichter des Mittelalters und der Neuzeit, so auf Shakespeare *(Comedy of Errors)*, Molière *(L'Avare)*, Lessing *(Der Schatz)* und Kleist *(Amphitryon)*.

▸ Eingangsszene des *Heautontimoroumenos* von Terenz (mit dem bekannten Satz: *homo sum, humani a me nihil alienum puto*). Handschrift des 9. Jh.s (Rom, Biblioteca Vaticana)

Ennius Der aus Kalabrien stammende Q. Ennius (239–169 v. Chr.) wurde i. J. 204 v. Chr. von M. Porcius Cato mit nach Rom genommen. Hier war er als Lehrer und in zunehmendem Maße auch als Dichter tätig. So fand er, der das Oskische, die Sprache seiner süditalischen Heimat, das Griechische und das Lateinische beherrschte, seine Gönner. Diese verschafften ihm sogar das römische Bürgerrecht. Dank seiner universalen dichterischen Begabung schrieb er Tragödien, Komödien und kleinere Gedichte. Berühmt wurde er schon zu Lebzeiten durch sein Epos *Annales*. In ihm stellte er die Geschichte Roms von der Gründung der Stadt bis zu seiner Zeit dar. Als Versmaß wählte er den griechischen Hexameter, wodurch er bewusst an sein großes Vorbild Homer anknüpfte. Hiermit legte er den Stil des römischen Epos fest. Griechische Form und römische Geschichte gehörten auch für seine Nachfolger zu den unverzichtbaren Bestandteilen dieser Dichtung. Die *Annales* wurden in den Schulen Roms erst durch die *Aeneis* Vergils verdrängt. Seit dieser Zeit schwand das Interesse der Römer an seinen Dichtungen, sodass sein Werk auch nur sehr fragmentarisch überliefert ist.

Terenz Im Gegensatz hierzu sind die nur 6 Komödien, die der früh verstorbene P. Terentius Afer (195/185?–159 v. Chr.) geschrieben hat, erhalten geblieben. Er war als Sklave aus Karthago nach Rom gekommen. Hier wurde er, der den Zunamen *Afer* (Afrikaner) erhielt, im Haus des Terentius Lucanus gefördert und freigelassen, trug also fortan den Namen seines Patrons.
Gegenüber den griechischen Vorlagen zeigte er größere Treue als Plautus. Er verzichtete auf derbe Komik zugunsten einer feineren Zeichnung der Charaktere und schränkte die lyrischen und musikalischen Partien ein. So wurde aus dem Singspiel des Plautus ein Sprechtheater. Sprache und Stil des Terenz folgten dem Beispiel der gebildeten, griechisch orientierten städtischen Oberschicht. Beim einfachen Volk fanden seine Stücke daher weniger Beifall als die des Plautus.

Im späteren Schulbetrieb dagegen hat er bis in das Hohe Mittelalter hinein einen bedeutenderen Platz eingenommen als Plautus. In der literarischen Nachwirkung steht er diesem nicht nach. Zu Lebzeiten hat er den größten Erfolg mit dem *Eunuchus* erzielt. Gern gespielt oder gelesen wurden ferner *Andria (Das Mädchen von Andros)*, *Heautontimoroumenos (Der Selbstquäler)* und *Adelphoe (Die Brüder)*.

Die Satire

Die Römer haben nur eine literarische Gattung geschaffen, nämlich die Satire. Daher konnte Quintilian feststellen: *Satura tota nostra est.* »Die Satire ist ganz unser«. Den Begriff *satura*, der in der Alltagssprache ein gemischtes Gericht, ein Allerlei bezeichnete, verwendete Ennius als Titel für eine Sammlung kleiner Gedichte, die in Inhalt und Versmaß verschieden waren. Nach ihm bildeten sich in Rom zwei Arten der Satire heraus.

Lucilius Als ihr eigentlicher Begründer gilt C. Lucilius (ca. 168–102 v. Chr.). Er entstammte einem reichen Rittergeschlecht, war also der erste römische Dichter der gehobenen Schicht. Ihn verband eine herzliche Freundschaft mit P. Cornelius Scipio Aemilianus und dessen Freunden. Dieser Scipionenkreis (↗129) bildete ein gesellschaftliches Zentrum der römischen Auseinandersetzung mit der griechisch-hellenistischen Kultur. Er forderte den Widerspruch der konservativen Römer heraus, die in der Übernahme griechischer Kultur den Untergang der altrömischen Ordnung witterten. Offen und gern ergriff Lucilius zugunsten des Scipionenkreises Partei. Das beweisen seine Satiren, deren Themen weit gestreut waren. Kritik, Spott, Witz und Ironie, die sich gegen Personen und Zeitumstände richten, machen seit ihm das eigentlich Satirische aus. Seine Nachwirkung war groß, zumal er in Rom durch einen seine Individualität betonenden Stil in seiner Zeit wirkungsvolle Akzente setzte.

Die menippeische Satire Sie geht auf den Syrer Menippos (3. Jh. v. Chr.) zurück, der in griechischer Sprache in einer Mischung aus Prosa und Versen menschliche Schwächen satirisch darstellte. Diese literarische Form hat M. Terentius Varro (↗191) in Rom durch seine *Saturae Menippeae* eingeführt. Auf sie griffen später Seneca und Petron zurück (↗112).

Die Geschichtsschreibung

Der Anfang in griechischer Sprache Die Geschichtsschreibung entfaltete sich in Rom erst gegen Ende des 3. Jh.s v. Chr. etwa gleichzeitig mit dem historischen Epos des Ennius. Zwar gab es von alters her die jährlichen Aufzeichnungen der Priester, die *annales*, über besondere Ereignisse, doch eine unmittelbare Vorstufe zur Geschichtsschreibung waren sie nicht.

Zur Geschichtsschreibung sah man sich in Rom erst nach dem 2. Punischen Krieg veranlasst, weil man der romfeindlichen Darstellung griechischer Historiker in den Staaten des Mittelmeerraumes entgegenwirken wollte (s. Hellenika ↗185).

Das versuchte als Erster der angesehene Senator Qu. Fabius Pictor. Zu diesem Zweck musste er seine Darstellung der römischen Geschichte in griechischer Sprache schreiben, der damaligen Verkehrssprache im Mittelmeerraum. Wenn sein Werk auch in der Tradition der griechisch-hellenistischen Geschichtsschreibung stand, so vertrat er als Angehöriger der römischen Aristokratie doch konsequent die Außenpolitik Roms. Bereits in seinem Werk werden bestimmte Grundzüge der römischen Geschichtsschreibung sichtbar: Sie ist, im Gegensatz zur Dichtung, Sache der Senatoren, sie ist ferner patriotisch und parteiisch.

M. Porcius Cato Er lebte von 234 bis 149 v. Chr., kam von einem ritterlichen Gutshof in Tusculum nach Rom, zeichnete sich auf vielen Gebieten aus, wurde als *homo novus* i.J. 195 v. Chr. mit 39 Jahren Konsul und 11 Jahre später Zensor. In diesem Amt hat er die Kontrolle über die Amts- und die Lebensführung der Magistrate so leidenschaftlich streng wahrgenommen, dass er den Beinamen *Censorius* erhielt.

Seine Anschuldigungen begründete er in Reden. Als Vertreter der konservativen Landbevölkerung kämpfte er gegen den wachsenden Einfluss der Griechen, weil dieser seiner Überzeugung nach zur Schwächung der altrömischen *virtutes* führen werde. Deshalb ergriff er auch gegen die Scipionen und deren Freunde Partei. Dies hinderte ihn jedoch nicht daran, sich die technischen und literarischen Errungenschaften der hellenistischen Kultur zu eigen zu machen. So ließ er etwa auf dem *Forum Romanum* gegen den Widerstand vieler Senatoren die erste Basilika errichten (↗196) und schulte sich durch das Studium griechischer Literatur für seine eigene schriftstellerische Tätigkeit.

Cato zeichnete sich nicht nur als Redner aus. Er verfasste auch Lehrschriften für seinen Sohn Marcus, den er nicht von einem griechischen Sklaven erziehen lassen wollte, und andere Schriften. In der Schrift *De agricultura*, in der er Anleitungen über die Bewirtschaftung von Landgütern gab, empfahl er den rücksichtslosen Einsatz von Sklaven unter dem Gesichtspunkt der Rentabilität. Schließlich schrieb er noch eine Geschichte Roms und anderer italischer Städte. Durch dieses Werk, die *Origines*, wurde er der Begründer der lateinischen Geschichtsschreibung.

Catos Ziel war es, durch die Würdigung der *mores, instituta et facta maiorum*, der Sitten, der Einrichtungen und der Taten der Vorfahren, das Selbstbewusstsein der Römer zu stärken und den griechischen Schriften lateinische entgegenzusetzen. Für ihn war also die Geschichtsschreibung Fortsetzung der Politik mit anderen Mitteln. Im letzten Teil der *Origines* nahm er als Beispiele rechten Handelns einige seiner eigenen Reden auf, während er sonst keine Namen nannte, weil er den *populus Romanus* insgesamt würdigen wollte. Auch hierin wird etwas von dem Widerspruch sichtbar, der in ihm wirkte. Gleichwohl wurde Cato für die Römer ein großes *exemplum*. Späteren Generationen galt er als Vertreter altrömischer Tradition schlechthin. Von diesen wurde er, und zwar zur Unterscheidung von seinem ebenfalls berühmt gewordenen Urenkel, der sich 46 v. Chr. in Utica das Leben nahm (*Cato Uticensis*; ↗96), weil er sich den diktatorischen Bestrebungen Caesars widersetzte, auch *Cato maior*, der Ältere, genannt (↗146).

Die Redekunst

Catos Leistung Die Kunst der Rede hatte in Rom in den politischen Versammlungen wie in Prozessen von der Frühzeit an selbstverständlich eine große Rolle gespielt. Doch M. Porcius Cato war der erste Römer, den die Auseinandersetzung mit der griechischen Rhetorik dazu anspornte, an seine eigenen Reden, von denen er sich Aufzeichnungen machte und einen Teil veröffentlichte, stilistisch so hohe Anforderungen zu stellen, dass sie literarischen Ansprüchen gerecht wurden. So begründete er die Literaturgattung der Rede in Rom.

Er, der in 44 Prozesse verwickelt wurde, wobei er in keinem unterlag, setzte in seinen Reden die verschiedenen Sprachebenen bewusst ein, vermischte Altertümliches mit Modernem, liebte drastische Formulierungen und bevorzugte die knappe Ausdrucksweise *(brevitas)*.
Dies hielt ihn jedoch nicht davon ab, Ereignisse und Szenen breit auszumalen, wenn er es für angebracht hielt. Weil er von der Theorie der Rede nicht viel hielt, empfahl er seinem Sohn Marcus: *rem tene, verba sequentur.* »Beherrsche die Sache, dann kommen die Worte von selbst.« Die spätere Überlieferung schreibt ihm, dem unversöhnlichen Gegner Karthagos, zu, er habe jede seiner Reden vor dem Senat mit dem Satz beendet: *ceterum censeo Carthaginem esse delendam.* »Im Übrigen bin ich der Meinung, dass Karthago vernichtet werden muss.« Wenn dieser Ausspruch in seiner pointierten Form auch eine Schöpfung späterer Zeit ist, so charakterisiert er doch sehr treffend die Hartnäckigkeit, mit der Cato auch als Redner seine politischen Ziele verfolgte.

Die Redekunst in der Zeit der Bürgerkriege Zwei Jahrzehnte nach Catos Tod – Er starb im Jahr 149 v. Chr. – begannen in Rom die innenpolitischen Kämpfe, die zu den verhängnisvollen Bürgerkriegen führten. In diesen Auseinandersetzungen nutzten die Politiker die Kunst der Rede so, wie es Cato ihnen gezeigt hatte. Dies taten vor allem die Brüder Tiberius und Gaius Gracchus, denen griechische Lehrer die Techniken der modernen Rhetorik vermittelt hatten. Durch Reden versuchten sie nämlich, die Massen für Sozialreformen zu gewinnen und zu mobilisieren. Auch nach den Gracchen ergriffen gefeierte und von Cicero bewunderte Redner in den Auseinandersetzungen zwischen Optimaten und Popularen (↗40) immer wieder Partei.

So verwundert es nicht, dass in dieser Zeit in Rom die erste lateinische Rhetorenschule entstand. Nunmehr wurde auch die von Aristoteles (↗125 f.) entwickelte Einteilung der Arten der Rede übernommen und in der Ausbildung römischen Verhältnissen angepasst: man unterschied also die Gerichtsrede *(genus iudiciale)*, der in den Prozessen große Bedeutung zukam, die Staatsrede *(genus deliberativum)*, die in politische Beratungen und Verhandlungen einführte, und die Gelegenheitsrede *(genus demonstrativum)*. Diese besaß in Rom vor allem als Prunkrede, etwa bei den Begräbnisfeiern des Adels, wenn man die Verdienste des Verstorbenen würdigte *(laudatio funebris)*, eine lange Tradition (↗23).

Schließlich beschäftigte man sich nunmehr auch in Rom mit Fragen grundsätzlicher Art, etwa mit denen, welcher Stil zu bevorzugen sei, was einen guten Redner ausmache, wie gebildet er sein solle und über welche Techniken er verfügen müsse. Auf all diese Fragen gab Cicero als Redner wie als Verfasser rhetorischer Schriften die überzeugendsten Antworten.

2. *Die Zeit Ciceros und Caesars*

Voraussetzungen der römischen Klassik Das Jahrhundert der Bürgerkriege, die den Untergang der *libera res publica* besiegelten, zeigt ein doppeltes Gesicht. Während der Verfall der inneren staatlichen Ordnung den häufig wechselnden politischen Machthabern ein Übermaß an Handlungsfreiheit gewährte, das diese so rücksichtslos ausnutzten, dass sich in der Bevölkerung das Gefühl einer bedrückenden Unsicherheit ausbreitete, sahen viele literarisch Interessierte in dieser Zeit eine große Chance, ihrem Streben nach Individualität ohne Rücksicht auf traditionelle Normen der Gesellschaft Ausdruck zu verleihen. Die Neigung hierzu wuchs insbesondere bei denen, die sich – angewidert vom Stil der politischen Auseinandersetzung – vom öffentlichen Leben distanzierten und ins Private zurückzogen.

Unter den Autoren dieser Zeit taten dies vor allem Catull und Lukrez, während für die meisten anderen Rom in traditioneller Weise Blick- und Zielpunkt ihres literarischen Schaffens blieb. Wie verschieden die persönlichen Überzeugungen und Neigungen der Autoren auch waren, so verband sie doch das Bestreben, die Werke der Griechen nur noch als Orientierungsmuster zu betrachten und ihnen etwas Eigenes und Ebenbürtiges zur Seite zu stellen *(aemulatio)*.

Cicero war der erste Römer, dem dies gelang, und zwar in seinen Reden. Ihm folgten in einer bis dahin in Rom nicht gekannten Breite des literarischen Schaffens viele hochbegabte Autoren, deren Werke die Zeiten überdauert haben. Hierzu trug wesentlich bei, dass diese Werke auch den hohen Ansprüchen eines sachgerechten Aufbaus genügten; denn Inhalt und Form sollten nunmehr einander bedingen. In der inhaltlichen Darstellung mied man das Grausig-Abstoßende und ein übertriebenes Pathos, war also auf Zurückhaltung bedacht, während man in der Komposition auf einen klaren Aufbau und ein ausgewogenes Verhältnis der einzelnen Teile des Ganzen zueinander großen Wert legte. Weil diesen Anforderungen die Literatur der ciceronischen und der augusteischen Zeit in besonderer Weise gerecht wird, bezeichnet man sie als die klassische.

Cicero

Ausbildung in Rom und in Griechenland M. Tullius Cicero wurde i. J. 106 v. Chr. in Arpinum, südöstlich von Rom, geboren. Sein Vater, der Besitzer eines Landgutes war, ermöglichte seinem begabten Sohn in Rom eine gute Ausbildung. Hier waren bedeutende Redner und Rechtsgelehrte Ciceros Lehrer. Stark beeindruckten ihn auch Vorträge des Philosophen Philon, der Mitglied der athenischen Akademie war (↗ 118) und sich in Rom aufhielt. Bereits seine ersten Reden, die er 81 und 80 v. Chr. hielt, offenbarten Ciceros große rhetorische Begabung. Da er den Anstrengungen des Anwaltsberufes gesundheitlich noch nicht ganz gewachsen war, ging er von 79 bis 77 v. Chr. nach Griechenland und widmete sich hier weiteren, insbesondere philosophischen Studien. In Athen schloss er die Freundschaft mit seinem späteren Verleger Atticus. In Rhodos hörte er Poseidonios, den großen Stoiker seiner Zeit, und lernte zugleich bei dem berühmten Redner Molon die volle Beherrschung der Redekunst.

Im Dienst der *res publica* Nach Rom zurückgekehrt, bewarb er sich schon bald um ein Amt. Als Quästor kam er i. J. 75 v. Chr. nach Sizilien. Hier verwaltete er sein Amt so uneigennützig, dass die Sizilier ihn i. J. 70 v. Chr. zu ihrem Anwalt in einem Prozess gegen den früheren Provinzstatthalter Verres machten, der die Insel scham-

Die römische Literatur der frühen Klassik

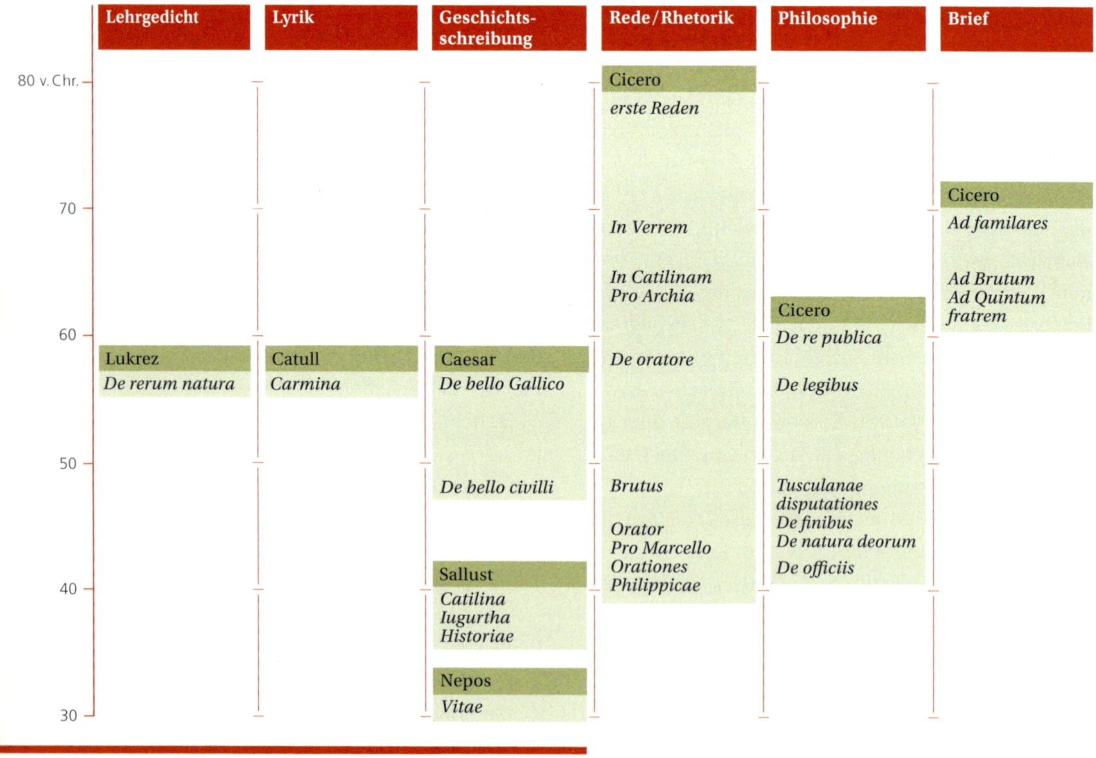

los ausgebeutet hatte. Cicero erreichte, dass Verres noch vor der Urteilsverkündung in die Verbannung ging. Der Sieg in diesem Prozess, in dem sein Gegenanwalt der in der Nobilität sehr angesehene Redner Qu. Hortensius war, machte ihn, den Emporkömmling (*homo novus*) zum ersten Anwalt Roms. Hierauf war er sehr stolz.

Ädil war Cicero im Jahr darauf, 66 v. Chr. *praetor urbanus*, 63 v. Chr. Konsul. In alle Ämter gelangte er *suo anno* (↗26). Als Konsul trat er den Umsturzplänen Catilinas entgegen. Bei dieser schwierigen Aufgabe bewies er Mut und Standfestigkeit. Mehrere Anhänger Catilinas wurden hingerichtet; Cicero galt und fühlte sich als der Retter des Staates.

Doch bereits 62 v. Chr. bekam er Schwierigkeiten, weil die Rechtmäßigkeit seiner Maßnahmen gegen die Catilinarier angefochten wurde, und als sich Caesar i. J. 60 v. Chr. mit Pompeius und Crassus zum ersten Triumvirat verbunden hatte und damit die verfassungsmäßigen Einrichtungen des Staates lähmte, war es mit Ciceros politischem Einfluss für lange Zeit vorbei. Er musste i. J. 58 v. Chr. in die Verbannung gehen.

Zwar wurde er im folgenden Jahr wieder zurückgerufen, erhielt aber keine einflussreiche Stellung. Seit 55 v. Chr. suchte und fand er Trost in schriftstellerischen Arbeiten.

Rhetorische und philosophische Schriften Seine grundlegende Abhandlung *De oratore* über das Ideal des philosophisch gebildeten Redners erschien i. J. 55 v. Chr., von 54 bis 51 v. Chr. arbeitete er an seiner Staatslehre *De re publica*. Das zweite staatsphilosophische Werk, *De legibus*, blieb unvollendet, weil er in das politische Geschehen wieder eingreifen konnte. Als er 51 v. Chr. als Prokonsul nach Kilikien gehen musste, verließ er Rom nur ungern, zumal der Gegensatz zwischen Caesar und dem Senat, der Pompeius für sich gewonnen hatte, immer schärfere Formen annahm. Cicero glaubte zunächst, vermitteln zu können. Weil er aus tiefer Überzeugung an der alten *res publica* hing, entschied er sich für Pompeius, zog sich aber auch von

◂ Porträtbüste Ciceros. (Rom, Museo Capitolino)

diesem zurück, als er erkannte, dass er ihn falsch eingeschätzt hatte. Lange musste er, fern von Rom, auf einen Gnadenakt (*clementia*) des Siegers Caesar warten. Nach seiner Rückkehr i. J. 47 v. Chr. hielt er sich von der Politik zunächst fern. Jetzt begann seine zweite große Schaffensperiode, in der er nach weiteren rhetorischen Schriften (*Brutus* und *Orator*) bedeutende philosophische Werke schuf (↗132 f.).

Nach der Ermordung Caesars erhielt seine Hoffnung, die Macht des Senats könne noch einmal gefestigt werden, neuen Auftrieb. Als Führer der Senatspartei ging er in 14 Reden (den sog. Philippischen, genannt nach denen des griechischen Redners Demosthenes gegen Phillip II. von Makedonien) scharf gegen M. Antonius vor, der die Alleinherrschaft Caesars fortsetzen wollte. Als sich Antonius mit Lepidus und dem jungen Octavian i. J. 43 v. Chr. zum 2. Triumvirat zusammengeschlossen hatte, setzte er auch Cicero auf die Proskriptionsliste. Dieser versuchte vergebens zu entfliehen; noch im selben Jahr wurde er als einer der ersten der Geächteten ermordet. Kopf und Hände seiner Leiche stellte man auf dem Forum, wo er große rhetorische Erfolge hatte feiern können, zur Schau.

Das literarische Werk Ciceros Werk besteht aus seinen Reden (58 sind erhalten), den rhetorischen und den philosophischen Schriften. Hinzu kommen noch rund 800 Briefe, von denen er etwa 400 an seinen Freund und Verleger Atticus gerichtet hat. Sie bieten Einblicke in das Auf und Ab seines Lebens in einem solchen Maße, wie es bei keinem anderen Menschen der Antike der Fall ist; denn ein großer Teil von Ciceros Briefen war nicht für die Veröffentlichung bestimmt.

Weil Cicero die Routine des rhetorischen Schulbetriebs (↗154) überwand, wurde sein Name für Quintilian zum Inbegriff der *eloquentia*. Dank seiner vielseitigen geistigen Interessen konnte er die rhetorische Theorie und die Philosophie der Griechen in Rom zu einer neuen Einheit zusammenführen und sein Ideal des *orator sapiens*, des gebildeten Redners, begründen. Bevor er dies in seinen rhetorischen Schriften tat, hatte er in seinen Reden, die sich durch einen überzeugend klaren Aufbau, durch die gelungene Periodisierung der Sätze, durch starke Variationen im Ausdruck und durch den Satzrhythmus auszeichnen, bereits überzeugende Beweise seiner Redekunst geboten (↗272 f.).

In seinem grundlegenden Werk *De oratore*, einem Dialog in 3 Büchern, behandelt er die Voraussetzungen des Rednerberufs, das Wesen der Rhetorik, den Aufbau der Rede, Fragen des Stils und der philosophischen und moralischen Qualitäten, die von einem Redner zu verlangen sind (s. Hellenika ↗177).

Im Dialog *Brutus* bietet er einen Überblick über die Geschichte der römischen Rhetorik, während er im *Orator*, den er wie den *Brutus* im J. 46 v. Chr. verfasst hat, darlegt, was einen vollendeten Redner auszeichnet: Er muss die drei grundlegenden Stilarten beherrschen, nämlich den schlichten Stil *(genus tenue)*, den mittleren *(genus medium)* und den erhabenen *(genus grande)*, sich darüber hinaus in der Lehre vom Prosarhythmus auskennen, für die Cicero viele Beispiele bietet. Diese Werke ergänzen seine letzten philosophischen Schriften, durch die er den Römern fast alle Gebiete der griechischen Philosophie erschlossen hat.

Die Nachwirkung Wenn Cicero auch erfahren musste, dass seinem politischen Wirken kein Erfolg beschieden war, so ließ er sich hierdurch nicht davon abbringen, in den schrecklichen Zeiten und Wirren der Bürgerkriege, in denen die alte *libera res publica* unterging, das geistige Erbe der Griechen so zu nutzen und umzusetzen, dass er in Rom eine bedeutende geistesgeschichtliche Entwicklung einleitete. Er war es, der die lateinische Sprache zu einem vielseitigen und ausdrucksstarken Instrument der verschiedenen Arten der Mitteilungen machte und formte. Vor allem gelang es ihm, ein lateinisches philosophisches Vokabular zu schaffen, das heute noch in wichtigen Begriffen vieler europäischer Staaten weiterwirkt. Diese große Nachwirkung begann bereits bei den Kirchenvätern, die sich unter sprachlichen wie inhaltlichen Aspekten mit seinen Werken intensiv auseinandersetzten (↗274).

In den Schulen des Mittelalters fanden die rhetorischen Schriften Ciceros großes Interesse. Die Humanisten richteten an seinem Stil ihren eigenen Prosastil aus und griffen seine Vorstellung von literarischer Bildung wieder auf. Später fanden seine philosophischen Werke, vor allem seine Pflichtenlehre und die *Tusculanen* größeres Interesse, dann wieder seine Reden, die von Philosophen, Politikern und Rednern Europas genutzt wurden.

Caesar

Formen römischer Geschichtsschreibung In der Nachfolge Catos entwickelte sich die Geschichtsschreibung recht unterschiedlich. Einen verbindlichen Gattungscharakter hatte sie nicht. Es gab die traditionelle, nach Jahren geordnete Darstellungsweise, die Annalistik, die mit den Anfängen der Stadt *(ab urbe condita)* begann und in der Zeitgeschichte endete, wobei die Frühgeschichte geradezu romanhaft ausgeschmückt und dargestellt wurde. Es entwickelten sich nach griechischem Vorbild aber auch Formen, die von der annalistischen Anlage zu Gunsten einer geschlossenen Darstellung inhaltlicher Zusammenhänge abrückten. Dies waren vor allem die historische Monografie, die eine Konzentration auf wenige Personen und deren Handlungen ermöglicht, die Zeitgeschichte und die *Commentarii.*

Für diese Form hatte sich Caesar zur Darstellung und Rechtfertigung seines Handelns entschieden. In den Aufzeichnungen römischer Beamter und in griechischen historischen Schriften fand er für sie ein Vorbild. Er hat seine *Commentarii* äußerlich als sachliche Berichte gestaltet. Viele Mittel der Geschichtsschreibung, insbesondere die direkte oder die indirekte Rede, setzte er zur oft dramatischen Gestaltung der Berichte jedoch so ein, dass sie sich der kunstvollen Gestaltung der Geschichtsschreibung nähern.

Leben und politisches Wirken Caesar wurde i. J. 100 v. Chr. in Rom geboren. Seine Familie gehörte zur alten *gens Iulia*. Weil diese die Popularen unterstützte (↗40), geriet Caesar i. J. 82 v. Chr. während der Proskriptionen Sullas in größte Gefahr. Deshalb verließ er Rom. Nach Sullas Tod trat er auf dem *forum Romanum* als Gerichtsredner auf. Einige Jahre danach fuhr er zu dem berühmten Redner Molon, der auch Ciceros Lehrer war, nach Rhodos, um seine Kenntnisse in der Rhetorik zu vertiefen. Bereits 73 v. Chr. wurde Caesar in das Pontifikalkollegium berufen. Dann gelangte er sehr schnell in die senatorischen Ämter. Während er unter dem Konsulat des Crassus und Pompeius i. J. 70 v. Chr. noch keinen starken politischen Einfluss besaß, war er zehn Jahre später bei der Bildung des 1. Triumvirats bereits die treibende Kraft. Konsul wurde er 59 v. Chr., zwei Jahre vor der Zeit. Er erhielt das diesseitige und jenseitige Gallien für zunächst fünf Jahre (58 – 54 v. Chr.)

◄ Porträtbüste des C. Iulius Caesar. Um 44 v. Chr. Marmor (Castel di Agliè bei Turin)

als Provinzen zugewiesen. In Gallien gab Caesar die Politik der friedlichen Durchdringung auf und entschied sich für Krieg. Er konnte die Gallier unterwerfen. In diesen Jahren schuf er sich ein schlagkräftiges und zuverlässiges Heer. Wegen der rücksichtslosen Art, in der er die Usipeter und Tenkterer i. J. 55 v. Chr. vernichtet hatte, stellte der jüngere Cato, in Rom sein unversöhnlicher Gegner, vor dem Senat den Antrag, Caesar den Feinden auszuliefern. Besonders große Schwierigkeiten hatte er i. J. 52 v. Chr. zu überwinden, als sich die gesamten Gallier unter Führung des Vercingetorix erhoben und Pompeius, bisher sein politischer Bundesgenosse, sich der Senatspartei anschloss. Nach der siegreichen Beendigung des Krieges gegen die Gallier war Caesar der mächtigste Mann in Rom. Bereits 49 v. Chr. brach der Bürgerkrieg aus. Als er die Schlachten bei Pharsalus (48 v. Chr.), Thapsus (46 v. Chr.) und Munda (45 v. Chr.) gewonnen hatte, war er praktisch Alleinherrscher. Seine Anhänger erwiesen ihm sogar göttliche Ehren. Seine Gegner erfuhren seine sprichwörtlich gewordene Milde *(clementia Caesaris)*. Nachdem er zum Diktator auf Lebenszeit und zum *imperator* ernannt worden war, wurde er an den Iden des März (15. 3.) 44 v. Chr. ein Opfer republikanischer Verschwörer.

▼ Rückseite eines Denars, der auf der Vorderseite das Bildnis des Brutus, auf der abgebildeten die Dolche der Verschwörer mit der Freiheitsmütze zeigt.
Aufschrift: *EID(ibus) MAR(tis)*. Nach 44 v. Chr.

Das literarische Werk Von Caesars verschiedenartigem literarischem Werk sind die *Commentarii* über den Krieg in Gallien und über den Bürgerkrieg bis zu den Wirren in Alexandria (49 - 48 v. Chr.) erhalten. Von den acht Büchern des sog. *Bellum Gallicum* schrieb er die Bücher 1 - 7, in denen er nach annalistischer Aufteilung über die Ereignisse der Jahre 58 - 52 v. Chr. berichtete. Das 8. Buch mit dem Geschehen der Jahre 51/50 v. Chr. fügte später sein General Hirtius hinzu.

Caesars Bericht über den Bürgerkrieg, das sog. *Bellum civile*, ist vermutlich ebenfalls unfertig. In den drei überlieferten Büchern gab Caesar das Prinzip auf, über jedes Jahr in einem Buch zu berichten. In den Büchern 1 - 2 schildert er aus seiner Sicht die Ereignisse des Jahres 49 v. Chr., im 3. die des Jahres 48 v. Chr.

In der verlorengegangenen Schrift *De analogia*, die ein Zeugnis seiner vielseitigen Bildung ist, hat er seine Ansichten über die Grundsätze sprachlicher Gestaltung dargelegt. Diese Schrift hat er Cicero gewidmet. Im Gegensatz zu diesem mied er Fülle und Schmuckwerk, weil er auf die *elegantia*, den schlichten Gebrauch der Sprache und auf Einfachheit seiner Sätze großen Wert legte. Einer seiner Grundsätze lautete: *Tamquam scopulum sic fugias inauditum atque insolens verbum.* »Wie eine Klippe, so meide ein unbekanntes und auffallendes Wort.« (Gell. 1,10,4).

Wirkungsvoll hat er seine Grundsätze in den *Commentarii* des Gallischen Krieges umgesetzt. Er berichtet in der dritten Person und gebraucht die Ich- oder Wir-Form nur, wo er von sich als Schriftsteller berichtet. So versuchte er, beim Leser den Eindruck zu erwecken, es läge ihm eine objektive Berichterstattung vor. Tatsächlich stellte Caesar die Ereignisse, im Satzbau wie in der Gliederung größerer Abschnitte so dar, wie er es im Sinn einer möglichst wirkungsvollen Selbstdarstellung für angebracht hielt. Er verstand es nämlich, alles auf sich zu beziehen, von sich aus verständlich zu machen und zu deuten. Denn nur so, wie er es wollte, sollten seine Taten gesehen werden.

Es ist nicht mit Bestimmtheit zu sagen, wann Caesar die *Commentarii* über den Gallischen Krieg schrieb. Vielleicht hat er sie Jahr für Jahr jeweils im Winter verfasst und sie insgesamt i. J. 51 v. Chr. kurz vor Ausbruch des Bürgerkrieges veröffentlicht, vielleicht aber auch erst im Winter 52/51 v. Chr. unter Auswertung eigener Notizen und von Berichten seiner Offiziere. Hierfür spricht, dass er das 7. Buch, in dem er über die Ereignisse des Jahres 52 v. Chr. berichtete, als den dramatischen Höhepunkt des ganzen Werkes gestaltet hat.

Sallust

C. Sallustius Crispus (86–35 v. Chr.) ist der erste große Historiker Roms.

Ausbildung und politische Tätigkeit Er kam als junger Mann aus Amiternum im Land der Sabiner nach Rom. Hier ließ er sich zur Vorbereitung auf eine politische Karriere in der Rhetorik ausbilden, beschäftigte sich aber auch intensiv mit der Geschichte. Etwa 54 v. Chr. wurde er als Quästor Mitglied des Senats, 52 v. Chr. Volkstribun. Als Anhänger der Popularen und erklärter Gegner Ciceros schlug er sich auf die Seite Caesars.

Als Sallust i. J. 50 v. Chr. aus dem Senat ausgestoßen wurde, floh er zu Caesar nach Gallien. Dieser verschaffte ihm 48 v. Chr. erneut die Quästur und die Mitgliedschaft im Senat. Nach dem Sieg Caesars im Afrikanischen Krieg bei Thapsus i. J. 46 v. Chr. wurde Sallust von Caesar als Statthalter der Provinz *Africa nova* eingesetzt. In diesem Amt bereicherte Sallust sich sehr. Sein Vermögen legte er in der Stadt in den nach ihm benannten Gärten an (↗210).

Verzicht auf die Politik Doch schon bald zog Sallust sich aus der Politik zurück, weil Caesar nicht die Wege ging, die seinen Erwartungen entsprachen. Nach dessen Ermordung brach er endgültig mit der Tagespolitik und fand, ähnlich wie Cicero in den philosophischen Studien, eine sinnvolle Betätigung darin, den tieferen Ursachen für den Aufstieg und den Niedergang der *res publica Romana* nachzugehen und seine Ansichten hierüber niederzuschreiben. Dies war in Rom etwas Neues; denn bis dahin war Geschichtsschreibung für die römischen Senatoren eine Nebenbeschäftigung gewesen, für die sie nur im Alter oder in den wenigen freien Stunden Zeit fanden, die ihnen die forensische Tätigkeit ließ. Deshalb rechtfertigt Sallust seinen Entschluss, der zu seiner Zeit noch außergewöhnlich war und mit Verwunderung zur Kenntnis genommen wurde.

Das literarische Werk Die historischen Monografien über die Verschwörung des Catilina i. J. 63 v. Chr. und über den Krieg Roms gegen Jugurtha, den König der Numider, in den Jahren 111 – 105 v. Chr. schrieb Sallust nach Caesars Ermordung. Beide Werke sind ähnlich aufgebaut. In beiden rechtfertigt er seine schriftstellerische Tätigkeit, bietet er Rückblicke auf die Vorgeschichte der jeweiligen Ereignisse, die im Mittelpunkt seiner Darstellung stehen, charakterisiert er die Hauptpersonen, wendet er Mittel der dramatischen Gestaltung an. Diesen Schriften folgten die Historien, die mit Sullas Tod i. J. 78 v. Chr. einsetzen und bis 67 v. Chr. reichen. Dieses Werk hat er nicht vollenden können. Von ihm sind nur Teile erhalten. Die Überlieferung schreibt Sallust noch zwei Briefe an Caesar aus den Jahren 50 und 46 v. Chr. zu. Diese Briefe hält man heute allgemein für unecht.

Moralische Geschichtsschreibung Wie sehr Sallust als Politiker ein Anhänger Caesars war, so bemühte er sich nach seinem Abschied aus der Politik als Historiker darum, über den Parteien zu stehen. Wie der griechische Historiker Thukydides, der die Geschichte des Peloponnesischen Krieges (431 – 404 v. Chr.) geschrieben hat, und der Stoiker Poseidonios (↗129) betrachtete auch Sallust die Geschichte als einen sich mit innerer Notwendigkeit vollziehenden Vorgang, deutete er die einzelnen Fakten wie den Gesamtablauf als das Wirksamwerden bestimmter Mächte in der Seele des Menschen. So erkannte er, dass der politische Verfall die Folge eines moralischen war. Er war ferner der Überzeugung, dass die Römer an dieser für das Gemeinwesen verhängnisvollen Entwicklung mitschuldig waren. Diese Erkenntnis wollte er seinen Landsleuten mitteilen. Deshalb wählte er aus dem Zeitalter der Bürgerkriege zwei Abschnitte aus, die ihm besonders geeignet erschienen, den Verfall Roms exemplarisch darzustellen.

Geschichtsschreibung als Kunst Sallust hat auf die chronologisch getreue Darstellung zugunsten einer tieferen Verknüpfung und künstlerischen Gestaltung der Ereignisse verzichtet. So konnte er die Forderung der antiken Kunstkritik erfüllen, dass auch eine historische Darstellung ein Kunstwerk sein müsse. Diese künstlerische Neugestaltung des Geschehens ist eine seiner größten Leistungen. In besonderer Weise dienen ihr die Reden, denen seit Cato auch in der römischen Geschichtsschreibung eine besondere Bedeutung zukam. Für sie fand er, über Cato hinaus, das Vorbild im Geschichtswerk des großen griechischen Historikers Thukydides (um 455–396 v. Chr., s. Hellenika ↗174 f.).

Dass er in seinen Werken die Ereignisse mit überragenden Persönlichkeiten verknüpfte, entsprach ganz seiner Zeit; und wenn er aus dem Verfall seines Volkes überhaupt noch einen Ausweg sah, dann eben darin, dass es einem großen Mann gelinge, das Schicksal Roms noch einmal zum Besseren zu wenden. Wie sehr er in der Geschichte jener Tage auch das Wüten der *fortuna* sah, einen Sinn für menschliche Größe, für die Wirksamkeit der *virtus*, hatte er sich bewahrt. Sie zeigt sich in der Monografie über den großen Staatsverbrecher Catilina in Caesar und dem jüngeren Cato – *Uticensis* genannt (↗88) –, die als großartige Gegenbilder zu dem Verschwörer gezeichnet werden. Ihre Eigenschaften müssten sich wohl ergänzen, damit Rom wieder Größe erlangen kann.

Nachwirkung Sallusts Schriften übten einen großen Einfluss auf die Literatur aus. Wurde er auch von seinen Zeitgenossen mehrfach getadelt, und dies nicht nur wegen seiner Ansichten, sondern auch wegen seines Stils, so fand er doch schon einige Jahrzehnte nach seinem Tod viele Bewunderer und Nachahmer. Tacitus sah in ihm sein Vorbild und nannte ihn den größten Geschichtsschreiber der Römer. Er wurde als einziger römischer Historiker ins Griechische übersetzt, und Augustinus rühmte an ihm seine Wahrheitsliebe. Für ihn war Sallust ein Zeuge dafür, dass der Verfall im heidnischen Rom schon sehr weit fortgeschritten war und dass man nicht die Christen für den drohenden Untergang des Reiches verantwortlich machen könne.

Nepos

Die Biografie In Rom gab es eine lange Tradition, das Interesse an den Taten und am Schicksal einzelner Persönlichkeiten wachzuhalten. So priesen beim feierlichen Begräbnis Angehörige der alten Adelsfamilien die Verdienste ihrer Verstorbenen, erinnerten Porträts und Standbilder an bedeutende Männer, traten in der Geschichtsschreibung von M. Porcius Cato an in zunehmendem Maße die Autoren selbst hervor.

So entwickelte sich auch in Rom, wie bereits zuvor in der griechischen Literatur, die Biografie, die Lebensbeschreibung bedeutender Männer, als eigenständige literarische Gattung.

Sie unterschied sich von der Geschichtsschreibung dadurch, dass sie nicht der Selbstdarstellung des Autors diente und nicht nur Geschichte, sondern auch Geschichten verschiedenster Art bot. Ferner beschränkte sie sich nicht auf Lebensbeschreibungen berühmter Politiker und Feldherrn.

Cornelius Nepos Er, der von ca. 100–24 v. Chr. lebte, gilt als der Begründer der Biografie in Rom. Nepos gehörte dem Ritterstand an, war gebildet, literarisch geschult und vielseitig interessiert. Mit Catull, der ihm die Sammlung seiner Gedichte widmete, mit Cicero und dessen Verleger Atticus war er befreundet. Als Schriftsteller bemühte er sich darum, seinen Zeitgenossen Ereignisse und Merkwürdigkeiten der Geschichte in ansprechender Art und Weise zu schildern, wobei er sich auch griechischen Vorlagen anschloss. Am bekanntesten und zu einem Teil erhalten ist sein biografisches Hauptwerk *De viris illustribus.*

Es hat mindestens 16 Bücher umfasst. Bedeutende Römer waren in ihm Griechen und anderen Nichtrömern gegenübergestellt: Feldherren, Geschichtsschreiber, Redner, Dichter, Grammatiker. Überliefert sind uns ein Buch mit Biografien *(vitae)* nichtrömischer Feldherren und die Lebensbeschreibungen des M. Porcius Cato und des Atticus. Die Biografie des Atticus bietet uns ein besonderes Zeugnis römischer *humanitas* jener Zeit. Sie ergänzt die vielfältigen Zeugnisse Ciceros über das Streben nach Bildung, literarischem Geschmack und nach einer vom Geistigen geprägten Lebensgestaltung.

Catull

Die Abwendung von Rom in der Dichtung Während für Cicero und Sallust die *res publica* die Zielrichtung ihres literarischen Schaffens auch nach den großen Enttäuschungen blieb, die ihnen in ihren politischen Tagesgeschäften nicht erspart blieben, gaben viele Römer die traditionelle Bindung an den Staat völlig auf, dessen innere Ordnung in den jahrzehntelangen Bürgerkriegen

zerbrochen war. So entwickelten sich in Rom völlig neue Formen individueller Lebensgestaltung. Viele lebten in den Tag hinein. Männer der Großfinanz bauten sich prunkvolle Landhäuser, während in Teilen des verzweifelten Großstadtproletariats die Hinwendung zu orientalischen Kulten und Riten zunahm (↗74).
An den zwei überragenden Dichtern dieser turbulenten Zeit ist zu sehen, dass es auch noch andere Formen der Abwendung von der Politik und der inneren Absage an Rom gab. Lukrez folgte der Lehre Epikurs, die er in seinem großen Lehrgedicht *De rerum natura* feierlich verkündete. Sie vertrug sich weder mit dem altrömischen *Virtus*-Denken noch mit der überlieferten Religion. Durch eine gehobene Sprache, die viele dichterische Anklänge an Ennius aufweist, wollte er die Römer von lähmender Gottesfurcht befreien und ihnen eine neu gewonnene innere Freiheit vermitteln, die zu einem glückseligen Leben führe (↗273).

Catull ging einen völlig anderen Weg. Auch er hatte mit der Politik nichts im Sinn, blieb aber kein Einzelgänger wie Lukrez. Catull suchte auch keinen Trost in der Philosophie, sondern Gesellschaft in einem Kreis gleichgesinnter junger Dichter und sein Glück in der Liebe. Diese trieb ihn an, seine poetische Begabung voll zu entfalten.

Catulls Leben Über den äußeren Lebensgang des C. Valerius Catullus ist nur wenig überliefert, wenn man von seinen eigenen Gedichten absieht. Er hat wahrscheinlich von 84 bis 54 v. Chr. gelebt. Sein Vater war reich und angesehen. Er besaß nicht nur ein Haus in Verona, in dem auch Caesar verkehrte und wo Catull geboren wurde, sondern auch Villen in Sirmio und in Tibur (Tivoli). Schon früh wird Catull nach Rom gekommen sein. Hier fand er Aufnahme in einem Kreis junger Dichter, die ihre Poesie als Spiel auffassten und die politisch Distanz zu den etablierten Gruppen und Parteien wahrten. Dieser Kreis prägte ihn in seinem künstlerischen Schaffen sehr. Sein entscheidendes Erlebnis war seine Liebe zu Lesbia. Sie, die in Wahrheit Clodia hieß, war älter als er und verheiratet. Clodia war ebenso schön wie vornehm, ebenso gebildet wie berüchtigt und skrupellos, eher Dirne als Dame. Sie hatte den jungen, unerfahrenen Provinzler an sich gezogen. Sie war ihm einige Zeit lang alles. Doch voller Bitternis musste er erfahren, dass sie keine Treue halten konnte. Wie Catull sich, Konvention und Sitte verachtend, der Lesbia voller Glück und Leidenschaft hingegeben hatte, so rang er nach der großen Enttäuschung darum, seiner Leidenschaft Herr zu werden. – Für die Größen seiner Zeit, für Caesar und Cicero, hatte Catull nichts übrig. Beide lehnte er ab, Caesar und dessen Günstlinge griff er in hasserfüllten Schmähgedichten offen an.

Die Dichtungen Die Sammlung seiner Gedichte besteht aus drei Teilen: Die Gedichte 1 – 60 bilden eine Reihe von kleineren Liedern, verschieden in der Form, überwiegend in Elfsilblern und Hinkjamben. 61 – 68 vereinen die größeren Dichtungen hellenistischer Prägung. 69 – 116 sind kürzere oder längere Epigramme und, wie der erste Teil der Sammlung, überwiegend Gelegenheitsgedichte.

Es scheint, als stünden diese beiden Teile zu dem mittleren in einem Gegensatz. Doch lassen sich alle aus dem Kunstideal erklären, von dem sich Catull leiten ließ.

Dichtung als Spiel und Protest Die Dichter des Kreises um Catull lehnten den Einsatz für den Staat, die *vita activa,* ab, sie verherrlichten vielmehr die *vita otiosa*, Freundschaft, Liebe, Sorglosigkeit, ferner das geistreiche, witzige und gelehrte Spiel, das sie als Dichter auch in ihre Verse einbringen wollten. Sie fühlten sich in der Nachfolge hellenistischer Dichter, vor allem des Kallimachos (3 Jh. v. Chr.) in Rom als die *poetae novi* (griechisch: *neóteroi* = neuere) und kämpften darum, dass ihre Art, das Leben zu gestalten, anerkannt werde. Weil aber Epos und Geschichtsschreibung bei den Römern nach wie vor in sehr hohem Ansehen standen und Männer wie Cicero diese modernen Dichter, die Neoteriker, verachteten, gelang es ihnen nur mühsam, gesellschaftliche Anerkennung zu finden. Jedenfalls ließen sie sich nicht davon abbringen, in ihren Dichtungen ihr Kunstideal zu verwirklichen. Statt nationaler Stoffe, die im Epos gestaltet wurden, suchten sie das persönliche Erleben und Empfinden in Versen darzustellen und weiterzugeben. Das konnte in unmittelbarer Äußerung geschehen, aber auch nach hellenistischem Vorbild in gelehrter mythologischer Verkleidung und Anspielung. Diese Dichtungen, an denen man gelegentlich sogar jahrelang feilte, galten als die anspruchsvolleren. Man strebte nämlich danach, als *poeta doctus*, als gelehrter Dichter anerkannt zu werden (↗ 183 Hellenika).

Ein neues Persönlichkeitsgefühl Uns sprechen vor allem die kleineren Gedichte an, weil in ihnen ein neues, starkes Persönlichkeitsgefühl zum Ausdruck kommt. Catull nannte sie, weil auch er seine gelehrten Gedichte höher einschätzte, *nugae, ineptiae, versiculi*, unnütze Kleinigkeiten, Albernheiten, Spielerei. Sie waren an die Augenblicksstimmung gebunden, an die Höhen und Tiefen seines Erlebens, aber auch dem Spieltrieb entsprungen oder der Absicht, anzugreifen, zu provozieren, zu verletzen. So verband sich das Streben nach künstlerisch vollendeter Form mit einer ganz persönlichen, unkonventionellen Aussage. Das macht nicht nur den Reiz seiner Gedichte aus, sondern erklärt auch Catulls große literarische Wirkung. Die folgenden römischen Lyriker verdanken ihm sehr viel. In seinen geschliffenen Versen und in seiner strengen Auffassung von Dichtkunst fanden sie nämlich Maßstäbe für ihr Schaffen.

Nachwirkung Das Werk Catulls wurde bis in die Spätantike hinein immer wieder gelesen, war aber im Mittelalter fast unbekannt, bis man ihn im 14. Jh. neu entdeckte. In der Folgezeit griff man immer wieder gern zu seiner Sammlung. Lessing und Goethe ließen sich von seinen Epigrammen anregen. E. Mörike übertrug ihn ins Deutsche. Th. Wilders *Iden des März* (1948) und die Vertonungen Carl Orffs (*Catulli carmina*, 1943) trugen in der zweiten Hälfte des 20. Jh.s zu einer neuen Aktualität seiner Dichtung wesentlich bei.

Die römische Literatur der augusteischen Zeit

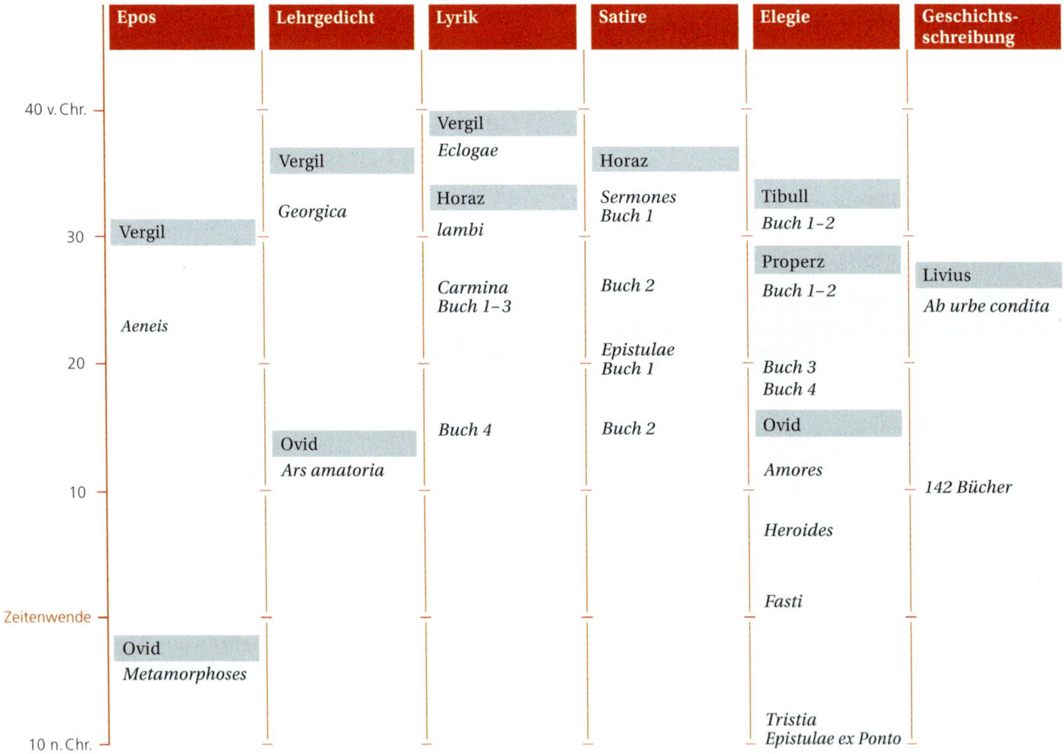

3. *Die Zeit des Augustus*

Bürgerkriege und Friedenssehnsucht Mit der Ermordung Ciceros, der in den letzten Jahren der Republik noch einmal versucht hatte, altrömische Werte auf neue Weise zu begründen, war das Ende der *libera res publica* besiegelt. Nach den Proskriptionen mit ihren Massenmorden nahmen die Bürgerkriege noch einmal an Schärfe zu. Von diesen blutigen Auseinandersetzungen ist kaum eine römische Familie verschont geblieben. Daher wurde der Wunsch nach Beendigung der fast hundertjährigen innerpolitischen Auseinandersetzungen in weiten Kreisen der Bevölkerung Italiens stärker, erlahmte zugleich der Widerstand gegen eine zentrale Staatsgewalt.

Dieser Friedenssehnsucht trug Octavian nach seinem Sieg über Antonius i. J. 31 v. Chr. durch eine vorsichtige Ausübung und Festigung seiner Macht Rechnung, zumal er den Eindruck erweckte, er werde die republikanischen Formen bewahren. Daher überwog in den ersten Jahren seines Prinzipats die Hoffnung, sein groß angelegtes Erneuerungswerk werde Rom nach einer Zeit, in der es nach dem Urteil des Tacitus *non mos, non ius,* weder traditionelle Werte noch Recht gab, in eine bessere Zukunft führen.

Dichterpatronate und Politik So ist es verständlich, dass dieser Neuanfang auch von den Dichtern gelobt wurde, die in der Zeit der Bürgerkriege leidvolle Erfahrungen gemacht hatten. Wenn sie aus der Provinz nach Rom kamen, konnten sie in dieser Zeit Hilfe in einem der Dichterkreise finden, die sich in Rom gebildet hatten und unter dem Patronat eines einflussreichen, literarisch interessierten und reichen Mannes standen. Der bekannteste und einflussreichste Förderer literarischer Begabungen war Maecenas, der einem alten etruskischen Adelsgeschlecht entstammte, ein sehr großes Vermögen besaß und schon früh auf der Seite Octavians stand. Sein Name ist zu einemBegriff geworden (Mäzenatentum), weil er die größten römischen Dichter dieser Epoche förderte, nachdem er deren Begabung erkannt hatte.

Vergil nahm er bereits i. J. 40 v. Chr. in seinen Kreis auf, zwei Jahre später Horaz, schließlich auch Properz. Für Maecenas war es selbstverständlich, die von ihm Geförderten zur Verherrlichung Octavians, der 27 v. Chr. den Ehrennamen *Augustus* verliehen bekam, anzuregen. Seinem Wunsch, ein Augustus-Epos zu verfassen, hat keiner von ihnen entsprochen, obwohl sich etwa Vergil schon recht früh für Octavian entschieden hatte.

Vergil

Leben und Werk Publius Vergilius Maro wurde i. J. 70 v. Chr. in der Nähe Mantuas geboren. Sein Vater, der ein kleines Landgut besaß, ermöglichte ihm eine gute Ausbildung. Nach den ersten Schuljahren in Mailand kam Vergil etwa 52 v. Chr. nach Rom, wo er die Grammatiker- und Rhetorenschule besuchte.

Die Kämpfe der Bürgerkriegsarmeen in Oberitalien nach der Ermordung Caesars erschütterten ihn. Durch die Beschlagnahme von Land i. J. 41 v. Chr. zugunsten der Veteranen, die für die Caesaranhänger gekämpft hatten, verlor er seine Heimat. In den Gedichten, die er in diesen Jahren schrieb, spiegelt sich die Wirrnis der Zeit wider. Es sind dies, nach einigen Jugendgedichten, die zehn Eklogen *(Hirtengedichte)*, auch *Bucolica* genannt, die er zunächst einzeln, später geschlossen herausgab. Die bis zum Jahre 41 v. Chr. veröffentlichten machten ihn schon so bekannt, dass er durch die Vermittlung seines damaligen Gönners Asinius Pollio die Sympathie Octavians gewann.

Etwa ein Jahr später fand er Aufnahme in den Kreis des Maecenas. Von nun an lebte er in gesicherten Verhältnissen, meistens in Süditalien. Er mied die Öffentlichkeit. Als aber einmal, so berichtet Tacitus (*dial.* 13), Vergils *Eklogen* im Theater gesungen wurden und der zufällig anwesende Dichter erkannt worden war, erhob sich das Volk und verehrte ihn so, als wäre er Augustus. Seinem Förderer Maecenas widmete Vergil seine nächste Dichtung, die *Georgica*, ein in vier Büchern angelegtes Lehrgedicht vom Landbau, das er bis 29 v. Chr. schrieb. Dann begann er die Arbeit an seinem Hauptwerk, der *Aeneis*. Er entwarf den ganzen Stoff zunächst in Prosa, verteilte ihn auf zwölf Bücher und dichtete dann nach Belieben Abschnitt für Abschnitt. So entstanden innerhalb dieses Epos in sich fast geschlossene Kleinepen. Dies sind insbesondere das 2., 4. und 6. Buch, die der Dichter dem Kaiser bereits i. J. 23 v. Chr. vortragen musste.

Vergil starb i. J. 19 v. Chr. in Brundisium, nachdem er schwer erkrankt von einer Studienreise aus Griechenland zurückgekehrt war. Weil er die *Aeneis* nicht zu seiner Zufriedenheit hatte vollenden können, wünschte er, dass das Manuskript vernichtet werde. Augustus verhinderte dies.

Die Eklogen Unter dem Einfluss der Neoteriker hatte sich Vergil in den Eklogen einen hellenistischen Dichter zum Vorbild gewählt, nämlich Theokrit aus Syrakus (3. Jh. v. Chr.). Von diesem übernahm er nicht nur die Form der Gedichte (Hirtenlieder, die im Einzel- oder Wechselgesang vorgetragen wurden), sondern sogar Hirtennamen und viele wörtliche Entlehnungen. Dennoch schuf Vergil etwas Neues. Anders als sein literarisches Vorbild zeichnet er nämlich nicht ein ruhiges, heiteres Landleben, sondern voller Schwermut seine eigene Erlebniswelt mit der Not und dem Leid der Zeit. Als i. J. 40 v. Chr. die Lage des Reiches besonders verzweifelt erschien, kündigte er in der *4. Ekloge* die Geburt eines göttlichen Jungen an, mit dem ein Reich des Friedens und der Freiheit, ein goldenes Zeitalter, beginnen werde. In diesem Kinde sahen Christen später gern den Messias. Vergil hoffte also auf eine bessere Zukunft Roms. Aus dieser Hoffnung ist seine frühe Hinwendung zu Octavian zu erklären.

Die Georgica Zur Gestaltung dieses Lehrgedichts hat Vergil die Fachliteratur der Römer, ferner ein griechisch-hellenistisches Lehrgedicht mit dem gleichen Titel genutzt. Stark ist auch der dichterische Einfluss des Lukrez zu spüren, obwohl Vergil mit den *Georgica* eine dem Lukrez entgegengesetzte Absicht verfolgt.

Er glaubte nämlich an die göttliche Lenkung der Welt; und wie bereits der griechische Dichter Hesiod (etwa 700 v. Chr.; s. Hellenika ↗142 ff.) in seinem Lehr-

▼ Vergil zwischen Kalliope und Melpomene, den Musen der epischen Dichtung und der Trägödie. Auf dem offenen Teil der Buchrolle ist der Anfang des achten Verses der Aeneis wiedergegeben: *Musa, mihi causas memora ...* Mosaik aus Hadrumetum (heute Sousse/Tunesien). Ende 3. Jh. n. Chr. (Tunis, Bardo National Museum)

gedicht *Werke und Tage* verkündet hatte, dass vor den Erfolg die unsterblichen Götter den Schweiß gesetzt haben, so sah auch er im *labor* und in der *virtus* die Möglichkeit, das Menschsein sinnvoll zu verwirklichen. Vergil knüpft hier nicht an eine hellenistische, sondern an eine frühgriechische Dichtung an.

Wie Hesiod, so pries auch er Gerechtigkeit und Frieden als die Grundlagen des Bauerntums. Als Bauernsohn bezog er diesen Hymnus auf das Leben des italischen Landmannes und damit auf Italien selbst, wobei er die Wirklichkeit in der seit dem 2. Jh. v. Chr. verbreiteten Latifundienwirtschaft außer Betracht ließ (↗39 f.).

Die Eigenart des Lehrgedichts hat er nur bis zu einem gewissen Grade bewahrt. Im 1. Buch behandelt er den Ackerbau, im 2. den Obstanbau und den Weinbau, im 3. die Viehzucht, im 4. die Imkerei. Dabei lag ihm die dichterische Gestaltung mehr am Herzen als die sachliche Belehrung. Die Absicht des Dichters dringt vor allem in den sog. Exkursen durch, so z. B. in dem Lob Italiens (2, 136 – 176) und in der Verherrlichung des Landlebens (2, 458 – 510). Die Schilderung des Bienenstaates schließlich soll über den vordergründigen Sinn hinaus Gleichnis sein dafür, dass die Herrschaft des Augustus, der Prinzipat, gottgewollt und natürlich sei.

Die Aeneis Das Material, das Vergil zur *Aeneis* verarbeitet hat, ist ebenso umfangreich wie vielschichtig. In dieses Epos ist die gesamte mythische und geschichtliche Überlieferung der Römer irgendwie eingegangen. Da ist zunächst die Aeneas-Sage, verbunden mit der vom Untergang Trojas, dann die Sage von der Gründung Roms (↗190), ferner die Didogeschichte, schließlich das Motiv des Abstiegs in die Unterwelt. Die literarischen Vorbilder fand der Dichter vor allem in Homer (↗83), in dem hellenistischen Epiker Apollonios von

▶ Vergil, *Aeneis* 2, 191 – 198 in der Handschrift *Vaticanus Latinus 3225* (4. Jh. n. Chr.)

Rhodos (3. Jh. v.Chr.) und in den frührömischen Epikern Naevius und Ennius. Er musste sich ferner mit Teilgebieten der griechischen Mythologie, der griechischen und römischen Religion und Philosophie beschäftigen, hat darüber hinaus auch noch die dramatische Technik der griechischen Tragödie studiert. Diese vielschichtige Tradition hat er so eigenständig verarbeitet und umgeformt, dass die *Aeneis* zur repräsentativsten Dichtung nicht nur der augusteischen Zeit, sondern der römischen Literatur überhaupt wurde.

Der Gang der Handlung Die Handlung liegt in der mythischen Vorzeit Roms. Aeneas wird mit seinen Getreuen auf der Fahrt von Sizilien nach Italien von einem Seesturm an die Küste Afrikas verschlagen und von Dido, der Königin Karthagos, aufgenommen (B. 1). Auf deren Wunsch berichtet er vom Untergang Trojas und der wechselvollen Fahrt bis Sizilien (B. 2, 3). Eine unglückliche Liebe verbindet beide und macht beide schuldig. Als Aeneas, dem göttlichen Willen, nicht dem eigenen Wunsch folgend Karthago verlässt, geht Dido in den Tod (B. 4). Auf der Fahrt nach Italien landet er erneut an der Küste Siziliens, wo er zu Ehren seines Vaters Anchises, der hier beim ersten Aufenthalt gestorben war, eine Trauerfeier veranstaltet. Anchises erscheint seinem Sohn im Traum, kündigt ihm harte Kämpfe in Latium an und ruft ihn zu sich (B.5). Bei Cumae geht Aeneas an Land. Die Sibylle geleitet ihn in die Unterwelt. Sie gelangen zunächst ins Reich der Toten, wo Aeneas seine Vergangenheit noch einmal schmerzlich erlebt, dann in die Gefilde der Seligen. Hier zeigt Anchises seinem Sohn eine lange Reihe von Seelen künftiger großer Römer, besonders die des Augustus (sog. Heldenschau). Gestärkt in dem Bewusstsein, dass die bevorstehenden Kämpfe gut ausgehen werden, kehrt Aeneas zu den Schiffen zurück (B.6). Nach der Landung in der Tibermündung finden die Irrfahrten ihr Ende. Nun beginnt der Kampf um die neue Heimat. Latinus, der König des Landes, will dem Trojaner seine Tochter Lavinia zur Frau geben; doch seine Gattin Amata hat sie dem Rutulerfürsten Turnus zugesagt. Dieser will gegen Aeneas kämpfen (B.7). Voller Sorgen sieht sich Aeneas nach Hilfe um. Er findet sie in Euander, dem König der Arkader. Darüber hinaus übergibt ihm seine Mutter Venus einen Schild, den Volcanus, der Gott des Feuers, geschmiedet und auf dem dieser wichtige Ereignisse der späteren römischen Geschichte dargestellt hat (B.8). Turnus findet ebenfalls Bundesgenossen. Nach wechselvollen Kämpfen (B. 9 - 11) kommt es zu einem Zweikampf zwischen Aeneas und Turnus, in dem dieser fällt. Damit ist der Weg für Aeneas frei (B. 12).

Komposition und Einheit des Werkes Die *Aeneis* weist eine kunstvolle Komposition auf. Die Bücher 1 - 6 entsprechen der *Odyssee*, 7 - 12 der *Ilias* Homers. Mit dieser Zweiteilung korrespondiert eine Dreiteilung. Die Bücher 1 - 4 schildern den Aufenthalt des Aeneas in Karthago, 5 - 8 seine Ankunft in Latium und die Vorbereitung auf die Kämpfe, 9 - 12 die Kämpfe selbst. Die Gestalt des Aeneas bestimmt aber auch die innere Einheit des Werkes. Er wird als *vir pietate insignis et armis*, als Vorbild in ehrfürchtigem Verhalten und im Kampf gezeichnet (↗68), der, seinem Auftrag folgend, auf persönliches Glück zu verzichten hat. Die Verwirklichung dieses römisch-moralischen Leitbildes, worin sich die *virtutes* des Aeneas offenbaren, bildet die Voraussetzung für seinen Sieg in Latium, in dem die große Zukunft Roms begründet liegt. Diese findet ihren Zielpunkt im Staat des Augustus. Er ist das Ziel der römischen Geschichte. Dies wird vor allem darin sichtbar, dass an kompositorisch wichtigen Stellen prophetische Visionen von der mythischen Handlung in die Geschichte Roms bis hin zu Augustus führen. Im 1. Buch (257 ff.) tröstet Jupiter seine Tochter Venus, die Mutter des Aeneas, mit den Worten, er habe in seinem Ratschluss den Nachkommen ihres Sohnes ein *imperium sine fine* gegeben. In der Heldenschau des 6. Buches (791 ff.) erfährt Aeneas, dass Augustus in Latium ein goldenes Zeitalter des Friedens begründen werde. Schließlich gipfelt die Beschreibung des Schildes, den Venus ihrem Sohn vor dem entscheidenden Kampf gegen Turnus übergibt, in einer dichterisch überhöhten Beschreibung der Schlacht bei Actium i. J. 31 v. Chr. (8, 626 ff.). Dennoch ist die *Aeneis* kein Augustus-Epos. Durch den Rückgriff auf die mythische Vorzeit Roms stellt Vergil die *res Romana* in den Mittelpunkt, schafft er aber auch zugleich einen neuen Mythos.

Weltbild und Lebensformen Die *Aeneis* weist über die auf Rom bezogene Sicht des Geschehens weit hinaus. Vergil hat durch die Gestaltung seines Jupiter, des *pater omnipotens,* der Züge der stoisch geprägten Weltgottheit aufweist, die überlieferte römische Gottesvorstellung umgeprägt. Darüber hinaus zeigt er in den großen Gestalten seines Epos auf, wie verschiedene Lebensformen in Widerstreit geraten können. So wird Dido zu einer großen tragischen Heldin, bleibt aber auch Aeneas der Konflikt und der Verzicht auf private Lebenserfüllung nicht erspart.

Vielfalt künstlerischer Mittel Die *Aeneis* zeichnet sich also durch eine tiefe Vielschichtigkeit der Aussagen aus. Ihr entspricht die Vielfalt der künstlerischen Mittel, deren Vergil sich bediente. Die Komposition kleinerer wie größerer Abschnitte, der Aufbau der Reden, die Gestaltung der Gesprächsführung wie des dramatischen Szenenwechsels (Peripetie), die Verwendung von Bildern und Gleichnissen und nicht zuletzt der Bau der Verse offenbaren ebenso den hohen künstlerischen Anspruch des Dichters an sein Werk wie dessen Gestaltungskraft. All diese Mittel drängen sich nicht auf, sind vielmehr der Vielschichtigkeit des Werkes und der Aussage zu- und untergeordnet. Dies macht das Klassische dieser großen Dichtung aus.

Nachwirkung Als Dichter der Eklogen fand Vergil schon im 1. Jh. n. Chr. Nachfolger. Christliche Hirtendichtung entstand im 5. Jh. n. Chr., unter Karl d. Gr. und in der Zeit des Humanismus. Die italienische, französische, englische und deutsche Eklogen- und Schäferdichtung der Neuzeit griff ebenfalls auf die antike Tradition zurück. Die *Georgica* gaben seit der Renaissance das Vorbild für eine Reihe von Werken über das Landleben ab. Die größte Nachwirkung hat fraglos die *Aeneis* erzielt. Sie setzt schon bei Ovid ein, ganz abgesehen davon, dass sie für die nachfolgenden lateinischen Epiker den Maßstab für deren Schaffen bildete. Im Mittelalter war Vergil der *poeta* schlechthin. Dante räumte ihm in seiner *Divina Commedia* den Ehrenplatz ein. Auch einzelne Episoden der *Aeneis*, insbesondere die Didogeschichte, regten zu vielen Nachgestaltungen an. Für bekannte Literaturkritiker unserer Zeit gab Vergil den Maßstab für das Klassische ab, und die moderne Rezeption in Wort und Bild führt immer wieder zu neuen Auseinandersetzungen mit seinem Werk. An ihrem Anfang steht der Roman von H. Broch, Der Tod des Vergil, 1945.

Horaz

Leben und Werk Wie kein zweiter römischer Dichter hat uns Q. Horatius Flaccus in seinem Werk ein Bild seines Lebens hinterlassen. Er wurde i. J. 65 v. Chr. als Sohn eines Freigelassenen in Venusia (Apulien) geboren. Der Vater zog etwa i. J. 54 v. Chr. nach Rom, um seinem Sohn die gleiche gründliche Ausbildung zu ermöglichen, wie sie Söhne von Senatoren und Rittern erhielten. Von Rom aus reiste Horaz als etwa Zwanzigjähriger nach Athen, um dort Literatur und Philosophie zu studieren.

Als im Herbst des Jahres 44 v. Chr. die republikanischen Verschwörer und Caesarmörder Cassius und Brutus in Athen zum Kampf für die Wiederherstellung der Republik aufriefen, folgte Horaz sofort. Er wurde in kurzer Zeit Militärtribun, führte in dieser Eigenschaft vorübergehend sogar eine Legion, bis er die Katastrophe der Gegner Caesars bei Philippi i. J. 42 v. Chr. erlebte. Nach der Enteignung des väterlichen Gutes musste er sich in Rom als Schreiber durchschlagen.

In dieser Zeit schrieb er in bitterer Stimmung seine ersten Gedichte, die *Jamben*, die man später gewöhnlich *Epoden* nannte, und seine ersten *Satiren (sermones)*. Durch diese Dichtungen wurde er in Rom bekannt und lernte Vergil kennen, der ihn i. J. 38 v. Chr. bei Maecenas einführen konnte. Dies war der Beginn einer tiefen Freundschaft.

Nach der Veröffentlichung des 1. Satirenbuches i. J. 34 v. Chr. schrieb Horaz seine ersten *Oden (carmina)*. Bald darauf schenkte ihm Maecenas ein kleines Landgut in den Sabinerbergen, wo er Ruhe vom anstrengenden Leben in der Großstadt fand. Nach dem Sieg Octavians i. J. 31 v. Chr. gab er das Buch der 17 Jamben und sein 2. Satirenbuch heraus. Die Bücher 1–3 der *Oden* veröffentlichte er als geschlossene Sammlung i. J. 23 v. Chr. In ihr bilden die politischen Gedichte am Anfang des 3. Buches, die sog. *Römeroden*, eine Gruppe von besonderem Rang.

Dann wandte er sich wieder der satirischen Dichtung zu, nun aber in Form der poetischen *Epistel*. Dies war etwas Neues. Das 1. Buch der *Episteln* erschien i. J. 20 v. Chr. Drei Jahre später fand Horaz zur Lyrik zurück.

Weil er in seinen *Oden* für die Erneuerungsbestrebungen des Augustus eingetreten war, übertrug ihm der *princeps*, der ihn zu seinem Privatsekretär machen wollte, die Abfassung eines Hymnus. Dieser sollte zum Abschluss einer großen dreitägigen Säkularfeier i. J. 17 v. Chr. vorgetragen werden. Horaz schuf ein feierliches chorisches Kultlied, das sog. *carmen saeculare*. Vier Jahre später gab er sein 4. Buch der *Oden* und das 2. Buch der *Episteln* heraus. Zum Spätwerk gehört auch die sog. *Ars poetica*, in der er sich in Briefform über verschiedene Fragen des Dichtens, über Kunstregeln, über die Einheit des Kunstwerks und die Ziele des Dichters äußerte.

Er starb 8 v. Chr. im Alter von fast 58 Jahren, kurze Zeit nach seinem Gönner und Freund Maecenas. Neben diesem wurde er auf dem Esquilin bestattet, ein Zeichen für das hohe Ansehen, das Horaz erlangt hatte.

Epoden Schon für den jungen Horaz ist es bezeichnend, dass er sich nicht nach damaliger Mode hellenistische Dichter zum Vorbild nahm, die mit ihrem gelehrten poetischen Spiel die Leser zu beeindrucken versuchten, sondern den frühgriechischen Lyriker Archilochos (etwa 650 v. Chr.), der Spott- und Schimpfgedichte (Jamben) geschaffen hatte (s. Hellenika ↗146).

Daher tritt uns auch Horaz in seinen *Jamben* mit seiner Lust am derben Parodieren und Spotten entgegen. In ihm verband sich aber die Freude am beißenden Witz der Römer mit der Absicht, zu bessern und zu heilen.

Satiren Führte Horaz mit den *Epoden* eine griechische Dichtungsgattung in Rom neu ein, so schloss er sich in den *Satiren* dem Vorbild des Lucilius an. Diese Art der Dichtung lag ihm besonders. Allerdings betrachtete er seine *sermones* nicht als Dichtung, sondern als *musa pedestris*, als Prosa in metrisch gebundener Form. Weil alles Erhabene der Satire fremd ist, wollte auch er durch Lachen zur Erkenntnis führen (*ridentem dicere verum*; sat. 1, 1, 24). Während Lucilius Torheiten und Bösewichter anprangerte und bloßstellte, rückte Horaz die Frage nach der rechten Lebensgestaltung in den Mittelpunkt seines Sinnens und Dichtens. Daher drang in seine Satiren die Popularphilosophie mehr und mehr ein; hierdurch verloren sie, wie die *Jamben*, an persönlicher Schärfe. Wenn er auch in den dreißiger

▸ Titelblatt einer Horaz-Ausgabe des 17. Jh.s im Stil des Barock

Jahren der epikureischen Lehre nahestand (↗126), so hat er sich doch nie einer Schulmeinung unterworfen. Stets besaß er ein gesundes Empfinden für das, was ihm gemäß und zuträglich, wie für das, was ihm fremd war. Seine *Epoden* und *Satiren*, im gleichen Zeitraum geschaffen und einander ergänzend, bedeuten die künstlerische Vollendung dieser Gattungen.

Oden Insbesondere in der Odendichtung, der Horaz verschiedene Versmaße und Strophenformen griechischer Lyriker zugrunde gelegt hat, wird die Größe seiner künstlerischen Begabung und Gestaltungskraft sichtbar. In ihr lernt man Horaz nicht nur als politischen Dichter und als *vates Romanus* kennen, sondern auch als Freund und Liebenden und den das Glück der Stille und Zurückgezogenheit Genießenden.

Die *Oden* sind nicht unmittelbare Erlebnisdichtung. Ihre formale Gestaltung verrät, dass Horaz lange an ihnen gearbeitet hat. Der Sinn des Dichters für Maß und Harmonie, der jedes einzelne Gedicht durchgeformt hat, wird auch in der Komposition seiner Gedichtsammlungen sichtbar. Sie werden durch die Anordnung der Gedichte jeweils zu einem geschlossenen Kunstwerk.

Episteln Man hat die Briefe als eine schwebende Zwischenform zwischen Dichtung und Prosa bezeichnet. *Satiren* und *Episteln* haben gemeinsam die Gleichheit der äußeren Form, das »Salz« der *Satiren*, die Themen persönlicher Art, schließlich die Auseinandersetzung mit den Standpunkten anderer. So rechneten denn auch die antiken Grammatiker die *Episteln* des Horaz der *satura* zu. Der Unterschied zwischen seinen *Satiren* und *Briefen* besteht zunächst in dem neugewählten Rahmen der Briefform, dann aber und vor allem in der umsichtigeren, taktvolleren und persönlicheren Art und Weise, in der sich der Dichter äußerte, mit zunehmendem Alter oft bestimmt von Resignation. Sein Ringen um die innere Freiheit den Mächten und Personen gegenüber, von denen er sich abhängig wusste, ist bewundernswert. Wie er sich etwa in dieser Zeit der Wünsche des Maecenas zu erwehren wusste, zeigt die Epistel 1, 7. So sind diese Briefe in gewisser Weise das Selbstporträt eines Mannes, der mehr und mehr sich selbst in seine Dichtung einbrachte.

Nachwirkung Horazens Werk hat wie das Vergils immer als klassisch gegolten, weil er seiner Aussage und deren Form eine Geschlossenheit geben konnte, die in allen literarischen Gattungen, die er verwendete, gültige Maßstäbe gesetzt hat. Das ist seiner ungewöhnlich hohen Auffassung vom Beruf des Dichters zu danken. Seinem Werk wurde eine recht verschiedene Nachwirkung zuteil. Die *Oden* haben auf die christliche Hymnendichtung in der Spätantike prägend gewirkt. Im lateinischen Mittelalter ist Horaz der Vertreter der römischen Satire, die als Sittenpredigt gilt. So findet er seit dem 12. Jh. verschiedenartige Nachfolge, übt auch einen starken Einfluss auf den französischen Moralisten Diderot aus. Nicht minder groß ist Jahrhunderte hindurch, neben der Poetik des Aristoteles, die Wirkung seiner *Ars poetica* auf die Lehre von der Dichtkunst; sie reicht von der berühmten *Vagantenbeichte* des Archipoeta über Opitz und *L'art poétique* des französischen Schriftstellers Nicolas Boileau (1636 - 1711) bis in die moderne Literatur. Die *Oden*, von Petrarca neu entdeckt, haben in vielen Literaturen immer wieder zu Übertragungen und Entlehnungen verschiedenster Art angeregt. Sie leben auch in einigen Studentenliedern fort und in Christian Morgensterns *Horatius travestitus*.

Tibull und Properz

Die Geschichte der Elegie Die Griechen haben vom 7. Jh. v. Chr. an bis in die Zeit des Augustus fast ununterbrochen elegische Dichtung geschaffen. Während die frühgriechischen Elegiker überwiegend politische Gedichte schrieben, diente diese Sondergattung der Lyrik in hellenistischer Zeit vornehmlich dazu, Klage und Trauer, insbesondere die Liebesklage, zum Ausdruck zu bringen. Hierdurch erhielt sie jene weiche Grundstimmung, die man heute als elegisch bezeichnet.

In Rom hat die Elegie innerhalb von etwa sechs Jahrzehnten (ca. 50 v. bis 10 n. Chr.) Aufstieg, höchste Entfaltung und Niedergang erlebt. Über die Anfänge der römischen Elegie kann man nur wenig Sicheres sagen, weil das Werk des Cornelius Gallus (63 - 26 v. Chr.), des ersten Elegikers in Rom, verlorengegangen ist. Er hat in seinen Elegien seine Geliebte Lycoris (Glyceris) besungen, vielleicht im Anschluss an ein hellenistisches Vorbild, ermuntert aber wohl auch durch die Lesbia-Gedichte Catulls. Mit diesem hatten die römischen Elegiker das Unbehagen an der politischen Entwicklung in Rom seit den letzten Jahren der Bürgerkriege gemeinsam, darüber hinaus das Lob der freien, unkonventionellen Liebe.

Tibull Der einzige römische Dichter, der auf einem Landgut in Latium aufwuchs, war Albius Tibullus (ca. 53 – 19 v. Chr.). Er gehörte dem Ritterstand an und verkehrte in Rom im Haus des Messalla Corvinus, der ein angesehener Staatsmann und Flottenkommandant war, dank seiner literarischen Neigungen aber auch als Patron junger Dichter hervortrat. Tibull ist, ähnlich wie Horaz, mit dem er befreundet war, im gesellschaftlichen Leben Roms nicht so aufgegangen wie Properz, weil er als Gutsherr auch das Leben auf dem Lande liebte. Nur zwei Bücher Elegien mit 16 Gedichten, überwiegend Liebesgedichte, hat er hinterlassen. Im *Corpus Tibullianum*, einer Gedichtsammlung unter seinem Namen, sind u. a. Liebesgedichte der Sulpicia überliefert, die auch zum Kreis des Messalla gehörte.

Properz Das Werk des Sextus Propertius ist etwa dreimal so umfangreich wie das Tibulls. Er wurde um 50 v. Chr. in Assisi geboren und kam als junger Mann nach Rom. Hier verliebte er sich in die künstlerisch begabte Hostia. Sie ist die Cynthia seiner Gedichte. Durch sein 1. Elegienbuch, das i. J. 28 v. Chr. etwa gleichzeitig mit dem 1. Buch Tibulls erschien, wurde er in Rom sehr bekannt. So fand er Aufnahme im Kreis des Maecenas.

Properz hat sein Werk in 4 Büchern veröffentlicht. Das Todesjahr des Dichters ist unbekannt.

Die Dichtkunst des Properz und Tibull Catull hatte erreicht, dass römische Dichter sich selbst in den Mittelpunkt ihrer Dichtung stellen konnten. Die Elegiker knüpften hieran an und erhoben die Liebe zum zentralen Motiv ihrer Gedichte. Properz hoffte sogar, durch seine Liebesgedichte unsterblichen Ruhm zu erlangen. Als *poeta doctus* folgte er gern hellenistischen Vorbildern, war er auf seine zahlreichen, oft gelehrten mythologischen Anspielungen in seinen Gedichten stolz. Trotzdem konnte er seinen Empfindungen sehr stark Ausdruck verleihen. Daher bekamen seine *Elegien* ein besonderes Gepräge. Wenn er auch dem Drängen des Maecenas, ein Epos zu Ehren des Augustus zu schreiben, nicht nachgegeben hat, so fand er sich doch, wie die Gedichte des 4. Buches beweisen, in zunehmendem Maße bereit, nicht nur erotische, sondern auch römisch-augusteische Themen zu behandeln. Die letzte seiner *Elegien* (4,11) hat man die *regina elegiarum* genannt. In ihr bot er in der Verherrlichung der Matrone Cornelia ein großes Bild einer römischen Frau.

In den Gedichten Tibulls fehlen mythologische Anspielungen fast ganz; er wollte nicht den Eindruck eines gelehrten Dichters erwecken. Die Liebe, das Landleben und der Krieg, den er ablehnt, sind seine bevorzugten Motive. Hierdurch hat er der elegischen Dichtung eine besondere Prägung gegeben, zumal sich seine Gedichte durch eine schlichte, elegante Sprache und ausdrucksstarke Bilder auszeichnen.

Nachwirkung Ovid verdankt beiden Elegikern vielfältige Anregungen. Sein großer Nachruf auf Tibull (*amores* 3,9) beweist, in welchem Maße er gerade ihn geschätzt hat. Von den nachfolgenden römischen Dichtern beschäftigte sich vor allem Martial mit beiden Dichtern. Seit der Renaissance wirkte Properz in stärkerem Maße nach.

Petrarca hat sich an seinen Gedichten begeistert. In der deutschen Klassik ist es vor allem Goethe, der Properz liest und sich von ihm zu seinen *Römischen Elegien* anregen lässt, während einige Jahrzehnte später Eduard Mörike besonders Tibulls Gedichte schätzt.

Ovid

Der letzte bedeutende Dichter im augusteischen Rom war P. Ovidius Naso. Wenn er auch nur etwa 10 Jahre jünger war als Properz, so gehörte er doch bereits zu der Generation, die von den Schrecken und dem Leid der Bürgerkriege nicht mehr entscheidend geprägt wurde. Nicht nur hierdurch unterschied er sich von den älteren Dichtern seiner Zeit, sondern auch dadurch, dass er der Erste war, der sich mit den Werken der größten Dichter Roms auseinandersetzen musste, weil sie die Griechen als Vorbilder abgelöst und die lateinische literarische Tradition begründet hatten.

Leben und Werk Ovid wurde 43 v. Chr. in Sulmo in den Abruzzen geboren. Er entstammte einem reichen Rittergeschlecht. Nach Beruhigung der politischen Verhältnisse, etwa i. J. 30 v. Chr. , ging er nach Rom. Weil er die Ämterlaufbahn einschlagen sollte, studierte er hier vor allem Rhetorik. Ein Studienaufenthalt in Athen und Reisen ergänzten diese Ausbildung. Doch schon bald entdeckte Ovid seine dichterische Begabung. Seine ersten Liebeselegien fanden eine solche Resonanz, dass er recht bald in den Kreis des Messalla aufgenommen wurde. Nacheinander entstanden die *Amores (Liebesgeschichten)*, die *Heroides* (Liebesbriefe von Frauen der griechischen Mythen und Sagen), ferner neben anderen Lehrgedichten die *Ars amatoria*, ein Lehrgedicht der Liebe in drei Büchern.

Etwa 2 n. Chr. begann Ovid mit der epischen Dichtung. Er betrachtete es als aussichtslos, sich etwa mit Vergil in einem großen Epos messen zu wollen. Deshalb wählte er die Form der *Metamorphoses*, der Verwandlungsgeschichten, die er nach hellenistischen Vorbildern als Kleinepen gestalten und zu größeren Zyklen zusammenschließen konnte. Ein solches Werk gab es in lateinischer Sprache noch nicht. Fast gleichzeitig schuf er in elegischem Versmaß sein zweites großes Sammelgedicht, die *Fasti*, in denen er, dem römischen Festtagskalender folgend, Sagen, Erinnerungen, Bräuche und astronomische Erscheinungen schilderte. Dieses Werk blieb ein Torso von sechs Büchern (Januar bis Juni).

Denn es war etwa zur Hälfte, die *Metamorphosen* waren fast ganz vollendet, als ihn 8 n. Chr. das Dekret des Augustus traf, das ihn aus Rom nach Tomi an das Schwarze Meer verbannte. Der Form nach handelte es sich um eine *relegatio*, mit der kein Verlust des Bürgerrechts und keine Einziehung des Vermögens verbunden waren. Die Gründe für diese Relegation sind nicht ganz aufzudecken.

Andeutungen Ovids in seinen späteren Dichtungen lassen darauf schließen, dass Augustus, der den Römern strenge Ehegesetze verordnet hatte, ihm die Veröffentlichung der *Ars amatoria* übelgenommen hat. Jedenfalls bildete diese Relegation im Leben des Dichters den wichtigsten Einschnitt. In eine Gegend verbannt, die ein Stadtrömer als das Ende der Welt betrachten musste, begann er, im Innersten getroffen, aber nicht gelähmt, erneut zu schreiben. Es entstanden zunächst die *Tristia*, die Trauerlieder des Verbannten, dann die *Epistulae ex Ponto*, beide im Versmaß der Elegie. Alles Klagen, Bitten, Bereuen und Schmeicheln half dem Unglücklichen nichts. Er starb etwa 18 n. Chr. fern von Rom, verlassen von seinen Freunden.

Gestaltungskunst Das Gesamtwerk des Ovid ist dem Umfang nach größer als das des Vergil, Horaz, Tibull und Properz zusammen. Seneca bezeichnete ihn als *poetarum ingeniosissimus*. Er beherrscht sämtliche dichterischen Mittel und rhetorischen Kunstgriffe, er weiß um die Gesetze der von ihm gewählten Gattungen genau und wahrt seine Selbstständigkeit gegenüber seinen großen Vorgängern in erstaunlichem Maße. Da er diese an Strenge der Form nicht überbieten kann, geht er den entgegengesetzten Weg: Er lockert auf, weitet aus, variiert und spielt. Gerade dieses virtuose Spiel ist bezeichnend für ihn.

Er ist ferner der meisterhafte Gestalter kleiner Szenen, wie die *Metamorphosen* beweisen.

Dieses *carmen perpetuum* besteht aus etwa 250 Verwandlungssagen, die dem Leser große Partien der antiken Mythologie bieten. Ovid hat sie geschickt miteinander verknüpft. Ihr zeitliches Gefüge lässt aus den größeren und kleineren epischen, häufig dramatisch gestalteten Erzählungen ein Ganzes werden. Der Schöpfung und Sintflut folgen drei Teile von etwa gleichem Umfang: Göttersagen (B. 1 - 5), Erzählungen von Heroen und Heroinen (B. 6 - 10) und mythische Geschichten über Troja und Rom, die mit einem Lob auf Augustus enden. In einem kurzen Epilog preist er sein Werk, durch das er für alle Zeiten leben werde (B. 11 - 15).

Ovid war ein ebenso großer *poeta doctus* wie Vergil, nur auf andere Weise. Gerade in den *Metamorphosen* zeigt sich, wie er das alte mythische Weltbild mit naturwissenschaftlichen Deutungsversuchen und Elementen der römischen Religion und Geschichte zu verbinden verstand. Das gelang ihm so unaufdringlich, dass er schon zu seiner Zeit der meistgelesene Dichter war, dessen vielseitiges Werk dem literarischen Geschmack der gebildeten Stadtrömer entsprach. Er gilt als einer der größten Erzähler der Weltliteratur.

Nachwirkung Ovids Werk wurde nicht nur bis zum Untergang der antiken Welt, sondern auch im Mittelalter immer wieder gelesen. Er war neben Vergil der bekannteste und am meisten zitierte römische Dichter. Mit seiner Sprache und seinem Versbau hat er nicht nur auf die nachfolgenden römischen Dichter von Lucan und Juvenal an stark eingewirkt, sondern auch auf die mittellateinische Dichtung (↗256). Ferner sind viele seiner mythischen Erzählungen und Szenen von Künstlern wie Michelangelo, Raffael, Tizian, Rubens und Rembrandt gemalt worden, etwa die von Orpheus, Daedalus und Icarus, Proserpina, Philemon und Baucis. Ebenso haben viele Dichter Europas seinen Werken manches Motiv entnommen. Auch in unserer Zeit griffen viele bildende Künstler Themen und Motive Ovids auf. So illustrierten etwa Maillol und Picasso die *Ars amatoria*, schufen Dali und Gerhard Marcks eine Reihe von Bildern zu Dichtungen Ovids. In dem 1988 erschienenen Roman *Die letzte Welt* des österreichischen Schriftstellers Christoph Ransmayr werden das Schicksal des nach Tomi verbannten Dichters und dessen Metamorphosen in einer faszinierenden Reihe unwirklicher Begebenheiten gegenwärtig.

Livius

In der Zeit des Augustus hat sich neben der Dichtung nur die Geschichtsschreibung voll entfalten können. Die politische Tätigkeit verlor mehr und mehr an Bedeutung, weil wichtige Entscheidungen nicht mehr im Senat und auf dem Forum, sondern im Kabinett des *princeps* gefällt wurden. Damit wurde der Redekunst der Boden entzogen, auf dem sie sich hätte weiterentwickeln können, sodass Cicero als freier Redner keinen Nachfolger in Rom mehr gehabt hat, der seiner würdig gewesen wäre.
Über den Schulbetrieb gewann die Rhetorik allerdings an Einfluss auf die Literatur. Dies zeigt sich nicht nur in der Dichtung Ovids, sondern auch in der Geschichtsschreibung dieser Zeit, die in Titus Livius ihren Höhepunkt erreichte.

Leben und Werk Er wurde wohl 59 v. Chr., vielleicht auch 64 v. Chr. in Padua geboren und ist 17 oder 12 n. Chr. gestorben. Jedenfalls gehörte er der Generation des Augustus an, hatte also die Bürgerkriege noch voller Anteilnahme erlebt. Er war Republikaner; seine

▶ Gerhard Marcks: Orpheus, Eurydice, Hermes

Sympathie galt den Caesarmördern. Nach Rom ist Livius vermutlich erst nach Beendigung der kriegerischen Auseinandersetzungen gekommen. Hier reizte ihn nicht die Ämterlaufbahn, sondern eine Tätigkeit als Schriftsteller, der sich schon bald auf die Geschichtsschreibung konzentrierte. Er wurde der erste bedeutende Historiker Roms, der keine eigene politische oder militärische Erfahrung durch die Ausübung eines Amtes gewonnen hatte und die schriftstellerische Tätigkeit als Beruf ausübte.

Etwa seit 27 v. Chr. ließ er bis zu seinem Tod in dauernder Folge Teile seines großen, 142 Bücher umfassenden Werkes *Ab urbe condita* erscheinen, das er annalistisch anlegte. Von diesem Werk ist etwa nur ein Viertel erhalten, die Bücher 1 - 10, in denen er die Ereignisse bis zum Jahre 293 v. Chr. darstellte, und die Bücher 21 - 45 mit der Schilderung der Ereignisse von 218 bis 167 v. Chr. Hinzu kommen noch einige Fragmente, unter anderem zwei, die den Bericht über Ciceros Tod enthalten. Der Inhalt der übrigen Bücher ist durch Inhaltsangaben *(Periochae)* bekannt.

Seine Quellen Livius musste für seine umfassende Darstellung der römischen Geschichte viele Vorlagen auswerten, war aber an ihrer kritischen Prüfung nicht besonders interessiert. Für die Ereignisse auf Sizilien und im Osten des Reiches war der griechische Historiker Polybios (↗34; Hellenika ↗185) ein guter Gewährsmann, für die in Rom, in Italien und für die Punischen Kriege folgte er römischen Geschichtsschreibern, die sich zum Teil als unzuverlässig erwiesen. Wenn er auch oft anmerkte, wo seine Vorlagen voneinander abwichen, so darf man hieraus doch nicht schließen, er habe ein kritisches Quellenstudium betrieben. Oft begnügte er sich damit, bei verschiedenen Überlieferungen von Sachverhalten dem Leser die Entscheidung zu überlassen.

Geschichtsschreibung als Kunst Er strebte wie jeder große römische Historiker danach, ein Kunstwerk zu schaffen. Zu diesem Zweck musste er sich von der Darstellungsweise seiner Vorlagen, insbesondere der des Polybios, lösen, die Ereignisse auf ihre Bedeutung hin überprüfen, einige hervorheben, andere zurücktreten lassen. Hierbei ordnete er seinen Stoff so, dass er die einzelnen Epochen der Geschichte möglichst unter einem Gesichtspunkt schildern konnte. So bilden die Bücher 1 - 5 eine große, in sich gegliederte künstlerische Einheit. Auf die innere Geschlossenheit der dritten Dekade, der Bücher 21 - 30, weist bereits die *praefatio* hin, die er diesem Teil seines Werkes gegeben hat; denn er fasste den 2. Punischen Krieg, das *bellum maxime omnium memorabile*, als eine Einheit auf. In der Gestaltung verband er das annalistische Prinzip sehr geschickt mit dem künstlerischen. Zur Zeichnung der Kräfte und Gegenkräfte dienten ihm nicht nur Charakteristiken, sondern auch Reden. Gerade sie tragen zu einer dramatischen Gestaltung der Vorgänge in solch einem Maße bei, dass man sein Geschichtswerk ein Heldenepos in Prosa genannt hat. In die Darstellung der Größe bezog er ebenso wie Sallust und Tacitus die Gegner und Feinde des römischen Volkes mit ein. Männer wie Hannibal sind große Gestalten der Geschichte, die ihre Sache überzeugend vertreten, wenn sie auch nicht die Fähigkeiten besitzen, die großen Römern eigen sind.

Moralische Exempla In seiner Geschichtsauffassung folgt Livius der traditionellen national-römischen Betrachtungsweise, sodass für ihn die alte *res publica* den Maßstab für die Bewertung der Ereignisse und menschlichen Handelns abgab. Die Revolutionszeit war daher auch für ihn eine Zeit des Niedergangs, der auf den Verfall der alten Sitten zurückzuführen sei. Deshalb begrüßte er die Reformbestrebungen des Augustus, von denen er sich anfangs, wie viele andere, eine Wiederherstellung der alten *res publica* erhofft hatte. Zur inneren Erneuerung der römischen Gesellschaft seiner Zeit wollte auch er durch sein Werk einen Beitrag leisten. Deshalb legte er auf die Darstellung von *exempla* großen Wert. Wie gute, beispielhafte Taten zur Größe führen und Krisen meistern, so führen schlechte Sitten und Handlungen zu Niederlagen und zum Niedergang. Seiner Überzeugung nach ist nämlich verantwortliches Handeln an die Moral des Einzelnen gebunden. Dessen Wille und Leistung sei in der alten Zeit viel stärker vom *populus Romanus* mitbestimmt gewesen, als dies in der Gegenwart der Fall sei.

Livius war der einzige große Historiker Roms, der die Geschichte seines Volkes mit einem gewissen Patriotismus dargestellt hat.

Nachwirkung Bis zum Untergang der antiken Welt wurde das Werk des Livius gern gelesen. Dann geriet es allmählich in Vergessenheit, und der größte Teil ging verloren. Seit der Renaissance hat Livius mit seinen Schilderungen der großen Vergangenheit Roms in Europa immer wieder Bewunderer gefunden und zu verschiedenartigen künstlerischen Nachgestaltungen angeregt, weil er große Gestalten und Schicksale der römischen Geschichte menschlich nah und zugleich typisierend zeichnete.

4. *Die frühe Kaiserzeit*

Neue Voraussetzungen der Literatur. Mit dem Tod der augusteischen Dichter fand die große Zeit der römischen Dichtung ihr Ende, während in verschiedenen Gattungen der Kunstprosa auch in der frühen Kaiserzeit noch Werke von hohem literarischem Rang entstanden. So unterschiedlich die Entstehungsbedingungen der Literatur unter den Nachfolgern des Augustus bis in die Zeit Hadrians auch waren, so weist sie doch auch charakteristische Grundzüge auf, die sie von der vorausgegangenen Literatur unterscheiden.

Zunächst ersparten sich die Autoren dieser Zeit durchweg die Auseinandersetzung mit griechischer Literatur, der Ovid noch vieles verdankte. Darüber hinaus nahm in der Prosa wie in der Dichtung der Einfluss der Rhetorik zu. Sie hatte zwar unter den Caesaren stark an öffentlicher Bedeutung verloren, weil die politischen Entscheidungen nicht mehr im Senat, sondern am kaiserlichen Hof getroffen wurden, aber sie war Bestandteil der allgemeinen höheren Bildung geworden (↗153). Dies hatte zur Folge, dass die Autoren versuchten, dem geweckten Interesse an rhetorisch durchgefeilten Texten in Wort und Schrift gerecht zu werden. So wurde es modern, mit rhetorischen Mitteln nach Effekten zu haschen und, vor allem in der Dichtung, Emotionen zu wecken.

Es änderte sich ferner das allgemeine Lebensgefühl. Unsicherheit und Angst breiteten sich auch unter den Autoren aus. Je bekannter sie waren, umso mehr wussten sie sich vom jeweiligen Cäsaren abhängig. Daher neigten viele dazu, durch Herrscherlob deren Gunst zu gewinnen. Wer diese nicht erfuhr oder wem sie entzogen wurde, der konnte sehr schnell in Ungnade fallen. So zwang etwa Nero seinen ehemaligen Erzieher Seneca, ferner Lucan und Petron dazu, sich selbst zu töten.

Die römische Literatur der frühen Kaiserzeit

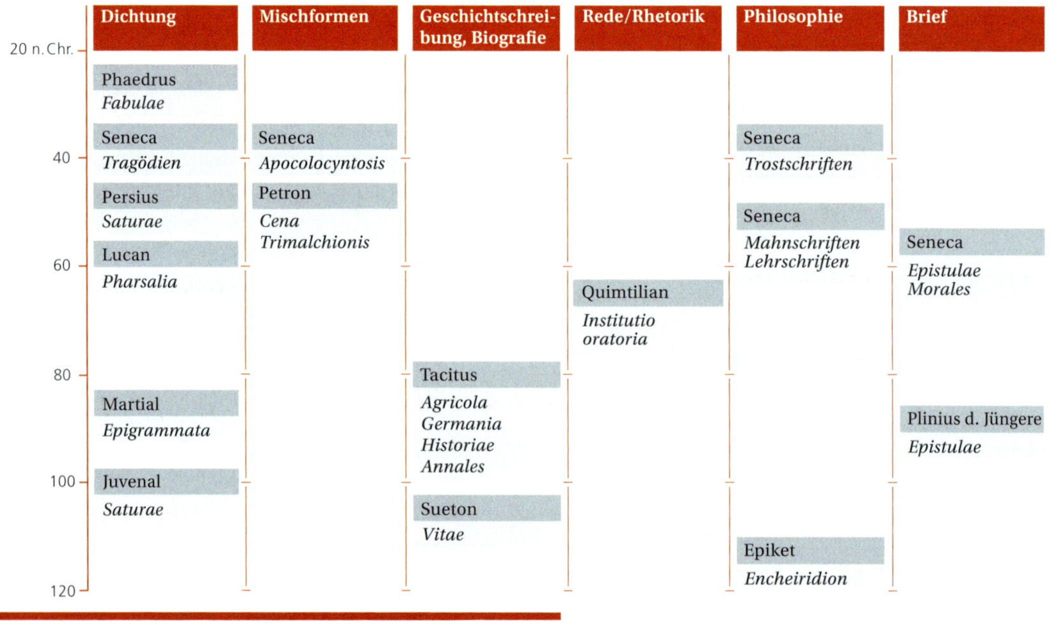

Andererseits wirkte der Tod eines Tyrannen aber auch befreiend, wenn ihm ein guter Herrscher folgte. So trat Tacitus erst nach dem Tod Domitians i. J. 96 n. Chr. literarisch an die Öffentlichkeit.

Schließlich wurde die Literatur dieser Zeit auch dadurch geprägt, dass bedeutende Autoren wie Seneca, Lucan, Quintilian und Martial aus Spanien kamen, denen von dort Trajan und Hadrian als Kaiser folgten.

Die Dichtung

Die Dichter dieser Zeit versuchten auf verschiedene Weise, sich mit der verpflichtenden Größe der augusteischen Klassiker, an deren Werken nunmehr ihre eigene Poesie gemessen wurde, auseinanderzusetzen. Einige entschieden sich für Gattungen, die in Rom neu waren, während andere bekannte Gattungen weiterentwickelten. Zu diesen gehörten der Satiriker Persius (34 - 62 n. Chr.) und der Epiker Lukan (39 - 65 n. Chr.), der in der Nachfolge Vergils in seinem Epos *Pharsalia* den Bürgerkrieg zwischen Caesar und Pompeius darzustellen versuchte. Beide waren stark von der stoischen Philosophie geprägt. Diejenigen, die in dieser Zeit neue Wege gingen, bereicherten die römische Literatur in stärkerem Maße.

Phaedrus Den Anfang in dieser Reihe bildet Phaedrus, der in Rom die Fabeldichtung als kleine selbstständige literarische Gattung einführte. Er war als junger Sklave aus Makedonien nach Rom gekommen und wurde durch Augustus freigelassen. Unter starker Auswertung einer lateinischen Fabelsammlung in Prosa, die im Schulunterricht benutzt wurde, dichtete er Fabeln in Versform. Mit ihnen, die er in betonter Schlichtheit und Kürze abfasste, wollte er seine Leser unterhalten, zugleich aber auch ermahnen und moralisch belehren. Diesem Ziel diente ferner seine Kritik an den sozialen und gesellschaftspolitischen Zuständen in Rom. Von seinen Fabeln, die er in 5 Büchern herausgab, ist nur ein Teil überliefert. Während er im Rom seiner Zeit Beachtung und Anerkennung fand, setzte seine literarische Nachwirkung erst Ende des 1. Jh.s n. Chr. in Italien ein. Auf die Fabeldichtung des 17. und 18. Jh.s hat er stark eingewirkt, insbesondere auf La Fontaine (17. Jh.).

Martial Der Spanier Valerius Martialis erhob den Anspruch, ausschließlich als Dichter von Epigrammen anerkannt zu werden und mit den augusteischen Dichtern wetteifern zu können. Er kam i. J. 64 n. Chr. im Alter von etwa 25 Jahren nach Rom. Hier unterstützten ihn zunächst seine Landsleute Seneca und Lucan. Als diese schon im Jahr darauf sich auf Anweisung Neros das Leben nahmen, war Martial auf die Hilfe anderer Förderer angewiesen. Dem Kaiser Titus widmete er zur Einweihung des Flavischen Amphitheaters i. J. 80 n. Chr. (↗205) eine Anzahl Gedichte. Später schmeichelte er dem Domitian, zog sich jedoch nach dessen Tod zurück und kehrte 98 n. Chr. nach Spanien heim, wo er 104 n. Chr. starb. Er hatte sich die Epigramme Catulls und die satirische Dichtung des Horaz zum Vorbild genommen, übertraf Catull aber in der Treffsicherheit des Witzes und in der Wirksamkeit der Pointe. Der Spott war nämlich sein Lebenselement. Deshalb spielen unter seinen etwa 1500 *Epigrammen* die Spottgedichte eine besondere Rolle. In seinen Versen spiegeln sich die Glanz- und die Schattenseiten, Luxus und Armut, Rechtschaffenheit und Laster seiner Zeit wider. Mit ihnen fand er nicht nur zu Lebzeiten in Rom wie in den Provinzen des Reiches große Resonanz, sondern auch in der Spätantike, im Mittelalter und in noch stärkerem Maße in der Renaissance.

Lessing, der seine Theorie des Epigramms aus den Gedichten Martials entwickelte, nannte ihn den größten Epigrammatiker der Antike.

Juvenal Martial hat den etwa 15 Jahre jüngeren Satiriker Juvenal stark beeindruckt, mit dem er befreundet war. Dieser trat als Dichter mit gesellschaftskritischen *Satiren* hervor, die viele Elemente der Rhetorik aufweisen und in moralisierender Absicht nicht nur Mängel und Schwächen aufzeigen, sondern auch belehren sollten. In den Zeiten und Kreisen, in denen Martials Epigramme geschätzt wurden, las man auch Juvenals Satiren gern.

Prosa, Dichtung und Mischformen

Unter den Prosaschriftstellern der frühen Kaiserzeit haben der Philosoph Seneca und der Historiker Tacitus Werke von besonderem Rang geschaffen. Neben diesen sind insbesondere Quintilian als Lehrer der Rhetorik und der jüngere Plinius mit seinen Briefen hervorgetreten.

Seneca Von diesen Autoren wie von den großen augusteischen unterscheidet sich Seneca dadurch, dass er nicht nur ein vielseitiges Werk in Prosa, sondern auch Dichtung verfasste. Er war der vielseitigste Autor der frühen Kaiserzeit, der als Stoiker ebenso Trost- und Mahnschriften, Abhandlungen und Briefe wie Tragödien und eine Satire geschrieben hat.

Wenn er über die Zeiten hinweg auch vor allem durch seine philosophischen Schriften gewirkt hat und weiterhin Wirkung erzielt (↗137), so haben doch auch seine *Tragödien* – 9 sind überliefert – seit Beginn der Neuzeit das europäische Drama, insbesondere in den romanischen Ländern, stark beeinflusst. In ihnen zeigt er auf, zu welch grausamen Handlungen Menschen fähig sind, die von einer unheilvollen Lust am Bösen angetrieben werden. Hierzu wählte er große Gestalten der griechischen Tragödie wie Medea oder Ödipus aus. Während er sich in der Wahl der Stoffe der Tradition verpflichtet fühlte, charakterisierte er seine Gestalten entsprechend dem Geschmack der Zeit. Durch die Darstellung von affektbetonten, oftmals schaurigen Handlungen wollte er die Leser beeindrucken.

Diesem Ziel dient auch sein Stil, der ebenso für seine Tragödien wie seine philosophischen Werke charakteristisch ist. Kurze, geistreich pointierte Sätze, geschliffene Antithesen, starke Variationen in der Wort- und Satzstellung, einprägsam formulierte Sentenzen, ausdrucksstarke Sprachbilder und Personifikationen kennzeichnen ihn. Gleichwohl hat ihn der rhetorisch geschulte Seneca nicht einförmig angewandt, sondern den Partien und dem Inhalt seiner Schriften entsprechend abgewandelt.

Das geht auch aus seiner witzigen Satire *Apocolocyntosis (Verkürbissung)* hervor, die eine Schmähschrift auf den i. J. 54 n. Chr. verstorbenen Kaiser Claudius ist. In ihr vereinte er traditionelle Elemente der hellenistischen und römischen Satire. Er griff nämlich auf die Form der Menippeischen Satire zurück (↗87) und mischte in der *Apocolocyntosis* Prosa und epische wie lyrische Verse, spickte darüber hinaus den Text mit vielen griechischen Zitaten. So gelang es ihm, die verschiedenen Akteure dieser Satire, seien es nun Götter, Heroen, der vergöttlichte Augustus oder auch Caligula, zu charakterisieren.

Petron Eine Mischung aus Prosa und Poesie bietet ebenfalls der satirische Roman des Petronius Arbiter. Dieser genoss mehrere Jahre das Vertrauen Neros, fiel dann, wie Seneca, in Ungnade und musste sich i. J. 66 n. Chr. das Leben nehmen. Petron war ein Sprachkünstler. In seinem Roman, von dem als Hauptstück die *Cena Trimalchionis* erhalten ist, parodiert er teilweise recht derb die Sitten der Gesellschaft, in der protzende Emporkömmlinge eine große Rolle spielen. Daher besitzen wir in seinem Werk ein treffendes Sittengemälde und zugleich ein gutes Zeugnis für die verschiedenen Sprachebenen der damaligen Zeit bis hin zur vulgären Umgangssprache. Sie dienten Petron zur treffenden Charakterisierung der verschiedenen Bildungsebenen seiner Gestalten. Sein Können bewies er auch in der gelungenen Mischung verschiedener literarischer Formen.

Er wirkt auf sehr unterschiedliche Weise nach. Den Sprachforschern bietet er ebenso wertvolles Material wie den Satirikern und denen, die an den »unmora-

▼ Satyricon: Probeszene mit dem italienischen Regisseur Federico Fellini (1920 – 1993)

lischen« Zuständen der römischen Gesellschaft seiner Zeit interessiert sind. Seitdem der polnische Schriftsteller Henryk Sienkiewiez i. J. 1896 Petron zur Hauptfigur in seinem breit angelegten Roman *Quo vadis* gemacht hat, wurde Petrons Werk in vielfältiger Weise rezipiert. Besonders hervorzuheben ist F. Fellinis Film *Satyricon* aus dem Jahr 1969.

Quintilian Im Gegensatz zu Seneca versuchte Quintilian (ca. 35 - 96 n. Chr.), der ebenfalls aus Spanien nach Rom gekommen war, wieder dem Stil der römischen Klassiker zu folgen und diesen der rhetorischen Ausbildung als vorbildlich und nachahmenswert zu Grunde zu legen. Er war seit 69 n. Chr. in Rom der erste vom Staat besoldete Lehrer für Rhetorik und neben Cicero ihr bedeutendster Theoretiker. In seinem aus 12 Büchern bestehenden Hauptwerk *Institutio oratoria* entwickelte er eine Konzeption der Ausbildung und Erziehung eines Redners, die im gelungenen Vortrag gipfelt. Ihm ging es allerdings nicht nur um Einzelheiten der rhetorischen Technik, mit denen man sich durchweg im Schulbetrieb seiner Zeit begnügte, sondern ebenso um die Bindung des Redners an ein philosophisch begründetes Erziehungsziel (↗150). Im 10. Buch dieser Schrift bot er einen Überblick über die griechische und die römische Literatur aus der Sicht seiner Zeit. Unter Quintilians Einfluss bemühte man sich eine Zeitlang, dem Stil Ciceros so weit wie möglich zu folgen.

Plinius Ein gutes Beispiel für diesen Stil bilden die Briefe des C. Plinius Caecilius Secundus (61 - ca. 113 n. Chr.). Er war ein Neffe und Adoptivsohn des älteren Plinius, der naturwissenschaftliche Werke verfasst hatte, und ein Schüler Quintilians. Im Jahre 100 n. Chr. wurde er Konsul, 12 Jahre später Statthalter in Bithynien und Pontus. Hier hatte er sich auch mit der Frage zu befassen, wie die Christen zu behandeln seien. Von seinem literarischen Werk ist seine Briefsammlung vollständig überliefert worden. Es sind fast 250 Briefe, die wohl von vornherein für die Veröffentlichung bestimmt waren. Dank ihres vielseitigen Inhalts bieten sie ein gutes Bild ihrer Zeit, zumal Plinius mitten im gesellschaftlichen Leben Roms stand. Von besonderem Wert für seine Zeitgenossen wie für die Nachwelt waren und sind seine beiden eindrucksvollen Schilderungen über den Ausbruch des Vesuvs i. J. 79 n. Chr. , den er als Achtzehnjähriger erlebte (*epist.* 6,12;20), und seine Korrespondenz mit dem Kaiser, die den berühmten Christenbrief (*epist.* 10,96) und die Antwort des Kaisers an seinen Statthalter enthält (↗49 f.).

Sueton Er war etwa 10 Jahre jünger als Plinius, mit dem er befreundet war. Unter Trajan und Hadrian arbeitete er als Rechtsanwalt und Sekretär in der kaiserlichen Kanzlei. Als Schriftsteller trat er mit seinen *Biografien* der römischen Kaiser bis Domitian hervor, vor allem mit seinem Werk *De viris illustribus*. In dieser Sammelbiografie berichtete er über Dichter, Redner, Geschichtsschreiber und Philosophen Roms. Seine Nachwirkung war deshalb groß, weil spätere Grammatiker seinem nur teilweise überlieferten Werk Material für ihre eigenen Lebensbeschreibungen über Autoren entnahmen, die auch Sueton behandelt hatte. Die Art seiner Darstellung regte spätere Biografen zur Nachahmung an, so etwa Einhard in der Biografie Karls des Großen (↗253).

Tacitus

Im Werk des Cornelius Tacitus fand die Kunstprosa der Römer ihren letzten Höhepunkt. Ihn, der ein Freund des jüngeren Plinius war, prägte die Erfahrung der Tyrannei, die ihn düster in die Zukunft blicken ließ. So fand er sein literarisches Vorbild in Sallust. Ihm folgte er auch in der Bevorzugung der *brevitas*, der Kürze des Satzbaus. In manchem erinnert sein Stil an die pointierte Ausdrucksweise Senecas. Ebenso wenig wie dieser fand auch Tacitus die Zustimmung Quintilians.

Leben Mit Ausnahme des Livius waren alle bedeutenden römischen Historiker Politiker. Diese Tradition setzte auch Tacitus fort. Über seinen Lebensgang wissen wir wenig. Er lebte etwa von 54 bis um 120 n. Chr. Die Rhetorik studierte er in Rom. Schon bald fand er als Gerichts- und Festredner Anerkennung. Seine innere Entwicklung wurde dadurch bestimmt, dass er in seiner Jugendzeit die Herrschaft Neros (54 - 68 n. Chr.), in seinen frühen und besten Mannesjahren die Domitians (81 - 96 n. Chr.) erlebte, unter dessen Herrschaft er i. J. 88 n. Chr. Prätor wurde. Sein Schwiegervater Iulius Agricola, der nach großen Erfolgen i. J. 85 n. Chr. aus Britannien heimgekehrt war, wurde von Domitian wegen seines Ruhmes beneidet und aller Ämter enthoben.

Auch Tacitus, der die letzten Herrscherjahre Domitians, die die schrecklichsten waren, in Rom erlebte, fühlte sich unsicher, weil er der senatorischen Opposition nahestand, andererseits als Senator um die Anerkennung des Prinzipats nicht herumkam. Als mit dem Regierungsantritt Nervas der Druck der Tyrannis gewichen war, trat Tacitus mit seinen ersten Werken an die Öffentlichkeit. Er wurde unter Nerva i. J. 97 n. Chr. Konsul und unter Trajan etwa i. J. 112 n. Chr. Statthalter der Provinz *Asia*.

Agricola Seine erste, i. J. 98 n. Chr. veröffentlichte Schrift war die Monografie über seinen Schwiegervater *De vita et moribus Iulii Agricolae*. In ihr würdigte er das Wirken dieses Mannes, der sich als Heerführer wie als Statthalter von Britannien große Verdienste erworben hatte. Dabei schildert er in geografischen und völkerkundlichen Exkursen Britannien und dessen Bewohner, weil der Stadtrömer gerade damals für die Völker an den Grenzen des Reiches ein besonderes Interesse hatte.

Germania Diesem Interesse will er auch in seiner Schrift *De orgine et situ Germanorum* (kurz *Germania* genannt) gerecht werden, die er unmittelbar nach dem *Agricola* schrieb. Damals, i. J. 98 n. Chr., hielt sich Trajan am germanischen Limes auf, um die Grenzen des Reiches zu sichern.

Diese Monografie ist in zwei Teile gegliedert: Der erste berichtet über Land, Herkunft, Religion und Lebensart der Germanen, im zweiten werden die einzelnen Stämme charakterisiert. Diese Schrift steht zwar in einer ethnografischen Tradition, d. h. es finden sich Entlehnungen aus den Berichten älterer Schriftsteller über andere Naturvölker, doch wird hierdurch ihr Wert als Quellenwerk für die Frühgeschichte Germaniens kaum gemindert. Großen Wert legt Tacitus wie bereits im *Agricola* auf die Darstellung der *virtus* und der *simplicitas*. Er ahnt die Gefahr, die dem Imperium von diesen jungen, durch Luxus noch nicht verdorbenen Volksstämmen her droht. Wie er als echter Römer schadenfroh feststellt, die Zwietracht der Germanen sei für Rom das größte Glück, so muss er doch auch, und nicht ohne Resignation, bekennen, man habe über die Germanen bisher mehr Triumphe gefeiert als Siege.

In diesen Äußerungen wird ein Zug seines Rombildes sichtbar. Mit starker persönlicher Anteilnahme ging er den Ursachen des inneren Verfalls nach. Beschränkte er sich im *Dialogus de oratoribus*, einer Studie über den Verfall der Beredsamkeit, auf ein Teilgebiet des öffentlichen Lebens, so untersuchte er in seinen großen Werken die innen- und außenpolitische Entwicklung Roms und der Kaiserzeit.

Historiae; Annales Er begann mit einer annalistisch angelegten Zeitgeschichte in wahrscheinlich 14 Büchern über die flavischen Kaiser (69 – 96 n. Chr.); es sind die *Historien*, von denen nur die Bücher 1 – 4 und der Anfang des Buches 5 erhalten sind. Dann versuchte er die schwerwiegende Frage zu beantworten, wie es zu den in den *Historien* geschilderten Zuständen kommen konnte. Er ging also weiter zurück und schrieb in dem vermutlich 16 Bücher umfassenden Werk *Ab excessu divi Augusti*, das man meistens als *Annales* bezeichnet, die Geschichte vom Tod des Augustus bis zum Ende des Jahres 68 n. Chr. Von ihm sind knapp zwei Drittel überliefert.

Bereits in der Antike hat man beide Werke als Einheit betrachtet. Tacitus berichtete in ihnen nach Konsulatsjahren. Gelegentlich durchbrach er dieses Prinzip, um bestimmte Ereignisse geschlossen behandeln zu können. Denn auf die künstlerische Darstellung und dramatische Gestaltung der Ereignisse, mit dem Ziel, *bona et mala exempla* zum Nutzen der Römer und der Nachwelt aufzuzeigen, legte er ebenso großen Wert wie Sallust und Livius. Die Auswahl des umfangreichen Stoffes, der sich ihm in den Akten des Senats und in einer Reihe von Geschichtswerken darbot, traf er nach psychologischen Gesichtspunkten, weil es ihm in erster Linie auf die inneren Zusammenhänge ankam, die er *sine ira et studio*, ohne Hass und Parteinahme (*ann.* 1,1,3) darstellen wollte. So verlieh er auch den Gegnern Roms ihre Größe. Doch waren seiner Unvoreingenommenheit Römern wie Nichtrömern gegenüber gewisse Grenzen gesetzt.

Geschichtsbild Tacitus betrachtete seine Aufgabe als eine unrühmliche, weil die Zeit, die er darstellt, seiner Überzeugung nach das *corruptissimum saeculum* war. So rückte schon Augustus in ein Zwielicht, weil er die Entwicklung eingeleitet hat, die vom Prinzipat zur Tyrannis der Caesaren Claudius, Nero und Domitian führte. Weit über den Ansatz des Sallust hinaus verlegte er den Beginn des inneren Verfalls in den *Annalen* schon in das 5. Jh. v. Chr. Mag Sallust noch einen Ausweg gesehen haben, Tacitus sah ihn trotz des äußeren Glanzes seiner Zeit (↗192 f.) nicht mehr. Wie schon Sallust in den *Historien* (4,69: Mithridates-Brief) und Caesar im *Bellum Gallicum* (7,77: Rede des Critognatus), so ließ er im *Agricola* (30–40) einen Ausländer, den Britannier Calgacus, harte Kritik an den Römern üben: Sie seien *raptores orbis* und bezeichneten die hierdurch entstandene Leere als *pax Romana*. Auf der anderen Seite begrüßte er die Eroberungen in Britannien und Germanien, weil in diesen Kämpfen noch *virtus* sichtbar geworden sei. Dieser Zwiespalt in der Wertung der Ereignisse offenbart, dass er an der Geschichte Roms litt. Mit dem Niedergang der *virtus* ging seiner Ansicht nach ein Verlust an Freiheit einher, sodass er zur Staatsform des Prinzipats keine Alternative mehr sah.

Nachwirkung Tacitus hat zwar im 4. Jh. n. Chr. in Ammianus Marcellinus einen Nachfolger gefunden, doch wurde sein Werk in der Spätantike wenig gelesen. Nicht anders war es im Mittelalter. Erst die Humanisten entdeckten ihn. Die *Germania* förderte in jener Zeit die Bildung deutschen Nationalgefühls. Seinen großen Geschichtswerken entnahmen romanische Dichter, u. a. Corneille und Racine, manchen Stoff. Für die Geschichtswissenschaft des 20. Jh.s sind die psychologischen Charakteranalysen des Tacitus von erstaunlicher Gegenwartsnähe.

5. *Die späte Kaiserzeit*

Übergang zur Spätantike Als die Herrschaft der »guten Kaiser« mit dem Tode Marc Aurels (↗137 f.), der 180 n. Chr. in Vindobona (Wien) einer in großen Teilen des Reiches wütenden Pest zum Opfer fiel, ihr Ende fand, da traten die Erscheinungen des inneren Verfalls deutlich hervor, die Tacitus in seinen Werken aufgezeigt hatte. Weil das Mutterland keine großen literarischen Begabungen mehr besaß und die Provinzen des Reiches sich im politischen wie im geistigen Leben mehr und mehr verselbständigten, verlor Rom seine Anziehungskraft und damit eine wichtige Grundlage für die Größe seiner Literatur. Diese erhielt im 2. Jh. n. Chr. wichtige Impulse aus Nordafrika, wo sich Karthago zu einem bedeutenden Kulturzentrum entwickelte.

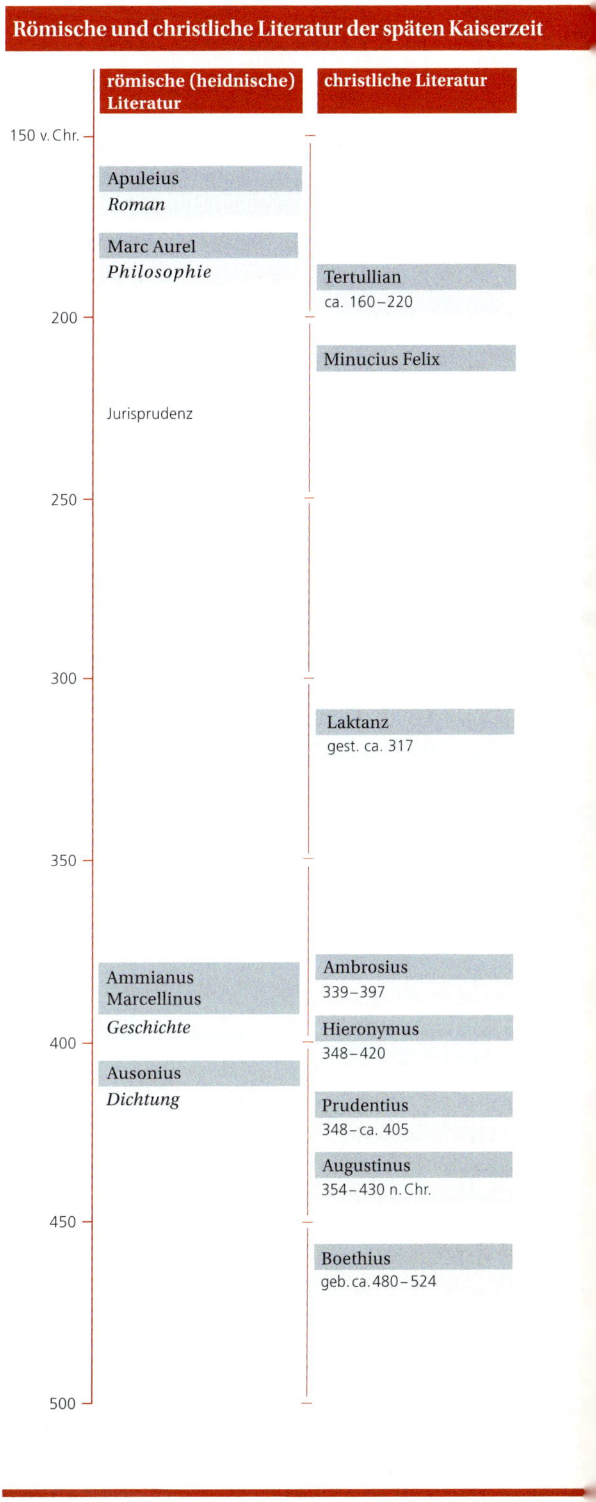

Apuleius Unter den Schriftstellern dieser Zeit und dieses Raumes erlangte Apuleius in der Mitte des 2. Jh.s. n. Chr. die größte Bedeutung.

Er beherrschte neben dem Punischen und Lateinischen auch das Griechische. Nach dem Studium der Rhetorik in Karthago und dem der Philosophie in Athen arbeitete er nur kurz in Rom. In seiner Heimat trat er als gefeierter Wanderredner und als vielseitiger Schriftsteller, der auch Schriften in griechischer Sprache verfasste, hervor. Von seinen Werken ist am bekanntesten der Verwandlungsroman *Metamorphosen*, auch *Goldener Esel* genannt. Er bietet eine bunte Folge von Abenteuern eines jungen Mannes, der in einen Esel verwandelt wird. In ihr erzählt Apuleius auch das bekannte Märchen von Amor und Psyche. Zum Schluss wird der Verwandelte durch die Gunst der Göttin Isis erlöst. Hier zeigt sich das starke Interesse des Apuleius an der Mysterienreligion, die ihm mehr bedeutet als eine philosophische Heilslehre. So weist der Roman auf, dass sich in dieser Zeit im römischen Reich ein tiefgreifender Wandel vollzog und dass in den Westen des Reiches in zunehmenden Maße religiöse Grundströmungen aus dem Osten eindrangen (↗76 f.).

Erste christliche Literatur Weil sich das Christentum im Osten des Reiches zunächst stärker ausbreitete als im Westen, entstand hier die älteste christliche Literatur, die *Evangelien*, die *Apostelgeschichte* und die *Lehrbriefe* der Apostel. Voraussetzung für die Entwicklung einer lateinischen christlichen Literatur war die Übersetzung der Bibel, die vom 2.Jh. n. Chr. ab erfolgte (*Vetus Latina*). Danach entfaltete sich diese Literatur sehr schnell. Hierbei kam der Provinz Africa, in der das Lateinische die Muttersprache war, eine große Bedeutung zu. Viele Schriftsteller der jungen Kirche stammten aus diesem Gebiet.

Der erste unter ihnen war Tertullian (ca. 160 – 220 n. Chr.), der als Rechtanwalt in Karthago tätig war. Sein Zeitgenosse und Landsmann Minucius Felix ging nach seiner Ausbildung nach Rom, wo er ebenfalls als Anwalt arbeitete. In den Werken beider wird sichtbar, dass das Christentum in zunehmendem Maße sich auch in den Kreisen der gebildeten Oberschicht ausbreitete, und dass sich die Christen, wenn sie sich wirksam verteidigen und rechtfertigen wollten, die literarischen Mittel und Formen nutzen mussten, die dank der allgemeinen literarischen und rhetorischen Schulung und Bildung Heiden wie Christen vertraut waren.

▸ Gerhard Marcks:
Eros und Psyche. Holzschnitt 1959

Die heidnische Literatur Während die christliche Literatur zunehmend an Bedeutung gewann, sank die antikrömische zur Bedeutungslosigkeit herab. Lediglich die Jurisprudenz (↗51) erlebte als Fachliteratur noch eine Blütezeit. Gleichzeitig begann man in den Schulen damit, die Schriften der römischen Klassiker zu kommentieren. Unter den Verfassern derartiger Werke erlangte der Grammatiker und Rhetor Donat die größte Bedeutung. Er schrieb in der Mitte des 4. Jh.s n. Chr. eine lateinische Grammatik, die über die Spätantike hinaus bis zum Ende des Mittelalters in den Lateinschulen benutzt wurde. Neben diesem Standardwerk verfasste er Kommentare zu den Komödien des Terenz und zu Vergils Werken.

Die Geschichtsschreibung fand ihren letzten bedeutenden Vertreter in Ammianus Marcellinus, der aus Antiochia stammte. In seinen *Res gestae,* die er in der 2. Hälfte des 4. Jh.s n. Chr. schrieb, stellte er die Geschichte Roms vom Jahr 96 n. Chr. , mit dem Tacitus seine Historien abgeschlossen hatte, bis 378 n. Chr. dar. Er fühlte sich als Grieche von der Geschichte Roms so angezogen, dass er sein Werk in lateinischer Sprache verfasste. Wenn er sich auch Tacitus und Sallust zum Vorbild genommen hatte, so enthält sein Werk doch auch Elemente der Biografie und der Memoirenliteratur. Dem Christentum stand er neutral gegenüber. Obwohl sich zu seiner Zeit das Zentrum des Reiches schon nach Konstantinopel verlagert hatte, war Rom für ihn die *Roma aeterna,* die ewige Stadt, die ihre Größe dem Bund von *Virtus* und *Fortuna* verdankt.

Unter den Dichtern dieser Zeit vollbrachte Ausonius mit seinem *Lobgedicht auf die Mosel* die ansprechendste Leistung. Seine Heimat war Burdigala (Bordeaux). Diese Stadt gehörte zu den bedeutenden kulturellen Zentren des spätantiken Gallien, das von Lugdunum (Lyon) aus romanisiert worden war. Ebenso wie Britannien wurde es bis 395 n. Chr. von Trier aus verwaltet, das 293 n. Chr. kaiserliche Residenzstadt geworden war und sich in mancher Hinsicht zu einem zweiten Rom entwickelte (↗236). Hierhin wurde um 365 n. Chr. Ausonius, der als Lehrer der Grammatik und Rhetorik in seiner Heimatstadt gewirkt hatte, als Prinzenerzieher berufen, kehrte aber im Alter nach Burdigala zurück. Er war nicht nur ein angesehener Lehrer und Erzieher, sondern trat auch als Verfasser einer Reihe von Gedichten hervor, die teilweise auch schon christliche Inhalte boten. Am bekanntesten war sein aus 483 Hexametern bestehendes Gedicht *Mosella.* In ihm pries er die Vorzüge der Mosel, beschrieb die Weinberge und Täler mit ihren angrenzenden Landschaften, lobte die Wohnkultur der Bewohner dieser Gegenden. So steht am Anfang der späteren deutschen Heimatdichtung ein Gallier.

Die Bibelübersetzung des Hieronymus In der Zeit des Abgesangs der heidnischen Literatur entfaltete sich die christliche lateinische zur vollen Blüte, ein sichtbares Zeichen dafür, dass nunmehr auch im Bereich der Literatur und der Bildung das Christentum die Überhand in der Auseinandersetzung mit der antiken griechisch-römischen Religion gewonnen hatte. In den Werken der großen Kirchenväter und Schriftsteller dieser Zeit wird sichtbar, in welcher Breite sich dieser große Aufschwung der christlichen Literatur vollzog.

Der große Philologe unter den Kirchenvätern, die in der 2. Hälfte des 4. Jh.s n. Chr. bedeutende Werke zu verfassen begannen, war Eusebius Hieronymus (348 – 420 n. Chr.).

Er kam aus seiner Heimat Dalmatien als Kind christlicher Eltern schon in jungen Jahren nach Rom. Hier wurde der Grammatiker Donat sein Lehrer. Durch ihn lernte er die römischen Schriftsteller, insbesondere Cicero schätzen. In einem seiner Briefe (epist. 22,5) bekannte er später, welcher Konflikt in ihm, dem Christen, aufgebrochen war: In einem Traum sah er sich vor dem Richterstuhl Gottes angeklagt, ein *Ciceronianus,* kein *Christianus* zu sein. Daraufhin habe er versprochen, künftig die heidnische Literatur, die er im Gegensatz zur christlichen *(divina)* als *mortalia* bezeichnete, nicht mehr zu lesen. Trotzdem gestand er, man brauche sich von derartigen Träumen auch als Christ nicht leiten zu lassen. Durch sein späteres literarisches Werk hat er zur allgemeinen Wertschätzung der antiken Literatur unter den Christen wesentlich beigetragen. Er starb in Bethlehem; dorthin hatte er sich 386 n. Chr. als Einsiedler zurückgezogen. Er, der bis zu seinem Tode literarisch unermüdlich tätig war, gilt als der Schutzpatron der Übersetzer.

Seine größte, für die gesamte spätere lateinische Literatur bedeutungsvollste Leistung besteht in seiner Übersetzung der *Bibel*. Mit dieser Aufgabe hatte ihn Papst Damasus i.J. 383 n.Chr. betraut, weil die bisherigen Bibelübersetzungen unzureichend waren. Sie, die man später als die *Vulgata* bezeichnete, bereicherte und veränderte zugleich die lateinische Sprache. Zunächst einmal drangen altrömische Begriffe in die Bibel ein, wobei sie oft christlich umgeprägt wurden. Es mussten ferner griechische Begriffe ins Lateinische übertragen werden, wenn man sie nicht einfach übernahm, weil sie sich nicht übersetzen ließen. Schließlich wurde das Lateinische dadurch verändert, dass es Hieronymus, wie den anderen Kirchenvätern seiner Zeit, nicht darum ging, die alte römische Literatursprache, die eine Hochsprache war, zu tradieren. Die Kirchenväter wollten vielmehr zur Ausbreitung des Christentums beitragen, sprachen und schrieben also die Sprache des Volkes. So drangen auch viele Bestandteile der Volkssprache in die Texte der Kirchenväter ein.

Die christliche Nutzung der antiken Literatur Im Leben und Werk des Hieronymus wird ebenso wie in dem des Aurelius Augustinus, der sein Zeitgenosse war (↗139), beispielhaft sichtbar, dass die Auseinandersetzung der Kirchenväter mit den antiken Sprachen und Literaturen ein Vorgang des Nehmens und Gebens war. Dieser geistige Prozess, der bereits zu Anfang des 3. Jh.s n.Chr. eingesetzt hatte und der sich später noch oft unter Überwindung innerer und äußerer Widerstände vollziehen sollte, erlebte in der zweiten Hälfte des 4. Jh.s n.Chr. seinen ersten Höhepunkt, und zwar in der Ost- wie in der Westkirche. Nunmehr öffnete man sich der ganzen antiken Literatur; sie wurde zur Nutzung empfohlen, wobei man sorgfältig prüfen sollte, was für Christen brauchbar sei und was nicht.

Zur Begründung dieser Vorgehensweise betonte Augustinus in seiner Schrift *De doctrina christiana*, wenn die alten Philosophen Wahres lehrten, so stamme doch diese Wahrheit von Gott.

Die Aufforderung zur rechten Nutzung (*usus iustus* oder *bonus*) der antiken Literatur führte dazu, dass sich in dieser Zeit im römischenReich ein ähnlicher Vorgang, nur unter anderen Vorzeichen wiederholte wie in der Zeit der Punischen Kriege. Begann damals die Hellenisierung, so jetzt die Christianisierung Roms, zugleich aber auch, dank des gegenseitigen Gebens und Nehmens, die Romanisierung des westlichen Christentums. Es waren also die Kirchenväter, die die Grundlage dafür schufen, dass das antike literarische Erbe ein wesentliches Element der europäischen Kultur wurde.

Erste christliche Dichtung Augustinus berichtet in seinen *Confessiones* (9,7,15), die er 397/8 n.Chr. geschrieben hat und die in der lateinischen Literatur dank ihrer Aussagekraft und der formalen Gestaltung eine einzigartige Stellung einnehmen, der Mailänder Bischof Ambrosius (339–397 n.Chr.) habe i.J. 386 n.Chr. in seiner Kirche, in der er mit seiner Gemeinde, verfolgt von der arianisch gesinnten Kaiserin Justina, belagert wurde, das Volk nachts seine *Hymnen* singen lassen; dieser Brauch sei inzwischen, also gut zehn Jahre später, bereits von vielen Kirchengemeinden übernommen worden. Dies war die Geburtsstunde der christlichen Hymnendichtung im Bereich der Westkirche.

Bis dahin war vor allem der Gemeinschaftsgesang der Psalmen und biblischer Lobgesänge (*cantica*) üblich gewesen, die, wie Plinius in seinem Christenbrief an Trajan bezeugt (10,96,7), oft wechselweise gesungen wurden.

Kennzeichnend für die ambrosianischen Hymnen ist ihre neue metrische Form. Sie bestanden aus je acht vierzeiligen Strophen im Versmaß des iambischen Dimeter. Diese für die Liturgie der Kirche bestimmte hymnische Dichtung bildete den Ausgangspunkt für die große geistliche und weltliche Lyrik des lateinischen Mittelalters.

Der größte christliche Dichter der Spätantike war Aurelius Prudentius Clemens (348–405 n.Chr.). Er ging andere Wege als Ambrosius, dessen Hymnendichtung er viel verdankte.

Prudentius war Spanier und brachte es nach seiner Ausbildung in der Ämterlaufbahn bis zum Provinzstatthalter, dann unter Kaiser Theodosius I. (379–395 n.Chr.) zu einem hohen Zivilamt an dessen Hof. Dieses gab er im Alter von 57 Jahren aber auf, weil er davon überzeugt war, Christus als Dichter besser dienen zu können. So entstanden seine Werke erst in den letzten zwei Jahrzehnten seines Lebens, von denen er einige Jahre in Rom verbracht hat. Tagesgebete und Festlieder hat er geschrieben, Lehr- und Streitgedichte, Hymnen und ein allegorisches Epos über den Kampf der Tugenden und der Laster in der Seele des Menschen, die *Psychomachia*. Dieses Epos hat auf die spätere christliche Dichtung einen großen Einfluss ausgeübt.

Prudentius war ein *doctus poeta* christlicher Prägung. Seine Dichtungen gehen über die liturgische Bestimmung der Hymnen des Ambrosius weit hinaus. Sie stellen einen hohen literarischen Anspruch und bieten ein gutes Beispiel für die rechte Nutzung der antiken Literatur durch die Christen. In seinen Hymnen insbesondere Horaz, in seiner *Psychomachia* vor allem Vergil verpflichtet, bemühte er sich um die christliche Deutung der augusteischen Idee des *imperium sine fine*, der Vergil in seiner Aeneis (1,279) Ausdruck verliehen hatte. Er war nämlich davon überzeugt, dass das Rom Christi, das Rom der Demut und der Gerechtigkeit, nicht mehr altern werde.

Ausklang und Wandlung Dank der großen literarischen Leistungen der Kirchenväter hat die lateinische Westkirche wesentlich dazu beigetragen, dass sich die christlich geprägte lateinische Kultur auch ausbreiten konnte, als im 5. Jh. n. Chr. das Weströmische Reich zerfiel (↗ 45) und König Theoderich (493 - 526 n. Chr.) schließlich das Reich der Ostgoten in Italien begründete. Er regierte von Ravenna aus, das bereits 403 n. Chr. zur Residenzstadt des oströmischen Kaisers aufgerückt war, den Westen des Reiches. Hier konnte sich die spätantike Bildung und Wissenschaft vorübergehend noch einmal entfalten. Theoderich hatte führende Vertreter der alten römischen Oberschicht an seinen Hof berufen. Die bedeutendsten unter ihnen waren Boethius und Cassiodor. Boethius wurde ebenso durch seine Aristoteles-Übersetzungen wie durch seine *Consolatio* (↗ 140) zu einem großen Vermittler zwischen Antike und christlichem Mittelalter.

Cassiodor (ca. 490 - 583 n. Chr.) bemühte sich als Kanzler Theoderichs, in diesem Amt Nachfolger des 524 n. Chr. hingerichtetem Boethius, zunächst um eine Versöhnung zwischen Römern und Ostgoten, zog sich dann aber um 540 n. Chr. vom öffenlichen Leben zurück und gründete in Vivarium (↗ 156) ein Kloster, in dem er auch eine Schule einrichtete. Wenn es ihm in seiner wissenschaftlichen Arbeit auch vor allem um die Verkündigung der Lehre Christi und um die Überlieferung der christlichen Literatur ging, so nutzte er doch die alte römische, um den Bildungsstand seiner Mönche zu heben.

In der Schrift *Institutiones divinarum et humanarum litterarum* gliederte er die antiken Künste und Wissenschaften, wie bereits Seneca (epist. 88,1 - 20) in die *septem artes liberales* (↗ 151). Die Grammatik, Rhetorik und Dialektik bilden die untere Stufe (später *Trivium* genannt), die Arithmetik, Geometrie, Musik und Astronomie die obere *(Quadrivium)*.

Diese Gliederung ist bis zum Ausgang des Mittelalters beibehalten worden, weil man der Überzeugung war, dass sie den Kern einer umfassenden Bildung des Menschen enthalte.

Die Überlieferung der Literatur Cassiodor ließ die überlieferten Texte *(codices)* sammeln und abschreiben, damit sich seine Mönche in der Auseinandersetzung mit ihnen schulen und die nachfolgenden dies ebenfalls tun konnten. So sind es Mönche gewesen, denen die Überlieferung der römischen Literatur zu verdanken ist. Sie schrieben in ihren Klöstern nach dem Untergang des weströmischen Reiches, nachdem das Beispiel Cassiodors Schule gemacht hatte, die überlieferten Texte immer wieder ab, und zwar bis zur Erfindung der Buchdruckerkunst über ein Jahrtausend lang. Dies war die entscheidende Voraussetzung dafür, dass sich nach den Stürmen der Völkerwanderung im 5. und 6. Jh. n. Chr. in den sich bildenden Staaten Europas eine Kultur entfalten konnte, die diese Staaten noch heute verbindet.

Die Philosophie

1. *Die griechische Philosophie als Wurzel römischen Philosophierens*

Am Anfang der griechischen Philosophie steht das Sich-Wundern, das Sich-Wundern über das Entstehen und Vergehen in der Natur, über die Ordnung in der Welt, über die Erscheinungen des Kosmos. Daraus entsteht die Frage nach dem Ursprung und Anfang der Welt und des Kosmos, nach den dahinterstehenden Antriebskräften und nach Gesetzmäßigkeiten in der Natur. Als Mittel zur Erkenntnis bedient sich der Mensch der Vernunft. So wird der Weg vom Mythos, von dem noch die Epen Homers geprägt sind, zum *lógos* beschritten. Die Erscheinungen in der Welt werden nicht mehr auf das Einwirken der Götter zurückgeführt, sondern auf natürliche und durch die Vernunft erfassbare Ursachen. Wissen wird allmählich zur Wissenschaft verdichtet.

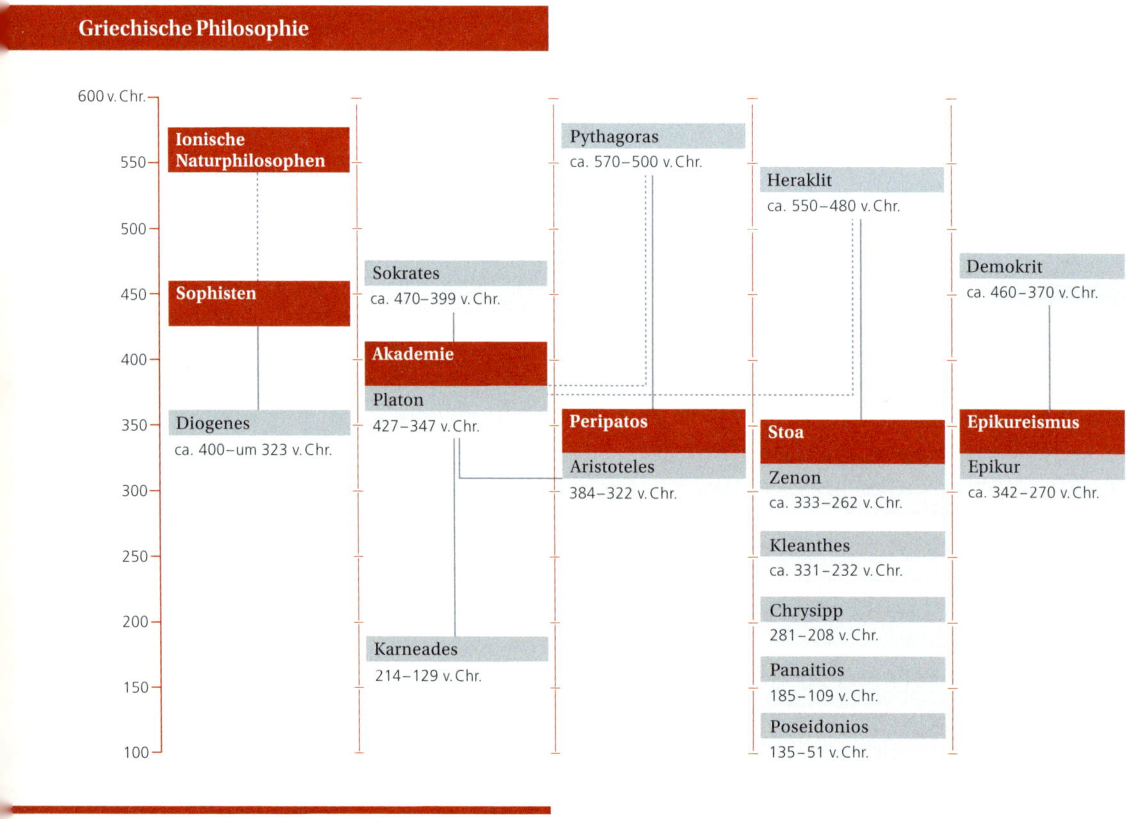

Die Philosophie, die Liebe zur Weisheit, ist also von Anfang an auf einen Erkenntnisprozess ausgerichtet, der sich auf alle Gebiete erstreckt, die den Menschen zu Fragen über die ihn umgebenden und ihn betreffenden Dinge anregen. So umfassen die drei Bereiche der antiken Philosophie auch Wissensgebiete, die heute als eigene Disziplin angesehen werden: Physik, Astronomie, Biologie, Geologie, Psychologie und Theologie werden der Physik zugeordnet, Rhetorik, Linguistik und Logik unter dem Oberbegriff Logik zusammengefasst und die Politologie gehört zur dritten Kategorie, der Ethik.

Der Gegenstand des Fragens hat sich allerdings von den Anfängen um 600 v. Chr. bis zur griechischen Klassik des 4. Jh.s v. Chr. entscheidend geändert. Zunächst stand bei den Vorsokratikern – so werden alle Philosophen vor Sokrates genannt – die Frage nach dem Wesen des Kosmos und des Seins im Vordergrund. Mit den Sophisten, die sich als Lehrer der Weisheit verstanden und die Sokrates zu seiner Philosophie herausgefordert haben, tritt der Mensch in den Mittelpunkt des Fragens. Aber erst Sokrates selbst hat – so formuliert es Cicero (Tusc. 5, 10) – »die Philosophie vom Himmel heruntergeholt und in den Städten angesiedelt«.

Die Vorsokratiker

Die griechische Philosophie nahm ihren Anfang nicht in Athen, sondern in den Randgebieten der griechischen Welt, an der kleinasiatischen Küste, auf vorgelagerten Inseln, in Unteritalien und auf Sizilien. Die naturwissenschaftlichen und mathematischen Erkenntnisse sind z. T. noch heute Gegenstand der Unterrichtsfächer Mathematik und Physik (z. B. der Satz des Thales und des Pythagoras). Die philosophische Deutung des Seins bleibt dagegen im Spekulativen (s. Hellenika ↗202 ff.).

Die ionischen Naturphilosophen stellten vor allem die Frage nach dem Urstoff, aus dem sich organisches Leben entwickelt. Thales (ca. 624 - 546 v. Chr.) hielt das Wasser für diesen Urstoff, Anaximander (ca. 610 - 540 v. Chr.) das Grenzenlos-Unbestimmte und Anaximenes (ca. 585 - 525 v. Chr.) die Luft; aus ihr werde durch Verdünnung Feuer und durch Verdichtung Wasser, Erde und Stein.

Danach stand die Frage nach den Ursachen von Werden und Veränderung stärker im Vordergrund. Auch über die Rolle des Menschen in der Natur wurde bereits nachgedacht. Die Hauptvertreter dieser Fragerichtungen kamen zu folgenden Einsichten:

Grundlegende Aussagen der Vorsokratiker

Pythagoras ca. 570–500 v. Chr.	**Heraklit** ca. 550–480 v. Chr.	**Demokrit** ca. 460–370 v. Chr.
Den Erscheinungen aller Dinge liegen Zahlen zu Grunde.	Alles ist Kampf von Gegensätzen, alles ist Einheit von Gegensätzen.	Atome und der leere Raum sind das einzig Existierende. Atome sind ungeworden, unveränderlich, ewig.
Himmel und Kosmos (7 Planeten, Sphärenmusik durch Drehung um die Erdkugel) bilden eine auf Zahlenverhältnissen basierende Harmonie.	Krieg ist der »Vater« von allem, Leben besteht im Kampf ums Dasein und der Auslese der Tüchtigen.	Alles Werden ist mechanische Bewegung und beruht auf der Wirbelbewegung der Atome.
Unsterblichkeit und Gottähnlichkeit der Seele garantieren einen ewigen Wohnsitz in der Milchstraße.	Der Kosmos ist ein ewiges, lebendiges Feuer; dieses Feuer ist vernunftbegabt und regiert die Welt.	Die Seele des Menschen besteht aus feinen, glatten, runden Feueratomen; sie ist über den ganzen Körper verstreut und zerfällt nach dem Tod.
	Soweit der Mensch Anteil hat am Logos, ist er zur Einsicht fähig, denn Sinneswahrnehmungen vermitteln nur Meinen nicht Wissen.	Heitere Gemütsruhe der Seele (Bild des glatten Meeresspiegels) ist höchstes Ziel des Menschen.
	Es gibt nichts Bleibendes, sondern nur ein fortwährendes Werden (Alles ist im Fluss).	

Erst mit den Sophisten wird ein ausschließlich anthropozentrisches Denken vorherrschend. Nicht mehr die Natur *(phýsis)*, sondern der Mensch als denkendes und handelndes Subjekt rückt in den Mittelpunkt. Die Erziehung und Bildung des Menschen wird zum Hauptbetätigungsfeld der Sophisten. Nach Protagoras (ca. 480 – 410 v. Chr.) ist der Mensch das Maß aller Dinge. Zu jeder geistigen Position gibt es eine Gegenposition. Gut ist, was zweckmäßig ist, deshalb muss man notfalls die schwächere Seite zur stärkeren machen. Gorgias (ca. 485 – 380 v. Chr.) legt vor diesem Hintergrund besonderen Wert auf die theoretische und praktische Rhetorik: Überreden ist wichtiger als Überzeugen durch Wahrheit. Subjektivismus und Relativismus seines Denkens werden deutlich an der Auffassung, dass der Mensch nur das zum Gegenstand seines Denkens machen kann, was auch wirklich existiert.

Sokrates

Leben und Wirken Sokrates (ca. 470 – 399 v. Chr.) hat keine schriftlichen Zeugnisse hinterlassen. Wir kennen seine Person, seine Lehre und seine Methode des philosophischen Fragens, die Dialektik, im Wesentlichen durch die Schriften seiner Schüler, besonders durch die Werke Platons. Mit seiner Lehre von der Einheit von Wissen, Wollen und Handeln und mit seiner Forderung, sich vornehmlich um die eigene Seele, um das eigene Leben zu kümmern, stieß Sokrates nicht nur bei einem Teil seiner Mitbürger, sondern auch bei den Politikern Athens auf Widerstand. Er wurde zum Tode verurteilt, weil er angeblich nicht an die Götter glaubte, die die Polis verehrte, und weil er die Jugend verführe. Obwohl seine Freunde ihm die Flucht aus dem Gefängnis ermöglichen wollten, lehnte Sokrates den Widerstand gegen die Staatsgewalt ab. Er starb – wie Platon in dem Dialog Phaidon berichtet – in heiterer Gelassenheit und im Gespräch mit seinen Freunden, indem er den Schierlingsbecher trank, ein Gift, mit dem in Athen Todesurteile vollstreckt wurden.

Philosophische Aussagen Den naturwissenschaftlichen Fragestellungen seiner Vorgänger kann Sokrates kein Interesse abgewinnen. Umso intensiver setzt er sich mit den Sophisten und deren Menschenbild auseinander. Gegen ihre Relativierung ethischer Werte, gegen ihren utilitaristischen Individualismus, gegen ihren Anspruch, alles zu wissen und jeden die Tugend lehren

▶ Sokrates. Marmorbüste (Neapel, Museo Nazionale) Kopie nach einer Porträtstudie des 4. Jhs. v. Chr.

zu können, setzt Sokrates das Wissen des Nichtwissens. Erst wenn er seinen scheinbar wissenden Gesprächspartner zu der Einsicht gebracht hat: »Ich weiß, dass ich nichts weiß«, ist der Weg bereitet, sich dem wahren Wissen anzunähern.

Das Denken des Sokrates kreist um die Fragen: »Was ist gerecht? Was ist gut? Was ist schön?« Das Wissen um diese Dinge ist für Sokrates von entscheidender Bedeutung. Er glaubt nämlich, dass derjenige, der das Schöne und Gute kennt, auch danach handeln werde (sokratischer Optimismus). Sein Hauptanliegen war es, den Menschen zur Erkenntnis seiner selbst zu führen, ihn zu einer ständigen Prüfung seines Lebens zu bringen und das in ihm angelegte Wissen um die Tugenden wie Gerechtigkeit, Frömmigkeit, Tapferkeit hervorzulocken. Diese Kunst bezeichnet Platon als Maieutik (Hebammenkunst). Der ehemalige Steinmetz Sokrates zog durch die Straßen Athens und verwickelte die Menschen in für sie häufig peinliche Dialoge. Auch wenn diese oft in der Aporie, der Ausweglosigkeit endeten, d.h. in der Unmöglichkeit, eine gestellte Frage auch endgültig beantworten zu können, so war doch damit der Prozess des In-Frage-Stellens und des Nachdenkens eingeleitet (s. Hellenika ↗209 ff.).

Platon

Leben und Werk Sein Schüler Platon (427 - 347 v. Chr.), der aus einer adligen Familie Athens stammte, hat Sokrates in einer Vielzahl von Dialogen ein unsterbliches Denkmal gesetzt, wobei nicht immer eindeutig zwischen sokratischem und platonischem Gedankengut zu unterscheiden ist.

Platon kehrte nach der Hinrichtung des Sokrates seiner Heimatstadt Athen zunächst den Rücken, um nach zwölf Jahren Wanderschaft wieder dorthin zurückzukehren. Im Hain des Heros Akademos gründete er im Jahre 387 v. Chr. seine Philosophenschule, die Akademie, die erste Hochschule des Abendlandes. Sie hatte über 800 Jahre Bestand, bis sie Kaiser Justinian im Jahre 529 n. Chr. auflöste.

◂ Platon. Marmorkopf (Privatbesitz) Kopie nach einer Porträtstatue

Philosophische Aussagen Platons Philosophie umfasst im Wesentlichen drei Bereiche: die Ideenlehre, die Tugendlehre und die Lehre vom Idealstaat.

Hinter der Ideenlehre steht die Frage nach dem wahrhaft Seienden. Alle uns umgebenden Dinge sind nur Abbilder von Urbildern, den ewigen, immateriellen, unabhängig von Zeit und Raum existierenden Ideen. Die Erkenntnis dieses unveränderlichen Seins ist nur durch reines Denken möglich, denn alle Sinneswahrnehmungen sind Täuschungen. Da die Seele in ihrer Präexistenz, d. h. vor ihrer Verbindung mit dem Körper, die Ideen geschaut hat, bedarf es nur der Wiedererinnerung, um zur wahren Erkenntnis des Seins zu gelangen. Der Mensch kann im Idealfall, wenn das vernünftige Denken *(logistikón)* in seiner Seele über Affekte und Triebe herrscht, bis zur Schau der höchsten Idee, der Idee des Guten, gelangen. Den möglichen Aufstieg des Menschen zu den Ideen macht Platon an einem Gleichnis, dem Höhlengleichnis, deutlich: Die Menschen gleichen in Höhlen angeketteten Wesen, die von der wirklichen Welt nichts sehen können. Sie halten Schatten von künstlichen Gegenständen, die durch eine Lichtquelle hinter ihrem Rücken an die Höhlenwand geworfen werden, für die Wirklichkeit. Erst wenn es einem Menschen gelingt, sich zu befreien und sich umzudrehen, sieht er die eigentlichen Gegenstände, die die Schatten werfen, aber noch nicht die Wirklichkeit sind. Wenn er dann noch den Weg nach oben aus der Höhle heraus bis ans Tageslicht gegangen ist, erkennt er die wirklichen Dinge und die Sonne, die die Idee des Guten versinnbildlicht.

Die Tugendlehre Platons steht in engem Zusammenhang mit seiner auf Pythagoras zurückgehenden Seelenlehre. Die Seele besteht aus drei Teilen. Den ersten Rang nimmt das vernünftige Denken *(logistikón)* ein; in der Mitte liegt der Mut oder die Beherztheit, ein impulsives Streben (*thymoeidés*), das unter der Leitung des *logistikón* zum richtigen oder falschen Ziel geführt werden kann; auf der untersten Stufe steht die Begierde *(epithymetikón)*. Jedem Seelenteil ordnet Platon bestimmte Tugenden zu: Einsicht *(phrónesis)* bzw. Weisheit *(sophía)* dem herrschenden Seelenteil, Tapferkeit *(andreía)* der mittleren und Selbstbeherrschung bzw. Besonnenheit *(sophrosýne)* der untersten Stufe. Ihnen übergeordnet ist die Gerechtigkeit *(dikaiosýne)*. Sie herrscht, wenn alle Seelenteile ihre Aufgabe im rechten Maß erfüllen. Wie bei Sokrates sind diese vier Kardinaltugenden lehr- und lernbar, denn sie beruhen auf Wissen. Die Seele soll sich so weit wie möglich von der Vernunft leiten lassen und sich von den Fesseln des Körpers lösen, um nach dem Tod in die Sphäre des Geistigen und Göttlichen, in die Welt der Ideen, zurückzukehren.

In der *Politeia (Staat)* stellt Platon seinen Idealstaat vor. Dieser Entwurf hat bis in die Gegenwart zur Entwicklung immer neuer Staatsmodelle geführt (↗143; Hellenika ↗214 ff.).

Grundlage dieses Idealstaates ist die Gerechtigkeit. Sie beruht nach Überzeugung Platons nicht auf dem Recht des Stärkeren – so die Auffassung der Sophisten –, sie ist vielmehr eine Tugend und nicht ohne Weisheit zu verwirklichen. In Platons Idealstaat tragen drei Stände auf verschiedene Weise zur Verwirklichung der Gerechtigkeit bei. Die untere Schicht (Bauern, Handwerker, Kaufleute) bildet den so genannten Nährstand. In diesem Bereich herrscht das Prinzip der Arbeitsteilung, Familie und Privatbesitz sind erlaubt; die Tugend des Nährstandes besteht in der Selbstbeherrschung. Der so genannte Wehrstand und die Beamten sichern nach außen den Bestand des Staates und nach innen dessen Ordnung. Sie zeichnen sich durch Tapferkeit aus. Diese Wächter und Hüter des Staates verzichten auf Privateigentum und Familie; Frauen und Kinder gehören allen gemeinsam; sie werden in Waffen und Wissenschaften ausgebildet. Aus ihnen rekrutiert sich nach einer intensiven Unterweisung in Philosophie – frühstens nach dem 50. Lebensjahr – als dritter Stand die Führerschicht. Dann sind die Könige auch Philosophen, sie allein sind im Besitz der Wahrheit, da sie die Idee des Guten geschaut haben. Sie regieren deshalb den Staat nach dem Prinzip der Gerechtigkeit fehlerlos. Zur Regentenschicht können in gleicher Weise Männer wie Frauen aufsteigen. Dieser Philosophenstaat hat nach Platon absolute Priorität gegenüber dem Einzelnen.

In seinem zweiten staatsphilosophischen Werk, den *Nomoi (Gesetzen)*, hat Platon seine rigorosen Forderungen aus der *Politeia* abgemildert und die Prinzipien eines zweitbesten Staates formuliert. Dieser Staat basiert auf dem Prinzip der Freundschaft und bedarf geschriebener Gesetze. Privateigentum und Familie werden gestattet.

Aristoteles

Leben und Werk Aristoteles (384 – 322 v. Chr.) war zunächst Anhänger Platons und 20 Jahre lang Mitglied der Akademie. Aber im Laufe der Zeit distanzierte er sich mehr und mehr von seinem Lehrer. Einige Jahre war er Erzieher des Prinzen Alexander, der 336 v. Chr. König von Makedonien wurde und später den Beinamen »der Große« erhielt. Schließlich gründete er im Jahre 334 v. Chr. in einer ehemaligen Sportanlage Athens, dem Lykeion (daher der Name »Lyceum«), seine eigene Schule. Sie wurde nach der Säulenhalle, in der man beim philosophischen Gespräch auf und ab ging, Peripatos genannt. Die Anhänger der Schule hießen Peripatetiker. Das uns überlieferte *Corpus Aristotelicum* wurde erst im 1. Jh. v. Chr. aus Vorlesungsmanuskripten zusammengestellt und nach bestimmten Kategorien geordnet. Dazu gehören z. B. die Bereiche Physik, Metaphysik, Ethik, Politik, Rhetorik, Poetik (s. Hellenika ↗ 221 ff.).

Philosophische Aussagen An die Stelle des Idealismus Platons tritt ein stärkerer Realismus und Pragmatismus. Die Vorstellung von den ewigen Ideen und den Dingen als deren Abbildern ersetzt Aristoteles in der *Metaphysik* durch das Begriffspaar Stoff/Materie und Form/Gestalt, die jedem Ding, jedem Wesen immanent sind. Stoff ist das Passive, das Zugrundeliegende, es enthält die Möglichkeit zu etwas, erst die Form bewirkt, dass dieses oder jenes Ding entsteht; die Form ist das Prinzip des Wirkens.

Auch fragt Aristoteles nicht nach dem Gut an sich, sondern nach dem Erreichbaren. Für ihn liegt jede praktisch-ethische Tugend in der Mitte zwischen zwei Extremen, so z. B. die Tapferkeit zwischen Feigheit und Tollkühnheit. Als höchste Tugend ist die Gerechtigkeit zu bewerten.

Mit der Frage nach dem Ziel des Lebens und dem Nachdenken des Menschen über seine Lebensführung hat Aristoteles das Gebiet der Ethik in der Philosophie

◂ Aristoteles. Marmorkopf (Wien, Kunsthistorisches Museum) Kopie nach einer Porträtstatue

verankert. An der Antwort, dass das Ziel des Lebens in der Eudämonie, im Glück, bestehe, halten alle nachfolgenden Schulen fest, nur dass sie verschiedene Wege zu diesem Ziel weisen.

Aristoteles gilt auch als Begründer der Logik. Dieser Teil der Philosophie befasst sich mit den Syllogismen, d. h. den Verfahren, nach denen wir Schlussfolgerungen ziehen.

Beispiel: Wenn a = b und b = c, dann gilt a = c (Sokrates ist ein Mensch, alle Menschen sind sterblich, also ist Sokrates sterblich). Die Logik beschäftigt sich weiterhin mit Wortarten und Satzteilen, mit Ober- und Unterbegriffen, mit Deduktion (Ableiten des Einzelnen aus dem Allgemeinen) und Induktion (Hinführung vom Einzelnen zum Allgemeinen).

Für seine Staatslehre hat Aristoteles die Verfassungen von 158 Staaten sammeln lassen. Seiner Meinung nach trägt der Mensch von Natur aus einen Trieb zur Gemeinschaft in sich; er ist ein *zóon politikón* und zum Handeln im Rahmen des Staates geboren. Neben den Staatsformen Monarchie, Aristokratie und gemäßigter Demokratie nennt Aristoteles noch die jeweiligen Entartungsformen: Tyrannis, Oligarchie und Ochlokratie. Der Idealstaat hat die Sicherheit und die Vervollkommnung des sittlichen Lebens eines jeden Bürgers zum Ziel. Familie und Privateigentum bilden die Grundlage dieses Staates. Auch hier distanziert sich Aristoteles von den Ansichten seines Lehrers Platon über das Zusammenleben der Menschen. Der Gedanke, dass das Wohl des Staates von dem Zusammenspiel der drei Faktoren Regierung, beratende und richtende Körperschaft abhängt, weist weit auf das neuzeitliche Prinzip der Gewaltenteilung (Exekutive, Legislative, Iudikative) voraus.

Neue Ansätze im Hellenismus

Die bereits von Aristoteles aufgeworfene Frage, wie der Mensch leben müsse, um glücklich zu sein, also die Frage nach der *eudaimonía*, wird in der Folgezeit zum beherrschenden Thema der verschiedenen Schulen.

Eine eher untergeordnete Rolle spielen die Kyniker, die in der Bedürfnislosigkeit und in der Askese ihr höchstes Ziel sahen und damit die sokratische Geringschätzung des Materiellen auf die Spitze trieben. Sie befriedigten wie Hunde (griech. *kýon* = Hund) auch ihre körperlichen Bedürfnisse auf der Straße und erregten durch diese Schamlosigkeit besonderen Anstoß. Der moderne Begriff »Zynismus« ist von den Kynikern abgeleitetet, ohne deren Programm ganz zu treffen. Am bekanntesten ist Diogenes, der zeitweise in einer Tonne lebte, nicht einmal einen Becher zum Trinken benötigte und zu Alexander, der ihm einen Wunsch erfüllen wollte, gesagt haben soll: »Geh mir aus der Sonne« (Cicero, Tusc. 5, 92). Er starb – so wird berichtet –, indem er den Atem anhielt.

Wichtiger für die Geschichte der Philosophie sind Epikur und seine Schüler auf der einen und die Stoa auf der anderen Seite, die höchst unterschiedliche, z. T. kontroverse Antworten auf die Frage nach dem höchsten Glück des Menschen gegeben haben.

Epikur

Leben und Werk Epikur (ca. 342 – 270 v. Chr.) gründete 306 v. Chr. in einem Garten *(képos)* in Athen eine neue Schule. Seine Anhänger, darunter auch Frauen und Sklaven, verehrten ihren Meister so sehr, dass die Schule nach Epikur keinen namhaften, eigenständigen Denker mehr hervorgebracht hat. Sie widmete sich ausschließlich der Tradierung der Lehre ihres Schulgründers.

Die Atomlehre Epikurs, die auf Demokrit basierte, wurde im Wesentlichen durch Lukrez der Nachwelt weitergegeben. Im Mittelpunkt der Lehre Epikurs steht allerdings die Ethik (s. Hellenika ↗ 226 f.).

Philosophische Aussagen Für Epikur ist die Lust (*hedoné*) das höchste Gut und der Schmerz das größte Übel. Deshalb besteht das Glück des Menschen in einem vernünftigen, maßvollen Lebensgenuss, in Schmerzfreiheit, in der Ungestörtheit *(ataraxía)* des Geistes, in der Ruhe der Seele. Epikur nimmt das Bild Demokrits von der Gelassenheit der Seele, die einer Meeresstille gleicht, wieder auf.

Die Vorstellung von der Ausschweifung, die man häufig mit dem Begriff »Hedonismus« verbindet, würde der Lust, wie sie Epikur versteht, völlig widersprechen: Sie muss von der Vernunft gesteuert werden, da jedes Übermaß genau das Gegenteil von Lust bewirken würde.

Mit Hilfe der Vernunft befreit sich der Mensch von Ängsten, Begierden und anderen Leidenschaften und lebt zurückgezogen im Kreise seiner Freunde zur Verwirklichung seiner individuellen Freude. Epikurs Lebensphilosophie lautete: »Lebe im Verborgenen!«

Die Stoa

Auch die Stoa erhielt ihren Namen nach ihrem Versammlungsort in Athen, der bunten Säulenhalle *stoá poikíle*. Diese Schule wurde um 300 v. Chr. von Zenon, der sich von Epikur herausgefordert fühlte, gegründet. Nach ihm leiteten Kleanthes (ca. 331 - 232 v. Chr.) und Chrysipp (ca. 281 - 208 v. Chr.) die Schule (s. Hellenika ↗224 ff.).

Philosophische Aussagen Während bei Epikur die Lust das höchste Ziel des Lebens ist, gilt sie in der Ethik der Stoa als eine der Leidenschaften, die zu bekämpfen sind; die Vernunft, dort Mittel zur Erlangung der Lust, wird hier zum höchsten Gut und Ziel des Lebens.

Die Philosophie der Stoa ist gekennzeichnet durch die scharfe Unterscheidung zwischen Weisen und Nicht-Weisen. Nur der Weise kann sittlich gut handeln, er besitzt die Tugend, die *areté*, in vollendeter Form, er allein ist frei und glücklich. Er ist frei von Leidenschaften (Apathie) und im Besitz einer unerschütterlichen Seelenruhe (Ataraxie). Er hat mit seiner Vernunft teil an der Weltvernunft, die als feuriger Hauch *(pneúma)* alles durchströmt und den Kosmos, die Welt und die Menschen als beseeltes Ganzes gestaltet. Durch dieses wirkende Prinzip in der Welt geschieht alles mit Naturnotwendigkeit (Determinismus). Die Willensfreiheit besteht in der freiwilligen Annahme des

▼ Epikur (links) und Zenon (rechts).
Bronzebüsten aus der Villa einer römischen Patrizierfamilie bei Herculaneum. Kopien ca. 50 v. Chr. nach Originalporträts des 3. Jh.s v. Chr. (Neapel, Museo Nazionale)

▲ Raffael: Die Schule von Athen, 1509 – 1510. Ausschnitt aus einem Wandfresko im Vatikan, Rom

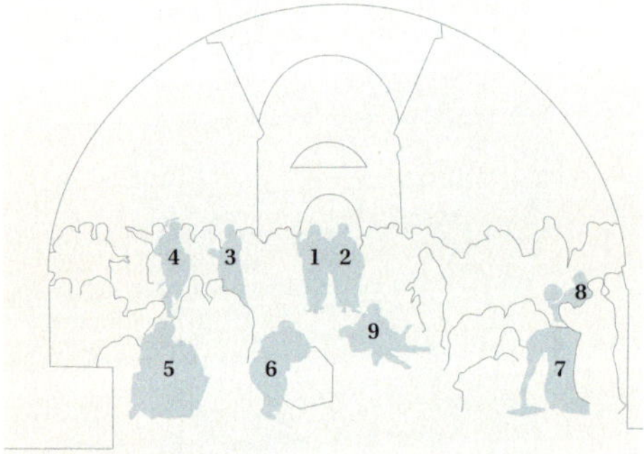

Im Zentrum, das durch drei Bögen und den blauen Himmel dahinter (z. T. oberhalb dieses Bildausschnitts) zusätzlich betont wird, sehen wir Platon (1) und Aristoteles (2). Sie sind in ein Gespräch vertieft, wahrscheinlich über die Bücher in ihrer Hand, den *Timaios* und die *Ethik*, schreiten aber auch gleichsam wie in einem Triumphzug durch ein Spalier von Schülern. Auf dem Teil der Treppe hat Raffael die Wissenschaften Grammatik, Rhetorik und Dialektik dargestellt. An der Ecke der linken Säulenwand erkennen wir im Profil Sokrates (3) mit seinen Schülern. Einer von ihnen, der mit dem Helm, ist Alkibiades (4). Am Fuße der Treppe sind die Vertreter der Arithmetik, Musik, Geometrie und Astronomie versammelt. Im Vordergrund links entwickelt Pythagoras (5) seine Zahlenlehre. Rechts daneben grübelt, an einen Marmorblock gelehnt, der Naturphilosoph Heraklit (6). Auf der anderen Seite der Treppe beugt sich Euklid (7) inmitten einer Schülergruppe mit einem Zirkel über eine Tafel. Darüber benutzt Ptolemäus (8) einen Globus zur Erklärung der Astronomie. Auf der Treppe liegt, von der Welt abgewandt, der Philosoph Diogenes (9) mit seiner Essschale.

Schicksals *(heimarméne)* und in einem von der Vernunft gelenkten Leben gemäß der Natur.

Die Unerreichbarkeit dieses Ideals und der Rigorismus dieser Anforderungen wurden durch die nachfolgenden Stoiker erheblich abgemildert. Unter dem Rhodier Panaitios (ca. 185 - 109 v. Chr.) entwickelte sich die stoische Schule, die seit 129 v. Chr. von ihm geführt wurde, zur führenden Philosophieschule.

Panaitios stellt das entscheidende Bindeglied zwischen der hellenistischen Philosophie und der Übernahme und Weiterentwicklung durch die Römer dar.

Seine Auffassung, dass in der praktisch-politischen Tätigkeit im Dienste der Gemeinschaft das Ideal des Menschen bestehe, hat die Römer besonders empfänglich gerade für diese philosophische Richtung gemacht. In seinem Werk *Über die Pflicht* hebt Panaitios besonders hervor, dass soziale Gesinnung frei sein müsse von persönlichem Ehrgeiz. Erst so bringe die Führungsaufgabe im Staat, die er als höchste Pflicht ansieht, tiefste Befriedigung. Dieses Werk war wohl ganz bewusst für die römische Aristokratie geschrieben. Cicero hat die Kernaussagen in seiner Schrift *De officiis* (↗134) wieder aufgenommen. Panaitios ist geprägt durch den Historiker Polybios (↗34), der die Ansicht vertrat, dass die Herrschaft Roms eine geschichtliche Notwendigkeit sei, die in der besonderen Art der römischen Verfassung, nämlich in der Mischverfassung, ihre Ursache habe.

Poseidonios (ca. 135 - 51 v. Chr.), Schüler des Panaitios, gründete auf Rhodos eine eigene Schule. Zu seinen Hörern dort gehörten auch Pompeius und Cicero, der wesentliche Gedanken aus den fast ganz verlorengegangenen Schriften des Poseidonios für die Nachwelt erhalten hat (s. Hellenika ↗185).

Beide Philosophenschulen, Stoa und Epikureismus, haben sich neben der Ethik, auf der allerdings ihr besonderes Interesse lag, auch mit den beiden anderen Hauptgebieten der antiken Philosophie, der Logik und der Physik, befasst. Die Logik spielt dabei nur in der Stoa eine größere Rolle. Sie erweitert die Syllogistik des Aristoteles und befasst sich mit der Etymologie von Wörtern. Die Physik, zu der auch die Theologie zu rechnen ist, diente beiden Richtungen als Erklärungshintergrund für ethisches Handeln (vgl. hierzu auch Lukrez und Seneca).

2. *Philosophie in Rom*

Auseinandersetzung mit der griechischen Philosophie

Durch die Ausdehnung der römischen Herrschaft auf Unteritalien (um 290 v. Chr.) und die Eroberung Siziliens nach dem 1. Punischen Krieg (264 - 241 v. Chr.) kamen die Römer auch näher mit der griechischen Kultur in Berührung. Ihre Auseinandersetzung mit der griechischen Philosophie ist gekennzeichnet durch ein Schwanken zwischen Faszination und Aneignung einerseits und totaler Ablehnung andererseits. Hierfür zwei Beispiele:

Scipio Aemilianus, der spätere Eroberer von Karthago (146 v. Chr.) und Numantia (133 v. Chr.), versammelte in seinem Haus einen Freundeskreis von gebildeten Römern zum Gedankenaustausch über philosophische Grundfragen (↗87). Cicero hat diesen Scipionenkreis in seinem Werk *De re publica* lebendig werden lassen. Zu ihm gehörten die bedeutendsten Griechen ihrer Zeit, der Historiker Polybios und der Philosoph Panaitios. Diesem Scipionenkreis ist es gelungen, die starre altrömische Auffassung von *virtus* aufzubrechen und für neue Fragestellungen zu öffnen. Er hat den Römern nicht nur die systematische Geschlossenheit griechischen Denkens und eine theoretische Begrifflichkeit vermittelt, sondern auch der typisch römischen Philosophie eines Cicero und Seneca den Weg gebahnt: Sie haben die theoretischen Erörterungen über Werte und Normen immer auf ihren Bezug zur Praxis und auf ihre Umsetzbarkeit hin überprüft.

Auf der anderen, der ablehnenden Seite steht M. Porcius Cato (↗88). Er ließ im Jahre 155 v. Chr. eine Gesandtschaft aus Athen, die eigentlich in politischer Mission nach Rom gekommen war, aber zugleich aus Vertretern der drei philosophischen Schulen Akademie, Peripatos und Stoa bestand, aus der Stadt verweisen.

Besonders der Anführer dieser Gesandtschaft, der Akademiker Karneades, hatte offensichtlich für seine Reden in Rom ein sehr interessiertes Publikum gefunden – übrigens ein Beweis dafür, dass die gebildete Schicht, selbstverständlich auch Cato, längst die griechische Sprache beherrschte. Cato befürchtete den Verlust ethischer Normen und der Wahrheit, weil Karneades an einem Tag für und am nächsten Tag gegen die Gerechtigkeit gesprochen hatte. Außerdem sah Karneades im Handeln von Staaten - auch des römischen Staates - und von Einzelmenschen nur den Egoismus des Individuums walten. Diese Diskussion nach zwei Seiten *(in utramque partem disserere)* ohne bindendes Wahrheitskriterium sah Cato besonders für die römische Jugend als gefährlich an.

Aber schließlich konnte sich gegen Männer wie Cato doch die Offenheit der Römer für fremde Kulturen und Denkrichtungen durchsetzen. Diese Aufgeschlossenheit lässt sich auch auf dem Gebiet der Religion und Literatur beobachten. Ihre Fähigkeit, aus der Fülle des Angebots das ihnen Gemäße auszuwählen (Eklektizismus) und mit Eigenem, Altbewährtem zu verbinden, begründete gerade die Eigenständigkeit der römischen Philosophie. Zwar sind Lukrez, Cicero und Seneca nicht vorstellbar ohne die griechischen Vordenker, aber vor allem Cicero und Seneca haben das griechische Gedankengut mit römischem Denken verbunden. Indem sie ethische Werte und Normen und die Frage, wie ein von der Philosophie geprägtes Leben zu gestalten sei, in den Mittelpunkt ihres Philosophierens stellen, haben sie zugleich die Denkansätze und Lösungsversuche der griechischen Philosophie entscheidend weiterentwickelt.

Lukrez

Leben und Werk Die Philosophie Epikurs hat in Rom - abgesehen von Auswirkungen auf den jungen Cicero und auf Dichter wie Vergil und Horaz - nur in Titus Lucretius Carus einen überzeugten Vertreter gefunden. Er ist der einzige Verfechter eines geschlossenen epikureischen Weltbildes.

Übersicht über die römische Philosophie

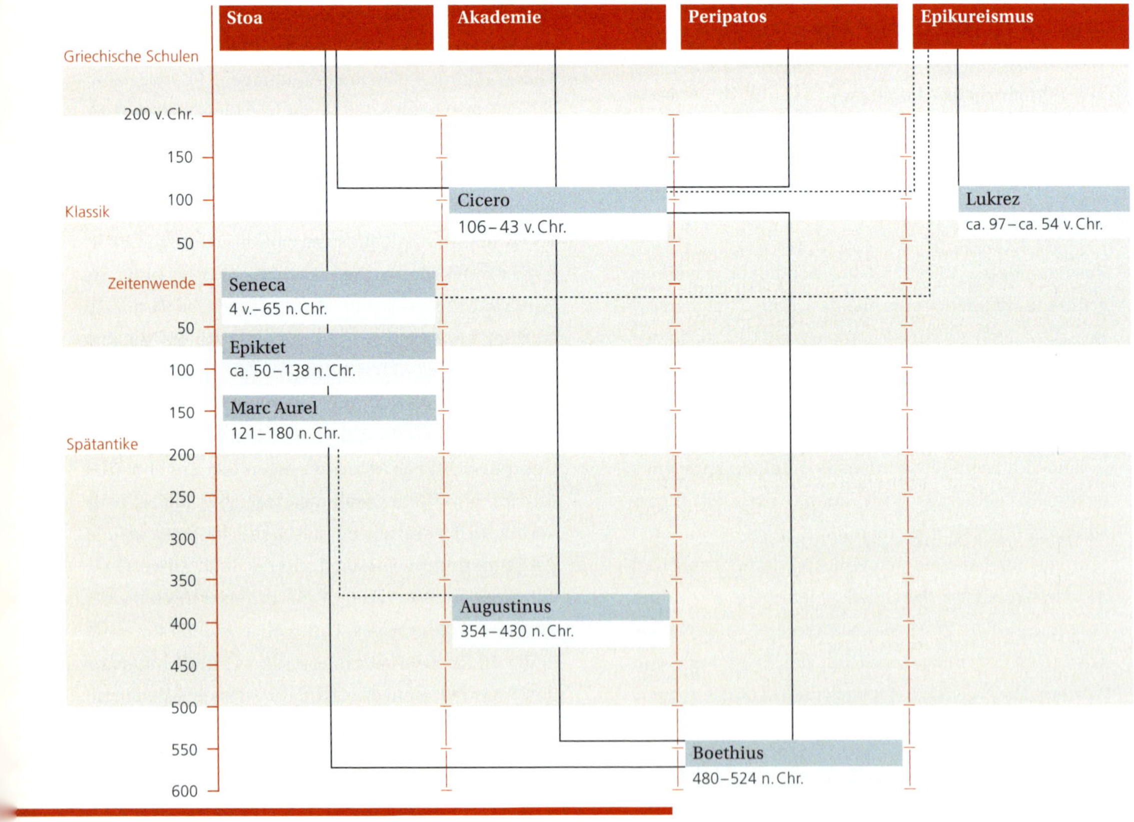

Vom Leben des Lukrez wissen wir nur, dass er 97 oder 95 v. Chr. geboren wurde und 55 oder 53 v. Chr. starb.

Sein Werk *De rerum natura*, ein in Hexametern verfasstes Lehrgedicht, enthält in 6 Büchern die Naturlehre Epikurs. Die Versuche, diesen Titel ins Deutsche zu übertragen, variieren: *Über die Natur der Dinge - Über die Welt - Vom Werden der Welt.* Lukrez hat sich besonders zum Ziel gesetzt, den Menschen von der Furcht vor dem Tod und vor den Göttern, bedingt durch mythische Darstellungen der Welt, des Kosmos und von Naturerscheinungen, zu befreien.

Mit der Darstellung der Lehre Epikurs ist zugleich auch eine Verherrlichung und tiefe Verehrung seines Meisters verbunden. Lukrez empfindet sich als sein Schüler, der seinem Freund Memmius und damit allen Römern mit diesem Werk die wahre Sicht der Welt ermöglichen möchte, und das bedeutet ein angst- und begierdefreies, von der *ratio* gelenktes Leben.

Philosophische Aussagen Basierend auf der Grundaussage, dass nichts aus nichts entsteht und infolgedessen auch nichts zu nichts vergehen kann, existiert nach Lukrez nur der unendliche leere Raum und die Materie in Form von Atomen *(semina)*, die in ihrer Formenvielfalt begrenzt, in ihrer Zahl unbegrenzt sind. Aufgrund ihres Gewichtes fallen die Atome im leeren Raum in ewiger Bewegung von oben nach unten in parallelen Bahnen; aber dadurch, dass sie unregelmäßig in Zeit und Ort von ihrer geraden Fallbewegung abweichen, kommt es zum Aufeinanderprallen von Atomen und zu Verbindungen unterschiedlicher Art. Wie sich aus den Buchstaben des Alphabets eine Vielzahl von Wörtern bilden lässt, so wird aus den unterschiedlichen Verbindungen der einfachen, festen, unzerstörbaren, unsichtbar kleinen, keine Qualität besitzenden Atome die Vielgestaltigkeit des Kosmos und der Welt. Allerdings ist nur eine begrenzte Anzahl von Kombinationen möglich.

Auch die Seele des Menschen besteht aus äußerst kleinen Atomverbindungen und hat ihren Sitz in der Brust. Da sie aufs Engste mit dem Körper verbunden ist, entsteht und vergeht sie mit ihm und löst sich in ihre atomaren Bestandteile auf. Deshalb ist weder der Tod zu fürchten noch ein irgendwie geartetes Existieren der Seele nach dem Tode denkbar, das Strafe, Belohnung oder überhaupt Erinnerung an ein Leben möglich macht (3, 830 f.).

Das Leben besteht nur aus dem Jetzt; es zu nutzen und sich nicht ängstigen zu lassen, ist das Ziel des Lebens; nicht die Dauer, sondern das Erfülltsein macht das wirkliche Leben aus.

Wie die Seele, so ist auch die Welt vergänglich, denn sie besteht aus vergänglichen Teilen wie Feuer, Wasser, Erde, Luft. In ihrer Unvollkommenheit kann sie kein Werk der Götter sein. Die Götter haben ein eigenes Wesen, existieren abgeschieden von der Menschheit; in ihrem unabhängigen Glück bedürfen sie weder der Menschen noch kümmern sie sich um sie.

Hinter der Darstellung dieses Weltganzen treten ethische Fragen zurück. Dennoch kann man gerade die Erklärung der Natur, der Welt, des Kosmos, des Wesens der Götter als Antwort auf die Frage nach einem erfüllten, d. h. glücklichen Leben verstehen. Insofern ist das Werk des Lukrez trotz des Titels nicht so sehr ein Lehrgedicht über die Natur, ihr Wesen und ihre Entstehung, als vielmehr eine philosophisch begründete Lehre für ein durch die *ratio* bestimmtes, von der *religio* unbeeinflusstes Leben.

Nachwirkung Für das Mittelalter hatte Lukrez kaum Bedeutung. Vom 15. Jh. ab stößt er wieder auf größeres Interesse. Besonders die Materialisten des 17. und 18. Jh.s berufen sich auf ihn. Denn auch für sie vollzieht sich alles Geschehen nach physikalischen, d. h. nach kausalmechanischen Gesetzen; es gibt eine Vielzahl von Atomen, ohne dass ein geistiges oder göttliches Prinzip existiert. Pierre Gassendi (1592 - 1655) ist einer der wenigen Gelehrten, der seine auf Epikur und Lukrez aufbauende atomistische Lehre mit dem kirchlichen Dogma zu verbinden sucht. Danach sind die Atome von Gott geschaffen und an Zahl begrenzt. Trotz materialistischer Grundüberzeugung hält Gassendi am christlichen Glauben an die Unsterblichkeit der Seele fest.

Immer wieder haben einzelne Autoren Lukrez zitiert oder sich zu ihm bekannt, so z. B. Montaigne, Lafontaine, Friedrich der Große, Goethe. Karl Marx benutzt für seine Dissertation über Epikur Lukrez als Quelle.

Erst die Atomphysik des 20. Jh.s hat die Lehre von der Unteilbarkeit der Atome widerlegt.

Cicero

Das philosophische Werk Während sich Lukrez ausschließlich zur Lehre Epikurs bekennt und diese in seinem Werk dichterisch verherrlicht hat, vermittelt Cicero (zum Leben ↗ 90 f.) in seinen vielfältigen philosophischen Schriften – von *De re publica* in den Jahren 54 – 51 v. Chr. bis zu dem Spätwerk *De officiis* des Jahres 44 v. Chr. – eine umfassende philosophische Bildung, die eine Vorliebe für die Akademie erkennen lässt. Er greift seine griechischen Vorgänger auf, reflektiert ihre Gedanken und überträgt sie in die lateinische Sprache. Seine philosophischen Schriften gehen von der Staatsphilosophie aus, die noch stark im Definitorischen behaftet ist, und wenden sich zunehmend der Philosophie als Gestalterin des Lebens zu, die dann bei Seneca im Zentrum der Betrachtungen und Unterweisungen stehen wird.

Die Bandbreite der philosophischen Abhandlungen Ciceros reicht von Gedanken über den Staat und die Gesetze *(De re publica, De legibus)* über theologische Fragen *(De natura deorum, De divinatione, De fato)* bis hin zur Diskussion sittlicher und ethischer Werte als Voraussetzung eines glückseligen Lebens *(De finibus bonorum et malorum, Tusculanae disputationes, De senectute, De amicitia, De officiis)*.

Die meisten dieser Schriften sind – in Anlehnung an die Platonischen Dialoge – in die Form eines Gesprächs gekleidet. Eher einer Abhandlung entspricht *De officiis*, eine Art Mahnschrift, die Cicero an seinen in Athen studierenden Sohn Marcus gerichtet hat.

Seine staatsphilosophische Hauptschrift *De re publica* wurde erst im Jahre 1820 in der Vatikanischen Bibliothek wiederentdeckt, und zwar in der Form eines *codex rescriptus* aus dem 5. Jh. n. Chr. Da Pergament im Mittelalter teuer war, hat man das beschriebene Pergament abgeschabt und neu beschrieben. Dabei bleiben aber die ursprünglichen Buchstaben soweit erhalten, dass sie mit bestimmten Hilfsmitteln wieder sichtbar gemacht werden können. Ein solches Pergamentblatt nennt man Palimpsest.

▶ Palimpsest, der Ciceros Schrift *De re publica* überliefert. Textausschnitt

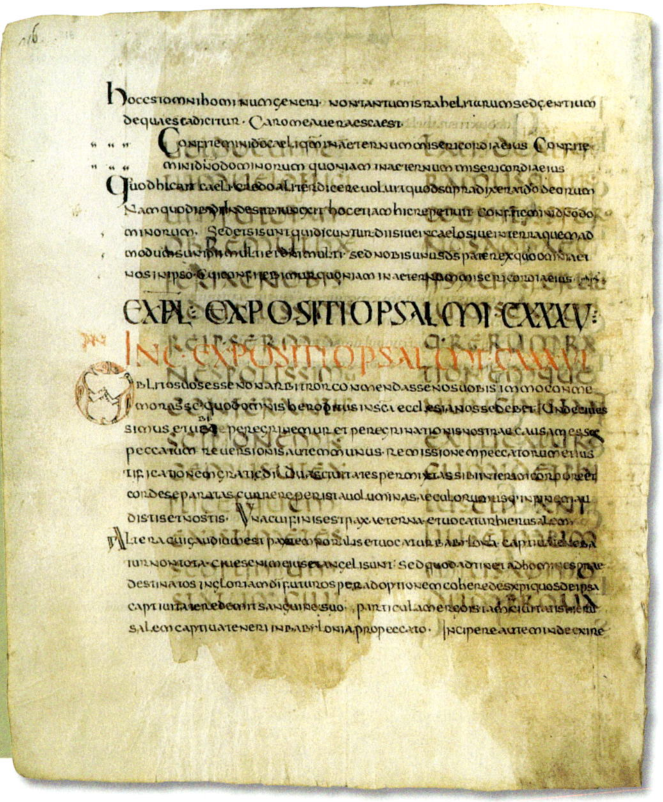

Kleine Unzialschrift:
Ausschnitt aus Augustins Psalmenkommentar

In Großbuchstaben
(Unzialschrift aus dem 4. Jh. n. Chr.)
Ausschnitt aus Cicero:
De re publica 1,20: *quam ob rem ut hae feriae nobis ad utilissimos rei publicae sermones potissimum conferantur, Scipionem rogemus, ut explicet quem esse optimum statum civitatis* – »Darum wollen wir, damit diese Festtage von uns vor allem zu Gesprächen verwendet werden, die dem Staat von größtem Nutzen sind, Scipio bitten uns darzulegen, welches seiner Meinung nach die beste Staatsform ist.«

De re publica Nach der Definition der *res publica* als *res populi* wird die Bildung von staatlichen Gemeinschaften auf die Natur des Menschen zurückgeführt: Ein angeborener Gemeinschaftstrieb *(naturalis congregatio)* führt zur Bildung von Gemeinwesen. Cicero versucht mit dieser Umschreibung die aristotelische Vorstellung eines *zóon politikón* in römisches Denken und in die lateinische Sprache zu übertragen.

Auch die Beschreibung einzelner Verfassungen – Monarchie, Aristokratie, Demokratie und ihrer Entartungsformen greift auf Aristoteles (↗125) zurück. In Anlehnung an Polybios (↗34) wird die Mischverfassung des römischen Gemeinwesens als die Idealform vorgestellt, in der die Konsuln das monarchische, der Senat das aristokratische und das Volk das demokratische Element vertreten. Nur dieser ausgewogene Staat schützt nach Ansicht Ciceros vor der Gefahr der Entartung, nur er gewährt Dauer *(firmitas)*, Gleichheit und Gerechtigkeit *(aequabilitas)*.

In den beiden Gesprächspartnern Philus und Laelius prallen zwei unterschiedliche Auffassungen von Recht und Gerechtigkeit und deren Umsetzung in der Politik aufeinander. Philus vertritt die positivistische Rechtsauffassung. Danach sind Recht und Gesetze nicht naturgegebene Werte, sondern Satzungen der Menschen. Nicht die *iustitia* bestimmt das Handeln von Menschen und Staaten, sondern der Eigennutz und die politische Klugheit (*sapientia* bzw. *prudentia*). Die Expansion des Römischen Reiches dient ihm als Beweis. Cicero stellt damit die Ausführungen des Philus ganz in die Tradition des Karneades. Demgegenüber vertritt Laelius die stoische Naturrechtsposition. Es gibt ein alle Menschen verbindendes, ewiges, von Natur, von Gott gegebenes Recht, das auf der *ratio* basiert. Nach Laelius – und nach Cicero – lassen sich Herrschaft und Moral durchaus vereinen. Die Herrschaft der Römer ist gottgewollt und gerecht, weil sie, und nur sie, dem Wohl der unterworfenen Völker dient. Die auch sonst von Cicero vertretene Auffassung, dass die Römer nur *bella iusta* (gerechte, d. h. gerechtfertigte bzw. berechtigte Kriege) geführt haben, wird hier ethisch-religiös begründet.

Das *Somnium Scipionis*, mit dem Cicero sein Werk hatte ausklingen lassen, war schon vor der Entdeckung der Handschrift als in sich geschlossener Text bekannt. Diese Vision spiegelt wohl am deutlichsten Ciceros Intention wider: Große Staatsmänner, die sich für die Gerechtigkeit auf Erden aufgeopfert und für das Vaterland eingesetzt haben, werden in der Erinnerung und im Jenseits weiterleben. Dort beginnt erst ihr eigentliches Leben, da erst jetzt die wahre Sicht aller Dinge möglich ist und sie die Begrenztheit irdischen Ruhms erkennen. Ihre Seele ist unsterblich. Diese Vorstellung knüpft an Platon und Pythagoras an.

De finibus bonorum et malorum In dieser Schrift referiert Cicero am eindrücklichsten die unterschiedlichen Auffassungen der hellenistischen philosophischen Schulen zur Frage nach dem höchsten Gut und dem größten Übel.

Der Lehre Epikurs, die Lust als Lustempfindung und als Schmerzfreiheit sei das höchste Gut, das mit Hilfe der Tugend zu erreichen sei, wird die Lehre der Stoa gegenübergestellt, die die Tugend als das einzige, das höchste Gut definiert; sie allein führe zur höchsten Verwirklichung des Menschen, eines Lebens in Einklang mit der Natur. Gegenüber beiden Lehren wird schließlich der akademisch-peripatetischen Auffassung der Vorzug gegeben: In der Natur des Menschen sind Körperliches und Seelisches miteinander verbunden, wobei allerdings die Seele Vorrang vor dem Körper haben soll. Höher als das naturgemäße Streben nach Selbsterhaltung ist deshalb das Streben nach Vollendung der Vernunft zu bewerten. Aber bedingt durch körperliche Übel und durch die Angst des Menschen gibt es Abstufungen des Daseins und des menschlichen Glücks.

Trotz kritischer Auseinandersetzung mit den jeweils vorgetragenen Lehren sieht Cicero seine Aufgabe allerdings nicht darin, diese Schulstreitigkeiten definitiv zu klären, sondern der gebildeten Schicht Roms die griechische Philosophie zu vermitteln, und das heißt, griechische Begriffe in römisches Denken und in die lateinische Sprache umzusetzen.

Tusculanae disputationes Diese Dialoge, als eine Art Lebenshilfe verfasst, beschäftigen sich in fünf Büchern mit zentralen Fragen des menschlichen Daseins.

Das 1. Buch bemüht sich um den Nachweis, dass der Tod kein Unglück für den Menschen sein kann. Denn entweder ist die Seele unsterblich, stammt aus einer höheren Welt und kehrt auch dorthin wieder zurück, oder es können, wenn sie mit dem Körper untergeht, weder der Körper noch die Seele nach dem Tode eine Empfindung haben.

Das 2. Buch geht auf den körperlichen, das 3. Buch auf den seelischen Schmerz *(aegritudo)* als Hauptquelle der Angst - neben der Todesfurcht - ein.

Das 4. Buch behandelt die vier Leidenschaften insgesamt, die Furcht, den Schmerz, die Begierde und die Lust. Jede dieser Leidenschaften muss bereits bei ihrem Auftreten im Keim erstickt werden, die Heilung der Seele aber ist eine Aufgabe der Philosophie.
Der Tugend und dem Nachweis, dass sie das einzige Gut sei und auf ihr allein die Glückseligkeit beruhe, widmet sich dann das 5. Buch.

Im gesamten Werk wird das Bemühen Ciceros deutlich, jeden Dogmatismus zu vermeiden und aus den verschiedenen Schulmeinungen in den entscheidenden Fragen einen Konsens herauszuarbeiten, auf die Festlegung unwichtigerer Fragen aber zu verzichten.

De officiis In seiner letzten Schrift geht es Cicero nicht mehr darum, über verschiedene philosophische Richtungen zu referieren und diese zu diskutieren, sondern Anweisungen zu einer sittlichen Lebensführung zu geben. Diese Anweisungen behalten einerseits das *summum bonum*, das *honestum*, im Auge, geben andererseits aber auch ganz konkrete Hinweise *(praecepta)* zur täglichen Lebensgestaltung.

Sittliches Handeln zeigt sich in den vier Kardinaltugenden (vgl. die platonischen Tugenden, ↗ 124): *sapientia* bzw. *prudentia* in der Erforschung und Erkenntnis der Wahrheit *(cognitio veri)*, *iustitia* und *beneficientia* im Schutz der Gemeinschaft, *magnanimitas* und *fortitudo* in der Geringschätzung äußerer Werte, in der Überwindung der Leidenschaften und im Ertragen des Schicksals, *moderatio*, *temperantia* und *modestia* in der Vormachtstellung der Vernunft über die Triebe.

Neben der auf den einzelnen Menschen ausgerichteten Ethik hat Cicero auch in dieser Schrift den *vir bonus*, den verantwortungsvollen Politiker, im Auge. Die Zukunft des römischen Staates - die Erinnerung an die großen Vorbilder der Vergangenheit macht dies deutlich - hängt von der Existenz solcher durch ethische Werte geprägten Menschen und Politiker ab.

Nachwirkung Die Wirkung gerade dieser Schrift lässt sich wie ein roter Faden durch die Geistesgeschichte verfolgen. Ambrosius (↗ 118) überarbeitet *De officiis* aus christlicher Sicht. Martin Luther (1483 - 1546) würde sich, wenn nicht die Erlösung durch Christus das Entscheidende wäre und wenn es allein um das Diesseits ginge, vornehmlich an dieser Schrift Ciceros orientieren, da sie hervorragende ethische Vorschriften enthalte. Friedrich der Große, 1740 - 1786 König von Preußen, hält *De officiis* für das beste Werk auf dem Gebiet der ethischen Philosophie, »das je geschrieben worden ist oder noch geschrieben werden wird.«

Eine ähnliche Resonanz findet die Schrift *De natura deorum*. Bereits Petrarca (↗ 260) hatte mit Argumenten Ciceros aus der Betrachtung des Himmels und der Zweckmäßigkeit der Schöpfung auf die Existenz eines waltenden Gottes geschlossen. Petrarca hat auch die anderen philosophischen Schriften Ciceros so sehr geschätzt, dass er von sich behaupten konnte: *»Ciceronianus sum«*. Die stoisch geprägte Vorstellung Gottes und der Ordnung der Welt als Beweis für die Existenz eines Gottes kommt sowohl dem Christentum (Minucius Felix, Laktanz, Augustin, bis hin zu Melanchthon und Calvin) wie auch der Aufklärung, besonders dem englischen Deismus des 17. und 18. Jh.s entgegen. Isaak Newton (1643 - 1727) führt die schöne Ordnung des Weltalls auf ein vernünftiges, mächtiges Wesen zurück. Das Wirken dieses Gottes ist notwendig zum Erhalt des Kosmos. Voltaire (1694 - 1778) preist in seinem *Dictionnaire philosophique* die Schrift *De natura deorum* und die *Tusculanen* als die beiden schönsten Werke, die menschliche Weisheit jemals verfasst hat. Nach Voltaire ist Gott für die Moral des Menschen und der Gesellschaft nötig, da er durch Strafen und Belohnung Einfluss auf das Verhalten der Menschen nehmen kann.

Obwohl Ciceros staatsphilosophisches Hauptwerk *De re publica* seit dem 5. Jh. als verschollen galt und bis zum Wiederauffinden im 19. Jh. nur in Auszügen bei den Kirchenschriftstellern Tertullian, Laktanz und Augustin vorlag, haben seine Ideen, besonders die Vorstellung des Naturrechts und die Frage nach der besten Verfassung und die Verpflichtung eines jeden Einzelnen gegenüber der Gemeinschaft bis heute weitergewirkt (↗ 141).

Seneca

Leben und Werk Lucius Annaeus Seneca, 4 v. Chr. in Cordoba (Spanien) geboren, erhielt seine philosophische und rhetorische Ausbildung in Rom. Seine erfolgreiche politische Karriere - er wurde Quästor und Senator - führte dazu, dass er nach Caligulas Tod ein Opfer der kaiserlichen Machtpolitik wurde und auf Betreiben Messalinas, der ersten Frau des neuen Kaisers Claudius, acht Jahre in der Verbannung auf Korsika leben musste. Agrippina, die zweite Frau des Claudius, veranlasste im Jahre 49 n. Chr. seine Rückkehr nach Rom und vertraute ihm die Erziehung und Beratung ihres 11-jährigen Sohnes Nero an, der zum Nachfolger des Claudius bestimmt war.

Als nach der Ermordung des Claudius im Jahre 54 n. Chr. Nero Kaiser wurde, übernahm Seneca zusammen mit dem Prätorianerpräfekten Burrus die Verwaltung des Römischen Reiches. Diese fünf Jahre gemeinsamer Regierung gelten als die »goldene Zeit« der Herrschaft Neros. Nachdem der junge Kaiser seine Mutter hatte ermorden lassen, zog sich Seneca 62 n. Chr. aus der Politik zurück. Im Zusammenhang mit der Verschwörung des C. Calpurnius Piso gegen den Kaiser beschuldigte Nero Seneca der Teilnahme und ließ ihn zum Tode verurteilen. Seneca vollzog den Todesbefehl - darin seinem Vorbild Sokrates folgend - in philosophischer Gelassenheit im Kreise seiner Freunde.

Hatte Seneca schon während seiner Verbannung auf Korsika in einer Trostschrift *(Ad Helviam matrem de consolatione)* seine Mutter - und sich selbst - auf die Notwendigkeit der Überwindung von Trauer und einer von der Philosophie geprägten Weltsicht hingewiesen, so knüpft er nach seiner Rückkehr in die Hauptstadt an diese literarischen Anfänge an. Er publiziert neben seiner politischen Tätigkeit in unregelmäßigen Abständen verschiedene Abhandlungen, die von stoischer Philosophie geprägt sind: *De brevitate vitae*; *De clementia* (ein Verhaltenscodex für den jungen Nero); *De tranquillitate animi*; *De constantia sapientis*; *De vita beata*; *De providentia*; *De beneficiis*; *De ira*. Wie die Titel schon andeuten, geht Seneca in diesen Dialogen auf Einzelfragen ein, die ihm - so gibt er vor - von Freunden gestellt worden sind.

◀ Seneca. Doppelherme. 50 - 60 n. Chr. (Berlin, Staatliche Museen, Pergamonmuseum)

Die Enttäuschung über Nero und der Entschluss, sich aus der Politik zurückzuziehen, spiegeln sich in den Spätwerken wider. In *De otio* (58 - 62 n. Chr.) geht es um den Gegensatz von *vita contemplativa* und *vita activa*. Seneca rechtfertigt die philosophische Reflexion und die geistige Schau der Welt gegenüber Anhängern der stoischen Lehre, die ein Leben für den Staat bis zum letzten Atemzug fordert.

In den *Epistulae morales ad Lucilium* (62 - 64 n.Chr.) hinterlässt uns Seneca wohl am ehesten das »Bild seines Lebens« (Tacitus, ann. 15, 62,1). Hier tritt er uns in besonderem Maße als Person, als Philosoph und als Pädagoge entgegen. Diese fiktiven Briefe an Lucilius sind deshalb als sein Hauptwerk zu bezeichnen. Außer philosophischen Schriften hat er noch Tragödien und eine Satire verfasst (↗112).

Philosophische Aussagen Nach alter philosophischer Tradition (↗126) steht auch bei Seneca die Frage nach einem glücklichen, einem erfüllten Leben (*beate vivere - bene vivere*) im Mittelpunkt seines Denkens.

Dazu muss sich der Mensch von falschen Vorstellungen befreien, von falschen Vorstellungen über materielle Güter, die nach landläufiger Meinung das Glück des Menschen ausmachen, wie z. B. Reichtum, Besitz, Macht, Einfluss, und von falschen Vorstellungen vom Tod und damit von dem Wunsch nach einem langen Leben. Nur so kann ihm die Angst vor dem Verlust des Lebens und von Besitz genommen werden.

An ihre Stelle tritt ein naturgemäßes Leben *(secundum naturam vivere)*, dessen Bedürfnisse begrenzt und erfüllbar sind. Es muss von der *ratio* bestimmt werden, denn nur der Mensch ist im Besitz der Vernunft, nur er ist ein *animal rationale* (*epist.* 41), ein vernunftbegabtes Wesen. Ist der Mensch zu dieser Einsicht gelangt, muss er als Erstes den Willen *(voluntas)* zur Änderung seines Lebens haben und so lange an sich arbeiten, bis diese veränderte Einstellung zu einer festen, inneren, unerschütterlichen Haltung geworden ist (*bona mens, habitus animi, epist.* 16). *Diese bona mens* drückt sich aber nicht nur im Denken, sondern vor allem im Handeln aus (*epist.* 20).

So ist das Sich-Weiterentwickeln, die Vervollkommnung, die eigentliche Lebensaufgabe des Menschen, nicht die Vollkommenheit, da sie kaum je zu erreichen ist. Allenfalls Sokrates hat Seneca diese Vollkommenheit zuerkannt. Dennoch braucht der Mensch das Ideal des *vir sapiens*, des Weisen, um sich an ihm zu orientieren, um sich auf ihn hinbewegen zu können: Der Weg, das Sich-Aufmachen und das Voranschreiten zu diesem Ziel *(proficere)*, das ist das Ziel. Damit bricht Seneca mit der rigorosen Auffassung der Stoa, die nur Weise und Toren kennt und allein dem *vir sapiens* eine *vita beata* zuspricht. Entgegen der strengen stoischen Affektenlehre gesteht Seneca dem Menschen auch spontane Regungen wie Tränen, Kummer, Schmerz zu, ja er hält sie sogar für ein Zeichen von Menschlichkeit, nur dürfen sie keine Herrschaft über die Seele gewinnen.

Der Mensch ist Teil eines Ganzen, Teil der umfassenden göttlichen, den Kosmos und die Welt lenkenden Vernunft. In jedem Menschen, egal welcher Herkunft - also auch im Sklaven -, ist die *ratio* als ein von der göttlichen Vernunft herabsteigender *spiritus sacer, animus sacer* (heiliger Geist) angelegt (*epist.* 41). Die eigentliche Aufgabe jedes Menschen ist es, diese *ratio* zu vervollkommnen, um sich der göttlichen *ratio* so weit wie möglich anzunähern, ihr im Idealfall gleichzukommen und damit nach dem Tode an ihren Ursprungsort zurückzukehren.

Die *ratio* als allumfassendes Wirkprinzip hat die Welt gut und schön geschaffen, deshalb gehört es auch zur Aufgabe des Menschen, an die Güte dieser Gottheit, die in der Erhaltung der Welt und dem Schutz der Menschen ohne Gegenleistung besteht, zu glauben und ihr zu vertrauen. Es liegt in der Entscheidung und in der Freiheit des Menschen, dem von der Gottheit bestimmten Weg, dem *fatum*, willig zu folgen oder sich ihm unsinnigerweise zu widersetzen.

Der Mensch ist ein von Natur auf Gemeinschaft angelegtes Wesen (*epist.* 95,52: *natura nos sociabiles fecit* - »Die Natur hat uns zu Gemeinschaftswesen gemacht«). Diese Gemeinschaft kann sich beziehen auf die Familie, auf Freunde, auf Mitbürger des eigenen Staates, auf Bewohner anderer Länder. Der vernunftbegabte Mensch kennt keine sozialen und keine ethnographischen Grenzen, von Natur sind alle Menschen dieser Welt gleich, gleich durch die Teilhabe an der göttlichen Vernunft.

Aber anders als Cicero geht es Seneca nicht mehr darum, den Menschen für den Staat zu verpflichten, sondern um die Vervollkommnung des eigenen Ichs.

Bei der Vermittlung dieser individuellen ethischen Wertmaßstäbe geht Seneca in den *Briefen an Lucilius* - mit dem Adressaten ist zugleich jeder Mensch angesprochen - in der römischen Philosophie neue Wege. Er tritt mit seinem Briefpartner in eine Dialogsituation, in der sich Seneca als Lehrer, als Pädagoge erweist, der seinen Schüler Lucilius an die Hand nimmt und ihm in didaktisch und methodisch sinnvoll aufeinander aufbauenden Schritten und mit allen pädagogischen Möglichkeiten (Ermahnung, Tadel, Lob, Aufmunterung usw.) den richtigen Weg weist, den zu finden er allein nicht in der Lage ist. Dazu gehört auch, dass Seneca neben der Vermittlung der stoischen Weltsicht auch immer die Philosophie Epikurs im Auge hat, sich auf ihn beruft und ihn in seine Argumentation mit einbezieht, wo immer ihm Epikur Sinnvolles gesagt zu haben scheint. Dadurch werden einerseits Gemeinsamkeiten der beiden philosophischen Schulen sichtbar, andererseits aber auch die unüberbrückbaren Gegensätze umso schärfer hervorgehoben.

Den überzeugendsten Beweis für sein pädagogisches Anliegen liefert Seneca dadurch, dass er sich jederzeit selbst als Lernenden begreift, der eigene Fehler und Irrtümer eingesteht, aber auch in diesem gemeinsamen Lehr- und Lernprozess Fortschritte macht. Dadurch wird seine eigene Person zum Zeugnis für die Gangbarkeit des gewiesenen Weges, ohne dass Seneca je von sich selbst behauptet hätte, das höchste Ziel des *vir sapiens*, die *securitas animi*, erreicht zu haben oder überhaupt erreichen zu können.

Nachwirkung Seneca ist es im Wesentlichen zu verdanken, dass die rigorosen, z. T. unerfüllbaren Ansprüche der stoischen Philosophie gemildert und vermenschlicht wurden. Die Weg-Metapher ist dafür ein Beispiel. Noch Karl Jaspers (1883 - 1969, auch ↗ 143 f.) gibt auf die Frage »Was ist Philosophie?« die Antwort: »Philosophie heißt: auf dem Wege sein«. Der Weg der kleinen Schritte macht diesen Weg gangbar für jeden, der dazu bereit ist.

Die breite Akzeptanz Senecas ist z. T. auch auf eine vermeintliche oder wirkliche Nähe zum Christentum zurückzuführen. Die Antike hat diese Nähe so stark empfunden, dass im 4. Jh. n. Chr. ein fingierter *Briefwechsel zwischen Seneca und Paulus* erschien. Parallelen zwischen dem stoischen Weisen und dem christlichen Heiligen wurden gesucht.

So wie Seneca in den *Epistulae morales* von sich selbst Zeugnis abgelegt hat, von seinen philosophischen Fortschritten und von seinem Irren, so greift auch Michel de Montaigne (1533 - 1592) in der literarischen Form seiner *Essais* zur Selbstdarstellung. Für ihn sind Brief und Essay ähnliche Gattungen, beiden liegt nicht ein Resultat, sondern ein Prozess zugrunde, und der ist sowohl für Seneca wie für Montaigne philosophisches Programm.

Der Glaube Senecas an die sittliche Autonomie des Menschen und an die Möglichkeit, ein zielbewusstes Leben unter dem Gebot der Vernunft zu führen, konnte ihn zum Führer zu einem sinnerfüllten Leben machen (↗ 143).

Stoiker nach Seneca

Seit der Zeit Neros und nach dem Tode Senecas wurden vor allem stoisch denkende Philosophen, die Kritik an sozialen und politischen Missständen übten, verfolgt, hingerichtet oder verbannt.

Epiktet Zu ihnen gehörte auch Epiktet (ca. 50 - 138 n. Chr.), ein ehemaliger phrygischer Sklave, der später freigelassen wurde. Er war durch ein lahmes Bein körperlich behindert. Von Domitian wurde er aus Rom verwiesen und gründete bei Aktium eine eigene Schule. Wie Sokrates wirkte er nur durch sein Wort. Ein Schüler von ihm hat diese Gespräche in griechischer Sprache aufgezeichnet und später herausgegeben. Für Epiktet weist die Philosophie jedem Menschen, auch dem in Ketten geborenen, den Weg zur inneren Freiheit. Alle äußeren Güter sind unwichtig. Sein Hauptgewicht liegt auf der praktischen Ethik mit dem Kernsatz: »Der Mensch kann alles, was er will, weil er nur will, was er kann«. Epiktet steht mit der Frage nach der Verfügbarkeit äußerer Dinge ganz in stoischer Tradition.

Marc Aurel Die Situation in Rom änderte sich erst, als Marcus Aurelius Antoninus (121 - 180 n. Chr.) im Jahre 161 n. Chr. Kaiser wurde. Unser Bild von diesem Philosophen auf dem Kaiserthron ist geprägt durch den Eindruck, den sein Reiterstandbild auf den Betrachter macht. Durch Zeitzeugen wird bestätigt, dass er ein gewissenhafter, aufrichtiger und unbestechlicher Mensch und ein gütiger und milder Herrscher gewesen ist.

Sein griechisch geschriebenes Hauptwerk *Selbstbetrachtungen* verfasste er während seines Feldzuges gegen die Markomannen (171 - 175 n. Chr.) in Form von Tagebuchnotizen. Diese Aufzeichnungen richtet Marc Aurel nicht an ein lesendes Publikum, sondern ausschließlich an sich selbst, sie waren wahrscheinlich von ihm nie zur Veröffentlichung vorgesehen. Ermahnungen zur Pflichterfüllung gegen Götter und Menschen, besonders an sich selbst als Herrscher, stehen im Mittelpunkt dieser philosophischen Aphorismen. Sie prägten sein politisches Handeln.

Die von Cicero geforderte, von Seneca aufgrund seiner Erfahrung mit Nero aufgegebene Verpflichtung des Philosophen gegenüber dem Staat greift Marc Aurel wieder auf, aber nicht als Verpflichtung für alle Römer, sondern nur als moralische Pflicht für sich selbst: »Nicht im passiven Verhalten, sondern im aktiven Handeln liegt das Gute und die Leistung des vernünftigen, zur staatlichen Gemeinschaft bestimmten Wesens« (9, 16). Die Verwaltung des Römischen Reiches sah er als eine von der Vorsehung ihm auferlegte Pflicht an. Wie sein Vorbild Epiktet hält auch Marc Aurel es für wichtig, zu unterscheiden, was in der Macht des Menschen steht und was nicht. Nur in seinem Inneren ist der Mensch frei, über äußere Dinge hat er keine Verfügungsgewalt.

Diese Sicht schützte ihn als Menschen und Herrscher vor Beeinträchtigungen seines seelischen Gleichmuts und bewahrte ihm die Unabhängigkeit des Geistes. Nur so konnte er die persönlichen Schicksalsschläge auf sich nehmen und politisch wie militärisch notwendige Maßnahmen durchführen, ohne die an ihm bewunderte Gelassenheit zu verlieren.

Mit Marc Aurel und seinem Rückzug zu sich selbst endet die römisch-heidnische Philosophie. Es sollte etwa 200 Jahre dauern, bis Augustinus als nächster lateinisch schreibender Autor zum ersten Mal antikes philosophisches Gedankengut und christliches Denken zu einer Einheit verschmolzen hat.

▸ Marc Aurel,
Kopf des Reiterstandbildes
(↗ 181)

Augustinus

Leben Aurelius Augustinus (354 - 430 n. Chr.) wurde in Numidien geboren, besuchte in Karthago die Rhetorenschule und hielt sich als Lehrer der Rhetorik in Rom und Mailand auf. Hier ließ er sich 387 n. Chr. taufen. Schließlich kehrte er nach Nordafrika zurück und wurde wohl 397 n. Chr. Bischof von Hippo Regius (heute Annaba, frz. Bône, in Algerien).

Bereits als 20-Jähriger las er Schriften Ciceros und begann, sich für Philosophie zu interessieren. Besonders der Neuplatonismus hat sein Denken geprägt. Erst in der Mailänder Zeit ordnete er, stark beeinflusst von Ambrosius (↗118), die Philosophie dem Glauben unter. Dennoch hat er nie einen Gegensatz von Glauben und Wissen angenommen, sondern ein sich gegenseitig stützendes Sowohl-als-auch gemäß der Formel: »Erkenne, damit du glaubst, glaube, damit du erkennst.« (Predigt 43, Kap. 7, 9)

Über sein ausschweifendes Leben in der Jugend, seine Abkehr davon und die Hinwendung zur Askese und über seine Bekehrung zum Christentum berichtet uns Augustin in den *Confessiones* (397/8 - ca. 400 n. Chr.), einer Lebensbeichte und einem Glaubensbekenntnis zugleich.

Confessiones Den bereits bei Marc Aurel zu beobachtenden Rückzug in die Innerlichkeit hat auch Augustin vollzogen, aber mit seinem Glauben verbunden. Gott verkörpert die Wahrheit und vermittelt dem Menschen durch den Verstand die Gewissheit der eigenen Existenz und die Selbsterkenntnis. Es gibt also wie bei Platon oberhalb der Körperwelt das Reich der Wahrheit. Die Ideen werden als schöpferische Gedanken Gottes aufgefasst. Da es Wahrheit - zumindest in der Selbsterkenntnis - gibt, muss es ein Wesen geben, in dem diese Wahrheit gründet, dem selbst kein anderes Wesen überlegen ist, und das ist Gott. Augustin hat damit den Grund für die Gottesbeweise des Mittelalters bis in die Neuzeit gelegt.

Aber seiner Meinung nach ist der Erkenntnisprozess, den die antiken Philosophen allein der Fähigkeit des Menschen zuschreiben, auf die göttliche Erleuchtung angewiesen. Die menschliche Seele ist Abbild Gottes, sie ist unsterblich und kehrt in die Heimat der jenseitigen Welt zurück. Platonisches und stoisches Gedankengut ist unverkennbar.

Auch andere Themen der stoischen Philosophie haben Augustin beschäftigt, so das Problem der Theodizee und die Frage nach dem freien Willen des Menschen in Anbetracht der Prädestination durch die göttliche Gnade. Das Übel in der Welt hat nach Augustin keine positive Wirklichkeit, sondern ist nur als das Fehlen von etwas zu definieren. Es hat seinen Sinn als Kontrast des Guten und die Funktion, dass der Mensch sich um das Gute bemüht. Auf die Frage nach der Freiheit des Menschen angesichts der Allmacht der göttlichen Gnade hat Augustin keine befriedigende Antwort geben können (vgl. das Problem in der Stoa, ↗127 ff.), aber eine bis in die Gegenwart reichende theologische Diskussion in Gang gesetzt.

De civitate dei Die Eroberung Roms durch die Westgoten unter Alarich im Jahre 410 n. Chr. veranlasste Augustin zu seinem Hauptwerk *De civitate dei*. Er tritt darin dem Vorwurf der Heiden entgegen, die Plünderung der Stadt sei ein Strafgericht der alten vernachlässigten Götter und zugleich ein Beweis für die Schwäche des Christengottes.

In Auseinandersetzung mit der antiken Staatsauffassung rechtfertigt Augustin die Weltherrschaft der Römer mit *virtutes*, die andere Völker nicht besessen haben. Er lobt den Einsatz für den Staat und die Selbstgenügsamkeit. Aber da Gott von Anfang an die Welt gelenkt hat, verdanken die Römer die Weltherrschaft letztlich allein dem Willen Gottes und nicht etwa dem *fatum* oder irgendwelchen heidnischen Göttern. Allerdings sind die Römer, da sie von dem christlichen Gott noch nichts wissen konnten, der *civitas terrena* verhaftet geblieben. Besonders verwerflich ist ihr ausgeprägtes Streben nach Ruhm. Das eigentliche Ziel eines Zusammenschlusses von Menschen aber kann nur die *civitas dei* sein, die Gemeinde Gottes. Sie ist die Welt des Guten, die wahre Heimat des Christen, das Ziel und das Ende der Geschichte. Nicht die Gerechtigkeit unter Menschen - wie bei Cicero - konstituiert eine solche Gemeinschaft, sondern die göttliche Gerechtigkeit.

Nachwirkung Mit den *Confessiones* wurde Augustin zum Wegbereiter psychologischer Selbstanalyse und späterer autobiografischer Bekenntnisse. Noch Jean-Jacques Rousseau knüpft mit seinen *Confessions* (1781 nach seinem Tode veröffentlicht) bewusst an Augustin an. Augustins eschatologisches Geschichtsdenken hat weitergewirkt bis auf Hegel und Toynbee. Georg Wilhelm Friedrich Hegel (1770 - 1831) deutet die Geschichte ebenfalls als Abfolge von Epochen, deren letzte, das Reich Gottes, noch aussteht. Arnold J. Toynbee (1889 - 1975) bezieht sich in seinem Werk *A Study of History* mehrfach auf Augustin. Aber seiner Meinung nach ist die Zukunft der Menschheit nicht mit Sicherheit vorauszusagen, da der Mensch immer neue Aufgaben zu lösen hat. Fest steht nur, dass Gott siegen wird, entweder durch Menschen einer bestimmten oder einer neuen Kultur oder, wenn die Menschen versagen, durch eine neue Schöpfung.

Augustin hat also die Geschichtsdeutung späterer europäischer Philosophen beeinflusst; außerdem wurde er durch die Präzision im Gebrauch der lateinischen Sprache zum Vater der philosophischen Fachsprache des Mittelalters und der Neuzeit.

Boethius

Nach der Eroberung Roms durch die Westgoten dauerte es noch einmal gut 60 Jahre, bis auch der letzte weströmische Kaiser Romulus Augustulus abgesetzt wurde (476 n. Chr.) und die Herrschaft an den oströmischen Kaiser überging. Der Ostgotenkönig Theoderich (↗119), als Vasall von Ostrom eingesetzt, versuchte noch einmal von seinem Regierungssitz Ravenna aus, Römer und Ostgoten zu einem friedlichen Zusammenleben zu veranlassen. Dazu setzte Theoderich Vertreter der alteingesessenen römischen Führungsschicht ein, unter ihnen auch Anicius Manlius Severinus Boethius (480 - 524 n. Chr.).

Leben und Werk Nachdem Boethius zunächst als Kanzler höchstes Ansehen erlangt hatte, beschuldigte ihn Theoderich schließlich, zu sehr mit byzanzfreundlichen Kreisen zusammenzuarbeiten, ließ ihn wegen Hochverrat einkerkern und schließlich ohne Anhörung hinrichten. Man fühlt sich an das Schicksal Senecas erinnert.

Während seiner Gefangenschaft schrieb Boethius sein Hauptwerk *Consolatio philosophiae (Trost der Philosophie)*, ein Prosawerk, in das Gedichte in verschiedenen Versmaßen eingestreut sind. Vorher hatte er sich bereits bemüht, durch Übersetzungen von Schriften Platons und Aristoteles' den Römern die griechische Philosophie nahezubringen und in Kommentaren die Vereinbarkeit dieser beiden Schulrichtungen zu erweisen.

Philosophische Aussagen In der *Consolatio* wird die personifizierte Philosophie Gesprächspartnerin und Helferin des bedrängten Boethius. Ganz in antiker Tradition stehend lehrt sie ihn, dass das angebliche Glück des Menschen nur auf Scheingütern beruht, das wahre, unverlierbare innere Glück aber in der Erkenntnis seiner selbst besteht, des Alls und - hier wird die christliche Sicht eingewoben - der Liebe Gottes. Gott ist das Gute, das *summum bonum*. Das Böse erklärt er - ähnlich wie Augustin - als eigentlich nicht existent, sondern nur als Einschränkung des Vollkommenen, was zugleich als Beweis für die Existenz des Vollkommenen gilt. Die Lenkung der Welt durch die *providentia* Gottes führt auch Boethius zu der Frage nach der Wirkungsmöglichkeit des menschlichen Willens. Er gibt darauf folgende Antwort: Da Gott ewig ist, ist er keiner Zeit unterworfen. Alles Geschehen, Vergangenes, Gegenwärtiges und Zukünftiges, das der Mensch nur in aufeinanderfolgenden Gedankenschritten begreifen kann, erfasst Gott in einem Akt als passiver Betrachter. Er hat nur die Rahmenbedingungen festgelegt, innerhalb derer Vernunft und Entscheidungsfreiheit des Menschen tätig werden können.

Nachwirkung Dadurch, dass Boethius im Angesicht des Todes nicht Trost bei Christus, sondern bei der Philosophie sucht, es aber andererseits für ihn über der Philosophie die Liebe Gottes gibt, die Menschen und Gott verbindet und den Guten durch die Gnade zum Himmel heraufführt, ist er zum Wegbereiter für die Scholastik geworden (↗258).

Darüber hinaus hat gerade die klare Sprache des Boethius dazu geführt, dass in der folgenden Zeit Menschen in der Lektüre der *Consolatio* selbst Trost gesucht und gefunden haben. Dante Alighieri (1265 - 1321, ↗261) liest, als seine Beatrice im Jahre 1290 mit 24 Jahren gestorben war, Boethius. In seiner *Divina Commedia* weist Dante Boethius einen Platz unter den seligen Gottesgelehrten zu. Für die starke Verbreitung der Trostschrift spricht auch, dass bereits etwa 50 Jahre nach Erfindung der Buchdruckerkunst über 40 gedruckte Ausgaben vorliegen, außerdem die Schrift in fast alle Nationalsprachen übersetzt wurde.

Die Leistung der Römer

Fragen wir am Schluss noch einmal nach dem Verhältnis von griechischer und römischer Philosophie und nach der eigenständigen Leistung der Römer.

Wenn Vergil im 6. Buch seiner *Aeneis* die schöpferischen und wissenschaftlichen Leistungen der Griechen auf den Gebieten der bildenden Kunst, der Physik, der Rhetorik gegen die Aufgabe der Römer zur Weltherrschaft abgrenzt (6, 847 - 853), spiegelt sich darin nicht nur das Selbstverständnis der Römer der augusteischen Zeit wider, sondern auch ein wesentlicher Unterschied zu den Griechen: Geht es diesen vornehmlich um einen Erkenntnisprozess und dessen adäquate Beschreibung in Form einer Theorie, sehen die Römer ihre Hauptaufgabe in einer Verpflichtung und Verantwortung gegenüber der Welt und damit gegenüber dem Menschen. Von den drei Bereichen der antiken Philosophie - Logik, Physik, Ethik - steht für den Römer die Ethik im Mittelpunkt seines Denkens und Handelns, Logik und Physik haben allenfalls dienende Funktion. Philosophieren heißt also primär Handeln, das aus einer ethischen Haltung erwächst, und nicht so sehr Denken als erkenntnistheoretischer Prozess.

Verfolgen wir den Weg von Lukrez über Cicero und Seneca bis zu Marc Aurel, so wird der zunehmende Ich-Bezug deutlich. Bei Lukrez und in den frühen Schriften Ciceros stand noch die Rezeption griechischen Denkens im Vordergrund. Die Philosophie wurde als Bildungselement für den Menschen und für die Gesellschaft aufgefasst. In den späteren Werken Ciceros wird bereits eine Hinwendung zu ethischen, das eigene Leben betreffenden Fragen sichtbar, aber immer noch bleibt der Bezug zum römischen Staat bestehen. Seneca fordert die Verwirklichung philosophischer Ansprüche für alle Menschen, die bereit sind, sich auf den Weg zu machen. Marc Aurel denkt und schreibt nur noch für sich selbst.

Diese Umwertung und diese Neuausrichtung der Philosophie wurde erst von den Römern vorgenommen. Auf ihr kann die christliche Philosophie von Augustin und Boethius aufbauen. Ethisches Handeln auf Erden steht für sie in Bezug zu Gott. Es ist ausgerichtet auf ein jenseitiges Leben als letztem Ziel des Menschen.

3. *Aspekte des Fortwirkens*

Aufgrund der Tatsache, dass gerade die Sprache Ciceros und Senecas für einige Jahrhunderte das Kommunikationsmittel für philosophische Grundfragen geworden ist, lassen sich einige Leitgedanken verfolgen, die durch das Ausdrucksmittel des Lateinischen und im Wesentlichen durch römisches Denken geprägt sind.

Naturrecht - Menschenrecht - Menschenwürde

Hierzu gehört die Idee des Naturrechts *(ius naturale)*. Die Auffassung, dass alle Menschen, welcher Herkunft oder Nationalität auch immer, mit einer angeborenen Empfindung für Recht und Unrecht ausgestattet sind, geht auf die stoische Lehre zurück. Danach sind alle Menschen durch die Teilhabe an der *ratio* von Natur gleich. Die *ratio* ist mit Gott identisch, sie ist die *vera lex*, das wahre Gesetz, wie Cicero schreibt (*rep.* 3, 22). Dieses Gesetz ist allen Menschen von Natur mitgegeben, es ist ewig, unveränderlich in Raum und Zeit, daher bei allen Völkern gleich. Die Gesetze einzelner Staaten *(ius civile)* haben sich an diesem Naturrecht zu orientieren.

Thomas von Aquin (1225 - 1274, ↗ 258) führt diesen Gedanken weiter, indem er heidnisches Naturrecht und christliches Gottesgesetz miteinander verbindet. Er unterscheidet drei *leges*: 1. die *lex aeterna* Gottes, 2. die *lex naturalis*, die den Menschen durch die Schöpfung mitgegeben ist, und 3. die positiven *leges humanae*. Er akzeptiert zwar die Unveränderlichkeit und Universalität des Naturgesetzes, aber die daraus abgeleiteten Gesetze variieren nach Personen und Zeiten und gleichen sich der historischen Wirklichkeit an.

Ohne theologischen Hintergrund, sondern wieder nur aus der Natur des Menschen haben die Staatstheoretiker Hugo Grotius und Samuel Pufendorf die Postulate des Naturrechts entwickelt. Ganz im Sinne Ciceros unterscheidet Grotius (1583 - 1645), dem die Naturrechtslehre Ciceros aus *De re publica* durch Laktanz (um 300 n. Chr., er wird auch der »christliche Cicero« genannt) bekannt war, zwischen dem unveränderlichen normativen Naturrecht und den daraus abzuleitenden positiven Gesetzen. Diese haben nur Gültigkeit, solange sie mit dem

Naturrecht übereinstimmen. Grundlagen des Naturrechts sind die Vernunft und der angeborene Trieb des Menschen zur Gemeinschaft. Die inhaltliche Füllung des Naturrechts lässt sich aus evidenten Prinzipien der menschlichen Natur und aus Übereinstimmungen bei allen kultivierten Völkern ableiten. Ausgehend vom Naturrecht wurde Grotius zugleich zum »Vater des Völkerrechts«. Pufendorf (1632 - 1694), der in Heidelberg den ersten deutschen Lehrstuhl für Naturrecht innehatte, entwickelt auf der Naturrechtsauffassung die Staatslehre des aufgeklärten Absolutismus und wird zum Wegbereiter der amerikanischen Unabhängigkeitsbewegung.

Aufgenommen wird das Naturrechtsdenken dann in der *amerikanischen Unabhängigkeitserklärung* und der *Virginia Bill of Rights* aus dem Jahre 1776. Danach sind alle Menschen von Geburt gleich und mit unveräußerlichen Rechten ausgestattet, besonders mit dem Recht auf Leben, Freiheit und Glück. Diese Rechte können durch keinen staatlichen Vertrag aufgehoben werden. Die Präambel der *Constitution Française* von 1791 spricht von den *»droits naturels, inaliénables et sacrés de l'homme«*, den natürlichen, unveräußerlichen und heiligen Rechten der Menschen. Auch das *Grundgesetz der Bundesrepublik Deutschland* von 1949 steht in dieser Tradition. Dadurch, dass die Grundrechte der eigentlichen Verfassung vorangestellt sind, und besonders durch Art. 1.1 (»Die Würde des Menschen ist unantastbar«) wird deutlich gemacht, dass diese Rechte als oberste Normen die Verfassungswirklichkeit bestimmen und dass die folgenden Ausführungen und Gesetze an sie gebunden sind.

Die Erklärung des Bundesverfassungsgerichts, dass dem Art.1 die Vorstellung eines »geistig-sittlichen Wesens« zugrunde liege, »das darauf angelegt ist, in Freiheit sich selbst zu bestimmen und zu entfalten«, ist dem stoischen Menschenbild verpflichtet. Sie will besagen, dass Menschenwürde und Menschenrecht philosophisch-ethische Wertvorstellungen sind, die das Individuum und die Rationalität in den Mittelpunkt stellen. Zunächst einmal ist der Mensch sich selbst gegenüber zur Verwirklichung der Menschwürde *(dignitas, humanitas)* verpflichtet. Der Anspruch an sich selbst ist mit der Forderung verbunden, dieses Recht als eine *lex naturalis* auch anderen zuzusprechen *(ius humanum)*. Die neuzeitliche Idee der Menschenrechte geht allerdings insofern über die antiken Auffassungen hinaus, als nicht mehr nur das Individuum für die Einhaltung von Menschenwürde verantwortlich ist, sondern der Staat dieses Recht jedem Menschen durch Kodifizierung garantiert. Menschenrecht und Menschenwürde stehen somit in einer langen europäischen, auf antiken Wurzeln basierenden Tradition, die humanitäre und universale Vorstellungen verbindet.

Der Mensch als Gemeinschaftswesen

Mit der Frage, ob dem Menschen ein sittliches Verhalten angeboren ist, hat bereits die Antike die Frage nach der Soziabilität des Menschen verbunden, also die Frage, ob der Mensch von Natur auf Gemeinschaft angelegt ist. Neben das Problem des Naturrechts tritt das Problem des Naturzustands des Menschen.

Sowohl Cicero als auch Seneca hatten dem Menschen in aristotelischer Tradition einen Geselligkeitstrieb zugeschrieben. In schärfstem Gegensatz zu dieser Auffassung steht Thomas Hobbes (1588 - 1679). Seiner Meinung nach ist der Mensch von Natur asozial, anarchisch, ausschließlich auf Selbsterhaltung und Befriedigung von Bedürfnissen bedacht. Der Mensch ist dem anderen Menschen ein Wolf *(homo homini lupus)*. Diese Naturanlage führt notwendig zu ständigem Streit, zum Krieg aller gegen alle *(bellum omnium contra omnes)*, denn jeder hat das Recht auf alles, und jeder will dieses Recht zum Nachteil anderer verwirklichen. Dieser Kriegszustand kann nur durch einen Gesellschaftsvertrag beendet werden. In ihm verzichten die Menschen zugunsten eines inneren und äußeren Friedens auf bestimmte Rechte bzw. übertragen diese auf einen absoluten Herrscher. Der so geschaffene Staat ist unwiderruflich und verpflichtet die Individuen zum absoluten Gehorsam gegenüber den Gesetzen und zur völligen Unterwerfung unter die staatliche Gewalt.

John Locke (1632 - 1704) knüpft in seiner Auffassung vom Naturzustand wieder an die antiken Vorbilder an: Die Menschen sind von Natur gleich, frei, gesellig und arbeitsam. Sie sind laut Naturgesetz zur Erhaltung der von Gott geschaffenen Natur verpflichtet. Da Einzelne immer wieder gegen dieses Naturgesetz verstoßen, haben sich die Menschen zur dauerhaften Sicherung der natürlichen Rechte auf Leben, persönliche Freiheit und Eigentum zusammengeschlossen. Der Souverän ist kündbarer Vertragspartner des Volkes. Die staatlichen Gesetze sind an das Naturrecht gebunden, das Wohl des Ganzen wird zur verpflichtenden Norm.

Staatsmodelle

Wie die angeführten Beispiele zeigen, wird ausgehend von der Frage nach der Gesellschaftsfähigkeit des Menschen häufig auch ein besonderes Staatsmodell entwickelt. Auch hier ist Cicero, basierend auf Platon, Aristoteles und Polybios, wegweisend mit der Suche nach dem besten Staat bzw. mit der Definition eines Idealstaates.

Thomas Morus (1478 - 1535) entwirft 1516 in seiner *Utopia (Nirgendwo)* auf einer fiktiven Insel einen Idealstaat (↗263). Die Utopier leben ohne Geld, ohne Industrie auf der Stufe des Tauschhandels, ohne Privateigentum glücklich und friedlich miteinander.

Etwa zur gleichen Zeit verfasst Niccolo Machiavelli (1469 - 1527) seine Vorstellungen vom Staat. Ihm geht es darum, auf der Grundlage exakter Beobachtung der historischen Wirklichkeit die Methoden des Machterwerbs und des Machterhalts darzustellen. Das politische Handeln ist nicht mehr moralischen Normen unterworfen, sondern orientiert sich ausschließlich am Erfolg, d. h. an der Sicherung des Staates. Gerechtigkeit besteht nicht in einer der staatlichen Rechtsordnung übergeordneten Norm, sondern im Einhalten von Gesetzen.

Die verschiedenen Staatsentwürfe lassen sich über Montesquieu (1689 - 1755, Prinzip der Gewaltenteilung), Rousseau (1712 - 1778, *volonté générale*) bis hin zu Karl Marx (1818 - 1883, Kommunismus, in dem der Staat aufgehört hat zu existieren) weiterverfolgen.

Glück als Ziel des Menschen

Als Letztes sei auf eine wohl eher anthropologische Grundkonstante verwiesen, nämlich auf die Frage nach dem Sinn unseres Daseins, die Frage nach der Art der Lebensgestaltung und Lebensführung. Spätestens seit Aristoteles kreist sie um den Begriff *eudaimonía - vita beata - beatitudo* - Glück. Für die Stoa und für Epikur, für Lukrez, Cicero und Seneca war ein glückliches Leben noch unbestritten das Ziel des Menschen, mögen die Antworten, wie dieses Ziel zu erreichen sei, auch verschieden ausgefallen sein. Für Cicero und Seneca sind *vita beata, summum bonum* und *honestum* identisch.

Das christliche Mittelalter - so z. B. Thomas von Aquin - hat, sich auf die Bibel und Augustin stützend, darin ausschließlich ein theologisches Problem gesehen: Eine vollkommene und ewige Glückseligkeit ist erst im Jenseits, bei Gott möglich.

Die Renaissance bindet das Glück erneut an philosophische Einsichten. In antiker Tradition wird die *vita beata* wieder im Zusammenhang mit dem *summum bonum* gesehen. René Descartes (1596 - 1650), der auf dem Selbstbewusstsein des Subjekts (*ego cogito, ergo sum* - Ich denke, also bin ich; ↗286) seine Philosophie aufbaut und als Begründer des Rationalismus gilt, sieht im Willen zum vernünftigen Leben das höchste Gut und das Glück in der daraus entspringenden Zufriedenheit.

Für die französische Aufklärung des 18. Jh.s wird Glück das Thema schlechthin, allerdings ist es jetzt kein philosophischer Begriff mehr, der Bezug zur Wahrheit verschwindet. So erklärt Voltaire (1694 - 1778) das Glück des Tugendhaften als Illusion und betont, dass das Glück in einer *»suite de plaisirs«* (Folge von Vergnügungen) bestehe, *»plaisir«* wird definiert als *»sentiment agréable«* (angenehmes Gefühl).

Mit Immanuel Kant (1724 - 1804) setzt eine Wende des Denkens ein. Er bricht zum ersten Mal mit dem Glück als Zielsetzung des Menschen und mit der Orientierung des Handelns an diesem Ziel. Nach Kant ist das Glück eine bloße Idee, die der Verstand, verwickelt in die Einbildungskraft und die Sinne, entwirft. Der Begriff ist für ihn so schwankend, dass er als Orientierung untauglich ist, oder der Handelnde müsse über Allwissenheit verfügen, um alle Folgen seiner Handlungen übersehen zu können. Glückseligkeit und Sittlichkeit sind nicht mehr miteinander vereinbar.

Für die Existenzphilosophen Jean Paul Sartre (1905 - 1980) und Albert Camus (1913 - 1960) steht dagegen die Frage im Vordergrund, inwieweit individuelles Glück und persönliche Freiheit mit dem Bezug zum anderen zu verbinden sind. So hat Karl Jaspers (1883 - 1969) gerade in der Kommunikation mit anderen Menschen die entscheidende Möglichkeit zur Selbsterkenntnis und zur Selbstverwirklichung gesehen.

Nach Sigmund Freud (1856 - 1939), der wieder stärker hedonistisch orientiert ist, darf zwar das Glück nicht aus den Zielen unserer Kultur gestrichen werden, aber eigentlich sei im Plan der Schöpfung die Absicht, dass der Mensch glücklich sei, nicht vorgesehen. Glück wird als Befriedigung individueller libidinöser Regungen definiert, eine Erfüllung des Lustprinzips aber für unmöglich erklärt.

Aus den vorgestellten Leitgedanken, zu denen sich noch viele Namen anführen ließen, sieht man, dass alte Fragestellungen zwar nicht immer neue Antworten, aber zumindest neu durchdachte Antworten hervorgebracht haben. Zudem hat und wird jede Gesellschaft andere, z. T. auch neue Fragen aufwerfen. Ludwig Marcuse (1894 - 1971) schreibt deshalb in seinem Buch *Philosophie des Glücks*, dass ein Blick auf die verschiedenen Philosophen seit der Antike, die sich zum Thema »Glück« geäußert haben, zwar keine Rezepte, nicht einmal eine Definition geben kann, aber er mache Mut zum eigenen Glück. Er vertritt die Meinung, dass derjenige, der auf sein Glück verzichtet, sein Dasein nicht erfülle. Mit dieser Auffassung beweist Marcuse, dass die Antwort, die die antike Philosophie auf die Frage nach dem Sinn des Lebens gegeben hat, auch heute noch gültig ist.

Erziehung und Unterricht

1. *Historischer Überblick*

Wer sich heute als Austauschschüler eine Zeit lang im Ausland aufhält, mag überrascht sein, dass ihm in seiner Gastschule nicht nur viele neue, sondern auch von zu Hause vertraute Dinge begegnen. Trotz aller Unterschiede ähneln sich Schulen auf der ganzen Welt in vielem; ebenso erscheinen uns Schulen vergangener Zeiten nicht ganz fremd. Aber es lässt sich auch eine entgegengesetzte Erscheinung feststellen: Trotz aller gleichbleibender Formen wandeln sich in einem Land die Wesenszüge der Erziehung im Lauf der Jahrzehnte und Jahrhunderte. Beide Beobachtungen treffen auf Rom zu.

Im römischen Bildungssystem lassen sich zwei Erziehungsformen unterscheiden:

- die altrömische, die zwar nicht ganz ohne »Lehrer«, aber ohne Schulen auskommt;
- die von den Griechen beeinflusste Erziehung und Ausbildung mit Lehrern und Schulen.

Bewusste Erziehung war auf allen Stufen eine Angelegenheit der Oberschicht. Die Gründung von Schulen gestattete es auch anderen Schichten, sofern sie finanziell in der Lage waren, den Kindern wenigstens eine elementare Bildung zuteilwerden zu lassen. In der Kaiserzeit konnte Bildung in einem gewissen Umfang auch zu sozialem Aufstieg führen. Ein frühes Beispiel ist der Lebensweg des Dichters Horaz (↗103)

Der Übergang von der altrömischen Erziehung zu der griechisch beeinflussten vollzog sich nur allmählich seit dem 2. Jh. v. Chr., und zwar unter dem Widerstand konservativer Kreise. Die Bildung erhielt einen hohen Stellenwert; so spricht Valerius Maximus, ein Schriftsteller, der zur Zeit des Kaisers Tiberius lebte, von ihr als der neuen *virtus*.

Im 4. Jh. n. Chr. kamen dann christliche Schulen auf. Erst zum Ausgang der Antike gründete die Kirche Klosterschulen, Bischofsschulen und Presbyterialschulen, die Vorläufer der mittelalterlichen Schulen. Diese hatten einen anderen – theologisch orientierten – Charakter, benötigten aber neben den elementaren Kenntnissen des Lesens und Schreibens vor allem Grammatik und Rhetorik als unentbehrliche Vorbereitung auf das Bibelstudium und die geistlichen Berufe.

Was oben über römische Schulen gesagt wurde, galt jedoch weitgehend nur für die der Familien der Oberschicht. Kinder der unteren Schichten konnten zwar eine handwerkliche Ausbildung erhalten, aber aus finanziellen Gründen entweder gar keine schulische oder höchstens eine elementare.

2. *Die altrömische Erziehung*

Erziehung in der Familie Der Historiker Tacitus beschreibt sehr anschaulich, wie in der »guten, alten Zeit« die kleinen Kinder erzogen wurden (*dial.* 28):

> »Früher wurde jedem der Sohn, den die rechtschaffene Mutter geboren hatte, nicht in der Kammer einer gekauften Amme, sondern auf dem Schoß und an der Brust eben der Mutter großgezogen; ihr größtes Lob war es, für das Haus zu sorgen und für die Kinder da zu sein. Man stellte ihr aber auch eine ältere Verwandte zur Seite, deren Lebenswandel über jede Kritik erhaben war, und ihr vertraute man die ganze Kinderschar der Familie an; es war ungehörig, in ihrer Gegenwart etwas Hässliches zu sagen oder etwas zu tun, was Schande machte. Gewissenhaft und mit Takt wachte die Mutter nicht nur über den Beschäftigungen und häuslichen Arbeiten der Kinder, sondern auch über deren Freizeit und Spiele. So hat, wie es uns überliefert ist, Cornelia, die Mutter der Gracchen, so Aurelia, die Mutter Caesars, so Atia, die Mutter von Augustus, deren Erziehung geleitet und Kinder großgezogen, die zu Höherem berufen waren. Diese strenge Disziplin zielte darauf ab, dass jeder sich nach seinen Anlagen, solange diese noch völlig unverbildet waren, so bald wie möglich mit ganzer Hingabe standesgemäßen Tätigkeiten widmete und sich, ob er nun Neigung für das Militär, für die Rechtswissenschaft oder für die Redekunst hatte, nur damit beschäftigte und dies vollständig in sich aufnahm.«

Nach diesem Bericht vollzog sich die frühe Erziehung völlig in der Familie; Kindergärten gab es nicht. Verantwortlich war in erster Linie die Mutter. Die Mädchen blieben auch, wenn sie älter geworden waren, in deren Obhut und wurden mit häuslichen Arbeiten, z. B. Wollespinnen, beschäftigt, die Erziehung der Söhne ging dagegen in die Hand des Vaters über. So übernahm der alte Cato (↗ 88 f.), der sich übrigens auch sonst gegen die Übernahme griechischer Verhältnisse gestemmt hatte, die Verantwortung für die Erziehung seines Sohnes und schuf ein »Meisterwerk an Tüchtigkeit« (nach Plutarch, *Cato Maior 20*):

> »Er war ein rechter Vater und ein guter Ehemann ... Als ihm der Sohn geboren war, gab es außer einer öffentlichen Betätigung keine so dringende Aufgabe, die ihn hindern konnte, dabei zu sein, wenn seine Frau den Säugling badete und wickelte. Sie nährte ihn nämlich mit der eigenen Milch ... Sobald der Sohn Verstand zeigte, nahm er ihn selbst vor und brachte ihm Lesen und Schreiben bei ... Er hielt es nämlich, wie er selbst sagt, nicht für recht, dass sein Sohn von einem Sklaven gescholten oder am Ohr gezogen würde, wenn er etwas nicht schnell genug begriff ... Nein, er war selbst der Lehrer im Lesen und Schreiben, in der Rechtskunde und im Sport. Er brachte seinem Sohn nicht nur Speerwerfen, Fechten und Reiten, sondern auch Boxen bei und lehrte ihn, Hitze und Kälte zu ertragen und einen reißenden Fluss zu durchschwimmen.
>
> Er schrieb auch, wie er selbst berichtet, mit eigener Hand und in großen Buchstaben die Geschichte des römischen Volkes auf, damit der Junge zu Hause die Möglichkeit bekam, die Taten und Sitten der Vorfahren kennenzulernen und sich an ihrer Kenntnis zu bilden. Vor unanständigen Reden hütete er sich in Gegenwart des Jungen nicht weniger, als wenn die ehrwürdigen Jungfrauen, die Vestalinnen, anwesend wären.«

Die altrömische Erziehung

Die Erzieher	Altersstufen	Erziehungsziel
Mutter oder ältere Verwandte	*infans* (bis 7 Jahren) Jungen und Mädchen	Verhalten (in der Familie)
Vater	*puer* (bis zum Anlegen der *toga virilis* im Alter von 16 Jahren)	Verhalten (auch schon in der Öffentlichkeit) Lesen, Schreiben
Vater oder älterer Freund	»Söhne« (ab 16 Jahren)	Verhalten (im öffentlichen Leben)

Lernen an Beispielen Auch in diesem Text haben wir eine Bestätigung dafür gefunden, wie wichtig es Vater und Mutter war, sich von Geburt an um die Kinder zu kümmern. Es bleibt freilich nicht beim Lesen- und Schreibenlernen im Hause. Die Väter nahmen ihre Söhne, wenn sie alt genug geworden waren, mit aufs Forum und zu den Senatssitzungen; sie führten sie so in das Leben ein, in dem sie später »ihren Mann stellen« sollten. Der Schriftsteller Gellius (2. Jh. n. Chr.) erzählt eine hübsche Geschichte, welche diese Form der Erziehung illustriert. Ein Junge, der an einer geheimen Beratung des Senats teilgenommen hatte, wurde von seiner Mutter bedrängt, ihm das Ergebnis der Sitzung zu verraten. Da auch der Junge an die Schweigepflicht gebunden war, griff er zu der Notlüge, der Senat habe die Frage erörtert, ob es für den Staat besser sei, dass ein Mann zwei Frauen habe oder eine Frau mit mehreren Männern verheiratet sein sollte. Den Aufstand der römischen Frauen kann man sich lebhaft vorstellen!

Was nun schon in früher Jugend begonnen hatte – also eine politische Lehrzeit –, das wurde vom 16. Lebensjahr ab verstärkt fortgesetzt. Hierüber berichtet uns der Schriftsteller Plinius d. J. (*epist.* 8, 14, 4 - 6):

> »Früher war es so, dass wir von älteren Leuten nicht nur mit den Ohren, sondern auch mit den Augen lernten, und zwar die Dinge, die wir bald selbst zu tun und dann wiederum an Jüngere weiterzugeben hatten. Deshalb wurden die jungen Leute sobald wie möglich mit dem Militärdienst vertraut gemacht, damit sie durch Gehorchen selbst zu befehlen, durch Unterordnung zu führen lernten. Sie, die sich selbst einmal um Ämter bewerben würden, standen deshalb an der Tür der Kurie und schauten bei den Senatssitzungen zu, bevor sie selbst daran teilnahmen. Jedem stand der eigene Vater als Lehrer zur Verfügung oder anstelle des Vaters, wenn er keinen mehr hatte, ein angesehener älterer Mann. Welche Vollmachten die Antragsteller, welche Rechte die Abstimmenden, welche Macht die Beamten, welche Freiheiten alle anderen hatten, wo man nachgeben, wo man sich widersetzen müsse, wann es Zeit sei, zu schweigen, wie lange man reden dürfe, wie unterschiedliche Anträge auseinanderzuhalten, wie Zusätze zu früheren Anträgen zu behandeln seien, kurz, die ganze Geschäftsordnung des Senats lernte man an Beispielen kennen – die zuverlässigste Lehrmethode.«

Lernen an Beispielen, am verpflichtenden Vorbild der Älteren, den *exempla*, und der Vorfahren, dem *mos maiorum* – dies war auf allen Stufen die Lernmethode der altrömischen Erziehung.

3. *Die griechisch beeinflusste Schule*

Öffentlicher Unterricht Der alte Cato führte seinen Sohn nicht nur wie alle anderen Väter in das öffentliche Leben ein, sondern er übernahm auch die Aufgaben eines richtigen Lehrers und brachte seinem Sohn Lesen und Schreiben bei. In dieser Zeit stellten die reichen Familien für diese Aufgabe auch schon »Hauslehrer« ein: gebildete Griechen, seien es Sklaven, Freigelassene oder nach Rom Zugezogene, die dort ein Auskommen als Lehrer finden wollten. Im Lauf des 2. Jh.s v. Chr. bewirkte griechischer Einfluss allerdings, dass neben diese Privatlehrer ein öffentlicher Unterricht in Schulen trat. Plutarch berichtet, der Freigelassene Spurius Carvilius habe gegen Ende des 3. Jh.s v. Chr. als Erster eine Schreib- und Leseschule (*γραμματοδιδασκαλεῖον*) eröffnet und gegen Honorar unterrichtet; auch soll er das G in das lateinische

Die griechisch beeinflusste Schule

Schulart	Lehrer	Alter	Lerngegenstände
Elementarschule (*ludus*)	*litterator* *primus magister* *magister ludi*	7 - 12	Lesen und Schreiben
Sprach- und Literaturschule (höhere Schule)	*grammaticus*	12 - 16	Grammatik Lektüre der griechischen und römischen Klassiker
Hochschule	*rhetor*	ab 16	Die Kunst der Rede

Alphabet eingefügt haben (*Quaest. Rom.* 59 und 54). Öffentlich besagt also keinesfalls, dass es sich um staatliche Schulen handelte, sondern lediglich, dass jeder zum Lehren befähigte Mann eine Schule gründen und dass jedes Kind eine Schule besuchen konnte, wenn seine Eltern finanziell in der Lage waren, das Schulgeld aufzubringen. Der Staat kümmerte sich im Allgemeinen nicht um das Schulwesen, und zu keiner Zeit gab es in Rom oder in den Provinzen eine Schulpflicht. In der Oberschicht lernten die Kinder bis in die Spätantike Lesen und Schreiben beim Privatlehrer zu Hause. Die römische Schule umfasste wie auch alle modernen Schulen drei Stufen:

- die Elementarschule;
- die Sprach- und Literaturschule (die höhere Schule);
- die Hochschule.

Man darf sich jedoch nicht vorstellen, dass diese Stufen so wie in unserer Zeit an allen Orten festgefügt waren. Die Übergänge konnten fließend sein und richteten sich vor allem nach den Wünschen der Elternschaft.

Zweisprachigkeit der römischen Schule Das Besondere an der römischen Schule im Gegensatz zur griechischen war ihre Zweisprachigkeit. Die Kinder aus vermögenden Familien lernten Griechisch aber nicht erst in der Schule, sondern schon zu Hause: von klein auf bei einer griechischen Amme und bei den griechischen Sklaven. Wohlhabende und bildungsbeflissene Römer umgaben ihre Kinder mit einem ganzen Stab von griechischen Lehrern. In der Schule lernten die Schüler manchmal mit griechischen Buchstaben Lesen und Schreiben und machten griechische und lateinische Wortschatzübungen. Der unten folgende Auszug aus einer Konversationsübung zeigt deutlich den unterrichtlichen Zusammenhang der beiden Sprachen (*Corpus Glossariorum Latinorum* 3, 639 § 4).

Die Geläufigkeit in der griechischen Sprache war dann vor allem bei der Lektüre der griechischen Klassiker im Original die entscheidende Hilfe. Erst in der ausgehenden Spätantike ging die Doppelsprachigkeit verloren. Die Römer haben also Griechisch als Bildungssprache entdeckt.

Die Elementarschule

Der Schulraum Die Schule des *magister ludi* darf man sich nicht wie eine heutige Grundschule mit einem geschlossenen Gebäude, mit mehreren Lehrern und Klassenzimmern vorstellen. Der Lehrer mietete sich in zentraler Lage einen Raum (*pergula*); dieser war zur Straße oder zum Forum hin offen oder ließ sich durch einen leichten Vorhang gegen den Lärm von draußen ein wenig abschirmen. Die Kinder saßen um den Lehrer herum auf Holzschemeln (ohne Rückenlehne!), sie schrieben auf den Knien. Der *magister ludi* überblickte von seinem erhöhten Katheder (*cathedra*) aus leicht seine Schüler.

Lehrer und Lehrmethoden Der Lehrer in Rom war ein armer »Schlucker«, darum musste er oft einem Nebenberuf nachgehen; z. B. half er den Leuten, ein korrektes Testament abzufassen. Das Ansehen des Lehrers in der Gesellschaft war gering. Auch unterrichtete er nach Methoden, die man nicht als besonders ausgefeilt bezeichnen kann. Er lehrte Lesen und Schreiben, kaum Rechnen und sonst fast nichts – und dies in einer trockenen, wenig kindgemäßen Weise: zuerst Buchstaben, dann Silben, zum Schluss Wörter und Texte. Darum auch die Einteilung der Schüler in *abecedarii, syllabarii* und *nominarii.* (Früher sprach man bei uns von ABC-

Χαῖρε, κύριε διδάσκαλε, καλῶς σοι γένοιτο. Ἀπὸ σήμερον φιλοπονεῖν θέλω.	Ave, domine praeceptor, bene tibi sit. Ab hodie studere volo.	Guten Tag, Herr Lehrer. Ab heute will ich lernen.
Ἐρωτῶ σε οὖν δίδαξόν με Ῥωμαϊστί λαλεῖν. –	Rogo te ergo, doce me Latine loqui. -	Ich bitte dich, unterrichte mich in der lateinischen Sprache. -
Διδάσκω σε, ἐάν μοι πρόσχῃς. – Ἰδού, προσέχω. – Καλῶς εἶπας, ὡς πρέπει.	Doceo te, si me attendas. - Ecce attendo. - Bene dixisti, ut decet.	Mache ich, wenn du aufpasst. - Ja, ich passe auf. - Gut, so gehört es sich.

Schützen oder von I-Männchen.) Als Tafel benutzten die Kinder zusammenklappbare Holztäfelchen, die mit einer gefärbten Wachsschicht überzogen waren; mit einem Griffel (*stilus*) aus Holz, Knochen, Elfenbein oder Metall ritzten sie die Buchstaben in das Wachs ein. Anfangs führte der Lehrer den Schülern die Hand oder die Buchstaben waren unter der Wachsschicht vorgezeichnet. Erst sehr viel später, wenn die Kinder die Schrift beherrschten, schrieben sie kleine Sätze in Versform und kurze Texte ab; jetzt benützte man auch »Hefte« aus Pergament oder Papyrus.

Die Verse, die man meistens auswendig lernte, hatten in der Regel moralischen Inhalt, wie z. B. der folgende aus einer berühmten kaiserzeitlichen Spruchsammlung, den sog. *Disticha Catonis* (I, 2):

Plus vigila semper neu somno deditus esto;	Sei aufmerksamer und schlaf nicht (so);
nam diuturna quies vitiis alimenta ministrat.	denn ewiges Schlafen bringt Taugenichtse hervor.

Der Tageslauf eines Grundschülers Und früh bei Tagesanbruch, im Winter noch in der Nacht, begann denn auch der Tag eines Grundschülers. Der Unterricht reichte mit einer Mittagspause in den Nachmittag hinein. Ein Schüler erzählt (nach *Corpus Glossariorum Latinorum* 3, 645 § 2 und 380, 2–37):

> »Bei Tagesanbruch wache ich auf, rufe meinen Sklaven und lasse ihn das Fenster aufmachen. Ich richte mich auf und setze mich an den Bettrand, bitte um Socken und Schuhe; denn es ist kalt. Wenn ich die Schuhe anhabe, nehme ich ein Handtuch. Man bringt mir ein sehr sauberes, bringt mir Wasser in einem Topf für meine Toilette. Ich gieße es mir über die Hände, das Gesicht, in den Mund. Ich reibe Zähne und Zahnfleisch, spucke, schneuze mich und trockne mich ab, wie es sich für ein gut erzogenes Kind gehört.«

Der Schüler aus vornehmer Familie hatte seinen Sklaven zur Bedienung; ein Sklave – der *paedagogus* – führte ihn auch zur Schule.

▼ Grabmal aus Neumagen.
Ende des 2. Jh.s n. Chr.
(Trier, Rheinisches Landesmuseum)

Es ist Mittag geworden:

> »Ich bin mit dem Lernen meiner Lektion fertig. Ich bitte den Lehrer, mich nach Hause gehen zu lassen. Er lässt mich gehen. Ich sage ihm ›Lebewohl‹, und er erwidert meinen Gruß . Ich kehre nach Hause zurück und ziehe mich um. Ich nehme Weißbrot, Oliven, Käse, trockene Feigen und Nüsse zu mir, trinke frisches Wasser. Dann gehe ich wieder zur Schule. Ich treffe den Lehrer beim Lesen an. Er sagt: ›An die Arbeit!‹« (*Corpus Glossariorum Latinorum* 3, 638 § 7 und 646/47 § 2).

Nach der Schule geht der Junge mit seinem Sklaven in ein Badehaus zum Baden, und wenn nicht gerade Ferien sind – die großen dauern von Ende Juli bis Mitte Oktober –, geht es am nächsten Tag mit der Arbeit weiter.

Belohnungen und Strafen Wenn die kleinen ABC-Schützen einen neuen Buchstaben beherrschten, erhielten sie bei freundlichen Lehrern diesem Schriftzeichen nachgeformtes Gebäck, aber meistens ging es in der Elementarschule sehr streng zu. Viele römische Schriftsteller, wie z. B. Horaz oder der Kirchenvater Augustin, beklagten sich über die harte Disziplin.

Wie streng es in der Schule oft zuging und welches geringe Ansehen ein Elementarlehrer genoss, schildert der Dichter Martial (9, 68. ↗ 111); ein erboster Nachbar äußert so seinen Ärger über den Lärm nebenan:

> »Was haben wir miteinander zu tun, du verdammter Schulmeister, der du Buben und Mädchen verhasst bist? Noch haben die Hähne die Stille der Nacht nicht gebrochen, da donnerst du schon mit wildem Geschrei und mit Schlägen ...Wir Nachbarn bitten um Schlaf, nicht die ganze Nacht, denn (kurz) wachliegen ist kein Problem, aber dauernd wachgehalten werden ist schlimm. Schick deine Schüler heim. Da, du Quatschkopf, nimm das Geld, das du für dein Geschrei bekommst, aber halte endlich dein Maul!«

Quintilians Reformprogramm Ein anderes – heutigen Vorstellungen entsprechendes – Bildungskonzept entwickelte im 1. Jh. n. Chr. der berühmte Rhetorikprofessor Quintilian. Der Lehrer soll Vater und Freund seiner Schüler, soll in seinem Verhalten Vorbild sein.

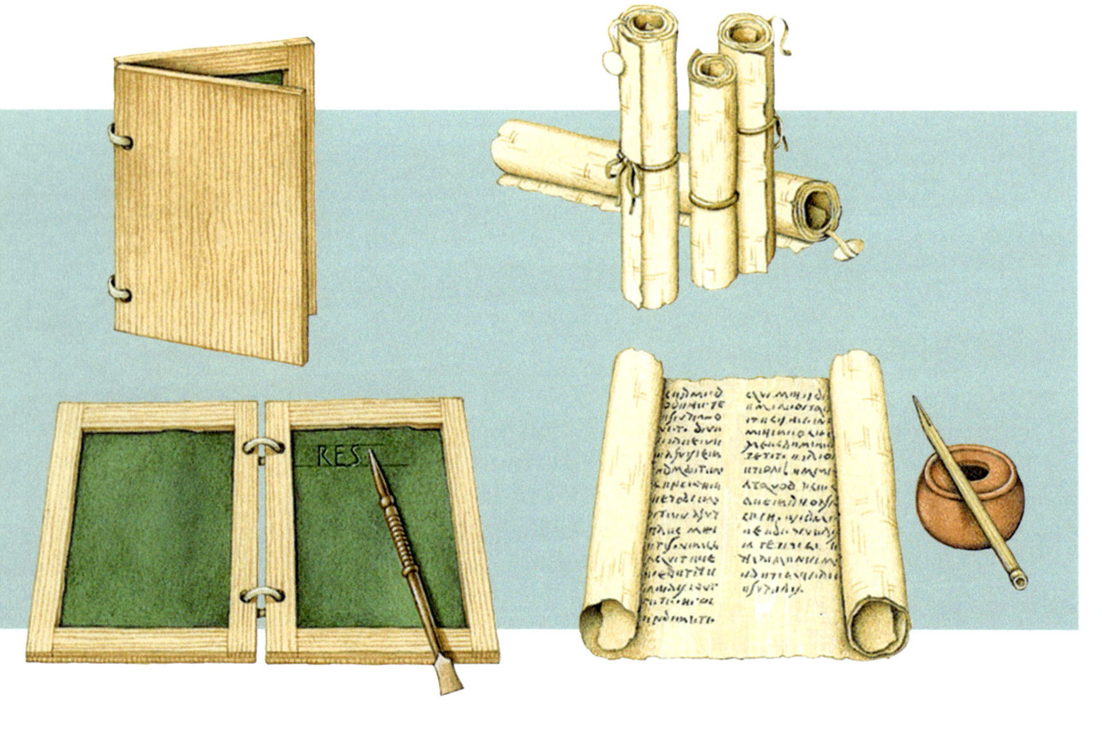

▼ Schreibgeräte:
Schreibtafel mit Griffel (links), Buchrollen (rechts)

Der Schüler hat seine eigene Würde, die nicht gekränkt werden darf. Kritik soll aufbauen, nicht verletzen. Die übliche Prügelstrafe lehnt Quintilian entschieden ab. Wirksamere »Erziehungsmittel« sind Lob, Liebe zum Lehrer und – bei älteren Schülern – Interesse an der Sache. In der Unterrichtsmethode darf der Lehrer nicht einseitig sein, sondern muss sich nach den Begabungen der Schüler und nach den Gegenständen richten. Wer eine höhere Bildung anstrebt, darf sich aber nicht spezialisieren, er benötigt eine allgemeine Bildung (*inst.* 2, 8, 1 und 8):

> »Gewöhnlich sieht man die Leistung eines Lehrers darin – und durchaus mit Recht –, dass er bei den Schülern, deren Erziehung er übernommen hat, sorgfältig auf die Unterschiede in der Begabung achtet und weiß, wohin jeden seine Anlage am ehesten führt. Denn auch dabei gibt es eine ganz unglaubliche Vielfalt, und die geistigen Ausprägungen sind kaum weniger als die körperlichen ... Wer jedoch für den Rednerberuf bestimmt ist (modern gesprochen: wer sich für die Universität vorbereitet), darf nicht nur auf einem Teilgebiet, sondern muss in allem, was zu seiner Aufgabe gehört, gründlich arbeiten, auch wenn ihm etwas beim Lernen ziemlich schwer erscheint. Der Unterricht wäre ja überflüssig, wenn die Naturbegabung genügte.«

Auch der Philosoph Seneca betonte die Bedeutung der individuellen Veranlagung (*natura*) und die Notwendigkeit, diese in der Erziehung (*educatio*) angemessen zu berücksichtigen. In dem Dialog *De ira*, besonders in den Kapiteln 2, 18 – 22, verdeutlicht er am Beispiel des Zorns seine Auffassung über den Zusammenhang beider Faktoren. Er findet es – besonders bei schlechten Anlagen – zwar schwierig, die Naturanlage wirksam zu beeinflussen, aber keinesfalls unmöglich. Entscheidend sind für ihn früher Beginn der Erziehung und außerordentliche Sorgfalt im pädagogischen Handeln.

Die Wirkung der außerschulischen Erziehung Zu allen Zeiten fanden sich auch Stimmen zur Bedeutung der außerschulischen Erziehung – sei es in positiver oder in negativer Hinsicht. So kritisierte der Satiriker Juvenal in einem umfangreichen Gedicht mit drastischen Worten die Nachlässigkeit von Eltern, denen offensichtlich nicht ganz klar wird, dass ihr Verhalten im Guten und im Schlechten Vorbild für ihre Kinder ist (*sat.* 14, 1 – 10).

> »Sehr viele Dinge gibt es, die Tadel verdienen und dem schönen Schein einen dauernden Makel aufdrücken – und doch leben dies die Eltern den Kindern mit Worten und Taten vor und geben es weiter. Hat der Alte Lust am Würfelspiel um Geld, dann spielt auch schon der Knirps und schüttelt mit seinem winzigen Arm den Becher. Auch wird der junge Mann seinem Vater keinen Anlass geben, auf bessere Entwicklung zu hoffen, wenn dieser gelernt hat, Trüffel zu schaben, Champignons lecker zuzubereiten und Krammetsvögel zu verschlingen, die im eigenen Saft schwimmen – denn beigebracht hat's ihm der Vater, dieser Taugenichts und grauhaarige Fresser.«

Die Sprach- und Literaturschule

Der Sprach- und Literaturlehrer Die Kinder im Alter von 12 Jahren wechselten vom Elementarlehrer zum *grammaticus*, dem Sprach-und Literaturlehrer. Äußerlich vollzog sich kein großer Wandel: *ein* Lehrer, *ein* mehr oder weniger offener Schulraum in einer zentralen Lage der Stadt (vorzugsweise am Forum), Vor- und Nachmittagsunterricht, strenge Disziplin. Doch anderes hat sich geändert:

- Der *grammaticus* hatte ein etwas höheres Einkommen als der Elementarlehrer, genoss aber ebenfalls kein hohes Ansehen; in der Kaiserzeit kam es auch vor, dass er staatlich besoldet wurde.
- Für sehr viele Kinder endete die schulische Ausbildung mit dem Elementarunterricht, so dass meistens nur Söhne, aber auch Töchter aus den vornehmsten und wohlhabendsten Familien in die höhere Schule gingen.
- Die Unterrichtsgegenstände waren zunächst verschiedene Einzelfächer. Bis zur Zeit Senecas hatte sich aus ihnen im Schulbetrieb ein Kanton von sieben Fächern der Allgemeinbildung entwickelt: Grammatik, Dialektik, Rhetorik, Arithmetik, Geometrie, Astronomie, Musik. Dies waren die sog. *septem artes liberales* (↗ 119). Man nannte sie auch *liberalia studia*, »weil sie eines freien Mannes würdig sind« (*quia homine libero digna sunt*), wie Seneca *ep. mor.* 88,2 bemerkte. Besonderen Wert legte man jedoch

auf die Beschäftigung mit der Sprache und den Texten der griechischen und römischen Klassiker. Alle anderen Gebiete behandelte der *grammaticus* nur im Zusammenhang mit der Texterklärung. Es gab keine Fachlehrer; der *grammaticus* unterrichtete alles. Mit der Konzentration auf die Texte änderten sich zwangsläufig auch die Methoden.

Der Umgang mit den Texten Der Unterricht folgte bestimmten Schritten. Zuerst wurden die Texte der Schüler miteinander verglichen. Da die Bücher in der Antike nur von Hand geschrieben waren, kam es immer wieder an einzelnen Stellen zu unterschiedlichen Fassungen (Textvarianten); zudem hatten die Texte keine Satzzeichen. Der Lehrer las vor; beim Vorlesen setzten die Schüler in ihre Exemplare Lesezeichen ein. Erst dann konnten sie selber lesen und auswendig lernen. In einem dritten Schritt erklärte der Lehrer den Text.

Auch die Texterklärung beim *grammaticus* war ziemlich äußerlich, formalistisch. Ein Beispiel aus der Vergillektüre soll die Methode eines berühmten Grammatikers illustrieren (*Grammatici Latini.* 3, 461 § 10). Der erste Vers der Äneis lautet:

Arma virumque cano Troiae qui primus ab oris ...	Die Waffen und den Mann besinge ich, der als Erster von den Gestaden Troias ...

Zu diesem ersten Vers, dessen Relativsatz im Original nicht einmal vollständig wiedergegeben ist, werden dann sehr kurzschrittige Fragen gestellt, zuerst zur Metrik, dann die folgenden:

Wie viele Wörter?	Neun.
Wie viele Nomina?	Sechs: *arma, virum, Troiae, qui, primus, oris.*
Wie viele Verben?	Eins: *cano.*
Wie viele Präpositionen?	Eine: *ab.*
Betrachte die Wörter eines nach dem andern. Nehmen wir *arma*:	
Was für ein Bestandteil der Rede?	Ein Nomen.
Welcher Art?	Allgemeines Nomen.
Welchen Geschlechts?	Sächlich.
Warum?	Alle Wörter, die in der Mehrzahl mit a enden, sind sächlich.
Warum gebraucht man *arma* nicht in der Einzahl?	Weil dieses Nomen zahlreiche und verschiedene Gegenstände bezeichnet.

Die Sprach- und Literaturschule

Unterrichtsgegenstände	Unterrichtsinhalte
Griechische Klassiker	▪ Homer (auch in der lateinischen Übersetzung des Livius Andronicus) ▪ die Tragiker ▪ der Komödiendichter Menander
Lateinische Klassiker	▪ Vergil ▪ Terenz ▪ Sallust ▪ Cicero
Schriftliche Stilübungen als Vorbereitung für die Rednerausbildung	▪ Nacherzählung von Fabeln, mythischen und historischen Begebenheiten ▪ Wiedergabe von Erzählungen ▪ Inhaltsangaben literarischer Werke
Unterrichtsschritte	▪ Vorlesen und Einzelerklärungen durch den Lehrer ▪ Lesen ▪ Auswendiglernen ▪ Rezitieren ▪ Textbeurteilung

Danach folgen noch seitenlange Erläuterungen zu *arma* und zu den anderen Wörtern des ersten Verses; erst dann kommen schrittweise Erklärungen zu den nächsten Versen, formal oder historisch, jedoch keine Erläuterungen zur poetischen Ausdrucksweise.

Der letzte Schritt der Auseinandersetzung mit dem Text war die Beurteilung des Gelesenen. Bei ihr ging es in der Hauptsache um moralische Auswertung: Literatur als Erziehungshilfe. Noch Ammianus Marcellinus, (↗117) misst der Erziehung größte Bedeutung bei; die wichtigste Rolle spielen immer wieder die *exempla*.

Die Aufsatzlehre Erst in den Aufsätzen arbeiteten die Schüler selbstständiger; doch auch hier behandelten sie keinesfalls subtile interpretatorische Fragen aus der Lektüre, sondern verfassten kurze Texte, in der Regel möglichst wortgetreue Nacherzählungen oder die Erörterung von Aussprüchen berühmter Persönlichkeiten. Erörterungsaufsätze mussten einem festgelegten Schema folgen, übten also nicht so sehr den kreativen Umgang mit der Sprache. Manchmal wurden solche Aussprüche sogar sehr formalistisch zu Deklinationsübungen herangezogen. Die Übung, die unten in Auswahl erscheint, erfasst im Original alle Kasus (*Grammatici Latini* 3, 310):

Die Hochschule

Die Bedeutung der Redekunst und der Jurisprudenz Die griechischen Redner und die griechischen Redeschulen waren berühmt. Im Verlauf des 2. Jh.s v. Chr. traten in den Stadtzentren um das Mittelmeer herum Redelehrer aus Griechenland auf und gründeten Schulen, so auch nach anfänglichem Widerstand in Rom. Damit wurde die Redekunst der eigentliche Inhalt der römischen Hochschulausbildung. Da auch der Hochschulunterricht wie in der Sprach- und Literaturschule bis in die Spätantike zweisprachig gehalten wurde, so spiegelte sowohl die Theorie wie auch die praktische Ausbildung das griechische Vorbild wider, jedoch mit einer Ausnahme. Während in den griechischen Rednerschulen auch die Philosophie, überhaupt die Allgemeinbildung (*ἐγκύκλιος παιδεία*, bei den Römern *artes liberales*) eine starke Position hatte, trat sie in Rom trotz der Bemühungen Ciceros und anderer Redner sehr zurück; ihre Stelle nahm seit dem Prinzipat bis zu einem gewissen Grad das Studium der Rechtswissenschaft ein- zuerst in privatem Unterricht, später und tiefer gehend auch in speziellen Rechtsschulen (↗53). Beide Fächer – Rhetorik und Jura – kamen dem praktischen Sinn der Römer entgehen; sie ließen sich in der »Berufsausübung« sehr gut verwerten.

Deklinationsübung

Marcus Porcius Cato dixit	*litterarum radices amaras esse, fructus iucundiores.*	Marcius Porcius Cato sagte,	dass die Wurzeln der Wissenschaft bitter, aber ihre Früchte süß sind.
Marco Porcio Catoni placuit dicere	*litterarum radices amaras esse, fructus iucundiores.*	Dem Marcus Porcius Cato gefiel es, zu sagen,	dass die Wurzeln der Wissenschaft bitter, aber ihre Früchte süß sind.
Marcum Porcium Catonem dixisse ferunt	*litterarum radices amaras esse, fructus iucundiores.*	Man berichtet, Marcus Porcius Cato habe gesagt,	dass die Wurzeln der Wissenschaft bitter, aber ihre Früchte süß sind.
Marci Porcii Catones dixerunt	*litterarum radices amaras esse, fructus dulciores.*	Die Marci Porcii Catones haben gesagt,	dass die Wurzeln der Wissenschaft bitter, aber ihre Früchte süß sind.
Marcis Porciis Catonibus placuit dicere	*id quoque.*	Den Marci Porcii Catones gefiel es zu sagen	siehe oben.

Beruf in unserem Sinn übte der römische Adlige freilich nicht aus: sein »Beruf« war der Dienst an der *res publica*, nach einer kurzen Tätigkeit beim Heer in einer juristisch-politischen Laufbahn. Für diese Aufgaben erwies sich Redegabe als unerlässlich und waren einfache Rechtskenntnisse eine große Hilfe. Eine gute Ausbildung in der Rhetorik wurde noch in der Spätantike sehr geschätzt. So besuchte auch Augustinus (↗139) zu Beginn seiner Laufbahn eine Rhetorenschule. Weil er von der Wirksamkeit der Rhetorik überzeugt war, betonte er auch später deren Bedeutung für die Verkündung der christlichen Lehre: Ein Prediger müsste imstande sein, eine Predigt zu gliedern und je nach Zweck und Adressaten angemessen zu stilisieren. Wichtiger sei es jedoch, weise als eloquent zu reden; die Beredsamkeit wird Dienerin der Wahrheit.

Die Teilgebiete des Unterrichts Der Unterricht beim Redner umfasste vier Teilgebiete:

- die Einführung in die Theorie (*ars*);
- das Studium der Vorbilder (*imitatio*);
- vorbereitende Übungen } (*exercitatio*).
- Deklamationen }

In der Einführung erläuterte der Lehrer die rhetorische Technik (Arten und Teile der Rede, Arbeitsgänge), die Schüler lernten die Regeln auswendig.

Bei der Lektüre der Vorbilder fällt auf, dass nicht in der Literaturschule, sondern erst hier die Historiker ihren Platz fanden; dies ist darauf zurückzuführen, dass in den Geschichtswerken Reden einen breiten Raum einnehmen, und zwar nicht als authentische Rede, sondern als Mittel zur Charakterisierung von Vorgängen und Personen. Dass für die lateinischen Autoren Cicero als das rhetorische Vorbild schlechthin galt, kann nicht überraschen.

Die vorbereitenden Übungen setzten in Inhalt und Form die Aufsätze der Sprach- und Literaturschule fort.

Die Deklamationen als Höhepunkt rhetorischer Ausbildung Den Höhepunkt der rednerischen Ausbildung bildeten die praktischen Übungen, die sog. Deklamationen. An den Deklamationen nahmen (wie heutzutage bei Probepredigten von Theologiestudenten) neben dem Lehrer und den Mitschülern auch manchmal Eltern und Freunde teil. Im Schulbetrieb unterschied man zwei Gattungen von Deklamationen: die Suasorie (als Vorbereitung auf die Staatsrede, das *genus deliberativum*, und auf die Gelegenheitsrede, das *genus demonstrativum*) und die Kontroverse (als Vorbereitung auf die Gerichtsrede, das *genus iudiciale*). Die Suasorie wählt gern Themen aus der Geschichte und behandelt das Für und Wider einer politischen oder militärischen Entscheidung; die Kontroverse nimmt Stellung zu einem Rechtsfall, setzt also genaue juristische Kenntnisse voraus.

Redner und Rednerschulen Der Rhetor (Redelehrer) nahm sozial einen höheren Rang ein als der Lehrer der unteren Schulstufen; er wurde auch besser bezahlt. Er lehrte wie alle anderen an zentraler Stelle in der Stadt, in Rom am Forum, aber nicht in einem einfachen Raum, sondern in einem schönen Saal in einer Säulenhalle. In den ersten Jahrhunderten wirkten die Rhetoren als Privatlehrer, doch in der Kaiserzeit kam es auch zu städtischer oder staatlicher Besoldung.

Rednerschulen existierten nicht nur in Rom, sondern in allen größeren Städten des Reiches. Berühmt waren die Schulen in Athen und in Beirut, Athen für seine Philosophie, Beirut für seine Rechtswissenschaft. Viele junge Römer – so z. B. Cicero – studierten in Athen. Junge Leute aus kleineren Städten, in denen es keine Hochschule gab, mussten – wie die meisten Studenten auch heute – auswärts studieren. In einem Brief an seinen Freund Tacitus beschrieb Plinius diese Situation sehr eindrücklich; er schlug seinen Landsleuten aus Comum (dem heutigen Como) vor, doch Lehrer anzustellen und eine eigene Rednerschule zu unterhalten (*epist.* 4, 13, 3–5, 9):

> »Als ich kürzlich in meiner Vaterstadt war, kam der junge Sohn eines meiner Landsleute zu mir, um mich zu begrüßen. Ich fragte ihn: ›Du studierst?‹ Er antwortete: ›Ja.‹ – ›Wo?‹ – ›In Mailand.‹ – ›Warum nicht hier?‹ Darauf sagt sein Vater (er war nämlich dabei, hatte den Jungen selbst hergebracht): ›Weil wir hier keine Lehrer haben.‹ – ›Warum nicht? Es wäre doch in eurem Interesse gewesen, die ihr Väter seid (zufällig hörten einige Väter zu), dass euere Kinder eher hier studieren. Denn wo könnten sie angenehmer leben als in der Heimat, wo besser zum Anstand angehalten werden als unter den Augen der Eltern oder mit geringerem finanziellen Auf-

wand leben als zu Hause? Wie wenig würde es ausmachen, Geld zusammenzulegen und Lehrer anzustellen und all das Geld, welches ihr jetzt für Unterkunft, Reisegeld und Anschaffungen in der Fremde aufwendet – und dort kostet alles Geld –, der Besoldung zuzuschießen ... Nichts Besseres könnt ihr eueren Kindern erweisen, nichts Erwünschteres unserer Vaterstadt.‹ «

Zeitgenössische Kritik an der Hochschulausbildung Die römische Hochschulbildung wurde aber auch kritisch beurteilt, nicht nur wegen ihres formalen Charakters, sondern weil sie im Gegensatz zu der altrömischen öffentlichen Erziehung als weltfremd angesehen wurde. So formulierte einmal Seneca im kritischen Blick auf die Theorie in den Schulen am Schluss eines Briefes (*epist.* 106, 12) den Satz, der zu einem geflügelten Wort wurde: »*Non vitae, sed scholae discimus* – wir lernen nicht für das Leben, sondern für die Schule«, und im *Dialogus* des Tacitus lesen wir folgende Passage (35):

»Heutzutage wird unsere Jugend in die Schulen von Leuten gebracht, die man Rhetoren nennt ... Ich kann nicht sagen, ob ihrer Anlage schon der Ort oder die Mitschüler oder die Art der Studien mehr Übel zufügen. Denn es gibt keinen Respekt an diesem Ort, den ja nur gleichermaßen Unerfahrene betreten; von den Mitschülern erfährt man keine Förderung, da ja nur Jungen unter Jungen und Burschen unter Burschen in gleicher Unbekümmertheit reden und zu hören sind. Und die Übungen selber sind zum großen Teil zweckwidrig. Es werden bekanntlich zwei Arten von Gegenständen bei den Redelehrern behandelt, die Suasorien und die Kontroversen. Davon werden die Suasorien jedenfalls als eindeutig leichter und weniger Klugheit erfordernd den Jungen übertragen, die Kontroversen dagegen den Älteren zugewiesen – und was für welche, zum Donnerwetter! und wie unglaubwürdig ausgedachte. Es ist aber nur folgerichtig, dass man einen Stoff, der so gar nichts mit dem wirklichen Leben zu tun hat, auch mit hohlem Wortgeklingel vorträgt. So kommt es, dass solche Themen – etwa Belohnungen für Tyrannenmord, die Wahl vergewaltigter Mädchen zwischen Hinrichtung der Verführer oder Ehe mit ihnen, Heilmittel gegen die Pest, Blutschande von Müttern oder was sonst täglich in der Schule vorgetragen wird, auf dem Forum dagegen selten oder nie – mit bombastischen Formulierungen abgehandelt werden.«

Die Ausbildung zum Redner und die Praxis der Redekunst

Voraussetzungen	▪ Begabung (*natura*) ▪ Ausbildung (*doctrina*) ▪ Erfahrung (*usus*)
Unterricht beim Redelehrer	▪ Einführung in die Theorie (*ars*) ▪ Studium (*imitatio*) – berühmter Redner (Demosthenes, Cicero) – berühmter Historiker (v. a. Sallust) ▪ vorbereitende Übungen } (*exercitatio*) ▪ praktische Übungen } (*exercitatio*)
Arten der Rede	▪ Gerichtsrede (*genus iudiciale*) ▪ Staatsrede (*genus deliberativum*) ▪ Gelegenheitsrede (*genus demonstrativum*)
Arbeitsgänge des Redners	▪ Auffinden der Hauptgesichtspunkte (*inventio*) ▪ Gliederung des Stoffes (*dispositio*) ▪ Ausformulierung (*elocutio*) ▪ Auswendiglernen (*memoria*) ▪ Vortragen der Rede (*actio, pronuntiatio*)
Teile der Rede	▪ Einleitung (*exordium*) ▪ Erzählen des Hergangs (*narratio*) ▪ Präzisieren des Sachverhalts (*divisio*) ▪ Beweisführung (*argumentatio*) – positiv/negativ (*confirmatio/confutatio*) ▪ Schluss (*peroratio, conclusio*)

Auch dieses kritische Zitat eines römischen Schriftstellers zeugt von dem starkem Formalismus der römischen Bildungskonzeption, hier besonders der Rhetorik. Daran änderte sich in der gesamten Spätantike nichts: Nach Quintilian erhielt die Rhetorik keinen bedeutenden Impuls für einen Neuansatz, auch später nicht mit dem Aufkommen von christlichen Schulen.

4. *Die christlichen Schulen*

Die weitere Entwicklung des Bildungswesens Das römische Bildungswesen blieb natürlich nicht auf Rom oder Italien beschränkt; mit der Verbreitung der römischen Kultur im Reich fand es auch in den Provinzen – vor allem des Westens – Eingang. In den östlichen Provinzen lebte das hellenistische Schul- und Hochschulsystem fort, das ja dem römischen Vorbild gewesen war. Das römische Schulsystem wurde in der mittleren und späten Kaiserzeit durch drei geschichtlich bedeutsame Entwicklungen beeinflusst:

- das Aufkommen des Christentums und die nachfolgende Christianisierung;
- die Teilung des Reiches in Ostrom und Westrom (395 n. Chr.);
- die Germaneneinfälle, die schließlich zum Untergang des weströmischen Reiches führten.

Von seiner Idee her musste christliches Denken in einen Gegensatz zur klassischen Bildung treten; der eine Gott war mit den Göttern des Olymps nicht in Einklang zu bringen. So gab es in Ost und West genug Stimmen, die Stellung gegen die traditionelle Schule und ihre Lehrinhalte bezogen: »Die Bibel genügt nicht nur für das übernatürliche Leben, sondern auch für die Bildung« (aus einem Text des 3. Jh.s n. Chr.).

Im Gegensatz zu solch scharfer Kritik am klassischen Bildungswesen stand die Praxis. Die antike Schule blieb erhalten, im Osten bis zur Einnahme von Konstantinopel durch die Türken (1453), im Westen bis zur Auflösung des Reiches durch die Germaneneinfälle und dem damit verbundenen Kulturbruch. In Gallien setzten sich die Germanen schon im 5. Jh. n. Chr. fest, in Italien die Langobarden erst gegen Ende des 6. Jh.s n. Chr.

Wie war es trotz des prinzipiellen Gegensatzes zu der Duldung des hergebrachten Bildungswesens durch die Kirche gekommen? Die christliche Religion war für die Kirchenväter (↗117) eine gelehrte Religion. Für den gebildeten Christen war Lesen und Schreiben, war literarische Bildung eine notwendige Voraussetzung für den Umgang mit der Bibel und mit der reichen theologischen Literatur, eröffnete aber auch die Chance gesellschaftlicher Anerkennung. Nur die traditionelle Schule bot diese Bildung in erprobter Weise.

Das Aufkommen christlicher Schulen Es ist aber verständlich, wenn allmählich neben den traditionellen Bildungseinrichtungen auch christliche Schulen auftraten, zuerst im Osten des Reiches – wenn auch nur vorübergehend – einige berühmte theologische Hochschulen, dann vor allem ab dem 4. Jh. n. Chr. im Westen Schulen unterschiedlicher Prägung:

- die Bischofsschule;
- die Presbyterialschule.

Zum Wesen der Klosterschule im Westen des Reiches gehörte das Lesen der heiligen Bücher, die *lectio divina*; also galt die Vorschrift: *omnes litteras discant*. Mönche und Nonnen sollten aber nicht nur lesen können, sondern auch befähigt werden, Handschriften abzuschreiben. Je stärker die allgemeine Bildung unter dem Druck der Germaneneinfälle verfiel, desto größer wurde für die Klöster die Notwendigkeit, Schulen einzurichten und ihren Novizen die notwendige Bildung beizubringen. Eine besondere Rolle in diesem Zusammenhang spielte der Senator Flavius Magnus Aurelius Cassiodorus. Er gründete nach 540 n. Chr., ohne selbst Mönch zu werden, das Kloster Vivarium in Unteritalien (↗119). Da er die weltliche Wissenschaft als notwendige Ergänzung der geistlichen betrachtete, sammelte er Handschriften, richtete im Kloster ein *scriptorium* (eine Schreibstube) ein und ließ dort die Mönche christliche und klassische Werke abschreiben. Diesen Versuch untermauerte er auch in seinen Schriften und gewann so großen Einfluss auf die wissenschaftliche Arbeit der Benediktinermönche. Deren Tätigkeit nahm besonders im 7. Jh. n. Chr. in England einen großen Aufschwung. In der Ausrichtung der Klosterschule auf Bildung und Vervielfältigung von Handschriften hatte die Karolingische Renaissance zu Beginn des Mittelalters einen ihrer entscheidenden Ursprünge (↗277 f.).

Das Bildungsziel christlicher Schulen Die Aufgabe der Bischofsschule, die auch eine Singschule (*schola cantorum*) war, bestand darin, Jungen auf das Priesteramt vorzubereiten. Auch sie musste sich mit dem Verfall der klassischen Schule immer stärker der elementaren Erziehung der jungen Leute widmen.

Je weiter die Christianisierung fortschritt und nicht nur die Städte, sondern auch das flache Land erreichte, desto wichtiger wurde es für die Kirche, Geistliche auszubilden. Die Schulen am Sitz des Bischofs konnten diese umfangreiche Aufgabe nicht mehr bewältigen. Man verallgemeinerte das System der Bischofsschule, indem man es auf die Pfarrer ausdehnte. Sie sollten junge Leute ausbilden, sie christlich erziehen und zu Nachfolgern heranbilden. Der Gemeindepfarrer wirkte also gewissermaßen auch als Lehrer des Volkes.

Es kam die Zeit, in der die weltlichen Schulen völlig untergingen; die geistlichen Schulen blieben die einzigen Einrichtungen, in denen man sich Bildung erwerben konnte. So wurde und blieb die Wissenschaft auch bis ins Mittelalter eine Domäne des Klerus. Freilich blieb die Bildung nicht ganz auf diesen Personenkreis beschränkt; auch andere, die nicht das Priesteramt oder das Klosterleben anstrebten – Jungen wie Mädchen –, drängten in diese neuen Schulen, besonders in die Presbyterialschulen, also gewissermaßen die Elementarschulen der damaligen Zeit. Das Niveau in den Schulen des 5., 6. und 7. Jh.s n. Chr. darf man sich nicht zu hoch vorstellen, nicht mehr mit dem klassischen Bildungswesen vergleichbar. Bildungsziel war die Vereinigung von literarischem Unterricht und religiöser Erziehung. Sehr deutlich zeigte sich dies am Elementarunterricht; er verlief nicht unähnlich der vor einigen Jahrzehnten in manchen Schulen bevorzugten Ganzsatzmethode: Zuerst lernten die Schüler zwar das Alphabet; das Lesenlernen ging dann aber so vor sich, dass der Lehrer einen religiösen Text, etwa einen Psalmvers, auf einer Schreibtafel vorschrieb und die Kindern diesen auswendig lernten. Im Einprägen zahlreicher Texte verfestigte sich die Kenntnis der Buchstaben; so wurde aus dem Auswendiglernen das Lesen.

Der Übergang in die mittelalterliche Welt In diesen Formen ging im Westen das Bildungswesen von der römischen Antike in die mittelalterliche Welt über. Dass es dort zur Zeit Karls des Großen zu einem ersten Wiederaufleben der klassischen Studien, der Karolingischen Renaissance, kam, hing mit einer administrativen Maßnahme zusammen; der Kaiser benötigte zur Verwaltung des Reiches gebildete Priester und Verwaltungsbeamte. Deshalb gründete er in allen Abteien und Bischofsstädten Schulen und Schreibstuben und schuf so wichtige Voraussetzungen für die Erhaltung der antiken Literatur. Eines dieser Werke, das den Untergang des römisches Reiches überlebt und einen großen Einfluss auf das europäische Bildungssystem ausgeübt hat, war ein umfangreiches Handbuch der *septem artes liberales*: *De nuptiis Mercurii et Philologiae*. Der Verfasser, ein Anwalt namens Martianus Capella, lebte im 5. Jh. n. Chr.. Sein Werk diente als Schulbuch, und aus diesem Buch lernte das frühe Mittelalter das System der sieben freien Künste kennen. Es wurde die Grundlage für die Artistenfakultät (*artes!*) der mittelalterlichen Universität und auch für die Organisation traditioneller Hochschulen, etwa in Schottland und in den USA. Nicht nur die römische Literatur, sondern auch das römische Bildungswesen lebte also – durch die Vermittlung der Literatur – im Mittelalter wieder auf und fand Eingang in unsere Zeit.

Die Kunst

Umprägen fremder Vorbilder Die bildende Kunst ist ein später Zweig der römischen Kultur. Das war den Römern selbst bewusst, wie die berühmten Verse Vergils aus der Heldenschau der Aeneis (6, 847 – ff.; ↗98) zeigen: Er ließ anderen Völkern, gemeint sind die Griechen, den Vorrang in künstlerischen Leistungen *(excudent alii spirantia mollius aera)*, während er Roms Aufgabe im Schaffen einer politischen Ordnung sah *(tu regere imperio populos, Romane, memento)*. Tatsächlich hat die griechische Kunst auf die entscheidenden Epochen der römischen so stark eingewirkt, dass man sich lange Zeit fragte, ob es überhaupt eine eigenständige römische Kunst gebe. Besonders die zahlreichen in Rom und Italien gefundenen römischen Kopien von griechischen Bildwerken hatten diese Ansicht bis zum Anfang des 19. Jh.s bestärkt. Seit wir aber durch zahlreiche Funde und Ausgrabungen die griechische wie die römische Kunst genauer kennen, wissen wir auch besser um die Eigenleistung der Römer auf diesem Gebiet. Wie sie sich bei der Errichtung ihres Imperiums andere Völker unter- und einzuordnen verstanden, so gelang es ihnen auch in der Kunst, übernommene Formen und Elemente nach ihrem eigenen Form- und Raumgefühl umzuprägen und einen eigenständigen römischen Stil zu entwickeln (↗290 f. Hellenika).

1. *Die Kunst der frühen Republik*

Die Kunstwerke, die zu Beginn der Republik in Rom entstanden, kann man noch nicht dem Bereich der eigentlich römischen Kunst zuordnen; sie sind stark von fremdem Formgefühl bestimmt.

Das Erbe der Etrusker Wie in der politischen Entwicklung Roms und in der Religion zeigt sich der Einfluss der Etrusker auch in der bildenden Kunst.

In der Baukunst beherrschten sie eine hochentwickelte Technik der Rundbogenwölbung sowie die des Mauerbaus aus behauenen Quadern. Diese Techniken übernahmen die Römer u. a. bei ihren Befestigungsanlagen. So errichteten sie bereits die sog. Servianische Mauer aus Quadersteinen (↗194). Solche Mauern, ohne Bindemittel aus scharfkantig zugerichteten, meist rechtwinkligen Blöcken gefügt, nannte man *opus quadratum*.

Der etruskische Tempel bestand in Säulen und Gebälk meist aus Holz, das mit Schmuckplatten aus gebranntem Ton verkleidet wurde. Er umfasste in seinem hinteren Teil eine Cella, die durch Trennwände dreigeteilt war.

Auch die Plastik der Etrusker wirkte stark auf die Römer; besonders gilt dies für die etruskischen Sarkophage aus Stein oder gebranntem Ton, auf deren Deckeln man die Toten, meist Mann und Frau nebeneinander, wie auf Ruhebetten liegend darstellte. Während die untere Körperhälfte nur angedeutet ist, zeigen die oft übergroß dargestellten Köpfe in kräftiger plastischer Durchformung die persönlichen Züge der Verstorbenen. Diese realistische Plastik wurde bedeutsam für die römische Porträtkunst.

Das Erbe der Griechen In der etruskischen Großplastik, z. B. in den tönernen Figuren auf Sarkophagen und auf den Firsten der Tempel, zeigte sich aber bereits der Einfluss der griechischen Kunst. Die Griechen, die in Magna Graecia fast zu Nachbarn Roms geworden waren (↗14), gewannen seit dem Anfang des 3. Jh.s v. Chr. unmittelbaren Einfluss auf die Kunst der Römer. So wurden die großen Werke der griechischen Architektur, etwa die dorischen Tempel von Paestum, bedeutende Vorbilder. Jedoch kopierte man diese Werke nicht, sondern übernahm nur einzelne Elemente, die man mit der überlieferten etruskisch-italischen Grundform verband.

Frühe etruskisch-römische Kunst Schon die Werke zu Beginn der Republik, die man noch nicht als eigentlich römische Kunst bezeichnen kann, offenbaren, dass die Römer sich ebenso mit etruskischen wie mit griechischen Elementen auseinandergesetzt haben. Wohl noch etruskische Künstler erbauten den Tempel des *Iup(p)iter Capitolinus* (Abb. ↗160; ↗192).

Er zeigt die tiefe Vorhalle des etruskischen Tempels wie auch das dreigeteilte Cellagebäude; in der Hauptcella wurde Jupiter verehrt, die seitlichen gehörten Juno und Minerva (↗72). Vier Säulenreihen in Verlängerung der Cellawände bildeten die Vorhalle, deren mittlere Reihen, der Hauptcella entsprechend, breiteren Abstand hatten. Dadurch erhielt der Tempel eine durchlaufende sichtbare Mittelachse, durch die geschlossene Rückwand und die Säulenvorhalle eine Betonung der Frontansicht. Zusätzlich war hier den Längsseiten eine Säulenreihe vorgelagert, offenbar nach dem Vorbild griechischer Ringhallentempel (Peripteroi). Während aber der ringsumlaufende Säulenkranz dem griechischen Tempel eine allseitige, fast körperhafte Geschlossenheit verleiht, wirkt der Jupiter-Tempel durch die vorspringenden Zungenmauern der geschlossenen Rückwand und die Vorhalle als Richtungsbau mit betonter Frontseite. Dieser Eindruck wird verstärkt durch die breite Freitreppe, die an der Front auf das hohe Podium führte und die Ausrichtung des Tempels auf den Raum davor unterstrich. Diese Grundform wurde bestimmend für den römischen Tempel.

Trotz der erhöhten Standfläche wirkten diese Tempel infolge ihres fast quadratischen Grundrisses und der geringen Giebelhöhe breit und lastend. Unter der Einwirkung griechischer Architektur wurden dann

▼ Tonsarkophag aus Cerveteri. Um 550 v. Chr. Höhe 1,17 m, Länge 2 m (Paris, Louvre)

einzelne Bauglieder verändert und gelegentliche Versuche im Steinbau gemacht. Die Grundform des etruskisch-italischen Tempels aber blieb erhalten.

In der Plastik beherrschten die Etrusker noch das Feld, besonders etruskische Bronzegießer. Von einem dieser Meister stammt die Kapitolinische Wölfin. Als Verkörperung der Gründungssage der Stadt wurde sie im 15. Jh. auf das Kapitol gebracht, wo sie wohl auch ursprünglich ihren Platz hatte. Die Wölfin, die dort im Altertum stand, wurde 65 v. Chr. vom Blitz getroffen und nicht restauriert. Vielleicht erklärt dies das Fehlen der ursprünglichen Zwillinge, die bei der Renaissanceaufstellung hinzugefügt wurden (↗ Abb. 6).

Ein starker Realismus verbindet sich in dieser Tierplastik mit archaisch strengen Formen. Die betonte Ausrichtung des Körpers auf eine Längsachse und die stilisierte Form des Felles, das wie ein Ornament nachträglich auf den Körper gelegt scheint, deuten auf eine Entstehung im frühen 5. Jh v. Chr. hin. Die Einzelformen dagegen zeigen den Realismus genauer Beobachtung und ein ausgeprägtes Empfinden für das Wesen dieses Tieres und seine vitale Kraft. Diese gewinnt in der Wendung des Kopfes mit dem halbgeöffneten Maul und im Blick den stärksten Ausdruck.

2. *Die Entwicklung des römischen Stils*

Die Auseinandersetzung mit der italisch-etruskischen Form und dem zunehmenden Einfluss griechischer Architektur und Plastik kennzeichnet die Entwicklung der römischen Kunst bis in die Zeit des Augustus (↗ Hellenika 274 ff.).

Der Tempel Er wurde nun regelmäßig aus Stein errichtet; damit änderten sich Einzelformen und Proportionen. Deutlich zeigt das der Tempel am Forum Boarium, der am stärksten griechisch anmutende Tempel in Rom, der in der 1. Hälfte des 1. Jh.s v. Chr. wahrscheinlich für den Hafengott Portunus errichtet wurde. Die ausgewogenen Größenverhältnisse sind vom griechischen Tempel entlehnt, desgleichen die Form der ionischen Säulen. Die von der Technik des Steinbaus geforderten gleichen Säulenabstände lassen die Mittelachse unbetont. Die seitlichen Säulenreihen sind als Halbsäulen an die Außenwände der Cella gerückt und auch an der Rückseite weitergeführt worden. Das ergibt einen scheinbaren Säulenkranz. Die poröse Oberfläche von Säulen und Gebälk war mit einer feinen Stuckschicht überzogen. Trotz des griechischen

▼ Jupiter-Tempel auf dem Kapitol. Rekonstruktion (Rom, Museo della Civiltà Romana)

▲ Vesta-Tempel auf dem Forum Romanum

▼ Tempel des Portunus am Forum Boarium. Um 70 v. Chr. 12×21 m, Höhe 15 m.

Äußeren hat der Tempel durch die geschlossene Rückseite, durch die Vorhalle, die aber schon eine geringere Tiefe als der Jupiter-Tempel auf dem Kapitol besitzt, und Freitreppe die deutliche Betonung der Frontseite und damit ein wesentliches Element der italischen Grundform beibehalten.

Neben der Rechteckform erhielt sich der Rundbau, die zweite Urform italischer Wohnhäuser (↗191) und Grabanlagen, auch beim römischen Tempel. Der Rundbau ist im ganzen Mittelmeergebiet heimisch. Die Römer übernahmen ihn als reinen Zweckbau und in Anlehnung an etruskische Rundgräber wie der bei ihren gewaltigen Grabanlagen: beim Grabmal der Caecilia Metella an der Via Appia, dem Mausoleum des Augustus und dem des Hadrian, der sog. Engelsburg.

Als eigentlicher Rundtempel bewahrte er bei geringeren Dimensionen stärker den ursprünglichen Hauscharakter.

Der Tempel der Vesta war einer der ältesten auf dem Forum (↗193). Die heute wiederaufgerichteten Reste des oftmals erneuerten Rundbaus stammen aus der Kaiserzeit.

Die Grundform blieb unverändert: ein Säulenring um die kreisrunde Cella, auf der Cellawand später bisweilen noch ein Kranz von Halbsäulen. Was diesen Bauten an Monumentalität fehlt, ersetzt der Reichtum des Ornaments. Eine Vorstellung von solchen Tempeln vermittelt der Rundtempel am Forum Boarium, der älteste erhaltene Marmortempel Roms, der um 100 v. Chr. entstanden ist. Mit seinen korinthischen Säulen ist er Zeuge des zunehmenden griechischen Einflusses.

Die Zweckbauten Die von den Etruskern übernommene Wölbungstechnik, zunächst an Stadttoren und Entwässerungskanälen angewendet, wurde von den Römern so vollkommen gehandhabt, dass man mit ihr immer größere Weiten überspannen konnte.

Ganz neue Möglichkeiten ergaben sich, als im späten 3. Jh. v. Chr. die Technik des Guß- oder Mörtelmauerwerkes *(opus caementicium)* aufkam. Die neue Technik arbeitete wie der heutige Betonbau mit Verschalungen, die mit Gusswerk ausgefüllt wurden, und ersparte Zeit und kostbares Material; sodann ermöglichte sie gegenüber der starren Quadermauer neue Wandformen, die durch Vorsprünge und vielerlei Kurvungen belebt sind und später bisweilen die Gerade fast ganz vermeiden. Mit dieser Technik entwickelten die Römer völlig neue Raumgebilde.

Tonnen- und Kreuzgewölbe findet man in den unterirdischen Wandelgängen *(Kryptoportiken)*, in Ladenstraßen und als Substruktionen (Stützbauten) an Abhängen, wie z. B. beim Tabularium am Forum Romanum.

Aus dem Bereich dieser Stützmauern drang der Rundbogen als selbstständiges, gliederndes Element in die Mauern oberhalb der Erde vor. Dadurch, dass die Römer zwischen diesen Bogenstellungen als Schmuck Bauglieder des griechischen Tempels anbrachten, schufen sie die Arkade. Sie verbindet in gelungener Weise den bewegten Rhythmus der Rundbogenreihe mit den ruhigen, ausgleichenden Linien der Säulenordnung, die glatten, nüchternen Formen der Pfeiler und Bögen mit dem plastischen Ornament von Säulen und Gebälk. Das von Sulla erbaute Tabularium zeigt zum ersten Mal in Rom diese neue Form (↗196). In der Folgezeit wird die Arkade ein wesentliches Bauglied in den Fassaden monumentaler Bauten, an Toren und Triumphbögen.

Die ältesten erhaltenen Triumphbögen stammen aus augusteischer Zeit. Ihre ursprüngliche Bedeutung und der vermutete Zusammenhang mit der Porta Triumphalis bleiben ungewiss (↗196).

Der sog. Triumphbogen (*fornix* oder auch *arcus*) wurde als Ehrenbogen für besondere Verdienste errichtet. Er war nicht an einen Triumph gebunden, wie es in der Kaiserzeit die Regel wurde. Seine Grundform ist wie bei der Arkade ein Rundbogen, umrahmt von einer vorgeblendeten Säulenarchitektur. Das künstlerische Problem bestand darin, die weite Bogenöffnung mit den schmalen Halbsäulen und der massiven Mauer zu verbinden.

Beim Titusbogen löste man es so, dass man die Säulen verdoppelte, weiter auseinanderzog, auf einen Sockel stellte und ihnen so die richtige Proportion gab. Dadurch behält die Quadermauer ihren Eigenwert und wird zugleich durch die Säulen, in der Attika als Pilaster fortgesetzt, und das horizontale Gebälk in große, klare Flächen gegliedert, in die sich die monumentale Inschrift vorzüglich einfügt. Zwei bedeutende Reliefs an den Seitenwänden des Durchgangs zeigen Titus auf dem Triumphwagen und die Beute mit dem berühmten siebenarmigen goldenen Leuchter und dem goldenen Schaubrotetisch aus dem Tempel von Jerusalem (↗203).

▼ Triumphbogen des Konstantin, 312 – 315 n. Chr.
H. fast 25 m

▼ Triumphbogen des Titus, nach 81 n. Chr.
H. 15,40 m, B. 13,50 m

Eine zweite Grundform, bei der kleinere seitliche Durchlässe den Hauptbogen flankieren, finden wir schon unter Augustus. Seit trajanischer Zeit herrscht sie vor. Der Bogen des Septimius Severus auf dem Forum und der Konstantinbogen zeigen eine besonders reiche Spätform.

Fast der ganze Baukörper einschließlich der Säulensockel ist jetzt von Relief überzogen. Seit dem Ende des 3. Jh.s n. Chr. benutzte man dabei auch Reliefschmuck älterer Monumente, die für bedeutende Kaiser errichtet worden waren. Der Konstantinbogen war wohl ursprünglich ein Ehrenbogen für Hadrian, der dessen *virtus* mit den Jagddarstellungen in den Rundreliefs verherrlichte. Unter Konstantin wurden die Reliefs hinzugefügt, die sich auf seinen Sieg und Triumph beziehen. Neben Reliefs, die eigens dafür angefertigt wurden (Reliefs der Säulensockel, Reliefs über den seitlichen Durchgängen), verwendete man Reliefs von Siegesmonumenten für Trajan, im Mitteldurchgang und außen an den Schmalseiten, und Marc Aurel, an der Attika. Rundplastische trajanische Barbarenfiguren vor den Attikapilastern, Vollsäulen und ein Gebälk, das in starken Verkröpfungen vorspringt, gliedern den unruhigen Hintergrund.

Die kühnste Form der Bogenarchitektur zeigen allerdings die Brücken und Aquädukte. Der Pont du Gard bei Nîmes, erbaut in den letzten Jahrzehnten des 1. Jh.s v. Chr. , überwindet das Flusstal in drei Geschossen mit einer Gesamthöhe von 49 m und einer größten Länge von ca. 270 m. Die untere »Brücke« überspannt in verschieden weiten Bögen auf schweren Strompfeilern den Fluss und die Talsohle. Diese Bogenstellung trägt eine zweite, die sich aber auf schmaleren Stützen höher emporwölbt. Der große Schwung dieser Bögen klingt aus in dem schnell dahineilenden Rhythmus der kleinen Bogenöffnungen des dritten Geschosses, das den mehr als mannshohen, abgedeckten Wasserkanal trägt. Dieses Bauwerk zeigt, ähnlich wie die Straßen, mit welcher Kühnheit römische Ingenieure den Raum erobern und dabei Zweckbindung und Schönheit vereinen konnten. Die Römer waren sich dessen bewusst, da sie Pracht und Nutzen dieser Bauten mit den ihrer Ansicht nach für die Allgemeinheit nutzlosen Prachtbauten des Ostens, z. B. den Pyramiden, verglichen.

Mit der stärkeren Verwendung des gebrannten Tonziegels gegen Ende der Republik wurde es möglich, auch Innenräume von beträchtlicher Weite zu überwölben.

▶ Römische Wasserleitung bei Nîmes, sog. Pont du Gard. Ende 1. Jh. v. Chr.

Um das Gewicht und die Schubkraft der mächtigen Gewölbe zu verringern, spannte man zwischen den tragenden Wänden auf Leergerüsten nur schmale Mauerbögen aus Ziegeln. Die Zwischenräume füllte man mit leichterem Gusswerk aus, in das oft noch besondere Hohlkörper, meist aus Ton, eingefügt wurden. Diese Technik schaffte erst die Voraussetzung für die Errichtung der großen Markthallen und Gerichtsbasiliken, der riesigen Amphitheater und Thermen, die seit dem Ende der Republik das Gesicht Roms und der großen Residenzstädte geprägt haben.

Bogen und Gewölbe als typische Formen des Zweckbaues spielten im Tempelbau kaum eine Rolle; hier bestimmte bis in die späteste Zeit die griechische Säulenordnung den Außenbau, im Innern herrschte die flache Decke vor. Ausnahmen: z. B. Tonnengewölbe über den Cellen des Hadrianstempels und des Tempels für Venus und Roma.

Das römische Haus *(domus)* Von seinen Grundtypen, dem Rund- oder Ovalbau und dem Rechteck-Haus, hat sich der Letztere durchgesetzt.

Beim altrömischen oder italischen Haus gelangte man durch das *vestibulum* und die Außentür *(ostium, ianua)* und einen engen Gang *(fauces)* in das Atrium. Das nach innen geneigte Dach bildete einen großen rechteckigen Trichter, durch den das Regenwasser einfloss *(compluvium)*. Von einem flachen Auffangbecken im Fußboden *(impluvium)* leitete man es in eine unterirdische Zisterne *(puteus)*. Licht und Luft traten also durch das *compluvium* ein, das anfangs auf mächtigen Querbalken, später auf Säulen ruhte. An den Außenwänden lagen die Schlafräume *(cubicula)*, dahinter die *alae*, in denen sich die Nischen oder Wandschreine mit den Ahnenbildern befanden. Das *tablinum*, wohl benannt nach den beweglichen hölzernen Wandteilen, mit denen es zum Garten hin verschlossen werden

▼ Altrömisches Haus (Rekonstruktion)

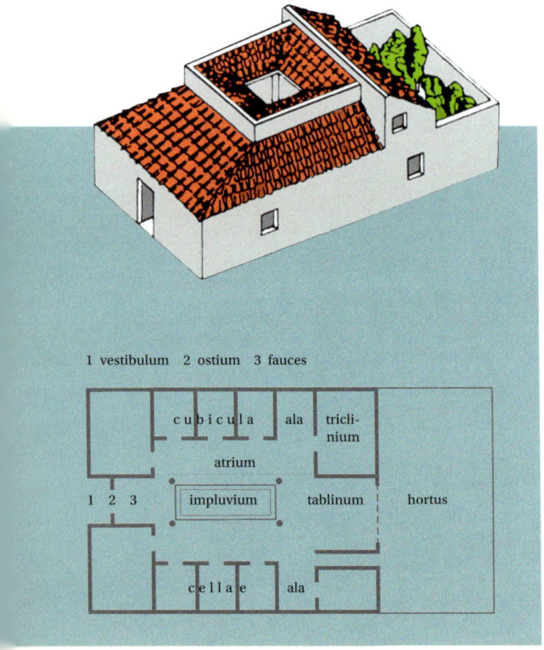

▼ Peristylhaus (Rekonstruktion)

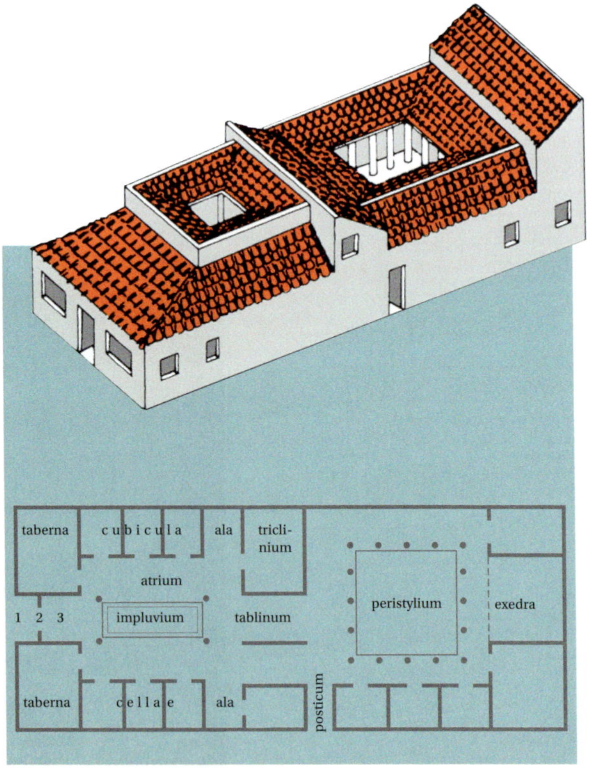

konnte, war der Raum des Hausherrn und der Versammlungsraum der Familie; es enthielt auch die Hausheiligtümer. Seitlich lag meist ein Speisezimmer *(triclinium)* und der Durchgang zum Garten. (Zur Einrichtung ↗218 f.)

Seit dem 2. Jh. v. Chr. kam das *Peristylhaus* auf. Es erweiterte das altrömische Haus durch das griechische *Peristyl*, einen gedeckten Säulenumgang, der einen Binnenhof mit Gartenanlagen und Springbrunnen einschloss und auch in den heißesten Monaten einen angenehmen, kühlen Aufenthalt im Freien gewährte. Eine Nische *(exedra)* an der Rückseite, genau in der Achse des Hauses, nahm nun die Hausgötter auf, weil das *tablinum* zum Durchgang geworden war. Eine Hintertür *(posticum)* für die Dienstboten führte vom Peristyl ins Freie. Das Peristylhaus prägte das Bild ganzer Straßenzüge Pompejis und war charakteristisch für Städte dieser Art mit genügend Baugrund. (Das Peristylhaus lebt im mittelalterlichen Klosterkreuzgang fort).

In Rom entstanden wegen der rasch anwachsenden Bevölkerung und des Fehlens von genügend Baugrund seit dem Ende des 3. Jh.s v. Chr. mehrstöckige Mietshäuser in oft unsolider Bauweise. Sie bildeten innerhalb eines Straßenviertels oft geschlossene Wohnblocks *(insulae)* wie in unseren heutigen Städten. Die Ziegelfassaden späterer Häuserblocks zeigen eine uns geläufige Gliederung: Läden im Erdgeschoss, darüber die Reihen gleichförmiger Fenster, bisweilen vorspringende Simse oder Balkone. Die oberen Stockwerke erreichte man durch Treppenhäuser nach Art der unsrigen. Die Häuser schossen bei den unerschwinglichen Grundstückspreisen so in die Höhe, dass Augustus ihre Höhe auf insgesamt 20 m begrenzen musste. Solche Wohnblocks, zwischen denen nur verhältnismäßig enge Straßen liefen, prägten das Gesicht der Wohnviertel Roms und Ostias (↗211).

Die *Villa pseudourbana* entstand im 2. Jh. v. Chr. als vornehmer Landsitz der reichen Römer in bevorzugter

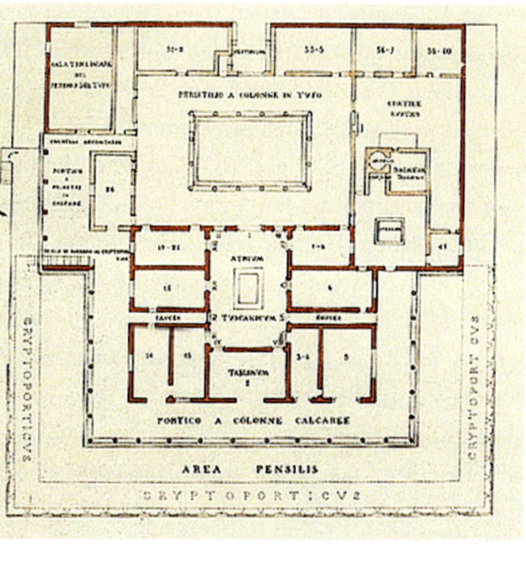

◄ Rekonstruktion der Villa dei Misteri bei Pompeji, ursprünglicher Zustand

◄ Grundriss der Villa dei Misteri bei Pompeji, ursprünglicher Zustand

▼ Villa Hadriana bei Tibur (Tivoli). Plan der Inselvilla und benachbarter Trakte

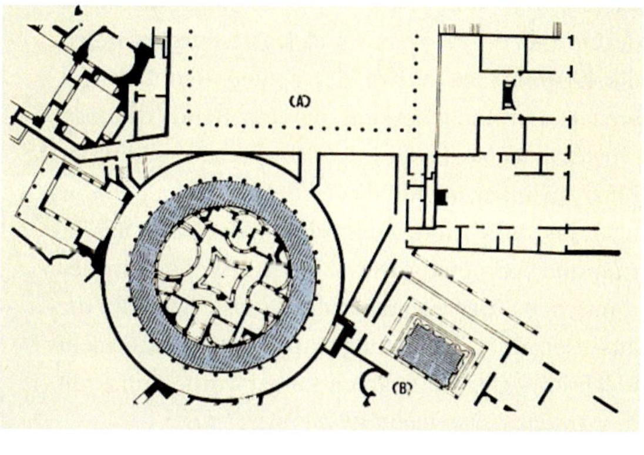

landschaftlicher Lage. Das Atrium liegt hier im rückwärtigen, privaten Bereich des Gebäudes, bei dem man nach dem *vestibulum* gleich das Peristyl betritt. Im Gegensatz zum Haus *(domus)* öffnet sich das Gebäude über einer *basis villae* zur Landschaft, etwa durch eine U-förmig um den Wohntrakt gelegte Porticus. Im Unterschied zum ländlichen Gutshof *(villa rustica)* diente sie nur der Freizeitgestaltung *(otium)* der römischen Oberschicht, die sich hier von den Verpflichtungen und Geschäften *(negotium)* in Stadt und Reich erholte.

Im Verlaufe der späten Republik und der frühen Kaiserzeit wurden die Villen immer großflächiger und flexibler in der Grundrissgestaltung. Den Höhepunkt der Entwicklung stellten Neros berühmte Domus Aurea (↗205) und die Hadriansvilla bei Tivoli dar. Das Goldene Haus war ein ausgedehntes Villenareal, das die Stadt zerschnitt. Es verband die Domus Tiberiana auf dem Palatin mit den einen Kilometer entfernten Gärten des Maecenas auf dem Esquilin und bestand aus mehreren Gebäudekomplexen, deren wichtigste sich um einen künstlichen See an der Stelle des späteren Amphitheatrum Flavium als landschaftlicher Mittelpunkt gruppierten. Die noch ausgedehntere Villa Tiburtina Hadrians übertraf das Goldene Haus durch die Vielfalt der Gebäudetypen und eine Vorliebe für gerundete oder anderweitig geschwungene Grundrissformen(↗5).

Die Porträtkunst Die bronzene Ehrenstatue eines *togatus* in Rede- *(adlocutio-)* Gestus wurde nach der etruskischen Inschrift von Bürgern und Magistrat einer etruskischen Stadt aufgestellt. Sie zeigt den lokalen Würdenträger Avle Metele als Angehörigen der munizipalen Aristokratie mit den gleichen Amts- und Standesinsignien, wie sie die römische Nobilität tragen durfte: über der *tunica* mit eingelegten Purpurstreifen die knappe *toga exigua* der späten Republik mit breitem Purpurstreifen am äußeren Rand (die *toga praetexta* der Magistrate), den schweren Siegelring der Ritter am linken Ringfinger und die hochschaftigen Senatorenschuhe *(calcei senatorii)* mit doppelter Schnürung und Verknotung. Dies scheint die Verleihung des römischen Bürgerrechtes an die Etrusker 89 v. Chr. vorauszusetzen. Figur, Haltung und das realistische, nicht idealisierte Gesicht strahlen Ruhe, Würde und Kraft aus: *gravitas, severitas, dignitas* und *virtus*.

Ehrenstatuen der Repräsentanten der späten Republik kann man sich ähnlich vorstellen. Die Darstellung der individuellen Züge eines Menschen ist vorbereitet durch die etruskische Sarkophagplastik, das realistische hellenistische Porträt und die Ahnenbildnisse der Römer, die *imagines*, die in Wandnischen des römischen Hauses oder in besonderen Schreinen aufgestellt und verehrt wurden.

In frühester Zeit waren es Totenmasken, die man nach Wachsabgüssen anfertigte. Sie bestanden aus vergänglichem Material wie Holz, Wachs oder Gips, waren aber größer als die Abgüsse. Bei feierlichen Bestattungen des Adels wurden sie nämlich von Sklaven oder Schauspielern getragen, die die Toten verkörpern sollten. Diese hohlen Masken, die nur Kopf, Hals und Brustansatz aufwiesen, steckte man in Wandnischen oder -schreinen auf meist stabförmige Stützen. Daneben gab es offenbar eine andere Form, bei der das Kopfbildnis auf dem hohen, pfahlartigen Halse saß. Beide Formen sind noch in etwa zu erkennen am Standbild eines Römers mit zwei Ahnenbildern, der die seit Augustus übliche stoffreichere und kunstvoller drapierte *toga* trägt. Die Büstenform ist durch die Totenmaske vorgeprägt worden.

Wesentlich für diese Ahnenbilder ist: Man wollte möglichst genau die persönlichen Merkmale des Verstorbenen festhalten, er sollte weiter im Hause gegenwärtig sein. Die künstlerische Aufgabe beginnt mit der Gestaltung individueller Bildnisse in unvergänglichem Material, nach der Blütezeit des Bronzegusses zunächst in Kalkstein, später unter griechischem Einfluss in Marmor. Die Abhängigkeit von den Totenmasken zeigt sich anfangs schon darin, dass man mit Vorliebe alte Männer darstellte. Das Persönliche und die tiefen Furchen des Alters in diesen Gesichtern sind mit einer Genauigkeit wiedergegeben, wie sie früher nur die Totenmaske aus Wachs aufwies. Die stärkere Berührung mit der hochentwickelten griechischen Plastik milderte diesen krassen Realismus und brachte auch hier eine Verfeinerung der künstlerischen Form. Wesentlich bleibt aber, dass das römische Bildnis sich auch weiterhin auf die Darstellung des Kopfes konzentrierte, wobei der Brustansatz gelegentlich bis zur Halbfigur vergrößert werden konnte. Das gilt für die Bildnisse im privaten Bereich, nicht für öffentliche Ehrenstatuen.

Dass man das wahre Wesen eines Menschen nur in seinem Haupt einfangen könne, war wohl eine uritalische Vorstellung, die in den Totenbildnissen der Etrusker ihren besonderen Ausdruck gefunden hat. Sie stehen in deutlichem Gegensatz zur griechischen Plastik, die die ganze Körperlichkeit des Menschen auf eine höhere Darstellungsebene hob, d. h. idealisierte. Die italisch-römische Denkweise vernächlässigte die Wiedergabe des Körpers und verzichtete auf die Idealisierung des Gesichtes.

Ein typisches Werk der spätrepublikanischen Bildniskunst ist der Kopf des C. Iulius Caesar aus Tusculum, dessen Benennung durch seine Münzbildnisse gesichert ist (↗43 und 93). Gegenüber den späteren, idealisierten Bildnissen zeigt dieses den Mann in seinen letzten Lebensjahren, wie er wirklich aussah: die hohe und breite Stirn, den mächtig sich wölbenden Schädel, die kräftige Nase, die eingefallenen Wangen, den energischen Mund mit einem sehr verhaltenen Lächeln, zwei tiefe Furchen in dem verhältnismäßig langen Hals. Man erkennt deutlich die biografische Absicht des römischen Porträts: Es will in erster Linie die reale Persönlichkeit in einem ganz bestimmten Lebensabschnitt darstellen. Einen ähnlichen Eindruck vermittelt auch das Porträt Ciceros (↗91).

▼ Römer mit Büsten seiner Ahnen.
Marmor, augusteisch, lebensgroß (Rom, Palazzo Barberini)

▼ Bronzestatue eines Beamten (vom Trasimenischen See).
Nach 89 v. Chr. Lebensgroß (Florenz, Museo Archeologico)

Das Relief Es hatte bereits eine Blütezeit in der griechischen Kunst erlebt (s. Hellenika ↗280 ff.).

Während es dort aber in zeitlosen Sinnbildern Mythos, Welt und Menschen darstellte, z. B. in den Giebelfeldern und Friesen der Tempel, diente es in der römischen Kunst vorwiegend der Schilderung wichtiger historischer Vorgänge. Die Reliefs der Triumpfbögen verherrlichten auch die politischen Leistungen großer Römer. Schließlich stellte das Relief bedeutsame Vorgänge aus dem öffentlichen Leben dar, wie z. B.. die Darbringung des Staatsopfers (↗69); man erkennt die Absicht, diesen Vorgängen eine besondere Würde zu verleihen. Da solche Darstellungen später in einem besonderen Maße der staatlichen Repräsentation dienten, nennt man sie auch Staatsrelief. Szenen aus dem Alltagsleben sind selten und künstlerisch oft anspruchslos wie das Kalksteinrelief mit einem Leichenzug *(pompa funebris)* in L'Aquila (↗22) oder der späte Reliefsarkophag mit der Darstellung spielender Kinder im römischen Lateranmuseum (↗225).

3. *Die Kunst der augusteischen Zeit*

Voraussetzungen Im *Monumentum Ancyranum* berichtet Augustus ausführlich über seine Bautätigkeit in Rom. Dies lässt auf einen erhöhten Rang der Kunst schließen. Er hatte Voraussetzungen politischer und künstlerischer Art:

1. Nach den Unruhen der Bürgerkriege schuf die *pax Augusta* die äußere und innere Ruhe sowie die materiellen Voraussetzungen für eine stärkere Entfaltung der Kunst.

2. Die politische und religiöse *renovatio* führte einmal zur Wiederherstellung der alten Tempel, sodann zu gewaltigen Neubauten. Der bereits entwickelte, hellenisierte Stil entsprach aber so sehr römischem Wesen, dass er in seinen Grundzügen auch für die augusteische Zeit maßgebend blieb.

3. Augustus stellte fest, dass er nicht *potestas*, wohl aber *auctoritas* in höherem Maße als alle anderen besessen habe. Um dies auch nach außen hin sichtbar werden zu lassen, griff er auf die klassische Kunst der Griechen zurück. Sie war schon auf vielfältige Weise in die Kunst der Republik eingedrungen. Jetzt aber wollte man bewusst durch ihre vorbildliche Form die römische Wesensart repräsentativ darstellen. So wurde die Kunst in Rom in nie dagewesenem Maße Teil eines politischen Programms.

Tempel und Forum Im Tempelbau verwendete man durchweg kostbaren Marmor. Von den drei griechischen Säulenordnungen wurde die korinthische bevorzugt, die besonderen Formenreichtum aufweist. Die Cella nimmt jetzt den größeren Teil der Gesamtlänge des Tempels ein.

Den Tempel des *Mars Ultor* hatte Augustus als monumentalen Mittelpunkt einer größeren Platzanlage, des Augustus-Forums, errichtet in bewusster Konkurrenz zum Tempel des *Iuppiter Capitolinus,* aus dem er wichtige Staatsakte in den neuen Tempel verlegte (↗199). Dessen Rückseite ist in die Begrenzungsmauer der Gesamtanlage eingebunden. Das Innere enthält nur eine Cella, mit einer Apsis für die Kultbildgruppe. Die Mittelachse, seit Einführung des Steinbaues nicht mehr im Äußeren des Tempels selbst betont, wird umso stärker sichtbar im Gesamtplan des Forums: Die Tempelachse bildet zugleich die Hauptachse des rechteckigen, von zwei Säulenhallen eingefassten Platzes und wird zusätzlich durch die Statue des Augustus als *pater patriae,* die gegenüber der Tempelfront stand, hervorgehoben (↗176, 204).

Diese Hallen haben, als Verblendung ihrer wie eine Gewölbetonne gebildeten Decke, außen eine Attika über dem Gebälk, vor der, jeweils über den korinthischen Portikussäulen, Frauenstatuen nach klassisch griechischem Vorbild (Kopien der Athener Erechtheionkoren) standen. Die Hallen sind seitlich um je einen großen Apsisraum mit vorgelegter Säulenstellung erweitert. In diesen Hallen und Apsiden ließ Augustus Statuen seiner mythischen Ahnen und großer Römer aufstellen und schuf damit, wohl als Gegenstück zu den häuslichen Ahnenschreinen, eine imponierende Ahnengalerie der *gens Iulia* und der *res publica Romana.*

Am Mars Ultor-Tempel, von dem noch drei korinthische Marmorsäulen an ihrem Platz stehen, wird die Eigenart römischer Tempel besonders deutlich: Er ist streng in die Gesamtanlage eingefügt, häufig sogar an den Rand einer Platzanlage gerückt. Von dort her, durch das Podium erhöht, beherrscht er den Raum und zwingt Blick und Schritte der Menschen in die Achse von Platz und Tempel und damit auf sich selbst hin. Die etruskisch-italischen Elemente des römischen Tempelbaus, die betonte Mittelachse und die Ausrichtung auf die Frontseite, sind bewusst in ein neues Raumgebilde eingefügt.

Das Augustus-Forum hatte im Caesar-Forum (↗176) bereits ein Vorbild. Gegenüber dessen reiner Längsachse erhielt aber die Anlage des Augustus durch zwei Apsiden im Grundriss schon die Andeutung einer Querachse. So entwickelte sich ein Achsensystem; im Trajans-Forum hat es seine großartigste Form gefunden.

Der Reichtum der Fassaden und Schmuckformen, der Glanz des Materials geben diesen Bauten einen besonderen Rang. Diesen bezeichnete Vitruv (ein römischer Baumeister unter Augustus) in seiner Schrift *De architectura* mit dem Begriff *auctoritas*, weil diese Bauten der *maiestas imperii* in hervorragender Weise Ausdruck verleihen. So sprechen wir seit Augustus von einer Staatsarchitektur.

Ornament und Relief Die römische Architektur zeigt gegenüber der griechischen eine besondere Vorliebe für naturhafte Formen. So bevorzugte man die Pflanzenmotive des korinthischen Kapitells und überzog immer größere Flächen des Bauwerks mit Ornamenten. Gegenüber der strengen Bindung des griechischen Ornaments an die Funktion des Baugliedes geht das römische bewusst auf malerische Wirkung aus. Es hat seine Technik und Formen aus einem hochstehenden Kunstgewerbe entwickelt. An den Werken der römischen Töpferkunst (besonders denen der sog. *terra sigillata*), an farbigen Gläsern und prächtigem Silbergeschirr können wir die erlesenen Formen ihres Ornaments bewundern. Diese dekorative Flächengestaltung ist ein Grundzug der gesamten augusteischen Kunst.

Auf solche Flächenwirkung ist auch das römische Relief angelegt. Es besitzt gegenüber der starken plastischen Wirkung seiner griechischen Vorbilder nur geringe Tiefe und neigt dazu, den gesamten Reliefgrund auszufüllen, was z. B. an den Reliefs der Ara Pacis deutlich zu beobachten ist.

Den Kern dieser Anlage bildet der auf einem Podium von 6 × 7 m Grundfläche errichtete Altar. Zu ihm führte von Westen her eine Treppe. Dieser heilige Bezirk war umschlossen von einer 70 cm starken Umfassungsmauer aus Marmor, die etwa 11,60 × 10,60 m maß. Sie war im Westen und Osten durchbrochen. Zum westlichen Eingang führten 10 Stufen, die so flach waren, dass man die Opfertiere in den engen Innenraum führen konnte. Der Ostdurchgang gab den Blick zur *Via Flaminia* frei. Die Begrenzungsmauern sind mit kostbarem Reliefschmuck versehen. Die durch ein Mäanderband horizontal geteilten Außenwände tragen unten ein Rankenornament; es zeigt die fast vollkommene Verbindung der gewachsenen und doch höchst kunstvoll und streng stilisierten Naturform mit den scharf begrenzten Wandflächen. Die oberen, 1,55 m hohen Felder zeigen auf den Friesen der Längsseiten in feierlicher Prozession: im Süden hinter voranschreitenden Lictoren Augustus als *pontifex*, die *flamines maiores* als wichtige Repräsentanten dieses Kollegiums der *sacerdotes*, M. Agrippa als *augur* und die Familie des Augustus im engeren Sinne; im Norden weitere Mitglieder der Kollegien der *pontifices* und *augures*, die *septemviri epulonum*, die *quindecimviri sacris faciundis* und weitere Verwandte des Augustus. An der Ost- und Westseite sind jeweils seitlich von den Eingängen Einzelreliefs angebracht; im Osten rechts sieht man *Roma*, links *Tellus*; an der Westseite die Darstellung der Gründungssage; Aeneas rechts, Mars mit seinen Söhnen Romulus und Remus links. Die Innenwände zeigen in ihrer oberen Hälfte sehr plastisch ausgearbeitete Fruchtgirlanden.

Römisch an den figürlichen Reliefs sind die bukolischen Motive und die Landschaftselemente, die den Hintergrund der Figuren räumlich erweitern. Die plastischen Formen der Figuren sind durch das Vorbild der griechischen Klassik deutlich geprägt: Sie vermeiden eine Betonung der individuellen Züge und verleihen dem Dargestellten eine feierliche Ruhe und Erhabenheit, die die Bedeutung des Vorgangs unterstreicht. Dargestellt ist wohl die feierliche Festlegung (*constitutio)* des geheiligten Bezirks *(templum)* für die *Ara Pacis Augustae*, die der Senat zum Dank für die Rückkehr des Augustus aus Spanien im Sommer 13 v. Chr. zu errichten beschlossen hatte, nicht die Einweihung der ara am 30. 1. 9 v. Chr.

Solcher Repräsentation dienen auch die Bilder aus der Gründungssage und die zeitlosen Symbole für die ordnende Macht der Staatsform (die Göttin *Roma*) und

▲ Tellus-Relief der Ara Pacis
H. 1,50 m

▶ Ara Pacis (Eingangsseite). Um 10 v. Chr.
Modell: 11,6 × 10,6 m, H. 6,5 m

für den von Augustus befriedeten Erdkreis *(Tellus)*. Dies letzte Relief lässt besonders deutlich erkennen, wie eng sich römische Vorstellungen und griechische Form verbinden können. *Tellus* als nährende Erdmutter, die spielenden Kinder, die Früchte in ihrem Schoß, die Pflanzen im Hintergrund und die Tiere zu ihren Füßen zeichnen das Bild einer Welt, die sorglos die Gaben des Friedens genießt. Die Formensprache aber verrät ein so ausgeprägtes plastisches Empfinden und technisches Können, dass man nicht nur an berühmte griechische Vorbilder erinnert wird, sondern auch annehmen muss, dass griechische Künstler diese Reliefs ausführten.

In der Gesamtheit dieser Darstellung ist das Wesen des Staatsreliefs in großartiger Weise verwirklicht: Bedeutsame Vorgänge und Handlungen des politischen Lebens erfahren durch die klassische Form eine besondere Würdigung. Daher wurde die Ara Pacis in der Folgezeit als Muster dieser Kunstgattung angesehen und nachgeahmt.

Die Ara Pacis kann nicht isoliert betrachtet werden. Zusammen mit dem früher vollendeten Mausoleum, das Augustus für sich und seine Familie errichtet hatte, und der Sonnenuhr mit dem großen Obelisken als Zeiger und Schattenwerfer, die Augustus 10 v. Chr. angelegt hatte, sowie dem der Öffentlichkeit zugänglichen Park zwischen Mausoleum und Sonnenuhr bildete sie ein beeindruckendes Ensemble auf dem nördlichen Marsfeld (↗200).

Im bronzenen Liniennetz der Sonnenuhr zeigte die Spitze des Schattens des mit Sockel und Kugel 100 Fuß (29,5 m) hohen Obelisken Jahrestag und Stunde an. Die Linie der Tag- und Nachtgleiche (Äquinoctiallinie) führte von W nach O direkt auf den Eingang der Ara Pacis, der sich deshalb im Westen und nicht auf der Seite der Via Flaminia befand. Das Liniennetz im Pflaster vor Sonnenuhr und Ara Pacis reichte nicht über die Ara Pacis hinaus. Darin zeigt sich, wie genau die beiden Monumente aufeinander abgestimmt wurden, obwohl der Senat der Bauherr des Altares war. Die Sonnenuhr mit dem ursprünglich von Psammetich II. (7. Jh. v. Chr.) aufgestellten Obelisken aus Heliopolis weihte Augustus dem Sol aus Dank für die Eroberung Ägyptens im Namen des römischen Volkes. Für dieses einzigartige Monument wurde erstmals ein Obelisk aus Ägypten nach Rom gebracht (↗42). Einen zweiten ließ Augustus im Circus Maximus aufstellen.

▼ Rom, nördliches Marsfeld, von Süden gesehen, mit Sonnenuhr des Augustus, dem Obelisken als Zeiger und Ara Pacis. Rekonstruktionszeichnungen. Im Hintergrund Park mit Augustusmausoleum

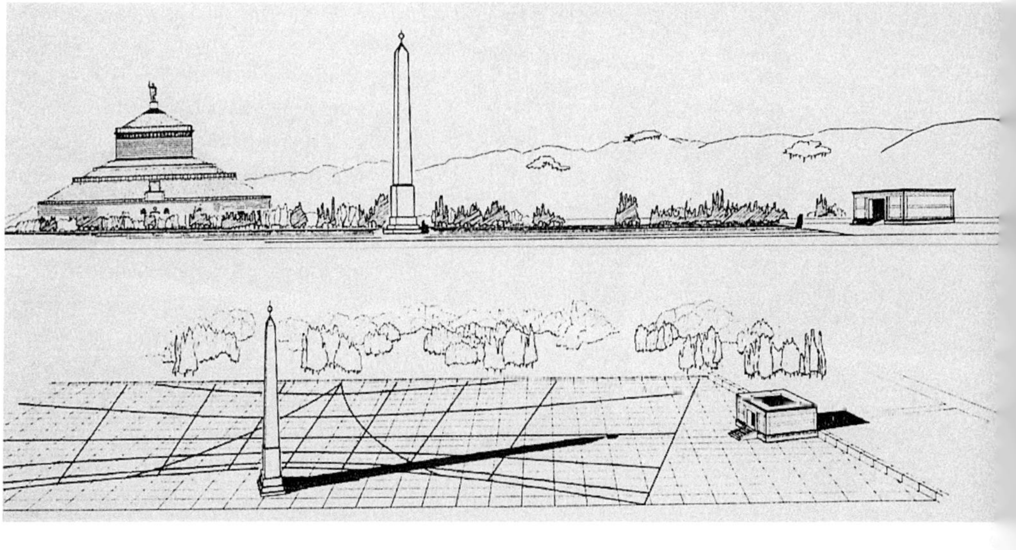

▼ *princeps Augustus*
(sog. Augustus von Prima Porta).
19 - 17 v. Chr.
Höhe 2,04 m.
(Rom, Musei Vaticani)

Porträt und Herrscherbild In der augusteischen Zeit tritt besonders im Porträt des *princeps* und seiner designierten Nachfolger an die Stelle des gewollten Realismus eine stärkere Idealisierung nach griechischem Vorbild. Man vermeidet jetzt die auffälligen Zeichen der Vergänglichkeit, die auf ein fortgeschrittenes Alter verweisen könnten, ohne die persönlichen Merkmale aufzugeben. Im Haupttypus des Augustusporträts, das wohl bald nach der Verleihung des Augustus-Titels 27 v. Chr. geschaffen wurde und bis in sein hohes Alter und darüber hinaus das gebräuchlichste, im ganzen Imperium verbreitete Augustusporträt war, sind die persönlichen Züge des Kaisers festgehalten: die etwas spitze Gesichtsform, der kleine Mund, die scharf geschnittene Nase, die ausgeprägten Wangenknochen, die kunstvolle Anordnung der Stirnlocken. Das Persönliche wird aber in eine kühle und strenge Form eingebunden, durch die das Porträt eine zeitlose, erhabene Wirkung gewinnt. Diese wird im Herrscherbild auch weiterhin meist angestrebt.
Die überlebensgroße Marmorstatue des Augustus von Prima Porta gab diesem Porträttypus den Namen. Sie wurde in der 12 km nördlich von Rom auf einer Anhöhe über dem Tiber gelegenen Villa der Livia, der Frau des Augustus, gefunden.

Die Statue ist wohl aus Anlass der Rückgewinnung der von den Parthern 53 und 36 v. Chr. erbeuteten Feldzeichen im Jahre 20 v. Chr. aufgestellt worden. Dieses Ereignis ist auf dem Panzer dargestellt, wo *Mars Ultor* stellvertretend für Augustus im Beisein der Schutzgötter des *princeps* vom Parther ein Feldzeichen entgegennimmt. Bei der Statue handelt es sich wohl um eine private Ehrung durch Livia, nicht um eine öffentliche. Das erklärt einige Besonderheiten, in denen sie sich von den üblichen Panzerstatuen römischer Kaiser unterscheidet. Diese tragen über dem Panzer ein *paludamentum*, den kurzen purpurfarbenen Feldherrnmantel, der mit einer Spange über der rechten Schulter zusammengehalten wird, und hohe, mit Raubtierfell gefütterte Schnürstiefel.

Der Hüftmantel ist gebräuchlich für die Darstellung von Göttern und Heroen und bedeutet wie die Barfüßigkeit eine Überhöhung des Dargestellten auf eine zumindest heroische Ebene. Dem dient auch die Statuenstütze, Eros auf einem Delphin, der auf Venus als

Stamm-Mutter der *gens Iulia* verweist. Der Aufbau der Figur nach dem Vorbild des Hermes des Polyklet (eines berühmten griechischen Bildhauers des 5. Jh.s v. Chr.), der idealisierte Kopf mit dem Werk Polyklets entlehnten Formen in der Frisur, der Manteltypus und die Barfüßigkeit erinnern an die klassische Kunst der Griechen und ihr ideales Menschenbild. Ungriechisch ist es allerdings, den menschlichen Körper zum Bildträger zu machen, wobei die Bildhaftigkeit der Panzerreliefs durch ihre ungewöhnlich vielfigurige, nicht wie üblich heraldisch aufgebaute Komposition und die einst kräftige farbige Fassung der Figuren noch verstärkt wurde. Die erhobene Rechte hielt einen Gegenstand, wohl einen in vergoldeter Bronze nachgebildeten Zweig des Lorbeerstrauches, der in der Villa der Livia wuchs und von dem die Mitglieder der julisch-claudischen Familie den Lorbeer für ihre Triumphzüge abschnitten. In der gesenkten Linken ergänzt man wohl besser einen Heroldsstab *(caduceus)*, der auf Hermes/Mercur als Unterhändler und Friedensbringer verweist. Auch der Lorbeer verkündet Frieden.

Die Statue von Prima Porta verkörpert die konkrete Person des *princeps* Augustus in einem definierten historischen Zusammenhang wie auch seine überragende und überzeitliche *auctoritas* als Lenker des *res publica Romana* und als Initiator und Garant der *aurea aetas.*

Die Bildnisgruppe eines römischen Ehepaares zeigt ähnlich strenge Formen. Zugleich sind das Streben nach größerer Bildnistreue und eine gewisse Belebung deutlich zu spüren.

Beide Köpfe sind leicht zum Partner hin gewendet. Die linke Hand der Frau, die auf der rechten Schulter des Mannes liegt, deutet Zuneigung und Fürsorge an, die Verschränkung beider rechter Hände ineinander eheliche Verbundenheit, *concordia.* Dieses Paar verkörpert ebenso die Kraft der ehelichen Bindung wie die Sicherheit und Würde römischer *gravitas* überhaupt. Verständlich, dass man gerade diese Gruppe, wenn auch ohne historische Berechtigung, als »Cato und Porcia« bezeichnet hat.

Zweite Klassik und Vermittlung griechischen Erbes Die Kunst der augusteischen Zeit blieb für Jahrhunderte und in mancher Hinsicht sogar bis in die europäische Kunst hinein richtungweisend. Ihre Bedeutung lässt sich etwa so zusammenfassen:

1. Die klassische Kunst der Griechen wurde als vorbildlich anerkannt, bewusst wiederaufgenommen oder nachgeahmt. Die griechische Form verband sich hierbei so vollkommen mit römischem Wesen, dass die in dieser Zeit geschaffenen Werke, wie in der Literatur die Dichtung des Vergil und Horaz, den Höhepunkt der römischen Kunst bilden; dadurch wurde diese selbst zu einer zweiten Klassik.

◀ Bildnisgruppe eines römischen Ehepaares. Anfang 1. Jh. n. Chr. Lebensgroß (Rom, Musei Vaticani)

2. Die augusteische Kunst lockte viele griechische Künstler nach Rom; zahlreiche griechische Originale wurden dorthin geschafft oder kopiert. Sie verbreitete durch ihre starke Ausstrahlung auch die formenden Kräfte der griechischen Klassik über Rom in den Provinzen. Von den Provinzen aus fand die römische Klassik Eingang in die Kunst der europäischen Völker, die später auf den Trümmern des Römerreiches ihre eigene Kultur aufbauten. Die römische Klassik übernahm damit eine Vermittlerrolle von weltgeschichtlicher Bedeutung.

4. *Die Kunst der Kaiserzeit*

Durch die augusteische Epoche war der römischen Kunst für lange Zeit die Richtung gewiesen.

Architektur In ihr führte man die bestehenden Bauformen weiter, steigerte ihre Wirkung aber durch größere Abmessungen oder durch Addition der Räume und Schmuckformen.

Das Flavische Amphitheater (↗205), das man im Mittelalter nach der in der Nähe aufgestellten Kolossalfigur des Nero *Kolosseum* nannte, türmt seine Arkadenreihen in der bereits festgelegten Reihenfolge übereinander; das Erdgeschoss trägt die der dorischen nachempfundene tuskanische, das folgende die jonische und das dritte die korinthische Säulenordnung; die Schäfte bleiben aber, wie meist in der römischen Kunst, glatt. Auf diese drei von Vespasian errichteten Geschosse setzte Titus ein viertes; es war gegliedert durch Pilaster mit korinthischem Kapitell und durch rechteckige Fensteröffnungen in jedem zweiten Feld.

In den darüber vorspringenden Widerlagen ruhte das untere Ende der durch die entsprechenden Öffnungen im obersten Sims geführten Holzmasten, von denen sich das Sonnensegel über die Zuschauerränge spannte. Die 50 m hohe Wand wird durch stark vorspringende Gesimse horizontal gegliedert. Zugleich begleiten ihre kräftigen Linien den großartigen Rhythmus der Arkaden, die in 80 Bögen eine riesige Ellipse mit einer Längsachse von 188 m umschreiben. Diese Gliederung der gewaltigen Baumasse durch die Wiederholung einfacher, klarer Formen ergibt ein eindrucksvolles Bild vom Ordnungsgefüge römischer Architektur.

Die Arkade fand seit dem späten 2. Jh. v. Chr. häufige Verwendung in der römischen Architektur, zuerst am Fortunaheiligtum in Praeneste. Sie ging nach der bewussten Wiederaufnahme während der Renaissance in die europäische Kunst der Neuzeit ein.

Eindrucksvoll ist das Kolosseum auch als Gebilde der Raumkunst. Der Blick von oben zeigt, wie durch die riesige Fassade und die ansteigenden Ränge ein gewaltiges Oval aus der Bodenfläche und dem Luftraum herausgeschnitten wurde. Auch die kleineren halbrunden Theater stellten die Römer frei in ihre Umgebung und ergänzten das Halbrund der Sitzreihen durch hohe, architektonisch reich gegliederte Bühnengebäude zu einem geschlossenen Raum (↗198 und 227). Beeindruckend und leistungsfähig ist auch das komplizierte System der Treppenaufgänge, die in den die Sitzreihen tragenden Gewölben die Zuschauerränge erschließen.

Das Trajans-Forum (↗204) zeigte eine ähnlich souveräne Art, unabhängig von den natürlichen Formen Räume zu gestalten. Das »additive« Prinzip des Gesamtplanes wird im Blick auf den Grundriss deutlich:

An das eigentliche Forum wurden die sonst selbstständigen Baukörper einer Basilika und zweier Bibliotheksgebäude angefügt. Das 116 × 85 m große Rechteck des Forums hatte in der Mitte der Südostseite einen zum Platz hin monumental gestalteten Eingang. Zusammen mit den seitlichen Säulenhallen und den fest in die Mittelachse gebundenen Reiterstandbild Trajans unterstrich er die Längstrichtung. Die beiden exedraartigen Apsiden an der Rückseite der Portiken greifen ein Motiv des Augustus-Forums auf. Durch ihre Lage in der Mitte bilden sie hier, die Hallen prospektartig überragend, eine betonte Querachse. Als weitere wirkkunsvolle Querachse schob sich der mächtige Baukörper der Basilika Ulpia in die allgemeine Längsrichtung; sie war 120 m lang und 60 m breit und gemäß ihrer Bestimmung als Gerichtshalle reich geschmückt. Der dritte Teil der Anlage bestand aus der Säule und den beiden Bibliotheken; in der einen wurden die Rollen griechischer, in der anderen die römischer Autoren aufbewahrt. Die Säule ist ohne Basis 29,6 m = 100 römische Fuß hoch, mit der Basis, die das Grab des Kaisers barg, 38 m. Nach

▲ Flavisches Amphitheater, sog. Kolosseum. 80 n. Chr.

▶ Fassadenring des Kolosseums

der Inschrift am Sockel sollte sie damit anzeigen, welche Höhe der Berg Quirinal an der Stelle hatte, der unter so vielen Mühen für den Bau des Forums abgetragen wurde.

Den Abschluss in der betonten Längsachse bildete ein monumentales Propylon, durch das der vielgestaltige Komplex von Nordwesten, vom Marsfeld, seinen Zugang hatte. Hinter dem Schauportal an der Südostseite bildete ein Peristyl in der Längsachse eine Verbindung zum Augustus-Forum.

Das Trajans-Forum steigerte die Wirkung der früheren durch eine Längsachse geprägten Kaiserfora mit der Vielfalt der Baukörper und dem System der sich kreuzenden Achsen in großartiger Weise.

Die halbkreisförmigen Apsiden beleben wirkungsvoll die starren Geraden von Forum und Basilika und ordnen sich leicht in die strenge Achsensymmetrie ein. Die Breite der Achse übertraf um etwa ein Drittel die Länge des Augustus-Forums, ihre Gesamtlänge erstreckte sich über 260 m. Diesen Ausmaßen entsprach die Pracht und Fülle der Säulen – allein das Hauptschiff der Basilica Ulpia umgaben 44 Granitsäulen mit glattem Schaft und korinthischem Kapitell. Reich war auch der plastische Schmuck der Anlage: Das Reiterstandbild in der Mitte des Platzes, Quadrigen mit siegreichen Feldherrn über den Toren zur Basilica Ulpia, die Standbilder bedeutender Römer in den Säulenhallen und Nischen, besonders aber das Reliefband der Trajanssäule (↗182). Der Reichtum der Einzelformen, mehr noch die großartige Raumkomposition, lassen das Trajans-Forum als

▼ Die Kaiser-Fora in Rom. 2. Jh. n. Chr.

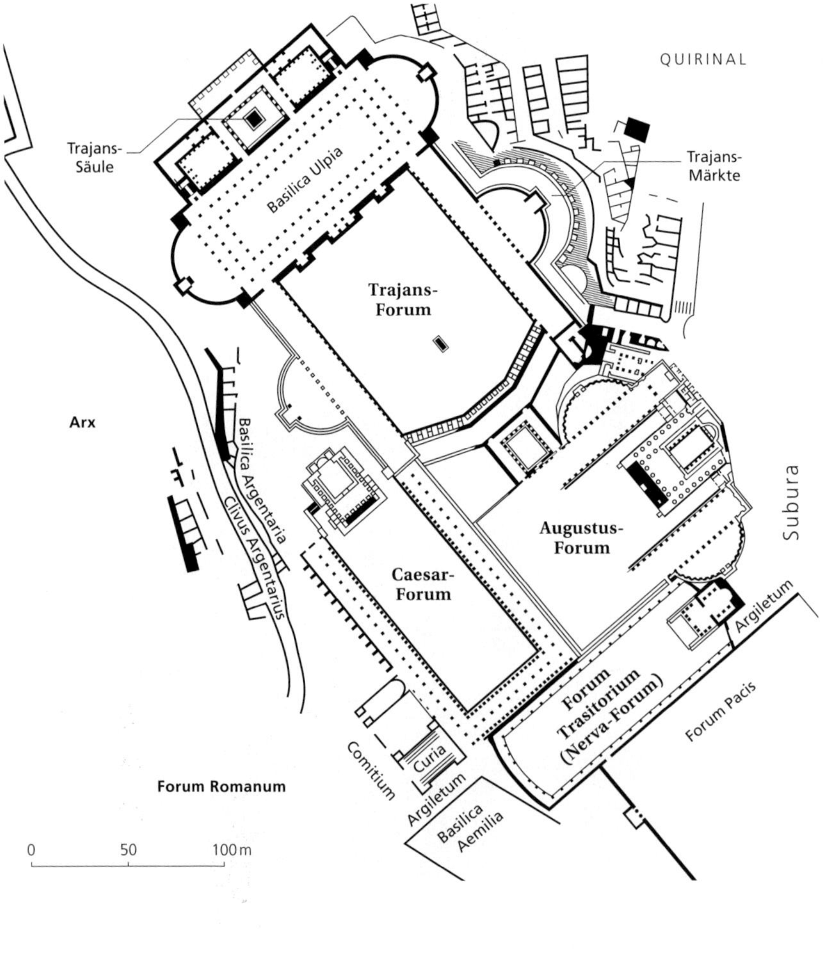

Höhepunkt der Staatsarchitektur erscheinen. Dass ein Grieche, Apollodorus aus Damaskus, der Baumeister war, zeigt, wie stark sich auch fremde Meisterarchitekten dem römischen Gestaltungswillen unterordneten.

Wie sehr man die Anlage bis in die ausgehende Antike bewunderte, ist uns mehrfach bezeugt (↗204). Die von Napoleon I. auf der Place Vendôme in Paris errichtete Säule nimmt in ihrer Form, besonders in dem spiralförmig gewundenen Reliefband mit der Darstellung der kaiserlichen Feldzüge bewusst die Trajanssäule als Modell.

Ein ganz neues Raumgebilde stellt das Pantheon dar (↗200). Es fügt die traditionelle Form des rechteckigen Tempels und den reinen Rundbau zusammen. Die Vorhalle hat die Form einer herkömmlichen Tempelfassade. Die monumentale Bauinschrift trägt, wie bei römischen Staatsbauten üblich, zusätzlich zur Wirkung bei. Hier erinnert sie an das erste Pantheon, das M[arcus] · AGRIPPA · L[uci] · F[ilius] während seines 3. Konsulates 27 v. Chr. einweihte. Die gewaltige Vorhalle verdeckt als schmückende Fassade die außen schlichte Rotunde und weist durch ihre Tempelform auf die kultische Bestimmung des Bauwerks hin. Die Form des kuppelüberwölbten Innenraumes stammt nämlich aus dem profanen Zweckbau, aus den zuerst in den Thermen Kampaniens errichteten Kuppelräumen.

Die Wirkung dieser Raumform geht ganz nach innen: Über einem zylindrischen Sockel schwebt als Kuppel eine Halbkugel. Da ihr Durchmesser von 150 römischen Fuß = 43,30 m genau der Raumhöhe entspricht, ergibt sich die Vorstellung einer dem Raum eingeschriebenen riesenhaften Kugel. Das Licht, das sich durch eine ein-

▲ Pantheon. Vorhalle und Kuppel des Rundbaues. ca. 114 - 125 n. Chr.

▲ Pantheon. Innenraum. Gemälde von G. P. Panini (gest. 1756). Kopenhagen, Staatl. Kunstmuseum. Bauzustand des Pantheons vor der Umgestaltung der oberen Ordnung 1747

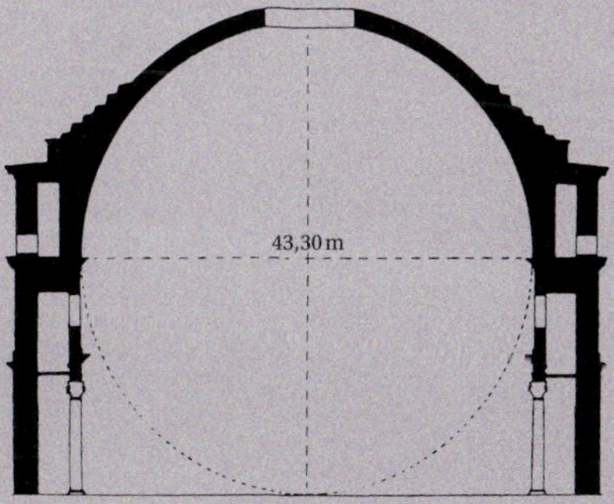

▶ Pantheon. Querschnitt

zige kreisrunde Öffnung über der Mitte des Raumes in die weite Wölbung der Kuppel ergießt und das Innere gleichmäßig erhellt, verstärkt noch den eigenartigen, schwebenden Eindruck dieses Raumes.

In technischer Hinsicht stellt das Pantheon die Vollendung des römischen Kuppelbaus dar; als Raumgebilde ist es »auch die letzte Erfüllung eines rein griechischen Gedankens der in Kreis und Kugel sich offenbarenden göttlichen Vollkommenheit« (L. Curtius). Wie man in der Gesamtheit der Götter hier den göttlichen Weltgeist zu verehren gedachte, so sollten die mit Sternen verzierten Kassetten der Kuppel das große Weltall symbolisch darstellen.

Im Querschnitt wird deutlich, dass der innere in Nischen gegliederte, 21,65 m hohe Zylinder, über dem sich die Kuppel erhebt, von einem stärkeren geschlossenen äußeren Zylinder umfangen wird, der zudem höher aufragt. Der Druck der Kuppel wird so verteilt und auf die starke Außenschale abgeleitet.

Die kostbare Ausstattung des Innenraumes mit farbigen, von den Römern als Marmor bezeichneten Steinen ist im Pantheon besonders gut erhalten. Der Fußboden zeigt große, zu einem schlichten geometrischen Muster zusammengefügte Platten. Verwendet wurden dafür weinroter Porphyr und grauer Granit aus Ägypten, gelber numidischer Stein und wie Pfauenfedern gemusterter Marmor aus Phrygien. In der aufgehenden Architektur, die in der unteren Ordnung noch intakt ist, verwendete man dazu neben weißem Carraramarmor blaugrünen »Marmor« aus Thessalien und graugrünen »Marmor« aus Teos in Kleinasien. In der oberen, 1747 umgestalteten Wandzone wurde der ursprüngliche Zustand in einem kurzen Abschnitt rechts der Mittelapsis wiederhergestellt.

Die prächtigsten unter den öffentlichen Zweckbauten Roms waren die Kaiserthermen. *Natatio, frigidarium, tepidarium* und *caldarium* bildeten von Norden nach Süden die Hauptachse dieses zuerst mit den Thermen Neros auf dem Marsfeld (↗198) bezeugten Typs, in dem sich die übrigen Räume symmetrisch seitlich um zwei Peristyle gruppierten. Apollodor von Damaskus verschob bei den Trajansthermen auf dem Esquilin (↗206) die Achse so, dass das *caldarium* südwestlich orientiert war, und umgab den Badekomplex mit großzügigen Außenanlagen an drei Seiten. An Größe und

▶ S. Maria degli Angeli in Rom, ursprünglich Hauptsaal (*frigidarium*) der Diokletiansthermen

▼ *Domus Augustana*, Rom

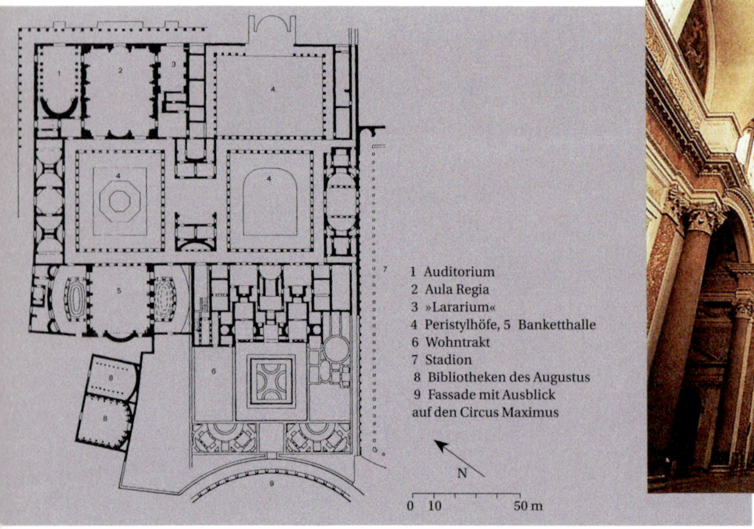

Pracht überboten wurden diese Thermen von denen Caracallas und mehr noch von denen, die Diokletian um 300 n. Chr. errichten ließ (↗206).

Die Maße der Außenmauern betrugen hier 361 × 371 m, die der Badeanlagen 280 × 160 m. Zentrum der Anlage war der querorientierte gewaltige Saal des Frigidariums, das Michelangelo zur Kirche S. Maria degli Angeli umgebaut hat. Seine Decke bilden Kreuzgewölbe mit einer Spannweite von 27 m.

Prachtvolle Innenräume von beachtlicher Größe kennzeichneten auch die *Domus Augustana*, den von Domitian 81 - 92 n. Chr. erbauten Kaiserpalast auf dem Palatin (↗178). Dieser gliedert sich straff an drei parallelen Achsen. Ein repräsentativer, um ein Peristyl gruppierter Trakt und ein tieferliegendes Gartenstadion mit umgebenden Wandelgängen (*ambulationes*) auf zwei Ebenen flankieren den mittleren Komplex. Hier führen zwei Peristyle zu dem privaten Wohntrakt mit tieferliegendem Untergeschoss und Prachtfassade zum Tal des Circus Maximus. Wichtigste Räume waren die 30,6 m breite und mindestens ebenso hohe Audienzhalle (*aula*) und der nur wenig kleinere Speisesaal.

Der zentrale, von drei Kreuzgewölben überspannte Thermensaal wurde schon beim hadrianischen Neubau einer Basilika Agrippas auf dem Marsfeld übernommen. Mit der Konstantins-Basilika, die von Maxentius begonnen wurde, erscheint er als isolierter Baukörper in seiner monumentalsten Ausprägung (↗202).

Erhalten ist der nördliche Seitenbau mit den 24,50 m hohen Quertonnen und den Ansätzen für die Kreuzgewölbe des Mittelschiffes. Die Raumwirkung des Mittelschiffes muss gewaltig gewesen sein: Bei nur 60 Metern Gesamtlänge der drei Joche spannten sich die mächtigen Schalen des 25 m weiten Kreuzgewölbes in einer Höhe von 35 Metern über den Raum.

Für die weitere Entwicklung ist dieses Bauwerk in mehrfacher Hinsicht bedeutsam: Erstens vereinigt es in gewissem Sinne die Funktionen von Tempel, Gerichtshalle und Forum unter einem Dach und zeigt damit eine deutliche Bevorzugung des Innenraumes. Sodann erhält der Bau des Maxentius durch den Eingang und die Apsis an den Schmalseiten eine klare Längsrichtung, während die Thermensäle und die früheren Basiliken von der Breitseite betreten und in der Querachse betont wurden. Außerdem zeigt sich die Überhöhung der Mittelhalle, bei der früheren Basilika nur im Innern sichtbar, jetzt auch deutlich im Außenbau.

▸ Basilika des Konstantin. Tonnengewölbe des nördlichen Seitenschiffes. 307 - 313 n. Chr.

▾ Rekonstruktion der Konstantins-Basilika

Wesentliche Formen dieser Raumlösung leben in der christlichen Basilika fort.

Das Porträt Es entwickelt sich weiter zwischen den beiden bisher beobachteten Grundformen, dem realistischen Bildnis der späten Republik und dem idealisierten, an strenge klassische Formen orientierten der augusteischen Kunst.

Gegenüber den glatten Porträts aus augusteischer Zeit zeichnet das Bildnis des Kaisers Vespasian mit seinem von Falten durchzogenen Gesicht und dem verkniffenen Munde in aller Deutlichkeit die Züge eines Mannes einfacher Herkunft, in dem sich vitale Kraft und kluger Wirklichkeitssinn verbinden. Der eingewurzelte römische Realismus hat sich von neuem durchgesetzt. Bürgerporträts der flavischen Epoche zeigen bisweilen Wirklichkeitstreue bis zur schonungslosen Darstellung persönlicher Merkmale; ihre Wurzeln liegen im römischen Ahnenbild.

Demgegenüber zeigen die folgenden Kaiserporträts trotz der realistischen Züge unverkennbar ein gewisses Streben, die überpersönliche Größe und Würde des kaiserlichen Amtes darzustellen. Es ist der Typus des von der augusteischen Kunst geprägten Herrscherbildes, der diesen Bildnissen ihre innere Größe gibt. Diese Formensprache wird deutlich am Bildnis Trajans. Die neue, klassizistische Strömung findet ihre Erfüllung unter Hadrian, dessen Denken ganz vom Ideal griechischer Bildung geprägt ist. Er gleicht sich sogar in seinem Äußeren den Griechen an, besonders durch die Barttracht, die nun bei fast allen Kaisern bis gegen Ende des 3. Jh.s n. Chr. zu finden ist. Die Barttracht Hadrians finden wir bereits bei Soldaten auf einem domitianischen Staatsrelief und bei Offizieren im Gefolge Trajans.

Dieser neue Typus des »bärtigen Kaisers« begegnet uns auch im Porträt Marc Aurels (↗138). Der mächtige Philosophenbart passt gut zum Erscheinungsbild dieses »Philosophen auf dem Kaiserthron«.

Das Reiterstandbild Marc Aurels (↗181) ist das einzige erhaltene von einer Reihe kolossaler Reiterstandbilder, die einst den Mittelpunkt römischer Plätze bildeten. Das Pferd greift mit dem rechten Vorderhuf zu kraftvoller Bewegung aus.

◄ Vespasian. Um 75 n. Chr. Lebensgroß (Kopenhagen, Ny Carlsberg Glyptothek)

▼ Trajan. Um 120 n. Chr. (Ostia, Museo degli scavi)

Die Gestalt des Kaisers verkörpert mehr als die militärische Macht Roms. Sein Gesicht strahlt menschliche Güte und die überlegene Ruhe hoher Bildung aus. Seine Rechte erhebt er in einer herrscherlichen und zugleich Frieden stiftenden Geste. In dieser Haltung verkörpert er den Anspruch Roms und seines Kaisertums, als Beherrscher des Erdkreises politische und geistige Ordnungsmacht zu sein. Das Standbild, das früher auf dem Lateransplatz stand, überdauerte die Jahrhunderte unversehrt, weil man es im Mittelalter für das des Kaisers Konstantin hielt. Michelangelo ließ es zum Kapitolsplatz schaffen, in dessen Mitte es bis zum Jahr 1981 stand. Heute befindet es sich im Kapitolinischen Museum.

▼ Marc Aurel. Reiterstandbild (Rom, Museo Capitolino). Um 170 n. Chr.; Höhe 5,12 m

Beim Porträt Konstantins ist die plastische Bewegung in den großen Flächen des Gesichtes und dem stilisierten Haar erstarrt. Alles innere Leben scheint sich in den starren, großen Augen zu sammeln, die mit einem überweltlichen Ernst in die Ferne blicken. Hier wurde – wohl nicht ohne oströmischen Einfluss – ausschließlich das Überindividuelle des römischen Herrscherbildes, von dem schon die Rede war, dargestellt. Mit diesem

▼ Konstantin. Kopf einer Kolossalfigur (Rom, Museo Capitolino) Um 315 n. Chr.; Höhe des Kopfes 2,6 m

Kopf, der vermutlich zu einer in der Konstantins-Basilika aufgestellten Kolossalfigur gehörte, und ähnlichen Bildnissen dieser Zeit erhob sich die römische Porträtkunst ein letztes Mal zu monumentaler Form.

Relief und Malerei Triumpfbögen und Säulen wurden beliebte Träger von Reliefs, die mit der Schilderung der Taten des Kaisers zugleich die Größe des Reiches propagierten.

Die monumentalste Form des Reliefs stellt wohl die Trajanssäule dar, die sich noch heute zwischen den Säulenstümpfen des Trajans-Forums in ihrer ursprünglichen Höhe von 38 m erhebt, in der antiken Anlage aber nicht als selbstständiges Baudenkmal geplant war. Rings um den Säulenschaft, in dessen Innerem eine Wendeltreppe hochführt, windet sich das gut 200 m lange Reliefband mit der Darstellung der Daker-Kriege Trajans, das einst von den Galerien der beiden Bibliotheksgebäude und vom Obergeschoss der Basilica Ulpia bequem betrachtet werden konnte.

▼ Trajanssäule. Die unteren Ringe; 113 n. Chr.
H. der Ringe 1,20 - 1,40 m

Der untere Ring zeigt römische Festungen an der Donau, die das römische Heer weiter rechts auf einer Schiffsbrücke überschreitet; darüber hält Trajan eine Ansprache an die Truppen; es folgen Szenen des weiteren Vormarsches. Die im Detail sorgfältig gearbeiteten und historisch getreuen Darstellungen insgesamt geben Auskunft über Land und Städte der Daker sowie über Kriegstechnik und Bewaffnung der Zeit.

Eine ähnliche Entwicklung wie im Relief zeigte sich auch in der römischen Malerei. Der ausgeprägte Sinn der Römer für dekorative Gestaltung macht es verständlich, dass die Malerei die großen Wandflächen der Innenräume bevorzugte und ihre größte Blüte als Wandmalerei erlebte. Infolge der ausgezeichneten Technik der römischen Maler, die ihre leuchtenden, haltbaren Farben meist auf den frischen Putz auftrugen (Fresko), sind uns in den ausgegrabenen Häusern von Pompeji und Herculaneum zahlreiche Beispiele dieser Malerei erhalten.

Anfangs waren die Wände nur durch farbige Stuckornamente gegliedert, die festbegrenzte Wandfläche blieb erhalten (1. Stil; ca. 150 - 80 v. Chr.). Der 2. Stil weitete den Raum durch eine aufgemalte perspektivische Architektur von Säulen und Gebälk, in die besondere Felder mit figürlichen Darstellungen eingefügt sind. Dieser Stil, der bis in die letzten Jahrzehnte des 1. Jh.s v. Chr. reichte, suchte wie auch die Baukunst dieser Zeit ganz neue Raumwirkungen zu erzielen. Nachdem der 3. Stil (ca. 20 v. Chr. 50 n. Chr.) die Wand wieder stärker als feste Fläche betont und eine reiche Ornamentik, besonders in der augusteischen Zeit, entwickelt hatte, suchte der 4. Stil (ca. 50 - 80 n. Chr.) in immer neuen Raumillusionen die Wände wieder »aufzulösen«.

In einem Zimmer des Vettierhauses in Pompeji werden von solcher Scheinarchitektur mit perspektivischen Durchblicken und allerlei architektonischem Rahmenwerk große Gemälde eingefasst. Die Motive sind fast ausschließlich der griechischen Mythologie entnommen, hier die Bestrafung Ixions, des Königs der Lapithen, die der Sage nach in Nordgriechenland beheimatet waren. In diesen Wandgemälden wirkt sicherlich die große Tafelmalerei der Griechen nach, andererseits offenbaren sie, wie stark der damalige gebildete Römer mit der griechischen Mythologie vertraut war.

Das Mosaik schmückte die Fußböden festlicher Räume. Es war schon in den Palästen der hellenistischen

◀ Wand eines Zimmers in der Villa dei Misteri in Pompeji. 60 v. Chr. (2. Stil)

◀ Wandmalerei aus der Villa Farnesina in Rom. Um 19 v. Chr. (Rom, Museo delle Terme) (3. Stil)

Herrscher verbreitet, doch gerade die Römer brachten es in dieser Kunstgattung zu ganz besonderen Leistungen. Ähnlich der Wandmalerei verbindet die römische Mosaikkunst ein starkes ornamentales Element mit der figürlichen Malerei. Deren Motive sind neben der griechischen Sagenwelt häufig auch typisch römische Inhalte, wie Zirkusspiele, Gymnastikszenen, Gladiatorenkämpfe oder Jagdbilder. Diese Darstellungen wirken durch die sorgfältige Wiedergabe der Einzelheiten und den Schwung der Bewegung besonders lebendig; die zahlreich erhaltenen Bilder von Land- und Seetieren sind geradezu realistische Naturschilderungen. Sie setzen eine vollendete Beherrschung der Technik voraus. Ein eindrucksvolles Werk der römischen Mosaikkunst auf deutschem Boden ist das um 160 n. Chr. entstandene Kölner Dionysos-Mosaik.

Man fand es tief im Boden an der Südseite des Domes (heute im Römisch-Germanischen Museum). Es bildete den Boden des Speiseraumes in einem großen und vornehmen römischen Haus. Das Mosaik misst 7 × 10,70 m und zeigt in 31 Einzelbildern zwischen Flechtband- und Rautenornamenten den griechischen Gott Dionysos mit Satyrn, Mänaden und den ihm heiligen Tieren. Auf dem quadratischen Mittelbild lehnt sich der trunkene Dionysos an einen jungen Satyrn, der in der linken Hand den Thyrsosstab hält; vor ihnen die herabgefallene Trinkschale. Links davon: ein betrun-

▼ Zimmer im Haus der Vettier in Pompeji
Um 70 n. Chr.
(4. Stil)

kener Satyr, verkehrt herum auf einem Esel reitend. Rechts: der Waldgott Pan mit einem Ziegenbock. Links unten: Ein Satyr hält seinem Söhnchen eine Traube hin, links spielt eine Mänade auf der Doppelflöte. Mitte: ein Panther, das Lieblingstier des Dionysos. Rechts: Ein geflügelter Eros reitet auf einem Löwen. Die humorvollen Bilder, die den Wein verherrlichen, stehen vor einem weißen Hintergrunde in den kräftigen Farben gelber, roter und schwarzer Marmorsteinchen sowie blauer und grünlicher Glasflüsse.

Gleichzeitig setzte im Relief der Verlust der plastischen Körperlichkeit ein. Am Konstantinsbogen wurden in den neuen Friesen zur Darstellung der Volksmenge kleine, fast unbewegte Gestalten mit verhältnismäßig großen Köpfen und Händen linear aneinandergereiht. Sie wenden sich nach rechts bzw. links zum Kaiser, der von der Rostra zum Volke spricht. Seine Gestalt (der Kopf ist zerstört) wird durch die Anordnung genau in der Mittelachse des Reliefs besonders hervorgehoben. Dieser Stil verrät in der Komposition und der plastischen Form Elemente der Volkskunst, die von Konstantin vielleicht in politischer Absicht gefördert wurde und in zunehmendem Maße in die repräsentative Staatskunst eindrang.

Immer stärker wandelte sich die freiplastische Form über das Flachrelief zur Malerei. An dieser Entwicklung war das Christentum maßgeblich beteiligt, beson-

▼ Kölner Dionysos-Mosaik
Ausschnitt mit dem Mittelbild
Um 160 n. Chr.

ders seit es von Konstantin Freiheit und Förderung erfuhr. Die Lehre des Christentums führte zu einem tiefgreifenden Wandel des ganzen Welt- und Menschenbildes. Statt des Plastisch-Körperhaften suchte man Formen zur Darstellung des Unkörperlich-Übersinnlichen. Hinzu kam als wichtige Voraussetzung die in der Architektur zu beobachtende »Wendung nach innen«. Sie war entscheidend vorbereitet durch die Zeit, in der die Christen sich nur im Verborgenen versammeln konnten. Nachdem die Epoche der Verfolgung beendet war, konnten die christlichen Gemeinden für ihren Gottesdienst die Form der Basilika übernehmen. Wie bei der Konstantins-Basilika wurde die Längsrichtung betont (↗179), sodass man jetzt von Haupt- und Seitenschiffen sprechen kann. Eine Querachse wurde am Ende des Langhauses vor der Altarapsis eingeschoben. So ging diese gewaltige Raumschöpfung der römischen Architektur fugenlos in die abendländische über. Das junge Christentum erfüllte die alte Form mit neuem Inhalt. Ein hervorragendes Beispiel hierfür ist die römische Kirche S. Maria Maggiore.

Die großen Innenflächen der christlichen Basiliken stellten neue Aufgaben für die Malerei. Ihr bevorzugtes Ausdrucksmittel wurde das Mosaik, das durch seinen unkörperlichen Glanz und seine neuentwickelte strenge Farbsymbolik besonders geeignet schien, Übersinnliches auszudrücken. In den Mosaiken von Ravenna sind kaiserliche Repräsentation und christliche Weltauffassung bereits zu einer neuen großartigen Einheit verschmolzen.

5. *Nachleben der römischen Kunst*

Erneut wurde Rom in der Architektur zum Vorbild, als Karl der Große für die Kirchen seines Reiches anordnete, sie sollten *more Romano* gebaut werden. Im Mittelalter fand die römische Kunst sonst wenig Beachtung.

Seit Beginn der Renaissance, um 1400, wurde die römische Kunst als vorbildlich erkannt. Architekten, Maler und Bildhauer studierten nun gründlich die römischen Ruinen und die Denkmäler der antiken Kunst, die von da an in großer Zahl wiederentdeckt wurden. Dieser Prozess, der in der Renaissance, im Barock und im Klassizismus der napoleonischen Zeit besondere Intensität erreichte, wirkt bis in die Gegenwart fort (↗213 f.).

Vom Antikenstudium der Künstler und gelehrten Sammler zeugen zahlreiche Skizzenbücher und Zeichnungen nach antiken Kunstwerken seit dem 15. Jahrhundert. Vielfach lassen sich die Spuren dieser Studien in den Hauptwerken der Künstler nachweisen. Auch in der monumentalen Architektur wurden Formen und Motive der römischen Architektur übernommen, so die antiken Säulenordnungen, die Arkade, die antiken Gebälkformen und andere Details sowie die Proportionsregeln der Antike. Maßgebend waren hier neben

▶ S. Maria Maggiore – Innenraum.
Rom; Mitte 5. Jh. n. Chr.

▼ Triumphbogen des Konstantin.
Relief über dem linken Seitendurchgang.
313 n. Chr. links Basilica Iulia und Bogen
des Tiberius. In der Mitte der Kaiser auf den
Rostra; das Volk steht links und rechts außen.

▶ A. Palladio
Palazzo della Ragione (*Basilica Palladiana*).
Vicenza. ca. 1549 begonnen

▼ S. Botticelli
Die Verleumdung (1595).
Tempera auf Holz. 62 × 91 cm (Florenz, Uffizien)

den römischen Ruinen die Anweisungen, die Vitruv in seinem Werk *De Architectura* in frühaugusteischer Zeit aufgezeichnet hat.

Auch antike Gebäudetypen und Denkmalformen wurden aufgegriffen. Zu nennen sind hier insbesondere Triumphbögen und Ehrensäulen, die von Statuen bekrönt werden, sowie monumentale Reiterstandbilder, die direkt den römischen Vorbildern folgen. Große kommunale Gebäude mit vorgeblendeter zweigeschossiger Arkadenportikus als repräsentative Randbebauung städtischer Platzanlagen erinnern an die Forumsfassade der Basilica Aemilia, von der in der Renaissance noch Reste aufrecht standen, und an die Basilica Iulia am Forum Romanum. Ein hervorragendes Beispiel ist die 1549 begonnene Arkadenporticus des Palazzo della Ragione (Kommunalpalast) in Vicenza von A. Palladio. In dem 1495 von S. Botticelli geschaffenen Gemälde *Die Verleumdung* wird gleichsam eine Bilanz der ersten 100 Jahre neuzeitlichen Antikenstudiums und seiner Anwendbarkeit auf die Kunst der Zeit gezogen. Botticelli schuf hier ein Gemälde des berühmten Malers Apelles (um 300 v. Chr.) nach, das nur aus der auf die Figuren beschränkten Beschreibung Lukians (2. Jh. n. Chr.) bekannt ist. Er gruppierte die Figuren entsprechend der von Lukian überlieferten Anordnung. Das Gebäude, in das sie gestellt sind, ist ganz antikisierend, indem es durchweg antike Elemente verbindet: Bogenöffnungen wie bei Triumphbögen, Arkadenelemente, Profile und Gesimse, Statuennischen sowie flache Reliefs an Sockel und oberer Wandzone, die Szenen römischer Reliefsarkophage mit dionysischen Szenen und Eroten wiedergeben oder nachempfinden.

Die in antiker Pose und Form stehende nackte Gestalt der Wahrheit links im Bilde ist der tanzenden Mänade eines im 15. Jh. vielfach von Künstlern gezeichneten dionysischen Sarkophags des 2. Jh.s n. Chr. nachempfunden. Die bewegten Gestalten der Täuschung und der Verleumdung in der Bildmitte erinnern an Darstellungen der Medea und der Kreusa auf römischen Medeasarkophagen, die ebenfalls von Renaissancekünstlern in der Art von Akt- und Bewegungsstudien gezeichnet wurden.

Das antike Rom

1. *Der Anfang der Stadt*

Die Gründungssagen Über die Gründung und die Frühzeit Roms berichten Sagen verschiedener Herkunft. Die Griechen verknüpften mit ihren zahlreichen Geschichten über den Trojanischen Krieg bereits im 5. Jh. v. Chr. die Sage von der Flucht des Aeneas aus dieser von ihnen eroberten Stadt, von seinen Irrfahrten und der schließlichen Stadtgründung in Latium. Hier soll der König Latinus geherrscht haben, der dem Flüchtling aus Troja seine Tochter zur Frau gab. Ihr Sohn Iulus wird zum Ahnherren der Gründer Roms. Diesen in mehreren Versionen überlieferten Sagenkreis hat Vergil seiner *Aeneis* zugrundegelegt.

Die italisch-römische Überlieferung führt die Gründung der Stadt unmittelbar auf Romulus zurück. Er und sein Zwillingsbruder Remus galten als Söhne des Gottes Mars und der Rea Silvia. Sie war die Tochter eines latinischen Königs, die Mars gegen ihren Willen entführt hatte. Die Zwillinge werden nach ihrer Geburt am Tiber ausgesetzt, von einer Wölfin ernährt und vom Hirten Faustulus aufgezogen. Als sie herangewachsen waren, entschließen sie sich, auf dem Palatin, wo sie großgeworden waren, eine Stadt zu gründen. Weil sie gleichaltrig sind, sollen die Götter entscheiden, wer König wird. Während dem Remus sechs Geier, die für glückbringende Vögel gehalten werden, erscheinen, sieht Romulus zwölf. Die Götter haben sich also für ihn entschieden. Daraufhin bestimmt er durch das Ziehen einer im religiösen Sinn heiligen Linie die Grenze der Stadt, das *pomerium* (↗14). Dieses Wort, entstanden aus *pos-moiriom* (*post* und *murus*), bezeichnete ursprünglich den beiderseits der Stadtmauer unbebauten Raum. Über diese Grenze springt Remus aus Spott hinweg. Hierüber gerät Romulus in Zorn und erschlägt ihn. Nunmehr ist er Herr der Stadt, die seinen Namen trägt.

Die Zeitrechnung *ab urbe condita* Über die Entstehungszeit dieser Sagen kann man nur Vermutungen äußern. Eine etruskische Tonplastik aus dem 5. Jh. v. Chr. beweist, dass die Aeneas-Sage in jener Zeit in Etrurien bekannt war. Die Bronzeplastik der Kapitolinischen Wölfin (↗6) kann man dagegen nicht in gleichem Maße als Zeugnis für die frühe Verbreitung der Romulus-Sage betrachten. Sie kann nämlich als Weihegeschenk für einen Gott angefertigt worden sein. Die ältesten Zeugnisse der römischen Literatur, die viel jünger sind, bieten verschiedene Versionen der Romulus-Sage. Für Ennius ist Romulus ein Enkel des Aeneas, während nach Ansicht des Fabius Pictor Romulus erst auf eine längere Reihe von Nachfahren des Aeneas folgt. Er hatte sich mit der Frühgeschichte Roms also schon kritischer auseinandergesetzt als sein Zeitgenosse Ennius. Das führte in der Folgezeit zu mehreren

Versuchen, den Zeitpunkt der Gründung Roms zu berechnen. In der Zeit der späten Republik setzte sich der Altertumsforscher M. Terentius Varro (116 - 27 v. Chr.) mit seinem Vorschlag durch, den 21. April 753 v. Chr. als Gründungsdatum der Stadt zu betrachten. Auf diesen Ansatz bezog man in der Kaiserzeit die römische Jahreszählung *ab urbe condita* (*a. u. c.*; ↗302).

Die ältesten Siedlungen Den Palatin bewohnten Hirten, wie Bodenfunde aufweisen, schon in der Eisenzeit. Dank seiner Lage nahe am Tiber und in der Mitte der sieben größeren Hügel der späteren Stadt bot er für eine frühe Besiedlung sehr gute Voraussetzungen. Die Überlieferung hatte die Gründungssage mit dem südwestlichen Ausläufer des Palatins, dem Germalus, verknüpft, wo man noch in der späten Kaiserzeit die *casa Romuli* zeigte, die Hütte des Romulus, in deren Nähe Augustus sein Haus hatte errichten lassen. Grabungen haben in diesem Gebiet i. J. 1948 Reste einer früheisenzeitlichen Siedlung (10. - 9. Jh. v. Chr.) freigelegt, die den Kern der sagenhaften Überlieferung bestätigen. Die Hütten, deren Böden in den Tuff gehauen und durch Wasserrinnen geschützt waren, hatten bei einer Länge von ca. 5 m und einer Breite von 3,6 m die von Aschenurnen jener Zeit überlieferte Form. Holzpfosten stützten die Wände und trugen das Dach. Auf einer der Schmalseiten war ein über 1 m breiter Eingang. In der Mitte befand sich eine Feuerstelle.

Unterhalb dieser Hütten entdeckten Archäologen 2007 in der Nähe der *casa Romuli* in 16 m Tiefe eine Höhle, die etwa 8 m hoch und fast ebenso lang ist. Da nach der antiken Überlieferung Romulus und Remus von einer Wölfin (*lupa*) in einer Höhle gesäugt wurden, bezeichneten die Römer diese Grotte als *Lupercal*. In Vergils *Aeneis* (B. 8, 343) wird sie, der Auffassung seiner Zeit entsprechend, unmittelbar mit Romulus in Verbindung gebracht. Aufgrund ihrer Lage spricht sehr viel dafür, im *Lupercal* die Keimzelle des antiken Rom zu sehen. Jedenfalls bestätigt auch dieser Bodenfund den historischen Kern der alten Gründungssage.

Ihre Toten bestatteten die Bewohner des Palatins am Rande der Senke, die sich zwischen dem von ihnen bewohnten Hügel und dem nördlich gelegenen kapitoli-

▼ Älteste Siedlung auf dem Palatin
10. - 9. Jh. v. Chr.
Rekonstruktion (Rom, Antiquarium del Palatino)

nischen erstreckte. Diese Senke, der Bereich des späteren Forums, war damals noch sumpfig, sodass sie für eine Besiedlung nicht in Betracht kam. Hierfür war aber auch das Kapitol nicht gut geeignet, das auf allen Seiten, mit Ausnahme der zum Quirinal hin gelegenen, von teilweise sehr steil abfallenden Felsen begrenzt wird. Es hatte zwei Kuppen, das Capitolium und die Arx. Sie war mit 46 m die höhere der beiden und nur 5 m niedriger als die höchste Erhebung des Palatins.

Unterhalb des Capitolium, am nördlichen Rande des späteren Forum Boarium, hat man Reste von Keramik gefunden, die noch aus der Bronzezeit stammen. Sie sind die ältesten der bisher in Rom entdeckten Keramikbruchstücke. Auf diesem am Tiber gelegenen Platz, der gegenüber einer alten Furt unterhalb der Tiberinsel lag, wird sich wohl der erste Markt für die Bewohner der angrenzenden Hügel entwickelt haben.

Die Stadtbildung Der Überlieferung nach entstand die Stadt durch den Zusammenschluss benachbarter Siedlungen, die sich der bedeutendsten, nämlich der auf dem Palatin, unterordneten. Vieles spricht dafür, dass diese Entwicklung auch so verlief, und zwar von der Mitte des 8. Jh.s v. Chr. an (↗13). In dieser Zeit begann zugleich die griechische Kolonisation, und recht bald nach den ersten Gründungen griechischer Siedlungen in Unteritalien kam es schon zu Handelsbeziehungen zwischen diesen und Rom. Das belegen Funde griechischer Keramik aus jener Zeit auf dem Platz des späteren Forum Boarium. Dieser Güteraustausch förderte das Zusammenwachsen der verstreuten Siedlungen und den Ausbau von Handelswegen. So wurde bereits in der Mitte des 7. Jh.s v. Chr. die erste Pfahlbrücke, der Pons Sublicius, über den Tiber gebaut. Gegen Ende des Jahrhunderts hörten die Bestattungen im Bereich des späteren Forums auf. Dieser Platz wurde nunmehr mit einer Schicht Kieselsteine befestigt und in zunehmendem Maße bebaut. Diese Maßnahmen setzten die Einbeziehung des Kapitols und des Quirinals in den geschlossenen Siedlungsbereich voraus.

Stadtentwicklung durch die Etrusker Die wachsende wirtschaftliche Bedeutung der Stadt veranlasste gegen Ende des 7. Jh.s v. Chr. die Etrusker, in die Entwicklung in Rom einzugreifen. Sie hatten sich politisch und kulturell entfaltet und weitreichende Handelsbeziehungen geknüpft. So war es für die etruskische Dynastie der Tarquinier, die in Rom die Königsmacht an sich reißen konnte, selbstverständlich, den Ausbau der Stadt zielstrebig zu fördern. In der 2. Hälfte des 6. Jh.s v. Chr. begann man auf dem Kapitol mit dem für damalige Verhältnisse gewaltigen Bau des Jupiter-Tempels (↗159). Er war etwa 63 m lang und 53 m breit und für die Verehrung der drei Kapitolinischen Götter Jupiter, Juno und Minerva bestimmt.

Über das Datum seiner Einweihung kann man nur Vermutungen äußern, weil es kein gesichertes Quellenmaterial aus dieser Zeit gibt. Nach Livius (7,3,5) soll er im Jahr nach der Vertreibung des etruskischen Königs, also im ersten Jahr der Republik eingeweiht worden sein (↗72 f.). In der neueren Forschung schwanken die Ansätze hierfür zwischen dem traditionellen Jahr 509 / 8 v. Chr. und 466 v. Chr. , weil man die Auswirkungen der politischen Ereignisse in Mittelitalien in dieser Zeit auf die in Rom verschieden beurteilt und einschätzt. Selbst wenn man das Ende der etruskischen Vorherrschaft in Rom noch vor die Wende vom 6. zum 5. Jh. v. Chr. ansetzt, so dürfte doch der Einfluss mächtiger etruskischer Geschlechter in Rom auf die weitere Entwicklung der Stadt noch für längere Zeit stark gewesen sein.

Im Stadtgebiet legten die Etrusker verschiedene Entwässerungskanäle an, so in der Senke zwischen Kapitol und Palatin die Cloaca Maxima. Dies war die Voraussetzung dafür, dass unterhalb der Arx ein zentraler Platz für die Volksversammlung und Zusammenkünfte der verschiedenen Männergemeinschaften, das Comitium, und ein Marktplatz, das Forum, angelegt werden konnten. Dem Comitium zugeordnet war das Versammlungshaus für den Ältestenrat, den späteren Senat, die Curia, und eine Rednertribüne für die Beamten, die Rostra. An ihr brachte man im 5. Jh. v. Chr. Bronzeplatten mit dem Zwölftafelgesetz an (↗48). Comitium, Curia und Rostra bildeten bis in die Zeit der späten Republik ein Spiegelbild der wichtigsten Organe der römischen Verfassung.

Dafür, dass diese Platzanlagen noch aus der Königszeit stammen, spricht die Inschrift eines Steines, den man bei Ausgrabungen auf diesem Platz entdeckt hat. Unter einem Pflaster aus dunklem Marmor, dem sog. *Lapis Niger*, wurden Reste eines Altares und neben diesem ein

Pfeiler freigelegt, der auf seinen vier Seiten beschrieben war. Sein oberer Teil ist abgebrochen. Daher ist die Inschrift verstümmelt. Sie verläuft abwechselnd von oben nach unten und umgekehrt, so, wie beim Pflügen gewendet wurde (Boustrophedon). Es handelt sich bei diesem Stein, dem sog. *Cippus Romanus*, um das älteste Denkmal der lateinischen Sprache. Die Wort- und die Buchstabenformen weisen darauf hin, dass er aus der 2. Hälfte des 6. Jh.s v. Chr. stammt. Hierfür spricht auch der Inhalt der Inschrift, die offensichtlich eine an einen König gerichtete Weiheinschrift war. Das kann man aus den sicher lesbaren Worten SAKROS (*sacer*) und RECEI, was dem späteren Dativ *regi* entspricht, schließen. Diese Worte lassen sich vom Sprachbestand ausgehend auch auf den *rex sacrorum*, den Opferkönig, beziehen, der die kultischen Handlungen nach der Vertreibung der Könige vollzog (↗78). Dagegen spricht aber die Datierung des Steinfragments. Dieses hat in dem Heiligtum gestanden, das in einer Sage aus späterer Zeit als das Grab des Romulus bezeichnet wurde.

▲ *Cippus Romanus.* Vor 500 v. Chr.
In der mittleren Zeile das Wort *[S]AKROS*

▼ Statue einer Vestalin im Atrium Vestae, im Hintergrund der Antoninus-und-Faustina-Tempel und die Kirche S. Lorenzo (↗202)

Südöstlich von diesem politischen Zentrum befand sich das Forum, auf dem Markt abgehalten wurde. Es war von der Regia und dem Vesta-Tempel begrenzt. Dieser war der Göttin des Herdfeuers geweiht. In ihm leisteten später die Vestalinnen ihren Dienst (↗78). Die Regia war der Amtssitz des Pontifex Maximus.

In der Mitte des 6. Jh.s v. Chr. erhielt die Stadt, die sich nach Nordosten stark ausdehnte, einen Mauerring. Die Überlieferung schreibt ihn dem König Servius Tullius zu. Diese Mauer hatte an mehreren Stellen bereits den gleichen Verlauf wie die in der Mitte des 4. Jh.s v. Chr. errichtete. Die ersten Anlagen des Circus Maximus entstanden ebenfalls in dieser Zeit (↗205).

2. *Das republikanische Rom*

Das Stadtzentrum der frühen Republik Auch nach der Vertreibung der Könige konzentrierte sich die Bautätigkeit zunächst auf den Bereich des von den Etruskern zielstrebig geförderten religiösen und politischen Stadtzentrums. Am Fuß des Kapitols entstand in den ersten Jahrzehnten des 5. Jh.s v. Chr. der Saturn-Tempel, in dem für längere Zeit der Staatsschatz aufbewahrt wurde. Kurz darauf folgte der Castor- und Pollux-Tempel. Er wurde neben dem Brunnen der Juturna errichtet und sollte die Erinnerung an den Sieg der Römer über die Latiner i. J. 496 v. Chr. wachhalten. In dieser Schlacht am See Regillus (in der Nähe des heutigen Frascati) kämpften, so berichtete die Sage, die göttlichen Dioskuren (Söhne des Zeus) auf Seiten der Römer. Sie sollen die Siegesnachricht selbst nach Rom überbracht und ihre Pferde nach dem schnellen Ritt im Juturnabrunnen getränkt haben. Im Bau dieses Tempels wird sichtbar, in welchem Maße sich bereits in der Frühzeit der Republik in Rom der griechische Einfluss auf vielfältige Weise auszuwirken begann. Am Fuß des Kapitols wurde i. J. 367 v. Chr. der Concordia-Tempel errichtet. Der Anlass für diesen Bau zu Ehren der Göttin der Eintracht war das Ende der Kämpfe zwischen den Patriziern und den Plebejern. In unmittelbarer Nähe befindet sich noch heute das sog. Tullianum, das zunächst als Brunnenhaus diente, worauf der zisternenartig angelegte Rundbau hinweist. Er stammt wohl noch aus der Königszeit. Später wurde es zweigeschossig ausgebaut und fand dann als Staatsgefängnis, als *carcer*, und als Hinrichtungsstätte Verwendung. In diesem sog. Carcer Marmertinus wurden so prominente Staatsgefangene wie der Numiderkönig Jugurtha und der Gallierfürst Vercingetorix, aber auch die Teilnehmer der Verschwörung des Catilina hingerichtet.

Befestigung und Ausbau der Stadt Die Baumaßnahmen im alten Stadtzentrum fanden eine wesentliche städtebauliche Ergänzung durch die Anlage eines großen Mauerrings. Nachdem Rom i. J. 396 v. Chr. Veji, die etruskische Rivalin am Unterlauf des Tiber, besiegt und sein Gebiet auf die rechte Tiberseite ausgedehnt hatte, musste es ein Jahrzehnt später (387/6 v. Chr.) den Einfall der Gallier in das Stadtgebiet hinnehmen. Daraufhin begann man 378 v. Chr. mit dem Bau einer großen Stadtmauer, von der man später annahm, sie habe bereits der König Servius Tullius angelegt. Daher nennt man sie heute noch vielfach, aber unzutreffend, die Servianische Mauer.

▼ Das frühe Rom.

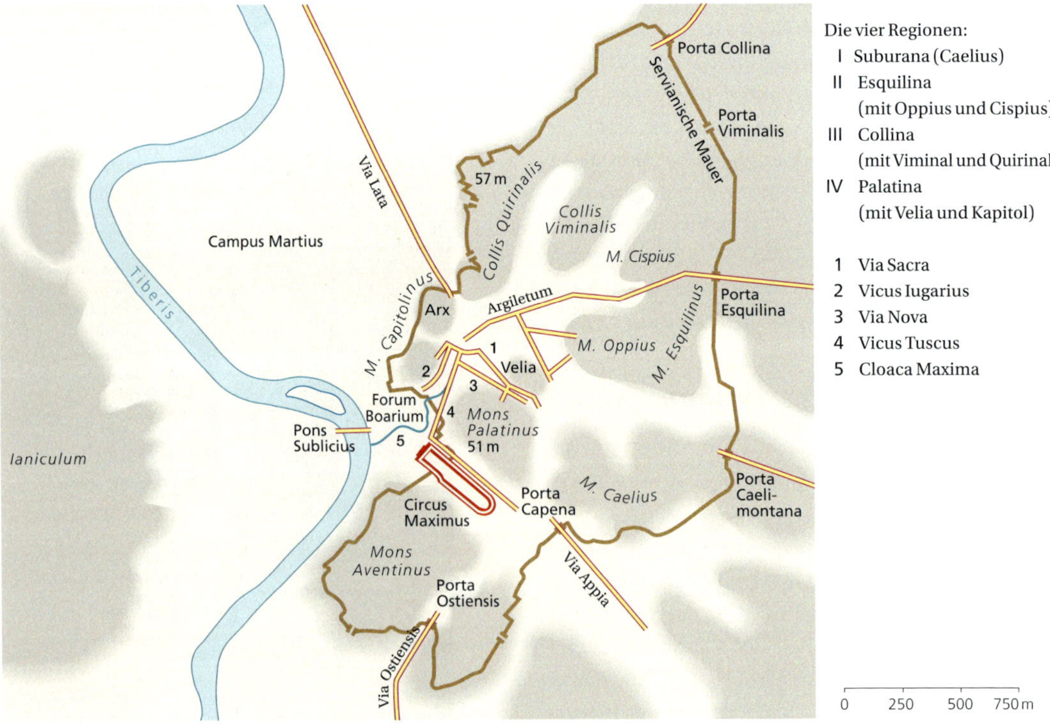

Die vier Regionen:
- I Suburana (Caelius)
- II Esquilina (mit Oppius und Cispius)
- III Collina (mit Viminal und Quirinal)
- IV Palatina (mit Velia und Kapitol)

1. Via Sacra
2. Vicus Iugarius
3. Via Nova
4. Vicus Tuscus
5. Cloaca Maxima

Dieser Mauerring war fast 11 km lang, bestand aus großen Quadern, passte sich dem Gelände gut an, war bis zu 10 m hoch und in ebnem Gelände durch Erdwall und Graben zusätzlich verstärkt. Er schützte ein Gebiet, das erst am Ende des 2. Jh.s v. Chr. kein größeres unbebautes Gelände mehr aufwies. Sehenswerte Reste von ihm befinden sich heute in der Nähe des Hauptbahnhofs Stazione Termini.

Diese Mauer hatte relativ viele Stadttore. Das innerstädtische Straßennetz (*vici*; *semitae*) war also schon gut ausgebaut. Nachdem Rom durch die Unterwerfung der Latiner (340 - 338 v. Chr.) seinen Herrschaftsbereich in Mittelitalien ausgeweitet hatte, begann es mit dem Ausbau der Straßen (*viae*) in den nunmehr zu Rom gehörenden Gebieten. Die erste Provinzstraße war die vom Zensor Appius Claudius i. J. 312 v. Chr. angelegte Via Appia, die Rom zunächst mit Capua, später mit Benevent und schließlich mit Brundisium verband. Diesem tatkräftigen Zensor verdankte Rom auch den Bau der ersten städtischen Wasserleitung, der Aqua Appia. Sie war über 16 km lang und brachte Wasser aus den Albaner Bergen in die Stadt. Sie wurde bis auf ein kurzes Stück an der Porta Capena unterirdisch geführt.

Entwicklung zur Hauptstadt des Reiches Einen großen Aufschwung erlebte die Stadt nach dem 2. Punischen Krieg, durch den die Römer Herren des westlichen Mittelmeeres geworden waren. Der stark wachsende Verkehr und Handel förderte den schnellen Ausbau der Stadt. Nachdem die Römer in den ersten Jahrzehnten des 2. Jh.s v. Chr. ihren Machtbereich auch auf die Länder des östlichen Mittelmeeres ausgedehnt hatten, in denen sie hoch entwickelte Stadtanlagen mit repräsentativ gestalteten politischen und religiösen Zentren kennen lernten, wollten sie ihrer Stadt auch mehr Glanz verleihen. So kam es in diesen Jahrzehnten zu einer ganzen Reihe verschiedener Baumaßnahmen.

▼ Das Stadtzentrum vor des Erneuerung durch Caesar und Augustus

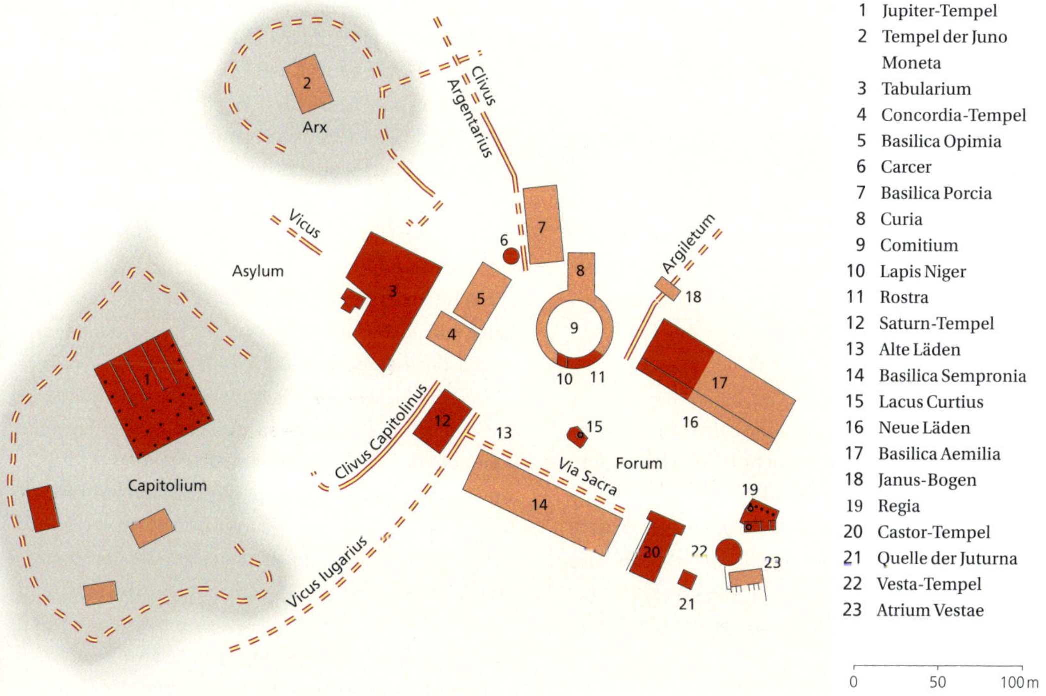

Zur Erschließung des nördlichen Italien legte der Zensor C. Flaminius i. J. 220 v. Chr. die Via Flaminia an, die bis nach Ariminum, dem heutigen Rimini, führte. Innerhalb des Stadtgebietes wurde das Verkehrsnetz ebenfalls ausgebaut. Im Zuge dieser Maßnahmen errichtete man 179 v. Chr. oberhalb des Pons Sublicius den Pons Aemilius (den heutigen Ponte Rotto), begann man ferner damit, die Hauptstraßen der Stadt zu pflastern, das Netz der Aquädukte und der Wasserleitungen auszubauen und die Cloaca Maxima unterirdisch zu führen.

Südlich des Aventin wurde am linken Tiberufer ein neuer Hafen, das Emporium, angelegt, weil der alte am Forum Boarium viel zu klein geworden war. Die Porticus Aemilia, die dem Umschlag und der Lagerung der angelandeten Waren diente, war 487 m lang und 60 m breit. 294 Pfeiler teilten diesen gewaltigen Bau in viele überwölbte Räume auf. In seiner Nähe wurden auch die ersten großen Getreidespeicher, die Horrea Galbana, angelegt.

All diese Maßnahmen waren notwendig, weil immer mehr Einwanderer aus den italischen Städten nach Rom strömten. Große, einfache Wohnviertel mit mehrstöckigen, noch aus Holz errichteten Mietshäusern (*insulae*; ↗165) entstanden zur Aufnahme der entwurzelten Massen, die sich in zunehmendem Maße zu einem großstädtischen Proletariat entwickelten.

Repräsentative Bauten im alten Zentrum und auf dem Marsfeld Zugleich waren die Römer darauf bedacht, im alten Zentrum der Reichshauptstadt repräsentative Bauten zu errichten. Die Vorbilder dafür fanden sie in der oftmals großartigen Architektur der Zentren der hellenistischen Reiche, die sie erobert oder sich durch kluge Politik gefügig gemacht hatten. Aus Prestigegründen äußerte selbst der konservative M. Porcius Cato, der ein Feind alles Griechischen war (↗146), keine Bedenken gegen die Übernahme hellenistischer Bauformen. So ließ er i. J. 184 v. Chr. in der Nähe des Comitium eine hellenistische Markthalle, die Basilica Porcia, errichten. Ihr folgten recht bald zwei weitere, die viel größer waren, die Basilica Aemilia und die Sempronia, beide mit angebauten Läden. Neben dem Concordia-Tempel errichtete man einige Jahrhunderte später noch die Basilica Opimia; sie musste später ebenso neuen Gebäuden weichen wie die Porcia und die Sempronia.

Durch diese Bauten gewann das Forum an repräsentativer Ausdruckskraft. Nunmehr machte es auf seine Besucher den Eindruck einer weithin geschlossenen Gesamtanlage. Diesem Wandel passte sich das Marktgeschehen an. Die Gemüsehändler, Fischer und Fleischer mussten ihre Verkaufsstände an andere Plätze in der Nähe des Tiber verlegen. Ihnen folgten die Wechsler, die *argentarii*, ein Zeichen dafür, dass Rom die Hauptstadt eines großen Reiches geworden war.

Großstädtischen Glanz verliehen der Stadt auch die aufwendigen öffentlichen Bauten auf dem südlichen Marsfeld, die nach hellenistischem Vorbild errichtet und mit erbeuteten griechischen Kunstwerken geschmückt wurden. Hier wurden zwischen dem 1. und dem 2. Punischen Krieg auch mehrere Tempel errichtet, die siegreiche Feldherrn stifteten. Dank der Kriegsentschädigung der Karthager und der Kriegsbeute waren sie hierzu finanziell in der Lage. Es entstanden ferner der Circus Flaminius und von Säulenhallen griechischer Art umgebene Plätze (*porticus*). Von der Porticus Octavia sind noch sehr sehenswerte Reste erhalten.

In der Nähe dieser Tempel ordnete sich auf der alten Villa Publica, die außerhalb des Pomeriums lag, der Triumphzug, der ursprünglich ein religiöser Akt war. Er zog von der Villa Publica durch den Circus Flaminius zur Porta Triumphalis, wo er das Pomerium überschritt. Von dort führte der Weg über das Forum Boarium, durch den Circus Maximus, am Palatin vorbei und über die Velia auf der Via Sacra zum Kapitol. Die Triumphbogen, die später auf dem Forum Romanum errichtet wurden – der erste bereits 121 v. Chr. –, sind Erinnerungsmonumente an militärische Siege (↗162).

Nachdem ein Brand das Kapitol i. J. 83 v. Chr. zerstört hatte, wurde der Tempel des *Iuppiter Capitolinus* ganz im Stil der neuen Repräsentationsarchitektur wieder aufgebaut. Als Baumaterial verwendete man nunmehr überwiegend Marmor. Korinthische Säulen vom unvollendeten Zeustempel, dem Olympieion, in Athen zierten den Bau ebenso wie die vergoldeten Bronzeplatten seines Daches. Auf dem Felsabhang des Asylum wurde das Tabularium errichtet, das als Staatsarchiv Verwendung fand. Sein mehrgeschossiger, über 73 m langer Baukörper, dessen Untergeschoss durch dekorativ gestaltete Arkaden gegliedert wurde, war der repräsentativste Bau der späten Republik. Der Rohbau

▲ Das Forum Romanum.
Blick vom Kapitol zur Velia mit dem Titus-Bogen. Vorn links der Bogen des Septimius Severus, dahinter die Curia. Links der Via sacra folgen die Basilica Aemilia, der Antoninus-Tempel und die Konstantins-Basilika; dahinter das Kolosseum. Vorn rechts Säulen des Saturn-Tempels, die Basilica Iulia und 3 wiederaufgerichtete Säulen vom Tempel des Castor und Pollux, links von diesen Vesta-Tempel und Atrium Vestae

► Blick auf das Tabularium.
Rechts von diesem ein Teil des Obergeschosses des Denkmals für Viktor Emanuel II., das 1885 - 1911 errichtet wurde.

seiner zum Forum hin geöffneten Arkadenhalle (↗162) beherrscht noch heute das Forum. Er trägt die Rückfront des im 12. Jh. erbauten Senatorenpalastes. Diese Baumaßnahmen auf dem Kapitol wurden auf Betreiben des Diktators Sulla begonnen. Damit leitete er eine Entwicklung ein, die von Caesar und Augustus konsequent weitergeführt wurde.

3. *Die Neugestaltung der Weltstadt*

Pompeius und Caesar als Bauherren Auch in den Jahrzehnten der Bürgerkriege nach dem Tod Sullas i. J. 78 v. Chr. entwickelte sich in den verschiedenen Regionen der Stadt eine rege Bautätigkeit. Die Reichen, und dies waren nicht nur Angehörige des alten römischen Adels, sondern auch solche, die während der Kriege emporgekommen waren, bauten sich Landhäuser, die in ihrer luxuriösen Ausstattung Herrschersitzen glichen (↗165), während die Masse der Bevölkerung in den mehrgeschossigen Wohnblocks oft nur sehr ärmlich wohnte (↗211). In diesen Jahren dehnten sich die Wohnviertel über das alte Wohngebiet Subura vor allem nach Nordosten weiter aus.

Nach seinen Siegen in den 60er Jahren im Osten des Reiches strebte Pompeius danach, durch prunkvolle Bauten auf dem Marsfeld sein Ansehen unter der Bevölkerung der Stadt zu mehren. Er baute nördlich des Circus Flaminius ein Theater, das 10000 Menschen Platz bot. Dessen Ränge und Bühnenhaus erhoben sich mehr als 30 m über das Gelände. An dieses Gebäude schloss sich eine große Gartenanlage an, die von Säulenhallen umgeben und mit einer Kurie verbunden war. 11 Jahre nach der pompösen Einweihung der gesamten Anlage i. J. 55 v. Chr. wurde Caesar dort ermordet. Er hatte nach seinem Sieg im Gallischen Krieg versucht, Pompeius auch in seinen Baumaßnahmen zu übertreffen. Caesar plante geradezu anmaßende Bauvorhaben für mehrere Stadtteile, die sogar die Verlegung des Tiber mit einbezogen.

Obwohl Caesars Ermordung die Ausführung der Pläne verhinderte, so hat er doch die weitere städtebauliche Entwicklung im alten Stadtzentrum entscheidend bestimmt.

Zunächst ließ er die Bauten, die das alte republikanische Forum einrahmten, ersetzen oder modernisieren. Die Basilica Sempronia musste der neuen, viel größeren Basilica Iulia weichen, während die Aemilia restauriert und vergrößert wurde. Da in den Revolutionswirren des Jahres 52 v. Chr. die Curia Hostilia niedergebrannt war, bekam Caesar freie Hand für die Verwirklichung seines Planes, neben dem alten Markt ein neues Forum anzulegen. Hierbei nahm er keine Rücksicht auf republikanische Traditionen. Das Caesar-Forum verdrängte nämlich nicht nur das alte Comitium, sondern verwies auch die neue Kurie an den Rand dieser großen, geschlossenen und symmetrisch gegliederten Platzanlage.

Ihr kultisches Zentrum war der Tempel der *Venus Genetrix*, die Caesar als Stammmutter des Julischen Hauses betrachtete. Ihr hatte er in der Schlacht bei Pharsalus i. J. 48 v. Chr. , in der er Pompeius besiegen konnte, einen Tempel versprochen. In dessen Apsis ließ er eine Kultstatue der Göttin aufstellen. Hierin wird sichtbar, wie er seine politische Macht mit religiös wirkenden Maßnahmen zu begründen versuchte.

Auf dem Marsfeld, wo sich seit der Frühzeit die Zenturiatkomitien versammelten, legte er die Saepta Iulia an. Dieser Platz war etwa 320 m lang, 44 m breit und mit einer prächtigen Marmorverkleidung umgeben.

Das politische Bauprogramm des Augustus Octavian, der nach seinem Sieg bei Actium i. J. 31 v. Chr. *princeps civitatis* geworden war, knüpfte in seinen Baumaßnahmen an die Bestrebungen Caesars an. Er hütete sich allerdings, auf die anmaßende Stadtplanung seines Adoptivvaters zurückzugreifen. In den ersten Jahren seiner Herrschaft konzentrierte Octavian die öffentliche Bautätigkeit auf das alte Stadtzentrum und das Marsfeld. Im Bereich des Forums konnte er i. J. 29 v. Chr. nicht nur die Curia Iulia einweihen, mit deren Errichtung noch Caesar begonnen hatte, sondern auch den Tempel des *Divus Iulius*, des vergöttlichten Caesar. Er wurde an der Stelle errichtet, an der man dessen Leiche verbrannt hatte. Er war der erste Tempel in Rom, der zu Ehren eines vergöttlichten Herrschers gebaut wurde. Octavian festigte durch diese Form der Herrscherverehrung, die in den hellenistischen Reichen des Osten verbreitet war, nicht nur das Ansehen Caesars, sondern zugleich sein eigenes. Diese Verknüpfung persönlicher, politischer und religiöser Motive, auf die er vom Beginn seiner Herrschaft an bedacht war, wird auch in einer Reihe anderer Bauten sichtbar, vor allem im Augustus-Forum.

Es sollte, wie das Caesar-Forum, ebenfalls im alten Stadtzentrum entstehen. Weil es für Octavian schwieriger war als für Caesar, genügend Häuser in der Nähe des alten römischen Marktes aufzukaufen und niederzureißen, war der Platz schließlich nicht so groß, wie er es gewünscht hatte, sondern nur etwa 125 m lang und 90 m, in den Apsiden bis zu 118 m breit. In dieser Anlage sollte der Tempel des *Mars Ultor*, dem er vor der Schlacht bei Philippi i. J. 42 v. Chr. gegen die Caesarmörder Cassius und Brutus einen Tempel versprochen hatte, die dominierende Stelle einnehmen (↗168). Die Bauarbeiten zogen sich lange hin. Daher konnte Augustus sein Forum – Octavian hatte i. J. 27 v. Chr. diesen Ehrentitel (der Erhabene) erhalten – erst 2 v. Chr. einweihen. Bei dieser Gelegenheit wurde ihm der Titel *pater patriae* verliehen. Standbilder berühmter Römer in den Seitenportiken und in den beiden Exedren gaben dieser durch hohe Brandmauern von der Außenwelt abgeschirmten Anlage eine besondere Weihe. Sie sollten die neu begründete Würde Roms zum Ausdruck bringen, dienten darüber hinaus aber auch dazu, Augustus selbst den gebührenden Glanz zu verleihen, der inzwischen schon 28 Jahre herrschte, Rom in ein neues Zeitalter geführt hatte und auf den, wie in der Aeneis Vergils (↗101 f.), die Geschichte Roms zulief.

▼ Das Marsfeld in der Kaiserzeit.
Blick von Norden auf das Pantheon, die Thermen Neros, das Stadion Domitians (heute: Piazza Navona); darüber die Theater des Balbus und des Pompeius mit den Wandelhallen.
Ausschnitt aus dem Stadtmodell
(Rom, Museo della Civiltà Romana)

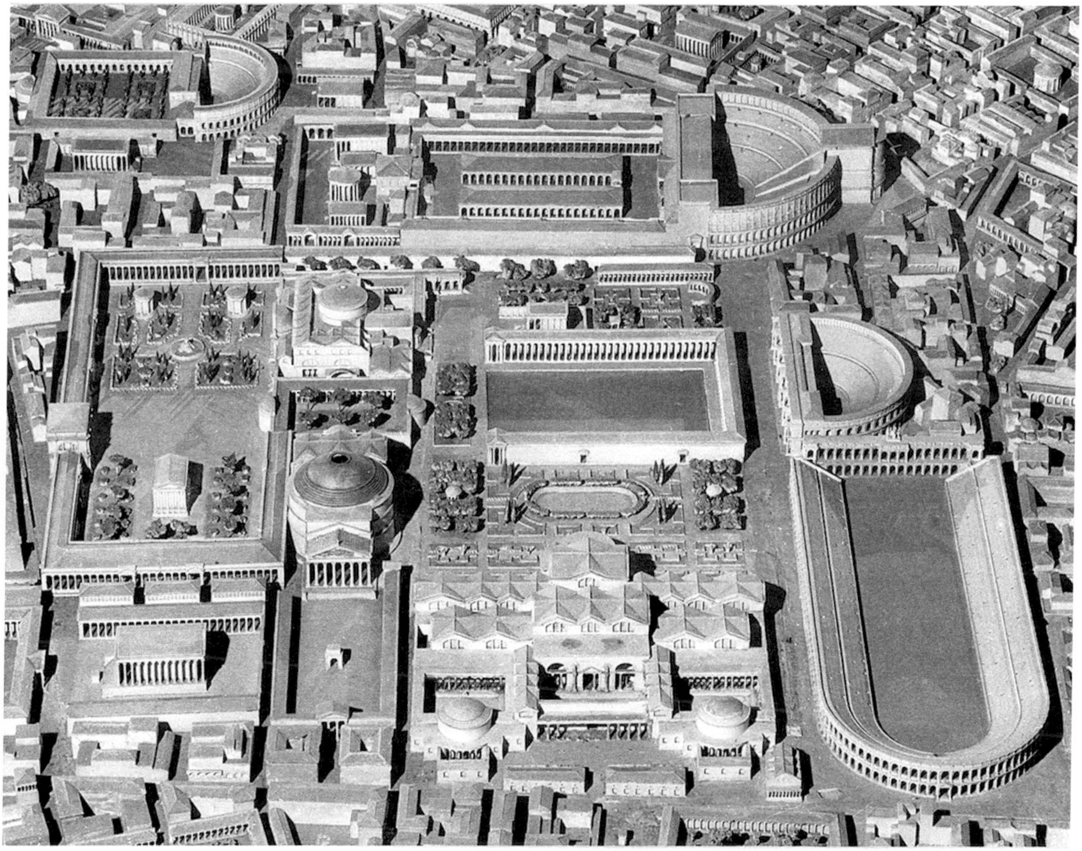

Die großen Bauten des Augustus auf dem Marsfeld offenbaren ebenso ein Streben nach Selbstdarstellung nach dem Muster hellenistischer Herrscher wie das Bemühen, durch Leistungen für die Allgemeinheit den stärker werdenden Ansprüchen der Stadtbevölkerung gerecht zu werden. Das Bestreben Octavians, persönliche Macht zu demonstrieren, wurde recht bald nach Antritt seiner Herrschaft darin sichtbar, dass er bereits i. J. 29 v. Chr. den Auftrag zum Bau eines geradezu riesigen Grabmals für sich und seine Familie gab. Dieses Augustus-Mausoleum ließ er im nördlichen Marsfeld an der engsten Stelle zwischen der Via Flaminia und dem Tiberbogen errichten. Es schloss das Marsfeld nach Norden hin ab und kündigte dem von dieser Richtung Anreisenden schon von weitem die Hauptstadt des Weltreiches an (↗171).

Über einem 12 m hohen Mauerrund von 300 römischen Fuß (etwa 89 m) Durchmesser erhob sich ein Grabhügel, der die Höhe des benachbarten Pincio erreicht haben wird.

Ringförmig angelegte Gänge führten zur Grabkammer des Augustus im Zentrum der Anlage. Für die Aufnahme der Aschenurnen der übrigen Mitglieder seiner Familie waren drei Nischen in einem Mauerring bestimmt, der den zentralen Raum umgab. Zu beiden Seiten des Eingangs ließ Augustus später auf zwei Pfeilern Bronzetafeln mit seinem Rechenschaftsbericht anbringen und Kopien von diesem in den größeren Städten des Reiches aufstellen. Die am besten erhaltene ist überliefert auf der Außenwand des Augustus- und Roma-Tempels im früheren Ancyra, dem heutigen Ankara. Deshalb nennt man den Bericht auch das *Monumentum Ancyranum*.

Im südlichen und mittleren Marsfeld ließ Augustus vor allem durch seinen Schwiegersohn M. Vipsanius Agrippa Bauten errichten, die der Unterhaltung und der Belustigung des Volkes dienten. Unmittelbar neben dem älteren Circus Flaminius entstand das Marcellus-Theater, das 15000 Zuschauer aufnehmen konnte. Nördlich von der Porticus des Pompeius erbaute Agrippa die ersten öffentlichen Thermen Roms. Das Gebäude war ca. 120 m lang und bis zu 100 m breit und wurde im Innern kostbar ausgestattet. Die Einweihung der Badeanlagen fand 19 v. Chr. statt. Das Wasser erhielten sei von der *Aqua Virgo*, die bis hierhin geführt worden war und zusätzlich noch einen See speiste, den Agrippa in der Nähe der Thermen angelegt hatte.

In gleicher Weise förderte Augustus auch den Bau von Tempeln in den verschiedenen Regionen der Stadt. Nachdem er i. J. 28 v. Chr. alle älteren Tempel, nach den Angaben in seinem Rechenschaftsbericht 82 (*Mon. Ancyr.* 20 f.), hatte restaurieren lassen, erbaute Agrippa westlich der Saepta Iulia das Pantheon. Es fiel 80 n. Chr. einem Brand zum Opfer. Der allen Göttern geweihte Tempel war ursprünglich rechteckig. Der jetzige Bau ist der dritte, entstanden unter Kaiser Hadrian 118 – 125 n. Chr. Die großartige architektonische Gestaltung des Kuppelraums bildete einen Höhepunkt der antiken Baukunst (↗176). Er zieht seine Besucher auch heute noch in seinen Bann, weil das Pantheon, das i. J. 609 in eine Marienkirche umgewandelt wurde, von allen antiken Gebäuden Roms das am besten erhaltene ist.

Südlich des Augustus-Mausoleums entstanden in den Jahren 13 – 9 v. Chr. zwei Monumente, die mit dem Mausoleum einen einzigartigen Komplex bildeten. Es waren dies der Friedensaltar, die Ara Pacis, und die Sonnenuhr, das Solarium des Augustus. Die Uhr bezog sich auf die Geburt, der Altar auf das Friedenswerk und das Mausoleum auf den Tod des *princeps civitatis* (↗170 f.).

Den Bau der Ara Pacis hatte der Senat i. J. 13 v. Chr. beschlossen und festgelegt, dass dort alljährlich Priester, Beamte und vestalische Jungfrauen Opfer darbringen sollten. Deshalb bildet ein Opfertisch die Mitte dieser kunstvoll geschaffenen Anlage, die vor allem durch den Reliefschmuck der Außenwände der Umfassungsmauer ein auf die Person des Augustus bezogenes politisches Programm bietet. Große Teile des Altares wurden erst 1937 bei Ausgrabungen entdeckt. Zur 2000-Jahrfeier des Geburtstages des Augustus i. J. 1938 wurde er zwischen dem Tiber und dem Mausoleum wiedererrichtet.

Das Solarium war der größte Zeitanzeiger und zugleich der größte Kalender der antiken Welt. Den äußeren Anlass zu seinem Bau bot der Sieg des Augustus über Kleopatra und Ägypten. Ein Obelisk, den er von dort für diese Anlage herbeigeschafft hatte, bildete als Schattenwerfer den Zeiger dieser Uhr. Er war mit seinem Unterbau 100 römische Fuß (29,60 m) hoch. Seinen Schatten warf er auf ein Liniennetz in Bronze. Auf einer

Linie zeigte er die einzelnen Tage an, auf einer anderen die Tag- und Nachtgleiche (Äquinoktien [↗171]). Diese Linie führte zum Eingang der Ara Pacis. Ihr kam deshalb eine besondere Bedeutung zu, weil Augustus am Tag der Herbstäquinoktie (23. September) geboren war. Hierin wird sichtbar, in welchem Maße auch diese Anlage im Dienst der Herrscherideologie und der Propaganda des Augustus stand. Heute steht der Obelisk auf der Piazza di Montecitorio vor dem Gebäude des italienischen Parlaments, etwa 200 m südlich von seinem ursprünglichen Standort. Er war der erste einer ganzen Reihe von Obelisken, die nach Rom gebracht wurden.

Nicht allein die für die Öffentlichkeit bestimmten neuen aufwendigen Bauten und Anlagen auf dem Marsfeld vermittelten der Stadtbevölkerung die Segnungen des Friedens. Sie erlebte nunmehr auch eine Fülle von Maßnahmen, die der tiefgreifenden Verbesserung der Lebensverhältnisse dienten. Sie hatten sich nämlich in den Jahren der Bürgerkriege deutlich verschlechtert. Öffentliche Bauten wurden repariert, Wasserleitungen in Stand gesetzt und ausgebaut, die Abwasserentsorgung und der Brandschutz verbessert, die Sicherheit auf den nächtlichen Straßen durch eine Verstärkung der Wachen vergrößert. All diese Maßnahmen ließen sich nach einer Reform der Verwaltung, insbesondere nach einer Neueinteilung der Stadt in 14 statt der bisherigen 4 Regionen, leichter durchführen als vorher. Selbstverständlich trugen auch sie zur Festigung der Herrschaft des Augustus bei, der im privaten Lebensbereich jeden Luxus vermied.

Während sich viele Angehörige der Oberschicht vor allem auf dem Palatin, der als der vornehmste Wohnbezirk Roms galt, sehr aufwendige Häuser gebaut hatten, begnügte sich Augustus dort mit einem vergleichsweise bescheidenen Haus. Es lag allerdings in der Nähe der *Casa Romuli* (↗190), also an einer Stelle, die durch die altrömische Überlieferung besonderes Ansehen erlangt hatte. Nachdem Augustus i. J. 12 v. Chr. das Amt des *Pontifex maximus* übernommen hatte, verlegte er in sein Haus, die sog. Casa der Livia und des Augustus, die Riten des Vestakultes. Auch dieser Vorgang, durch den sein Privathaus zur Stätte eines sehr alten Staatskultes wurde, ist für seine Herrschaftsform bezeichnend. Er

◄ Der Obelisk (Zeiger der Sonnenuhr des Augustus) vor dem Palazzo Montecitorio

rühmte sich, eine Stadt aus Lehmziegeln übernommen und eine aus Marmor hinterlassen zu haben. So hat er das Erscheinungsbild der Hauptstadt des Imperiums verändert, und in dem Maße, wie seine Herrschaftsform den grundlegenden politischen Wandel in Rom herbeiführte, hat seine Architektur, in der die innere Sicherheit seiner Herrschaft zum Ausdruck kam, den Maßstab abgegeben für die Bauten seiner Nachfolger.

4. *Die Stadt der Kaiser*

Brandkatastrophen und Stadterneuerung Während die ersten Nachfolger des Augustus dessen Bauprogramm fortsetzten, bot der große Brand Roms i. J. 64 n. Chr. , von dem nur wenige Stadtteile verschont blieben, Kaiser Nero die Möglichkeit, seinen exzentrischen Neigungen auch als Bauherr nachzugehen. Er ließ für sich die *Domus aurea*, das Goldene Haus, im weithin zerstörten Gebiet zwischen Palatin und Esquilin anlegen. Sie bestand aus Villen, Säulenhallen, Gärten, Seen und Bädern. Diese Luxusanlagen hatten allerdings nicht lange Bestand. Teils wurden die Bauten nach dem Tod des Caesaren niedergerissen, zum Teil später durch Brände zerstört. Auf dem Kapitol wüteten Brände i. J. 69 n. Chr. , ferner i. J. 80 n. Chr. , die auch das Marsfeld erfassten. Weiteren kleineren Bränden in verschiedenen Stadtteilen folgten große 191 und 283 n. Chr. Hierauf ist es zurückzuführen, dass alte historische Gebäude des Öfteren aufgebaut wurden, dass andererseits auch immer wieder Regionen der Stadt völlig neue Gebäude und Anlagen erhielten.

Neubauten im alten Stadtzentrum Wie Augustus, so strebten auch dessen Nachfolger danach, repräsentative Bauten im alten Stadtzentrum zu errichten. Weil auf dem Palatin nicht nur Augustus, sondern nach damaliger Überzeugung bereits Romulus gewohnt hatte, waren die Kaiser von Tiberius an darauf bedacht, ebenfalls hier zu wohnen. So entstanden hier viele neue Palastbauten, die schließlich den Hügel ganz in Anspruch nahmen (↗179). Hierauf ist es zurückzuführen, dass die Römer schon bald mit *palatium* den Kaiserpalast bezeichneten. Nachdem man diese Bezeichnung bereits im 2. Jh. n. Chr. auch auf die kaiserlichen Residenzen in den Provinzen des Reiches übertragen hatte, war die Voraussetzung dafür gegeben, dass sie sich in dieser Bedeutung später auch in den europäischen Sprachen verbreitete *(palazzo, palace, palais, Palast)*. Im Bereich des Forums ließ Domitian 81 n. Chr. den Titus-Bogen auf der Velia errichten, der an den Sieg des Titus über die Juden i. J. 71 n. Chr. erinnern sollte. Er ist 13,5 m breit, 15,40 m hoch und 4,75 m tief (↗162). An zwei bedeutende Ereignisse wird in den Relieffeldern auf den Innenseiten des Bogens erinnert: Auf der Südseite ist die Beute aus dem Tempel in Jerusalem dargestellt. Römische Soldaten führen die silbernen Trompeten, den berühmten siebenarmigen Leuchter und den goldenen Tisch der Schaubrote mit sich. Das Relief auf der Nordseite zeigt den triumphierenden Titus, der auf einem von vier Pferden gezogenen Wagen steht.

Im Gegensatz zu diesem eindrucksvoll schlichten Bogen, der der älteste erhaltene Triumphbogen Roms ist, wurde 203 n. Chr. im Zentrum des alten Marktes zwischen Rostra und Kurie der Septimius-Severus-Bogen mit drei Durchgängen errichtet. Er ist fast 21 m hoch, über 23 m breit und 11,20 m tief. Der Bildschmuck erinnert an die Kämpfe gegen die Parther. Wie Münzen des Jahres 204 n. Chr. aufweisen, stand auf dem Bogen eine Quadriga aus Bronze.

Neben einer Begräbnisstätte aus dem 10. – 9. Jh. v. Chr. entstand 141 n. Chr. der Antonius-Faustina-Tempel. Er wurde zunächst Faustina, der nach ihrem Tod vergöttlichten Ehefrau des Kaisers gewidmet, 161 n. Chr. dann auch dem verstorbenen Kaiser Antoninus Pius. In diesen Tempel wurde im Mittelalter die Kirche S. Lorenzo hineingebaut, deren Barockfassade die sechs 17 m hohen Marmorsäulen des alten Tempels noch heute überragt (↗193).

Die Maxentius- bzw. Konstantins-Basilika wurde 307 n. Chr. von Maxentius begonnen und 313 n. Chr. unter Konstantin vollendet. Sie bedeckte mit ihrer Grundfläche von etwa 100 × 65 m einen großen Teil der Velia (↗179). Noch heute überragen und beherrschen die beeindruckenden Ruinen der nördlichen Gewölbe dieser Basilika, deren Südseite völlig zerstört ist, weithin das Forum.

Neue Kaiserfora Vespasian ließ zur Erinnerung an den unter seiner Herrschaft errungenen Sieg über die Juden südlich vom Augustus-Forum einen Friedenstempel bauen, der im Wesentlichen aus einer monumentalen Platzanlage bestand, sodass er später als Forum Pacis

▲ Triumphzug der Römer mit dem erbeuteten siebenarmigen Leuchter aus dem Tempel von Jerusalem 70 n. Chr. Relief auf der Innenseite des Titusbogens

◀ Die Konstantins-Basilika, vom Atrium Vestae aus gesehen

bezeichnet wurde. In dieser Anlage, in der es neben dem Kultgebäude auch eine Bibliothek gab, ließ Vespasian viele der Statuen aufstellen, mit denen Nero seine Domus Aurea geschmückt und die er zuvor aus Griechenland und Kleinasien hatte holen lassen. In diese Tempelanlage wurde zwischen 526 und 530 n. Chr. die Kirche S. S. Cosma e Damiano hineingebaut und damit in Rom zum ersten Mal ein heidnischer Kultbau in eine Kirche umgewandelt.

Zwischen diesem Forum und dem Caesars und des Augustus begann Domitian damit, das Forum Transitorium als Verbindung zwischen dem Forum Romanum und der Subura anzulegen. Da Nerva es i. J. 97 n. Chr. einweihte, wird es auch Nerva-Forum genannt.

Das letzte der Kaiserfora, das Trajans-Forum, ist zugleich das größte und großartigste. Mit ihm übertraf Trajan, unter dem das *imperium Romanum* die größte Ausdehnung erlangte, in den Ausmaßen wie in der Ausstattung alle bisherigen. Es bestand aus drei Bereichen, dem großen Platz, der Basilika und dem Säulenbezirk (↗176).

Beim Bau dieser Anlage hatte der kaiserliche Architekt Apollodor große Schwierigkeiten zu überwinden; denn der Bereich zwischen Velia, Subura, Forumstal und Kapitol war schon zugebaut. So verblieb in der Nähe der vorhandenen Fora nur das Gelände zwischen Kapitol und Quirinal zum Marsfeld hin. Hier musste allerdings der Geländesattel abgetragen werden, der beide Hügel verband. Unter gewaltigem Einsatz von Menschen und Material schuf Apollodor zwischen 107 und 113 n. Chr. ein Werk, das immer wieder bewundert wurde, auch noch zu der Zeit, als bereits die Päpste die Herren Roms waren. So wird etwa von Gregor d. Gr. (590 - 604 n. Chr.) berichtet, er habe bei einer Prozession, die über das Forum führte, ergriffen von dessen Größe und Pracht, für das Seelenheil Trajans gebetet.

Von dieser Anlage ist die Trajans-Säule am besten erhalten. Sie ist mit ihrem Säulenschaft in Höhe von 100 röm. Fuß (29,60 m) und dem Sockel ca. 38 m hoch. Im Innern führt eine Wendeltreppe auf ihre Spitze. Über der Eingangstür im Sockel weist eine Inschrift darauf hin, welche Höhe der Bergsattel hatte, der abgetragen wurde. Ihr vornehmster Zweck bestand jedoch darin, die Urne mit den sterblichen Überresten des Kaisers aufzubewahren. Dessen Taten in den Kriegen gegen die Daker sind auf dem etwa 200 m langen Reliefband dargestellt, das sich spiralförmig auf der Säule entwickelt (↗182).

Heute führt durch die Anlagen der Kaiserfora die Via dei Fori Imperiali, die unter Mussolini 1932 gebaute Prachtstraße zwischen dem Kolosseum und dem Denkmal für König Viktor Emanuel II. Leider hat ihr Bau zu starken Eingriffen in die vorhandenen Reste der antiken Anlagen geführt. Das Caesar-Forum liegt südlich von ihr. Die freigelegten Teile der übrigen Fora befinden sich auf der gegenüberliegenden Seite.

▼ Rekonstruktion der Kaiserforen (nach La Rocca, 2001)

Große Vergnügungsbauten Vermutlich haben noch die etruskischen Könige in der Senke zwischen Palatin und Aventin einen Platz angelegt, auf dem die Bauern in der Frühzeit Roms zu Ehren ländlicher Gottheiten Gespannrennen durchführten (↗193). Hieraus entwickelten sich bald Wagenrennen, und der Platz wurde im Lauf der Zeit immer mehr ausgebaut und erweitert, und zwar so, dass er zur größten Anlage für öffentliche Darbietungen in Rom wurde. Die Bezeichnung *Circus Maximus* trägt er also zu Recht.

Er erreichte seine größten Ausmaße in der Kaiserzeit. Schließlich war er etwa 600 m lang und 180 m breit (↗208 f.). In der Mitte dieses Circus befand sich zunächst eine Aufschüttung *(spina)*; um sie mussten die Lenker ihre Rennwagen führen. Im Lauf der Zeit ist sie mehr und mehr ausgebaut worden. Zielsäulen standen an ihren Enden *(metae)*, und bereits Augustus ließ in ihrer Mitte einen Obelisken aufstellen, den er aus Ägypten hatte herbeischaffen lassen. Zu seiner Zeit sollen bereits 150000 Zuschauer im Zirkus Platz gefunden haben, später sogar noch weit mehr. Außer Wagenrennen wurden auch verschiedene sportliche Wettkämpfe, militärische Reiterübungen, Gladiatorenspiele, schließlich auch Tierhetzen geboten. Diese wurden aber nach dem Bau des Flavischen Amphitheaters aus Sicherheitsgründen dorthin verlegt.

In der Senke zwischen Palatin und Esquilin, in der Nero innerhalb seiner Domus Aurea einen See hatte anlegen lassen, begann Vespasian mit dem Bau des größten Amphitheaters des römischen Reiches. Dieses Flavische Amphitheater wurde später auch Kolosseum genannt, weil in seiner Nähe eine sehr hohe Kolossalstatue des Sonnengottes stand, dessen Gesicht ursprünglich ein Porträt Neros war (↗174, 228).

Durch 80 Bögen gelangte man in den viergeschossigen ovalen Bau, in dem sich die Zuschauerplätze in fünf Rängen gliederten.

Ein System von Gängen und Treppen erlaubte, wie in den Großstadien unserer Zeit, eine rasche Räumung, ermöglichte aber zugleich durch entsprechende Hinweistafeln über den Eingangsbögen eine Lenkung der Zuschauerströme. Sie erfolgte nach der Zugehörigkeit zu den Klassen und Gruppen der römischen Gesellschaft. Allein sie bestimmte die Platzordnung; denn der Eintritt war für alle Zuschauer frei. Zum Ehrenplatz des Kaisers und seiner Angehörigen führte ein besonderer Zugang. Die Plätze an der Arena waren den Senatoren, die folgenden Stufen den Rittern vorbehalten. Man schätzt, dass auf den knapp 50 Stufenreihen etwa 45000 Zuschauer Platz nehmen konnten. Hinzu kamen noch rund 5000 Stehplätze auf den obersten Rängen. Kaiser Titus weihte das Theater i. J. 80 n. Chr. mit einer hunderttägigen Folge von Gladiatorenschlachten und anderen ähnlichen Vorführungen ein.

Auf dem Marsfeld ließ Domitian in der Mitte der 80er Jahre ein Stadion für griechische Wettkampfarten anlegen. Es hatte keine Rennbahn, wich in dieser Hinsicht also vom römischen Circus ab. Es war etwa 275 m lang und 106 m breit und konnte bis zu 30000 Besucher aufnehmen. Von ihm sind nur noch wenige Überreste vorhanden, und dennoch kann man sich von seinen Ausmaßen noch heute eine sehr gute Vorstellung verschaffen. Denn die Piazza Navona, die Bernini und Borromini in der Mitte des 17. Jh.s zu einem der schönsten Plätze Roms gestalteten, liegt auf dem Kampffeld des Stadions Domitians. So ist sie ein sehr gutes Beispiel für die städtebauliche Kontinuität in Rom (↗199).

Die Thermen Die Kaiser waren sehr darauf bedacht, dem Volk nicht nur Brot und Spiele *(panem et circenses)* zu bieten, sondern auch gute Badegelegenheiten. Je mehr Menschen in Mietshäusern wohnten, in denen die hygienischen Verhältnisse schlecht waren, desto stärker gewannen die öffentlichen Bäder für die Gesundheit und auch für die Unterhaltung der Bevölkerung an Bedeutung. Durch den Bau von Aquädukten, die die Wasserversorgung sicherten, und durch die Entwicklung der Unterboden- und Wandheizung (↗241) waren die Voraussetzungen für den Betrieb großer öffentlicher Badeanlagen gegeben.Die erste dieser Art mit Warm- und Kaltbädern, Schwimmbassins und Gymnastikplätzen schuf M. Vipsanius Agrippa unter Augustus auf dem Marsfeld. Hier ließ auch Nero eine Thermenanlage bauen, die schon viel größer und besser ausgestattet war als die des Agrippa. Diese Entwicklung setzte sich fort, sodass mit der Zeit aus diesen Zweckbauten Prunkbauten wurden, die immer größere Ausmaßen annahmen. So wurden in der Folgezeit die Thermen

Trajans (↗208 f. Nr. 11), die auf dem Gelände der Domus Aurea Neros errichtet wurden, von denen des Caracalla unterhalb des Aventins weit übertroffen. Die Seiten dieses quadratischen Baus waren ca. 330 m lang. Der mittlere Baukörper maß 220 × 114 m. Er ist noch relativ gut erhalten. Etwa 217 n. Chr. war er fertiggestellt. Er begann zu verfallen, als die Ostgoten bei ihrem Angriff auf Rom 537 n. Chr. die Wasserzufuhr unterbrachen.

Noch um einiges größer waren die Diokletiansthermen im Nordosten der Stadt, die von 298 bis 306 n. Chr. errichtet wurden. Viele Gebäude mussten abgerissen werden, um Platz für die größten Thermen der Stadt zu schaffen, die eine Fläche von 361 × 371 m einnahmen. Das mittlere Gebäude war ca. 280 m lang und 160 m breit. Etwa 3000 Besucher konnten die Bade- und Unterhaltungsräume gleichzeitig nutzen.

Die Baderäume bestanden in den Thermen aus dem *caldarium* (heißes Bad), dem *tepidarium* (lauwarmes Bad) und dem *frigidarium* (Kaltbad). Ferner gab es in den Großanlagen noch ein Schwimmbad *(natatio)* und Schwitzräume *(sudatorium)*, darüber hinaus neben Umkleideräumen auch Läden, Bibliotheken, Leseräume, Wandelhallen und Sportplätze. Bei den Ausgrabungen in den Thermen kamen viele gut erhaltene und künstlerisch oftmals wertvolle Skulpturen zu Tage. Sie beweisen, dass die Thermen auch kostbar ausgestattet waren. So hatte das Volk Anteil an der Prachtentfaltung der Kaiser. Sie standen jedem, auch dem Sklaven, offen, und in dem sehr geringen Eintrittsgeld, das die Pächter erhoben, war der Preis für Handtuch und Massageöl inbegriffen.

Die Diokletiansthermen sind zum Teil noch sehr gut erhalten. Reste des gewaltigen Mittelbaus beherbergen heute nicht nur das National- oder Thermenmuseum, sondern auch die Kirche S. Maria degli Angeli, die Michelangelo im antiken *frigidarium* unterbrachte (↗178). Vom Umfassungsbau ist nicht viel erhalten. Die heutige Piazza della Repubblica entspricht in ihrem großen Halbrund genau der Exedra der antiken Anlage.

▼ Die Diokletiansthermen. Ausschnitt aus dem Stadtmodell

Die Wasserleitungen Die ungeheuren Wassermengen, die die Thermen, Brunnen und Wasserspiele benötigten, wurden in der Kaiserzeit durch 11 große Wasserleitungen, teilweise auf langen Brücken mit großen Bogen, herangeführt. Die erste Leitung war bereits i. J. 312 v. Chr. angelegt worden. Einige waren wegen der Güte ihres Wassers berühmt, andere wegen der Mengen, die sie heranführten. So soll die Aqua Claudia, deren eindrucksvolle Bogen z. T. heute noch in der Campagna stehen, auf einer Gesamtlänge von ca. 68 km über 2200 l Wasser in der Sekunde geliefert haben. Das Wasser wurde über große Verteileranlagen den einzelnen Abnahmestellen zugeführt, in denen es unaufhörlich bei Tag und Nacht lief. Die Aqua Virgo, die M. Vipsanius Agrippa 19 v. Chr. erbaute und die vor der Fassade der Saepta Iulia auf dem Marsfeld in der Nähe des Pantheon endete, speist heute noch die Fontana di Trevi, den berühmtesten Brunnen Roms, der unter Papst Clemens XII. 1762 vor der Fassade eines Palazzo in monumentaler Gestaltung angelegt wurde. In keiner anderen Stadt der antiken Welt war die Wasserversorgung so gut wie in Rom.

Straßen Auf ein gut ausgebautes Straßennetz haben die Römer von der Gründung der Stadt an großen Wert gelegt. Schon im Zwölftafelgesetz legten sie die Mindestbreite der Wege mit 8 Fuß (ca. 2,40 m) fest und trafen Anordnungen zu deren Befestigung. Hieraus entwickelten sich im Lauf der Zeit die Grundzüge eines Straßenrechts, das den Anforderungen des sich ausdehnenden Reiches gerecht werden konnte. So unterschied man nicht nur zwischen privatem und öffentlichem Weg, sondern auch zwischen *vicus*, dem Weg innerhalb der Stadt, und der *via*, die vom Stadtzentrum nach außerhalb führte. Sie wurde im rechtlichen Sinn zur *via publica*. Deren älteste war die Via Appia, die bereits 312 v. Chr. angelegt wurde (↗195). Auf dem Forum Romanum ließ Augustus 20 v. Chr. in der Nähe der Rostra das *milliarium aureum* aufstellen, einen vergoldeten Meilenstein. Er bildete den Ausgangspunkt der Straßen, die von Rom aus strahlenförmig in die Provin-

▶ Ursprüngliche Straßenüberführung von *Anio Novus* und *Aqua Claudia* an der Porta Maggiore in Rom

▼ Schnitt durch eine Römerstraße (↗210)

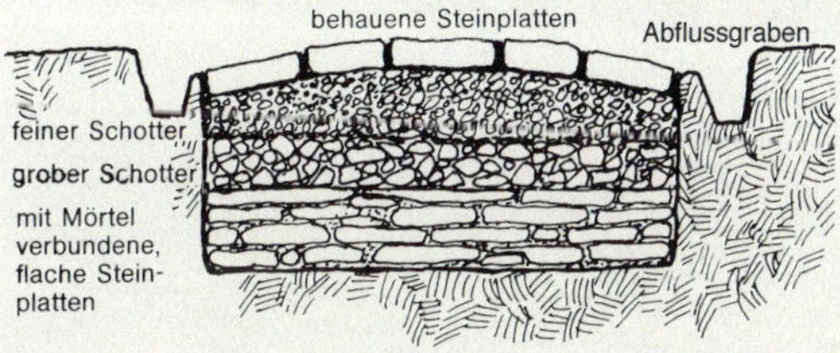

▼ Modell des spätkaiserzeitlichen Rom:
Blick vom Südwesten auf die Stadtmitte

▼ Stadtplan Rom

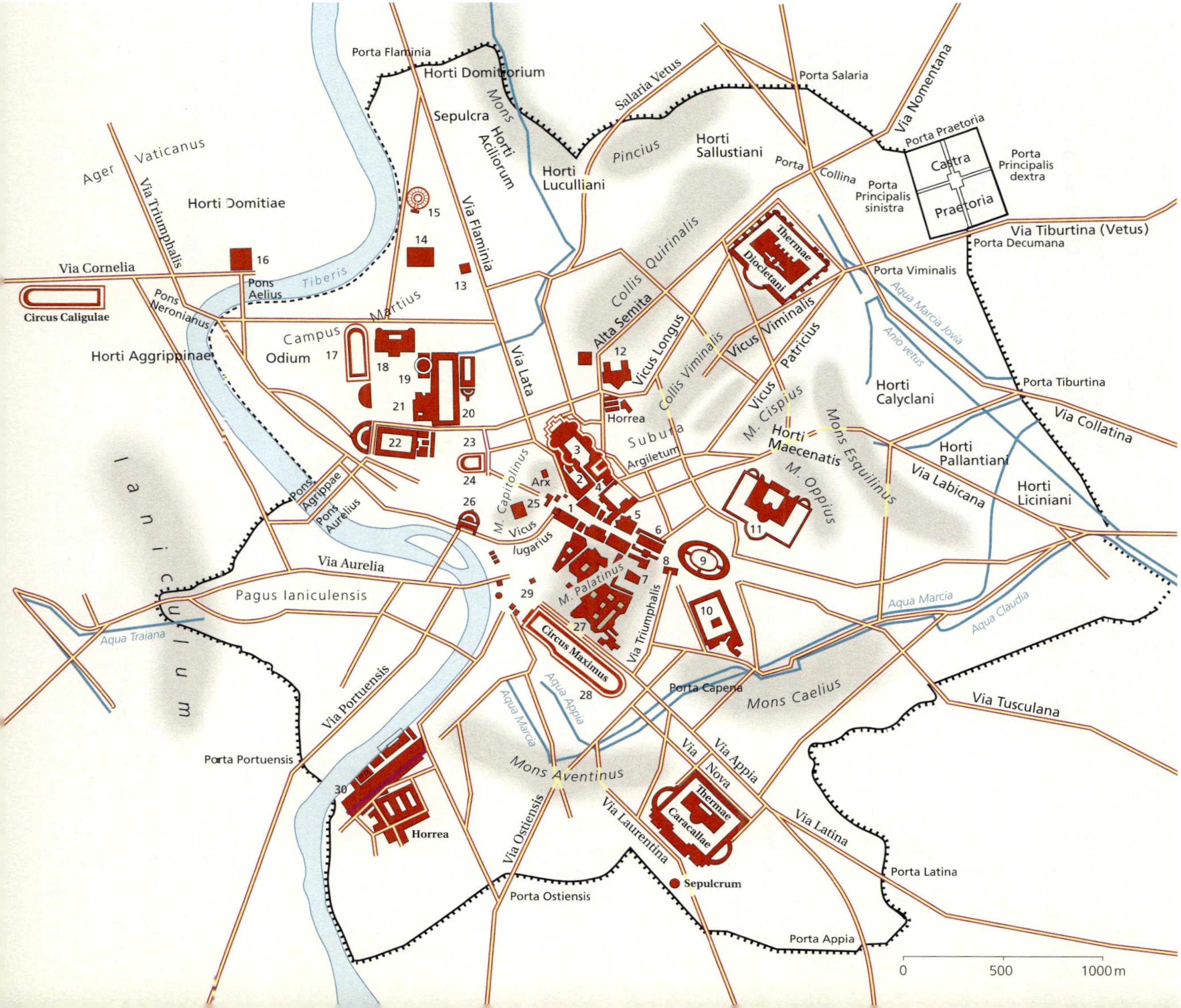

Stadtmauer:
- nachgewiesener Verlauf
- wahrscheinlicher Verlauf

Zum Forum Romanum s. Plan S. 194/195. Zu den Kaiser-Fora s. Grundriss S. 176.

1 Forum Romanum
2 Caesar-Forum
3 Trajans-Forum
4 Augustus-Forum
5 Konstantins-Basilika
6 Tempel der Venus und der Roma
7 Aedes Caesarum
8 Konstantinsbogen
9 Flavisches Amphitheater
10 Tempel des Claudius
11 Thermen Trajans
12 Thermen Konstantins
13 Ara Pacis
14 Sonnenuhr des Augustus
15 Augustus-Mausoleum
16 Hadrians-Mausoleum (Engelsburg)
17 Stadion Domitians
18 Thermen Neros
19 Pantheon
20 Saepta Iulia
21 Thermen Agrippas
22 Porticus und Theater des Pompeius
23 Republikanische Tempel
24 Theater und Crypta des Balbus
25 Tempel des Jupiter Capitolinus
26 Marcellus-Theater
27 Domus Augustana
28 Circus Maximus
29 Forum Boarium
30 Porticus Aemilia

zen führten. Von ihm aus wurden auch in den kaiserlichen Provinzen des Reiches die Entfernungen von der *urbs* gemessen.

Während die Straßen in der Zeit der Expansion dazu dienten, das militärisch gesicherte Gebiet politisch und wirtschaftlich für Rom zu erschließen, boten sie in der Kaiserzeit die Voraussetzung dafür, dass sich im *imperium Romanum* Handel und Wirtschaft entfalten, römische Truppen im Bedarfsfall schnell verlegt werden und Kuriere und Nachrichtendienste aus allen Teilen des Reiches die Verbindung mit Rom sichern konnten. Ohne sie hätten die Römer die Einheit ihres Reiches nicht über Jahrhunderte aufrechterhalten können.

Die Straßen waren, je nach dem Gelände, zwischen 4 und 7 m breit. Ihr Unterbau bestand durchweg aus drei Schichten von jeweils 30 - 40 cm Stärke, ihre Decke aus Quadern oder unregelmäßigen Pflastersteinen. Zum Abfluss des Regenwassers waren sie leicht gewölbt. Bei ihrem Bau *(viam sternere)* passte man sich dem Gelände möglichst an, um unnötige Stützmauern und Brücken zu vermeiden. Die fertiggestellte Straße bezeichneten die Römer in der Kaiserzeit als *(via) strata.* Die Wörter *strada, Straße, street* weisen noch heute auf diese große Leistung der Römer hin. Das Netz der Reichsstraßen ist im 2. Jh. n. Chr. zwischen 80000 und 100000 km lang gewesen (↗244). (Zum Vergleich: Das Netz der Autobahnen in Deutschland war Mitte des Jahres 2007 ca. 12400 km lang). In vielen Ländern besteht es teilweise noch heute. In den letzten Jahrzehnten des 19. Jh.s baute man über weite Strecken auf ihren Trassen die der Eisenbahnen.

Parkanlagen In der Stadt gab es große Park- und Gartenanlagen reicher Familien, insbesondere in den östlichen und nördlichen Regionen. Zwischen Quirinal und Pincius legte Sallust große Gärten und eine Villa mit mehreren Gebäudekomplexen an. Sallust erwarb dieses Gelände aus dem Besitz Caesars. Hierzu war er in der Lage, weil er sich als Statthalter der Provinz Africa nova sehr bereichert hatte. 20 v. Chr. konnte Augustus diese Gärten erwerben.

Während von diesen Anlagen noch sehenswerte Reste erhalten sind, hat man von vielen anderen, so etwa von der großen Luxusvilla des Maecenas auf dem Esquilin, wo sich mehrere Villen der Aristokratie befanden, nicht viel freilegen können. Durch das Testament des Maecenas ging seine Villa in den Besitz des Augustus über. Dessen Nachfolger stellten Teile dieser Anlagen der Bevölkerung als Erholungsgebiete zur Verfügung. So wechselten in der Stadt dicht bebaute Zonen mit großen Parkanlagen.

Der Ager Vaticanus Das Gebiet der Vatikanischen Hügel und der Ebene zum Tiber hin gehörte nie zur eigentlichen Stadt. Hier wurden seit dem Anfang des 1. Jh.s v. Chr. in zunehmendem Maße Villen angelegt und säumten Grabanlagen die Straßen, weil innerhalb des Pomeriums nicht bestattet werden durfte. Caligula baute hier einen Circus. Dieser nahm die linke Seite des heutigen Petersplatzes und der Kirche von St. Peter ein. In seiner Mitte stand ein Obelisk, der 25 m lang war und auf einem für den Transport eigens gebauten Schiff von Ägypten nach Rom gebracht worden war. Er steht seit 1586 auf dem Petersplatz.
In diesem Circus hat der Apostel Petrus den Märtyrertod erlitten. Über einer Gedenkstätte aus der Mitte des 2. Jh.s n. Chr., die man später für das Grab des Apostels hielt und die sich in einer etwas älteren Grabanlage befindet, hat Kaiser Konstantin i. J. 324 n. Chr. die Petrus-Basilika errichtet, die seit 1506 durch die jetzige Kirche ersetzt wurde.

Das Hadrians-Mausoleum (vgl. das Umschlagbild) war das größte Bauwerk in diesem Gebiet. Es wurde von 135 bis 139 n. Chr. unmittelbar am Tiber errichtet.

Über einem quadratischen Unterbau von 89 Metern Seitenlänge erhob sich der Grabbau mit einem Durchmesser von 64 m; er war 21 m hoch und von einem mit Zypressen bepflanzten Erdhügel bedeckt. Mit dem Marsfeld wurde dieses Mausoleum durch eine Brücke verbunden, die in ihrem alten Kern heute noch besteht. Später wurde es als vorgeschobene Festungsanlage der Aurelianischen Mauer ausgebaut, die beim Kampf der Goten um Rom i. J. 537 n. Chr. heftig umkämpft war. Auch die Päpste nutzten diesen Bau als Festung. Seine heutige Bezeichnung »Engelsburg« geht auf eine Vision des Papstes Gregor des Großen zurück. Bei einer Bittprozession zur Abwendung der Pest durch die entvölkerte Stadt i. J. 590 n. Chr. erblickte er über diesem Grabmal in den Wolken ein Bild, das er für den Erzengel Michael hielt.

▲ Der Petersplatz in Rom

◀ Die Via Appia

▼ Großes römisches Mietshaus. Rekonstruktion

Die Aurelianische Mauer In der Mitte des 3. Jh.s wurde den Römern bewusst, welche Gefahr für das Imperium Romanum und damit zugleich für die Sicherheit Roms von den germanischen Stämmen ausging, die vom Norden her das Zentrum des Reiches bedrohten.

Daher begann man unter Aurelian (270 – 275 n. Chr.) mit dem Bau einer Mauer, die, unter Ausnahme des Ager Vaticanus, das ganze, weit über die Servianische Mauer hinausreichende Stadtgebiet einbezog. Diese Befestigungsanlage wurde unter den Nachfolgern Aurelians weiter ausgebaut und deren Höhe zu Beginn des 5. Jh.s n. Chr. fast verdoppelt, weil man damals mit Angriffen der Goten auf die Stadt rechnete.

Ihre Gesamtlänge betrug fast 19 km; zunächst war sie knapp 6 m hoch, 3,5 m dick und hatte alle 100 römische Fuß (29,60 m) einen Turm. Insgesamt soll sie über 380 Türme, 5 große, durch zusätzliche Mauern gesicherte Doppeltore und 11 einfache Tore gehabt haben. Mehrere größere Bauwerke wie das Mausoleum Hadrians, die Kaserne der Prätorianer und Teile der Aquädukte wurden in sie einbezogen. Besonders eindrucksvolle Überreste dieser Mauer finden wir heute vor allem in ihrem Südabschnitt zwischen der Porta Latina und der antiken Porta Ostiensis, der heutigen Porta S. Paolo.

Frühchristliche Bauten Der Kirchenfrieden, den Konstantin i. J. 313 n. Chr. durch das Mailänder Edikt schuf, erlaubte den Christen, öffentliche Gebäude zu errichten. Hierbei wurden sie von Konstantin begünstigt. Er leitete mit dem Bau einer Salvator- (Erlöser-)Kirche für den Bischof von Rom i. J. 313 n. Chr. die Errichtung einer ganzen Reihe monumentaler Kirchenbauten ein. Diese Bischofskirche, die heutige Basilica S. Giovanni in Laterano, entstand neben einem kaiserlichen Palast auf dem Lateran, der zum Caelius gehört. Ihr folgte gut ein Jahrzehnt später die Kirche St. Peter. Beide waren fünfschiffige Basiliken. Diese Bauform hat man wohl aus der römischen Marktbasilika entwickelt. Sie war aber nicht an einer Seite geöffnet – die römische Basilika war es zum Markt hin –, sondern ein geschlossener Kultbau, der auf den Altar hin ausgerichtet war.

Außer einer Reihe kleinerer Kirchen wurde in der Mitte des 4. Jh.s n. Chr. eine große dreischiffige Kirche gebaut, deren Nachfolgerin die heutige Basilika S. Maria Maggiore ist. Sie wurde 432 – 440 n. Chr. errichtet. Ihr Mittelschiff hat den Charakter der antiken Basilika trotz späterer Veränderungen (Fußboden aus dem 12. Jh., Restaurierungen im 15. und 18. Jh.) im Wesentlichen bewahrt (↗187). Gegen Ende des Jh.s entstand vor den Mauern der Stadt in Richtung Ostia die St. Pauls-Basilika, die St. Peter und die Laterankirche an Größe übertraf.

Im 5. Jh. n. Chr. nahm die Zahl der Kirchenbauten zu, verlagerte sich zugleich das Zentrum des städtischen Lebens von den Fora und dem Palatin zum Bischofssitz im Lateran. Hiermit ging allmählich die weltliche Macht auf die kirchliche Verwaltung über. Im Verlauf dieser Entwicklung wurden viele private und öffentliche Gebäude in Gemeindehäuser, Kirchen und Klöster umgewandelt. Mit heidnischen Kultbauten geschah dies erst viel später. Am Anfang dieser Entwicklung steht die neue Nutzung des Templum Pacis, in das vor 530 n. Chr. eine Kirche hineingebaut wurde (↗204). Eine direkte Umwandlung in eine Marienkirche nahm man i. J. 609 n. Chr. mit dem Pantheon auf dem Marsfeld, dem schönsten Kultbau des antiken Rom, vor, das der oströmische Kaiser Phokas der Kirche geschenkt hatte. Ihm zu Ehren war ein Jahr zuvor auf dem alten römischen Markt die Phokas-Säule errichtet worden. Sie war das letzte Monument, das im ehemaligen Zentrum der inzwischen politisch schon bedeutungslosen und weithin verlassenen Stadt errichtet wurde.

Die Einwohnerzahl Man nimmt an, dass Rom bald nach dem 2. Punischen Krieg 100000 und unter Caesar bereits etwa 200000 Einwohner hatte. Für die Zeit der größten Ausdehnung der Stadt im 2. und 3. Jh. n. Chr. darf man wohl mehr als 900000 Einwohner annehmen. Es gibt Schätzungen, die von mehr als einer Million ausgehen. Den ersten Barbareneinfall durch die Westgoten unter Alarich erlebte die Stadt 410 n. Chr., den zweiten 455 n. Chr. durch die Vandalen. Diese Invasionen leiteten den Verfall der Stadt und die Flucht der Bevölkerung ein, die durch weitere Belagerungen und Zerstörungen, aber auch durch Epidemien verstärkt wurden. Vergebens versuchte Papst Gregor d. Gr., der einem alten stadtrömischen Adelsgeschlecht entstammte, diese Entwicklung aufzuhalten, obwohl das christliche Rom dank der Apostel- und vieler Märtyrergräber schon damals eine starke Anziehungskraft auf die Christen anderer Länder ausübte. Um 700 wohnten in der weithin verlassenen Stadt vermutlich nicht einmal mehr 50000 Menschen.

Der Rückgriff auf die Antike in der Renaissance Im Mittelalter lag das ehemalige Zentrum der antiken Stadt verlassen und vergessen da. Erst nach der Rückkehr des Papstes Gregor XI. aus dem Exil von Avignon nach Rom 1377, der den Sitz der Kirchenleitung vom Lateran in den Vatikan verlegte, setzte eine rege Bautätigkeit ein. Sie führte zu einer starken Ausbeutung der antiken Monumente und Ruinen, die man geradezu als Vorratskammern betrachtete. In der Renaissance erwachte ein starkes Interesse an der Übernahme antiker Formelemente in vielen Bereichen des künstlerischen Schaffens (↗186 ff.). Nunmehr ließen kirchliche und weltliche Würdenträger auch nach antiken Kunstwerken suchen, um damit ihre Paläste zu schmücken. Jetzt begann man hier und dort nicht nur mit Ausgrabungen, sondern auch mit dem Sammeln von Kunstwerken und der bewussten Pflege einiger bedeutender antiker Stätten. So wurde der kapitolinische Hügel nach den Plänen Michelangelos neu gestaltet und 1538 auf dem von ihm angelegten Kapitolsplatz über dem ehemaligen Asylum das Reiterstandbild des Kaisers Mark Aurel (↗180 f.) aufgestellt. Man hielt es damals allerdings für ein Standbild des Kaisers Konstantin. Wohl nur aus diesem Grunde blieb dieses Reiterstandbild, das seit der Renaissance für viele Standbilder dieser Art das Vorbild abgegeben hat, im Mittelalter vor der Zerstörung bewahrt.

▶ Blick in die Kuppel von St. Peter

▼ Die Aurelianische Mauer (Südabschnitt)

Zum ehemaligen Forum hin war der Kapitolsplatz seit dem 12. Jh. durch den Senatorenpalast begrenzt, der auf den Ruinen des Tabulariums errichtet worden war. Nach den Plänen Michelangelos wurde auch dieser Palast umgebaut und in die Gesamtanlage des Platzes mit einbezogen. Zu diesem führt seit 1561 eine großzügige Rampe, die Cordonata, aus dem neuen Zentrum der Stadt hinauf. Sie findet ihren beeindruckenden Abschluss in den Kolossalstatuen der beiden Dioskuren (↗193) aus dem 1. Jh. n. Chr., die man 1560 in der Nähe des Pompeius-Theaters ausgegraben hatte und nach ihrer Restaurierung hier neu aufstellte.
Den Grundstein für den Neubau der Peterskirche hatte Bramante bereits 1506 gelegt. Den Vorstellungen der Renaissance folgend ließ er sich bei der Konzeption des Neubaus von der Absicht leiten, die Größe und die Pracht der antiken kaiserlichen Bauten noch zu übertreffen. Er plante einen Zentralbau in der Form eines griechischen Kreuzes, der eine Kuppel tragen sollte. Für diese diente ihm das Pantheon als Vorbild, für den basilikalen Gewölbebau die Konstantins-Basilika, mit deren gewaltigen Ruinen auf dem Forum er sich intensiv auseinandergesetzt hatte. Während man an dem Bau der Kuppel, den Michelangelo stark vorantrieb, festhielt, rückte man nach langen Auseinandersetzungen von der Konzeption Bramantes zu Gunsten eines Langbaus in Form eines lateinischen Kreuzes ab. Wie dessen Innenarchitektur, so weist auch seine 114,6 m breite barocke Fassade viele antike Formelemente auf (↗211). Diese wird durch 8 Säulen mit korinthischem Kapitell und durch 4 Pilaster gegliedert. Sie weist in ihrer Mitte über dem Kranzgesims einen Tempelgiebel auf. Ein Blick in die Kuppel, die mit ihrem Durchmesser von 42 m den des Pantheons nicht ganz erreicht, vermittelt viel von der Raumwirkung, die durch den Rückgriff auf die antike Architektur erzielt wurde.

▼ Das Kapitol mit dem Senatorenpalast, davor die Statuen der Dioskuren

5. *Die Wiederentdeckung der antiken Stadt*

Auf dem Palatin und im ehemaligen Forumstal breitete sich auch in jener Zeit noch das Weide- und Gartenland aus, soweit sie nicht überbaut waren. Das Forumstal nannte man zutreffend Campo Vaccino, Kuhweide.

Nachdem man 1738 und 1748 in Herculaneum und Pompeji mit systematischen Grabungen begonnen hatte, wuchs auch in Rom das Interesse, antike Monumente, die an vielen Stellen aus dem in Jahrhunderten abgelagerten Schutt hervorragten, freizulegen.

Auf dem ehemaligen Forum Romanum begann man 1788 mit wissenschaftlichen Grabungen und zu Anfang des 19. Jh.s mit dem Freilegen der Ruinen. 1821 wurde der Titus-Bogen, der im Mittelalter in die Befestigungsanlage einer alten römischen Familie einbezogen war, von seinen Anbauten befreit und restauriert. Den Stand dieser Arbeiten auf dem Forum im Jahr 1835 gibt ein englischer Stich wieder, auf dem dieses Gebiet als Campo Vaccino bezeichnet wird.

Vergleicht man den damaligen mit dem gegenwärtigen Zustand (↗ 197 Foto), dann wird sichtbar, welche Fortschritte die Erforschung des antiken Rom seit jener Zeit erzielen konnte. An ihr beteiligen sich seit Längerem viele Nationen. Andererseits sind die freigelegten antiken Monumente heute einer durch Abgase verseuchten Luft ausgesetzt, die insbesondere dem aus Marmor gefertigten plastischen Schmuck der Säulen und Bögen stark zusetzt und diesen allmählich in Gips verwandelt. Daher gehört die Konservierung der antiken Monumente, insbesondere derer, die Wind und Wetter ausgesetzt bleiben, zu den vordringlichen Aufgaben zur Rettung großartiger Zeugen unseres kulturellen Erbes.

▼ Campo Vaccino. Englischer Stich aus dem Jahr 1835

Rückgriffe der modernen Architektur auf die Antike An vielen Bauten und Anlagen im heutigen Rom wird sichtbar, in welchem Maße sich die Auseinandersetzung mit antiken Gestaltungsprinzipien und Formelementen auch in der modernen Architektur dieser Stadt fortsetzt. Dies ist an den folgenden zwei Beispielen gut zu sehen.

Im modernen EUR-Viertel am Unterlauf des Tiber, in dem die für 1942 geplante Weltausstellung (Esposizione Universale di Roma) stattfinden sollte, befindet sich unter den Repräsentationsbauten der Palazzo della Civiltà del Lavoro (Palast der Kultur der Arbeit). Dieser quadratische Bau türmt 6 Arkadenreihen übereinander, in denen, im Gegensatz zur Fassade des Flavischen Amphitheaters, auf jede Binnendifferenzierung verzichtet wird. Im weiteren Rückgriff auf die antikrömische Raumgestaltung hat man an den Treppen Skulpturengruppen aufgestellt und in der unteren Arkadenreihe zahlreiche Statuen. Für die Römer ist dieser Palazzo das quadratische Kolosseum.

Im Norden Roms befinden sich viele Sportanlagen, die für die Olympischen Spiele i. J. 1960 errichtet wurden. Neben dem großen Olympiastadion legte man für bestimmte Wettkampfarten ein viel kleineres an, das sog. Marmorstadion. Über dessen Stufenreihen wurden 60 Athletenstatuen aufgestellt. Hiermit griff man nicht nur die antike Tradition der Ausschmückung von Stadien, Platzanlagen, Portiken und Gebäuden auf, sondern auch die der Balustradengestaltung der Renaissance und des Barock. Denn große Statuen krönen die Balustrade der Fassade von St.Peter, und die Kolonnaden Berninis auf dem Petersplatz sind von 140 Heiligenstatuen geschmückt. Das in dieser Bautradition errichtete Marmorstadion bildet den Mittelpunkt aller Anlagen des Campo della Farnesina.

▶ Der Palazzo della Civiltà del Lavoro im EUR-Viertel, Rom

▼ Stadion im Campo della Farnesina, Rom

Das Alltagsleben

Die Quellen Kenntnisse über die persönlichen Lebensumstände der Menschen in der römischen Welt erhält man vorwiegend aus Funden, welche die archäologische Forschung an vielen Orten des römischen Imperiums gemacht hat. Die kleine, wohlhabende Provinzstadt Pompeji ist hierfür von besonderer Bedeutung, weil sie jahrhundertelang unter den Lava- und Aschemassen verborgen lag, unter denen der von Plinius beschriebene Ausbruch des Vesuv im Jahre 79 n. Chr. den Ort begraben hatte. Seit 1748 gräbt man diese ausgezeichnet »konservierte« Stadt aus. So konnte man inzwischen ein umfassendes Bild des antiken Alltagslebens gewinnen, das durch weitere Ausgrabungen in Privathäusern ständig erweitert wird. Als weitere Quellen dienen bildliche Darstellungen, Inschriften und vor allem viele Bemerkungen über Einzelheiten des Alltagslebens, die in der antiken Literatur zu finden sind.

Wohn- und Geschäftsviertel in Rom Rom hatte, wie unsere heutigen Großstädte, viele unterschiedliche Stadtviertel. Neben dem repräsentativen Stadtkern mit den Tempeln, den großen Märkten und den prächtig ausgestatteten öffentlichen Gebäuden sowie neben großen Gartenanlagen gab es Wohnviertel mit engen Gassen und hohen Mietshäusern. In den Erdgeschossen dieser Wohnblocks befanden sich, zur Straße hin geöffnet, die *tabernae*, die als Kneipen, Läden oder als Werkstätten Verwendung fanden. Handwerksbetriebe desselben Gewerbes lagen oft nebeneinander in einer Straße, wie man es heute noch in Basarvierteln erleben kann. Durch Werbung versuchte man die Kundschaft auf sich aufmerksam zu machen.

▲ Ladenschild der Walkerei des M. Vecilius Verecundus aus Pompeji. 1. Jh. n. Chr. Links und halbrechts Wollkämmer am Arbeitstisch, in der Mitte Färber am Kocher, rechts der Geschäftsinhaber mit der fertigen Ware

▶ Die Trajansmärkte in Rom

▲ Modell eines römischen Atriumhauses
1 Haustür
2 Korridor (*vestibulum*)
3 Laden / Werkstatt
4 Atrium
5 Regenbecken (*impluvium*)
6 Seitenflügel
7 Schlaf-, Wohn- und Wirtschaftsräume
8 Esszimmer (*triclinium*)
9 Gesellschaftsraum
10 Gang
11 Garten (*hortus*)

▶ Wandmalerei in der Villa Farnesina. Rom. ca. 20 v. Chr.

Hauseinrichtungen Die Wohnungseinrichtung des Römers war in der Regel bescheiden, wenn man sie mit den einfachsten Wohnungen unserer Zeit vergleicht. Die Mauern wurden innen meist nur schlicht verputzt. In Häusern der Reichen dagegen finden sich oft aufwendig bemalte Wände. Das Hauptmöbelstück war das Bett, das zum Schlafen und zum Liegen bei Tisch diente. Das Letztere hieß *triclinium* (von griech. *klíne* Bett), weil auf ihm gewöhnlich drei Menschen zu Tisch lagen. *Triclinium* war auch die Gesamtbezeichnung für das Speisezimmer, dessen Fußboden in reichen Häusern mit kostbaren Mosaiken geschmückt sein konnte. Man kannte kleine Beistelltische zum Aufstellen des Geschirrs und der Speisen vor den *triclinia* der Gäste. Aber Möbel in unserem Sinne zur Unterbringung von Geschirr, Wäsche oder Büchern gab es fast gar nicht. Stattdessen benutzte man Wandnischen, Truhen oder nur für die Aufbewahrung von Gegenständen bestimmte Kammern (*cellae*). Sessel oder Stühle benutzte man seltener.

Die Beleuchtung war im Ganzen ziemlich dürftig. Als Mittel standen Fackeln, Kerzen und Öllampen zur Verfügung. Aber solche Lichtquellen mussten schon in großer Zahl vorhanden sein, wenn sie einen Raum erleuchten sollten. Dabei wird so mancher in der durch den Qualm entstandenen öligen und stickigen Luft der Öllampen eingeschlafen sein.

Auch wenn die kalte Jahreszeit südlich der Alpen erheblich kürzer ist als bei uns, kann es auch dort empfindlich kalt werden. Aber eine Heizung war in den Häusern sowohl in der älteren Zeit als auch später nur bei den Wohlhabenderen vorhanden. Man konnte in der Regel höchstens seine Hände zur Erwärmung über Holzkohlebecken halten.

Toilettenanlagen waren selten in einfachen Privathäusern anzutreffen. In den öffentlichen Toiletten *(forica)* gab es allerdings bereits eine Art von Wasserspülung. Wollte man in der Wohnung bleiben und den eigenen Nachttopf *(lasanum)* benutzen, so musste man zur Entleerung zur nächsten Dunggrube gehen. Doch die Vielzahl aus der Kaiserzeit überlieferter Schadenersatzklagen zeigt uns, dass es viele Rücksichtslose gab, die ihre Nachttöpfe aus dem Fenster auf die Straße entleerten.

▼ Sarkophag von Simpelveld (Niederlande) mit Darstellung einer Verstorbenen in ihrer häuslichen Umgebung.
Länge 2,27 m. Ende 2. Jh. n. Chr.
(Leiden, Rijksmuseum van Oudheden)

Haustiere Als Haustiere hielt man große Wach- und Hütehunde, doch waren auch kleine Schoßhunde sehr beliebt. Auch vor Schlangen hatte man keine Abscheu, man kaufte sie sogar als Spieltiere für die Kinder. Neben Sperlingen, Tauben und Pfauen kannte man auch »sprechende« Vögel, wie Raben und Papageien. Katzen waren damals noch nicht so verbreitet wie heute; die Mäuse ließ man durch Schlangen und Wiesel bekämpfen.

Tagesablauf, Zeiteinteilung Der Tagesablauf in Rom war viel mehr als heutzutage dem natürlichen Rhythmus von Tag und Nacht unterworfen, zumal die Menschen in der Antike nicht die Möglichkeit hatten, die Zeit in Minuten oder gar Sekunden zu unterteilen. Die damals gebräuchlichen Uhren (Sonnen- und Wasseruhren) erlaubten keine genaue Bestimmung der Stunden *(horae)*, deren zwölf den Tagesablauf zwischen Sonnenaufgang und -untergang regelten. Denn auf Grund der Jahreszeiten dauerten die Stunden nicht wie bei uns immer 60 Minuten, sondern waren unterschiedlich lang. So fiel die fünfte Stunde im Winter auf die Zeit von etwa 10.30 bis 11.15 Uhr, im Sommer hingegen von etwa 9.30 bis 10.45 Uhr. Man könnte leichter eine Einigung unter Philosophen als unter Uhren erzielen, scherzte Seneca (*apocol.* 2, 3). Sonnenuhren gab es seit dem 1.Punischen Krieg, und ihre Überwachung wurde den Zensoren übertragen. Man ließ den Zeigerschatten auf eine in Felder eingeteilte Marmortafel fallen. Wasseruhren griechischer Herkunft, die nach dem Prinzip unserer Eieruhren arbeiteten und die den Vorteil gehabt hätten, dass man sie auch nachts und bei Nebel ablesen konnte, gab es zwar seit 159 v. Chr., sie waren aber nicht weit verbreitet.

Die Römer waren, wie noch heute die Menschen in heißen Klimazonen, Frühaufsteher. Man besuchte sich mit Vorliebe morgens *(salutatio matutina)*, sei es, um als Klient dem Patron seine Aufwartung zu machen, sei es, um politische oder geschäftliche Gespräche zu führen. Überhaupt lag der Schwerpunkt der vielfältigen Tätigkeiten, die die Römer je nach Stand oder Interesse ausübten, in den Vormittagsstunden. Um die fünfte Stunde war Rom von Geschäftslärm aller Art erfüllt.

Speisen Spätestens nach der neunten Stunde war jede geschäftliche und sonstige berufliche Tätigkeit beendet, man strömte jetzt zum Mittagessen *(prandium)*, bei dem man allerdings – ebenso wie beim Frühstück morgens *(ientaculum)* – nur einige Bissen kalt zu sich nahm. Die Hauptmahlzeit *(cena)* folgte erst später. Bei ihr gab es ähnlich wie bei uns drei Gänge: Vorspeise (*gustus*: gewöhnlich Eier), Hauptgang (*caput cenae*: meistens Fleisch) und die Nachspeise (*secundae mensae*: meistens Obst).

Die römischen Tafelfreuden der Wohlhabenden seit dem Ende der Republik gelten als maßlos. Die Grundnahrung der unteren Schichten aber bestand aus der einfachen *puls* (Brei aus Getreidemehl) und aus Gemüse. Von uns geläufigen Nahrungsmitteln kannten die Römer Brot, Hülsenfrüchte, Kohl, Pilze, Äpfel, Birnen und Kernobst. Bei den Fleischsorten überwog deutlich das Rind. Seltener wurden andere Fleischsorten oder Wild verzehrt. Geschätzt war Geflügel (wie Hühner, Enten, Gänse oder Fasane). Storch, Kranich, Flamingo und Papagei galten als Leckerbissen. Für den verwöhnten Gaumen wurden Haselmäuse gemästet und Muränen in speziellen Fischteichen gezüchtet. Entsprechend der Lage Roms wurde viel Fisch verzehrt. Im Buch über die Kochkunst *De re coquinaria* (3.–4. Jh. n. Chr.) sind zwar viele Rezepte überliefert, aber ohne genaue Maß- und Mengenangaben für die Zutaten. Die römische Küche dürfte sich auf Grund der Zutat vieler Kräuter durch eine geschmackliche Vielfalt ausgezeichnet haben. Besonders beliebt war eine Fischsauce *(garum)*, die in einem langen Garungsprozess aus Sardellen gewonnen wurde. Das genaue Herstellungsverfahren dieser Würze ist unbekannt. Zum Süßen wurde Honig benutzt. Die Mahlzeiten wurden meist im Liegen eingenommen.

Als Essinstrumente waren nur Löffel und Messer bekannt. So musste man wegen des Fehlens von Gabeln die eigenen Finger nehmen. Daher galt es als besonders vornehm, mit den Fingerspitzen zu essen. In den reicheren Häusern war stets eine Anzahl von Sklaven damit beschäftigt, Gefäße mit Wasser zu reichen. Die *cena* endete gewöhnlich mit dem Einbruch der völligen Dunkelheit. Dehnte man die Mahlzeit bis in den Abend hinein aus und trank dabei Wein, so nannte man eine derartige Zusammenkunft *comissatio*. Natürlich konnte diese zwischen mäßigem Weingenuss mit geistreichen Gesprächen und riesigen Sauf- und Fressgelagen schwanken. Grenzfälle sind aus der Literatur bekannt: Nero tafelte und trank nach der Beschreibung

Suetons (*Nero* 27) gewöhnlich bis Mitternacht und Trimalchio hielt es die ganze Nacht aus, wie Petronius im *Satyricon* berichtet (↗112). Wie wenig das die Regel sein konnte, zeigt die allgemeine Sitte, den Wein nur mit Wasser vermischt zu trinken (drei Teile Wasser auf einen Teil Wein).

Der Heimweg nach einem späten Gastmahl war in Rom nicht problemlos; denn es war nicht ungefährlich, die in tiefste Finsternis gehüllten Straßen Roms abends und in der Nacht zu benutzen. Außer der Straßenbeleuchtung fehlten oft Straßennamen und Hausnummern. So geriet man selbst dann in Gefahr, mit anderen zusammenzustoßen oder sich zu verlaufen, wenn man sich von einem Sklaven »heimleuchten« ließ. Die größte Konfusion brachte überdies in das nächtliche Rom eine von Caesar erlassene Verfügung, die den Fahrzeugverkehr bei Tage verbot, eine Verfügung, die sich für den täglichen Verkehr so bewährte, dass keine spätere Bürokratie daran rüttelte. In der Nacht trieben sich darüber hinaus, wie in jeder Großstadt üblich, viele lichtscheue Elemente herum. Wurde man überfallen, könne man von Glück reden, wenn man wenigstens noch ein paar Zähne nach Hause bringe, meinte Juvenal (3, 301).

▼ Verkohltes römisches Brot aus Pompeji. 79 n. Chr.

▼ Stillleben mit Pfirsichen. Wandmalerei aus Pompeji

▼ Gläserne Fruchtschale. Wandmalerei aus dem Haus der Iulia Felix in Pompeji

Kleidung Die Toga (das Substantiv gehört zum Verbum *tegere*) ist das nationale Kennzeichen des Römers, und wer in offizieller Funktion handelte, musste sie tragen. Bei den höheren Beamten war sie mit Purpurstreifen gesäumt (*toga praetexta* ↗166). Sie bestand aus schwerem weißen Wollstoff und war aus einem ursprünglich halbkreis-, später mehr ellipsenförmigen Stoffstück gearbeitet. Sie war kein genähtes Kleidungsstück, sondern ein Stoffstück zum Umlegen, das schwer und zudem kompliziert anzulegen war. Vornehme Römer beschäftigten allein hierfür einen Sklaven. An kalten und nassen Tagen oder auf Reisen trug man einen Mantel (*pallium* bei den Männern, *palla* bei den Frauen) aus dichterem Stoff.

Das Untergewand unter Toga oder Pallium war die *tunica*, ein aus zwei Stoffstücken bestehendes Kleidungsstück, das bis unter die Knie reichte und durch einen Gürtel um die Taille zusammengehalten wurde. Die Tunika wurde von Männern und Frauen getragen. Die vornehmere römische Frau trug darüber die *stola*, ein bis auf die Füße reichendes Kleid mit Gürtel. Bei den Frauenkleidern wurden feinere Stoffe, wie Baumwolle und Seide, verarbeitet. Auch war die Kleidung der Frauen farbenreicher. Als Fußbekleidung zur Toga diente der geschlossene Schuh *(calceus)*, doch benutzte man auch die aus dem Orient stammenden Sandalen. Socken oder Strümpfe aber waren völlig unbekannt. Der Kopf blieb meist unbedeckt. Nur bei religiösen Handlungen verhüllte man den Hinterkopf mit einem Teil der Toga (↗69). Handwerker und Seeleute trugen zum Schutz gegen die Sonne gern den aus Filz bestehenden, kegelförmigen *pilleus*.

▶ Junges Mädchen beim Umfüllen von Parfüm. Rom, Wandmalerei (1. Jh. n. Chr.)

▼ Kinder tragen römische Kleidung (Toga bzw. Tunica und Stola) im Archäologischen Park Xanten

Bart- und Haartracht Die Barttracht unterlag zwar im Laufe der Zeiten gewissen modischen Änderungen, im Allgemeinen schloss man sich aber mit Ausnahme der Philosophen der von Alexander dem Großen in die griechische Welt eingeführten Sitte des Rasierens an. Die Rasur war, bedenkt man die Qualität der damaligen Klingen, sicher eine Tortur. Denn weder Seife noch Öl waren als Einweichmittel bekannt; offenbar kannten die Friseure *(tonsores)* nur eine Vorbehandlung mit Wasser. Kein Wunder, dass man einen Friseur, der sein Handwerk sanft ausübte, wie Martial (6,52) über die Maßen lobte. Dennoch ließ man sich täglich rasieren. Nach dem Vorbild Kaiser Hadrians wurden vom 2.Jh. n. Chr. an Bärte wieder modern.

Was die Haartracht angeht, so ließen sich die Männer das Haar schneiden und modebewusste junge Männer ließen sich sogar Locken brennen, obwohl das ungeschorene Haar ursprünglich Zeichen des freien Mannes gewesen war. Selbstverständlich unterlagen auch die Frisuren der Frauen bestimmten Modeschwankungen, die sich meistens an der jeweiligen Mode des herrschenden Kaiserhauses orientierten.

Die Frisuren der Frauen waren allerdings einfallsreicher. Über die eher schlichte Knotenfrisur der augusteischen Zeit (↗173) und die aufwendigen Toupets der flavischen Zeit reicht die Vielfalt bis hin zu den stark ondulierten Frisuren der Gattinnen der severischen Kaiser (Wende 2./3.Jh. n. Chr.). Beliebt war das Blondfärben der Haare oder der Einsatz blonder Perücken aus germanischem Frauenhaar.

◀ Römische Porträtstatue einer Frau.
Zweite Hälfte des 1. Jh.s n. Chr. (Rom, Museo Capitolino)

Schmuck Als persönlicher Schmuck wurden von den Frauen Kämme oder Nadeln in den Frisuren getragen. Halsketten, Ringe und Fibeln (Gewandspangen) benutzten sowohl Männer als auch Frauen.

Freizeit, Spiele Römische Kinder spielten mit Rasseln und Puppen, Bällen, Reifen, Kreiseln und Sprungseilen, besonders beliebt waren Geschicklichkeitsspiele mit Nüssen. Spielzeug aus Ton findet sich manchmal in Gräbern. Die römische Jugend betätigte sich gern sportlich auf dem Marsfeld oder mit Schwimmen im Tiber. Auf dem Marsfeld fanden täglich Wagenrennen, Ringkämpfe, Ballspiele und Diskuswerfen statt. Danach besuchte man gerne die Thermen.

Zur täglichen Körperpflege ölte man sich ein und schabte den so gebundenen Schmutz ab. Parfüme wurden von Männern und Frauen gerne verwendet.

Auch bei den Erwachsenen waren Spiele beliebt. Verbreitet waren Würfel-, Knobel- und Brettspiele wie z.B. Mühle. Da man in der Großstadt Rom auch Spielhöllen kannte, gab es eine staatliche Reglementierung: Glücksspiele waren verboten. Auch konnte man Spielschulden nicht einklagen.

Theater Unter den öffentlichen, in der Regel kostenlos zugänglichen Veranstaltungen hatten die Theateraufführungen die größte Bedeutung. Die Begeisterung des römischen Publikums war groß. Schon in der Nacht vor

▼ Schmuckensemble aus einem Mädchengrab (Bonn). Halsketten, Arm- und Ohrringe. Gold, Almandine, Gagat. Länge der Almandinkette 38,7 cm, Durchmesser des Gagatarmrings 4,7 cm. Zwischen 250 und 275 n. Chr. (Rheinisches Landesmuseum Bonn)

▲ Der römische Aquädukt in Segovia (Spanien). Leistungsfähige Aquädukte waren die Grundlage für die Versorgung der Großstädte und für die römische Thermenkultur.

▼ Spielende Kinder. Römisches Sarkophagrelief. (Rom, Lateran-Museum)

der Aufführung füllten sich die Sitzreihen, und da überdies die Aufführungen viele Stunden dauerten, brachten sich viele Zuschauer Essen und Trinken mit. Bei Tage musste man sich, da die Theater nicht überdeckt waren, durch einen Schirm gegen die Sonne schützen, falls nicht große Sonnensegel aufgespannt wurden.

Der erste steinerne Theaterbau in Rom war das Theater des Pompeius (55 v. Chr.), das etwa 10000 Sitzplätze hatte (↗198; zum Vergleich: Der große Saal der modernen Pariser Opéra-Bastille hat 2700 Sitzplätze). Sicher lässt sich aus der Tatsache, dass uns von der Bühnendichtung der Römer nur die Komödien des Plautus und Terenz erhalten sind, auf die Vorliebe des Publikums rückschließen. Es wurde übrigens bei weniger guten Leistungen der Schauspieltruppe *(grex)* gejohlt und gepfiffen, andererseits gab es auch bezahlte Beifallschreier. Der Beruf des Schauspielers war nicht besonders angesehen.

Zirkusspiele Befremdlich wirkt aus heutiger Sicht das Geschehen in den römischen Zirkusarenen, wenigstens soweit es die Gladiatorenspiele *(munera gladiatoria)* betraf. Schon am Abend vor dem Kampf wurde die Kaserne der Gladiatoren geöffnet, und man konnte die Kämpfer bei ihrer Henkersmahlzeit *(cena libera!)* besichtigen. Nach dem Einzug in die Arena richteten sich die Gladiatoren an den Kaiser: »*Ave Imperator, morituri te salutant!* Heil Dir Imperator, die Todgeweihten grüßen Dich« (Suet. Claud. 24)! Während des Kampfes sparte das Publikum nicht mit anfeuernden Zurufen. Wurde nicht ernsthaft gekämpft oder schienen sich die Kämpfer verabredet zu haben, so peitschte man sie aus. Auch brach das Publikum in Triumphschreie aus, wenn der Gladiator, auf dessen Gegner man gewettet hatte, zu taumeln begann: »*habet*«. Wenn einer der Kämpfer nicht tot, sondern bloß kampfunfähig war, hing sein Leben von der Gunst des Publikums oder später auch des Kaisers ab: Winkte man mit den Taschentüchern, durfte der Verwundete leben bleiben, streckte man dagegen den Daumen nach unten, so musste er sterben. Aber es gab auch Gladiatorenspiele ohne Überlebende *(munera sine missione)*, bei denen für den Gefallenen stets ein neuer Kämpfer eintrat.

Beliebt waren auch echte Nachbildungen berühmter Szenen aus Sage und Literatur: Herkules wurde auf dem Scheiterhaufen verbrannt, Ikarus fiel vor den Augen der Zuschauer in die Arena und blieb mit zerschmetterten Gliedern liegen. Den Räuberhauptmann Laureolus kreuzigte man und ließ ihn dann noch zum Schluss von einem wilden Tier zerreißen. Auch wer an einer Tierjagd *(venatio)* beteiligt war und (oft mit bloßen Händen) gegen Löwen und Tiger kämpfen musste, hatte keine Chance zu überleben. Hierbei handelte es sich gewöhnlich um zum Tode verurteilte Verbrecher, deren Hinrichtung man zum Vergnügen des jubelnden Publikums in der Arena vollzog. Aber auch religiös Andersdenkende wie die Christen starben hier. Im Jahre 404 n. Chr. wurden die Gladiatorenspiele generell verboten.

▼ Römische Öllampe mit Darstellung von Gladiatoren

▲ Probe eines Satyrspiels. Mosaik aus Pompeji. ca. 62 – 79 n. Chr. Im Vordergrund rechts sitzt der Chorführer; er hält eine Frauenmaske der Tragödie in der Hand, daneben die Maske eines Silens. Vor dem Chorführer zwei Schauspieler in Fellröcken.

▶ Das römische Theater in Arausio (Orange). 2. Jh. n Chr.

▲ Der Innenraum des Kolosseums

▼ Rennen leichter Viergespanne im Circus. Zwischen diesen Reiter als Schrittmacher. In der Mitte die in zwei Felder aufgeteilte Spina mit Rundenanzeigern. An den beiden Enden je drei Säulen als Wendemarken. Links Zuschauertribüne. Mosaik 3. Jh. n. Chr.
(Lyon, Musée de la Civilisation Gallo-Romaine)

Wagenrennen Viel eher nachvollziehbar sind für uns die Wagenrennen, die der Ädil oder ein anderer für die Organisation der Spiele zuständiger Beamter durch Schwenken eines gestärkten Taschentuches startete. Diese Rennen wurden von Klubs veranstaltet, die man nach Farben benannte: Rot, Grün, Weiß und Blau. Von den Wagenlenkern, die mit einem Metallhelm geschützt und mit einer durch Lederriemen gesicherten Tunika bekleidet waren, siegte gewöhnlich derjenige, der die beiden Wendemarken *(metae)* am engsten und geschicktesten umfahren konnte.

Der von Caesar neu errichtete und später oft erweiterte, heute nur teilweise erhaltene Circus Maximus erlebte hauptsächlich Wagenrennen. Später bauten die Kaiser zur Unterhaltung ihrer Untertanen, die nur Brot und Spiele (*panem et circenses*, Iuv. 10, 81) wollten, eigens für Gladiatorenspiele bestimmte Amphitheater, deren Rundform eine engere Teilnahme der Zuschauer an den Vorgängen in der Arena ermöglichten. Das bekannteste, das Amphitheatrum Flavium – seit dem Mittelalter Kolosseum genannt –, hatte 50000 Sitzplätze (↗205).

In der Kaiserzeit fanden bis zu 100 Rennen am Tage statt, wofür eigens die Anzahl der Bahnrunden (568 m) pro Rennen auf fünf (vorher waren es sieben) verringert werden musste. Der Gotenkönig Totila bestritt im Jahre 549 n. Chr. die letzte Wettfahrt.

Begräbnis Beim Begräbnis legte die römische Nobilität großen Wert darauf, die Vornehmheit ihrer Familie zur Schau zu stellen (↗22), während die Angehörigen der unteren Schichten ihre Toten ohne Aufwand aus dem Haus brachten. Man schloss dem Verstorbenen die Augen und bahrte ihn eine Zeit auf, wie es auch heute noch üblich ist. Die Totenklage begann damit, den Verstorbenen beim Namen zu rufen, um sich des eingetretenen Todes zu vergewissern. Die griechische Sitte, ihm eine kleine Münze in den Mund zu legen, damit er die Fahrt über den Unterweltsfluss Styx beim Fährmann Charon bezahlen konnte, war weit verbreitet. Die Römer kannten beide Formen des Begräbnisses: In der republikanischen Zeit und im 1. Jh. n. Chr. überwog die Feuerbestattung, vom 2. Jh. n. Chr. an die Beerdigung. Die Gräber und die Aufbewahrungsplätze für die Urnen mussten außerhalb der Stadt liegen, wie bereits das Zwölftafelgesetz vorschrieb. So kam es zu der Sitte, die Grabmäler – die der reichen Leute waren prunkvoll gebaut und ausgestattet – an die Ränder der Ausfallstraßen zu setzen. Dies trug wesentlich dazu bei, das Andenken an die Toten zu bewahren. Nach der Beisetzung versammelten sich die Angehörigen zu einem Essen. Hieran schlossen sich Opfer zur Beruhigung der Geister der Toten an und die kultische Reinigung der Familienangehörigen durch bestimmte Opferhandlungen; denn die Berührung einer Leiche machte unrein.

Das römische Germanien

1. *Historischer Überblick*

Die Ergebnisse zahlloser Grabungen in allen ehemaligen Provinzen des *imperium Romanum* haben viele Hinweise auf das Leben der Provinzbewohner und im übertragenen Sinn auch auf die Römer selbst gegeben. Eine systematische Erforschung der Provinzen begann in vielen Ländern bereits zum Ende des 19. Jahrhunderts. So erzielt die Untersuchung der Römerzeit jedes Jahr Fortschritte, die wie bei einem Mosaik oder Puzzle ein zunehmend farbenreiches Bild der damaligen Lebensumstände ergeben.

Die frühesten römischen Hinterlassenschaften in Deutschland können bisher erst mit den Germanenkriegen des Augustus in Verbindung gebracht werden. Archäologische Belege für die Kriege des Julius Caesar fehlen dagegen immer noch, obwohl die römischen Truppen durch die Kriege in Gallien immer stärker auch mit germanischen Heeresabteilungen in Germanien zusammengestoßen waren. Um den einfallenden Germanen die Kampfbereitschaft und Leistungsfähigkeit der römischen Truppen zu demonstrieren, ließ Caesar sogar - wahrscheinlich im Neuwieder Becken - zweimal eine hölzerne Brücke über den Rhein schlagen (55 und 53 v. Chr.). Jedesmal wurden sie nach nur wenigen Tagen wieder abgebrochen. Caesar dachte noch nicht an einen Ausbau der römischen Herrschaft in diesem Gebiet. Dies geschah erst in der augusteischen Zeit.

Nach den verheerenden Kriegen Caesars gegen die Eburonen im heutigen Belgien (53 - 51 v. Chr.) siedelte M. Agrippa (39/38 v. Chr.) die romtreuen Ubier vom rechten Rheinufer in der Kölner Bucht an. Das Moseltal wurde früh von den Römern okkupiert. Ab 30 v. Chr. war der Petrisberg oberhalb von Trier von den Römern besetzt. Ein direkter Weg von Oberitalien aus nach Süddeutschland wurde durch den Alpenfeldzug (15 v. Chr.) der beiden Stiefsöhne des Augustus, Drusus und Tiberius, geschaffen. Militärstationen wie z. B. das Legionslager bei Dangstetten am Oberrhein zeugen von diesen Kriegen. 16 v. Chr. erlitt der römische Feldherr Lollius gegen die germanischen Chatten eine schwere Niederlage, bei der sogar ein Legionsadler verlorenging. Die nachfolgende römische Offensive ab 12 v. Chr. gipfelte 8 v. Chr. in der Deportierung von ca. 40000 Angehörigen des rechtsrheinischen Germanenstammes der Sugambrer durch Tiberius ins Umland von Xanten. Im ehemaligen Siedlungsgebiet der Sugambrer in Westfalen dienten das römische Zweilegionenlager in Oberaden (11 - 8/7 v. Chr.) und ein dazugehöriges Nachschublager bei Beckinghausen/Lünen an der Lippe als Hauptquartier. Bei Lahnau / Waldgirmes (1. Jahrzehnt n. Chr.) entstand bereits eine römische Ansiedlung mit zivilem Charakter. Im Zentrum der gefestigten Anlage befand sich ein Forumsplatz mit Basilika, wie es von italischen Städten bekannt ist.

Gleichzeitig stießen die Römer auch von Mainz aus in die Wetterau vor. In das nur dünn besiedelte Land entlang des Oberrheins wurden zwischen 10 und 8 v. Chr. im Raum Speyer die germanischen Nemeter und im Elsass und in der Pfalz die Triboker und Vangionen angesiedelt. Die Neckar-Sueben *(Suebi nicretes)* dienten ab 20 n. Chr. am mittleren Neckarlauf als eine Art vorgezogene Grenzsicherung. Zwischen 7 u. 1 v. Chr. wurde der germanische Stamm der Hermunduren im heutigen Thüringen angesiedelt, um die Nordgrenze der römischen Provinz Rätien zu sichern. Im Jahre 6 n. Chr. bereiteten die Römer einen Angriff gegen die Markomannen in Böhmen vor. Ein Lager dieser Zeit konnte bei Marktbreit am Main (Unterfranken) entdeckt werden. Ein Aufstand im pannonisch-dalmatinischen Raum (Balkan) verhinderte die Durchführung dieser Pläne.

Der Versuch, ganz Germanien bis zur Elbe zu einer römischen Provinz zu machen, wird durch mehrere römische Schriftsteller belegt (z. B. Tacitus, *Germania*). Archäologische Zeugnisse sind z. B. die römischen Anlagen in Haltern und Anreppen an der Lippe sowie der erst seit 1987 bekannte Fundplatz von Kalkriese bei Osnabrück. Zahlreiche Ausrüstungsstücke des römischen Militärs und Münzen zeugen hier von den Auseinandersetzungen der Römer und Germanen.

Die Römer führten in Germanien bereits ihre Rechtssprechung ein und man sprach von einer fast tributpflichtigen Provinz (Velleius Paterculus 2, 97), als der Versuch, einen *census* bei den Germanen durchzuführen, mit der Varus-Niederlage von 9 n. Chr. endete. Alle römischen Träume auf eine große Provinz *Germania* waren damit zerstört. Zwar folgten noch einige Rachefeldzüge unter Germanicus, aber 16 n. Chr. schrieb der nach dem Tod des Augustus (14 n. Chr.) an die Macht gekommene Tiberius die Rheingrenze im Norden praktisch fest.

Große Gebietsgewinne auf rechtsrheinischem Gebiet konnten aber Kaiser Vespasian (69 - 79 n. Chr.) und seine Söhne Titus (79 - 81 n. Chr.) und Domitian (81 - 96 n. Chr.) verzeichnen. So wurde die Wetterau wieder unter römische Herrschaft gebracht und das obere Neckarland erobert. Unter Titus wurde die Donau überschritten. Zum Schutz dieser Gebiete befestigten die Römer die Grenze zu den Germanen immer stärker.

2. *Die Grenzsicherung durch den Limes*

Lager und Befestigungen Von der Nordsee bis zum heutigen Ort Rheinbrohl (bei Koblenz) bildete der Rhein die Grenze zu den Germanen. Von diesem Punkt aus markierte zuerst nur ein Grenzweg *(limes)* das Territorium der römischen Provinz bis zum Main und Neckar und dann weiter zur Donau. Dieser sog. Obergermanisch-rätische Limes unterlag im Laufe der römischen Kaiserzeit einigen Änderungen.

Die Aufteilung der Legionen war im Wesentlichen schon zu Zeiten der augusteischen Germanenkriege vorgenommen worden. Eine Kette von Legions- und

▸ Bodenprofil eines römischen Spitzgrabens vor einem der Lager in Haltern (Westfälisches Römermuseum, Haltern)

Auxiliarlagern sicherte im frühen 1. Jh. n. Chr. die linksrheinische Seite mit den Standorten Xanten, Moers-Asberg, Neuss, Mainz und anfangs auch Augsburg. Die wichtigsten Legionslager waren am Rhein gegenüber von Flussmündungen errichtet worden, die ins Innere Germaniens führten. So befand sich das Lager *castra vetera* bei Xanten gegenüber der Lippe. Von Neuß *(Novaesium)* aus konnten die Mündungen der Wupper und Düssel und von Mainz *(Mogontiacum)* aus der Main überwacht werden. Später wurden die Legionen Unter- und Obergermaniens in Xanten, Neuss, Bonn *(Bonna)*, Mainz, Straßburg *(Argentorate)* und Windisch/Schweiz *(Vindonissa)* ansässig. Zwischen diesen Legionsfestungen lagen zahlreiche Auxiliarlager.

Bis zum Jahr 69 n. Chr. verlief die römische Grenzpolitik eher defensiv. Während der Thronwirren dieses Jahres wurden sogar Truppen vom Rhein abgezogen. Aufstände der einheimischen Bevölkerung und einfallende Germanen brachten daher die römische Ordnung ins Wanken. Kaiser Vespasian musste die Provinzsicherung neu aufbauen. Sein Sohn Domitian führte schließlich 83 - 84 n. Chr. einen erbitterten und verlustreichen Kampf gegen die germanischen Chatten, die im Raum des heutigen Kassel und Fritzlar siedelten. Zur Sicherung des Nachschubes der eigenen Truppen ließ er breite Schneisen *(limites)* in die Wälder schlagen, die von römischen Einheiten bewacht wurden. Gegen Ende der Herrschaft des Domitian war der Verlauf des Limes im Hochtaunus und in der Wetterau, am Main und am Neckar vorgegeben. Der sog. Odenwaldlimes verband Main und Neckar. Auch in Rätien schob Domitian die Grenze vor. Die Gebiete am oberen Neckarlauf und die Schwäbische Alb waren erobert und zunächst nur durch eine Kette von Lagern gesichert worden.

Der Aufbau des Limes Der Aufbau des Obergermanischen und des Rätischen Limes lässt sich in vier Bauphasen untergliedern:

1. Zuerst wurde nur ein einfacher Grenzweg *(limes)* von Posten auf Holztürmen aus überwacht.

2. Unter Kaiser Hadrian (117 - 134 n. Chr.) wurde eine Holzpalisade vor dem Weg angelegt.

3. Die zunächst in Fachwerk errichteten Türme wurden ab Mitte des 2. Jh.s n. Chr. aus Stein gebaut.

4. Erst im späten 2. Jh. n. Chr. und zu Beginn des 3. Jh.s n. Chr. wurden zwischen Begleitweg und Palisade ein Wall und ein Graben angelegt. In Rätien errichtete man anstelle der Holzpalisade sogar eine 3 - 4 m hohe Bruchsteinmauer.

In seiner letzten Ausbauphase lagen mehr als 60 Kastelle und über 900 Wachtürme entlang des Limes. An vielen Orten sind heute noch Gräben oder zusammengestürzte Mauern zu sehen. Neben einigen Wachtürmen sind Befestigungen wie z. B. die Saalburg in der Wetterau vollständig oder zumindest teilweise wiederaufgebaut worden.

▼ Obergermanischer Limes mit Palisade, Wall und Graben. Rekonstruktion

▼ Rätische Limes-Mauer. Rekonstruktion

▲ Die Luftaufnahme zeigt Reste des römischen Limes beim Haghof (Baden-Württemberg)

▶ Limes-Schild

Der Limes diente nicht in erster Linie zur Abwehr größerer kriegerischer Verbände, sondern eher als Frühwarnsystem zur Benachrichtigung der flexiblen Truppen in den Kastellen und Legionsfestungen im Hinterland. Auf einen eher friedlichen und kontrollierten Grenzverkehr verweisen Durchgänge im Limes wie in Dalkingen auf der Schwäbischen Alb.

Das Ende des Limes Nachdem die Alamannen 259/260 n. Chr. und die Franken 275/276 n. Chr. ins Reichsgebiet eingedrungen waren, wurde der Limes wieder hinter den Rhein zurückgenommen und die Linie Rhein, Bodensee, Iller und Donau befestigt. Diese konnten die Römer noch bis 401 n. Chr. halten. In diesem Jahr wurden die römischen Truppen nach Italien abberufen.

3. *Die römischen Provinzen: Belgica, Unter- und Obergermanien und Rätien*

Geografie und Bevölkerung Die heutigen Staatsgrenzen decken sich selbstverständlich nicht mehr mit den ehemaligen Provinzgrenzen. Die Römer orientierten sich mehr an natürlichen Landmarken wie Flüssen und Gebirgen. Sie nahmen aber auch auf alte Stammensgrenzen Bezug. Insgesamt liegen Gebietsteile von vier römischen Provinzen innerhalb der Landesgrenzen der heutigen Bundesrepublik Deutschland.

Die römische Provinz *Belgica* lag auf Gebietsteilen Nordfrankreichs, Luxemburgs, Belgiens, von Rheinland-Pfalz sowie des Saarlandes. Zwischen 85 und 90 n. Chr. wurden die beiden germanischen Provinzen eingerichtet. Die *Germania inferior* umfasste damals Teile der heutigen Niederlande zwischen Rhein und Maas, Teile Belgiens und das linksrheinische Nordrhein-Westfalen sowie Teile von Rheinland-Pfalz bis in die Höhe von Koblenz und Remagen. Die Provinz *Germania superior* schloss sich an die Südgrenze Niedergermaniens bei Remagen an und setzte sich aus Teilen von Rheinland-Pfalz, Hessens, großen Teilen Baden-Württembergs, der Westschweiz bis zum Genfer See und dem Elsass zusammen. Im ersten Jahrhundert standen die beiden germanischen Provinzen noch unter Militärverwaltung. Die Zweiteilung folgte der Heeresverwaltung ab 14 n. Chr., nach der es ein *exercitus inferior* und ein *exercitus superior* gab.

Raetia befand sich schon nach den Alpenfeldzügen ab 15 v. Chr. bis zur Donau hin weitgehend in römischer Hand. Zur eigenständigen Provinz wurde das Gebiet des heutigen Bayern zwischen Alpen, Donau und Inn mit Teilen von Nord- und Südtirol sowie Vorarlberg erst unter Kaiser Claudius. Unter den flavischen Kaisern kamen noch Gebiete am oberen Neckar und auf der Hochfläche der Schwäbischen Alb hinzu.

Hauptorte der Provinzen waren in Niedergermanien Köln (*Colonia Claudia Ara Agrippinensium* oder einfach CCAA, wie die Römer es abkürzten), in Obergermanien Mainz *(Mogontiacum)* und Augsburg in Rätien (*Augusta Vindelicum*, später *Municipium Aelium Augusta*). Trier *(Colonia Augusta Treverorum)* wurde erst im 3. Jh. n. Chr. Hauptstadt der *Belgica*.

Eine neue Organisation der Reichsverwaltung erfolgte unter Kaiser Diokletian (284–305 n. Chr.). Untergermanien, jetzt *Germania secunda* genannt, wurde im Nordwesten bis zur Schelde hin vergrößert. Obergermanien, nun *Germania prima*, und die *Belgica (Belgica prima)* blieben etwa gleich groß. *Raetia* wurde in zwei Provinzen, *Raetia I* und *II* aufgeteilt.

Die einheimische Bevölkerung dieser vier Provinzen bestand hauptsächlich aus keltischen, aber auch germanischen Stämmen. Während die Germanen vorwiegend in Einzelgehöften siedelten, trafen die Römer bei den Kelten auch größere Siedlungen *(oppidum)* an, die häufig in späteren römischen Siedlungen aufgingen.

Die Bedeutung für Rom Wichtig für die Römer war zuerst der militärische Aspekt einer sicheren Grenze im Osten, um germanische Übergriffe abwehren zu können. Die Ebenen entlang des Rheins und seiner Nebenflüsse waren teilweise sehr fruchtbar und schon seit Hunderten von Jahren wurde hier Getreide angebaut. Auch die Viehzucht war weit entwickelt. Der Rhein war dabei nicht nur ein Grenzfluss, sondern auch der wichtigste Transportweg. Das Land war nicht besonders reich an Bodenschätzen, doch wurden kleinere Kupfer-, Eisen-, Blei-, Zink-, Silber- und Goldvorkommen ausgebeutet. Im Aachener Raum baute man sogar schon Steinkohle ab. Beim Bau öffentlicher Gebäude waren Steine und Kalk für den Mörtel notwendig. Die hierfür nötigen Steinbrüche gehörten meist dem Kaiser und wurden sogar von Legionsabordnungen betrieben, so etwa auf dem Drachenfels bei Königswinter.

Zur Erholung standen den badebegeisterten Römern in Germanien zahlreiche Thermalquellen zur Verfügung. Bäder bauten sie in Aachen *(Aquae Grannae)*, Wiesbaden *(Aquae Mattiacorum)* und Baden-Baden *(Aquae)* aus.

4. *Verwaltung der Provinzen*

Die Verwaltung der Provinzen war stark vom Militär geprägt. Auch nach Einführung einer Zivilverwaltung blieb der Einfluss des Militärs groß. In den Provinzen Unter-, Obergermanien und *Belgica* übte ein Statthalter senatorischen Ranges *(legatus Augusti pro praetore)* die Funktionen des Statthalters aus. *Raetia* wurde von einem *procurator* (Angehöriger des Ritterstandes) verwaltet. Erst ab 179 n. Chr. wurde Rätien zu einer kaiserlichen Provinz, der ein *legatus Augusti pro praetore* vorstand. In Regensburg *(Castra Regina)* wurde eine Legion stationiert. Neben der Zivilverwaltung übte der Statthalter die Straf- und Zivilgerichtsbarkeit über alle Provinzialen aus. Auch die Legionen seiner Provinz unterstanden ihm. Die Angehörigen der Verwaltung *(officium)* waren meist Offiziere und Soldaten der Truppe.

Die Finanzverwaltung der *Belgica* und der beiden Germanien überwachte ein Prokurator mit Amtssitz in Trier. Öffentliche Ausgaben wurden weitgehend durch verschiedene Steuereinkünfte bestritten. Hauptsächlich trug die Provinzbevölkerung die Last. Im Laufe der Zeit wurde durch die Schaffung von *civitates* den einheimischen Stämmen eine gewisse Eigenständigkeit im Rahmen der Selbstverwaltung zugestanden, doch kontrollierte ein römischer Präfekt die Verwaltung und besonders die Steuerpflicht. Ab dem 2. Jh. n. Chr. übernahmen in verstärktem Maße angesehene Einheimische diese Funktion. Die *civitas* umfasste gewöhnlich ein Stammesgebiet mit einem Zentralort. Die *civitates* konnten noch durch Gaue *(pagus)* weiter untergliedert sein. Verschiedene *civitates* sind heute bekannt. So hatten in Niedergermanien beispielsweise die *civitas Ubiorum* mit dem Hauptort Köln und die *civitas* der Cugerner bei Xanten ihre Wohnsitze. Trier war der Vorort der *civitas Treverorum.*

5. *Leben in den Städten und größeren Siedlungen*

Neben den Lagern und Kastellen entstanden die ersten römischen Siedlungen von Handwerkern, Händlern und Angehörigen der Legionäre. Teilweise entwickelten sich aus diesen unter Militärverwaltung stehenden kleinen Dörfern bedeutende Orte, so etwa Heidelberg und Mainz.

Colonia Die höchste Rechtsform, die einem Gemeinwesen im römischen Imperium verliehen werden konnte, war der Rechtstitel einer *colonia.* Auf dem heute deutschen Gebiet existierten nur drei *coloniae,* nämlich Köln (*Colonia Claudia Ara Agrippinensium* – 49 n. Chr.), Xanten (*Colonia Ulpia Traiana* – um 100 n. Chr.) und Trier (*Colonia Augusta Treverorum* – vermutlich unter Kaiser Claudius). In diesen Städten lebten überwiegend römische Bürger *(cives),* allerdings auch Freie ohne Bürgerrecht *(peregrini; incolae).* Viele *veterani* siedelten sich hier nach dem Dienst in der Legion an. Die *coloniae* waren aus der Militärverwaltung herausgenommen und unterstanden direkt dem *legatus Augusti.* Die hier ansässigen *cives* konnten Grundbesitz erwerben und waren von der Grundsteuer befreit. Die Stadtgemeinde verwaltete sich selbst.

Municipium und vicus Eine weitere Form eines Gemeinwesens war das *municipium.* Zwar gab es auch eine eigene Verwaltung, doch keinerlei Steuervorteile. Auch hier lebten *cives* und *incolae.* Bekannte Municipien sind etwa Rottweil am Neckar, das, wie sein antiker Name *Arae Flaviae* zeigt, dem Kaiserkult der flavischen Kaiserfamilie zugedacht war, und Augsburg, das unter Kaiser Hadrian (117 – 138 n. Chr.) zum *Municipium Aelium Vindelicum* erhoben wurde.

Kleinstädte oder Dörfer *(vicus)* wurden von den *coloniae* oder *municipia,* auf deren Gebiet sie lagen, mitverwaltet. *Magistri* oder *curatores* übernahmen die Verwaltungskontrolle. Gebiete um die Lager und Kastelle am Limes blieben weiterhin unter Militärverwaltung und damit auch die Siedlungen bei den Lagern.

Die Romanisierung In den germanischen und gallischen Provinzen kam es durch das Zusammentreffen der römischen und einheimisch-keltischen Lebensweise

▲ Modell der Colonia Augusta Treverorum. Die Römerstadt bildet den Kern des heutigen Trier. Blick nach Osten auf die Stadtanlage

▶ Plan der Colonia Augusta Treverorum

- römische Stadtmauer
- römische Straßenanlage
- wichtige Bauten
- röm. Besiedlung (bis etwa 50 n. Chr.)

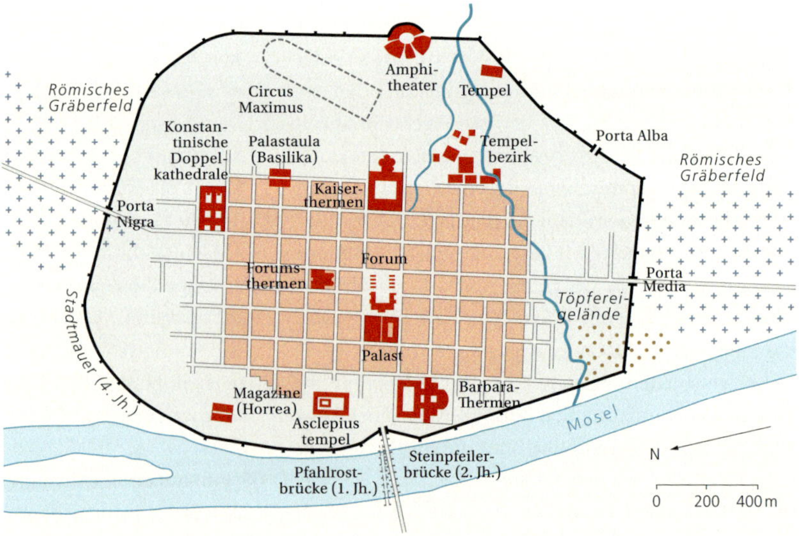

zu einer neuen, typischen Mischkultur, der gallo-römischen Kultur. Entscheidend für die Festigung der römischen Herrschaft war der konsequente politische und technische Ausbau der Provinzen durch die Römer bei gleichzeitiger Tolerierung der einheimischen kulturellen Traditionen.

Dazu kamen mit dem Militär Italiker und Auxiliartruppen aus allen Teilen des römischen Reiches. Für Mainz sind bereits im 1. Jh. n. Chr. Truppeneinheiten aus Gallien, Thrakien, Pannonien, Dalmatien, aus Noricum, Rätien, Spanien und dem Orient belegt. Sie alle brachten ihre Sprachen, Sitten und Gebräuche und natürlich auch ihre Götter mit. Mit Ausnahme der für alle verbindlichen Verehrung des *Iuppiter optimus maximus* und des Kaisers in Form eines regelrechten Kultes herrschte Toleranz in religiösen Belangen. Für die Verehrung des jeweilig herrschenden Kaisers und seiner Angehörigen wurden in den meisten *civitates* Kultzentren geschaffen, so z. B. die *ara apud Ubiorum* in Köln.

Die Legionslager und die *coloniae* trugen besonders zu einer schnellen Romanisierung bei. Auf dem Lande hielt man dagegen lange an alten Traditionen fest. Obwohl natürlich Latein die Verwaltungssprache war, wird mit Ausnahme der einheimischen Oberschicht kaum jemand diese Sprache gesprochen haben. So nennen viele Grabsteine noch in späterer Zeit keltische oder germanische Namen.

Stadtanlage und öffentliche Gebäude Die archäologische Erforschung römischer Städte ist deshalb so schwierig, weil auf den meisten römischen Siedlungen die mittelalterlichen und neuzeitlichen Städte wuchsen. In Regensburg liegen bis zu 5 Meter und in Augsburg bis zu 7 Meter Schutt nachfolgender Städte über den römischen Siedlungsschichten. Xanten wurde nicht überbaut und bietet damit die seltene Gelegenheit, eine römische Stadt vollständig zu erforschen.
Das Grundschema jeder größeren römischen Stadt folgte im Wesentlichen dem Grundriss eines römischen Militärlagers (↗63). Die Stadtquartiere *(insulae)* ergaben sich aus einem rechtwinklig angelegten Straßenraster. Köln besaß über 70 solcher Baublöcke auf einer Fläche von ca. 97 Hektar. Wie in einem Legionslager gab es zwei Hauptstraßen, die sich etwa in der Mitte des Ortes kreuzten *(cardo maximus und decumanus)*. Häufig waren diese Straßen – dem Vorbild italischer Städte nachempfunden – von Säulenreihen *(porticus)* gesäumt. Hier in den nördlichen Regionen dienten sie aber eher als Schutz vor Regen als vor der Sonne. Im Schnitt-

▼ Gallo-römischer Tempelbezirk von Cambodunum (Kempten)

punkt der beiden Hauptstraßen befand sich der Marktplatz *(forum)* mit wichtigen öffentlichen Bauten, wie der Ratsversammlung *(curia)* und dem Haupttempel der Stadt, dem *capitolium*, das den Göttern Jupiter, Juno und Minerva geweiht war (↗72 f.). Weitere Tempel konnten im Stadtgebiet verteilt sein. Die äußere Form der Kultbauten folgte bei römischen Gottheiten meist dem italischen Vorbild eines Tempels mit Säulenfront und dreieckigem Giebel. Keltischen Gottheiten baute man meist viereckige Tempel mit einem äußeren Umgang und einem zentralen Innenraum. Diese sog. gallo-römischen Umgangstempel sind von vielen Orten bekannt. Ein größerer Tempelbezirk ist aus Trier-Altbachtal bekannt. In Kempten/Allgäu wurde ein kleinerer Bezirk wieder aufgebaut (↗237).

Thermen durften in der Stadt natürlich nicht fehlen. Sie sind in verschiedener Größe und Ausstattung in vielen Orten entdeckt worden. Zeugen besonderer Größe und Pracht sind die Kaiser- und die Barbarathermen in Trier (↗236). Beeindruckende Reste großzügiger Badeanlagen wurden in jüngster Zeit auch am Limes nördlich der Donau in Weißenburg freigelegt. Diese Thermen standen der Besatzung des benachbarten Kastells zur Verfügung. Ebenso wie in Rom (↗205 f.) trugen sie auch in den Garnisonen wesentlich zur Hygiene, zur Förderung der Gesundheit und zur Unterhaltung ihrer Besucher bei.

Auch ein Amphitheater und ein szenisches Theater gehörten zum Erscheinungsbild einer größeren römischen Stadt. Das Amphitheater in Trier konnte

▼ Weißenburg. Luftbild der großen Thermen (Bauzustand des 3. Jh.s n. Chr.). Im Bildvordergrund die Fundamente der Sport- und Wandelhalle (*basilica thermarum*). Im Hintergrund das *caldarium* mit halbrunden Nischen, in denen sich beheizbare Wasserbecken befanden. In der Mitte Umkleideräume (*apodyteria*) und beheizte Räume (*tepidaria*). An der linken Seite der Anlage fast quadratische Kaltwasserbecken (*frigidaria*). Die Reste der Thermen wurden bis 1985 restauriert und anschließend durch einen darüber errichteten modernen Bau geschützt.

etwa 18000 Besuchern Platz bieten. In Xanten waren sogar zwei Amphitheater vorhanden. Eines diente wohl nur dem Militär vor der Stadt, während das andere für Bürger der Stadt gebaut worden war. In Mainz wurden Reste eines szenischen Theaters mit einer über 40 m langen Bühne ergraben. Der Zuschauerraum durchmaß 116 Meter. Sicher fanden auch in einigen Städten Wagenrennen im *circus* statt. In Trier gab es eine solche vermutlich etwa 500 Meter lange Anlage.

Stadtmauern und prächtige Stadttore hoben das Ansehen einer Stadt. Viele Städte bekamen aber erst gegen Ende des 2. oder zu Beginn des 3. Jh.s n. Chr. Stadtmauern zum Schutz gegen Germanenangriffe. So entstanden etwa in Laufenburg und Rottenburg eindrucksvolle Befestigungen. Stadttore sind noch in Regensburg *(porta praetoria)* und besonders monumental in Trier erhalten.

Die wichtigen *coloniae* bekamen, ihrem Rang entsprechend, eher Stadtmauern, so Köln um die Mitte des 1.

◀ Rekonstruierte Stadtmauern der Colonia Ulpia Traiana, davor Modell eines römischen Krans

▼ Die Porta Nigra in Trier (Ende des 2. Jh.s n. Chr.)

Jh.s n. Chr. und Xanten um 100 n. Chr. Große Teile der 3,9 Kilometer langen Mauer Kölns prägen noch heute das Stadtbild.

Die Statthalterpaläste in den Hauptstädten dürften große und prächtige Gebäude gewesen sein. Die Verwaltung hatte hier ihren Sitz. Gleichzeitig mussten dem Statthalter repräsentative Amts- und Wohnräume zur Verfügung stehen. Eine Vorstellung davon gibt das unter dem heutigen Kölner Rathaus liegende *praetorium* des niedergermanischen Statthalters.

Eine besondere Stellung unter den Städten nahm Trier mit seinen kaiserlichen Bauten des 3. und 4. Jh.s n. Chr. ein. Nach 275 n. Chr. wurde Trier weitgehend umgebaut. Private Wohnquartiere mussten öffentlichen Bauten weichen. Zwischen 289–340 n. Chr. entstanden so die Kaiserthermen, die Basilika und die kaiserlichen Paläste.

Privathäuser Erst die Römer führten in den nördlichen Provinzen den Steinbau ein. Vorher hatte man Häuser in der traditionellen Fachwerkbauweise errichtet. Doch nur öffentliche Bauten oder die Häuser Wohlhabender wurden aus Stein oder Ziegeln gebaut. Größe und Ausstattung der Privathäuser richtete sich schließlich auch nach dem Reichtum der Besitzer. Atriumhäuser vom italischen Typ (↗164) sind in den germanischen Provinzen selten.

Die Räume einer solchen Villa waren manchmal verschwenderisch ausgestattet. Nur wenige konnten sich eine so prächtige Stadtvilla *(villa urbana)* wie das Haus mit dem Dionysosmosaik in Köln leisten (↗185). Einen besonderen Luxus stellten die Bodenheizungen *(hypocaustum)* einiger Räume dar. Neben Wirtschaftsräumen und einer Küche konnten auch Baderäume und Toiletten zur Ausstattung gehören.

▼ Neuwied-Niederbieber. Das Auxiliarlager und sein Vicus um 200 n. Chr. Es sind nur dort Gebäude rekonstruiert, wo entsprechende Befunde dies nahelegen. Der ehemalige Vicus war sicherlich umfangreicher.

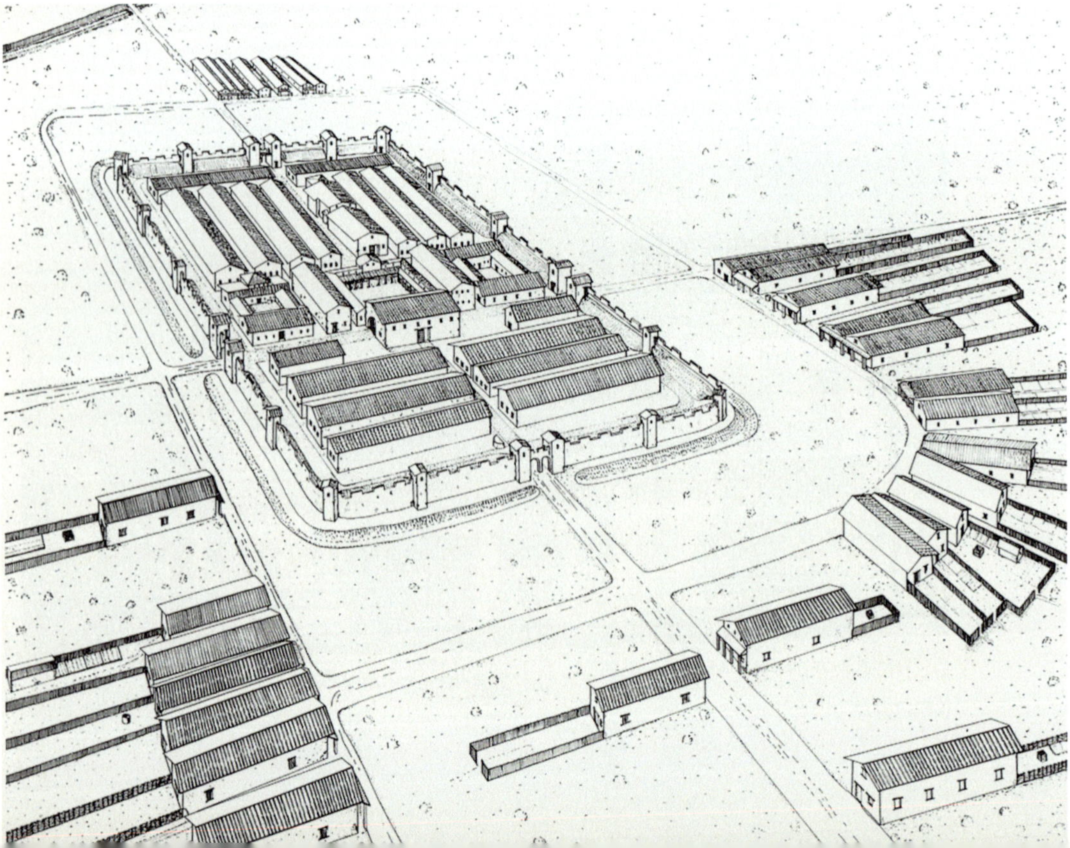

Die einfachere Bevölkerung dagegen lebte wesentlich bescheidener in meist zweigeschossigen Fachwerkhäusern, die auf Steinfundament errichtet waren. Da die Grundstücke gewöhnlich lang und schmal bemessen waren, richtete man die Häuser mit dem Giebel auf die Straße aus. Solche sog. Streifenhäuser sind z.B. aus Frankfurt-Heddernheim *(Nida)* oder dem Lagervicus des Auxiliarlagers Niederbieber bekannt.

In der Hausfront im Erdgeschoss war Platz für Läden oder Tabernen. Dahinter schlossen sich Küche, Wohn- und Schlafräume an. Die Inneneinrichtung war sehr schlicht. Wurden die Wände überhaupt bemalt, dann nur mit wenigen Zierstreifen auf weißem Grund. Geheizt werden konnten die Räume nur über die Kochstelle in der Küche. Im Hinterhof befanden sich Schuppen, Latrinen und auch Tiefbrunnen. Unter dem Haus war in manchen Häusern ein Keller aus Stein mit fester Treppe aufgemauert.

▼ Schema einer Hypokaustanlage.
1 Feuerungsraum,
2 Heizkanal,
3 Hypokaustpfeiler,
4 Suspensuraplatten (Ziegel oder Naturstein),
5 Fußboden,
6 Wandheizungsziegel (*tubuli*)

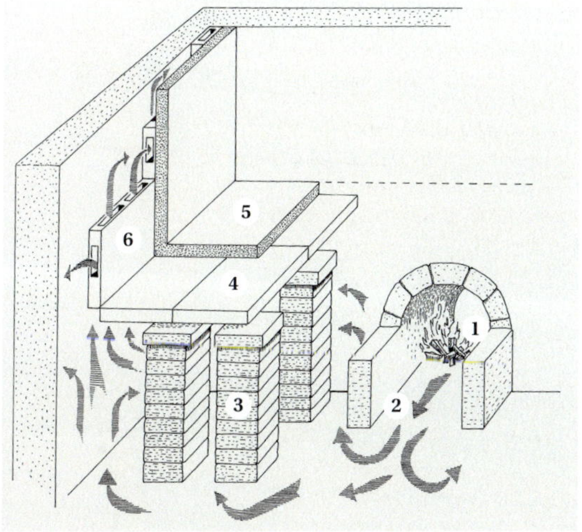

Wasser- und Abfallwirtschaft Man legte in römischen Städten größten Wert auf einwandfreie Wasserqualität. Teilweise wurden deshalb lange Aquädukte zur Versorgung der Großstädte angelegt.

Die umfangreichste Anlage stellt die fast 100 km lange Eifelwasserleitung zur Versorgung Kölns dar. In Mainz sind heute noch auf 600 m Länge die Pfeiler eines ehemals drei Kilometer langen Aquäduktes zu sehen, der Teilstück einer Wasserleitung war. Vor allem die Thermen benötigten viel Frischwasser. Private Anschlüsse über Holz-, Ton- oder Bleirohre konnten sich nur reiche Familien leisten. Für die einfachere Bevölkerung stellten öffentliche oder eigene Brunnen die Wasserversorgung sicher. Aber nicht nur die Versorgung, sondern auch die Entsorgung wurde in römischer Zeit geregelt.

Abwässer aus Privathäusern, aus den Thermen und Oberflächenwasser von den Straßen wurden über Kanäle aus der Stadt geleitet. In Köln ist heute noch eine solche Abwasserleitung, die zum Rhein führte, begehbar.

Auch des täglich anfallenden Abfalls versuchte man Herr zu werden. Wenn man den Müll nicht einfach im eigenen Garten vergraben wollte, so kippte man ihn in überwachten Mülldeponien ab. Auf diese Weise wurden die verlandeten Häfen in Köln und Xanten verkippt und später bebaut.

Handwerk und Handel Mit dem Militär kamen zahlreiche Handwerker und neue Berufssparten ins Land, die zunächst nur für die Legionen arbeiteten, dann aber mehr und mehr private Arbeiten übernahmen. Die Betriebe lagen daher dicht neben den Lagern. Wichtig waren vor allem Schmiede, Töpfer, Schreiner und Zimmerleute, Maler, Maurer, leder- und textilverarbeitende Betriebe, Bäcker, Metzger. Wurden die Siedlungen größer, so lagerte man aus Gründen der Feuergefahr Betriebe wie Schmieden, Töpfereien und Glasbläsereien in Gewerbegebiete aus. Entsprechende Beispiele sind aus Köln und Heddernheim bekannt. Es wuchsen aber auch regelrechte Siedlungen um bestimmte Betriebe herum.

In der Nähe reicher Tonvorkommen entstanden so die großen Töpfereibetriebe von Rheinzabern, wo etwa zwischen 130 n. Chr. bis zu den Alamanneneinfällen in Massenproduktion ein rotes Geschirr, das man heute *terra sigillata* nennt, hergestellt wurde. In arbeitsteiliger Organisation wurden der Ton aufbereitet, die Gefäße gedreht und gebrannt. Man produzierte unverzierte und verzierte Gefäße, wobei Letztere aus Formen gepresst wurden, die man vorher durch das Eindrücken von Bildstempeln dekoriert hatte. Durch Herstellerstempel in den Gefäßen sind bis heute über 90 Töpfereien in Rheinzabern nachweisbar. Diese Töpfereien arbeiteten hauptsächlich für den Fernhandel. Auch im rechtsrheinisch-germanischen Gebiet sind ihre Waren nicht selten anzutreffen. Ähnlich große Töpfereien sind aus Trier und in Rätien aus Westerndorf und Pfaffenhofen am Inn bekannt.

Handwerker standen im Sozialgefüge nicht sehr hoch. Meist waren es Freigelassene *(liberti)*, die entweder selbstständig oder im Auftrag ihres *patronus* arbeiteten. Sie konnten durchaus zu finanziellem Wohlstand kommen, durften aber keine Verwaltungsämter in der Gemeinde ausüben. Sie organisierten sich in *collegia*, so etwa die Bäcker im *collegium pistricorum* oder die Zimmerleute im *collegium fabrum tignariorum*.

Handel durfte jeder mit Ausnahme der Angehörigen senatorischer Familien treiben. Bereits im Zusammenhang mit dem Militär entstand ein umfangreicher Warenaustausch. Innerhalb des römischen Imperiums gab es aber Zollgrenzen, die einen Handel über weite Strecken nur bei besonderen Waren ertragreich machten.

So wurden vorzugsweise Oliven und Olivenöl, Fischsaucen, Wein, aber auch Trauben, Datteln, Feigen aus dem Mittelmeerraum, Pfeffer aus Indien sowie *terra sigillata* aus Oberitalien und Südgallien über lange Handelswege herangeschafft. Zum Schutz ihres Geschäftes hatten sich die Kaufleute als *negotiatores cisalpini et transalpini* mit Niederlassungen in Köln, *Aventicum* (Avenches / Schweiz), *Lugdunum* (Lyon) und *Aquincum* (Budapest) zusammengeschlossen. Die gallischen Provinzen mit der *Belgica*, Britannien, die beiden Germanien und Rätien bildeten zusammen einen Zollbereich. Warentausch innerhalb dieser Gebiete wurde nicht mit Zöllen belegt. Begünstigt wurden die Geschäfte zudem durch ein festes System aus Münz-, Maß- und Gewichtseinheiten. Über Inschriften auf Grabsteinen lassen sich so etwa Getreidehändler *(negotiator frumentarius)* oder Holzhändler *(negotiator lignarius)* nachweisen.
Besondere Produkte aus Köln waren Glaswaren, Elfenbein- und Bernsteinschnitzereien. Mit den Germanen

▶ Römisches Tischbein, gefunden im Legionslager Oberaden. (Haltern, Westfälisches Römermuseum)

◀ Luxuriöser römischer Glasbecher (sog. Diatretglas) aus Köln. Becher, Zierschrift und Ziergirlanden sind aus einem Stück. Das Schleifen eines solchen Gefäßes erforderte etwa 1 Jahr Arbeit.

wurde meist Tauschhandel getrieben. Zahlreiche Funde provinzialrömischer Waren rechts des Rheins bis an die Ostsee zeugen von diesem Handel. Die Germanen lieferten vorzugsweise Nahrungsmittel, Tierfelle, Bernstein, Frauenhaar für die Perücken der Damen in Rom (↗223) und wohl auch Sklaven.

6. *Leben auf dem Land*

Etwa drei Viertel der Provinzbevölkerung arbeitete auf dem Land. Als Arbeitskräfte fanden hier einheimisches Gesinde, Tagelöhner und seltener auch Sklaven ihr Auskommen. Die landwirtschaftlichen Betriebe *(villae rusticae)* wurden oft von *veterani* oder einheimischen Pächtern *(coloni)* als Familienbetriebe geführt. Da das gesamte Gebiet einer neueingerichteten Provinz zunächst kaiserlicher Besitz wurde, verpachtete man das Land oder gab Ländereien an Legionsveteranen ab. Die fällige Pacht bestand entweder aus Naturalabgaben oder Steuern an den kaiserlichen Fiskus.

Der Aufbau der Höfe orientierte sich oft an einem Grundmuster. Lage und Größe der Betriebe variierten je nach Bodengüte. Im Hambacher Forst bei Düren lagen die Höfe nur einen Kilometer voneinander entfernt. Durchschnittlich erreichten die römischen Betriebe eine Größe von 50 – 60 Hektar. Die Hofanlagen mit den Gebäuden der *villae rusticae* waren meist von einem Zaun umgeben. Oft erreichten die Höfe eine Fläche von einem Hektar. Das Zentrum bildete meist ein rechteckiges Haus mit einer überdachten Veranda zwischen zwei seitlich vorspringenden Flügeln. Häufig waren diese Häuser komfortabel ausgestattet.

Durch die Fußbodenheizung konnte meistens ein Teil der Räume beheizt werden. Mosaiken und Wandmalereien schmückten häufig einige Räume. Zum Betrieb gehörten oft Bäder, Unterkünfte für Bedienstete, Stallungen, Backöfen, Scheunen und Werkstätten wie Schmieden, Ölpressen, Mühlen und Webstühle. Ein Gemüse- und Obstgarten rundete die Anlage ab.

Die sozialen Unterschiede zwischen den Besitzern und dem Gesinde lassen sich oft auch an den außerhalb der Hofanlagen liegenden Gräbern ablesen. Neben schlichten Brandbestattungen entstanden oft aufwendige Anlagen wie die Grabkammer in Köln-Weiden (2/3. Jh. n. Chr.), in der neben Porträtbüsten auch ein Marmorsarkophag stand.

◂ Römische Reliefs zeigen handwerkliche Tätigkeiten und einen Winzer bei der Fahrt mit einem einachsigen Karren. (Landesmuseum Trier)

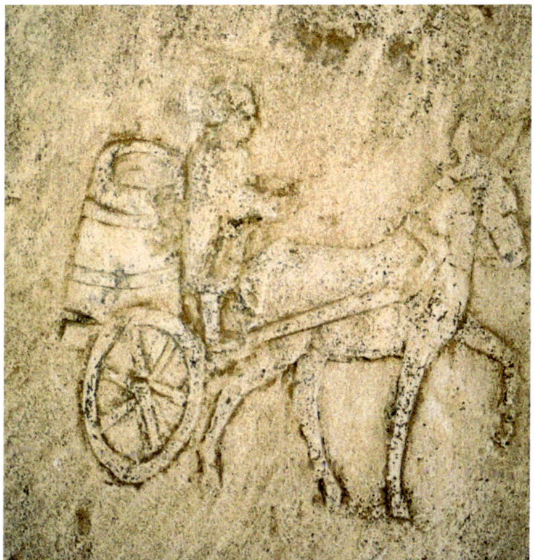

Existierten also durchaus soziale Unterschiede unter den Besitzern, so war allen Betrieben doch eines gemeinsam: Jeder Hof war eigenständig und versuchte von seinen eigenen Produkten zu leben. Die Landwirtschaft war bereits vor den Römern gut organisiert. Durch verbesserte Düngemethoden, wie Plaggen-, Mist- oder Mergeldüngung, Einsatz von besserem Saatgut, neuen Zuchttieren und von eisernem Werkzeug (Sensen, Sicheln, Messer, Pflugschar, Hacke, Spaten, Schafscheren) kam es unter römischer Herrschaft zu einer höheren Produktion.

Besonders das Getreide wurde dringend zur Ernährung der Städter und des Militärs benötigt. Man bevorzugte verschiedene Weizensorten. Aber auch Gerste, Roggen, Hafer und Hirse wurden angebaut. Daneben wuchsen Hülsenfrüchte (Bohnen, Linsen, Erbsen), Gemüse und Salate (Möhren, Feldkohl, Feldsalat, Portulak, Sellerie, Knoblauch). Beliebt waren Kräuter, wie Bohnenkraut, Dill, Koriander, Kümmel und Thymian. Die Römer brachten an neuen Obstsorten Kirsche, Pflaume, Pfirsich und Apfel mit. Der Wein wurde an der Mosel und am Neckar heimisch gemacht. Auf schlechteren Böden, wie z. B. in der Eifel, wurde hauptsächlich Viehzucht betrieben. Die Pferdezucht war von besonderer Bedeutung. Wie man aus den an vielen Orten der Provinzen gefundenen Tierknochen schließen kann, wurde Rindfleisch sehr gerne gegessen. Schweine-, Schaf- und Ziegenfleisch fand dagegen seltener den Weg auf den Tisch. An Geflügel züchtete man Gänse, Enten, Hühner und Perlhühner.

7. *Verkehrswege*

Natürlich waren der Rhein und seine größeren Nebenflüsse für die Schifffahrt die wichtigsten Verkehrsadern. Römische Schiffe gehören wegen der schlechten Erhaltungsbedingungen von Holz im Boden allerdings zu den selteneren Funden. Beispiele römischer Frachtschiffe kennt man aus Mainz und Xanten. In Köln-Marienburg war die *classis Germanica* stationiert, die neben militärischen Aufgaben auch Transporte übernahm. Hafenbecken oder Kaianlagen sind auch in zahlreichen anderen Städten nachweisbar. Das Hafenbecken unterhalb des rechtsrheinisch gelegenen Steinbruches auf dem Drachenfels bei Königswinter ist bei Niedrigwasser im Rhein gut zu erkennen.

Der Straßenbau in den Provinzen stellt die wahrscheinlich größte Leistung der Römer überhaupt dar. Noch heute folgen viele Überlandstraßen den römischen Trassen. Die wichtigste Straßenführung war der Weg längs des Limes, der von den Alpen bis an die Nordsee führte.

Die Straßen waren zuerst vom Militär angelegt worden, um schnell an jeden Einsatzort an der Grenze zu gelangen. Sie unterstanden deshalb auch der Militärverwaltung. Ab Mitte des 1. Jh.s n. Chr. kam es dann zu einem regelrechten Straßenbauprogramm. Im Bereich der *civitates* und Städte wurde diesen der Unterhalt der öffentlichen Straßen *(viae publicae)* auferlegt. Zumeist waren die Straßen zwischen 5–7 Meter breit (↗207). Mehrere Schotterpakete bildeten den Unterbau, auf dem ein Straßenpflaster aus Basalt die eigentliche Fahrbahn bildete. So ist heute noch in Köln ein Teil der römischen Hafenstraße begehbar. Links und rechts des Weges konnten unbefestigte Fahrbahnen liegen. Zu beiden Seiten führten Straßengräben Regenwasser ab. Meilensteine mit römischen Meilenangaben (*milia passuum* – 1,48 km) und der keltischen Leuge (*leuga* – 2,2 km) dienten zur Orientierung. Gereist wurde mit Pferd, Maultier und Wagen. Etwa 20–30 km dürften der normalen Tagesdistanz entsprochen haben. Rasten konnte man in *mansiones*, die in den *vici* oder in den Randbezirken größerer Städte lagen.

Neben den beiden nur kurzfristig genutzten Brücken über den Rhein, die Caesar errichten ließ, befand sich die erste feste Rheinbrücke Niedergermaniens bei Xanten. Eine weitere wurde in Bonn gebaut. Erst 310 n. Chr. entstand die Brücke in Köln, die die *colonia* mit einem Lager auf der rechten Rheinseite, dem heutigen Deutz *(Divitia)*, verband. Eine ähnliche Funktion besaß die Brücke zwischen Mainz und Mainz-Kastel auf der rechten Rheinseite. Weitere Brücken gab es auch am Oberrhein. Noch heute wird die Moselbrücke in Trier aus dem Jahr 155 n. Chr. genutzt. Die steinernen Pfeiler sind direkt auf dem felsigen Grund des Moselbettes gegründet. Die Bögen und die Fahrbahn waren jedoch aus Holz.

▲ Modell des römischen Gutshofs in Köln-Müngersdorf

◄ Vierrädriger Wagen mit Fass. Fragment von einem Grab aus Augusta Vindelicorum (Augsburg)

8. *Bestattungssitten*

Auch in den Provinzen galt die stadtrömische Vorschrift, Tote außerhalb des Stadtgebietes zu bestatten (↗210). So befanden sich, ähnlich wie an der Via Appia im Süden Roms, auch an den Ausfallstraßen der Städte und Siedlungen Gräberfelder oder sogar von prächtigen Grabbauten gesäumte Gräberstraßen (Köln, Mainz-Weisenau, Kempten). Im 1. und 2. Jh. n. Chr. verbrannte man die Toten. Verschiedene Formen der Brandbestattung sind bekannt.

Die Sitte der Körperbestattung in Särgen oder Sarkophagen kam in der Mitte des 2. Jh.s n. Chr. auf und verdrängte bis zum Ende des 3. Jh.s n. Chr. die Brandbestattung. Die Zahl der Beigaben, wie Krüge, Teller, Speisen, richtete sich nach den religösen Vorstellungen und nicht zuletzt nach dem Vermögen der Toten und ihrer Hinterbliebenen. Über den Namen, den Beruf und Ehrenämter geben häufig Inschriften auf Grabsteinen *(cippus)* Auskunft.

Bildliche Darstellungen der Toten ergänzen oftmals den Text. Die Darstellungen der Verstorbenen in ihrer Bekleidung geben viele Aufschlüsse über die damalige Tracht. Wie auf dem Grabstein des Blussus zu sehen ist, trugen Männer und Frauen, neben römischer Tracht, auch weiterhin die gallische ›Wolltunika‹, die aus zwei Stücken Stoff zusammengenäht war. Aufwendige Grabmonumente, die beträchtliche Höhen erreichen konnten, leisteten sich nur wenige. Zu den bekanntesten Denkmälern dieser Art gehört die Igeler Säule, das Grabmal der Secundinii in Igel südwestlich von Trier. Sie ist geschmückt mit Reliefs, die Szenen aus der Mythologie und dem Alltagsleben darstellen. Auf die meisten Gräber wiesen jedoch nur schlichte Holztafeln hin.

◄ Die Igeler Säule. Um 250 n. Chr. H. 23 m

▼ Einfache römische Brandbestattung aus einem Grab in Haltern, konservierter Originalbefund. (Haltern, Westfälisches Römermuseum)

▲ Grabstein des Blussus, Original und Rekonstruktion (Mainz, Landesmuseum)

▼ Modell einer römischen Gräberstraße mit Grabtypen des 1.–3. Jh.s n. Chr. im Rheinland (Bonn, Rheinisches Landesmuseum)

9. *Ende und Nachwirken der römischen Kultur*

Die römischen Provinzen im Nordwesten des Reiches erlebten besonders im 2. Jh. n. Chr. eine ruhige und wohl auch recht friedliche Zeit. Im 3. Jh. n. Chr. begannen die Einfälle der Germanen, die schließlich zum Ende der römischen Herrschaft in diesem Raum führten. Im Jahr 233 n. Chr. fielen die Alamannen in Obergermanien ein und plünderten. Nach kurzer Erholungzeit kam es 259/60 n. Chr. wieder zu großen Alamannen- und Juthungenüberfällen. 275/76 n. Chr. wurde Untergermanien durch Einfälle der Franken stark entvölkert. In Obergermanien gingen die rechtsrheinischen Gebiete verloren. Zahlreiche Fundgegenstände, die von ihren ehemaligen Besitzern nicht mehr geborgen werden konnten, stammen aus dieser Zeit. In der Hoffnung auf eine Rückkehr vergrub man nicht nur Münzen, sondern auch wertvolle Gegenstände verschiedener Art, wie etwa der 1979 entdeckte Schatzfund in Weißenburg beweist.

In der späten Kaiserzeit setzte man häufig auf Verträge mit den Germanen. So kam es zu germanischen Bündnistruppen *(foederati)*. Auch wurden kriegsgefangene Germanen *(laeti)* als Bauern im Hinterland angesiedelt, die zusätzlich Kriegsdienste ableisten mussten.

Nach 411 n. Chr. endete die römische Herrschaft am Rhein. Franken, Alamannen und Sueben übernahmen das Land. Der große Friedhof bei Krefeld-Gellep (bisher über 5000 Gräber) zeigt diesen Wandel. Im 4. Jh. n. Chr. wurden hier noch Provinziale bestattet, dann Angehörige germanischer Bündnistruppen und schließlich bis zuletzt im 7. Jh. n. Chr. Franken.
Im frühen Mittelalter kam es zwar zunächst häufig zu einem Bruch der alten Siedlungsfolge und Kultur, doch entstanden auf den meisten römischen Orten wieder die mittelalterlichen und schließlich die neuzeitlichen Städte. Vielerorts lässt sich noch heute am Stadtplan (etwa am Bau der Altstadt von Köln oder Trier) die römische Struktur deutlich ablesen. Auch bewahren viele moderne Ortsnamen die lateinische Wurzel, wie z. B. Regensburg *(Castra Regina)*, Kellmünz *(Caelis Mons)*, Köln *(Colonia)*, Neuss *(Novaesium)*, Faimingen *(Phoebiana)* oder Neumagen *(Noviomagus)*. Die zivilisatorische Leistung der Römer aber lässt sich am besten an ihren technischen Errungenschaften wie beispielsweise der Wasserentsorgung veranschaulichen. Eine Kanalisation wie in römischer Zeit hatten die meisten deutschen Städte nämlich erst wieder gegen Ende des 19. oder zu Beginn des 20. Jahrhunderts.

◄ Teile aus dem Weißenburger Schatzfund nach der Restaurierung. Zu sehen sind unter anderem Bronzestatuetten von Venus, Apollo, Merkur und Herkules.
Diese und andere Fundgegenstände stellen vermutlich die Ausstattung eines bisher unbekannten römischen Tempels in Weißenburg dar.
Der Schatz ist offenbar im Zusammenhang mit den Alamannenüberfällen der Jahre 233 oder 258/59 n. Chr. in einer rechteckigen Grube - wahrscheinlich in Holzkisten sorgfältig verpackt - versteckt worden.

Latein in Europa

1. *Das lateinische Mittelalter*

Die Vermittler der antiken Kultur In den Stürmen der Völkerwanderung wurde in Europa die Kontinuität der kulturellen und damit auch der literarischen Überlieferung unterbrochen. In weiten Teilen des ehemaligen römischen Reiches übernahmen germanische Stämme die Herrschaft, so im Norden Italiens zunächst die Ostgoten, dann die Langobarden, in Südfrankreich und Spanien die Westgoten, in Gallien die Franken. Über Nordafrika drang zu Beginn des 8. Jh.s der Islam sogar bis Spanien vor, wodurch das oströmisch-byzantinische Reich im Mittelmeerraum stark an Einfluss und Macht verlor.

Die lateinische Literatur des Früh- und Hochmittelalters

	Geschichtsschreibung, Biografie	Legende, Epos Drama, Spiel	weltliche Dichtung	geistliche Dichtung
500	Gregor von Tours ca. 540–594		Ventanius Fortunatus ca. 530–ca. 600	
600				
700				
Karolingische Erneuerung				
800	Einhard ca. 770–840		Theodulf ca. 760–ca. 821	Hrabanus Maurus ca. 784–856
			Walahfried Strabo ca. 808–ca. 849	Notker Balbulus ca. 840–912
900		Hrotsvitha von Gandersheim geb. ca. 935		
1000			*Carmina Cantabrigensia*	
			Hugo von Orléans ca. 1093– ca. 116	
1100	Otto von Freising ca. 1114–1158	Walther von Chatillon ca. 1135–1200	Archipoeta ca. 1135–1167	Adam von St. Victor ca. 1110– ca. 1192
1200		*Ludus de Antichristo*	*Carmina Burana*	
		Jacobus de Voragine ca. 1230–1298		Thomas von Aquin 1225–1274

Lediglich die Päpste gewannen in dieser Zeit der Wirren Ansehen und zunehmend auch Einfluss. Sie betrieben nämlich seit Gregor dem Großen (590 - 604) von Rom aus die Missionierung der Angelsachsen im Norden Europas mit großem Erfolg. Dank der Kloster- und Schulgründungen in Britannien, Schottland und Irland waren die Mönche in den Klöstern dieser Länder, die von den Zerstörungen verschont geblieben waren, in der Lage, die kulturelle Tradition im Sinne Cassiodors (↗ 119) zu wahren und fortzusetzen. So konnten sie im 7. und vor allem im 8. Jh., nachdem sie 719 von Papst Gregor II. den Auftrag zur Missionierung auf dem Festland erhalten hatten, die spätantike Kultur der sich neu formierenden Staatenwelt Europas vermitteln.

Die Zeit des Übergangs In der Zeit des Übergangs vom Ende der Spätantike bis zu den Anfängen der mittellateinischen Literatur unter Karl dem Großen hatte sich durch die Gründung des Frankenreiches der Schwerpunkt der politischen und der kulturellen Entwicklung vom Mittelmeerraum in den germanisch-romanischen Norden verlagert.

In diesem Raum gab es nur noch sehr wenige Schriftsteller von Rang. Im ehemals kulturell hochstehenden Gallien war dies Gregor von Tours (ca. 540 - 594). Er entstammte einem alten Adelsgeschlecht und fand auch als Bischof von Tours Zeit, nicht nur Lebensbeschreibungen von Heiligen zu verfassen, sondern auch eine Geschichte der Franken zu schreiben. In ihr berichtete er über die Entstehung des Merowingerreiches.

Freundschaft mit ihm schloss Venantius Fortunatus (ca. 530 - 600). Er stammte aus Oberitalien, studierte in Ravenna Rhetorik und Rechtswissenschaft und zog dann über Mainz, Köln und Trier in das Land der Franken. In Poitiers, wo er schließlich heimisch wurde und als alter Mann noch die Bischofswürde verliehen bekam, unterhielt er enge Kontakte zu bedeutenden Persönlichkeiten des Merowingerreiches. Venantius Fortunatus, der sich in seiner literarischen Ausbildung vor allem an Vergil geschult hatte, verfasste nicht nur ein Epos auf den heiligen Martin, sondern auch eine umfangreiche Gedichtsammlung. Sie enthielt Trost-, Lob- und Dankgedichte, Kirchenlieder und Hymnen.

In Spanien trug in dieser Zeit vor allem der Bischof Isidor von Sevilla (ca.-570 - 636) durch seine theologischen, historischen und enzyklopädischen Schriften wesentlich zur kulturellen Tradition bei, bis der Einfall der Mauren im 8. Jh. diese Tradition unterbrach. Isidors Werke wurden im Mittelalter von vielen Autoren verwendet und ausgewertet.

Wie verheerend sich die Völkerwanderung in den ehemaligen Randgebieten des römischen Reiches nördlich der Alpen auswirkte, geht aus einer *Biografie über den heiligen Severin* hervor, die Eugippius i. J. 511 verfasst hat. Er war damals Abt eines Klosters bei Neapel, hatte aber zuvor längere Zeit mit dem von ihm verehrten Severin im Alpenvorland zwischen Passau und Wien zusammengelebt. In einer Folge von Geschichten berichtete er sehr anschaulich über die Nöte der Menschen in der Provinz Noricum, die unter dem Einfall germanischer Stämme sehr gelitten hatten und denen Severin unermüdlich zu helfen versuchte. Diese Schrift ist eine wertvolle Quelle unseres Wissens über den Verfall der römischen Kultur in diesem Grenzland des untergegangenen Reiches.

Das Mittellatein und der Weg zur Bildung Als die angelsächsischen Mönche unter der Leitung Willibrords und des Bonifatius, dessen angelsächsischer Name Winfried war, in den letzten Jahren des 7. Jh.s auf dem Festland mit der Missionierung begannen, wurden im Frankenreich und in Italien zum Teil verwandte, zum Teil völlig verschiedenartige Sprachen gesprochen. Von diesen hatte eine Gruppe ihre Wurzeln im Lateinischen. In Italien, Spanien und im ehemaligen Gallien bildeten sich in dieser Zeit aus der alten lateinischen Volkssprache, dem sog. Vulgärlatein, bereits die Umrisse der drei späteren romanischen Sprachen heraus, während die Sprachen in den östlichen und nördlichen Regionen des Frankenreiches germanischen oder keltischen Ursprungs waren. Weil die missionierenden Mönche dank ihrer guten theologischen und literarischen Schulung das Lateinische in Wort und Schrift beherrschten und König Pippin (751 - 768) und sein Sohn Karl der Große (768 - 814) in der Sprache der Kirche das einzige Mittel der Verständigung unter den Völkern und Stämmen ihres Reiches und der angrenzenden Länder sahen, wurde Latein zur Verwaltungssprache des Karolingerreiches.

So gewann das durch die Kirchenväter geprägte Latein der Spätantike in der mittelalterlichen Staatenwelt, in der sich die Volkssprachen mehr und mehr entwickelten, einen neuen Rang. Man nennt diese Sprache, die von etwa 500 bis 1500, also über ein Jahrtausend, die Verkehrssprache unter den Völkern und Ländern des europäischen Mittelalters war, das Mittellatein. Muttersprache ist das Mittellatein für kein Volk gewesen, und dennoch hat man es sich in der Kirche, in den Schulen und später in den Universitäten so angeeignet, dass es weit mehr als eine Verkehrssprache war, nämlich die Grundlage der Bildung und der Literatur.

Die Autoren und ihr Publikum Die überlieferten mittellateinischen Texte weisen erhebliche Unterschiede in der Qualität auf. Ein großer Teil von ihnen diente nämlich in allen Bereichen des Lebens und des Handels nur dem Zweck der bloßen Mitteilung, und nicht jeder, der lateinisch schrieb, beherrschte diese Sprache auch gut. Der Anteil der Sachliteratur unter den Texten war sehr groß. Hierzu gehörten Schulbücher, Kommentare zu den Schriften, die gelesen wurden, Archivaufzeichnungen und Berichte. Wenn diese Texte auch in korrektem Latein verfasst waren, so wollten sie doch keinen besonderen literarischen Ansprüchen gerecht werden.

▼ Darstellung des mittelalterlichen lateinischen Sprachunterrichts. Fliese am Campanile des Doms in Florenz. Mitte des 14. Jh.s

Die Verfasser der eigentlichen Literatur waren bis ins 11. Jh. hinein überwiegend Geistliche.

Man nannte sie *clerici*, auch wenn sie keine Mönche oder Kapläne waren, sondern nur niedrige Weihen (etwa die zum Subdiakon) empfangen hatten. Fahrende Schüler oder Spielleute, die in den Kloster- oder Domschulen Latein gelernt hatten, kamen im 11. Jh. hinzu; man nannte sie *clerici vagantes*. Literarisch tätige Frauen hat es nur wenige gegeben; es waren im Allgemeinen Nonnen.

Als sich im 12. Jh. das Bürgertum entwickelte, nahm auch die Zahl der Laien unter den Literaten zu. Sie waren häufig als Magister oder in den Schreibstuben und Bibliotheken der Bischofs- oder Adelssitze beschäftigt. So erklärt sich die Bindung der mittellateinischen Literatur an die Kirche, an die Zentren der Bildung und an den Adel in Europa.

Die Erneuerung unter Karl dem Großen Die erste Blütezeit der mittellateinischen Literatur ist das Verdienst Karls des Großen. Er konnte während seiner 46-jährigen Herrschaft den christlichen Völkern Europas das Bewusstsein einer politischen und geistigen Einheit vermitteln.

Karl, der in den ersten zwei Jahrzehnten seiner Regierungszeit auf seinen vielen Zügen und Reisen das unterschiedliche Kulturgefüge der Länder des Fränkischen Reiches kennen gelernt hatte, konnte für seine Bestrebungen gelehrte Mönche und Priester aus fast allen Ländern Europas gewinnen und an seinen Hof binden. 794 gründete er in Aachen eine feste Residenz und holte bedeutende Gelehrte dorthin. Sie sollten den Bildungsstand der Geistlichen heben, wissenschaftliche Kenntnisse vermitteln und literarisch tätig sein. Dies konnte in den Regionen des Reiches nur gelingen, wenn man über eine einheitliche Schrift verfügte; sie gab es bis dahin nicht. Deshalb wurde eine neue, klare Schrift geschaffen, die karolingische Minuskel. Sie bildete die Grundlage für die Schrift des Mittelalters. Karl gründete ferner Schulen und Bibliotheken. In den Schulunterricht wurden die *Septem artes liberales* (↗153) und die Lektüre frühchristlicher und antiker Autoren eingeführt. Unter diesen nahm Vergil eine bevorzugte Stellung ein. Es wurden aber auch die Landessprachen gefördert. So entwickelte sich der Hof in Aachen zu einem Zentrum der Begegnung verschiedener europäischer Bildungstraditionen. Dies war die Voraussetzung dafür, dass sich innerhalb des großen Reiches eine Kultur entfalten konnte, die auf vielen Gebieten die verschiedenen Volksstämme verband.

Unter den Schriftstellern der Zeit, die durch ihr Werk die Einheit Europas förderten, traten besonders der Angelsachse Alkuin (ca. 735 - 804) und der aus dem Maingau stammende Einhard (ca. 770 - 840) hervor. Es ist bezeichnend für den geradezu modern erscheinenden europäischen Grundzug der Bemühungen Karls d. Gr., dass der angelsächsische Theologe, Dichter und Verfasser von Lehrbüchern Alkuin Abt eines Klosters in Tours wurde, dann Leiter der Hofschule in Aachen und Berater des Kaisers in kulturellen und geistlichen Angelegenheiten. Er reformierte das Bildungswesen im karolingischen Reich. Von den Werken Einhards ist die Biografie *Vita Caroli Magni* das bekannteste. Er hat sie nach dem Vorbild der Lebensbeschreibungen Suetons (↗113) verfasst. Diese Biografie Einhards betrachteten später mehrere mittellateinische Schriftsteller als Vorbild für ihre Lebensbeschreibungen.

Die Dichtung des 9. und 10. Jahrhunderts Träger der karolingischen Kultur wurden von der Mitte des 9. Jh.s an die vielen kulturellen Zentren in den Regionen des Reiches dadurch, dass sie den Ausbau der Schulen und Bibliotheken in starkem Maße förderten.

In ihnen entfalteten Gelehrte, insbesondere Mönche, eine rege schriftstellerische Tätigkeit. Im deutschen Sprachgebiet war dies vor allem der aus Mainz stammende Hrabanus Maurus (ca. 784 - 856). Von Alkuin in Tours ausgebildet, arbeitete er Jahre hindurch an der Fuldaer Klosterschule, die ihm ihre große Bedeutung verdankt, bis er 847 Bischof von Mainz wurde. Er war ein hervorragender Lehrer, Verfasser vieler theologischer Schriften und Predigten. Seine geistlichen Gedichte waren im Mittelalter sehr geschätzt. Vielleicht ist er auch der Verfasser des wohl ältesten Hymnus in lateinischer Sprache auf den Heiligen Geist *Veni, creator spiritus.*

Hrabanus Maurus war aber nur einer von vielen Geistlichen, die in dieser Zeit begannen, für den Gottesdienst bestimmte Gedichte und Lieder zu verfassen. Die Namen der meisten dieser Autoren sind weithin unbekannt, weil die Gedichte und Lieder für die Liturgie der Kirche und die Stundengebete der Mönche bestimmt waren; in diesen Büchern wurden keine Verfassernamen genannt.

Der Hymnus konnte sich vor allem deshalb neu entfalten, weil sich neben der antiken quantitierenden Metrik, deren Grundlage die Länge und Kürze der Silben ist, die rhythmische, d. h. akzentuierende mehr und mehr durchsetzte.

Die Rhythmik nutzt die natürliche Betonung der Wörter zu einem geordneten Wechsel von betonten und unbetonten Silben. So decken sich Vers- und Wortakzent, lassen sich die einzelnen Verszeilen mit fester Silbenzahl leicht zu Strophen binden; daher bereitet der Gesang dieser Lieder keine Schwierigkeiten.

Nunmehr schrieb man auch lateinische Dichtung in gereimter Form. Hierbei ging die Entwicklung vom gleichen Einzelvokal (Assonanz) über den einsilbigen zum reinen zwei- oder sogar dreisilbigen Endreim. Sie gipfelte schließlich darin, dass auch der Hexameter einen Binnenreim erhielt. In ihm reimen sich Zäsur (der Mitteleinschnitt eines Verses) und Versausgang (sog. Leoninischer Hexameter). Ferner wurden auch neue Strophenformen entwickelt (↗281).

Zu den bekanntesten Dichtern dieser Epoche gehörte Walahfried Strabo (ca. 808 - 849). Er trat auf der Insel Reichenau in das Kloster ein, erfuhr hier eine umfassende literarische Schulung, wurde in Fulda Schüler des Rhabanus Maurus, war am kaiserlichen Hof in Aachen tätig und wurde schließlich Abt des Klosters auf der Insel Insel Reichenau. In einem 17 Strophen umfassenden Gedicht, das er in Fulda verfasste, sehnt er sich nach dem Kloster auf der Insel Reichenau zurück. Dessen erste Strophe lautet:

▼ Dieses Gedicht ist überliefert in einer Handschrift aus dem Ende des 9. Jh.s. Karolingische Minuskel. Codex Vaticanus reg. 469, fol. 42 v.

METRUM SAPPHICUM.
Musa nostrum plange soror dolorem
pande de nostro miserum recessum
Heu solo quem continuo pudenda
pressit egestas
Nam miser pectus sapiens habere
Quaero quam ob causam patriam relinquo
Et malis tactus uariis perosus
plango colonus
Nulla solatur pietas docentum

METRUM SAPPHICUM.
Musa, nostrum plange, soror, dolorem,
Pande de nostro miserum recessum
Heu solo, quem continuo pudenda
Pressit egestas.

Muse, Schwester, beklage meinen Schmerz,
offenbare die schreckliche Trennung von meiner
Heimaterde, der ich ständig litt unter
schamvoller Not.

Einige Jahrzehnte später kam in Frankreich die Dichtung der Sequenz auf. Der bekannteste Dichter dieser Liedform wurde Notker Balbulus (der Stammler) von St. Gallen (ca. 840 – 912). In seiner Klosterschule, in der er als Lehrer große Anerkennung fand, schuf er Sequenzen, die dichterisch wie musikalisch den Maßstab für die folgende Sequenzendichtung bildeten.

Die Sequenz ist ein hymnenähnliches Lied, das ausschließlich für die Messfeier bestimmt ist und vor dem Evangelium gesungen wird. Die Texte waren einer Melodie unterlegt, bestanden zunächst aus Prosa, wurden in späterer Zeit aber auch in Strophenform abgefasst. Die Sequenz entwickelte sich bald zu einer selbständigen literarischen Gattung, die durch Neuschöpfungen in Wort und Melodie die mittellateinische kirchliche Dichtung und zugleich die Liturgie der Kirche wesentlich bereichert hat. Sie stellte sich ganz in den Dienst der Verkündigung der christlichen Heilslehre. Es hat im Hochmittelalter bedeutende Sequenzdichter gegeben, bis sich im 13. Jh. die künstlerisch stark durchgeformte Sequenz wieder dem Hymnus näherte. Noch heute werden im Gottesdienst der katholischen Kirche an den Festtagen des Kirchenjahres Sequenzen aus dieser Zeit gesungen.

Man griff damals aber auch gern auf die antiken Metren zurück, vor allem auf den Hexameter und das Distichon, mit deren Übernahme man sich am Anfang der mittellateinischen Dichtung zunächst begnügt hatte. Ein gutes Beispiel hierfür und zugleich für den Rückgriff auf die antike Fabeldichtung bietet eine Handschrift des Klosters St. Gallen aus dem 9. Jh. Sie ist in der karolingischen Minuskel geschrieben. Der Verfasser der Fabel ist unbekannt.

Am Ende d ieser Epoche, die in mancher Hinsicht eine Zeit des Übergangs zum Hochmittelalter war, trat mit Hrotsvitha von Gandersheim (ca. 935 geb.) die erste deutsche Dichterin hervor; sie schrieb Legenden, Epen und Dramen. Mit ihren Dramen, für deren Gestaltung sie sich durch Terenz anregen ließ, der damals bereits zur Schullektüre gehörte und den sie als anstößig empfand, betrat sie für das Mittelalter literarisches Neuland. Ihr Versuch, den antiken Komödiendichter durch eine Mischung von dialogisierter Erzählung und geistlichem Spiel zu überwinden, blieb allerdings ohne große Wirkung.

▶ Handschrift des Klosters St. Gallen (Mon. Germ. Hist. Poetae I 64). 9. Jh.

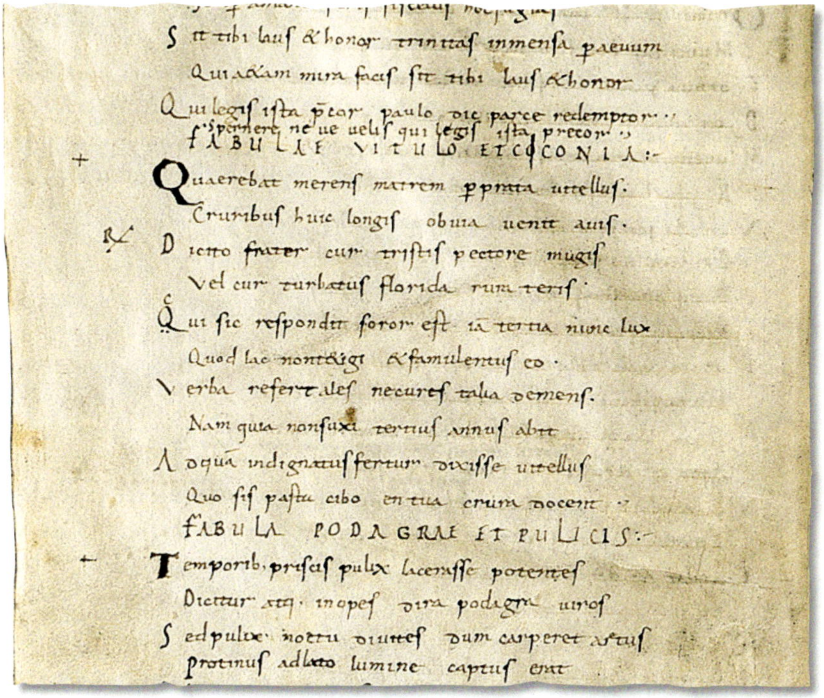

DE VITULO ET CICONIA

Quaerebat merens matrem per prata vitellus,
Cruribus huic longis obvia venit avis.
Dicit: »Io frater, cur tristis pectore mugis
Vel cur turbatus florida rura teris?«
Cui sic respondit: »Soror, est iam tertia nunc lux,
Quod lac non tetigi et famulentus eo.«
Verba refert ales: »Ne cures talia, demens!
Nam quia non suxi, tertius annus abit.«
Ad quam indignatus fertur dixisse vitellus:
»Quo sis pasta cibo, en tua crura docent.«

KALB UND STORCH

Traurig suchte ein Kalb seine Mutter auf den Weiden.
Ihm kam ein Vogel mit langen Beinen entgegen.
Er sagte: »Ach, mein Bruder, was brüllst du so traurig aus Leibeskräften,
was stampfst du verwirrt auf die blühenden Wiesen?«
Es antwortete ihm: »Schwester, es ist schon drei Tage her,
dass ich keine Milch mehr getrunken habe und hungrig umherlaufe.«
Da entgegnete der Storch: »Sorg dich doch nicht darum, du Dummerchen!
Dass ich nämlich nicht gesaugt habe, das ist schon drei Jahre her.«
Entrüstet soll ihm das Kalb gesagt haben:
»Mit was für einem Futter du dich ernährt hast, das zeigen doch deine Beine!«

Die Blütezeit In der zweiten Hälfte des 11. Jh.s setzte die Entwicklung ein, die im 12. Jh. zum Höhepunkt der Literatur des lateinischen Mittelalters führte. Ausgelöst wurde sie durch die tiefgreifenden politischen, religiösen und geistigen Veränderungen, die sich in Europa vollzogen. Sie setzten verschiedenartige Kräfte frei.

Innerhalb der zahlreichen unabhängigen Dynastien, die sich in den europäischen Ländern bildeten, entfalteten sich die nationalen Kulturen. Das Christentum breitete sich zugleich nach Norden und nach Osten aus; das lateinisch geprägte Europa wurde also größer. Auf religiösem und wissenschaftlichem Gebiet trugen starke Impulse zur Erneuerung der Kirche und des geistigen Lebens in Europa bei. Die mit großer Härte ausgetragene Auseinandersetzung zwischen dem deutschen Kaiser und dem Papst um die Aufteilung der weltlichen und der geistlichen Macht festigte nicht nur die Stellung des Papsttums, sondern stärkte zugleich die Macht der weltlichen Fürsten, des Rittertums und einzelner Städte, in denen das Bürgertum an Einfluss gewann; diese auch mit vielfältigen Mitteln der Propaganda geführte Auseinandersetzung trug entscheidend dazu bei, dass man viel unbekümmerter, als es bisher denkbar gewesen wäre, in der Literatur Partei ergriff. Hierdurch änderten sich Art und Zweckbestimmung der Texte erheblich und damit zugleich Adressat und Leserschaft.

So entstand eine weltliche Literatur, in der kein Thema ausgespart wurde, zumal man in stärkerem Maße als in den vorausgegangenen zwei Jahrhunderten auf die Antike zurückgriff. Die Philosophie der französischen Schulen wurde durch die Wiederentdeckung von Platon und Aristoteles angeregt. Im Bereich der Dichtung waren es vor allem Vergil, Horaz und Ovid, die man eifrig las und mit großem Gewinn nutzte. In dieser »Renaissance« gewann das Latein an Klarheit und Ausdruckskraft, sowohl in der Prosa wie in der Dichtung, in der das Streben nach freier Entfaltung besonders wirksam wurde.

Aus der geistlichen entwickelte sich so die weltliche Dichtung, die von den *clerici vagantes* als »Gegendichtung« zur geistlichen verstanden wurde. In dieser neuartigen Dichtung spannt sich der Bogen formal von einfacher schulischer Imitation antiker Gedichte bis zum originellsten Spiel mit Rhythmus und Reim, thematisch vom schlichten Frühlingslied bis zur beißenden Satire, vom Bettellied bis zum schmeichelnden Hymnus auf den Brotgeber, vom Weltschmerz bis zum frivol-derben Liebesgedicht oder Sauflied, vom schlichten Sündenbekenntnis bis zur kräftigen Parodie auf Kirche und Papst.

Diese Dichtung entfaltete sich in einer Zeit, in der weiterhin auch geistliche Dichtung geschaffen wurde, in der auch andere literarische Gattungen wie Epos, Lehrgedicht, Brief, Heiligenlegende, Predigt, geistliches Drama und philosophischer Traktat in allen geistigen Zentren Europas ihre Meister fanden. Das Heilige und das Profane, das Jenseits und das Diesseits wurden in gleichem Maße thematisiert und durchdrangen einander, wobei das kirchliche Weltbild nicht in Frage gestellt wurde. Daher spiegeln sich in der Literatur des 12. Jh.s die geistigen Strömungen und Spannungen wider, die die Einheit des lateinischen Mittelalters ausmachen und seit dieser Zeit ein wichtiger Bestandteil der europäischen Geistesgeschichte sind.

Das früheste Zeugnis der Dichtung dieser Blütezeit sind die *Carmina Cantabrigensia (Lieder aus Cambridge)*, 50 Gedichte, die vermutlich ein deutscher fahrender Sänger in der Mitte des 11. Jh.s zu Vortragszwecken zusammengestellt hat; diese Gedichte sind in einer Sammlung, die in England abgeschrieben wurde, überliefert. Die Lieder, unter denen die geistlichen noch überwiegen, sind verschieden in Inhalt und Form, französischen, deutschen und italienischen Ursprungs. Diese Sammlung ist ein sehr gutes literarisches Beispiel für die engen Kontakte, die damals zwischen den Völkern Europas bestanden.

Unter den französischen Dichtern dieser Zeit nimmt zunächst Hildebert von Lavardin (1056–1134; seit 1125 Bischof von Tours) einen besonderen Rang ein. In seinen metrisch geschliffenen Dichtungen, in denen er das Distichon bevorzugte, behandelte er vor allem biblisch-kirchliche, aber auch antike Stoffe. Sehr bekannt geworden ist er durch sein elegisches Gedicht auf Rom; in ihm verherrlichte er in kühnen Bildern zunächst die einstige Größe und Macht der in Trümmern liegenden antiken Stadt, dann aber spricht das christliche Rom, das, wenn auch viel ärmer als das antike, der Welt durch das Kreuz ewiges Heil gebracht habe.

Der erste große Vertreter der Vagantenlyrik ist Hugo von Orléans (ca. 1093 - ca. 1161), als Dichter Primas genannt. Er hat ein bewegtes Leben geführt, sich in mehreren Städten Frankreichs und in England aufgehalten, war in seinen besten Jahren als Lehrer der Dichtkunst tätig und musste später in äußerst ärmlichen Verhältnissen leben. Den größten Teil seiner Dichtungen, die Zeugnis geben von seiner guten Kenntnis antiker Autoren und von seiner großen Sicherheit in Metrik und Rhythmik, machen Gelegenheitsgedichte aus. Die großen Formen der Dichtung beherrschte er ebenso wie die kleinen Gattungen. Er konnte sehr witzige Verse gestalten, andererseits waren seine Äußerungen in anderen Texten sehr bissig.

Ihm folgte im deutschen Sprachraum der sog. Archipoeta (ca. 1135 - nach 1167), von dem wir nicht einmal den tatsächlichen Namen kennen. Er war wohl der genialste Dichter des lateinischen Mittelalters. Die Überlieferung hat ihm den Ehrennamen *Archi-poeta* vermutlich deshalb gegeben, weil er, der in Rainald von Dassel, dem *Archi-cancellarius* (Erzkanzler) Friedrichs I. Barbarossa, seinen Gönner und Förderer gefunden hatte, die Dichter seiner Zeit dank seiner Gestaltungskraft und seines Ruhmes übertraf.

Die 10 Gedichte, die wir von ihm kennen, hat er von 1159 bis 1167 geschrieben. Er war ritterlichen Standes, sattelfest in der Kenntnis der Bibel und der antiken Autoren, und wenn man ihn auch als Hofdichter Rainalds bezeichnen kann, so finden wir ihn trotzdem nicht nur an der Seite des Erzkanzlers in Köln, in Vienne und in Mailand, sondern auch in Salerno, wo er vielleicht studieren wollte, wo ihn aber heftiges Fieber packte. Von seinen Gedichten sind der *Kaiserhymnus*, ein Loblied auf Kaiser Friedrich I., das er nach der Eroberung von Mailand im Jahre 1162 geschaffen hat, und die *Vagantenbeichte* die berühmtesten. Diese Beichte wurde als ein in jeder Hinsicht besonders gelungener Ausdruck des Lebensgefühls der Vaganten in Deutschland, England, Frankreich und Italien sehr schnell verbreitet; sie hat viele Nachdichtungen und Umarbeitungen bis in die Kommersbücher der Studenten im vorigen Jahrhundert erfahren.

In diesen Jahrzehnten erlebte aber auch die geistliche Dichtung eine Blütezeit. Ganz in der Tradition des geistlichen Spieles, das aus der Liturgie der Kirche entstanden war und sich als Weihnachts- oder Osterspiel entwickelt hatte, steht das *Tegernseer Antichristspiel (Ludus de Antichristo)*, das um 1160 entstanden ist. Der Verfasser dieses in monumentaler Größe angelegten Spiels ist unbekannt. Mit dem Archipoeta verband ihn die in der Zeit der Staufer geprägte Vorstellung über Kaiser und Reich sowie über die Erneuerung des Romgedankens, die jener im *Kaiserhymnus* zum Ausdruck gebracht hat.

Dieses Spiel besteht aus 424 metrisch verschiedenartig gestalteten Versen und behandelt das Thema vom Antichrist, der vor der Wiederkunft Christi ein antichristliches Reich errichten will. Es gliedert sich in zwei Hauptteile: Im ersten unterwirft sich die ganze Christenheit dem Kaiser des Heiligen Römischen Reiches, der nach seinem Sieg über die Heiden schließlich im Tempel von Jerusalem Krone und Zepter, die Symbole seiner Macht, auf dem Altar niederlegt; im zweiten tritt der Antichrist auf, breitet seine Herrschaft über die ganze Welt aus, bricht aber dann, als er sich als *Deus deorum* anbeten lassen will und hierdurch seine Überheblichkeit entlarvt, tot zusammen.

Unter den französischen Dichtern traten in der zweiten Hälfte des 12. Jh.s besonders zwei hervor: der bedeutendste Vertreter liturgischer Dichtung Adam von St. Victor (ca. 1110 - 1192), der als Augustinermönch in Paris viele formvollendete Sequenzen verfasst hat, und Walther von Chatillon (ca. 1135 - ca. 1200), einer der gelehrtesten Dichter seiner Zeit.

Er führte ein unruhiges Leben, stand zeitweilig im Dienst des französischen Königs, reiste nach England und Italien, genoss als Lehrer hohes Ansehen, wurde aber vor allem durch seine Dichtungen berühmt. Seine Gelehrsamkeit und gute Kenntnis antiker Autoren spiegeln sich wider in seinem Epos über Alexander den Großen *(Alexandreïs)*, das aus knapp 5500 Hexametern besteht. Heute spricht er mehr durch seine lyrischen Gedichte an, in denen das moralisch-satirische Element überwiegt. Mit Vorliebe wandte er sich gegen Missstände in der Geistlichkeit wie in der Kurie in Rom, ferner gegen Habgier und Macht des Geldes, das seit der Mitte des 12. Jh.s den Warentausch in zunehmendem Maße ersetzte. Hierbei scheute er sich nicht, bekannte Persönlichkeiten der Zeit anzugreifen.

Ein Teil seiner Gedichte ist anonym in den *Carmina Burana (Lieder aus Benediktbeuern)* überliefert, der bekanntesten Sammlung mittellateinischer Dichtung. Sie enthält (mit Nachträgen) über 240 Lieder und Gedichte, darunter eine ganze Reihe von Liebesliedern mit deutschen Strophen, die z. T. von bekannten Dichtern wie Walther von der Vogelweide geschaffen wurden.

Die Sammlung stammt aus dem baierischen Sprachgebiet, das damals u. a. auch Tirol und Kärnten mit umfasste, und wird wohl bis zur Mitte des 13. Jh.s abgeschlossen gewesen sein. Ein großer Teil der Gedichte gehört in das 12. Jh. Der Sammler hat, nicht immer mit Erfolg, versucht, die Dichtungen in vier große Abteilungen zu ordnen: moralisch-satirische Gedichte, Liebeslieder, Trink- und Spielerlieder und geistliche Spiele. Es sind rhythmische wie metrisch-quantitierende Gedichte, die eine erstaunlich große Vielfalt künstlerischer Form aufweisen.

Nicht minder bunt ist ihr Inhalt. Tadel der Habgier, Satiren auf die Verderbtheit von Welt und Klerus, Loblieder auf die Liebe und den Frühling, Liebesklage, Parodie, Lieder über das Trinken und das Würfelspiel finden wir ebenso wie die *Vagantenbeichte* des Archipoeta, mythologisch-gelehrte Spielereien und geistliche Spiele. Ihre Verfasser – unter ihnen auch der Primas und Walther von Chatillon – sind Kleriker und Studenten gewesen, sesshafte Dichter ebenso wie Vaganten, die das Lateinische wie eine Muttersprache beherrschten. In unserer Zeit sind es die Vertonungen von Carl Orff, denen die *Carmina Burana* eine neue Vergegenwärtigung verdanken. Der Komponist hat aus der Sammlung nur eine kleine Auswahl getroffen und nicht versucht, die teilweise überlieferten Melodien in sein Chorwerk mit einzubeziehen, es vielmehr nach seinen eigenen dichterisch-musikalischen Vorstellungen neu gestaltet.

Der bedeutendste Geschichtsschreiber dieser Zeit ist Otto von Freising (ca. 1114 – 1158).

Er war ein Enkel Kaiser Heinrichs IV. und ein Onkel Friedrich Barbarossas. Bei berühmten Lehrern studierte er in Paris Theologie und Philosophie, ferner antike lateinische Literatur, darüber hinaus wichtige Schriften des in jener Zeit neu entdeckten und ins Lateinische übersetzten Aristoteles. Nach dem Studium trat er in den Zisterzienserorden ein; um 1138 wurde er Bischof von Freising.

Er gehört zu den bedeutendsten Geschichtsphilosophen des Mittelalters. In seiner in klarer, schlichter Sprache abgefassten Weltchronik deutete er, stark beeinflusst durch Augustins Auffassung vom Gegensatz zwischen dem Gottes- und dem Weltstaat (↗139), den Gang der Weltgeschichte. Diese ist für ihn zugleich Reichs-, Kirchen- und Heilsgeschichte, die in das bevorstehende Weltgericht Gottes einmündet. Zu dieser Betrachtungsweise der Geschichte sah er sich durch das Scheitern des zweiten Kreuzzuges (1147 – 1149) veranlasst, an dem er teilgenommen hatte. Nach den ersten Erfolgen Barbarossas blickte er zuversichtlicher in die Zukunft, wie sein zweites Geschichtswerk beweist, die *Gesta Friderici*. Er hat nicht nur den Verfasser des *Ludus de Antichristo* und die spätere mittelalterliche Geschichtsschreibung stark beeinflusst, sondern als Theologe auch die Scholastik. Diese bemühte sich darum, das vor allem durch Aristoteles geprägte antike philosophische Denken mit der christlichen Überlieferung und Weltsicht zu verbinden.

Der Ausklang der mittellateinischen Literatur In der zweiten Hälfte des 13. Jh.s vollzogen sich in Europa erneut tiefgreifende Veränderungen. In viele Bereiche der Literatur drangen in zunehmendem Maße die Nationalsprachen vor, während die Zahl der wissenschaftlichen Publikationen infolge der wachsenden Bedeutung der Universitäten stark zunahm. Die weltliche lateinische Dichtung, die der nationalsprachlichen in allen Ländern starke Impulse gegeben hatte, verlor dagegen an Bedeutung. Dies ist auch darauf zurückzuführen, dass die Kirche gegen die Auswüchse des Vagantentums vorging.
Im Bereich der geistlichen Literatur erlebten zwei literarische Gattungen in dieser Zeit noch einmal einen Höhepunkt.

Thomas von Aquin, Mitglied des Dominikanerordens und einer der vielseitigsten Gelehrten des Mittelalters, dichtete Sequenzen, die zu den besten dieser Form der geistlichen Dichtung gehören. Etwa zur gleichen Zeit bildete auf dem Gebiet der christlichen Lehrdichtung die Legendensammlung des Dominikaners Jacobus de Voragine (ca. 1230 – 1298) einen bedeutsamen Abschluss dieser im Mittelalter oft verwendeten literarischen Gattung. Er, der 1292 Erzbischof von Genua wurde, hatte etwa drei Jahrzehnte zuvor eine

▲ Schachspiel.
Die Miniatur zu einem Lehrgedicht über das Schachspiel aus den Carmin*a Burana* stellt zwei Spieler am Schachbrett dar und einen Diener, der einen Becher bringt. Das Gedicht (CB 210) ist in leoninischen, d. h. durch Binnenreim geprägten Distischen abgefasst. Die Schrift ist frühgotisch. Jede Zeile beginnt mit einer Initiale.

Das erste Distichon lautet:
Qui vult egregium scachorum noscere ludum,
Audiat; ut potui, carmine composui.
Wer wünscht, das vorzügliche Schachspiel kennen zu lernen, der höre her; so gut ich konnte, habe ich es im Gedicht niedergeschrieben.

Die folgenden Distichen des Gedichts sind jeweils nur in einer Zeile geschrieben. Codex Buranus fol. 92. Um 1240. (Bayerische Staatsbibliothek, München)

▼ Plakat für eine Aufführung der Orff'schen Vertonung

volkstümlich gehaltene Sammlung von Lebensbeschreibungen der Kalenderheiligen verfasst. Weil sie das am meisten gelesene Buch des Spätmittelalters wurde, bezeichnete man sie als *Legenda aurea*.

Sie beginnt mit dem Anfang des Kirchenjahres am 1. Adventssonntag. Ihr Verfasser wollte nicht nur belehren und die verschiedensten Lebensformen der Heiligen in die christliche Heilsgeschichte einordnen, sondern auch auf vielfältige Weise unterhalten. Daher finden sich in dieser Sammlung recht verschiedene Formen des Erzählens. Dies trug wesentlich zur Verbreitung und starken Nachwirkung der *Legenda aurea* bei. Sie reichte bis in die bildende Kunst der Gotik und in die Buchmalerei.

2. *Renaissance und Humanismus*

Das neue Vorbild der Antike Während sich im Mittelalter die Rückgriffe auf die antik-römische Literatur auf die Übernahme sprachlicher und literarischer Formelemente beschränkten, setzte gegen Ende des 13. Jh.s in Italien eine völlig neue Auseinandersetzung mit den großen antiken Autoren ein. Der Zusammenbruch der kaiserlichen Macht – 1268 wurde Konradin, der letzte Staufer, in Neapel hingerichtet – hatte den nationalen Bestrebungen starken Auftrieb gegeben und in Italien zu einer Rückbesinnung auf die eigene nationale Vergangenheit geführt. Nunmehr empfand man die von den Kaisern nördlich der Alpen im ganzen Reich propagierte germanisch-romanische Mischkultur als »barbarisch«. Ihr wollte man eine nationale, durch den großen Geist Roms geprägte Kultur entgegensetzen. Wiedergeburt aus dem Geist der Antike (lat.: *renascentia*; ital.: *rinascimento*; franz.: *renaissance*) war das Ziel.

Man griff also auf die großen römischen Autoren Cicero, Vergil, Horaz und Ovid zurück. Sie entdeckte man neu. Sie galten nunmehr als Inbegriff wahrer *humanitas*. Das Streben des Menschen nach Bildung, durch das man die mittelalterliche kirchliche Gebundenheit überwinden wollte, erhielt auf diese Weise ein neues Ziel und einen neuen Rang. Weil man sich bei den als vorbildlich betrachteten römischen Autoren das geistige Rüstzeug holen wollte, sah man selbstverständlich auch in der Prosa Ciceros das Vorbild für den eigenen lateinischen Sprachstil. Also verwarf man auch das Mittellatein.

So begann in Italien eine Entwicklung, die im Verlauf von zwei Jahrhunderten in ganz Europa zur Überwindung des mittelalterlichen Weltbildes führen sollte.

Die europäische Literatur des Humanismus

	Italien	Deutschland	Niederlande	England
1300	Dante 1265–1321			
	Petrarca 1304–1374			
1400		Nicolaus von Cues 1401–1464		
	Pico della Mirandola 1463–1494	Reuchlin 1455–1522	Erasmus ca. 1466–1536	
1500		Konrad Celtis 1459–1508		Thomas Morus 1478–1535
		Ulrich von Hutten 1488–1523		
1600		Melanchthon 1497–1560		

Der Humanismus Petrarcas Diese Entwicklung leitete Francesco Petrarca (1304 - 1374) ein. Er stammte aus Arezzo (Toscana). Nach dem Studium in Montpellier und Bologna war er zunächst im Dienst der Kirche tätig. Dann konnte er, weil er in Kardinal Colonna einen Förderer gefunden hatte, ganz seinen literarischen Neigungen nachgehen. Viele Jahre verbrachte er in der Vaucluse (bei Avignon). Den glanzvollen Höhepunkt bildete seine Krönung als *poeta laureatus* auf dem Kapitol i. J. 1341.

Mit Dante Alighieri (1265 - 1321), dem größten Dichter Italiens, der mit seiner *Divina Commedia (Göttliche Komödie)* die erste große epische Dichtung in italienischer Sprache geschaffen hatte, verband Petrarca die Liebe zur nationalen Eigenart und Vergangenheit wie zur Sprache seines Volkes. So verfasste auch er Dichtungen in italienischer Sprache.

Während Dantes Denken noch ganz vom mittelalterlichen Weltbild geprägt war, wenn er sich in seinem Stil auch von der *Aeneis* Vergils stark beeinflussen ließ und ihn zum Führer durch die Unterwelt wählte, strebte Petrarca bewusst nach einer geistigen Wiederbelebung der Antike. Er war von der Schönheit der klassischen Sprache wie von dem Streben nach der Bildung des Menschen begeistert, die er in den Werken der antiken Autoren wie in den Schriften des hl. Augustinus entdeckt hatte. So vertrat er als erster eine Auffassung von der Bildung des Menschen, die man als Humanismus bezeichnet. In seinen lateinischen Dichtungen, Abhandlungen und Briefen, unter denen der über den Aufstieg auf den Mont Ventoux wohl der bekannteste ist, hat er seine Auffassung dargelegt: Der humanistisch Gebildete ist für ihn der *homo litteratus*, der an der Rhetorik des klassischen Lateins geschulte Schriftsteller, der sich in seinem Stil um ausgefeilte Eleganz bemüht. Dies führte zu einem neuen produktiven Umgang mit den klassischen Texten der Antike und zu einem neuen Selbstwertgefühl der gebildeten Menschen.

Ein neues Weltbild Die von Italien ausgehende Bewegung setzte sich nördlich der Alpen in verschiedenen Richtungen und mit zeitlichen Verschiebungen fort. Der bedeutendste Gelehrte dieser Zeit des Übergangs war der humanistisch geprägte Nicolaus von Cues (1401 - 1464; Cusanus genannt), der 1448 zum Kardinal ernannt wurde. Er war ein ebenso hervorragender Theologe wie Mathematiker und Naturwissenschaftler. Sein vielseitiges Denken und Forschen kommt in zahlreichen, noch stark vom Mittellatein geprägten Schriften zum Ausdruck. In diesen ging es ihm ebenso um das Begreifen Gottes und um das Erkennen der Grenze menschlichen Denkens wie um die Begründung eines neuen Welt- und Menschenbildes. Dank seiner Erkenntnis von der Achsendrehung der Erde hat man ihn den ersten »modernen« Denker genannt und aufgrund seiner Erkenntnislehre den Begründer der deutschen Philosophie. Mit den Humanisten verband ihn sein Eifer im Entdecken und Sammeln von Handschriften antiker Autoren. Die Studienförderung der deutschen katholischen Bischöfe, das Cusanuswerk, ist nach ihm benannt.

Im Werk des Nicolaus Cusanus wird sichtbar, welche Themen in der Folgezeit die Gelehrten Europas beschäftigen sollten. Im Zeitalter der großen Entdeckungen, der Erfindung der Buchdruckerkunst und bald auch der Reformation zwangen die neuen Herausforderungen die Menschen auf vielen Gebieten, ein neues Welt- und Selbstverständnis zu finden. So kam es zu völlig verschiedenartigen Ausprägungen humanistischer Geisteshaltung in Europa.

Das Latein der Humanisten In dieser Zeit tiefgreifenden Wandels trug die humanistisch geprägte Schicht der Gelehrten zum Austausch von Ideen und Programmen über die Grenzen der europäischen Länder hinweg bei; allerdings wurden die Humanisten in zunehmendem Maße in die religiösen Auseinandersetzungen der damaligen Zeit einbezogen. Alle Gelehrten verband nach wie vor die lateinische Sprache, und zwar von Salerno und Rom bis Oxford, von Krakau und Prag bis Paris und Sevilla. Sie blieb bis in das 18. Jh. hinein die Sprache des internationalen Gedankenaustausches und der Wissenschaft, wobei es selbstverständlich Unterschiede im Grad der Ausrichtung auf das klassische Latein gab. Diese Sprache bezeichnet man im Unterschied zum Mittellatein mit dem Begriff Neulatein.

Vielfalt im europäischen Humanismus Weil die italienischen Humanisten im 15. Jh. in Florenz von der mächtigen Dynastie der Medici sehr gefördert wurden, entwickelte sich diese Stadt zum ersten großen Zentrum des europäischen Humanismus und der Renaissance. Nachdem man in der Theologie und der Philosophie das Griechische neu entdeckt hatte, bereiteten die Medici 1459 auch den Weg für die Gründung einer Platonischen Akademie in Florenz. Diese Florentinische Akademie förderte unter anderem die im späten 15. Jh. herausgegebenen Werke des antiken Physikers Archimedes (ca. 285 – 212 v. Chr.). Die italienischen Stadtstaaten waren nämlich darauf bedacht, das überlegene wissenschaftlich-technische »Know-how« der antiken Griechen für ihre wirtschaftlichen und militärischen Ziele zu nutzen.

Nach dem Vorbild von Florenz setzte sich die Beschäftigung mit der griechischen Sprache und Literatur auch in den übrigen Zentren des Humanismus durch. Schließlich wurde auch das Hebräische, die dritte der »heiligen« Sprachen der Christen, in die Studien mit einbezogen.

In Italien diskutierte man in dieser Zeit die Frage nach der neu verstandenen Würde des Menschen so intensiv, dass sich eine ganze Reihe von Schriften mit ihr befassten. Hierbei griffen die jeweiligen Verfasser ebenso auf die Bibel und die Kirchenväter wie auf die antiken Autoren zurück. Hierin drückte sich das neu gewonnene Selbstverständnis von der freien Entfaltung des menschlichen Geistes aus. Mit ihr ist die des freien Willens verbunden. Diese Kräfte des Menschen werden durch die richtige Bildung freigesetzt. Sie fördern nach Überzeugung der Humanisten das Zusammenleben der Menschen und sind zugleich die ideale Grundlage für die beste Religion. Mit dieser Auffassung widersprachen sie der christlichen Gnadenlehre ebenso wie der mittelalterlich-christlichen Weltsicht, nach der erst mit der Wiederkehr Christi ein grundlegender Fortschritt möglich sei. Die bedeutendste Schrift über dieses neugewonnene Verständnis der freien geistigen Entfaltung des Menschen ist die *Oratio de hominis dignitate Die Rede über die Würde des Menschen* des Giovanni Pico della Mirandola (1463 – 1494).

Er hatte sich in seinen vielseitigen Studien, in die er neben dem Platonismus in Florenz auch die grundlegenden Schriften des Judentums einbezog, so intensiv mit dieser Frage befasst, dass er sie auf einem philosophisch-theologischen Kongress 1486 in Rom öffentlich diskutieren lassen wollte. Zu dieser Disputation sollte die *Oratio* die Eröffnungsrede sein. Sie wurde aber nie gehalten, weil einige der Thesen Picos von der Kirche (übrigens später auch von Martin Luther) verworfen wurden. Erst 1496 ist sie als Schrift in der Ausgabe seiner Werke veröffentlicht worden. In seinen universalen Bestrebungen wollte er auf die Versöhnung und den Ausgleich zwischen den verschiedenen philosophischen Schulen hinaus, weil sie seiner Auffassung nach die Voraussetzung für eine vielseitig begründete philosophisch-theologische Einheit sei, nach der er strebte. Dem entsprach sein universales Bild vom Menschen: Dessen Würde beruht auf der Freiheit, mit der Gott ihn ausgestattet und als einziges unter allen Geschöpfen ausgezeichnet hat. Diese Schrift gehört zu den wirkungsgeschichtlich bedeutendsten der Renaissance (↗282).

Johann Reuchlin (1455 – 1522), ein Vorkämpfer kirchlicher Reformen, war der erste große deutsche Humanist, der sich intensiv mit dem Hebräischen beschäftigte. An ihm wird ein besonderer Zug des Humanismus deutscher Prägung sichtbar, nämlich eine stark religiöse Orientierung, mit der sich theologische Bemühungen um ein tieferes Verständnis der heiligen Schriften verbanden. Reuchlin strebte aber zugleich auch danach, und hierin folgte er italienischen Humanisten, ein *poeta* zu sein. So war er nicht nur Verfasser griechischer und hebräischer Lehrbücher und wissenschaftlicher Abhandlungen, sondern auch der Dichter von zwei lateinischen Schulkomödien, von denen der *Henno* die bekannteste ist.

Eine ständige gegenseitige Befruchtung von Wissenschaft und christlichem Glauben strebte Erasmus von Rotterdam (ca. 1466 – 1536) an, der »König der Humanisten«.

In seiner Jugend wurde er stark von der religiösen Gemeinschaft der Brüder vom gemeinsamen Leben geprägt, die sich in den Niederlanden um eine humanistisch-christliche Lebensgestaltung bemühten und bereits Nicolaus Cusanus beeinflusst hatten. Dank seiner hervorragenden geistigen Fähigkeiten war er nach Studien in Paris und längeren Aufenthalten in England, Italien und den Niederlanden in Basel und Freiburg als Philologe, als Theologe und als Dichter in gleicher Weise tätig. Mit Gelehrten fast aller europäischen Länder stand er brieflich in Verbindung, ebenso mit Fürsten und Königen, mit Kardinälen und Päpsten. So griff er in die geistigen Auseinandersetzungen seiner Zeit ein, die ihm aus den Fugen zu geraten schien. Eine enge Freundschaft verband ihn

mit Thomas Morus. Auf große deutsche Zeitgenossen wie Reuchlin, Hutten, Luther, Zwingli und Dürer übte er einen teilweise nachhaltigen Einfluss aus.
Durch die Herausgabe des Neuen Testaments in griechischer und lateinischer Sprache i. J. 1516 schuf er die textlichen Voraussetzungen für Luthers Bibelübersetzung ins Deutsche. Gleichwohl hielt er sich, stets um Vermittlung bemüht, der Reformation fern. Bereits 1502 hatte er die Grundlage seiner christlichen Philosophie im *Enchiridion militis Christiani (Handbüchlein des christlichen Streiters)* entwickelt, 1509 als Gast des Thomas Morus in gelöster Atmosphäre das *Morias enkomion (Lob der Torheit)* verfasst, ein in überlegener Ironie geschriebenes satirisches Werk, in dem kein Stand, auch nicht der geistliche, geschont wird. 1516, im Jahre vor Luthers Thesenanschlag, folgten die *Colloquia familiaria (Gespräche im vertrauten Kreis)*; sie sind neben seinen Briefen das lebendigste Werk des Erasmus, zugleich ein umfassendes Kulturbild der vorreformatorischen Zeit. Beweisen schon seine Briefe und Schriften, dass er kein Stubengelehrter war, so erst recht seine Streitschrift gegen Luther *De libero arbitrio* zur Verteidigung des freien Willens (1524), worauf dieser schon ein Jahr später mit seinem grundlegenden Werk *De servo arbitrio (Vom unfreien Willen)* antwortete.

Das gesamte Werk und Wirken dieses großen europäischen Gelehrten diente dem Ziel, den für ihn immer wieder neu zu entdeckenden Gehalt antiker Weisheit und Menschlichkeit mit der Lehre Christi zu verbinden. *Quorsum haec omnia?* Wozu dieses alles? So fragte er sich. *Ut optima religio pulcherrimis studiis fulciretur.* Damit die beste Religion durch die schönsten Studien bestärkt werde (*Querela pacis* 10,1713 A). Diese Ausprägung des christlichen Humanismus wirkte sich geistesgeschichtlich stark aus; sie ist nämlich zu einem Grundzug europäisch-christlichen Bemühens um die Bildung des Menschen geworden.
Hatte Erasmus sich nicht gescheut, Sokrates (↗122 f.) an die Seite der christlichen Heiligen zu stellen, so wurde sein Freund Thomas Morus (1478–1535) mit Recht als der englische Sokrates bezeichnet. Dieser theologisch und humanistisch gebildete Jurist und Staatsmann hatte sich, 1529 von Heinrich VIII. zum Lordkanzler ernannt, 1534 standhaft geweigert, den Eid auf eine Erklärung zu leisten, durch die sich sein König von der katholischen Kirche losgesagt und zum Oberhaupt der Kirche von England gemacht hatte (Suprematsakte). Als Märtyrer des Gewissensentscheides nahm er den Tod auf dem Schafott gelassen hin. Sein bekanntestes Werk ist die *Utopia*, ein in jeder Hinsicht provozierender Entwurf der »besten« Staatsverfassung, das er 1516 abgeschlossen hat.

Diese Schrift steht in der Tradition der sozialkritischen antiken Staatsschriften, ist vielschichtig in der Führung der Gedanken, verbindet, wie das *Lob der Torheit* des Erasmus, Gelehrsamkeit mit Ernst, Ironie und Spiel und lässt die Utopier, die heidnischen Einwohner eines Landes, das es nirgends gibt, immer wieder Zeitkritik üben. Sie hat in mancher Beziehung nachhaltigen Einfluss auf die Aufklärung im 18. und die soziale Revolution im 19. Jh ausgeübt.

In Ulrich von Hutten (1488–1523) trat im Gegensatz zu Erasmus und Thomas Morus und in viel ausgeprägterer Form als bei den italienischen Humanisten eine nationale Ausrichtung des Humanismus in Erscheinung. Hutten führte ein unruhiges Leben, hielt sich in Augsburg, Wien, Mainz und Italien auf und kehrte von Rom als Feind der päpstlichen Kurie nach Deutschland zurück. 1517 wurde er zum *poeta laureatus* gekrönt, weil er durch seine größtenteils in lateinischer Sprache verfassten Schriften hohes Ansehen erworben hatte. Er war anfangs mit Erasmus befreundet, geriet dann mit ihm in Streit und schloss sich Luther an, weil auch er, obwohl er sich vielen Bestrebungen der Humanisten gegenüber reserviert verhielt, gegen die Kurie in Rom kämpfte. Von seinen Schriften sind die *Epistulae obscurorum virorum (Dunkelmännerbriefe)*, die er mit einigen Freunden gemeinsam verfasst hat, und sein großer Brief an seinen älteren Freund Pirkheimer, dessen Patrizierhaus in Nürnberg allen Humanisten offenstand, die bekanntesten. Mit den Briefen griffen die Verfasser zugunsten von Reuchlin in einen Streit ein, in dem dieser die Schriften jüdischer Autoren als wichtige Quelle für das Studium des Hebräischen verteidigen musste. In ihnen wird im bewusst komischen »Küchenlatein«, das zugleich eine Karikatur des klösterlich-einfachen Mittellateins abgab, den Angriffen gegen Reuchlin mit den Waffen des Spottes, der Ironie und der Polemik eine Abfuhr erteilt.

Philipp Melanchthon (1497 - 1560), der zur jüngsten Generation der Humanisten gehörte, war der bedeutendste Vertreter des vom Geist der Reformation geprägten Humanismus. Er war ein Großneffe Reuchlins. Bereits als Dreizehnjähriger begann er nach dem Besuch der lateinischen Schule sein Studium, wurde auf Empfehlung Reuchlins schon 1518 Professor für Griechisch an der jungen Universität Wittenberg, wo Luther im Jahre zuvor seine 95 Thesen veröffentlicht hatte, die selbstverständlich ebenfalls lateinisch abgefasst waren (↗283 f.). 1521 gab Melanchthon die erste evangelische Dogmatik in lateinischer Sprache heraus. Er formulierte 1530 auch die berühmt gewordene *Confessio Augustana*, in der die Lehrsätze des Luthertums schriftlich fixiert waren. Erasmus stand er, hierin echter Humanist, auch dann noch nahe, als es zum Bruch zwischen diesem und Luther gekommen war. Weil er vom Wert der geistigen Schulung durch die Werke der antiken Autoren überzeugt war, setzte er sich für die Gründung evangelisch geprägter Lateinschulen ein; er wurde der erste große Organisator des evangelischen Schulwesens und übte dadurch einen starken Einfluss auf die Prägung der deutschen Universitäten und höheren Schulen aus. Dies trug ihm den Ehrentitel *Praeceptor Germaniae* ein.

Humanistische Dichtung Humanistisches Gedankengut prägte in dieser Zeit auch die lateinische Dichtung. An vielen Orten bildeten sich Dichterzirkel, und man strebte danach, ihnen anzugehören. Wer sich in einem derartigen Zirkel besonders auszeichnete, der konnte mit öffentlicher Anerkennung rechnen. Auch nördlich der Alpen wurde es nämlich, wie zuvor in Rom, üblich, dass Universitäten, Fürsten und auch der Kaiser anerkannte Dichter zum *poeta laureatus* krönten. Diese Poeten bevorzugten selbstverständlich die antiken quantitierenden Versmaße, drängten also Rhythmus und Reim, die in den mittellateinischen Dichtungen bevorzugt wurden, wieder zurück. Doch wenn es auch einige Hochbegabte unter diesen Dichtern gegeben hat, so in Deutschland etwa Conrad Celtis (1459 - 1508), der 1487 von Kaiser Friedrich III. zum Dichter gekrönt wurde, so hat diese Dichtung doch die Ausdruckskraft und die Wirkung der mittellateinischen nicht mehr erreicht. Auch deshalb konnten sich in allen Ländern Europas die Nationalliteraturen mehr und mehr entfalten.

Und dennoch hat die humanistische Dichtung eine starke mittelbare Nachwirkung erzielt. Denn nach dem Verfall der mittelhochdeutschen Dichtung im späten Mittelalter konnten sich die ersten deutschen Dichter vom Barock bis zur Klassik nur an der formal strengen Gebundenheit und den Ausdrucksmitteln der lateinischen Dichtung schulen. Diese Entwicklung setzte mit Martin Opitz ein (↗287).

3. *Von der neulateinischen Literatur bis zur Gegenwart*

Die Sprache der Gebildeten und das Küchenlatein Mit dem Aufstieg der europäischen Staaten zu selbstbewussten politischen Mächten erstarkte das Nationalgefühl. Zu dieser Entwicklung hatten die Humanisten von Anfang an wesentlich beigetragen. Ihre Überwindung der mittelalterlichen Denkweise und ihr Rückgriff auf das klassische Latein führten zu einer Abwertung des Mittellateins, das sich über Jahrhunderte als eine lebendige Sprache von der Ciceros entfernt hatte. Es genügte also den neuen Anforderungen an die lateinische Sprache nicht mehr. So kam es, dass praktisch nur noch Absolventen der hohen Schulen und Universitäten, auf denen man sich am Stil der römischen Klassiker schulte, den Ansprüchen an ein gutes Latein (sog. Neulatein) gerecht werden konnten. In Klöstern und vielen Schulen unterhielt man sich selbstverständlich, wie im Mittelalter, noch längere Zeit auf Lateinisch, und zwar unbekümmert um Ansprüche eines guten Stils; doch die Tatsache, dass man diese Sprache als »Küchenlatein« bezeichnete, wie es etwa Ulrich von Hutten tat, zeigt, dass dieses »neue« Latein zu einer Sprache der gebildeten Schichten wurde. Für die Leute, die keine Lateinschule besucht hatten, wurde es in zunehmendem Maße zu einer »toten« Sprache.

Latein und nationalistische Politik Nach Beendigung des 30-jährigen Krieges, der 1648 im Westfälischen Frieden durch Urkunden in lateinischer Sprache besiegelt wurde, kam es zu neuen Auseinandersetzungen um die Vorherrschaft im religiös gespaltenen Europa. Aus diesem Ringen ging zunächst Frankreich als Sieger hervor, was Ludwig XIV. (1643 - 1715) zu nutzen wusste. Das Leben an seinem Hof entwickelte sich zum Vorbild europäischer Herrscher- und Adelshäuser, sodass es

Mode wurde, französischen Einflüssen zu folgen. Im Zuge dieser Entwicklung bemühte sich Ludwig XIV. auch darum, dem Französischen in Europa den Rang einer allgemein anerkannten Diplomatensprache zu verschaffen. Dies konnte nur zu Lasten des Lateinischen erfolgen, das, nicht nur bei den Gegnern Frankreichs, noch bis in das 18. Jh. hinein in vielen Staaten die bevorzugte Diplomatensprache blieb. Dann musste es aber auch dem Englischen mehr und mehr weichen, weil Englands Einfluss in Europa wuchs.

Die Schriftsprache der Gelehrten Während die lateinische Dichtung im 30-jährigen Krieg ihren kulturellen Nährboden verlor, nutzten die Gelehrten das Lateinische noch bis ins 18. Jh. als bevorzugte Sprache für ihre Publikationen. Dies taten nicht nur Gelehrte wie etwa der Niederländer Hugo Grotius, die sich international nicht mitteilen konnten, weil sie in ihrer Muttersprache nicht verstanden wurden, sondern auch diejenigen, die mit ihren Schriften möglichst in allen Ländern Europas Resonanz finden wollten.

Deshalb wurden auch viele Schriften aus den Landessprachen ins Lateinische übersetzt, so etwa die Werke von Galileo Galilei (1546 - 1642) und Briefe des französischen Mathematikers und Philosophen Blaise Pascal (1623 - 1662). Das Lateinische war in dieser Zeit das gern genutzte Medium des Gedankenaustausches unter den europäischen Wissenschaftlern von Rang. Das zeigt sich in beeindruckender Weise in den Werken von Descartes, dem Begründer des modernen Rationalismus. Selbst Befürworter des Gebrauchs der Muttersprache wie Martin Opitz verfassten damals ihre Manifeste noch in lateinischer Sprache (↗286 f.).

Latein bleibt Kirchensprache Während in den protestantischen Kirchen bald nach der Reformation die Liturgie in den Landessprachen gefeiert wurde, blieb das Lateinische die offizielle Sprache der römisch-katholischen Kirche (↗293). Allerding kann seit 1963 die Messe generell auch in den Landessprachen gefeiert werden, was auch meistens geschieht. Ähnlich wie die katholische Kirche am Lateinischen, so halten die Juden am (Alt-)Hebräischen und die Muslime am (Hoch-)Arabischen fest.

Latein im Unterricht Erasmus hatte wesentlich dazu beigetragen, dass sich im Unterricht die *studia humanitatis* in zunehmendem Maße durchsetzten. Das änderte sich auch nicht, als in den reformierten Staaten das Schulwesen von den Reformatoren und von den Jesuiten in den katholischen Ländern neu organisiert wurde. Denn der Wahlspruch des Protestanten Jacob Sturm (1507 - 1587): *sapiens et eloquens pietas*, kluge und beredte Frömmigkeit, wobei die *eloquentia* die Kunst, lateinisch zu reden und zu schreiben, zum Ziel hatte, fand auch bei den Katholiken Zustimmung. Dieses Ziel verlor im 17. und 18. Jh. mit der Förderung der Nationalsprachen auch im Schulunterricht an Anziehungskraft, zumal sich bedeutende Pädagogen dafür einsetzten, der Muttersprache im Unterricht den Vorrang einzuräumen.

Als Ende des 18. Jh.s in der Epoche des Neuhumanismus das klassische Altertum wiederentdeckt wurde und diese geistesgeschichtliche Rückbesinnung in der Öffentlichkeit große Resonanz fand, trug dem die Bildungsreform zu Beginn des 19. Jh.s durch die Gründung des humanistischen Gymnasiums Rechnung. An ihm erhielt das Lateinische vor dem Griechischen den größten Stundenanteil. Dieser ging in den folgenden Jahrzehnten, in denen neue Typen des Gymnasiums gegründet wurden, mehr und mehr zurück (↗289 f.). Dies führte dazu, dass am Ende des vergangenen Jh.s in der Reifeprüfungsordnung auf den lateinischen Aufsatz verzichtet und das Verständnis der antiken Autoren als wichtiges Unterrichtsziel bestimmt wurde. Die neueren und die heutigen Zielvorgaben der Richtlinien und Lehrpläne betonen in gleicher Weise die sprach-, text-, kultur- und traditionserschließende Aufgabe und Leistung des Lateinunterrichts.

Die lateinische Sprache

1. *Grundzüge der Sprache*

Lingua Latina, die Sprache der Römer Gegen Ende des 2. Jahrtausends v. Chr. wanderten nach Mittelitalien verschiedene indogermanische Stämme ein, die dort sesshaft wurden. Zu ihnen gehörte der Stamm der Latiner (*Latini*). Er besiedelte die Hügel am Unterlauf des Tiber und das Gebiet, das südlich davon lag. Nach den Bewohnern nannte man dieses Gebiet *Latium*. Deren Sprache, die *lingua Latina*, war ein eigenständiger Dialekt der indogermanischen Grundsprache. Er unterschied sich von den Sprachen der benachbarten Stämme in den Lauten und Konsonantenverbindungen wie in den Wortbedeutungen.

Nördlich dieses Gebietes breitete sich seit dem 8. Jh. v. Chr. das Herrschaftsgebiet der Etrusker aus. Sie waren keine Indogermanen. Auf dem Höhepunkt ihrer Macht im 7. und 6. Jh. v. Chr. übten sie einen starken Einfluss auf die Latiner und die Entwicklung der Stadt Rom aus (↗192). In dieser Zeit nahmen die Römer eine Reihe etruskischer Wörter in ihre Sprache auf. Auch der Stadtname *Roma* ist vermutlich etruskischen Ursprungs.

Zu Beginn des 5. Jh.s v. Chr. haben die Latiner die etruskische Vorherrschaft beseitigt. Danach schlossen sie sich zu einem Bund zusammen. Dessen zentrale Siedlung war Rom. So wurde die *lingua Latina* die Sprache der Römer. Bis zum Beginn des 1. Jh.s v. Chr. wurde Lateinisch nur in Rom und Latium gesprochen. Als 89 v. Chr. die südlich des Po lebenden Volksgruppen, die Italiker, nach dem so genannten Bundesgenossenkrieg (↗9) das römische Bürgerrecht erhielten, übernahmen sie auch die Sprache der Römer. So wurde Latein Reichssprache. Zu dieser Zeit war die römische Literatur in Italien bereits stark verbreitet.

Der Flexionsreichtum. Zu den Grundzügen der lateinischen Sprache gehört ihr Reichtum an Endungen. Die Beziehungen der Nomina (Substantiv, Adjektiv, Pronomen) und der Verben im Satz werden durch Veränderungen der Formen am Ende des Grundstocks eines Wortes, des Stammes, hergestellt. Diese Veränderungen nennt man Flexion. Bei den Nomina bezeichnet man sie als Deklination (Abwandlung), bei den Verben als Konjugation (Beugung).

Im Lateinischen gibt es im Unterschied zu vielen anderen Sprachen keinen Artikel, der das Geschlecht und den Kasus eines Substantivs anzeigt. Beides leistet die Endung des Nomens. Es hat insgesamt sechs Kasus. Zusätzlich zu den vier im Deutschen vorhandenen hat es noch den Ablativ und den Vokativ. (Sechs bis sieben Kasus gibt es heute noch in einigen slawischen Sprachen.) Der Vokativ hat aber nur noch im Singular der o-Deklination eine eigene Form (Endung auf *-e*), sodass er vielfach gar nicht mehr als besonderer Kasus betrachtet wird. Dagegen hat der Ablativ, von der o-Deklination abgesehen, im Singular eigene Formen. Mit seiner ursprünglichen Funktion als Kasus der Trennung (*ablativus separativus*; Fragen: *Woher, Wovon*?) vereinigt er den Kasus der Lage in Raum und Zeit (*abl. locativus*; Frage: *Wo, abl. temporis*; Frage: *Wann*?) und den Kasus der Gemeinschaft und des Mittels (*abl. sociativus* und *instrumentalis*; Fragen: *Mit wem*; *Womit, Wodurch*?).

Im Vergleich zum Deutschen und Englischen ist im Lateinischen auch das Verbalsystem stark entwickelt. Es hat sechs Tempora. Diese werden, mit Ausnahme des Perfekt Passiv, ohne ein Hilfszeitwort (*sein, haben*) gebildet. Die Verben haben drei eigene Stämme, den Präsens-, den Perfekt- und den Supinstamm. Diese bilden die Grundlage für das stark ausgeprägte System der lateinischen Tempora. Der Sprechende konnte nicht nur, wie in anderen Sprachen auch, die Zeit eines Geschehens oder einer Handlung in einer der drei Zeitstufen Gegenwart, Vergangenheit oder Zukunft bestimmen (absoluter Zeitgebrauch), sondern in Satzgefügen auch noch das Zeitverhältnis verschiedener Vorgänge zueinander angeben. Er konnte also feststellen, ob die Handlung in einem Nebensatz gleichzeitig, vorzeitig oder nachzeitig mit der des übergeordneten Satzes verläuft. Für diese relative Zeitangabe hat die Sprache bis zum 2. Jh. v. Chr. bestimmte Regeln entwickelt. Man bezeichnet sie als *consecutio temporum*.

Ferner standen dem Sprechenden drei Modi der Aussage (Indikativ, Konjunktiv, Imperativ) zum Ausdruck seiner Vorstellungen oder Wünsche zur Verfügung.

Im Lateinischen gibt es schließlich, ähnlich wie im Griechischen, wenn auch nicht so stark ausgeprägt, noch die Kategorie des Mediums, der alten Mittelform zwischen Aktiv und Passiv. Es bringt die Rückbeziehung einer Handlung auf das Subjekt zum Ausdruck, z. B. *lavari sich waschen, verti sich wenden, pati zulassen, erdulden*. Die Verben dieser Kategorie nennt man Deponentien.

Der Satzbau Im Satzbau hat die lateinische Sprache keine starren Regeln entwickelt. Im Altlatein stand, wie man dem Zwölftafelgesetz entnehmen kann (↗48), das Verbum meistens am Satzende. Doch schon gegen Ende der vorklassischen Zeit setzte man in stilistisch ausgearbeiteten Texten die betonten Wörter eines Satzes gern an dessen Anfang oder Ende. Das galt auch für die Stellung des Prädikats. Durch die Auseinandersetzung der Römer mit der griechischen Literatur und Redekunst seit dem 3. Jh. v. Chr. wurde in ihnen der Sinn für die kunstvolle Gestaltung von Satzgefügen geweckt. Dies führte zur Erweiterung der Ausdrucksmöglichkeiten der Partizipialkonstruktionen und zur Entwicklung verschiedener Stile der lateinischen Kunstprosa.

Der Wortschatz Der größte Teil der Wörter der lateinischen Sprache ist indogermanisches Erbgut. Lehnwörter aus anderen Sprachen haben im Verlauf der geschichtlichen Entwicklung die Sprache bereichert. Bezeichnungen für Tiere, Landschaften und Pflanzen übernahmen die Einwanderer von den Stämmen, auf die sie trafen. Aus dem Etruskischen stammen viele Bezeichnungen für Namen und Familienverbände, für den Vornamen (*praenomen*), für den des Familiengeschlechts, zu dem man gehörte (*gens*, ↗19), und für den Beinamen (*cognomen*). Ferner sind Bezeichnungen für viele Berufe und für Handlungen, die sich auf alte religiöse Zeremonien wie Opfer, Eingeweideschau und Weissagung beziehen, etruskischen Ursprungs. Die größte Bereicherung erfuhr der lateinische Wortschatz durch Lehn- und Fremdwörter aus dem Griechischen. In der Frühzeit Roms waren dies Wörter auf den Gebieten des Handels und der Zivilisation (z. B. *talentum, amphora, balneum*), seit dem 3. Jh. v. Chr. vor allem Wörter in den Bereichen der Literatur und Philosophie, der Wissenschaften und der Künste. Aus diesen Wörtern hat sich ein großer Teil des heutigen internationalen Kulturwortschatzes entwickelt.

Gesprochenes und geschriebenes Latein Mit der ersten Übersetzung eines Werkes der griechischen Literatur durch Livius Andronicus 240 v. Chr. (↗84) begann in Rom der Prozess der Trennung der Sprache in eine schriftlich fixierte und in eine nur gesprochene. Weil die Übersetzer Wert darauf legten, den griechischen Mustern und Vorbildern möglichst nahe zu kommen, führten sie in ihre Übertragungen Sprachmuster ein, die es im Lateinischen bisher nicht gab. So entstand eine Schriftsprache, die sich stark von dem mehr oder weniger unbekümmert gesprochenen Latein abhob. Sie bezeichnet man als Hochsprache. Seit der Mitte des 2. Jh.s v. Chr. wurde sie in den Rhetorenschulen vermittelt, in denen die jungen Römer der Oberschicht auf ihre Ämterlaufbahn vorbereitet wurden. Seit dieser Zeit wurden auch die Gesetze in ihr verfasst. Dies führte dazu, dass sie bestimmten Normen und Regeln unterworfen wurde. Die Sprache des einfachen Volkes war dagegen viel offener für Veränderungen. Daher wurde im Lauf der Zeit der Unterschied zwischen dem geschriebenen und dem gesprochenen Latein immer größer.

Sprachschichten In der Hoch- wie in der Volkssprache gab es verschiedene Ausprägungen und Abstufungen. Die Hochsprache war die Schriftsprache der konservativen römischen Oberschicht und des gebildeten Stadtrömers. Dessen Alltagssprache (*sermo cottidianus*) orientierte sich zwar an dieser Sprachebene, doch nahm er in ihr Nachlässigkeiten in Kauf und hielt sich mit gefühlsbetonten Ausdrücken weniger stark zurück als in der Hochsprache. In dieser Hinsicht kam sie der Volkssprache nahe.

Die Hochsprache wurde im literarischen Bereich besonders vielfältig gestaltet. Sprachliche Unterschiede gab es nicht nur zwischen Prosa und Dichtung, sondern auch noch zwischen den verschiedenen literarischen Gattungen mit ihren spezifischen Merkmalen. Diese Literatursprache eigneten sich seit dem 2. Jh. v. Chr. viele Schriftsteller an, die keine Römer waren, wenn sie mit ihren Werken in Rom Wirkung erzielen wollten. Sie änderte sich bis zum 2. Jh. n. Chr. kaum. Die ungebildeten Bevölkerungsschichten hatten zu dieser Sprachschicht keinen unmittelbaren Zugang.

Die Volkssprache, der *sermo vulgaris*, das so genannte Vulgärlatein, war stärker in Fluss als die Hochsprache. Es wurde von sehr verschiedenartigen Bevölkerungsgruppen gesprochen. Zu diesen gehörte vor allem die städtische *plebs*. Deren Sprache, der *sermo plebeius*, findet sich in vielen Wandkritzeleien in Pompeji und Ostia. Sie begegnet uns aber auch in der römischen Literatur, vor allem in der Komödie und in der satirischen Dichtung als Mittel zur Charakterisierung ungebildeter Personen. So merkt etwa der mit seinem Reichtum protzende Trimalchio im satirischen Roman des Petron (↗112) gar nicht, dass er sich grobe Sprachschnitzer leistet wie *vasum* (statt *vas*) *aeneum*, *malus* (statt *male*) *fatus* oder zum Neutrum *lac* (*Milch*) den Akkusativ *lactem* bildet. Zu derartigen Schnitzern passt die vulgäre Ausdrucksweise seiner Gesprächspartner, etwa die Wendung *quadrantem de stercore mordicus tollere*, »das Viertelas aus dem Mist mit den Zähnen herausholen«.

Diese Drastik war nicht nur für die Komödie typisch, sondern auch für die Witze der Soldaten. Daher konnte Plautus in seiner Komödie *Miles gloriosus* eben diesen Offizier als *gloriosus, impudens, stercoreus, plenus periuri atque adulteri*, als *Großmaul, Lump, Mistkerl*, als *Freund von Eid- und Ehebruch* darstellen. Spöttische Verrisse dieser Art waren bei den Römern auch später sehr beliebt. So hatten Caesars Soldaten, wie Sueton berichtet, gar keine Scheu, sich in ihren Liedern, die sie auf dem Triumphzug nach Beendigung des Gallischen Krieges sangen, recht drastisch über die ihnen sattsam bekannten Liebesaffären ihres Feldherrn in einem Distichon lustig zu machen. Wiederholt hätten sie gesungen (Caes. 51): *Urbani, servate uxores: moechum calvom adducimus. / aurum in Gallia effutuisti, hic sumpsisti mutuum.* »*Städter, schützt eure Frauen: Den glatzköpfigen Ehebrecher führen wir heran. Gold hast du in Gallien verhurt, hier hast du es dir auf Pump* besorgt.«

Nicht nur die derbe Ausdrucksweise ist ein Charakteristikum der Umgangssprache, sondern auch ihre vielfältige Ausprägung, die sie in den verschiedenen Berufszweigen und den unteren Volksschichten erfahren hatte. Diese gruppenspezifischen Sprachen (Soziolekte) trugen in der Kaiserzeit zur Vielfalt des Vulgärlateins wesentlich bei. Abgesehen davon, dass man es undeutlicher aussprach, war es im Satzbau viel einfacher als die Hochsprache. Ferner wich es im Gebrauch der Kasus und der Präpositionen von ihr ab. Hierbei gab es in den verschiedenen Regionen des großen Reiches zum Teil erhebliche Unterschiede. Dies führte seit dem 3. Jh. n. Chr. zu Bildung von Dialekten. Aus ihnen entwickelten sich später die romanischen Sprachen.

Sprachwandel Bis zur Entstehung der Schriftsprache im 3. Jh. v. Chr. hatte das Lateinische seine Lautform in den Grundzügen entwickelt. Dies gilt vor allem für die Schwächung bzw. den Schwund kurzer Binnensilbenvokale (z. B. *ago* → *subigo*; *cogo* aus *coago*), den Rhotazismus (Verwandlung von *s* in *r*: Stamm *es* → *er-as*) und die Vereinfachung bestimmter Konsonantengruppen (*vel-se* → *velle*). Der Wortschatz, der sich aus dem elementaren Mitteilungsbedürfnis der Menschen und aus der Wahrnehmung und Zuordnung der Umwelt gebildet hatte, wurde im Lauf der Zeit größer. In der Syntax herrschte die Parataxe vor. Relativsätze kamen unter den Nebensätzen am häufigsten vor.

Durch den Einfluss der Griechen erweiterten die Römer seit dem 3. Jh. v. Chr. den Wortschatz ihrer Sprache, lernten sie ferner, in den Wortbedeutungen stärker zu differenzieren, zu abstrahieren und in der Prosa wie in der Dichtung neue Formen der Aussage zu entwickeln. Dies war die erste große Epoche des Wandels der lateinischen Sprache. Die zweite leiteten zu Beginn des 3. Jh.s n. Chr. die Christen ein. Sie erweiterten und vertieften den Wortschatz des Lateinischen erneut und trugen dazu bei, dass sich in der Spätantike das Lateinische in zwei verschiedene Richtungen entwickelte. Während sich in ihren Schriften eine neue Literatursprache, das Spätlatein, bildete, differenzierte sich das Vulgärlatein in den Regionen des großen Reiches auf unterschiedliche Weise. Es ging seit dem 8. Jh. n. Chr. in den romanischen Sprachen auf. Das Spätlatein dagegen lebte dank der Karolingischen Renaissance als Mittellatein über ein Jahrtausend fort. Im 15. Jh. bereiteten die Humanisten durch den Rückgriff auf das klassische Latein dieser Sprache ein Ende (↗283).

2. *Latein in der Antike*

Vorliterarische Sprachzeugnisse Das älteste Zeugnis der lateinischen Sprache, das man bei Ausgrabungen in Rom entdeckt hat, stammt vermutlich noch aus der 2. Hälfte des 6. Jh.s v. Chr. Es ist der sogen. *Cippus Romanus* (↗193). Er ist wie auch jüngere Inschriften aus dem 5. und. 4. Jh. v. Chr. noch nicht sicher zu deuten. Deshalb gewinnt man aus diesen Zeugnissen nur eine ungefähre Vorstellung über den Laut- und Formenbestand des Altlateins.

Relativ gut kann man die weitere Entwicklung des Lateinischen seit der Mitte des 3. Jh.s v. Chr. überblicken. Ein bekanntes Sprachzeugnis dieser vorklassischen Zeit ist eine Inschrift auf dem Sarkophag des L. Cornelius Scipio, der 259 v. Chr. Konsul war. Sie wurde etwa 230 v. Chr. im altrömischen saturnischen Versmaß verfasst. Sie beginnt mit der Feststellung:

⊙ **Honc oino ploirume cosentiont R<omane>/ duonoro optumo fuise viro/ Luciom Scipione.**

In klassisches Latein umgesetzt lautet dieser Satz:

⊙ **Hunc unum plurimi consentiunt Romani bonorum optimum fuisse virum, Lucium Scipionem.**
Die meisten Römer stimmen darin überein, dieser eine sei der beste der tüchtigen Männer gewesen: Lucius Scipio.

Der Wortschatz dieser Inschrift weicht von dem der klassischen Sprache nicht ab, wohl aber die Wortgestalt, und in ihr vor allem die Vokale. So enthält die Inschrift noch das alte *o* statt *u* im Nominativ und Akkusativ Singular wie im Genitiv Plural, z. B. *honc* und *duonoro*, ferner in betonter Stammsilbe noch den Diphthong *oi* (*oino*) statt *u* und in der Endsilbe *e* statt *i*, z. B. *ploirume*, klassisch *plurimi*. Im Akkusativ Singular fehlt, von der Ausnahme *Luciom* abgesehen, das auslautende *m*. Das inlautende *n* vor *s* wurde ebenfalls noch nicht geschrieben (z. B. *cosentiont*) und den Infinitiv Perfekt *fuise* schrieb man noch ohne Doppelkonsonant.

Gestaltung der Literatursprache Mit der ersten Übersetzung eines Werkes der griechischen Literatur ins Lateinische (↗83 f.) begann in Rom die bewusste Auseinandersetzung mit der Sprache. Das überlieferte Sprachgut genügte nämlich weder im Wortschatz noch in den Satzgefügen literarischen Anforderungen.

Ennius, der als erster nach dem Vorbild der homerischen Dichtung ein Epos in lateinischer Sprache verfasste, konnte aus metrischen Gründen Wörter mit drei aufeinander folgenden kurzen Silben wie etwa die überlieferte Infinitivform *fuise* in einen Hexameter nicht einfügen; dieser kann nämlich nur aus Daktylen und Spondäen gebildet werden. Das gelang ihm erst durch den Kunstgriff, das intervokalische *s* zu verdoppeln. So wurde der vorausgehende silbenbildende Vokal *i* positionslang, *fuisse* also eine Neuschöpfung aus poetischen Gründen. Sie setzte sich allgemein durch.

Ferner waren Wörter wie *imperator* oder *magnitudo* für den Hexameter nicht geeignet, mussten also durch Rückgriff auf andere Wörter oder durch Neubildungen ersetzt werden. Hierzu sah sich Ennius auch bei der

Latein in der Antike

ab 500 v. Chr.	**archaisches Latein**			
		Laut- und Formenbestand noch in der Entwicklung; Inschriften nicht sicher zu deuten		
ca 300 v. Chr.	**Altlatein**			
		Differenzierung in Schrift- und Umgangssprache; Entwicklung der Schriftsprache		
ab 240 v. Chr.		**3 Stränge der Sprachentwicklung**		
		Literatur- (Hoch-)sprache	**Umgangssprache**	**Volkssprache**
			der gebildeten Römer stärker von der Hoch- als der Volkssprache geprägt	(Vulgärlatein); schichtenspezifische Differenzierung fördert Bildung von Soziolekten
ab ca 100 v. Chr. – Anfang 1. Jh. n. Chr.	**klassisches Latein**			
		Differenzierung und Normierung; größte Vielfalt in Poesie und Prosa	Unsicherheit über den rechten Sprachgebrauch	unterschiedliche Sprachentwicklung in den Provinzen des Reiches führt zur Entfaltung von Dialekten
bis Mitte 2. Jh. n. Chr.	**nachklassisches Latein**			
		Sprache der Klassik als Vorbild betrachtet und in Schulen tradiert		durch Bibelübersetzungen wird Vulgärlatein zur Schriftsprache
ab Mitte 2. Jh. n. Chr.	**Spätlatein**			
		Nebeneinander verschiedener Sprachmuster; Rhetorenschulen und Aristokratie pflegen Tradition des klassischen Lateins		Kirchenlatein, durch klassische Sprachmuster bereichert, prägt die Sprachtradition in Westeuropa. Entstehung der akzentuierenden Reimdichtung
Mitte 4. Jh. n. Chr.				
		keine starke Nachwirkung dieser Tradition		
5./6. Jh. n. Chr.		Untergang des Weströmischen Reiches; gesunkenes Bildungsniveau		

adäquaten Übersetzung homerischer Beiwörter genötigt. Nach dem Muster dieser Wörter bildete er durch Wortzusammensetzungen neue lateinische Adjektive, z. B. *altitonans hochdonnernd* und *omnipotens allmächtig*. In Wortschöpfungen dieser Art folgten ihm später von Lukrez an, der in seinem Lehrgedicht *De rerum natura* (↗131) etwa *omniparens allhervorbringend* als Attribut zu *terra Erde* bildete, viele lateinische Dichter.

Literatur- und Umgangssprache Diese Beschäftigung mit der Sprache führte auch zu einer bewussten Unterscheidung der verschiedenen Sprachebenen. Das nutzte in vorklassischer Zeit in besonderem Maße Plautus (↗85). Er kam mit seinen Komödien beim römischen Publikum vor allem deshalb gut an, weil sich die Zuschauer aller Schichten in seinen drastisch-komischen Bühnengestalten auf belustigende Weise wiederfinden konnten. Hierzu trug seine oft derbe, banale, aber auch einfallsreiche Alltagssprache wesentlich bei. Sie wirkte umso mehr, wenn sie dem Publikum von Göttern geboten wurde. So sagt etwa im *Amphitruo* Merkur, der als Diener Jupiters auftritt, in einem Gespräch mit dem Sklaven Sosia: *Olet homo quidam malo suo. Irgendeiner stinkt zu seinem Pech*, worauf Sosia fragt: *Ei, numnam ego obolui? Verflixt, habe etwa ich geduftet?*

Ähnlich wie Plautus in seinen Komödien setzte einige Jahrzehnte später M. Porcius Cato in seinen Reden, die er veröffentlichte, und in seinen Lehrschriften (↗88), die verschiedenen Sprachebenen bewusst ein. So wurde er der Begründer der lateinischen Prosa.

Neue Sprachmuster aus dem Griechischen Während Cato sich mit offenkundigen Entlehnungen aus dem Griechischen zurückhielt, waren die römischen Schriftsteller, die auf ihn folgten, der griechischen Sprache und Literatur gegenüber viel aufgeschlossener. Durch die Übersetzung griechischer Wörter erweiterten sie den Wortschatz und durch das Nachahmen von Satzkonstruktionen bildeten sie neue lateinische Sprachmuster. In den Schulen entwickelte man Regeln für den rechten Gebrauch der Sprache. Man unterschied zwischen richtig und falsch und zwischen einem angemessenen und unpassenden Wortschatz und Stil. Seit der Mitte des 2. Jh.s v. Chr. gab es auch Empfehlungen für den Gebrauch des Konjunktivs in indirekten Frage- und in Wunschsätzen. Sie setzten sich mehr und mehr durch. Von dieser Zeit bis zum Ende des 1. Jh.s n. Chr. hat sich der Laut- und Formenbestand des Lateinischen kaum noch verändert. Im Umgang mit dieser Sprache und in der Nutzung ihrer Möglichkeiten änderte sich jedoch viel.

▼ **Inschrift aus Pompeji**
Secundus Prim(a)e suae ubique isse[1] salute(m). Rogo, domna, ut me ames.

▼ **Inschrift aus Pompeji**
Qui mihi docendi dederit mercedem, (h)abeat quod petit a superis.

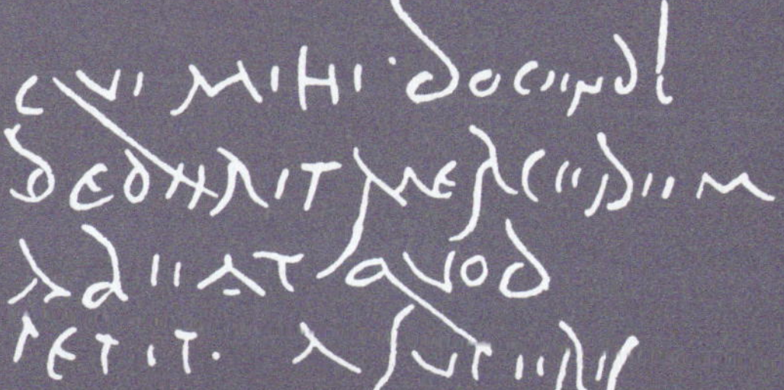

[1] statt ipsae bzw. ipse

Zum Vergleich: Der Sprachwandel im Deutschen Die Entwicklung vom archaischen Latein zur Sprache der klassischen Periode vollzog sich innerhalb von vier- bis fünfhundert Jahren. Der Wandel, der sich im Deutschen in einem vergleichbaren Zeitraum vollzogen hat, wird etwa beim Lesen von Martin Luthers *Sendbrief vom Dolmetschen* aus dem Jahre 1530 offenkundig. In diesem Brief rechtfertigte Luther seine Bibelübersetzung, wegen der er von seinen Gegnern angegriffen worden war. Mit Entschiedenheit vertrat er den Standpunkt, man müsse

> »nicht die buchstaben inn der lateinischen sprachen fragen, wie man sol Deutsch reden, wie diese esel [seine Gegner] thun, sondern man mus die mutter jhm hause, die kinder auff der gassen, den gemeinen man auff dem marckt drumb fragen, und den selbigen auff das maul sehen, wie sie reden, und darnach dolmetzschen, so verstehen sie es den und mercken, das man Deutsch mit jn redet. Als wenn Christus spricht: *Ex abundantia cordis os loquitur*. Wenn ich den Eseln sol folgen, die werden mir die buchstaben furlegen, und also dolmetzschen: Auß dem uberflus des hertzen redet der mund. Sage mir, Ist das deutsch geredt? Welcher deutscher versteht solchs? Was ist uberflus des hertzen fur ein ding? Das kann kein deutscher sagen (...) sondern also redet die mutter ym haus und der gemeine man: Wes das hertz vol ist, des gehet der mund uber.«

Dieser Text lässt sich viel leichter in die Sprache unserer Zeit umsetzen als ein archaischer lateinischer Text, sofern man ihn überhaupt sicher deuten kann, in die klassische Sprache. Dies ist wesentlich darauf zurückzuführen, dass Luther durch seine Bibelübersetzung die deutsche Schriftsprache nicht nur stark beeinflusst, sondern zugleich auch schriftlich fixiert hat. Eine schriftlich fixierte Sprache wandelt sich nur langsam. Das zeigt sich auch in der weiteren Entwicklung des Lateinischen.

Die klassische Kunstprosa In der Epoche der Klassik (↗89) erfuhr die lateinische Sprache ihre stärkste stilistische Differenzierung. Dies gilt für die Prosa wie für die Dichtung. Die Autoren wurden den spezifischen Ansprüchen der literarischen Gattungen gerecht, für die sie sich entschieden hatten. In der Prosa waren dies Rede, Brief, Lehrschrift, Bericht, Geschichtsschreibung und philosophische Abhandlung. Auf jedem dieser Gebiete gab es unterschiedliche Anforderungen des *aptum*, der Angemessenheit in Ausdruck und Stil.

Das wird in den Schriften Ciceros und Caesars sichtbar. Sie haben die klassische Prosa in einer Art und Weise geprägt, die Maßstäbe setzte. Beide haben sich in Theorie und Praxis intensiv mit dem rechten Gebrauch der Sprache befasst. Cicero tat dies in seinen rhetorischen Schriften, Caesar in seiner sprachwissenschaftlichen Abhandlung *De analogia, Über die Regelmäßigkeit* (↗94). Beide setzten sich ein für sprachliche Korrektheit (*latinitas*), für Deutlichkeit im Ausdruck (*perspicuitas*), Angemessenheit in Sprache und Form (*aptum*) und schließlich für Schönheit der Darstellung (*ornatus*). In der Verwirklichung dieser Ziele gingen sie verschiedene Wege. Caesar legte großen Wert auf einen schlichten, angemessenen Gebrauch der Sprache. Deren unaufdringliche Eleganz wurde bereits in der Antike gelobt (*elegantia Caesaris*).

Cicero dagegen, der als Redner begann, liebte die Fülle im Ausdruck (*copia verborum*), kunstvoll gebaute Satzgefüge (Perioden), eine Folge sinnverwandter Satzglieder (Kola), die er zu variieren wusste, den gleichen Ausklang von Wörtern (Homoioteleuta) und klangvolle Satzschlüsse. Diese Stilmittel setzte er in seinen zahlreichen Reden und Schriften sehr verschieden ein, je nach Situation, Adressat und inhaltlicher Argumentation.

In seiner Rede für den Dichter Archias etwa lobt er die *studia humanitatis, die Bemühungen um Menschenbildung*, mit den Worten (§ 16):

> **adulescentiam agunt, senectutem oblectant,**
> **secundas res ornant (...) delectant domi,**
> **non impediunt foris, pernoctant nobiscum,**
> **peregrinantur, rusticantur.**
> »Sie spornen die Jugend an, unterhalten das Alter, fördern das Glück (...) erfreuen zu Hause, stören nicht draußen, verbringen die Nacht mit uns, ziehen in die Fremde, wandern aufs Land.«

In diesen Sätzen personifiziert Cicero die *studia*. Er würdigt deren Leistung zunächst in parallel gebauten Satzgliedern mit fast gleicher Wort- und Silbenzahl, die er ohne Verbindungswörter aneinanderreiht (asyndetische Isokola), in denen die Verben am Schluss stehen.

So erzielt er beim Vortrag einen kunstvollen Rhythmus. In den folgenden Satzgliedern beginnt er mit den Verben, ordnet sie den vorhergehenden also chiastisch zu (kreuzweise; griechisch X = Chi: Chiasmus). Darüber hinaus verbindet er sie durch den gleichen Ausklang ihrer Endungen. So verstärkt er seine rhetorische Wirkung.

Cicero hat nicht nur als Redner die lateinische Sprache bereichert. Dank seiner Auseinandersetzung mit der griechischen Rhetorik und Philosophie hat er viele lateinische Fachbegriffe geprägt, die später zu Lehn- und Fremdwörtern der europäischen Sprachen wurden.

Die klassische Dichtersprache Die Dichter dieser Zeit erweiterten die Ausdrucksmöglichkeiten des Lateinischen ebenfalls. Sie prägten die Sprachebenen und Stile der verschiedenen Dichtungsgattungen. Das Epos, das *genus grande* der Dichtung, etwa verlangte eine viel erhabenere Sprache als die Satire mit ihrem oft beißendem Spott und Witz, die feierliche Ode wiederum eine andere als etwa die elegische Liebesdichtung.

Die Grundzüge der lateinischen Dichtersprache zeigen sich schon sehr ausgeprägt im Lehrgedicht des Lukrez (↗125 f.). Er bildete als *poeta doctus*, als gelehrter Dichter, im Sinne der hellenistischen Kunsttheorie neue Wörter, griff aber auch ebenso gern auf altlateinisch wirkende zurück. Er liebte die Übernahme griechischer Satzmuster (Gräzismen), den Gleichklang von Endungen und Anklänge an die alte feierliche Gebetssprache. Darüber hinaus führte er die poetische Wortstellung in die lateinische Dichtersprache ein. Sein religiös anmutender Hymnus an Venus zu Beginn seiner Dichtung enthält eine Reihe dieser Charakteristika:

⊙ **Aeneadum genetrix, hominum divumque voluptas, / alma Venus, caeli supter labentia signa / quae mare navigerum, quae terras frugiferentis/ concelebras (…)**

»Der Aeneaden Mutter, der Menschen und Götter Freude, Leben spendende Venus, die du unter des Himmels gleitenden Zeichen das Schiffe tragende Meer, die du die Frucht bringenden Lande mit Leben erfüllst (…)«

Mit einer dreifach gegliederten Anrede, die nach dem Prinzip der wachsenden Glieder gestaltet ist (Tricolon), beginnt er seinen Lobpreis, der Anklänge an die alte feierliche römische Gebetssprache enthält. Das dreifache Homoioteleuton *-um* im Eingangsvers untermalt dessen Aussage. Betont ist die Anrede der Göttin an den Anfang des folgenden Verses gesetzt. Deren Schöpferkraft preist er mit den Worten *naviger* und *frugifer*, die er selbst gebildet hat. Auch in der Wortstellung dieser Verse setzt er dichterische Akzente.

Die auf Lukrez folgenden Dichter haben die Sprache der lateinischen Poesie ebenso bereichert wie die Nachfolger Ciceros die lateinische Kunstprosa. Die Autoren der Klassik legten nämlich auch unter sprachlich-stilistischen Aspekten großen Wert auf Originalität ihrer Werke. In diesen zeigt sich die lateinische Sprache in ihrer größten und schönsten Vielfalt.

Sprachebenen der frühen Kaiserzeit Im Lautbestand der gesprochenen Sprache gab es bis zur Mitte des 2. Jh.s n. Chr. in Italien kaum Veränderungen. Das war in der Schriftsprache nicht anders, weil die Autoren dieser Zeit die Werke der Klassiker als ihre Vorbilder betrachteten.

In der zweiten Hälfte des 2. Jh.s n. Chr. setzte in den lateinisch sprechenden Regionen Nordafrikas eine neue Phase in der Entwicklung der Sprache ein. Dort begann man damit, das Alte und das Neue Testament aus dem Griechischen ins Lateinische zu übersetzen. Diese Bibelübersetzungen bezeichnet man heute mit dem Sammelbegriff *Vetus Latina* (↗116). Weil die meisten Christen dieser Zeit einfache Leute waren, die Hochsprache also nicht beherrschten, wählte man für diese Übersetzungen die schlichte Volkssprache, das so genannte Vulgärlatein. In dieser Sprache wurde auch in den Gottesdiensten gepredigt. So gewann das Vulgärlatein als Schriftsprache in zunehmendem Maße an Bedeutung.

Gleichzeitig wurde das klassische Latein in den Rhetorenschulen und in einer vielseitigen Fachliteratur überliefert. Dies führte zu einem Nebeneinander verschiedener Sprachmuster des Lateinischen. Dieser Prozess wurde seit Mitte des 3. Jh.s n. Chr. noch dadurch gefördert, dass die christliche Literatur an Bedeutung gewann und der Papst, der zugleich Bischof von Rom war, dazu überging, nur noch Lateinisch und nicht mehr Griechisch zu schreiben.

Streit über den Sprachgebrauch in der Spätantike Dies führte zu einer Auseinandersetzung über den rechten Sprachgebrauch. Die Redelehrer und Grammatiker, die keine Christen waren, setzten sich für die Verwendung der überlieferten Sprache ein. Sie verfassten Regelbücher über die ihrer Ansicht nach richtige Schreib- und Sprechweise und kritisierten die Schriftsprache der Christen. Diese Bestrebungen fanden im 4. Jh. n. Chr. in Rom ihren Höhepunkt darin, dass die konservative städtische Aristokratie und die heidnischen Schulen versuchten, mit den alten Kulten die überlieferte Bildungstradition zu erneuern. Dagegen gingen die Christen an. Sie verteidigten ihren Sprachgebrauch. Augustinus, der bedeutendste Kirchenlehrer und Schriftsteller seiner Zeit (↗139), stellte hierzu fest: *Melius est reprehendant nos grammatici quam non intellegant populi. »Es ist besser, dass die Grammatiker uns tadeln als dass die Gemeinden uns nicht verstehen.«*

Latein wird Sprache der Kirche Kaiser Konstantin (↗44) betrachtete Konstantinopel, das er 330 n. Chr. gegründet hatte, als das Neue Rom (*Nova Roma*). Das alte, politisch abgewertete Rom überließ er dem Papst, der auf diese Weise Herrscher über Rom wurde. Weil es für ihn selbstverständlich war, als Bischof von Rom Lateinisch zu sprechen und zu schreiben, wurde Latein die Amtssprache der Kirche.

Das regte die christlichen Autoren der Zeit an, sich erneut mit der antiken Literatur auseinanderzusetzen. Dies taten sie, anders als im 2. Jh n. Chr., nunmehr in der Absicht, von der griechisch-römischen Bildungstradition zu lernen. Hierbei übernahmen sie viele Sprachmuster und wichtige Begriffe der antiken Sprache. Diesen gaben sie jedoch einen neuen, der christlichen Lehre gemäßen Inhalt. So prägten sie die Schriftsprache der späten Kaiserzeit. Das bekannteste Sprachzeugnis dieses Spätlateins ist die Bibelübersetzung des Kirchenvaters Hieronymus (ca. 348–420 n. Chr.). Weil diese in den folgenden Jahrhunderten die am meisten benutzte lateinische Bibelübersetzung war, bezeichnet man sie als *Vulgata* (*editio*), als *die allgemein genutzte Übersetzung*. Sie hat das Kirchenlatein stark geprägt (↗118).

Unterschiede zwischen Vulgär- und Kirchenlatein Vergleicht man, wie eine Bibelstelle im 2. Jh. n. Chr. in der *Vetus Latina* und etwa 200 Jahre später von Hieronymus in die spätlateinische Hochsprache übersetzt wurde, dann gewinnt man eine Vorstellung von den Unterschieden zwischen den Sprachebenen des Lateinischen der Spätantike. Diese Unterschiede hat die Forschung an den Übersetzungen der biblischen Erzählung vom Sündenfall (*Genesis* 3) aufgezeigt. Sie werden in den folgenden Beispielen sichtbar:

Hieronymus (H) wählt für Tiere *animantes*, in der *Vetus Latina* (V) steht *bestiae*, ital. *bestia*, franz. *bête*, span. *bestia*. Für *essen* finden wir bei H *vesci* oder *comedere*, in V *manducare*, ital. *mangiare*, franz. *manger*, span. *manjar*. *Frau* übersetzt H mit *mulier* und *uxor*, in V findet sich nur *mulier*, ital. *moglie*, span. *mujer*; *vor* in der Verbindung *sie versteckten sich vor Gott* gibt H durch *a* mit Abl. wieder, V durch *abante* mit Akk., ital. *avanti*, franz. *avant*, vgl. span. das Subst. *avance*. In die romanischen Sprachen ging also der Wortschatz des Vulgärlateins über.

Unterschiedliche Lehnwörter im Germanischen Der Wandel in der Aussprache des Lateinischen in der Spätantike wirkte sich auf verschiedene Weise aus. Bevor er zur Entstehung der romanischen Sprachen führte, schlug er sich bereits in Lehnwörtern der germanischen Sprache nieder. Mit dem zunehmenden Einfluss der Römer auf die Germanen seit dem 1. Jh. n. Chr. drangen zahlreiche lateinische Wörter als Lehnwörter in das Germanische ein. Innerhalb dieser Wörter gibt es Unterschiede in der Aussprache, die nur durch den Wandel der Aussprache des Lateinischen zu erklären sind. Noch im 2. Jh. n. Chr. wurde der Doppellaut *ae* diphthongisch gesprochen, wobei der erste Vokal betont und das folgende *e* hell, fast wie ein *i* gesprochen wurde. Die Lautform von *Caesar* war *Káisar*, und in dieser Form wurde der Name eines der ältesten Lehnwörter des Germanischen. Im 3. Jh. n. Chr. drangen von Gallien in den Raum Trier und an den Niederrhein Lehnwörter wie *Keller*, *Kiste*, *Kirsche* aus dem lateinischen *cellarium*, *cista*, *ceresia* in das Germanische ein. Damals wurde also *c* vor *e* und *i* noch wie *k* gesprochen.

Die größere Anzahl von Lehnwörtern gehört zu der Gruppe, die von den Germanen im 5. Jh. n. Chr. übernommen wurde. Sie weisen den Wandel in der Aussprache des *c* auf, der sich in der Spätantike vollzog. Zu diesen gehören etwa *Zelle, Zeder, Zins*, lateinisch *cella, cedrus, census*. Im Lehnwort *Kreuz*, gebildet von *cruce* (abl. von *crux*), kann man sogar zwei Veränderungen erkennen. Die Endung *-ce* wurde in der *z (ts)*-Aussprache übernommen und der Vokal u in seiner spätlateinischen Dehnung als langes *u*, das im Germanischen zu *eu* wurde.

Neue Sprachformen in der Dichtung In der späten Kaiserzeit schwand der Sinn für die Unterscheidung zwischen langen und kurzen Silben. So konnten sich in der Dichtung Formen bilden, die nicht auf der quantitierenden Metrik, sondern auf der geläufigen Betonung der Wörter beruhten. Diese Formen entstanden in den Gottesdiensten der Christen. Der Mailänder Bischof Ambrosius (339 – 397 n. Chr.) war der erste bedeutende Schöpfer lateinischer Lieder dieser Art. Er gab seinen in schmuckloser Sprache verfassten geistlichen Liedern eine Form, die dem Empfinden seiner Gläubigen entsprach. Er, der sich in der antiken Rhetorik und Literatur sehr gut auskannte, wählte als metrische Grundlage für seine Lieder den schlichten jambischen Dimeter (∪– ∪–). Diesen bündelte er zu vierzeiligen Strophen. Weil die Lieder für den Gesang im Gottesdienst bestimmt waren, achtete er darauf, dass der Wortakzent nicht vom Versakzent (Iktus) abwich. So beginnt etwa sein Hymnus auf den Schöpfergott:

Aeterne rerum conditor,/ Noctem diemque qui regis.
»Ewiger Schöpfer der Dinge, Der du die Nacht und den Tag leitest.«

Hier stimmen natürlicher Wortakzent und Versakzent überein. Diese Lieder, die mit einer schlichten Melodie unterlegt waren, wurden in den Gottesdiensten gern gesungen. Sie verbreiteten sich schnell. So vollzog sich der Wandel von der quantitierenden zur akzentuierenden Dichtung in der Spätantike mit großer Selbstverständlichkeit.

Ambrosius legte für eine weitere Entwicklung der lateinischen Formensprache ebenfalls den Grund. In der antiken Rhetorik wurde großer Wert auf die Beachtung der Klangfarben und auf den gleichen Ausklang zweier aufeinander folgender Worte zum Satzende (Homoioteleuton) gelegt. Auch dies nutzte er in seinen schlichten Texten. So enden Str. 6, 2 – 4 des Hymnus *Aeterne rerum conditor* auf den gleichlautenden Endungen *refunditur–conditur–revertitur*. Derartige Anklänge prägten sich beim Singen leicht ein. Es war also nur noch eine Frage der Zeit, bis sich aus diesen ambrosianischen Gesängen die akzentuierende, durch Strophen und Reim gebundene lateinische Dichtung entwickelte. Ansätze hierzu weisen bereits einige Hymnen aus der Zeit des Niedergangs der Spätantike auf. Zur vollen Entfaltung kam sie im frühen Mittelalter.

Unterschiedliche Sprachmuster in der Spätantike. Diesen sprachlichen Neuerungen im christlichen Bereich hatten die lateinischen Schriftsteller, die sich als Nicht-Christen der antik-römischen Literatur und Sprache verpflichtet fühlten, nichts Gleichwertiges und in die Zukunft Weisendes mehr entgegenzusetzen. Die Rhetorenschulen vermittelten zwar noch intensiv die lateinische Sprache und deren Stilmittel, was der Fachliteratur der späten Kaiserzeit zugute kam, aber hiervon ging keine starke Wirkung mehr aus. Es ist kein Zufall, dass die lateinischen Autoren der Spätantike entweder Grammatiker oder, wie Ausonius (2. Hälfte des 4. Jh.s n. Chr.), der Verfasser des Gedichts *Mosella*, Lehrer der Rhetorik waren. Sie schrieben ein gepflegtes, an den großen Klassikern geschultes, stilisiertes Latein. Eine große Nachwirkung erzielten sie nicht mehr.

3. *Latein im Mittelalter*

Klage über den Bruch in der Tradition Nach dem Untergang des Weströmischen Reiches 476 n. Chr. entstanden in den ehemaligen römischen Reichsprovinzen neue staatliche Gebilde. Während das Lateinische im 6. Jh. n. Chr. in Italien und im Gebiet der ehemaligen Provinz Hispanien selbstverständlich Verkehrs- und Literatursprache blieb, war es für die weitere Entwicklung in Europa von entscheidender Bedeutung, dass sich der Begründer des Frankenreiches Chlodwig I. 498 n. Chr. zum Christentum bekannte. Dies hatte zur Folge, dass auch in seinem Reich die lateinische Sprachtradition weitergegeben wurde. Doch auch sie blieb von dem allgemeinen Niedergang der Bildung nicht verschont.

Diese Entwicklung beklagte Gregor von Tours (ca. 540 – 594 n. Chr.). Er hatte als Sohn einer der vornehmsten römischen Familien des Landes in seiner Jugend Unterricht in Grammatik und Rhetorik erhalten und wurde später Bischof seiner Vaterstadt. Er war einer der vielseitigsten Schriftsteller seiner Zeit, war sich aber zugleich darüber im Klaren, dass er, gemessen an alten römischen Maßstäben, keine guten Voraussetzungen für seine literarische Tätigkeit mitbrachte. Mehrmals wies er in seinen Schriften auf den allgemeinen Verfall der Bildung hin, den sehr viele (*saepius plerique*) beklagten:

> **Vae diebus nostris, quia periit studium litterarum a nobis nec repperiretur in populis, qui gesta praesentia promulgare possit in paginis.**
> »Wehe unseren Tagen, weil uns das Studium der Wissenschaften abhanden gekommen ist und sich in den Völkern niemand findet, der imstande ist, die Taten unserer Zeit in Schriften bekannt zu machen.«

Sieht man einmal davon ab, dass in *rep(p)eriretur* ein Schreibfehler vorliegen kann, so ist die Wendung *periit a nobis* völlig unklassisch. Umgangssprachlich ist auch *praesentia* als Attribut zu *gesta*, in *paginis* (gebildet nach der Bezeichnung der Christen *pagina sancta* für *Heilige Schrift*), schließlich in syntaktischen Bereich das Nebeneinander von *rep(p)eriretur* und *possit* in den konjunktivischen Nebensätzen.

In kunstloser, schwerfälliger Sprache hat Gregor von Tours auch sein Hauptwerk, die *Historia Francorum* (10 Bücher) verfasst. Über Clodevech, den König der Franken aus der Dynastie der Merovinger, schrieb er z. B. (2,40):

> **Prosternabat enim cotidiae deus hostes eius sub manu ipsius et augebat regnum eius, eo quod ambularet recto corde coram eo et facerit, quae placita erant in oculis eius.**
> »Es vernichtete nämlich täglich Gott dessen Feinde durch die Hand desselben, und vergrößerte dessen Reich, weil er in aufrechter Gesinnung vor ihm auftrat und tat, was in dessen Augen gefällig war.«

Prosternabat (statt *-ebat*) wird kein Schreibfehler sein, sondern ein Beispiel für die im Verlauf der Zeit zunehmende Tendenz zur Vereinfachung im System der Konjugationen, und neben der bereits aufgezeigten Unsicherheit im Bereich der Syntax fällt vor allem der hilflos-umständliche Gebrauch der Pronomina auf. Diese offensichtlich stark vom Vulgärlatein der Zeit geprägte Schriftsprache bezeichnet man als das Merowingerlatein.

Sprachentwicklungen und Traditionspflege im 6.–8. Jh. n. Chr. Die vulgärlateinischen Einflüsse auf die Sprachentwicklung waren in den ehemaligen Provinzen des Reiches unterschiedlich stark, wobei es zwischen den verschiedenen Völkern und Regionen mundartliche Unterschiede in der Aussprache gab. Gleichzeitig wurde aber auch, besonders in Schulen und Klöstern Oberitaliens, die alte Sprachtradition fortgeführt. Das geschah seit dem Ende des 6. Jh.s n. Chr. ebenfalls in den Gebieten der Angelsachsen und Iren, die während

Latein im Mittelalter

6.–8. Jh.	divergierende Sprachentwicklung	In den ehemaligen Reichsprovinzen unterschiedliche Sprachentwicklung und -tradition.		Unterschiede zwischen den Dialekten werden in der Alltagssprache größer.
um 800	Revision der Schriftsprache. Das Kirchenlatein, durch klassische Sprachmuster bereichert, wird europäische Verkehrs- und Wissenschaftssprache.		Latein keine Umgangssprache mehr; Latein wird Schulsprache	Vulgärlatein geht in Volkssprachen auf. Entstehung nationaler Sprachen in Wort und Schrift
12.–13. Jh.	Größte Viefalt des Mittellateins in Dichtung und wissenschaftlicher Literatur	Starke Unterschiede in der Sprachbeherrschung		

der Missionierung nur mit dem kirchlich geprägten Spätlatein vertraut wurden. Daher beauftragte Karl der Große, der sich zum Ziel gesetzt hatte, in seinem Reich den allgemeinen Bildungsstand zu heben und dem Niedergang der lateinischen Sprache zu begegnen, Gelehrte aus Angelsachsen und Oberitalien mit dieser Aufgabe.

Die Revision der Schriftsprache unter Karl dem Großen Der angelsächsische Gelehrte und Grammatiker Alkuin, ein einflussreicher Berater Kaiser Karls, setzte sich in seinem Brief *De litteris colendis Über die Pflege der Wissenschaften* (ca. 795 n. Chr.) stark für das Studium der christlichen und weltlichen lateinischen Autoren ein. Nunmehr orientierte man sich wieder an der Sprache der Klassiker, betrachtete aber dennoch das kirchlich geprägte Latein in der Syntax wie im Wortschatz als Sprachmuster. Die an diesen Kriterien revidierte Sprache bezeichnet man als das Mittellatein. Es bildete in den folgenden Jahrhunderten die Grundlage für die Verkehrs- und die Wissenschaftssprache des lateinischen Mittelalters. Dieses Mittellatein war keine Volkssprache mehr. Es konnte nur in der Schule gelernt werden.

Vulgärlatein und die Entstehung der romanischen Sprachen Das Vulgärlatein, das sich seit dem 2. Jh. n. Chr. in verschiedene Richtungen entwickelte, entfernte sich in der Spätantike immer weiter von der Hochsprache. Dennoch gab es in ihm Eigentümlichkeiten, die den regional unterschiedlichen Ausprägungen gemeinsam waren. Eine Reihe von ihnen ging später in die romanischen Sprachen über.

Hierzu gehört der Schwund des Hauchlauts *h*. Während man in der Schriftsprache am *h* festhielt, war es in der vulgärlateinischen Aussprache im An- und Inlaut eines Wortes schon früh geschwunden. Auf pompejanischen Inschriften findet sich etwa *abet* statt *habet*, *ac* statt *hac*. Daher bezeichneten die Grammatiker das *h* nicht als Buchstaben, sondern als *aspiratio* (*Anhauchen*), blieb es auch in der Metrik ohne Bedeutung. So wurde aus *homo* im Italienischen *uomo*, im Französischen *homme*, wobei das *h* nicht gesprochen wird.

Ferner führten Veränderungen in der Aussprache im Wortinnern zum Schwund von Konsonanten. Bereits in der Inschrift auf dem Grabmal des Scipionen (3. Jh. v. Chr.) finden sich *cosol* und *cesor* statt *consol* und *censor* und auf Inschriften und Wandkritzeleien in Pompeji Bildungen wie *masimus* statt *mansimus* oder *mesa* statt *mensa* (span. *mesa*). Analog hierzu wurde später etwa aus *fructus fruto* (span.), *frutta* (ital.), *fruit* (franz. und engl.).

Unterschiede in der Übernahme von Wörtern Seit dem 4. Jh. n. Chr. wurden im Wortinnern schon häufig unbetonte Silben unterschlagen. Man sprach etwa *tabla* statt *tabula Tisch*, span. *tabla*, franz. und engl. *table*, ital. dagegen *tavola*. Hier werden, wie auch bei anderen Wörtern, Unterschiede in der Übernahme sichtbar. Statt *calidus, -a warm* sprach man regional *calda* → ital. *caldo*, während das Spanische die Mittelsilbe nicht unterschlug → *calido*. Aber auch in dieser Hinsicht gab es zwischen den romanischen Sprachen Unterschiede. So wurde z. B. *articulus Finger-, Satzglied* im Französischen als *article* (engl. *article*) übernommen, im Italienischen und Spanischen wurde die unbetonte Silbe unter Abwandlung übernommen → *articolo*, wobei es, wie in vielen anderen Wörtern, zu semantischen Erweiterungen oder Verschiebungen kam.

Reduktionen im Flexionssystem Die Entwicklung zur Vereinfachung nahm seit dieser Zeit auch im Flexionssystem zu. Wörter der u- (4.) Deklination wie *nurus* (f.) *Schwiegertochter* wurden in Analogie zu Wörtern wie *filia* oder *avia* zu *nura*. Als Genetiv zu *corpus* bildete man *corpi* statt *corporis*, ferner wurde aus dem zweigeschlechtlichen *tristis est* ein *tristus* bzw. *trista est*, sprach man ebenso von einer *paupera* (statt *pauper*) *mulier*. In diesen Beispielen wird die Tendenz sichtbar, das grammatische Geschlecht in den Endungen dem natürlichen anzugleichen.

Nachlässigkeiten in der Aussprache der Kasusendungen führten dazu, dass man in der a-Deklination zwischen kurzem und langen *a* im Nominativ und Ablativ nicht mehr unterschied, in der o-Deklination das auslautende *-(u)m* ebenso unterschlug wie die Endkonsonanten *-s* und *-m* in der gemischten Deklination, z. B. *fronti(s) – fronte(m)*. In der a-Deklination verzichtete man oft sogar auf das *-m* der Akkusativendung; so sagte man etwa: *video femina*. Auf diese Weise wurde die Unterscheidung der obliquen Kasus immer schwieriger.

Hinzu kam, dass sich die Zahl der Deklinationsklassen im Zuge dieser Entwicklung von 5 auf 3 reduzierte. So ging man, um sich klar ausdrücken zu können, dazu über, die Kasus mehr und mehr durch präpositionale Ausdrücke zu ersetzen, z. B. *de parte* statt *partis* oder *ad partem* statt *parti*. Dieser Sprachgebrauch ging in die romanischen Sprachen über: ital. di/*a*; span. *de/a*; franz. *de/à*.

Vereinfachungen im System der Konjugationen Die 4 Konjugationen des Lateinischen sind in unterschiedlicher Weise in die romanischen Sprachen übergegangen. Die a- und die i- Konjugation wirkten in den Endungen am stärksten nach: *-are* und *-ire* blieben im Italienischen erhalten, verloren im Spanischen das auslautende *e*: *-ar* und *-ir*, während im Französischen die Endung *-are* abgewandelt wurde zu *-er* (*occuper* < *occupare*) und *-ire* unter Schwund des auslautenden *-e* übernommen wurde (*venir* < *venire*).

Im Vulgärlatein wurden die klassischen Tempora in zunehmendem Maße durch Formen ersetzt, die man mit *habere* als einer Art Hilfszeitwort bildete. So wurde das Futur Aktiv *amabo* durch *amar(e) habeo* ersetzt, das Perfekt Aktiv *amavi* durch *habeo amatum*, das Präsens Passiv *amor* durch *sum amatus,-a*. Diese zusammengesetzten Formen gingen unter Abwandlung in die romanischen Sprachen über. Das wird besonders sichtbar bei folgenden Bildungen: *habeo amatum* wurde als *ho amato* (ital.), *he amado* (span.), *j'ai aimé* (franz.) übernommen, *sum amatus,-a* als *sono amato,-a* (ital.), *soy amado,-a* (span.), *je suis aimé,-ée* (franz.).

Die Anfänge der französischen Volkssprache Die von Alkuin eingeleitete Revision der Schriftsprache hatte zur Folge, dass die Kluft zwischen ihr und der Vulgärsprache größer wurde. Dies beeinträchtigte die Arbeit der Kirche, weil ihre traditionelle Sprache vom einfachen Kirchenvolk nicht mehr verstanden wurde. Daher beschlossen die auf der Synode von Tours 813 versammelten Bischöfe, dass man darauf bedacht sein solle, Bibelauslegung und Predigt (*homiliae*) auch »in die romanische oder die deutsche Volkssprache zu übertragen, damit alle Gläubigen leichter verstehen können, was gesagt wird« (*ut easdem homilias quisque aperte transferre studeat in rusticam romanam linguam aut theotiscam, quo facilius cuncti possint intellegere quae dicuntur*). In Italien dagegen setzte sich die Volkssprache erst im 10. Jh. durch.

Die Straßburger Eide Im Werk Nithards, der in der Mitte des 9. Jh.s n. Chr. eine Geschichte über die Nachfolger Karls des Großen schrieb, wird das älteste Zeugnis der *lingua romana rustica* überliefert. Nithard berichtet, dass Karl der Kahle und Ludwig der Deutsche, die gegen ihren Bruder Lothar einen Krieg um die Erbfolge führten, 842 n. Chr. in Straßburg zusammenkamen, um sich gegenseitig Treue zu schwören. Sie legten ihre Eide vor den versammelten Truppen ab, der eine in deutscher, der andere in romanischer Sprache (*alter teudisca, alter romana lingua*). Ludwig schwor folgenden Eid (↗279 Abb. rechte Kolumne):

⊙ **Pro deo amur et pro christian poblo et nostro commun salvament, d'ist di in avant, in quant Deus savir et podir me dunat, si salvarai eo cist meon fradre Karlo, et in aiudha et in cadhuna cosa, si cum om per dreit son fradre salvar dift, in o quid il mi altresi fazet et ab Ludher nul plaid numquam prindrai, qui, meon vol, cist meon fradre Karle in damno sit (Hist. 3,5).**

»Um der Liebe Gottes und des christlichen Volkes und unser beider Heil willen werde ich von diesem Tage an, so weit Gott mir Wissen und Kraft schenkt, diesen meinen Bruder Karl nach Kräften und in jeder Sache unterstützen so wie es sich gehört, seinem Bruder zu helfen, vorausgesetzt, dass er für mich ebenso handelt, und von Lothar werde ich niemals eine Hilfe annehmen, die, nach meinem Willen, diesem meinem Bruder Karl zum Schaden gereicht.«

In der einleitenden, unverkennbar traditionellen Eidesformel ist der Einfluss der antiken Hochsprache noch stark. In dieser würde die Formel lauten: *Per Dei amorem et per Christiani populi et nostram communem salutem*. Doch schon in der folgenden Zeitbestimmung wird sichtbar, dass die *lingua romana rustica* ihren Ursprung in der vulgären Umgangssprache der Zeit hatte, die mit fränkischen Elementen (z. B. *aiudha, cadhuna*) gemischt war. In diese Sprache war im Bereich des Frankenreiches das Vulgärlatein aufgegangen. In ähnlichen Wandlungsprozessen entstanden die anderen romanischen Sprachen.

Latein – die Verkehrs- und Bildungssprache des Hochmittelalters Das Mittellatein nahm eine andere Entwicklung als das Vulgärlatein. Es war das Medium der vielfältigen Literatur der folgenden Jahrhunderte, die man als das lateinische Mittelalter bezeichnet. Bis zum Ende des 13. Jh.s war das Lateinische die europäische Bildungssprache. Wer die Schule besuchte, in ihr lehrte, wer in einer kirchlichen Gemeinschaft lebte, wer als Dichter oder Autor wissenschaftlicher Werke danach strebte, international Wirkung zu erzielen, der lernte diese Sprache. Sie erwies sich auf den verschiedensten Gebieten als ein sehr geschmeidiges Instrumentarium der Kommunikation und der literarischen Anwendung. Auf zwei Gebieten trat dies besonders in Erscheinung: in der Dichtung und in der wissenschaftlichen Literatur.

▼ Straßburger Eide, wiedergegeben in einer Handschrift der *Historiae* Nithards (Mitte 9. Jh. n. Chr.)

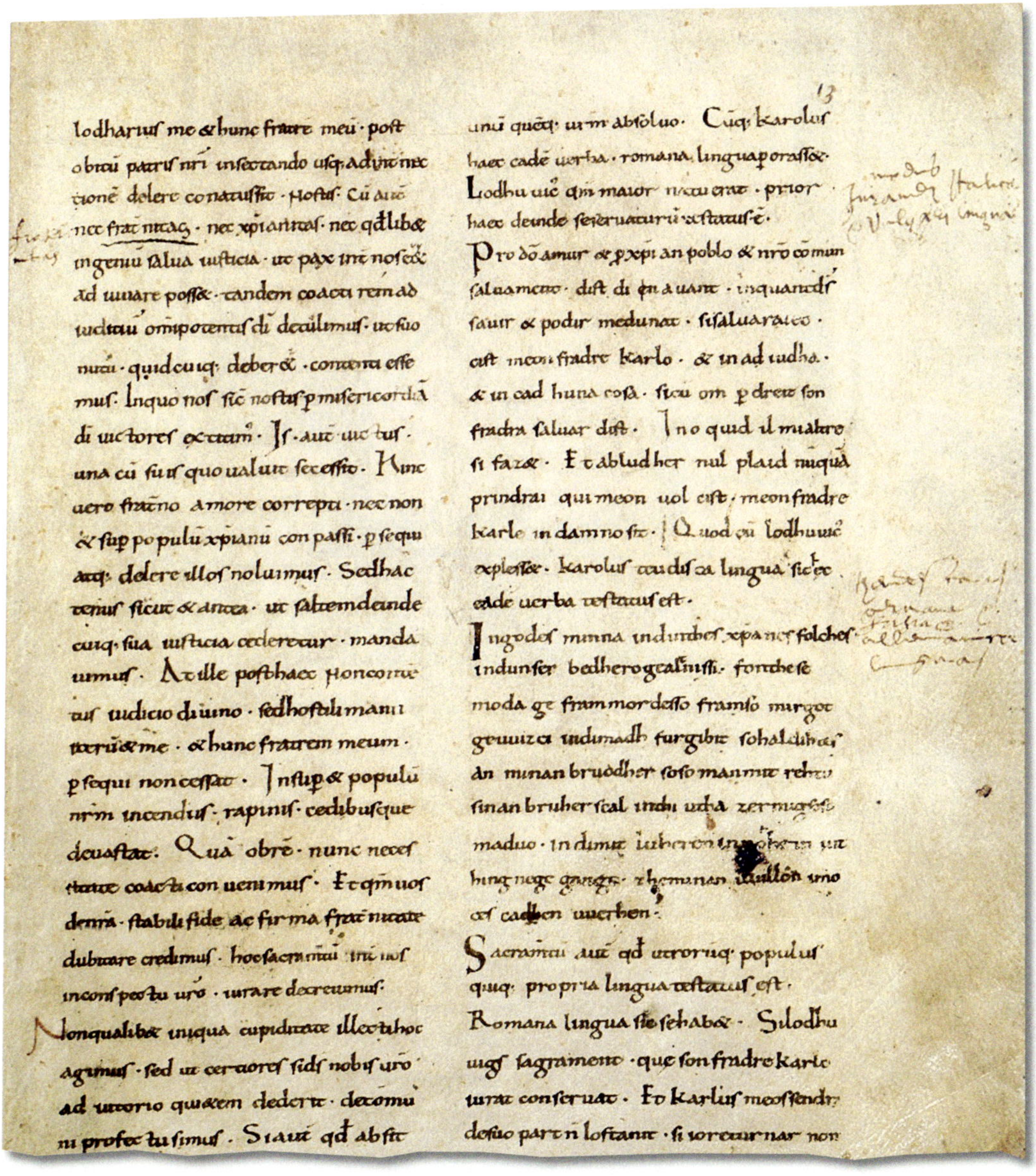
lodharius me & hunc fratre meu post
obitu patris nri insectando usq; ad interne
tione delere conatus sit · Nostis cu aute
nec frat nitas · nec xpianitas · nec q dlib&
ingeniu salua iusticia · ut pax int nos e&
ad iuuare posse · tandem coacti rem ad
iudiciu omnipotentis di detulimus · ut suo
nutu · quicquid deber& · contenti esse
mus · In quo nos sic nostis p misericordia
di uictores extitim · Is · aut uictus ·
una cu suis quo ualuit secessit · Hinc
uero fraterno amore correpti · nec non
& sup populu xpianu con passi · p sequi
atq; delere illos noluimus · Sed hac
tenus sicut & antea · ut saltem deinde
cuiq; sua iusticia cederetur · manda
uimus · At ille post haec non contenc
tus iudicio diuino · sed hostili manu
iterum & me · & hunc fratrem meum ·
p sequi non cessat · Insup & populu
nrm incendiis · rapinis · cedibusque
deuastat · Qua obre · nunc neces
sitate coacti con uenimus · Et q m uos
de nra · stabili fide · ac firma frat nitate
dubitare credimus · hoc sacramtu int nos
in conspectu uro · iurare decreuimus ·
Non qualibet iniqua cupiditate illecti hoc
agimus · sed ut certiores si dis nobis uro
ad iutorio quietem dederit · de comu
ni profectu simus · Si aut qd absit
unu quemq; uim absoluo · Cuq; karolus
haec eade uerba · romana lingua p orass&
Lodhuuuic qm maior natu erat · prior
haec deinde se seruaturu testatus e ·
Pro do amur & p xpian poblo & nro comun
saluament · dist di en auant · inquant d s
sauir & podir me dunat · si saluarai eo ·
cist meon fradre karlo · & in ad iudha ·
& in cad huna cosa · sicu om p dreit son
fradra saluar dift · In o quid il mi altresi
fazet · Et ab ludher nul plaid nuqua
prindrai qui meon uol cist · meon fradre
karle in damno sit · Quod cu lodhuuuic
explesset · karolus teudisca lingua sic &
eade uerba testatus est ·
In godes minna ind in thes xpanes folches
ind unser bedhero gealtnissi · fon thesemo
dage frammordes so fram so mir got
geuuizci indi mahd furgibit · so hald ih tesan
min an bruodher soso man mit rehtu
sinan bruher scal · in thiu thaz er mig so
maduo · indi mit ludheren in nohheiniu thing
ne gegango · the minan uuillon imo
ce scaden uuerhen ·
Sacramtu aut qd utroruq; populus
quiq; propria lingua testatus est ·
Romana lingua sic se habet · Si lodhu
uuigs sagrament · que son fradre karlo
iurat conseruat · Et karlus meos sendra
de suo part n lostanit · si io returnar non

▼ *Carmina Burana*: Rad der Fortuna; Codex Buranus, Taf. 1. 13. Jh. Bayerische Staatsbibliothek, München

Sprachspielereien in der Dichtung Die lateinische Dichtung dieser Zeit ist reich an Sprachspielereien. Man demonstrierte nämlich gern seine Vertrautheit mit der Sprache und den poetischen Kunstgriffen, die man sich in der Schule angeeignet hatte. Das haben auch die Vaganten in ihren Liedern getan. Eines ihrer beliebten Motive war das der wankelmütigen Fortuna, der sie sich ausgeliefert fühlten. Dieses Motiv wurde oft variiert. Im *Carmen Buranum* (C B) 17,1 - 6 wird es in zweisilbigen reinen Reimen nach dem Reimschema aabccb gestaltet:

O Fortuna, / velut luna / statu variabilis,
semper crescis / aut decrescis, / vita destestabilis.
»O Fortuna, wie die Luna im Zustand veränderlich, immer wächst du oder schwindest: Das Leben ist verwünschenswert.«

Im C B 18 I wird dieses Motiv in einem kunstvoll gebauten Distichon mit identischen zweisilbigen Binnen- und Außenreimen variiert:

O Fortuna levis! cui vis das munera que vis, / Et cui vis que vis auferet hora brevis.
»O du launische Fortuna! Wem du willst, schenkst du, was du willst, / und wem du willst, wird, was du willst, die flüchtige Zeit nehmen.«

Wieder anders wird sie in einem Hexameter mit zweisilbigem Binnenreim (leoninischer Hexameter) in C B 18 a personifiziert. Ein unbekannter Schreiber hat am Rand einer Handschrift zu einer Darstellung des Rades der Fortuna angemerkt:

regnabo; Regno; regnavi; sum sine regno.
»Ich werde herrschen, bin Herrscher, ich herrschte, bin ohne Herrschaft.«

Die Sprache der Scholastik So vielseitig wie die Sprache der Dichtung war auch die der wissenschaftlichen Literatur, die sich im 12. und 13. Jh. auf den Gebieten der Theologie und Philosophie, des Rechts, der Naturlehre und Medizin in den Schulen und Universitäten (*scolae*) entfaltete. Daher bezeichnet man diese Gelehrtensprache als das scholastische Latein. In dieser Zeit drangen viele neue Begriffe in die Sprache ein. Man übersetzte nicht nur Schriften antiker Philosophen, vor allem des Aristoteles - zum Teil sogar auf Umwegen über das Arabische -, sondern man legte auch großen Wert auf systematische Darstellung, begriffliche Klarheit und rationale Einsichtigkeit. Dies begünstigte die Bildung neuer Substantive und die Substantivierung von Partizipien nach dem Muster der Sprache des Aristoteles, z. B. *ens das Seiende*, gebildet nach dem aristotelischen Begriff *tò ón*, oder *essentia* als Übersetzung des griechischen Substantivs *ousía*.

So trug die bekannteste Kleine Abhandlung (*opusculum*) des Thomas von Aquin (1224 - 1274), die zu dessen frühen Schriften gehört, den Titel: *De ente et essentia, Über das Sein und die Wesenheit (einer Sache).* Die Sprache seines umfangreichen Hauptwerks *Summa de theologia Summe der Theologie* ist von diesem Streben nach Klarheit im Ausdruck stark geprägt. In der Untersuchung (*quaestio*) I, II 18, 4 etwa stellt er die Frage:

Utrum actio humana sit bona vel mala ex fine?
»Ist eine menschliche Handlung gut oder schlecht aufgrund ihres Zwecks?«

Zur Begründung dieser Frage heißt es:

Contingit aliquam bonam operationem ad malum finem ordinari, sicut cum aliquis dat eleemosynam propter inanem gloriam.
»Es kommt vor, dass irgendeine gute Handlung auf einen schlechten Zweck hin angelegt wird, zum Beispiel, wenn jemand Almosen gibt aus eitlem Streben nach Ruhm.«

So schrieb man nicht nur, so sprach man auch im Lehrbetrieb. Diese rational durchdrungene, an Bildern jedoch arme Sprache der Scholastik hatte keine starke Rückbindung an das traditionelle Mittellatein, in dem in dieser Zeit viele andere Autoren - Biografen, Erzähler, Geschichtsschreiber, Dichter - ihre Werke verfassten. Am weitesten verbreitet war die volkstümliche *Legenda aurea* des Jacobus de Voragine (↗258).

4. *Latein in der Neuzeit*

Der Rückgriff der Humanisten auf die antike Sprache Mit dem Rückgriff der Humanisten auf die antike Kultur und *humanitas* in der Mitte des 14. Jh.s war die Hochschätzung der Sprache der römischen Klassik verbunden, insbesondere der Sprache und des Stils Ciceros (↗272). Sie fand ihren Ausdruck in der Schrift *Elegantiae linguae Latinae Korrektheit und Eleganz der lateinischen Sprache* des Lorenzo della Valla, der seit 1448 Sekretär am päpstlichen Hof in Rom war. Diese Schrift hatte Wirkung. Das wirkungsgeschichtlich bedeutsamste Zeugnis dieses Rückgriffs ist die *Oratio de dignitate hominis Die Rede über die Würde des Menschen* des Giovanni Pico della Mirandola (↗262).

In deren Einleitung versuchte Pico aufzuzeigen, was die besondere Stellung des Menschen im Universum ausmacht: Zuerst habe Gott die Welt erschaffen.

Sed opere consummato desiderabat artifex esse aliquem, qui tanti operis rationem perpenderet, pulchritudinem amaret, magnitudinem admiraretur. Idcirco iam rebus omnibus (ut Moses Timaeusque testantur) absolutis de producendo homine postremo cogitavit.

»Als aber das Werk vollbracht war, wünschte der Schöpfer, es sollte jemanden geben, der die gesetzmäßige Ordnung des so großartigen Werkes genau untersuchte, dessen Schönheit liebte und dessen Größe bewunderte. Deshalb dachte er, als endlich alle Dinge (wie Moses und Timaios bezeugen) vollendet waren, zuletzt über die Erschaffung des Menschen nach.«

Latein in der Neuzeit

14.–15. Jh.	Neulatein	Rückgriff der Humanisten auf die klassische Sprache. Latein bleibt Sprache der römischen Kirche, der Wissenshaften und Medium internationaler Verständigung		Nebeneinander von Latein und Landessprachen
16.–17. Jh.	.	Auch die Reformatoren nutzen Latein als Sprache der Wissenschaften.		Anteil der Nationalliteraturen an den Publikationen wird höher.
Mitte 17.–18. Jh.		Nationale Sprachenpolitik verdrängt Latein immer mehr.	Latein oft nur noch aus Prestigegründen geschrieben	Französisch wird Sprache der Diplomatie
Anfang 19. Jh.	.	Erneuerung der klassischen Studien im Neuhumanismus	Gründung des humanistischen Gymnasiums mit sehr hohem Stundenanteil des Lateinischen	Englisch wird Sprache der internationalen Kommunikation. Diese Rolle spielt Latein auf dem Balkan z. T. bis 1844.
Mitte 19. Jh.		Naturwissenschaften und moderne Fremdsprachen gewinnen an Bedeutung.	Gründung des Realgymnasiums und der lateinlosen Oberrealschule	
1900		Rechtliche Gleichstellung aller gymnasialen Schulformen	Latein mit unterschiedlicher Stundenzahl in den Gymnasien im Pflichtangebot	

Im Bau dieser Sätze und in der Verwendung der Partizipialkonstruktionen ist der Rückgriff auf die Sprache der Klassik unverkennbar. Sie gab, bereichert durch das begriffliche Erbe der Scholastik, wieder die Norm für den Sprachgebrauch in Wort und Schrift ab. Dies führte dazu, dass man das traditionelle, lebendig gesprochene Mittellatein als »Küchenlatein« abtat. Latein wurde nunmehr zu einer Sprache der gebildeten Schichten.

Das Nebeneinander von Latein und Muttersprache Diese Entwicklung wurde im Zeitalter der Reformation noch gefördert. So konsequent Martin Luther sich bei seiner Bibelübersetzung von dem Grundsatz leiten ließ, man solle hierbei den Menschen »auff das maul sehen, wie sie reden« (↗4), so war es für ihn andererseits selbstverständlich, seine Schriften, in denen er sich an die Gebildeten wandte, lateinisch abzufassen.
Daher hatte er auch seine 95 Thesen am 31. Oktober 1517 in lateinischer Sprache veröffentlicht. Er leitete sie mit folgenden Worten ein:

Amore et studio elucidandae veritatis haec subscripta disputabuntur Wittenberg, Praesidente R.(everendo) P.(atre) Martino Luther, Artium et S.(anctae) Theologiae Magistro eiusdem lectore Ordinario. Quare petit, ut, qui non possunt verbis praesentes nobiscum disceptare, agant id litteris absentes. In nomine domini nostri Iesu Christi. Amen.
»Angetrieben von dem starken Bestreben, die Wahrheit aufleuchten zu lassen, werden die unten folgenden Thesen in Wittenberg erörtert werden, unter der Leitung des Ehrwürdigen Paters Martin Luther, des Lehrers der Künste und der Heiligen Theologie und des ordentlichen Lektors eben derselben. Deshalb bittet er darum, dass diejenigen, die nicht teilnehmen und mit uns im Gespräch nicht debattieren können, dies in Abwesenheit schriftlich tun. Im Namen unseres Herrn Jesus Christus. Amen.«

Seine Auffassung bekräftigte er 7 Jahre später in seinem grundlegenden Schreiben *An die Ratsherren aller Städte deutschen Landes, dass sie christliche Schulen aufrichten und halten sollen*. Er forderte mit Nachdruck, man müsse an den Sprachen des Evangeliums, die für ihn heilige Sprachen sind, festhalten: »Ja, wo wir's versehen, dass wir (da Gott vor sei) die Sprachen fahren lassen, so werden wir nicht allein das Evangelium verlieren, sondern es wird auch endlich dahin geraten, dass wir weder Lateinisch noch Deutsch recht reden oder schreiben können.« Es war also selbstverständlich für ihn, dass man beides zugleich tat. In welcher Eleganz man zu seiner Zeit lateinisch schreiben und persönliche Ansichten zum Ausdruck bringen konnte, das zeigen die Briefe des Erasmus von Rotterdam (↗262).

Latein das Medium internationaler Verständigung Bis zur Mitte des 17. Jh.s änderte sich an dieser Zweisprachigkeit nichts, wenn auch im deutschsprachigen Raum der Anteil der Schriften in deutscher Sprache im Vergleich zu denen in lateinischer Sprache verfassten größer wurde. Dies ist vor allem auf die vielen religiösen Streitschriften der Zeit zurückzuführen. In Frankreich und England verlief die Entwicklung ähnlich.

Dennoch blieb das Lateinische in Europa das unentbehrliche Medium internationaler Verständigung. Es war nicht nur die Sprache, in der sich die Diplomaten verschiedener Länder bei Verhandlungen verständigten und Verträge abschlossen, sondern es war auch die unentbehrliche Verkehrssprache unter verschiedenen Staaten und Völkern, vor allem auf dem Balkan. Wie nützlich in dieser Region Lateinkenntnisse waren, das zeigte sich in einer Episode, über die ein englischer Arzt berichtete. Sie ereignete sich 1603 im Kampf der ungarisch-habsburgischen Truppen gegen die Türken bei Esztergom. Der Kommandeur der Truppen war ein Franzose. Er hatte berittene Späher ausgeschickt, die nach dem Feinde Ausschau halten sollten. Schon bald kam einer im Galopp zurück und rief seinem Kommandeur zu: *Heu, domine, adsunt Turkae!* »Schrecklich, Herr, die Türken sind da!« Das konnte der Franzose verstehen.

Der Aufschwung der Naturwissenschaften, der in dieser Zeit begann, führte in den verschiedenen Disziplinen zu einem intensiven Gedankenaustausch unter den Gelehrten Europas. Viele von ihnen publizierten sowohl in ihrer Landes- wie in lateinischer Sprache. In dieser verfassten sie die Schriften, die sie für grundlegend hielten und durch die sie internationale Wirkung zu erzielen hofften.

Amore et studio elucidande veritatis: hec subscripta disputabūtur Wittenberge. Presidente R. P. Martino Lutther: Artiū et S. Theologie Magistro: eiusdemq₃ ibidem lectore Ordinario. Quare petit: vt qui non possunt verbis presentes nobiscū disceptare: agant id literis absentes. In noīe dñi nostri hiesu chri. Amē.

1 ¶ Dominus et magister nr̄ Jesus chrs dicendo. Penitentiā agite. &c. omnē vitam fideliū penitentiam esse voluit.

2 ¶ Qd̄ verbū de penitētia sacramentali (id est confessiōis et satisfactiōis que sacerdotum ministerio celebratur) non pōt intelligi.

3 ¶ Non tñ solam intendit interiorē: immo interior nulla est, nisi foris operetur varias carnis mortificationes.

4 ¶ Manet itaq₃ pena donec manet odiū sui (id est penitentia vera intus) sc₃ vsq₃ ad introitum regni celoꝝ.

5 ¶ Papa nō vult nec pōt vllas penas remittere, ꝑter eas: quas arbitrio vel suo vel canonum imposuit.

6 ¶ Papa nō pōt remittere vllā culpā nisi declarando et approbando remissam a deo. Aut certe remittendo casus reseruatos sibi: quib⁹ ꝯtēptis culpa prorsus remaneret.

7 ¶ Nulli prorsus remittit deus culpā: quin simul eū subijciat: humiliatū in oībus: sacerdoti suo vicario.

8 ¶ Canones penitētiales solū viuētibus sunt impositi, nihilq₃ morituris ꝑm eosdem debet imponi.

9 ¶ Inde bñ nobis facit spūsctūs in papa, excipiendo in suis decretis sp articulū mortis et necessitatis.

10 ¶ Indocte et male faciūt sacerdotes ii: qui morituris pñias canonicas in purgatorium reseruant.

11 ¶ Zizania illa de mutanda pena Canonica in penam purgatorij, videnꝭ certe dormientibus episcopis seminata.

12 ¶ Olim pene canonice nō post: sed ante absolutionem imponebantur: tanq₃ tentamenta vere contritionis.

13 ¶ Morituri: p mortē omnia soluunt, et legibus canonū mortui iam sunt habentes iure earum relaxationem.

14 ¶ Imꝑfecta sanitas seu charitas morituri: necessario secum fert magnū timorem: tantoq₃ maiorem: quāto minor fuerit ipsa.

15 ¶ Hic timor et horror satis est, se solo (vt alia taceā) facere penā purgatorij: cum sit ꝓximus desperatiōis horrori.

16 ¶ Videnꝭ infernus: purgatoriū: celum differre: sicut desperatio: ꝓpe desperatio, securitas differunt.

17 ¶ Necessariū videꝭ aiab⁹ in purgatorio: sicut minui horrorē, ita augeri charitatem.

18 ¶ Nec ꝓbatum videꝭ vllis: aut rōnibus aut scripturis, q̄ sint extra statum meriti seu augende charitatis.

19 ¶ Nec hoc ꝓbatū esse videꝭ: q̄ sint de sua btitudine certe et secure saltē oēs, licq₃ nos certissimi simus.

20 ¶ Igitur papa p remissionē plenariā oīm penaꝝ, nō simpliciter oīm, intelligit: sed a seipso tantūmodo impositaꝝ.

21 ¶ Errant itaq₃ indulgētiaꝝ ꝓdicatores ii: qui dicūt per pape indulgētias: hoīem ab oī pena solui et saluari.

22 ¶ Quin nullā remittit aīabus in purgatorio: quā in hac vita debuissent ꝑm Canones soluere.

23 ¶ Si remissio vlla oīm oīno penaꝝ: pōt alicui dari, certū est eā nō nisi pfectissimis, i. paucissimis dari.

24 ¶ Falli ob id necesse est: maiorē partē popli: per indifferentē illā et magnificam pene solute ꝓmissionem.

25 ¶ Qualē ptātem h₃ papa in purgatoriū gñaliter: talem h₃ quilibet Episcopus et Curatus in sua diocesi et parochia specialiter.

1 ¶ Optime facit papa: q̄ nō ptāte clauis (quā nullā h₃) sed per modū suffragij dat aīabus remissionem.

2 ¶ Hoīem predicāt, qui statim vt iactus nummus in cistam tinnierit: euolare dicunt animā.

3 ¶ Certū est, nūmo in cistā tinniente: augeri questū et auariciā posse. suffragium aūt ecclie: in arbitrio dei soli⁹ est.

4 ¶ Quis scit, si oēs aīe in purgatorio velint redimi. sicut de s. Seuerino et paschali factū narratur.

5 ¶ Nullus est securus de veritate sue cōtritiōis, multominus de cōsecutione plenarie remissionis.

6 ¶ Q₃ rar⁹ est ꝟe penitēs: tā rar⁹ est ꝟe indulgētias redimēs, i. rarissim⁹.

7 ¶ Dānabunꝭ ineternū cū suis mgrīs: qui p lrās veniaꝝ securos sese credunt de sua salute.

8 ¶ Cauendi sunt nimis: qui dicūt venias illas Pape: donū esse illud dei inestimabile: quo reconciliaꝭ homo deo.

9 ¶ Gratie eñ ille veniales: tantū respiciunt penas satisfactiōis sacramētalis ab hoīe constitutas.

10 ¶ Non christiana predicant: qui docent, q̄ redemptoris aīas vel cōfessionalia: nō sit necessaria contritio.

11 ¶ Quilibet christianus vere cōpunctus: h₃ remissionē plenariā: a pena et culpa, etiam sine lrīs veniaꝝ sibi deditā.

12 ¶ Quilibet verus christianus: siue viuus siue mortu⁹: h₃ participationē oīm bonoꝝ Chri et Ecclesie, etiā sine lrīs veniaꝝ a deo sibi datam.

13 ¶ Remissio tñ et participatio Pape: nullo mō est ꝯtemnēda. q: (vt dixi) est declaratio remissionis diuine.

14 ¶ Difficilimū est: etiā doctissimis Theolog? simul extollere veniaꝝ largitatem: et contritiōis veritatē coram populo.

15 ¶ Contritionis veritas penas querit et amat. Veniaꝝ aūt largitas relaxat: et odisse facit saltem occasione.

16 ¶ Caute sunt venie aplice ꝓdicande, ne populus false intelligat, eas ꝓferri ceteris bonis opibus charitatis.

17 ¶ Docendi sunt christiani, q̄ Pape mens nō est: redemptionē veniaꝝ vlla ex parte cōparandā esse opibus misericordie.

18 ¶ Docendi sunt christiani, q̄ dans paupi: aut mutuans egenti: meli⁹ facit: q̄ si venias redimeret.

19 ¶ Quia p opus charitatis crescit charitas: et fit hō melior, sed p venias nō fit melior: sed tñmodo a pena liberior.

20 ¶ Docendi sunt chriani, q̄ qui videt egenū: et neglecto eo, dat p venijs nō indulgētias Pape: sed indignationē dei sibi vendicat.

21 ¶ Docendi sunt chriani: q̄ nisi supfluis abundent: necessaria tenenꝭ domui sue retinere: et nequaq₃ ꝓpter venias effundere.

22 ¶ Docendi sunt christiani, q̄ redemptio veniarū est libera: nō precepta.

23 ¶ Docēdi sunt chriani, q̄ Papa sicut magis eget: ita magis optat in venijs dandis ꝓ se deuotam orationem: q̄ ꝓmptam pecuniam.

24 ¶ Docendi sunt christiani, q̄ venie Pape sunt vtiles: si non in eas confidant. Sed nocentissime: si timorem dei per eas amittant.

25 ¶ Docendi sunt chriani, q̄ si Papa nosset exactiones venialiū ꝓdicatorum mallet Basilicā s. Petri in cineres ire: q̄ edificari, cute carne et ossibus ouium suaꝝ.

1 ¶ Docendi sunt chriani, q̄ Papa sicut debet ita vellet, etiam vendita (si opus sit) Basilica s. Petri: de suis pecunijs dare illis: a quorum plurimis quidā cōcionatores veniaꝝ pecuniam eliciunt.

2 ¶ Vana est fiducia salutis p lrās veniaꝝ, etiā si Cōmissarius: immo Papa ipse suā aīam p illis impigneraret.

3 ¶ Hostes chri et Pape sunt ii: qui ꝓpter venias ꝓdicandas verbū dei in alijs ecclesijs penitus silere iubent.

4 ¶ Iniuria fit verbo dei: dū in eodē sermone: equale vel longius tēpus impenditur venijs q̄ illi.

5 ¶ Mens Pape necessario est, q̄ si venie (qd̄ minimum est) vna cāpana: vnis pompis: et ceremonijs celebranꝭ. Euangelium (qd̄ maximū est) centū campanis: centū pompis: centū ceremonijs predicet.

6 ¶ Thesauri eccle vn̄ Papa dat indulgētias: neq₃ satis noīati sunt: neq₃ cogniti apud ppl̄m christi.

7 ¶ Temporales certe nō esse patet, q̄ nō tā facile eos ꝓfundūt: s₃ tñmō colligunt multi concionatoꝝ.

8 ¶ Nec sunt merita Chri et sctōꝝ, q: hec sp sine Papa opanꝭ gram hoīs interioris: et crucē: mortē: infernumq₃ exterioris.

9 ¶ Thesauros eccle s. Laurēti⁹ dixit esse: pauperes eccle, s₃ locutus est vsu vocabuli suo tpe.

10 ¶ Sine temeritate dicim⁹ claues eccle (merito Chri donatas) esse thesaurum istum.

11 ¶ Claꝝ est eñ, q̄ ad remissionē penaꝝ et casuū sola sufficit ptās Pape.

12 ¶ Verus thesaurus eccle est sacrosctm̄ euāgelium glorie et gratie dei.

13 ¶ Hic autē est merito odiosissimus, q: ex primis facit nouissimos.

14 ¶ Thesaurus aūt indulgentiaꝝ merito est gratissimus, q: ex nouissimis facit primos.

15 ¶ Igitur thesauri Euangelici rhetia sunt: quibus olim piscabanꝭ viros diuitiarum.

16 ¶ Thesauri indulgentiaꝝ rhetia sunt: qbus nūc piscanꝭ diuitias viroꝝ.

17 ¶ Indulgētie: quas cōcionatores vociferanꝭ maxias gras, intelligunꝭ vere tales quoad questum ꝓmouendum.

18 ¶ Sunt tamen re vera minime ad gram dei et crucis pietatē compate.

19 ¶ Tenenꝭ Epi et Curati veniaꝝ aplicarū Cōmissarios cū oī reuerentia admittere.

20 ¶ Sed magis tenenꝭ oībus oculis intendere: oībus aurib⁹ aduertere: ne p cōmissione Pape sua illi somnia ꝓdicent.

21 ¶ Cōtra veniaꝝ aplicaꝝ ꝟitatē q loquiꝭ, sit ille anathema et maledict⁹.

22 ¶ Qui vero contra libidinē ac licentiā verboꝝ Cōcionatoris veniarū curam agit: sit ille benedictus.

23 ¶ Sicut Papa iuste fulminat eos: qui in fraudem negocij veniarū quacunq₃ arte machinantur.

24 ¶ Multomagis fulminare intendit eos: qui p veniarū pretextū in fraudem sctē charitatis et veritatis machinanꝭ.

25 ¶ Opinari venias papales tātas esse: vt soluere possint hoīe₃, etiā si qs p impossibile dei genitricē violasset. Est insanire.

1 ¶ Dicimus contra, q̄ venie papales: nec minimū venialium pctōꝝ tollere possint quo ad culpam.

2 ¶ Qd̄ dr̄, nec si s. Petrus modo Papa esset: maiores gras donare posset est blasphemia in sctm̄ Petrum et Papam.

3 ¶ Dicimus contra, q̄ etiā iste et quilibet papa maiores h₃, sc₃ Euangelium: virtutes: gras curationū. &c. vt. i. Co. xij.

4 ¶ Dicere, Crucē armis papalibus insigniter erectā: cruci christi equiualere: blasphemia est.

5 ¶ Rationē reddent Epi: Curati: et Theologi. Qui tales sermōes in populum licere sinunt.

6 ¶ Facit hec licētiosa veniaꝝ ꝓdicatio, vt nec reuerentiā Pape facile sit: etiā doctis viri? redimere a calūnijs aut certe argutē qstiōib⁹ laicoꝝ.

7 ¶ Sc₃. Cur Papa nō euacuat purgatoriū ꝓpter sctissimā charitate₃ et summā aīarū necessitatē: vt cām oīm iustissimā. Si infinitas aīas redimit ꝓpt pecuniā funestissimā ad structurā Basilice: vt cā₃ leuissimā

8 ¶ Itē. Cur ꝑmanēt exequie et anniuersaria defunctoꝝ: et nō reddit aut recipi ꝑmittit bñficia p illis instituta, cū sit iniuria p redēpt? orare

9 ¶ Itē. Que illa noua pietas Dei et Pape, q̄ impio et inimico ꝓpter pecuniā ꝯcedūt: aīam piā et amicā dei redimere. Et tñ ꝓpter necessitatē ipsius met pie et dilecte aīe nō redimunt eā gratuita charitate.

10 ¶ Itē. Cur Canones pñiales re ipa et nō vsu: iā diu in semet abrogati et mortui: adhuc tñ pecunijs redimunꝭ per ꝯcessionē indulgētiaꝝ tanq₃ viuacissimi.

11 ¶ Itē. Cur Papa cui⁹ opes hodie sunt opulētissimis crassis crassiores: nō de suis pecunijs mag? q̄ paupm fideliū struit vnā tñmō Basilicā sancti Petri.

12 ¶ Item. Quid remittit aut participat Papa iis: qui p ꝯtritionē pfectā ius habēt plenarie remissionis et participationis.

13 ¶ Item. Quid adderet eccle boni maioris. Si Papa sicut semel facit: ita cēties in die cuilib₃ fideliū has remissiōes et participatiōes tribuēt.

14 ¶ Ex quo Papa salutē querit aiaꝝ p venias mag? q̄ pecunias, Cur suspendit lrās et venias iam olim ꝯcessas: cū sint eque efficaces.

15 ¶ Hec scrupulosissima laicoꝝ argumēta: sola ptāte ꝯpescere: nec reddita ratione diluere. Est ecclesiam et Papā hostib⁹ ridendos exponere et infelices christianos facere.

16 ¶ Si ergo venie ꝑm spiritū et mentē Pape ꝓdicarētur, facile illa omnia soluerenꝭ: immo nō essent.

17 ¶ Valeāt itaq₃ oēs illi ꝓphe: q dicūt pplo Chri. Pax pax, et nō est pax.

18 ¶ Bñ agāt oēs illi ꝓphe: q dicūt pplo Chri. Crux crux, et non est crux.

19 ¶ Exhortandi sunt Christiani: vt caput suū chrm per penas: mortes: infernosq₃ sequi studeant.

20 ¶ Ac si magis p multas tribulatiōes intrare celū: q̄ p securitatē pacis confidant.

M. D. Xvij.

Lateinische Dichtung in Deutschland Gleichzeitig gab es viele Poeten in Deutschland, die unter dem Einfluss der Humanisten lateinische Gedichte schrieben. Hierbei griffen sie auf die antiken Dichtungsgattungen und Versmaße zurück. Zu ihnen gehörten auch Ulrich von Hutten, Erasmus von Rotterdam und Philipp Melanchthon. Dichtung in deutscher Sprache gab es in dieser Zeit kaum. Das beklagte J. G. Herder (1744 – 1803) in einem Rückblick auf die Dichtung des 17. Jh.s. In seiner Abhandlung *Von deutscher Art und Kunst* schrieb er 1767: »Man gehe die besten Schriftsteller der Zeit durch, entweder römisch oder akademisch Latein ist ihre Mundart; die Muttersprache wird als eine Mundart der Mütter, der Weiber und der Ungelehrten angesehen. Ist's nicht eine wahre Schande dieser Zeit, dass es große und schönlateinische Schriftsteller dieser Zeit gibt, die in ihrer Sprache Barbaren waren?«

◄ Luthers Thesen

▼ Descartes, *Meditationes* Cover

RENATI
DES-CARTES,
MEDITATIONES
DE PRIMA
PHILOSOPHIA
IN QVA DEI EXISTENTIA
ET ANIMÆ IMMORTALITAS
DEMONSTRATVR.
PARISIIS,
Apud MICHAELEM SOLY, via Iacobeâ, sub signo Phœnicis.
M. DC. XLI.
Cum Priuilegio, & Approbatione Doctorum.

Descartes: ego cogito, ergo sum Auch René Descartes (1596 – 1650), der die Philosophie der Neuzeit entscheidend geprägt hat, verfasste seine ersten Schriften in französischer Sprache, seine Hauptwerke danach in lateinischer. Die Fähigkeit zu denken begründet seiner Auffassung nach die menschliche Existenz. In seinen *Meditationes de Prima Philosophia Meditationen über die Erste Philosophie* stellte er hierzu fest (II):

Sum igitur praecise tantum res cogitans, id est, mens, sive animus, sive intellectus, sive ratio, voces mihi prius significationis ignotae. sum autem res vera, et vere existens, sed qualis res? Dixi, cogitans (...). Quid est hoc? Nempe dubitans, intelligens, affirmans, negans, volens, nolens, imaginans quoque et sentiens.

»Ich bin also schlechthin nur ein denkendes Wesen, das heißt, Gedanke oder Seele oder Verstand oder Vernunft, Wörter, deren Bedeutung mir früher unbekannt war. Ich bin nun ein wirkliches Wesen, und zwar ein wirklich existierendes, doch was für ein Wesen? Ich sagte, ein denkendes (...). Was ist das? Doch wohl eins, das abwägt, einsieht, bejaht, verneint, will, nicht will, das sich auch etwas vorstellt und empfindet.«

Diese Auffassung hat er einige Jahre später (1644) in seiner Schrift *Principia philosophiae, Die Prinzipien der Philosophie*, zusammengefasst in dem Kernsatz:

- **ego cogito, ergo sum.**
  »Ich denke, also bin ich.«

In diesen Textauszügen wird sichtbar, wie gekonnt er das vielfältige Instrumentarium der lateinischen Sprache zur Mitteilung seiner Gedanken nutzte.

Latein – die Sprache der Wissenschaften Descartes' Schriften trugen wesentlich dazu bei, dass Latein in Europa für lange Zeit die Sprache blieb, in der Naturwissenschaftler, Mediziner, Philosophen und Völkerrechtler ihre wichtigsten Werke verfassten. Deshalb wurden auch viele Werke aus den verschiedensten Landessprachen ins Lateinische übersetzt, weil sie sonst unter den europäischen Gelehrten keine Resonanz gefunden hätten. Zu diesen gehören sogar die Schriften des chinesischen Philosophen K'ung Fu Ze (551 – 449 v. Chr.), die Jesuiten unter dem Titel *Confucius Sinarum Philosophus* 1687 in Paris veröffentlichten. Für sie war es in dieser Zeit noch selbstverständlich, in der lateinischen Sprache, der Amtssprache ihrer Kirche, zu publizieren und zu korrespondieren, während Wissenschaftler in mehreren Ländern Europas bereits dazu übergingen, ihre Studien überwiegend in ihrer Landessprache zu veröffentlichen und das Lateinische nur noch bei Publikationen zu verwenden, die sie für grundlegend hielten. Zu diesen gehörten der niederländische Philosoph Spinoza (1632 – 1677), der englische Mathematiker und Philosoph Newton (1642 – 1727) und sein deutscher Zeitgenosse G. W. Leibniz (1646 – 1716), der vielseitigste deutsche Gelehrte des 17. Jh.s.

Leibniz: Principia iuris naturae et gentium Ein kurzer Auszug aus seiner *Dissertatio prima de actorum publicorum usu atque de principiis iuris naturae et gentium Erste Erörterung über den Nutzen öffentlicher Handlungen und über die Prinzipien des Natur- und Völkerrechts* gibt Aufschluss über sein Latein:

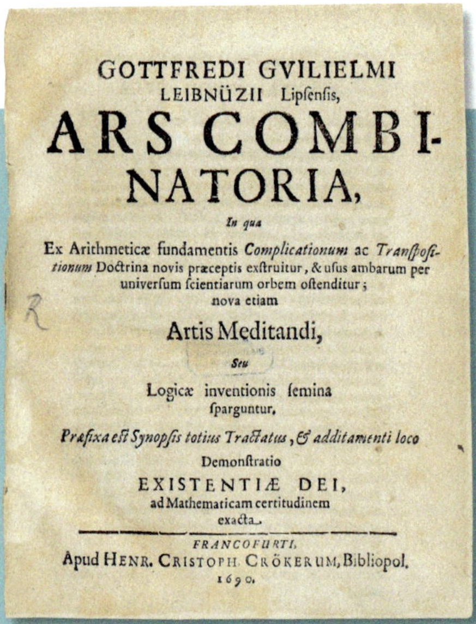

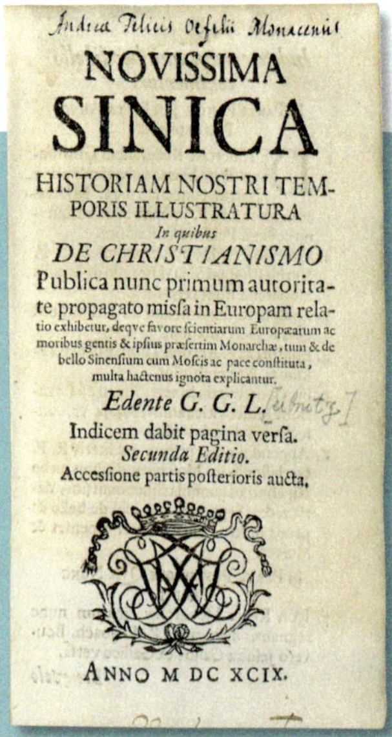

◄ Leibniz *Ars combinatoria* Cover

◄ Leibniz *Navissima, Sinica* Cover

► Opitz Buchcover

Est ius quaedam potentia moralis et obligatio, necessitas, moralis. Moralem autem intelligo, quae apud virum bonum aequipollet naturali. Nam ut praeclare iuris consultus Romanus ait, quae contra bonos mores sunt, ea nec facere nos posse credendum est. Vir bonus autem est, qui amat omnes, quantum ratio permittit. Iustitiam igitur, quae virtus est huius affectus rectrix, quem *philanthropiam* Graeci vocant, commodissime, ni fallor, definiemus caritatem sapientis, hoc est, sequentem sapientiae dictata.

»Das Recht ist eine bestimmte moralische Macht und Verbindlichkeit, eine Notwendigkeit, ein sittliches Verhalten. Unter sittlichem Verhalten nun verstehe ich das, was bei einem rechtschaffenen Mann guter Veranlagung entspricht. Denn wie ein römischer Rechtsgelehrter sehr einleuchtend sagt, ist anzunehmen, dass wir das nicht tun können, was gegen die guten Sitten verstößt. Ein rechtschaffener Mann ist nämlich, wer sich allen verpflichtet fühlt, soweit es die Vernunft erlaubt. Als Gerechtigkeit – diese Tugend ist die Lenkerin des Strebens, das die Griechen *Philanthropie* nennen – werden wir daher am zutreffendsten, wenn ich mich nicht täusche, die Liebe des Weisen bezeichnen, also dessen, der den Vorgaben der Weisheit folgt.«

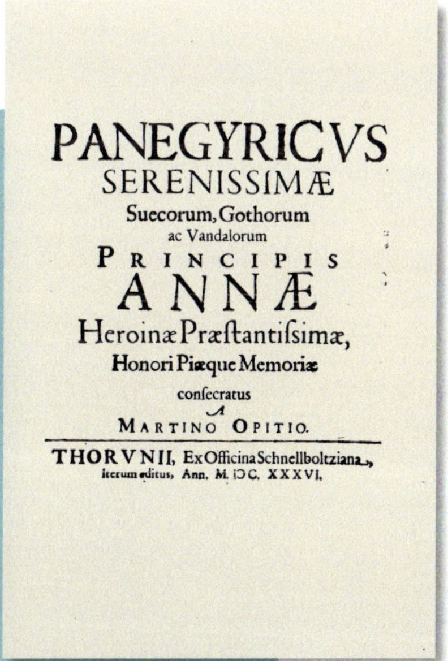
PANEGYRICVS
SERENISSIMÆ
Suecorum, Gothorum
ac Vandalorum
PRINCIPIS
ANNÆ
Heroinæ Præſtantiſsimæ,
Honori Piæque Memoriæ
conſecratus
A
MARTINO OPITIO.
THORVNII, Ex Officina Schnellboltziana,
iterum editus, Ann. M. IↃC. XXXVI.

Leibniz mutete seinen Lesern einiges zu. In der Definition des *ius* gebrauchte er *moralis* adjektivisch wie substantivisch, analog hierzu das Adjektiv *naturalis* substantivisch als Objekt zum ungeläufigen *aequipollet.* Ferner waren seinem Bemühen, gut strukturierte Perioden nach dem Vorbild der klassischen Prosa zu bilden, Grenzen gesetzt, wie der letzte Satz des Zitats zeigt. Dennoch hob sich dieses Latein wohltuend ab von vielen Elaboraten derer, die in dieser Zeit nur noch aus Prestigegründen lateinisch schrieben, obwohl sie die Sprache nicht beherrschten.

Volkssprachen verdrängen Latein Gleichzeitig nahm die Zahl derjenigen zu, die sich für die Förderung der deutschen Sprache und Dichtkunst einsetzten. Besonders intensiv tat dies Martin Opitz (1597 – 1639). Bereits in seiner Jugendschrift *Aristarchus sive de contemptu linguae Teutonicae Aristarch oder über die Verachtung der deutschen Sprache* (1617) beklagte er die *monstra vocabulorum et carcinomata, die Ungeheuer und die Krebsgeschwüre der Wortbildungen.* Ihm ging es um die Reinheit der alten deutschen Sprache; er wollte sie wiederherstellen. Um der Resonanz willen hielt er es für nötig, diese Schrift in lateinischer Sprache zu verfassen. Ihr folgte 1624 sein Buch von der teutschen Poeterey, das einen Extrakt aus den Poetiken des Aristoteles, des Horaz und der Renaissance bot, und ein Jahr später seine Ausgabe der *Teutschen Poemata.* Das brachte ihm überschwängliches Lob ein, und zwar in lateinischen Distichen:

cedite, dicam ipsis, Romani, cedite, Grai:
Germanus, qui vos exsuperabit, adest.

»Weichet, will ich ihnen sagen, ihr Römer, weichet, ihr Griechen,
ein Deutscher, der euch übertreffen wird, ist da.«

Diese Absage an Dichtung in lateinischer Sprache entsprach dem erstarkten Nationalbewusstsein der Zeit. Doch kam man noch nicht umhin, sie in eben der Sprache zu formulieren, gegen deren Verwendung man anging. Ähnliche Entwicklungen vollzogen sich in anderen europäischen Ländern.

In den Sog der Machtpolitik geriet das Lateinische unter Ludwig XIV (1643 - 1715). Er versuchte, seine politische Vormachtstellung in Europa auch dadurch zu festigen, dass er anstelle des Lateinischen das Französische zur Sprache der internationalen Diplomatie erhob. Wenn auch die Diplomaten Deutschlands, Spaniens und der Niederlande bei den Friedensverhandlungen 1679 in Nimwegen auf dem Lateinischen beharrten, so setzte sich doch schon bald das Französische als Sprache der Diplomatie durch.

Dagegen hielt man an vielen europäischen Universitäten die Vorlesungen auch noch im 19. Jh. in lateinischer Sprache, weil viele Studenten sonst eine ausländische Universität nicht hätten besuchen können. Deshalb hielt es z. B. der Göttinger Astronom und Mathematiker Carl Friedrich Gauß, der als Fürst der Mathematiker gefeiert wurde, für zweckmäßig, seine grundlegenden arithmetischen Untersuchungen *Disquisitiones Arithmeticae* 1801 in lateinischer Sprache zu veröffentlichen. Für Altertumswissenschaftler dieser Zeit verstand sich dies geradezu von selbst. So trug etwa August Boeck an der von W. v. Humboldt 1809 gegründeten Friedrich-Wilhelm-Universität in Berlin in der 1. Hälfte des 19. Jh.s seine insgesamt 33 Universitätsreden in klassisch geprägtem Latein vor. Die Dissertationen wurden damals ebenfalls in lateinischer Sprache verfasst, zusätzlich allerdings auch schon in der Muttersprache.

Am Lateinischen hielten in dieser Zeit ebenfalls die kleineren Länder Südosteuropas fest, die im 18. Jh. in den Einfluss der europäischen Großmächte geraten waren. Aus politischen Gründen legten sie auf Unabhängigkeit im Sprachgebrauch großen Wert. Darüber hinaus war dies für sie auch sehr praktisch, weil damals nur die lateinische Sprache eine Verständigung unter Slowaken, Kroaten, Ungarn und Deutschen ohne Umstände ermöglichte. Als Kaiser Josef II. 1784 in Ungarn Deutsch zur Amtssprache erhob, stieß diese Maßnahme auf so starken Widerstand, dass sie einige Jahre später wieder aufgehoben wurde. Erst 1844 wurde Latein als Amtssprache durch das Ungarische abgelöst.
In den übrigen Ländern Europas verdrängte zu dieser Zeit bereits das Englische mehr und mehr das Französische als Diplomatensprache. Die lateinische Sprache hatte ihre Funktion als Medium internationaler Verständigung verloren. Dies hatte zur Folge, dass ihre Verwendung auch in wissenschaftlichen Publikationen an Bedeutung verlor.

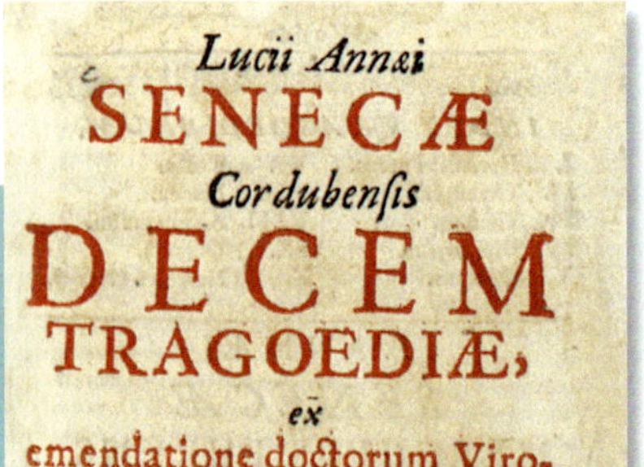
Lucii Annæi
SENECÆ
Cordubensis
DECEM
TRAGOEDIÆ,
ex
emendatione doctorum Virorum, additis selectioribus Notis
Th. Farnabii ac aliorum.
His accessere Flosculi delibati, ut & Index copiosissimus atque utilissimus.
Cum Privil. Sac. Cæs. Majest. speciali.
NORIBERGÆ,
Apud Johannem Andream Endterum, & Wolfgangi Junioris Hæredes.

▶ Seneca-Ausgabe, Cover 17. Jh. (Nürnberg)

Die neuhumanistische Bildungsvorstellung In der Wende vom 18. zum 19. Jh. vollzogen sich unter den Auswirkungen der französischen Revolution (1789 - 1795) in Deutschland tief greifende Veränderungen. Die Ideen der Aufklärung förderten das Streben nach individueller Freiheit. Dieses wurde gestärkt durch eine Philosophie, die sich der Idee der allgemeinen Menschenbildung verpflichtet fühlte. Mit ihr verband sich eine Bewunderung des Altertums, das in der Mitte des 18. Jh.s neu entdeckt worden war. Sie zeigt sich auf vielfältige Weise in den Werken Herders, Goethes, Schillers, Winckelmanns, Hegels und Schleiermachers.

Von ihr wurde auch die Vorstellungswelt Wilhelm v. Humboldts geprägt. Als Angehöriger der jungen Generation des preußischen Adels setzte er sich dafür ein, das Individuum gegen den ihm übermächtig erscheinenden Anspruch des Staates zu schützen. Der Untertanenmoral, die seiner Überzeugung nach in den Kadettenanstalten des 18. Jh.s, in denen die jungen Adligen ihre Ausbildung erhielten, gezüchtet wurde, stellte er die Menschenwürde entgegen, also dem Privileg des Adels das der allgemeinen Bildung.

Das Gymnasium Wilhelm von Humboldts Daher ging es ihm in seinem Schulplan, den er als Leiter der Sektion für Kultus und Unterricht im preußischen Ministerium des Innern 1809 aufgestellt hatte, nicht um eine berufsbezogene Ausbildung. Der Unterricht in den stufenartig verschiedenen Schulen sollte so eingerichtet werden, dass jeder »darin zum sittlichen Menschen und guten Bürger gebildet werden könne, wie es ihm seine Verhältnisse erlauben«. Dieses Ziel sei dadurch zu erreichen, »dass man bei der Methode des Unterrichts nicht sowohl darauf sehe, dass dieses oder jenes gelernt, sondern in dem Lernen das Gedächtniss geübt, der Verstand geschärft, das Urtheil berichtigt, das sittliche Gefühl verfeinert werde.«

Die verschiedenen Schulen waren die des Elementarunterrichts (Volksschule), des Schulunterrichts (Gymnasium) und des Universitätsunterrichts. Das Gymnasium, 1812 ausgestattet mit dem *Demissionsrecht für die Universität*, und die Universität waren in der Konzeption Humboldts eng aufeinander bezogen. Die Universitäten sollten in den ersten Semestern nicht mit speziellen Fachstudien einsetzen, sondern an die auf den Gymnasien begonnene Allgemeinbildung anknüpfen und die grundlegenden geistigen Fähigkeiten weiter fördern. Für die Verwirklichung dieser Ziele im Gymnasium fand Humboldt nichts so geeignet wie die Werke »der Alten«. Seine Abhandlung *Latium und Hellas oder Betrachtungen über das classische Alterthum* leitete er ein mit der Feststellung: »Es giebt einen vierfachen Genuss des Alterthums: in der Lesung der alten Schriftsteller, in der Anschauung der alten Kunstwerke, in dem Studium der alten Geschichte, in dem Leben auf classischem Boden. - Griechenland, Empfindungen tieferer Wehmuth. Rom, höherer Standpunkt, mehr Vollständigkeit und Übersicht. Alle diese verschiedenen Genüsse geben im Ganzen denselben, nur zu anderen Graden gesteigerten Eindruck.«

Für Humboldt war es daher selbstverständlich, dass insbesondere dem Unterricht in den klassischen Sprachen die Aufgabe zufiel, diese Bildungsziele zu verwirklichen. Sie erhielten den größten Stundenanteil. Das Gymnasium wurde schrittweise als neunjährige Bildungsanstalt eingerichtet. In deren Normalplan von 1837 mit insgesamt 32 Wochenstunden (Wstd.) hatte das Lateinische von der Eingangsklasse an 10, das Griechische, das im 4. Gymnasialjahr einsetzte, 6 Wstd., sodass beide Fächer exakt die Hälfte aller Unterrichtsstunden zur Verfügung hatten, das Französische als einzige moderne Fremdsprache nur 2. Rechnen bzw. Mathematik wurde 3 - 4stündig unterrichtet, Geschichte und die naturwissenschaftlichen Fächer nur 2 - 3 stündig. Zum Ausgleich für die oft sehr unterschiedlichen Voraussetzungen der Schüler in der Rechtschreibung gab es damals in der 1. und 2. Eingangsklasse noch das Fach Schönschreiben mit 3 Wstd. An diesen Stundentafeln änderte sich in den folgenden Jahrzehnten nur wenig.

Neue Formen des Hochschulzugangs Mit der fortschreitenden Industrialisierung in der 1. Hälfte des 19. Jh.s, die in allen Bereichen der Wirtschaft neue Berufe schuf, ergab es sich geradezu zwangsläufig, dass man neben der klassischen Konzeption W. v. Humboldts neue Vorstellungen von den Zielen gymnasialer Bildung und Ausbildung entwickelte. Dies führte 1856 zur Gründung des Realgymnasiums und einige Zeit später zur Umwandlung der lateinlosen Höheren Bürgerschule in die Oberrealschule. Ein Erlass Kaiser Wilhelms II. legte 1900 fest, »dass das Gymnasium, das Realgymnasium und die Oberrealschule in der Erziehung zur allgemeinen Geistesbildung als gleichwertig anzusehen sind« und dass innerhalb der Unterrichtsfächer an den verschiedenen Anstalten je nach ihrer Eigenart besondere Schwerpunkte gebildet werden sollten. Nunmehr konnten auch Schüler ohne Lateinkenntnisse die Universität besuchen.

Diskussion über die Bildungs- und Unterrichtsziele in der Weimarer Zeit Die Differenzierung des Gymnasiums in verschiedene Arten und Typen wurde im 20. Jh. weitergeführt, wobei es auch zur Gründung von Gymnasien für Frauenbildung kam. Angesichts der verschiedenartigen geistigen Strömungen der Weimarer Zeit sah die preußische Kultusverwaltung davon ab, den Lehrplänen der Schulen, die 1925 in Kraft traten, eine bestimmte Auffassung von Bildung zugrunde zu legen. Sie befürwortete daher zwischen den Schulformen eine Arbeitsteilung der Art, dass »nur in der Zusammenarbeit aller Schulen die Gesamtbildung zu berücksichtigen« sei. Hierbei sollte jeder Schulform ein Kulturbezirk zur besonderen Pflege anvertraut werden. Das altsprachliche Gymnasium, in dem Latein und Griechisch mit je 5–6 Wstd. den charakteristischen Schwerpunkt bildeten, sollte grundlegende Leistungen der Sprache vermitteln und zu einem »vertieften Verständnis der Antike aus den Quellen« führen, während das neusprachliche Realgymnasium in der Auseinandersetzung mit der westlichen Kultur »nehmend und gebend erneut zu einer vertieften Deutschheit vordringen« sollte.

Zerschlagung des Gymnasiums in der NS-Zeit Nach der Machtübernahme 1933 verfolgten die Nationalsozialisten das Ziel, Erziehung und Erzieher mit nationalsozialistischem Geist zu durchdringen. Bereits 1936 wurde die Vereinheitlichung des höheren Schulwesens beschlossen. Sie trat mit dem Beginn des Schuljahres 1937 in Kraft. Der grundlegende Erlass vom 20. 4. 1936 ordnete an, »mit Beginn des Schuljahres 1937 alle deutschen höheren Schulen organisatorisch wie inhaltlich auf die Ziele des nationalsozialistischen Regimes auszurichten«. Mit einem Schlage wurde aus dem neunjährigen Gymnasium eine achtjährige Oberschule für Jungen bzw. für Mädchen, und alte humanistische Gymnasien wurden als Sonderform nur geduldet, »wenn diese Anstalten von besonderer Bedeutung waren«. Dieser Status wurde nur verhältnismäßig wenigen Schulen zuerkannt.

Die Stundentafeln sahen zwei Fremdsprachen vor, Englisch und Latein. Dieses setzte in der 3. Klassenstufe mit 4 Wstd. ein und wurde im naturwissenschaftlichen Zeig von Klasse 6 an mit 2 Wstd., im sprachlichen mit 4 Wstd. weitergeführt. Das Lateinische war also im naturwissenschaftlichen Zweig völlig an den Rand gedrängt; im sprachlichen wurden zusätzlich moderne Fremdsprachen angeboten. Für das Griechische war kein Platz mehr.

Lateinunterricht im geteilten Nachkriegsdeutschland Es ist verständlich, dass man in der Nachkriegszeit in den westlichen Bundesländern, die nunmehr die Kulturhoheit über das Schulwesen ausübten, auf die Lehrpläne der Weimarer Zeit zurückgriff und sich mit deren Vorgaben intensiv auseinander setzte. Das tat auch der DAV. In seiner Erklärung von 1951 zum Unterrichtsziel in den Alten Sprachen heißt es, der Sprachunterricht solle »zu verständnisvollem Lesen und Übersetzen der griechischen und römischen Schriftwerke befähigen, zugleich auch die ihnen innewohnende geistesbildende Kraft unmittelbar entfalten.« Der intensive Umgang mit der »diszipliniertesten Sprache der Welt« – so charakterisierte Oswald Spengler das Lateinische- bedeute »gleichzeitig wertvolle Geistes- und Charakterbildung.« Auf diese Erklärung griff man damals in den meisten Bundesländern bei der Formulierung der Unterrichtsziele in den Richtlinien für den altsprachlichen Unterricht zurück. In diesen Ländern hatte der Lateinunterricht eine unangefochten starke Position.

Völlig anders war dessen Stellung in der DDR. Nach Kriegsende versuchte man in der Sowjetischen Besatzungszone zunächst an die alte humanistische Tradition anzuknüpfen. Das fand seinen Niederschlag in den ersten Lehrplänen für Alte Sprachen in der Sowjetischen Besatzungszone Deutschlands vom 1. 9. 1947. Doch schon recht bald nach Gründung der DDR 1949 kam es zu einer radikalen Kürzung des altsprachlichen Unterrichts. In der vierklassigen Oberschule, die an die achtjährige »demokratische Einheitsschule« anschloss und zum Abitur führte, gab es zwar einen C-Zweig, in dem alte Sprachen unterrichtet wurden; aber dieser bestand nur aus wenigen Klassen, weil die Genehmigung zur Einrichtung dieser Zweige nur in Ausnahmefällen erteilt wurde. Ziel dieser »Spezialeinrichtung« war es, Nachwuchskader mit umfassenden Fremdsprachenkenntnissen für einige Studienbereiche auszubilden. Hierbei ging man von einem jährlichen Bedarf der DDR von 150 - 200 Absolventen aus. In diesem Zweig begann Latein in der 9. und Griechisch als 3. Fremdsprache - die erste war selbstverständlich Russisch - in der 10. Klasse. Wer sich für die Einrichtung dieser Zweige einsetzte, die als Relikt des bürgerlichen Zeitalters betrachtet wurden, konnte dies nur systemkonform tun. So schrieb J. Irmscher 1961, »dass in westeuropäischen Ländern sich kommunistische und andere fortschrittliche Kräfte für den altsprachlichen Unterricht einsetzen in der ausgesprochenen Absicht, damit einen Beitrag zur Brechung des bürgerlichen Bildungsmonopols zu leisten.« Dieses Bildungsgut dürfe »dem klerikalen Obskurantismus und der militaristischen Reaktion« nicht überlassen bleiben und sei »den Söhnen und Töchtern der Arbeiterklasse voll zu erschließen.«

Konträrer konnten die Begründungen für den Lateinunterricht in Ost und West in dieser Zeit kaum sein, und dennoch hatten sie eins gemeinsam: Das Lateinische wurde als »Bildungsgut« zu Förderung der Persönlichkeitsbildung betrachtet.

Das Ringen um neue Begründungen für den Altsprachlichen Unterricht Wolfgang Schadewaldt, einer der bedeutendsten Gräzisten der Nachkriegszeit, rückte 1955 von der neuhumanistischen Bewertung der antiken Klassik ab. Er sah in den Griechen keine Vorbilder mit verbindlichen Maßstäben, sprach vielmehr vom »Weltmodell der Griechen«, das als Fundstätte grundlegender Erfahrungen und Vergleichsmöglichkeiten zur eigenen produktiven Weiterbildung zu nutzen sei. Im selben Jahr vertrat der Pädagoge Theodor Litt dagegen die Ansicht, das klassische Bildungsideal stehe im Widerspruch zu den Anforderungen der modernen Arbeitswelt. Damit lösten beide eine rege, kontrovers geführte Diskussion über die Ziele und Begründungen des altsprachlichen Unterrichts aus.

Am stärksten und nachhaltigsten stellte 1967 S. B. Robinsohn in seiner Schrift *Bildungsreform als Revision des Curriculum* den Unterricht in den alten Sprachen in Frage. Er warf den Vertretern der humanistischen Bildung vor, sie hätten vor der nationalsozialistischen Barbarei versagt. Seine Curriculumkonzeption ging im Gegensatz zu den traditionellen Lehrplänen von der Frage aus, welche Bildungsinhalte und Gegenstände die Qualifikationen bewirken können, die zur Bewältigung von Lebenssituationen und den hierzu notwendigen Fähigkeiten erforderlich sind. Hieraus seien die Lernziele abzuleiten, die zu den geplanten Ergebnissen führen sollen. Robinsohn gestand den alten Sprachen nur unter der Voraussetzung eine Existenzberechtigung zu, dass sie den Qualifikationskriterien und -inhalten des curricularen Lehrplans gerecht werden. Im selben Jahr betonte Theodor Wilhelm in seiner groß angelegten *Theorie der Schule. Hauptschule und Gymnasium im Zeitalter der Wissenschaften*, zwei Funktionen des Lateinunterrichts könnten für die weiterführende Schule der Gegenwart von entscheidender Bedeutung sein: "die der Ordnungsstiftung im sprachlichen Raum und die der Unterstreichung der geschichtlichen Kontinuität."

Die neue Konzeption der Didaktik für die Alten Sprachen

Der damaligen Herausforderung stellten sich als erste die Altsprachler des bayerischen Staatsinstituts für Pädagogik (ISP) Karl Bayer, Klaus Westphalen und Friedrich Maier. Durch ihre rationale Auseinandersetzung mit den verschiedenen curricularen Theorien und Lernzielbeschreibungen legten sie den Grund für eine neue Didaktik des Unterrichts in den Alten Sprachen. 1971 erschien der Bericht *Kollegstufenarbeit in den Alten Sprachen*, ferner die vom Ausschuss für didaktische Fragen des DAV publizierte und von Karl Bayer redigierte Schrift *Materialien zur Curriculumentwicklung im Fach Latein*. Schon 2 Jahre später konnte der Didaktische Ausschuss des DAV die ebenfalls von Karl Bayer betreute grundlegende Arbeit *Lernziele und Fachleistungen - Ein empirischer Ansatz zum Latein-Curriculum* vorlegen (Beiheft des AU XVI 1973). Einen Zwischenstand der verschieden Ansätze der Neuorientierung bot 1974 Rainer Nickel in *Die Alten Sprachen in der Schule*.

Das Ringen um die Neukonzeption ging weiter. Im Modell der Lernzielmatrix, das Westphalen im Bericht über die Kollegstufenarbeit vorgelegt hatte, erwies sich die Zuordnung des Wertens zu den kognitiven Prozessen des Lernens als problematisch, weil es sich nicht im kognitiven, sondern im affektiven Bereich des Lernverhaltens vollzieht. Deshalb regte der Verfasser auf der DAV-Tagung 1974 in Saarbrücken eine intensivere Auseinandersetzung mit diesen Fragen an. Zu diesem Zweck wurde vom DAV der Ausschuss *Lernzieltaxonomie* eingerichtet. Dessen Arbeitsergebnisse trug der Verfasser 1976 auf dem Kongress des DAV in Köln unter dem Thema *Affektive Lernziele im Lateinunterricht* vor. In einer Übersicht verdeutlichte er das dialektische Verhältnis der kognitiven und der affektiven Lernstufen und zeigte auf, welchen Beitrag dieser Unterricht zu den Lernzielen *Mündigkeit und Reife* leisten kann, die 1970 die Bildungskommission des Deutschen Bildungsrates im *Strukturplan für das Bildungswesen* als oberste allgemeine Lernziele vorgegeben hatte. In kurzer Zeit erfolgten zahlreiche weitere Publikationen von Lehrern der Alten Sprachen an Schulen und Hochschulen zu den Zielen und Begründungen dieses Unterrichts. Sie trugen wesentlich dazu bei, dass der Lateinunterricht als ein Kernfach des Gymnasiums allgemein anerkannt wurde. Das wirkte sich auch bei der Neuordnung des Schulwesens nach der Wiedervereinigung in den neuen Bundesländern aus.

5. *Latein in unserer Zeit*

Gebrauch der Sprache im wissenschaftlichen und öffentlichen Bereich Die lateinische Sprache wird in unserer Zeit auch außerhalb der Schulen und Hochschulen auf vielfältige Weise verwendet und tradiert. Im Bereich der Naturwissenschaften wird sie für die wissenschaftliche Beschreibung von Pflanze, Tier und Mensch genutzt, seit der schwedische Botaniker Carl v. Linné im 18. Jh. die sogen. binäre Nomenklatur einführte, nach der jede Art einen Doppelnamen erhielt. So werden etwa die verschiedenen Formen des Menschen, die sich im Verlauf der Stammesgeschichte gebildet haben, nach ihrer Gattung und Art bezeichnet, z. B. *homo neandertalensis, der Neandertaler,* oder *homo sapiens, der Vernunftmensch,* womit die spezifische Begabung des Menschen gegenüber den Tieren hervorgehoben wird. Außerdem ist Latein in vielen Bereichen des öffentlichen Lebens gegenwärtig. Daher verwundert es nicht, dass es auf vielfältige Weise auch in der Werbung, in Namen von Hilfsorganisationen, Firmen und Vereinen (z. B. Bourussia Dortmund) begegnet. Dies setzt eine bewusste Verwendung und Verlebendigung der Sprache und ständige Aktualisierung des Vokabulars voraus.

▼ Beispiele für Latein im Alltag

Wandel in der Aussprache Man kann sich nur annähernd vorstellen, wie die Römer die einzelnen Laute ausgesprochen und mit welchem Tonfall sie Wörter und Sätze in Reden oder beim Rezitieren von Dichtung vorgetragen haben. Der Sprachrhythmus wurde von der Länge und Kürze der Silben und von deren unterschiedlicher Betonung geprägt. Auf die Sprachmelodie haben die Römer, dem Vorbild der Griechen folgend, seit der Einrichtung von Rhetorenschulen im 2. Jh. v. Chr. vor allem in der Zeit der Klassik in der Rede wie in der Dichtung großen Wert gelegt. Deren Klang bildete, sprachgeschichtlich betrachtet, die Vorstufe für die Intonation der italienischen Sprache.

In der heutigen Aussprache des lateinischen Lautsystems gibt es Unterschiede. Diese sind nicht nur darauf zurückzuführen, dass dessen Wiedergabe abhängig ist von der Verschiedenheit der Idiome in den modernen Sprachen, sondern auch darauf, dass es unterschiedliche Ansätze hierzu in den verschiedenen Sprachtraditionen gibt. In der humanistisch geprägten versucht man, sich möglichst der klassischen Aussprache zu nähern, also *c* wie *k* als Verschlusslaut, *ae* diphthongisch und *u* möglichst hell, etwa als *ü*, auszusprechen, während man in der kirchlich geprägten *c* wie *tz* oder gar als *tsch* ausspricht, *ae* als *ä* und die Endsilbe *-tio* wie *-tzio*.

Die Sprache der katholischen Kirche Das Lateinische ist ferner die Sprache, in der die römisch-katholische Kirche auch heute noch die päpstlichen Lehrschreiben (Enzykliken) veröffentlicht. Diese werden, der Sprachtradition der Kirche entsprechend, und hierin stimmt die humanistische Tradition mit ihr überein, in ciceronianisch geprägtem Latein verfasst. Dies zeigt der folgende Abschnitt aus dem Prooemium der Enzyklika *Fides et Ratio Glaube und Vernunft*, die 1998 erschien:

⊙ **Multiplices sunt facultates,quibus uti potest homo, ut veritatum cognoscendarum foveat progressionem, unde existentiam suam humaniorem reddat. Inter has philosophia eminet, quae recta adiuvat, ut et interrogatio ponatur de vitae sensu et ei responsio iam adumbretur: quapropter unum ipsa reperitur nobiliorum hominis numerorum.**

Die deutsche Fassung der Enzyklika bietet folgende Übersetzung:

> »Der Mensch besitzt vielfältige Möglichkeiten, um den Fortschritt in der Wahrheitserkenntnis voranzutreiben und so sein Dasein immer menschlicher zu machen. Unter diesen ragt die Philosophie hervor, die unmittelbar dazu beiträgt, die Frage nach dem Sinn des Lebens zu stellen und die Antwort darauf zu entwerfen: Sie stellt sich daher als eine der vornehmsten Aufgaben der Menschheit dar.«

Dieser Textabschnitt enthält nur Wörter aus dem Bereich des klassischen Lateins. Da die Kirche sich in den Enzykliken jedoch grundsätzlich mit sämtlichen Bereichen des öffentlichen Lebens auseinandersetzt, müssen die Latinisten des Vatikans den Wortschatz der lateinischen Sprache immer wieder auf die Möglichkeit seiner zeitgemäßen Verwendung überprüfen und, falls nötig, erweitern. Die aktuellen Ergebnisse dieser Arbeit publizierten sie 1992 im *Lexicon recentis latinitatis*. Dessen deutsche Ausgabe *Neues Latein Lexikon* mit über 15 000 Stichwörtern erschien 1998.

Latein bei besonderen Anlässen Traditionsgemäß greifen Universitäten bei bestimmten Anlässen auch heute noch auf das Lateinische zurück, vor allem, wenn man besondere Verdienste durch die Verleihung des akademischen Bürgerrechts honoriert. Das erfuhr am 26. Juni 1963 auch der Präsident der USA bei seinem Besuch in der damals noch geteilten Stadt Berlin. Die Verleihungsurkunde der Freien Universität, die im Stil der klassischen Kunstprosa gestaltet ist, beginnt folgendermaßen:

⊙ **Libera universitas Berolinensis ex senatu academici auctoritate praesidem foederatarum Americae septentrionalis civitatum Johannem F. Kennedy hodierno die Berolini commorantem honoris causa in civitatem academicam adscivit.**

Latinitas viva Die Verlebendigung des Lateins wird in unserer Zeit auf verschiedene Weise gefördert.

Radio Bremen hat einen monatlichen Latein-Online-Dienst eingerichtet, und der Finnische Rundfunk sendet wöchentlich Nachrichten in lateinischer, finnischer und englischer Sprache. Zum zehnjährigen Bestehen dieser Nuntii Latini i. J. 1999 stellte er fest:

- **Nuntiis Latinis prosperrime procedentibus probatum est linguam Latinam etiam in mundo artibus technicis cultissimo utilem esse ad tales quoque novas condiciones aptabilem, de quibus nemo temporibus Romanorum, abhinc duo milia annorum, aut Medio Aevo, cum lingua communis maioris partis Europaeorum esset Latina, cogitare potuisset.**

Auch in den Schulen bemühen sich viele Lehrerinnen und Lehrer um eine lebendige Vermittlung des Lateinischen, etwa durch das Darbieten lateinischer Dialoge oder durch möglichst freies Sprechen. Hierfür setzte sich auf dem DAV-Kongress in Köln 2004 Andreas Fritsch ein:

- **Hodie vobis quaedam exempla ante oculos ponere volumus, quae demonstrent, quomodo lingua Latina in vita scholastica audibilis fieri possit, ita ut puellae et pueri Latine discentes sentiant hanc linguam re vera esse linguam humanam, non tantum quasi labyrinthum vocabulorum et formarum et difficultatum grammaticarum. Id certe facillime fieri potest, si magistri ipsi textus clare et distincte pronuntiant et recitant, deinde etiam discipuli eosdem textus dialogice legunt, tum memoriter quoque recitant.**

Zu diesem Zweck sollten moderne Hilfsmittel eingesetzt werden, ein *casetophonum* (*Kassettenrecorder*) oder ein *magnetoscopium* (*Videorecorder*) oder auch *illi disci, qui appellantur DVD.*
Das *Neue Latein Lexikon* bietet zu diesem Sachfeld weitere Stichwörter, etwa *instrumentum magnetoscopicum* (*Videokamera*) und *capsella magnetoscopica* (*Videokassette*). Ferner werden in ihm viele Stichwörter instruktiv erläutert. So wird z. B. *Angiographie* nicht nur mit dem aus dem Griechischen übernommenen *angiographia,-ae* f. wiedergegeben, sondern es steht unter Syn. (*vocabulum idem significans*): *venarum arteriumque descriptio* oder bei *Antipyrin*: (*medicamentum*) *antipyricum*, n. (*quo quidem utimur ad febrim depellendam*). Syn.: *medicamentum febrim mitigans; - - sedans; febris remedium.*

Ferner geben die Übersetzungen vieler Wörter Aufschluss über deren Mehrdeutigkeit. So finden sich etwa unter *Anschluss* folgende Wendungen: 1 *ferriviarium indicum congruentia*, f. Syn.: *adventus discessusque congruentia*. 2 *commissura,-ae* , f. Syn.: *iunctura.*

Die lateinische Sprache ist also auch in unserer Zeit dank ihres vielfältigen Instrumentariums eine sehr lebendige und gestaltungsfähige Sprache. Das war sie von Anfang an. Deshalb ist ihre Entfaltung und Nutzung mit der Entwicklung der europäischen Kultur- und Geistesgeschichte eng verbunden.

Vergleichende Zeittafel

	Geschichte	Literatur / Philosophie	Architektur, Bildende Kunst
	ca. ab 1200 v. Chr. Einwanderung indogermanischer Stämme 10.–9. Jh. v. Chr. erste Siedlungen der Latiner auf dem Palatin und anderen Hügeln Roms 9.–7. Jh. v. Chr. Ausprägung des etruskischen Städtewesens in Etrurien 753 v. Chr. sagenhafte Gründung Roms ca. ab 750 v. Chr. Einwanderung der Griechen nach Unteritalien und Sizilien 7.–6. Jh. v. Chr. Entstehung der städtischen Siedlung Roms ca. 500 v. Chr. oder später Vertreibung des etruskischen Königs; Beginn der *res publica Romana*	2. H. 8. Jh. v. Chr. Homer ca. 700 v. Chr. Hesiod 7.–6. Jh. v. Chr. Ionische Naturphilosophen 6.–5. Jh. v. Chr. Pythagoras, Heraklit, Demokrit	2. H. 6. Jh. v. Chr. *Lapis Niger/Cippus Romanus* im 1. Jahr der Republik Einweihung des Jupiter- Tempels auf dem Kapitol A. 5. Jh. v. Chr. Saturn-Tempel A. 5. Jh. v. Chr. Tempel des Castor und Pollux 1. H. 5. Jh. v. Chr. Kapitolinische Wölfin
500 v. Chr.			
	451/50 v. Chr. Zwölftafelgesetz	470–399 v. Chr. Sokrates 455–396 v. Chr. Thukydides 427–347 v. Chr. Platon	
400 v. Chr.			
	387/6 v. Chr. Eindringen der Kelten (Gallier); Zerstörung Roms 340–338 v. Chr. Krieg gegen die Latiner	4. Jh. v. Chr. Sophisten 384–322 v. Chr. Aristoteles 342–270 v. Chr. Epikur 310–240 v. Chr. Kallimachos ca. 300–200 v. Chr. Zenon, Kleanthes, Chrysipp	378 v. Chr. Bau der sog. Servianischen Stadtmauer 367 v. Chr. Concordia-Tempel 312 v. Chr. Bau der Via und der Aqua Appia
300 v. Chr.			
	291 v. Chr. Kult des Asklepios in Rom 287 v. Chr. *lex Hortensia*; Ende der Ständekämpfe 281–275 v. Chr. Krieg gegen Pyrrhos 275 v. Chr. Italien im Machtbereich Roms 264–241 v. Chr. 1. Punischer Krieg ca. 250 v. Chr. Silbergeld in Rom 218 Hannibals Alpenübergang 218–201 v. Chr. 2. Punischer Krieg; Rom beherrscht das westliche Mittelmeer 204 v. Chr. Magna-Mater-Kult in Rom	1. H. 3. Jh. v. Chr. Theokrit ca. 270 v. Chr. Griechische Literatur in Rom ab 264 v. Chr. *Odusia* des Livius Andronicus ca. 250–184 v. Chr. Plautus 240 v. Chr. 1. Aufführung eines Bühnenstücks in Rom 234–149 v. Chr. M. Porcius Cato 204 v. Chr. Ennius (239–169 v. Chr.) in Rom ca. 200 v. Chr. Geschichtswerk des Fabius Pictor	M. 3. Jh. v. Chr. Bau von Tempeln und Porticus auf dem Marsfeld 220 v. Chr. Bau der Via Flaminia
200 v. Chr.			

Geschichte	Literatur / Philosophie	Architektur, Bildende Kunst
200 v. Chr.		
168 v. Chr. Sieg über Mazedonien 149–146 v. Chr. 3. Punischer Krieg 146 v. Chr. Eroberung von Karthago und Korinth 133–121 v. Chr. Gracchische Reformversuche 111–105 v. Chr. Jugurthinischer Krieg 109–105 v. Chr. Niederlagen gegen Kimbern und Teutonen 105 v. Chr. Heeresreform des Marius 102–101 v. Chr. Sieg über Kimbern und Teutonen	195/185?–159 v. Chr. Terenz ca. 168–102 v. Chr. Lucilius 168 v. Chr. Polybios (ca. 201 - 120 v. Chr.) als Geisel in Rom 155 v. Chr. Vertreibung einer griechischen Philosophengesandtschaft unter Karneades aus Rom 135–51 v. Chr. Poseidonios E. 2. Jh. v. Chr. Rhetorikunterricht in Rom 116–27 v. Chr. Varro 106–43 v. Chr. Cicero ca. 100–24 v. Chr. Cornelius Nepos 100–44 v. Chr. Caesar	193 v. Chr. Emporium und Porticus Aemilia am Tiber 184 v. Chr. Basilica Porcia 179 v. Chr. Basilica Aemilia und Pons Aemilius 146 v. Chr. Erster Marmortempel in Rom 100–90 v. Chr. Rundtempel auf dem Forum Boarium
100 v. Chr.		
88 v. Chr. Bürgerrecht an Italiker 88–82 v. Chr. Bürgerkrieg (Marius-Sulla) 82–79 v. Chr. Diktatur Sullas 73–71 v. Chr. Sklavenaufstand 63 v. Chr. Verschwörung Catilinas 60 v. Chr. 1. Triumvirat (Caesar, Pompeius, Crassus) 58–51 v. Chr. Eroberung Galliens 49–48 v. Chr. Bürgerkrieg (Caesar-Pompeius) 46 v. Chr. Caesar Diktator 15. 3. 44 v. Chr. Ermordung Caesars 43–31 v. Chr. Bürgerkriege 31 v. Chr. Sieg Octavians bei Actium	ca. 97–55 v. Chr. Lukrez 86–35 v. Chr. Sallust 84–54 v. Chr. Catull 81–80 v. Chr. erste Reden Ciceros 70–19 v. Chr. Vergil 65–8 v. Chr. Horaz 63–26 v. Chr. Cornelius Gallus 64/59?–17/12? n. Chr. Livius 54–51 v. Chr. *De re publica*; Ciceros 1. philos. Schrift ca. 53–19 v. Chr. Tibull ca. 50–15? v. Chr. Properz 44 v. Chr. *De officiis*; Ciceros letzte philos. Schrift 43–18 n. Chr. Ovid ca. 40–35 v. Chr. Werke des Sallust 30–19 v. Chr. *Aeneis* Vergils	83 v. Chr. Brand auf dem Kapitol; Neubau des Jupiter-Tempels 78 v. Chr. Tabularium 70 v. Chr. Tempel des Portunus 62 v. Chr. Pons Fabricius 55–52 v. Chr. Theater des Pompeius 53 v. Chr. Basilica Iulia 52–46 v. Chr. Caesar-Forum Saepta Iulia

Geschichte	Literatur / Philosophie	Architektur, Bildende Kunst
27 v. Chr. Octavian erhält den Ehrennamen Augustus. 15 v. Chr. Beginn der Germanenkriege	ab 27 v. Chr. Geschichtswerk des Livius 23–13 v. Chr. Odendichtung des Horaz 4 v.–65 n. Chr. Seneca	29 v. Chr. Tempel des Divus Iulius; Curia Iulia 28 v. Chr. Augustus-Mausoleum 22–19 v. Chr. Erste öffentliche Thermen Roms auf dem Marsfeld 19–17 v. Chr. Augustus von Prima Porta 17 v. Chr. Bogen des Augustus 13–11 v. Chr. Marcellustheater 13–9 v. Chr. Ara Pacis und Solarium des Augustus 2 v. Chr. Augustus-Forum mit Tempel des Mars Ultor eingeweiht
Zeitenwende		
9 n. Chr. Niederlage des Varus im Teutoburger Wald 14–37 n. Chr. Tiberius 37–41 n. Chr. Caligula 41–54 n. Chr. Claudius 54–68 n. Chr. Nero 64 n. Chr. Brand Roms; Neronische Christenverfolgung 65 n. Chr. Pisonische Verschwörung 69–79 n. Chr. Vespasian 79–81 n. Chr. Titus 81–96 n. Chr. Domitian 96–98 n. Chr. Nerva 98–117 n. Chr. Trajan	ab 2 n. Chr. *Metamorphosen* u. *Fasti* Ovids A. 1. Jh. n. Chr. Phaedrus 34–62 n. Chr. Persius ca. 35–96 n. Chr. Quintilian 39–65 n. Chr. Lukan ?–66 n. Chr. Petron ca. 40–104 n. Chr. Martial ca. 50–138 n. Chr. Epiktet ca. 54–120 n. Chr. Tacitus ca. 60–ca. 130 n. Chr. Juvenal 61–ca. 113 n. Chr. Plinius d. J. ca. 75–ca. 150 n. Chr. Sueton	ca. 70 n. Chr. Malerei im Vettierhaus in Pompeji 80 n. Chr. Flav. Amphitheater (Kolosseum) 81 n. Chr. Titusbogen
100 n. Chr.		
117–138 n. Chr. Hadrian 138–161 n. Chr. Antoninus Pius 161–180 n. Chr. Mark Aurel 193–284 n. Chr. Soldatenkaiser	ca. 107–ca. 170 n. Chr. Julian ca. 120–180 n. Chr. Lukian 125–? n. Chr. Apuleius ca. 160–ca. 212 n. Chr. Papinian ca. 160–ca. 220 n. Chr. Tertullian ca. 170–ca. 223 n. Chr. Ulpian ca. 175 n. Chr. *Selbstbetrachtungen* Mark Aurels	104–112 n. Chr. Forum und Thermen Trajans 118–125 n. Chr. Neubau des Pantheons 135–139 n. Chr. Mausoleum Hadrians (Engelsburg) 141 n. Chr. Tempel des Antoninus ca. 160 n. Chr. Dionysos-Mosaik, Köln ca. 170 n. Chr. Reiterstandbild Mark Aurels
200 n. Chr.		
270–275 n. Chr. Aurelian 284–305 n. Chr. Diokletian	ca. 205–270 n. Chr. Plotin	203 n. Chr. Bogen des Septimius Severus 271–275 n. Chr. Aurelianische Mauer 298–306 n. Chr. Thermen Diokletians
300 n. Chr.		

	Geschichte	Literatur / Philosophie	Architektur, Bildende Kunst
300 n. Chr.	312–337 n. Chr. Konstantin 313 n. Chr. Gleichstellung des Christentums mit anderen Religionen 330 n. Chr. Byzanz wird Reichshauptstadt (*Nova Roma*) 379–395 n. Chr. Theodosius 391 n. Chr. Christentum wird Staatsreligion 395 n. Chr. endgültige Teilung des Reiches	ca. 310–393 n. Chr. Ausonius ca. 315–367 n. Chr. Hilarius v. Poitiers M. 4. Jh. n. Chr. Aelius Donat ca. 330–400 n. Chr. Ammianus Marcellinus 339–397 n. Chr. Ambrosius 348–n. 405 n. Chr. Prudentius ca. 348–420 n. Chr. Hieronymus 354–430 n. Chr. Augustinus	312–315 n. Chr. Konstantinsbogen 313 n. Chr. Vollendung der Konstantins-Basilika; Bau der Salvator-Basilica (Lateran) 325 n. Chr. Peters-Basilica 4. Jh. n. Chr. Thermen in Trier
400 n. Chr.	402 n. Chr. Ravenna wird Hauptresidenz des weströmischen Kaisers 410 n. Chr. Westgoten erobern Rom 455 n. Chr. Geiserich erobert Rom 476 n. Chr. Ende des weströmischen Reiches 493–526 n. Chr. Theoderich	480–524 n. Chr. Boethius ca. 490–583 n. Chr. Cassiodor	M. 5. Jh. n. Chr. Santa Maria Maggiore
500 n. Chr.	526 n. Chr. Ravenna Hauptstadt des Ostgotenreiches in Italien 546 n. Chr. Ostgoten erobern Rom 555 n. Chr. Rom Provinzhauptstadt des oströmischen Reiches; Beginn des Verfalls der Stadt	529/34 n. Chr. *Codex Justinianus* 533 n. Chr. *Digesta* ca. 540–604 n. Chr. Gregor d. Gr. 6.–8. Jh. n. Chr. lateinische Sprachtradition in Schulen und Klöstern	532/34 n. Chr. Hagia Sophia in Konstantinopel
600 n. Chr.		7.–1. H. 8. Jh. n. Chr. keine literarische Produktion auf dem europäischen Festland. Irland und England überliefern antike Kultur.	608 n. Chr. Phokas-Säule auf dem Forum Romanum 609 n. Chr. Umwandlung des Pantheon in eine Marienkirche
700 n. Chr.	ca. 700 n. Chr. Rom hat ca. 50 000 Einwohner 756 n. Chr. Anfänge des Kirchenstaates	ca. 795 n. Chr. *Epistola de litteris colendis* Karls d. Gr. Schreibstuben in Klöstern und Domschulen 2. H. 8.–9. Jh. n. Chr. Karolingische Renaissance. Der Angelsachse Alkuin reformiert unter Karl d. Gr. das Bildungswesen. Latein Verwaltungssprache des Reiches, Ausprägung des Mittellateins	8. Jh. n. Chr. Karolingische Renaissance lenkt in zunehmendem Maße Aufmerksamkeit auf das verfallene Rom.
800 n. Chr.	800 n. Chr. Papst Leo III. krönt in St. Peter Karl d. Gr. zum Kaiser. 846 n. Chr. Sarazenen plündern Rom	833 n. Chr. *Vita Caroli Magni* Einhards 1. H. 9. Jh. n. Chr. Entfaltung der Hymnendichtung und geistlicher Literatur	
900 n. Chr.			

	Geschichte	Literatur / Philosophie	Architektur, Bildende Kunst
1000 n. Chr.	1054 Schisma: Trennung der christlichen Kirchen des Ostens (Konstantinopel) und Westens (Rom) 1075 Beginn des Investiturstreits zwischen Kaiser und Papst 1084 Heinrich IV. erobert Rom. Papst Gregor VII. flüchtet in die Engelsburg. Normannen plündern die Stadt. 1096–99 1. Kreuzzug	11. Jh. *Carmina Cantabrigensia* 1056–1125 Hildebert von Lavardin ca. 1093–1161 Hugo von Orléans	
1100 n. Chr.		ca. 1100 Hildebert von Lavardin: *De Roma*, elegische Dichtung über die einstige Größe Roms 1114–1158 Otto von Freising ca. 1135–1167 Archipoeta ca. 1135–ca. 1200 Walther von Chatillon 12./13. Jh. *Carmina Burana*	12. Jh. Gefährdung des byzantinischen Reiches durch den Islam stärkt den Romgedanken. Wachsendes Interesse an Werken römischer Kunst.
1200 n. Chr.	1204 Eroberung Konstantinopels im 4. Kreuzzug: Beginn der venezianischen Herrschaft in Griechenland 1206–10 Venezianer erobern Kreta.	13. Jh. Scholastische Literatur; Thomas von Aquin 1265–1321 Dante Alighieri E. 13. Jh. *Legenda aurea*	
1300 n. Chr.	1309 Clemens V. verlegt die Residenz der Päpste vom Lateran nach Avignon. 1377 Gregor IX. kehrt nach Rom zurück. Vatikan wird Papstresidenz.	1304–1374 Francesco Petrarca: Mit der Hinwendung zur Sprache Ciceros betont er die Bedeutung Roms. 14.–15. Jh. Gelehrte und humanistische Literatur. Rückgriff auf das klassische Latein leitet Ende des Mittellateins ein.	1377 Beginn starker Bautätigkeit in Rom. Antike Ruinen und Monumente werden als Baumaterial genutzt.
1400 n. Chr.	1453 Untergang des oströmischen Reiches nach der Eroberung Konstantinopels durch die Türken 1492 Kolumbus landet in Amerika. 1494 Im Vertrag von Tordesillas werden durch päpstlichen Schiedsspruch die Herrschaftsansprüche Spaniens und Portugals in Übersee abgegrenzt. Ende 15. Jh. Residenz der Päpste Zentrum humanistischer Kultur	1401–1464 Nicolaus von Cues 1453–1522 Reuchlin 1463–1494 Pico della Mirandola ca. 1466–1536 Erasmus 1478–1535 Thomas Morus 1497–1560 Melanchthon	
1500 n. Chr.			

	Geschichte	Literatur / Philosophie	Architektur, Bildende Kunst
1500 n. Chr.	**1517** Luther veröffentlicht seine Thesen. **1519–21** Eroberung des Aztekenreiches durch span. Truppen unter Hernando Cortez **1521–55** Glaubensstreit führt zur konfessionellen Spaltung: Gegensatz Katholiken - Protestanten/Reformierte. **1527** Landsknechte Karls V. verwüsten Rom (*Sacco di Roma*).	**1534** Nikolaus Kopernikus: *De revolutionibus orbium coelestium libri VI* **16.–17. Jh.** Latein Sprache der Wissenschaften	**1503–15** Unter Papst Julius II. Beginn der Renaissance in Rom; Bramante, Raffael und Michelangelo im Dienst der Päpste **1506** Domus Aurea Neros freigelegt; Entdeckung der Laokoon-Gruppe in Anwesenheit Michelangelos; Beginn des Neubaus von St. Peter **1538** Auf dem Platz des von Michelangelo neu gestalteteten Kapitols wird das Reiterstandbild Mark Aurels aufgestellt. Kapitol neues Zentrum der Stadt **1560** Kolossalstatuen der Dioskuren ausgegraben und auf dem Kapitol aufgestellt **1582** Grabungen in der Ruine des römischen Theaters von Augst (Augusta Raurica) **1586** Obelisk aus dem Circus Neros auf dem Petersplatz errichtet
1600 n. Chr.	**1618–1648** Dreißigjähriger Krieg **1669** Mit der Eroberung von Candia (Iraklion) durch die Türken endet die venezianische Herrschaft auf Kreta	**1631** *Cautio criminalis* des Friedrich von Spee gegen das Gerichtsverfahren bei Hexenprozessen erscheint anonym. **1644** Descartes: *Principia philosophiae* **1687** Newton: *Philosophiae naturalis principia mathematica*	**1626** Einweihung der Peterskirche **1635** Erste Grabungen im Mausoleum des Augustus
1700 n. Chr.	**1798** Während der Französischen Revolution Beseitigung des Kirchenstaates und Absetzung des Papstes Pius VI.	**2. H. 18. H.** Mit dem Erstarken der Nationalsprachen verliert Latein weitgehend die Bedeutung einer lebenden Sprache. Es bleibt Amtssprache der römisch-katholischen Kirche.	**1735** Beginn der Ausgrabungen in der Villa Hadriana **1748** Pompeji entdeckt; Beginn der Ausgrabungen **1753–61** Piranesis Darstellungen und Beschreibungen römischer Denkmäler **1755** J. J. Winckelmann in Rom Bibliothekar des Kardinals Albani; Winckelmann veröffentlicht 1764 die *Geschichte der Kunst des Altertums.* **1765** römischer Mosaikfußboden in Lorch (Lauriacum) freigelegt **1784** Ruinen der römischen Thermen in Badenweiler werden freigelegt **1786** J. W. v. Goethe, Italienische Reise, am 7. November in Rom: »Man trifft Spuren einer Herrlichkeit und einer Zerstörung, die beide über unsere Begriffe gehen.« **1787** Beginn der Ausgrabungen auf dem Forum Romanum
1800 n. Chr.			

	Geschichte	Literatur / Philosophie	Architektur, Bildende Kunst
1800 n. Chr.	**1815** Papst erhält durch Wiener Kongress Kirchenstaat zurück. **1870** Ende der weltlichen Herrschaft der Päpste über Rom. 1. Vatikanisches Konzil: Verkündigung des Dogmas von der Unfehlbarkeit des Papstes bei Entscheidungen zur Glaubenslehre **1871** Rom Hauptstadt des geeinten Italien; Beginn starker Expansion der Stadt **1885–1905** Italien bringt Somaliland in seinen Besitz	**bis 1848** Latein Amtssprache in den Parlamenten Ungarns und Kroatiens	**1805–1817** Freilegung der Porta Nigra in Trier aus der mittelalterlichen Umbauung als Simeonskirche **1821** Titus-Bogen von Anbauten befreit und restauriert **1854** Beginn der Erforschung der Katakomben **1861** Erste Grabungen in Ostia antica **1862** Augustus von Prima Porta entdeckt **1869** Haus der Livia auf dem Palatin freigelegt
1900 n. Chr.	**1911/12** Nach ital.-türkischem Krieg fällt Libyen an Italien. **1914–18** 1. Weltkrieg **1922–43** Italien unter der Herrschaft des faschistischen Diktators Mussolini **1929** Lateranverträge: Vatikan mit St. Peter selbstständiger Stadtstaat unter Regentschaft des Papstes **1934** Libyen wird Kolonie Italiens **1936–41** italienische Truppen halten Äthiopien besetzt **1939–45** 2. Weltkrieg **1939** Ital. Truppen besetzen Albanien: Das Land wird mit Italien vereinigt. **1940** Ital. Truppen fallen von Albanien aus in Griechenland ein, werden aber weit zurückgeschlagen. **1941–43** Teile Griechenlands von ital. Truppen besetzt; bewusster Rückgriff auf das Imperium Romanum bei der Selbstdarstellung der ital. Expansion im Mittelmeerraum **1946** Italien wird Republik.		**1908** Beginn der neueren Erforschung Ostias **1911–33** Kaiserfora in Rom freigelegt **1924–43** In Rom werden eine Reihe monumentaler Großbauten errichtet bzw. begonnen, im Süden der Stadt ferner ein neues Stadtviertel (EUR). Hierbei gezielter Rückgriff auf antike Großbauten und Stadtanlagen. **1927** Beginn neuer Ausgrabungen in Herculaneum **1932** Einweihung der Via dei Fori Imperiali (unter Mussolini Via dell' Impero genannt) **1936/37** Ara Pacis freigelegt und aufgestellt **1940–49** Grabungen unter St. Peter; antike Petrus- Memoria freigelegt **1944–47** Älteste Reste auf dem Forum Romanum entdeckt
1950 n. Chr.			

	Geschichte	Literatur / Philosophie	Architektur, Bildende Kunst
1950 n. Chr.	**1957** In den Römischen Verträgen Gründung der Europäischen Wirtschaftsgemeinschaft (EWG) **1960** Olympische Spiele in Rom; Italien entlässt Somaliland in die Unabhängigkeit. **1962-65** 2. Vatikanisches Konzil	**1961** Josef Eberle: *Viva Camena* (Sammlung lateinischer Dichtung des 20. Jh.s) **1965** Katholische Kirche ersetzt das Lateinische in der Liturgie durch die Nationalsprachen. **1985** Finnisches Nationalepos *Kalevala* von Tuomo Pekkanen ins Lateinische übersetzt **1988** Christoph Ransmayr: *Die letzte Welt*. Roman in ovidischer Tradition **1989** Beginn der lateinischen Radiosendungen des Finnischen Rundfunks **1997** Das mit EU-Mitteln geförderte Comenius/Sokrates-Projekt *Latein auf Stein/Inscriptions Latines* dokumentiert und publiziert lateinische Inschriften aus Mittelalter und Neuzeit der Länder Deutschland, Luxemburg und Österreich **1998** 1. Antikenfestspiele in Trier	**1951** Fortführung der Ausgrabungen in Pompeji **1957** Entdeckung hellenistischer Skulpturen in der Villa des Tiberius in Sperlonga (Latium) **1977** Eröffnung des Archäologischen Parks Xanten auf dem Gelände der Colonia Ulpia Traiana
2000 n. Chr.	**2002** Italien nimmt an der europäischen Währungsunion (Einführung des Euro) teil.	**2001** Beginn der lateinischen Online-Nachrichten bei Radio Bremen	**2000** Wiederaufstellung des Reiterstandbildes von Mark Aurel in einer Kopie auf dem Kapitol **2002** Weitere Grabungen in der Altstadt Roms und in Ostia **2007** Entdeckung einer Höhle unter dem Palatin, die als *Lupercal* interpretiert wird

Die Zeitrechnung

Jahreszählung und Jahresbeginn Die Bezeichnung und die Zählung der Jahre erfolgten bei den Römern im Lauf der Zeit auf verschiedene Weise. Von alters her benannte man das Jahr nach den Konsuln. So wurde etwa die Verschwörung des Catilina *Marco Tullio Cicerone Gaio Antonio consulibus (coss)*, unter dem Konsulat des M. Tullius Cicero und des Gaius Antonius, aufgedeckt. Diese traditionelle Zeitrechnung beruhte auf der Liste der Jahresbeamten, der *fasti consulares* (↗25). Weil sie die Amtsjahre der Beamten festhielten und besondere Ereignisse nach den Amtsjahren datiert wurden, trat die Zählung nach Kalenderjahren lange Zeit in Rom zurück. Erst seit einer Reform des Kalenders,die zum 1.1.153 v. Chr. in Kraft trat, stimmten beide überein. Bis dahin war der Neujahrstag der 1. März.

Weil der Kalender zunächst ein Mond-Kalender war, wurde die Monatsdauer nach dem Mondumlauf gemessen. Da diese Jahreseinteilung von insgesamt 355 Tagen vom Sonnenjahr um gut 10 Tage abwich, legten die *pontifices* von Zeit zu Zeit Schaltmonate fest. Doch auch auf diese Weise erzielten sie keine Übereinstimmung mit dem Sonnenjahr. Eine durchgreifende Verbesserung führte erst C. Iulius Caesar herbei, der den Kalender nach Vorgaben des griechischen Astronomen Sosigenes zum 1.1.45 v. Chr. reformierte. Dieser julianische Kalender ist durch Papst Gregor XIII. 1582 noch geringfügig verbessert worden. Seit jenem Jahr bildet der gregorianische Kalender die Grundlage unserer Zeitrechnung. In der Bezeichnung der Monate spiegelt sich diese Entwicklung des Kalenders noch heute wider. Denn die Monatsnamen September bis Dezember enthalten die Zahlwörter *septem, octo, novem, decem,* stammen also noch aus der Zeit, in der das Jahr an den Kalenden des März begann.

Zur Zählung der Jahre ihrer Geschichte wählten die Römer als festen Bezugspunkt am Ende des 4.Jh.s v. Chr. zunächst die Einweihung des Tempels des Jupiter auf dem Kapitol. Damals nahm man an, dies sei am 13.9.507 v. Chr. geschehen, und zwar nach der Vertreibung der Könige. In der Zeit der ausgehenden Republik setzte sich dann als Bezugspunkt das vermeintliche Datum der Gründung der Stadt durch, sodass man seit dieser Zeit *ab urbe condita* zählte (↗191). Im Jahr 525 n. Chr. wurde diese Zählung abgelöst durch die *post Christum natum*, nach Christi Geburt, und dementsprechend rechnete man dann auch *ante Christum natum.*

Der julianische Kalender Der 1. Tag eines jeden Monats hieß *Kalendae*, der 5. in den Monaten mit weniger als 31 Tagen *Nonae*, der 13. Tag *Idus*. In den Monaten mit 31 Tagen (März, Mai, Juli, Oktober) waren dies der 7. und der 15. Tag. Da die Römer die Kalenden, Nonen und Iden bei der Berechnung der Tage, die diesen vorausgingen, mitzählten (*ante diem* = *a. d.*), ergibt sich folgende Tagesangabe: *a. d. VI Kalendas Apriles* = 27. März.

Die Woche Zunächst galt in Rom die Achttagewoche, d.h. die Zeit zwischen zwei Markttagen. Die Bezeichnung *nundinum* (neuntägig) für sie erklärt sich daraus, dass man hierbei beide Markttage mitzählte. Die Siebentagewoche, die in ihrer Dauer in etwa einem Viertel des Mondumlaufs entspricht, setzte sich unter orientalischem Einfluss in Rom erst zu Beginn der Kaiserzeit allmählich durch. Die Wochentage wurden nach Sonne, Mond und den damals bekanntesten Planeten benannt.

Tag und Nacht Der einzelne Tag wurde vom Aufgang bis zum Untergang der Sonne, und zwar unabhängig von der durch die Jahreszeiten bedingten unterschiedlichen Länge der Tage, in 12 Stunden eingeteilt. Die *prima hora* begann mit dem Aufgang der Sonne. Im Allgemeinen begnügte man sich mit ungefähren Zeitbestimmungen wie *mane* (früh), *ante* oder *ad meridiem* (vor oder gegen Mittag) oder *sub vesperum* (gegen Abend). Die Nacht umfasste 4 *vigiliae* von je drei Stunden, die ebenfalls unterschiedlich lang waren (↗220).

Dies fasti – nefasti Im Kalender, der regelmäßig von den *pontifices* bekanntgegeben wurde, waren die Tage eingeteilt in *dies F(asti)*, an denen man Rechtsgeschäfte aller Art abschließen konnte und an denen Gerichtsversammlungen stattfinden konnten, und in *dies N(efasti)*. An diesen Tagen waren derartige Tätigkeiten untersagt, weil sie religiöse Festtage waren *(dies festi; feriae).*

Der julianische Kalender

	Martius, Maius, Iulius, October		Ianuarius, Augustus December		Aprilis, Iunius, September, November		Februarius	
1.	Kalendis Ianuariis etc.							
2.	a. d. VI		a. d. IV					
3.	a. d. V		a. d. III	Nonas Ianuarias etc.				
4.	a. d. IV	Nonas Martias etc.	pridie					
5.	a. d. III		Nonis Ianuariis etc.					
6.	pridie		a. d. VIII					
7.	Nonis Martiis etc.		a. d. VII					
8.	a. d. VIII		a. d. VI					
9.	a. d. VII		a. d. V	Idus Ianuarias etc.				
10.	a. d. VI		a. d. IV					
11.	a. d. V	Idus Martias etc.	a. d. III					
12.	a. d. IV		pridie					
13.	a. d. III		Idibus Ianuariis etc.					
14.	pridie		a. d. XIX		a. d. XVIII		a. d. XVI	
15.	Nonis Martiis etc.		a. d. XVIII		a. d. XVII		a. d. XV	
16.	a. d. XVII		a. d. XVII		a. d. XVI		a. d. XIV	
17.	a. d. XVI		a. d. XVI		a. d. XV		a. d. XIII	
18.	a. d. XV		a. d. XV		a. d. XIV		a. d. XII	
19.	a. d. XIV		a. d. XIV		a. d. XIII		a. d. XI	
20.	a. d. XIII		a. d. XIII		a. d. XII		a. d. X	
21.	a. d. XII		a. d. XII		a. d. XI		a. d. IX	Kalendas Martias
22.	a. d. XI		a. d. XI	Kalendas Februarias (Septembres, Ianuarias)	a. d. X	Kalendas Maias (Iulias, Octobres, Decembres)	a. d. VIII	
23.	a. d. X	Kalendas Apriles (Iunias, Augustas Novembres)	a. d. X		a. d. IX		a. d. VII	
24.	a. d. IX		a. d. IX		a. d. VIII		a. d. VI	
25.	a. d. VIII		a. d. VIII		a. d. VII		a. d. V	
26.	a. d. VII		a. d. VII		a. d. VI		a. d. IV	
27.	a. d. VI		a. d. VI		a. d. V		a. d. III	
28.	a. d. V		a. d. V		a. d. IV		pridie	
29.	a. d. IV		a. d. IV		a. d. III			
30.	a. d. III		a. d. III		pridie			
31.	pridie		pridie					

▶ Römischer Steckkalender:
Oben die Götter, nach denen die Wochentage benannt sind [v. l. n. r. *dies Saturni* (Samstag), *Solis* (Sonntag), *Lunae* (Montag), *Martis* (Dienstag), *Mercurii* (Mittwoch), *Iovis* (Donnerstag), *Veneris* (Freitag)].
In der Mitte die Tierkreiszeichen als Symbole für die Monate; links und rechts Stecklöcher für die Tage, auf der Kreislinie die Löcher für die Kalenden (Monatsanfang) und Iden (Monatsmitte).

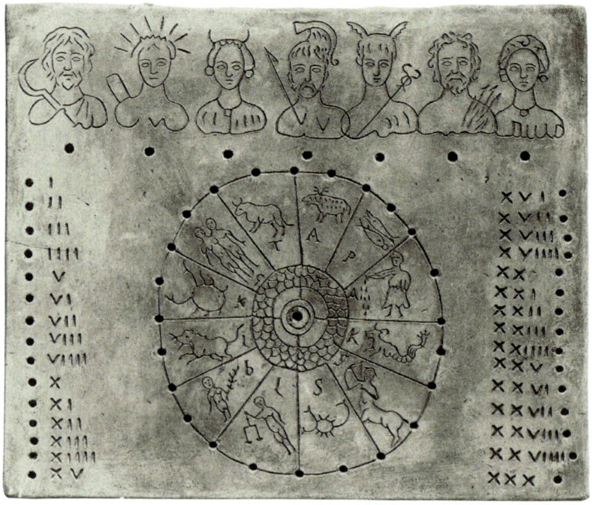

Dies religiosi* und *atri Im Begriff *dies religiosus* wirkt die ursprünglich doppelsinnige Bedeutung von *religio* (↗67) insofern nach, als an den *dies religiosi* weder im öffentlichen noch im privaten Bereich etwas Neues unternommen werden durfte; sie galten nämlich als unheilvolle Tage. So war der 18. Juli, der *dies Alliensis,* an dem die Römer 387 v. Chr. ihre schwere Niederlage an der Allia erlitten, ein für alle Zukunft belasteter Tag. Zu dieser Gruppe von Tagen gehören auch die *dies atri,* die Schwarzen Tage. Sie folgten auf die Kalenden, Nonen und Iden eines Monats. An diesen 36 Tagen im Jahr fanden auch keine offiziellen Kultfeiern statt.

Das Geldwesen

Von *pecus* zu *pecunia* Für die Römer war zunächst das Vieh *(pecus)* Zahlungsmittel und Wertmesser für den Tauschhandel. Mit dem Ausbau der Handelsbeziehungen kam auch in Rom schrittweise die Metallgewichtswährung auf. Hierzu diente zunächst das Rohkupfer *(aes rude)*, das nach *asses* gewogen wurde. Dann wurden die Kupfer- oder auch Bronzebarren mit Bildstempeln versehen *(aes signatum)*, auf denen Tiere der Bauern, vor allem das Rind und das Schwein, abgebildet waren. Aus diesem Barrengeld entwickelte sich nach griechischem Vorbild das in Form von Münzen hergestellte Geld *(aes grave)*, das im Verlauf des 3. Jh.s v. Chr. schrittweise in ein bestimmtes Gewichtssystem gebracht wurde. Dessen grundlegende Einheit war der *as.*

Die Münzstätte Roms wurde in dieser Zeit im Tempel der *Iuno Moneta* (die Mahnerin) auf der Arx eingerichtet. So wurde dieser Beiname der Juno zur Bezeichnung für das Münzgeld (*moneta*; daher Moneten).

Der As im Gewicht eines römischen Pfundes (327 g) wurde in 12 Unzen *(unciae)* geteilt. Insgesamt gab es folgende Wertstufen:

1 *as* = 12 *unciae*
1 *semis* = 1/2 *as* = 6 *unciae*
1 *triens* = 1/3 *as* = 4 *unciae*
1 *quadrans* = 1/4 *as* = 3 *unciae*
1 *sextans* = 1/6 *as* = 2 *unciae*
1 *uncia* = 27,3 g

Die Münzen unterschieden sich nicht nur durch das Gewicht, sondern auch durch verschiedene Zeichen und Symbole.

Bereits in den Punischen Kriegen kam es zu einer inflationären Münzprägung in Rom. Das Gewicht des As wurde im 2. Punischen Krieg sogar so stark verringert, dass der As nur noch ein Drittel seines ursprünglichen Wertes hatte und in der Mitte des 2. Jh.s v. Chr. sogar nur noch ein Zwölftel. Deshalb bezeichnet man diese Münze als Unzialass. In dieser Zeit schuf man in Rom den *dupondius* (von *duo* und *pondus*), der den Wert von 2 *asses* hatte.

In der Zeit des 2. Punischen Krieges setzte sich in Rom die Geldwirtschaft dank einer gut organisierten und dem Senat unterstellten Finanzaufsicht und Münzverwaltung endgültig durch, so dass sich Rom am Geldverkehr der Reiche und Städte des Mittelmeerraumes uneingeschränkt beteiligen konnte.

Silber- und Goldmünzen In der ersten Hälfte des 3. Jh.s v. Chr., in der die Römer sich in zunehmendem Maße in den Handel im gesamten Mittelmeerraum einschalteten und hierbei die hochentwickelte griechische Münzgeldwirtschaft kennen lernten, führten auch sie das Silbergeld ein. Es wurde zunächst in Münzwerkstätten der Griechenstädte Unteritaliens hergestellt. Die Grundlage dieser Währung bildete der Denar im Wert von 10 Assen. Sein Wert entsprach etwa dem der griechischen Drachme. Die beliebteste Rechnungseinheit dieser Silberwährung war der einfach als *nummus* (Geld) bezeichnete *sestertius* im Wert eines 1/4 Denar = 2 1/2 Asse. So erklärt es sich, dass die Römer mit Vorliebe Geldbeträge, auch sehr große, in Sesterzen angaben. Doch auch der Denar unterlag mit seinen Untereinheiten in der folgenden Zeit der inflationären Wertminderung.

Goldmünzen gab es in Rom erst später. Als Erster ließ Caesar den Golddenar *(aureus)* in größerer Stückzahl prägen. Er wog ca. 8 g = 1/40 Pfund. In der Kaiserzeit ging das Münzrecht für die Silber- und Goldmünzen auf den Kaiser über, während das für Münzen aus Bronze und Kupfer beim Senat verblieb. Die im Auftrag des Senats geprägten Münzen trugen die Buchstaben *SC (senatus consulto)*. Zu Beginn der Kaiserzeit gab es folgendes Wertverhältnis:

1 *aureus*	=	25 *denarii* (Silber)
1 *denarius*	=	4 *sestertii* (Bronze)
1 *sestertius*	=	2 *dupondii* (Bronze)
1 *dupondius*	=	2 *asses* (Kupfer)

Im Lauf der Zeit wurde nicht nur der Silber- bzw. Goldanteil in den Edelmetallmünzen, sondern auch deren Gewicht ständig herabgesetzt. Als Konstantin zu Beginn des 4. Jh.s n. Chr. als neue Goldmünze den *solidus* einführte, wog dieser nur noch 4,5 g = 1/72 Pfund. Von solidus ist *Sold, Söldner* abgeleitet, franz.: *sou.*

Neben den eigentlichen Münzen gab es sog. Medaillons, kunstvoll gefertigte Prachtmünzen aus Gold, Silber und Bronze. Diese ließen die Kaiser aus besonderen Anlässen prägen, sie wurden von ihnen gern verschenkt. Medaillons waren nicht nur größer und schwerer als die im Umlauf befindlichen Münzen, sondern übertrafen sie häufig auch in der künstlerischen Gestaltung und Ausführung. Die Rückseite dieser Medaillons wies dabei durchweg besonders schön gestaltete Motive auf. Daher wurden diese Medaillons oft in eine Fassung gebracht und als Schmuckstücke getragen. Aber auch unter den in Umlauf gesetzten Münzen gab es künstlerisch ansprechend gestaltete Prägungen mit Motiven aus Geschichte, Sage, Religion und Zeitgeschichte.

Diesen Ansprüchen genügten viele Münzen allerdings nicht. Im großen Weltreich der Kaiserzeit konnte der Bedarf nur durch Massenprägung gedeckt werden. Deshalb wurden in zunehmendem Maße auch Münzstätten in den Zentren der kaiserlichen Provinzen eingerichtet. Deren Prägemethoden waren gelegentlich recht einfach.

Geldwert und Lebenshaltungskosten Eine einfache Umrechnung der antiken Geldwerte und Preise in die gegenwärtigen ist wegen der völlig unterschiedlichen wirtschaftlichen und sozialen Verhältnisse nicht möglich. Immerhin können wir uns ein ungefähres Bild vom Lebenszuschnitt der Angehörigen der unteren Schichten machen, wobei allerdings zu beachten ist, dass es auf vielen Gebieten des täglichen Bedarfs zum Teil bemerkenswerte Preisunterschiede zwischen Rom und den Provinzen gab.

In Rom waren etwa die Mieten viel höher als in der Provinz, während der Getreidepreis, der je nach der Versorgungslage großen Schwankungen unterlag, seit der *lex Sempronia frumentaria* des Gaius Gracchus von 123 v. Chr. in Rom stets, wenn auch in unterschiedlicher Höhe, aus der Staatskasse subventioniert wurde. Er spielte nämlich während der Bürgerkriege und Machtkämpfe in Rom als Instrument der Wahlbeeinflussung eine große Rolle. In dieser Zeit ging man sogar dazu über, an Bürger der unteren Schichten Getreide als Zuschuss zu den Lebenshaltungskosten zu verteilen. So bildete sich in Rom eine privilegierte Schicht besonderer Art, nämlich die *plebs frumentaria.* Zu dieser gehörten unter Augustus etwas mehr als 200000 Bürger (*mon. Ancyr.* 15). Sie erhielten 5 Scheffel *(modii)* pro Monat, während den Soldaten im Heer 4 Scheffel zugeteilt wurden.

Über die Notwendigkeit dieser Zuschüsse an die Angehörigen der unteren Schichten bestand in der kleinen Schicht der sehr reichen Bürger, in deren Händen die politische Macht lag und die sich jeden Luxus leisten konnten, seit dem Ausbruch der sozialen Unruhen ein großer Konsens. Während nämlich zur Zeit des Augustus etwa die Zugehörigkeit zum Senatorenstand ein Mindestvermögen von 1 Million Sesterzen voraussetzte (↗43), betrug der Durchschnittslohn eines einfachen Arbeiters pro Tag bei freier Verpflegung 4 Sesterzen, also etwa 1300 – 1400 Sesterzen im Jahr. Für die Miete einer sehr einfachen Wohnung in einem römischen Mietshaus musste man im Jahr etwa 500 Sesterzen zahlen. Zum Lebensunterhalt blieb also diesen Leuten nicht viel übrig. Daher bedeutete die Weizenspende in Höhe von 60 Scheffel (ca. 390 kg) im Jahr für sie sehr viel.

Für diese Menge musste man in Pompeji einige Zeit später 1800 As = 450 Sesterzen ausgeben. Hier gab, wie aus einem über 9 Tage geführten Haushaltsbuch hervorgeht, eine dreiköpfige Familie, zu der ein Sklave gehörte, für Lebensmittel pro Tag und Person etwas mehr als 2 Sesterzen aus. Brot, Käse, Olivenöl, Brei, Gemüse und Wein gehörten zum täglichen Verzehr, und nur einmal kamen in diesen 9 Tagen ein wenig Wurst und ein kleiner Fisch hinzu. Fleisch war nämlich um das 10 – 15 Fache teurer als Brot und Fisch, je nach der Sorte u. U. noch teurer. Derartige Lebensmittel konnte sich also eine Familie, die keineswegs in bescheidensten Verhältnissen lebte, kaum leisten. Das wird in Rom nicht anders gewesen sein.

Maße und Gewichte

Längenmaße Von den verschiedenen Maßen wurden die Längenmaße wahrscheinlich zuerst entwickelt. Die Einheiten wurden von den Durchschnittsmaßen entsprechender Teile des menschlichen Körpers abgeleitet und nach diesen benannt. Das beweisen folgende Bezeichnungen: *digitus* = Fingerbreite; *pes* = Fuß, der in 12 *unciae* (ein Zwölftel) oder in 16 *digiti* unterteilt wurde; *passus* = Doppelschritt. Es dauerte natürlich auch in Rom längere Zeit, bis die folgenden Maßeinheiten und ihre Werte verbindlich wurden, zumal die gleichen Grundmaße auch in Italien je nach dem Wuchs der Menschen in den einzelnen Regionen zunächst verschieden waren.

1 *pes*	= 29,6 cm
	= 12 *unciae* (je ca. 2,5 cm)
	= 16 *digiti* (je ca. 1,9 cm)
5 *pedes*	= 1 *passus* (Doppelschritt) 1,48 m
125 *passus*	= 1 *stadium* ca. 185 m
1000 *passus*	= 1 Meile *(mille passuum)* 1480 m

Flächenmaße

1 *pes quadratus*	= 1 × 1 *pes*
	= 0,87 m^2
1 *actus quadratus*	= 120 × 120 *pedes*
	= ca. 1260 m^2
1 *iugerum*	= 240 × 120 *pedes*
	= ca. 2520 m^2
	= ca. 1 Morgen

Hohlmaße Weil die Römer zunächst keine eigenen Maße für flüssige Güter hatten, wurden die griechischen Maßeinheiten übernommen.

1 *cochlear*	= 1 Löffel 0,0114 l
4 *cochlearia*	= 1 cyathus 0,0455 l
12 *cochlearia*	= 1 quartarius 0,1346 l
1 *congius*	= 3,275 l
1 *urna*	= 4 congii 13,1 l

Für trockene Güter war die Grundeinheit der *modius* (Scheffel).

1 *modius*	= 8,73 l
	= 16 *sextarii*
1 *semodius*	= 4,333 l
	= 8 *sextarii*
1 *sextarius*	= 0,545 l
3 *modii*	= 1 *quadrantal*
	= 1 *amphora* 26,2 l

1 *modius* Weizen wog 6,5 kg.

Gewichte Die Grundeinheit war das Pfund, die *libra*, auch als *as* oder als *pondo* (erstarrter Ablativ) bezeichnet.

1 *libra (as)*	= ca. 327 g
1 *uncia*	= 27,3 g
1 *quadrans*	= 3 *unciae* 81,9 g
1 *talentum*	= ca. 26,2 kg
1 *obolus*	= 1/48 *uncia* 0,57 g

Literaturverzeichnis

Für Schüler besonders geeignete Werke sind durch ein * gekennzeichnet.

I. *Allgemeine Darstellungen*

* v. Albrecht, M. Geschichte der römischen Literatur, B. 1 - 2, Bern/München[2] 1994 (dtv 4618)

* Bringmann, K., Geschichte der römischen Republik, München 2002

Fuhrmann, M., Geschichte der römischen Literatur, Stuttgart 2003

Kolb, F., Rom. Die Geschichte der Stadt in der Antike, München 1995

* Marrou, H. I., Geschichte der Erziehung im klassischen Altertum, hrsg. von R. Harder, München 1976

Vittighoff, F. (Hrsg.), Europäische Wirtschafts- und Sozialgeschichte der römischen Kaiserzeit, Stuttgart 1990

II. *Literatur zu den einzelnen Kapiteln*

Staat und Gesellschaft

Ausbüttel, F. M., Die Verwaltung des römischen Kaiserreiches. Von der Herrschaft des Augustus bis zum Niedergang des Weströmischen Reiches, Darmstadt 1998

Bleicken, J., Die Verfassung der Römischen Republik. Grundlagen und Entwicklung, Paderborn etc. [8]1999

Bleicken, J., Verfassungs- und Sozialgeschichte des Römischen Kaiserreiches, 2 Bde., Paderborn etc. [4]1994 - 95

* Cameron, A. Das späte Rom. 284 - 430 n. Chr., München 1994 (dtv 4621)

Christ, K. Römische Geschichte. Einführung, Quellenkunde, Bibliographie, Darmstadt [5]1994

* Crawford, M., Die römische Republik, München 1994 (dtv 4404)

* Dahlheim, W., Die griechisch-römische Antike II. Stadt und Imperium: Die Geschichte Roms und seines Weltreiches, Paderborn etc. [2]1994

* Gardner, J. F., Frauen im antiken Rom. Familie, Alltag, Recht. München 1995

Garnsey, P., Saller, R., Das römische Kaiserreich. Wirtschaft, Gesellschaft, Kultur, Hamburg 1989

Jacques, F., Scheid, J., Rom und das Reich in der Hohen Kaiserzeit 44 v. Chr. - 260 n. Chr., Bd. I: Die Struktur des Reiches, Stuttgart - Leipzig 1998

Kunkel, W., Wittmann, R., Staatsordnung und Staatspraxis der römischen Republik, hrsg. v. H. Galsterer, C. Meier, R. Wittmann, München 1995

* Martin, J., Spätantike und Völkerwanderung, München [4]2001

* Meyer, E., Römischer Staat und Staatsgedanke, Zürich - München [4]1975

* Schuller, W., Frauen in der römischen Geschichte, München - Zürich 1992

Schulz, R., Herrschaft und Regierung. Roms Regiment in den Provinzen in der Zeit der Republik, Paderborn 1997

Recht

Bretone, M., Geschichte des römischen Rechts. Von den Anfängen bis zu Justinian, München [2]1998

Bürge, A., Römisches Privatrecht. Rechtsdenken und gesellschaftliche Verankerung. Eine Einführung, Darmstadt 1999

Jörs, P., Kunkel, W. u. Wenger, L., Römisches Recht, 4. Aufl. bearb. v. Honsell, H., Mayer-Maly, Th. u. Selb, W., Berlin etc. 1987

Kunkel, W., Römische Rechtsgeschichte, Köln [12]1990

* Liebs, D., Römisches Recht, Göttingen [6]2004

Manthe, U., Geschichte des römischen Rechts, München [3]2007

* Wieacker, F., Vom römischen Recht, Stuttgart [2]1961

Heer und Flotte

* Conolly, P., Die römische Armee, Hamburg 1976

* Junkelmann, M., Die Legionen des Augustus, Mainz 1986

Krohmayer, J./Veith, G., Heerwesen und Kriegführung der Griechen und Römer, München 1963

* Viereck, H.D.L., Die römische Flotte. Classis Romana, Herford 1975

Die Religion

* Burkert, W., Antike Mysterien. Funktion und Gehalt, München 1990

Luck, G., Magie und andere Geheimlehren in der Antike, Stuttgart 1990

* Ogivie., R., ... Und bauten die Tempel wieder auf. Religion und Staat im Zeitalter des Augustus, Stuttgart 1982 (dtv4427)

Otto, W. F., Aufsätze zur römischen Religionsgeschichte, Meisenheim 1975

Radke, G., Die Götter Altitaliens, Münster [2]1979

* Radke, G., Zur Entwicklung der Gottesvorstellung und der Gottesverehrung in Rom, Darmstadt 1987

Rüpke, J., Die Religion der Römer: eine Einführung, München 2001

Scheid, J.,/Beard, M.,/Markschies, Cr., Römische Religion, in: Graf, F. (Hrsg.), Einführung in die lateinische Philologie, Stuttgart/Leipzig 1997, 467 - 533

Schumacher, L., Die vier hohen römischen Priesterkollegien unter den Flaviern, den Antoninen und den Severern (69 - 235 n. Chr.), in: ANRW 16, 1 (1978) 655 - 819

Simon, E., Die Götter der Römer. München 1990

Wlosok, A. (Hrsg.), Römischer Kaiserkult, Darmstadt 1978

Die Literatur, Die Philosophie, Erziehung und Unterricht, Latein in Europa

* v. Albrecht, M. (Hrsg.), Die römische Literatur in Text und Darstellung. B. 1: Republikanische Zeit I: Poesie, hrsg. v. Petersmann, H. u. K., Stuttgart 1991

B. 2: Republikanische Zeit II. Prosa, hrsg. v. Leeman, A. D., Stuttgart 1985; B. 3: Augusteische Zeit, hrsg. v. v. Albrecht, M., Stuttgart 1987; B.4: Kaiserzeit I: Von Seneca maior bis Apuleius, hrsg. v. Kißel, W., Stuttgart 1985; B. 5: Kaiserzeit II: Von Tertullian bis Boethius, hrsg. v. Gärtner, H. A., Stuttgart 1988

Bauer, Th.,/ Manuwald, G.,/ Zimmermann, B., (Hrsgg.), Seneca - Philosophus et magister, Freiburg 2005

Brunhölzl, F., Geschichte der lateinischen Literatur des Mittelalters, I: Von Cassiodor bis zum Ausklang der karolingischen Erneuerung, München 1975; II: Die Zwischenzeit vom Ausgang des karolingischen Zeitalters bis zur Mitte des 11. Jahrhunderts, München 1992

Büchner, K., (Hrsg.), Latein und Europa. Traditionen und Renaissancen, Stuttgart 1978

* Büchner, K., Römische Literaturgeschichte. Ihre Grundzüge in interpretierender Darstellung, Stuttgart [5]1980

* Bumke, J., Höfische Kultur. Literatur und Gesellschaft im hohen Mittelalter, B. 1 - 2, München [4]1987 (dtv 4442)

Curtius, E. R., Römische Literatur und lateinisches Mittelalter, Bern [9]1978

Fuhrer, Th., Augustinus. Klassische Philologie kompakt, Darmstadt 2004

Fuhrmann, M., Cicero und die römische Republik, Zürich-Düsseldorf [3]1991

ders., Seneca und Kaiser Nero. Eine Biographie, Berlin 1997

* ders., Rom in der Spätantike. Porträt einer Epoche. München-Zürich 1994

Girardet, K. M. / Nortmann, U. (Hrsgg.) Menschenrechte und europäische Identität - Die antiken Grundlagen, Stuttgart 2005

Holzberg., N, Ovid. Dichter und Werk, München 1997

ders., Vergil. Der Dichter und sein Werk, München 2006

* Krefeld, H., Seneca und wir. Zugänge zur Aktualität seiner Lehre, Bamberg 1992

ders., Der Archipoeta. Schriften und Quellen der Alten Welt B. 41, Berlin 1992

* Langosch, K., Mittellatein und Europa. Führung in die Hauptliteratur des Mittelalters, Darmstadt 1990

* Maurach, G., Geschichte der römischen Philosophie. Eine Einführung, Darmstadt 1989

ders., Seneca. Leben und Werk, Darmstadt 1991

Pohlenz, M., Die Stoa. Geschichte einer geistigen Bewegung, Göttingen I [5]1978; II [5]1980

* Reinhardt, G.,/ Schirok, E., Senecas Epistulae morales. Zwei Wege ihrer Vermittlung, Bamberg [2]1992

Röd, W., Der Weg der Philosophie von den Anfängen bis ins 20. Jahrhundert, B. I: Altertum, Mittelalter, Renaissance, München 1994

Röd, W. (Hrsg.), Geschichte der Philosophie. I - III.: Röd, W., Die Philosophie der Antike I: Von Thales bis Demokrit, München 21988; Graeser, A., Die Philosophie der Antike 2: Sophistik und Sokratik, Plato und Aristoteles, München 1983; Hossenfelder, M., Die Philosophie der Antike 3: Stoa, Epikureismus und Skepsis, München 1984

Vössing, K., Die Geschichte der römischen Schule - ein Abriss vor dem Hintergrund der neueren Forschung, Gymnasium 110, 2003, 455 - 497

Die lateinische Sprache

Bayer, K./Westphalen, K. (Hrsg.), Kollegstufenarbeit in den Alten Sprachen. B. 1, München 1971

ders., (Hrsg.), Lernziele und Fachleistungen. Ein empirischer Ansatz zum Latein-Curriculum, Stuttgart 1973 (Beiheft I AU XVI/1973)

Burke, P., Sprache und Umgangssprache in der frühen Neuzeit. Aus dem Englischen von R. Cackett, Berlin 1989

ders., Wörter machen Leute. Gesellschaft und Sprachen im Europa der frühen Neuzeit. Aus dem Englischen von M. Wolf, Berlin 2006

Deutscher Bildungsrat. Bildungskommission, Strukturplan für das Bildungswesen, Stuttgart 1970

Fischer, H.-J., Der altsprachliche Unterricht in der DDR, Paderborn 1974

Fuhrmann, M., Der europäische Bildungskanon des bürgerlichen Zeitalters, Frankfurt / Leipzig [3]2000

Kipf, St., Altsprachlicher Unterricht in der Bundesrepublik Deutschland, Bamberg 2006

Krefeld, H., Bericht über den Arbeitskreis »Formen der Curriculumentwicklung«, Gymn. 82, 1975, 280 - 282

ders., Affektive Lernziele im Lateinunterricht. Bericht über die Arbeit des Ausschusses »Lernzieltaxonomie« im DAV, Gymn. 84, 1977, 291 - 307.

Maier, F., »Denkmodelle« in antiken Texten, in: Lateinunterricht zwischen Tradition und Fortschritt, 2: Zur Theorie des lateinischen Lektüreunterrichts, Bamberg 1984

Müller-Lancé, J., Latein für Romanisten. Ein Lehr- und Arbeitsbuch. narr studienbücher, Tübingen 2006

Nickel, R., Die Alten Sprachen in der Schule, Frankfurt [2]1978

Poccetti, P.,/ Poli, D./Santini, C., Eine Geschichte der lateinischen Sprache. Ausformung, Sprachgebrauch, Kommunikation. Aus dem Italienischen von A. Bertsch, Tübingen/ Basel 2005

Rohlfs, G., Vom Vulgärlatein zum Altfranzösischen. Einführung in das Studium der altfranzösischen Sprache, Tübingen [2]1963

Schadewaldt., W., Sinn und Wert der humanistischen Bildung im Leben unserer Zeit, Göttingen/Berlin/Frankfurt 1956

Stroh, W., Latein ist tot, es lebe Latein! Kleine Geschichte einer großen Sprache. Berlin 2007

Wilhelm, Th., Theorie der Schule. Hauptschule und Gymnasium im Zeitalter der Wissenschaften, Stuttgart [2]1967

Die Kunst, Das antike Rom

Andreae, B., Römische Kunst. Ars antiqua B. 5, Freiburg 1973
* Brödner, E., Die römischen Thermen und das antike Badewesen. Eine kulturhistorische Betrachtung, Darmstadt 1983
* Coarelli, F., Rom. Ein archäologischer Führer. Neubearbeitung Mainz 2000
Curtius-Nawrath, Das antike Rom, hrsg. von E. Nash, Wien [5]1970
Fischer Pace, U. V., Kunstdenkmäler in Rom, B. 1 - 2, Darmstadt 1988
Kähler, H., Rom und seine Welt. Bilder zur Geschichte und Kultur. München I 1958, II 1960
Kaiser Augustus und die verlorene Republik, hrsg. vom Antikenmuseum Berlin. Ausstellungskatalog, Berlin-Mainz 1988
Kissel, Th., Das Forum Romanum. Leben im Herzen Roms, Düsseldorf/Zürich 2004
Nash, E., Bildlexikon zur Topographie des antiken Rom, Tübingen I 1961, II 1962
* Simon, E., Augustus. Kunst und Leben in Rom um die Zeitenwende. München 1986
* Stützer, H. A., Das antike Rom, Köln [7]1987
* Zanker, P., Augustus und die Macht der Bilder, München 1987

Das Alltagsleben

Carcopino, J., Rom. Leben und Kultur in der Kaiserzeit, Stuttgart [2]1977
Etienne, R., Das Leben in einer antiken Stadt, Stuttgart [4]1991
Gerlach, G., Zu Tisch bei den alten Römern. Eine Kulturgeschichte des Essens und Trinkens. Archäologie in Deutschland. Sonderband Stuttgart 2001
König, I., Vita Romana. Vom täglichen Leben im alten Rom, Darmstadt [2]2007
Weeber, K.-H., Alltag im Alten Rom, Düsseldorf-Zürich 1998

Das römische Germanien

Baatz, D. u. a. (Hrsg.), Die Römer in Hessen, Stuttgart 1982
ders., Der römische Limes. Archäologische Ausflüge zwischen Rhein und Donau, Berlin 2000
Cüppers, H. (Hrsg.), Die Römer in Rheinland-Pfalz, Stuttgart 1990
Czysc, W. u. a. (Hrsg.), Die Römer in Bayern, Stuttgart 1995
Deutsches Archäologisches Institut u. a. (Hrsg.), Der römische Limes in Deutschland. Archäologie in Deutschland. Sonderband Stuttgart 1992
Filtzinger, Ph. u. a. (Hrsg.), Die Römer in Baden-Württemberg, Stuttgart und Aalen 1976
Horn, H. G. (Hrsg.), Die Römer in Nordrhein-Westfalen, Stuttgart 1987
Sölter, W. (Hrsg.), Das römische Germanien aus der Luft, Bergisch Gladbach 1981
Fischer, Th. (Hrsg.), Die römischen Provinzen. Eine Einführung in ihre Archäologie, Darmstadt 2002
ders., Die Römer in Deutschland, Stuttgart 1999

Bildnachweis

Cover:©dpa-Report

Archäologisches Seminar Universität Münster 127, 182
Archäologische Staatssammlung Museum für Vor- und Frühgeschichte München. Fotograf: Manfred Eberlein 248
Archiv für Kunst und Geschichte Berlin (akg-images) 91, 100, 136, 181, 222 r., 225 u., 279, 280, 284
akg-images / Tristan Lafranchis 179
akg-images / Gérard Degeorge 197 u.
Artothek Peisenberg 128

Bavaria Bildagentur Gauting 162 (2)
Bayerisches Landesamt für Denkmalpflege 238
Bayerische Staatsbibliothek München 286 (2), 287
Becker, Klaus, Frankfurt / Main 164 (2)
Biblioteca Vaticana 86, 101, 254
Bibliothèque Nationale de France, Paris 78
Bildarchiv Preußischer Kulturbesitz Berlin 69, 172, 203 u.
Bönninghaus, D., Dortmund 17
Buch »Italien - Archäologischer Führer« von Emanuele Greco / Adelia Pelosi, Herder Verlag Freiburg 1991 211 u. l.
Buch K.-W. Weeber: Decius war hier. Das Beste aus der römischen Graffiti-Szene. Düsseldorf: Artemis 1996. S. 21 und 89 271
Bulloz Photographie d'Oeuvres d'Art, Paris 36

Cornelsen Archiv 136, 160, 180 (2), 285

Deutsches Archäologisches Institut Rom 18, 37, 65, 198, 203 o., 211 u. r.
dpa-Report 233 r.

Erst Wasmuth Verlag Tübingen: "Bildlexikon zur Topographie des antiken Rom", hrsg. V. DAI Rom 42

Fratelli Alinari, Florenz 81, 186 / 187, 217 o.

Gemeinnützige Stiftung Leonhard von Matt, Buochs 183 o., 184
Gerhard Marcks Haus, Bremen 108, 116
Guenter Flegar /alimdi.net 228 o.
Gustavo Tomsich / CORBIS 161 u.

Hohrath, M. E., Esslingen 207 (2)

Interfoto München 112

Karlheinz Oster 175 o.
Konrad Theiss Verlag Stuttgart 241
Krefeld, H., Rheine 6, 94, 161 o., 170 (2), 173, 175 u., 187, 193 (2), 201, 211 o., 213 r., 214, 216 (2), 217 u., 218 u., 223, 228 u., 243 (2), 252
Kunsthistorisches Museum Wien 76

Lamke, G., Göttingen 85
Landesamt für Denkmalpflege im Regierungsbezirk Stuttgart L7122 / 028-01, O. Braasch 233 l.
Landesamt für Denkmalpflege Speyer (Dr. Helmut Bernhard) 240
Landesmuseum Mainz 247 o.
Lotos Film Kaufbeuren 122, 167 (2)

Marco Travaglini (Foto) in: E. La Rocca: La nuova immagine die Fori Imperiali. Mitteilungen des Deutschen Archäologischen Instituts. Römische Abt. 108 (2001), S. 177 204
Mauritius Bildagentur Frankfurt/Main 177, 188 o., 225 o., 227 u., 239 u.
Monumenti Musei e Gallerie Pontificie, Vatican City 26 l.
Musée du Louvre, Paris (Foto: M. Chuzeville) 159
Museo Nazionale, Neapel 221 u. l.
Museum L'Aquila (© Edition Gallimard, Paris) 22

Philipp von Zabern Verlag, Mainz 61

Rheinisches Landesmuseum Bonn 224, 247 u.
Rheinisches Landesmuseum Trier 72, 149, 236 o.
Rijksmuseum van Oudheden, Leiden 219
Römisch-Germanische Kommission des Deutschen Archäologischen Institutes 245 u.
Römisch-Germanisches Museum Köln 185, 245 o.
Römisch-Germanisches Zentralmuseum Mainz 64

Scala, Antella 45, 191, 197 o.
Schmidt, H. W., Freiburg 56,
Schmidt, W., Berlin 163, 231, 239 o., 242, 246 r., 292 (4)
Staatliche Münzsammlung München 21, 26, 30, 41
Staatsbibliothek zu Berlin - Preußischer Kulturbesitz (Sig. 2"Ser. 11493-2) 54
Stadtarchäologie Kempten, gez. M. Manda 237
Stiftsbibliothek Sankt Gallen (Fotostudio Carsten Seltrecht) 255

University of Newcastle 63

Zwölfer, E., Freiburg 222 l., 259 u.

Karten: Binder, V., Berlin
Zeichnungen: Wunderlich, H., Berlin

Für die Genehmigung zum Abdruck von Firmenlogos und Emblemen von Institutionen danken wir Misereor Medienproduktion und Vertriebsgesellschaft mbH, Aachen, Caritas, Berlin (Abbildungen übernommen aus der bisherigen Ausgabe der Res Romanae); carpediem.com Fuschl am See (Seite 292).

Register

Unterstreichungen kennzeichnen Stellen, an denen ein Stichwort als Teil einer (Zwischen-)Überschrift vorkommt.

Rot sind diejenigen Stellen hervorgehoben, die als Haupteinträge die schnelle Orientierung erleichtern.

A

B

C

D

E

Q

R

S

T

U

V

W

Z

Italia

GALLIA
RAETIA
Tridentum
Comum
Aquileia
Mediolanum
Sirmio
Verona
Patavium
Cremona
Mantua
Atesis
Placentia
Padus
Via Aemilia
Via Iulia Augusta
Genua
Bononia
Ravenna
Pisae
Arnus
Ancona
ETRURIA
Tiberis
Via Flaminia
Via Claudia
Aequi
Sabini
CORSICA
Tarquinii
Veii
Tibur
Roma
Ostia
Tusculum
LATIUM
Tarracina
Samnites
Cannae
CAMPANIA
Capua
Neapolis
Via Appia
Brundisium
Tarentum
Paestum
SARDINIA
Panormus
Messana
SICILIA
Aetna mons
Enna
Agrigentum
Syracusae
Carthago
AFRICA
0
100
200
300 km
Via Appia
Capua
Beneventum
CAMPANIA
Nola
Cumae
Neapolis
Vesuvius mons
Herculaneum
Pompeii
Nuceria
Pithecussae I.
Salernum
Surrentum
Capreae I.